Atualizado de acordo com a Lei Societária, Normas Brasileiras de Contabilidade, CPCs e Resoluções da CVM

Silvio Aparecido Crepaldi
Guilherme Simões Crepaldi

Auditoria CONTÁBIL

12ª Edição

TEORIA E PRÁTICA

CONTEMPLA OS PROGRAMAS:
- Exame de Suficiência do CFC
- Exame de Qualificação Técnica – EQT – CNAI
- Concursos nas áreas contábil e fiscal

gen | atlas

- Os autores deste livro e a editora empenharam seus melhores esforços para assegurar que as informações e os procedimentos apresentados no texto estejam em acordo com os padrões aceitos à época da publicação, *e todos os dados foram atualizados pelos autores até a data de fechamento do livro*. Entretanto, tendo em conta a evolução das ciências, as atualizações legislativas, as mudanças regulamentares governamentais e o constante fluxo de novas informações sobre os temas que constam do livro, recomendamos enfaticamente que os leitores consultem sempre outras fontes fidedignas, de modo a se certificarem de que as informações contidas no texto estão corretas e de que não houve alterações nas recomendações ou na legislação regulamentadora.

- Data do fechamento do livro: 24/02/2023

- Os autores e a editora se empenharam para citar adequadamente e dar o devido crédito a todos os detentores de direitos autorais de qualquer material utilizado neste livro, dispondo-se a possíveis acertos posteriores caso, inadvertida e involuntariamente, a identificação de algum deles tenha sido omitida.

- **Atendimento ao cliente:** (11) 5080-0751 | faleconosco@grupogen.com.br

- Direitos exclusivos para a língua portuguesa
  Copyright © 2023 by
  Editora Atlas Ltda.
  Uma editora integrante do GEN | Grupo Editorial Nacional
  Travessa do Ouvidor, 11
  Rio de Janeiro – RJ – 20040-040
  www.grupogen.com.br

- Reservados todos os direitos. É proibida a duplicação ou reprodução deste volume, no todo ou em parte, em quaisquer formas ou por quaisquer meios (eletrônico, mecânico, gravação, fotocópia, distribuição pela Internet ou outros), sem permissão, por escrito, da Editora Atlas Ltda.

- Designer de capa: Manu | OFÁ Design
- Imagem de capa: vinnstock | iStockphoto
- Editoração eletrônica: Sílaba Produção Editorial
- Ficha catalográfica

CIP-BRASIL. CATALOGAÇÃO NA PUBLICAÇÃO
SINDICATO NACIONAL DOS EDITORES DE LIVROS, RJ

C938a
12. ed.

Crepaldi, Silvio Aparecido, 1952-

Auditoria contábil : teoria e prática / Silvio Aparecido Crepaldi, Guilherme Simões Crepaldi. – 12. ed. – Barueri [SP]: Atlas, 2023.

Inclui bibliografia
ISBN 978-65-5977-499-9

1. Auditoria. 2. Contabilidade. I. Crepaldi, Guilherme Simões. II. Título.

23-82314
CDD: 657.45
CDU: 657.6

Meri Gleice Rodrigues de Souza – Bibliotecária CRB-7/6439

Auditoria CONTÁBIL

O GEN | Grupo Editorial Nacional – maior plataforma editorial brasileira no segmento científico, técnico e profissional – publica conteúdos nas áreas de ciências sociais aplicadas, exatas, humanas, jurídicas e da saúde, além de prover serviços direcionados à educação continuada e à preparação para concursos.

As editoras que integram o GEN, das mais respeitadas no mercado editorial, construíram catálogos inigualáveis, com obras decisivas para a formação acadêmica e o aperfeiçoamento de várias gerações de profissionais e estudantes, tendo se tornado sinônimo de qualidade e seriedade.

A missão do GEN e dos núcleos de conteúdo que o compõem é prover a melhor informação científica e distribuí-la de maneira flexível e conveniente, a preços justos, gerando benefícios e servindo a autores, docentes, livreiros, funcionários, colaboradores e acionistas.

Nosso comportamento ético incondicional e nossa responsabilidade social e ambiental são reforçados pela natureza educacional de nossa atividade e dão sustentabilidade ao crescimento contínuo e à rentabilidade do grupo.

*Dedico esta obra para minha esposa, Solange,
companheira inseparável que compartilha
comigo momentos de alegria e de sucesso, e para
meus filhos Cynthia, Guilherme e Silvia.
Também para meus netos Helena, Gustavo, Luisa e Bruno.*

Silvio

Para meus pais, para minha esposa Carla e para meu filho Bruno.

Guilherme

**Os ventos e as ondas estão sempre ao lado dos navegadores mais hábeis.
A vida resume-se em "fazer" ou "não fazer".**

Todos vivemos sob o mesmo céu, mas nem todos vemos o mesmo horizonte.

Prefácio à 12ª edição

A administração de uma sociedade tem o dever de apresentar demonstrações contábeis e divulgações adequadas e esclarecedoras à opinião pública. A opinião dos auditores sobre esses demonstrativos é elemento fundamental na extensão que se traduz em sinônimo de confiabilidade às informações prestadas. Surgiu a partir da necessidade de dar mais credibilidade aos números apresentados pelas empresas aos usuários da informação contábil.

Objetiva identificar e avaliar os riscos de distorção relevante independentemente se causados por fraude ou erro, nos níveis das demonstrações contábeis e da afirmação, proporcionando, assim, base para o planejamento e a implementação das respostas aos riscos avaliados de distorção relevante.

É o conjunto de procedimentos técnicos que tem por objetivo a emissão de opinião sobre sua adequação, consoante os pronunciamentos contábeis e pertinente à legislação específica.

A auditoria contábil é ramo da Contabilidade que tem a função de verificar a precisão dos registros contábeis com a finalidade de combater fraudes e prevenir irregularidades dentro de uma empresa. Fornece informações seguras e transparentes e possibilita a identificação de falhas no controle interno e no sistema financeiro.

Auditar é testar a eficiência e a eficácia do controle patrimonial, não se limitando aos aspectos contábeis. Por ser uma atividade crítica, traduz-se na emissão de uma opinião sobre as atividades verificadas.

O objetivo da auditoria é avaliar a fidedignidade das informações consignadas nas demonstrações contábeis e formar uma opinião que estará materializada na opinião de auditoria. São objetivos gerais do auditor obter segurança razoável de que as demonstrações contábeis como um todo estão livres de distorção relevante, devido a fraude ou erro, possibilitando que o auditor expresse opinião sobre se as demonstrações contábeis foram elaboradas, em todos os aspectos relevantes, em conformidade com a estrutura de relatório financeiro aplicável.

As finalidades da auditoria são produzir informações úteis aos diversos usuários externos e aumentar a confiança desse público externo sobre determinado objeto ou processo.

O seu papel é ser útil tanto à empresa quanto aos investidores, que, por meio da análise das demonstrações contábeis, devidamente acompanhadas da opinião do auditor independente, podem eleger seguramente as empresas nas quais efetuarão aplicações de sua poupança pessoal em ações.

A auditoria deve prover informações confiáveis e transparentes, que gerem credibilidade junto aos acionistas e à sociedade. Mais do que atestar a conformidade com normas e procedimentos, nossa atuação se estende ao desenvolvimento organizacional. Representa, no novo cenário econômico, a técnica mais importante para uma sociedade democrática, que acredita na Educação Profissional Continuada na busca de melhorar a *performance* profissional por meio da capacitação e qualificação desse assessor. Representa o instrumento de controle e gerenciamento de empresas.

A grande maioria dos empreendedores sonha com a ampliação dos seus negócios, e, por esse motivo, é importante estar preparado, desde cedo, para atender às necessidades futuras do empreendimento. Quanto mais cedo for iniciado o processo de auditoria externa e interna, mais cedo seu negócio estará preparado para enfrentar esses novos desafios e mais fácil será o processo de transição de um estado para outro.

Os Autores

Prefácio à 11ª edição

A administração de uma sociedade tem o dever de apresentar demonstrações contábeis e divulgações adequadas e esclarecedoras à opinião pública. A opinião dos auditores sobre esses demonstrativos é elemento fundamental na extensão que se traduz em sinônimo de confiabilidade às informações prestadas.

A auditoria contábil é a auditoria das demonstrações financeiras que se destina ao exame e à avaliação dos componentes dessas demonstrações, no que concerne à adequação dos registros e procedimentos contábeis, sistemática dos controles internos, observância de normas, regulamentos e padrões aplicáveis, bem como à aplicação das Normas de Contabilidade.

No Brasil, as normas internacionais de contabilidade tiveram um marco regulatório nas publicações da Lei nº 11.638/2007 e da Lei nº 11.941/2009, que determinaram a adoção inicial dos padrões internacionais de contabilidade nas empresas brasileiras. Nesse sentido, a legislação societária determina que, no Balanço Patrimonial, os ativos e os passivos decorrentes de operações de longo prazo devem ser ajustados ao valor presente, e, os demais, ajustados quando houver efeito relevante.

A Lei Sarbanes-Oxley realizou uma série de exigências para as empresas que possuem ações na Bolsa de Nova York, todas praticamente ligadas a boas práticas de ética e governança corporativa. Na seção 404, essa Lei determina uma avaliação anual dos controles internos para elaboração dos relatórios financeiros, adicionados à emissão de relatório por auditoria independente, atestando a eficiência e a eficácia desses controles.

As atividades de auditoria interna e de auditoria externa muitas vezes são executadas simultaneamente dentro das companhias, porém essas atividades possuem objetivos diferentes. Nas companhias de capital aberto, o principal objetivo da auditoria externa é emitir uma opinião sobre as demonstrações contábeis.

O objetivo da auditoria é aumentar o grau de confiança nas demonstrações contábeis por parte dos usuários.

As Normas Brasileiras de Auditoria são as regras ditadas pelos órgãos reguladores da profissão contábil no Brasil e têm por objetivo a regulação da profissão e atividades, bem como estabelecer diretrizes a serem seguidas pelos profissionais no desenvolver de seus trabalhos.

Em conformidade com as normas de auditoria, para que um auditor seja considerado experiente, deve demonstrar que tem experiência prática de auditoria e conhecimento razoável de normas de auditoria e exigências legais, assuntos de auditoria e de relatório financeiro relevantes ao setor de atividade da entidade, além dos processos de auditoria.

Os Autores

Prefácio

São muito restritas as edições nacionais e estrangeiras que tratam da matéria de auditoria com exemplos de rotinas reais, analisadas e interpretadas, de empresas de diferentes ramos de atividade e em variadas situações.

A presente obra tem o propósito de atenuar essa lacuna; assim, é dado especial destaque à rotina prática, incluindo-se diversas rotinas reais analisadas e interpretadas, acompanhadas dos respectivos "pareceres" e de observações esclarecedoras.

Procurou-se reunir nesta obra os frutos de uma longa experiência na matéria, em forma didática, o que provavelmente será útil aos que se iniciam na especialidade de auditoria.

Quem acha que a auditoria é uma ferramenta de gestão empresarial que está restrita apenas às grandes empresas está enganado. Já faz parte da realidade das micro e pequenas empresas e com bons resultados. Mais do que nunca, em época de arrocho financeiro, é importante que as microempresas organizem-se internamente para reduzir custos, simplificar processos, ganhar agilidade e ter maior rentabilidade.

O Autor

Agradecimentos

Inicialmente, agradecemos às nossas famílias, que sempre com amor nos estimularam, compreendendo longas horas que estivemos ausentes, mesmo quando estávamos no lar.

Somos gratos também a nossos alunos dos cursos de graduação e pós-graduação que testaram o material, apontaram as falhas iniciais e deram sua colaboração. Bem como aos profissionais da contabilidade e firmas de auditoria pelas observações e comentários.

Enfim, agradecemos a Deus constantemente, por nos dar forças suficientes para o desenvolvimento do trabalho; e a todos os que de uma forma ou de outra também nos ajudaram decisivamente.

Feliz o homem que põe sua esperança no Senhor.

Não tenha medo de crescer lentamente. Tenha medo apenas de ficar parado (provérbio chinês).

Usamos filtros para ver o que queremos ver. Quando finalmente abrimos os olhos, podemos nos chocar com o modo obscuro com que olhávamos o mundo de acordo com nossos planos mesquinhos.

Os Autores

Material Suplementar

Este livro conta com os seguintes materiais suplementares:

- *Slides* (exclusivo para professores);
- Textos complementares aos capítulos;
- Caderno de questões com gabarito;
- Curso *on-line* (requer PIN).

O acesso ao material suplementar é gratuito. Basta que o leitor se cadastre, faça seu *login* em nosso *site* (www.grupogen.com.br) e, após, clique em Ambiente de aprendizagem.

Para o material que requer PIN, siga as orientações acima e, em seguida, insira no canto superior esquerdo o código PIN de acesso localizado na orelha deste livro.

O acesso ao material suplementar online fica disponível até seis meses após a edição do livro ser retirada do mercado.

Caso haja alguma mudança no sistema ou dificuldade de acesso, entre em contato conosco (gendigital@grupogen.com.br).

4.9.2 Administração da revisão pelos pares, 131
4.9.3 Relatório de revisão, 133
4.9.4 Características do programa, 134
    4.9.4.1 Confidencialidade, 134
    4.9.4.2 Independência, 134
    4.9.4.3 Conflito de interesses, 134
4.9.5 Competência, 135
4.9.6 Organização do trabalho de revisão, 135
4.9.7 Procedimentos para a revisão pelos pares, 136
4.9.8 Relatório da revisão pelos pares, 137
    4.9.8.1 Conteúdo e prazo, 137
4.9.9 Tipos de relatório, 138
4.9.10 Revisão e seus prazos, 139
4.9.11 Recurso, 139
4.9.12 Penalidades, 139
4.10 Transparência de auditorias está no foco de reguladores, 140
4.11 Considerações finais, 140

5 Origem, Evolução e Desenvolvimento da Auditoria, 145
5.1 Origem da auditoria interna, 145
    5.1.1 No exterior, 145
    5.1.2 No Brasil, 147
5.2 Causas do surgimento da auditoria interna, 148
5.3 Origem da auditoria externa, 148
    5.3.1 No exterior, 148
    5.3.2 No Brasil, 151
5.4 Causas do surgimento da auditoria externa, 152
5.5 Evolução da auditoria, 152
5.6 Desenvolvimento histórico da auditoria no exterior e no Brasil, 153
5.7 Desenvolvimento das técnicas de auditoria, 154
5.8 Fatores que exigem atualmente a atuação do auditor, de modo especial, no Brasil, 155
5.9 A auditoria independente no Brasil nos últimos anos e o mercado atual, 155
5.10 A necessidade da revisão e atualização das normas de auditoria independente, 157
5.11 Perspectivas da auditoria, 159
5.12 Tendências da auditoria, 160
5.13 Considerações finais, 164

6 Normas de Auditoria, 165
6.1 Introdução, 166
6.2 Conceito, 170
6.3 Importância das normas de auditoria, 171
    6.3.1 NBCs TA, 171
    6.3.2 Outras NBCs, 173

Material Suplementar

Este livro conta com os seguintes materiais suplementares:

- *Slides* (exclusivo para professores);
- Textos complementares aos capítulos;
- Caderno de questões com gabarito;
- Curso *on-line* (requer PIN).

O acesso ao material suplementar é gratuito. Basta que o leitor se cadastre, faça seu *login* em nosso *site* (www.grupogen.com.br) e, após, clique em Ambiente de aprendizagem.

Para o material que requer PIN, siga as orientações acima e, em seguida, insira no canto superior esquerdo o código PIN de acesso localizado na orelha deste livro.

O acesso ao material suplementar online fica disponível até seis meses após a edição do livro ser retirada do mercado.

Caso haja alguma mudança no sistema ou dificuldade de acesso, entre em contato conosco (gendigital@grupogen.com.br).

Sumário

1 Fundamentos de Auditoria, 1
- 1.1 Introdução, 1
- 1.2 Conceito e aplicação da auditoria contábil, 8
  - 1.2.1 Conceito, 8
  - 1.2.2 Objetivo, 12
  - 1.2.3 Objeto, 15
  - 1.2.4 Reflexos da auditoria sobre a riqueza patrimonial, 16
- 1.3 Papel da auditoria, 17
- 1.4 Aspectos administrativos e de controle da auditoria, 23
  - 1.4.1 Vantagens para a administração da empresa, 24
  - 1.4.2 Vantagens para os investidores (titulares do capital), 24
  - 1.4.3 Vantagens para o fisco, 24
- 1.5 Tipos de auditoria, 24
  - 1.5.1 Auditoria de demonstrações contábeis, 26
  - 1.5.2 Auditoria operacional ou de gestão, 28
    - 1.5.2.1 Objetivos da auditoria de gestão ou operacional e sua caracterização, 29
    - 1.5.2.2 Tipos de auditoria operacional ou de gestão, 30
    - 1.5.2.3 Natureza, 30
  - 1.5.3 Auditoria tributária, 31
  - 1.5.4 Auditoria de sistemas, 31
  - 1.5.5 Auditoria de *compliance*, 31
  - 1.5.6 Auditoria ambiental, 32
  - 1.5.7 Auditoria na saúde, 32
  - 1.5.8 Auditoria do Terceiro Setor, 32
  - 1.5.9 Auditorias especiais, 33
- 1.6 Funções contábeis na profissão do auditor, 33
  - 1.6.1 Comitê de auditoria estatutário, 36
- 1.7 Limitações da auditoria contábil, 37
- 1.8 IFRS, 37
- 1.9 Lei Sarbanes-Oxley, 40
- 1.10 Considerações finais, 41

2 Auditoria Interna e Externa: Funções e Diferenças, 45

- 2.1 Introdução, 45
- 2.2 Auditoria interna, 46
  - 2.2.1 Normas de auditoria interna, 53
  - 2.2.2 Normas de auditoria operacional existentes, 54
  - 2.2.3 Aplicação das normas, 55
  - 2.2.4 Por que são importantes as normas de auditoria?, 55
  - 2.2.5 Departamento de auditoria interna, 56
  - 2.2.6 Auditoria interna em instituição financeira, 57
  - 2.2.7 Planejamento da auditoria interna, 57
  - 2.2.8 Evidências na norma de auditoria interna (NBC TI 01), 59
  - 2.2.9 Risco na auditoria interna, 61
- 2.3 Auditoria externa ou independente, 62
- 2.4 Diferenças entre auditoria externa e interna, 65
- 2.5 Auditoria interna *versus* externa, 68
  - 2.5.1 Auditoria externa, 68
  - 2.5.2 Auditoria interna, 68
- 2.6 Auditores internos e independentes: integração, 70
  - 2.6.1 Técnica e profissionalismo, 72
  - 2.6.2 Pressuposição e objetivos, 72
- 2.7 Requisitos para o exercício da auditoria, 73
  - 2.7.1 Ética, 73
  - 2.7.2 Ceticismo profissional, 74
  - 2.7.3 Julgamento profissional, 75
  - 2.7.4 Evidência de auditoria apropriada e suficiente e risco de auditoria, 75
  - 2.7.5 Condução da auditoria em conformidade com NBC TAs, 76
  - 2.7.6 Sigilo – NBC PG 100 (R1), 76
- 2.8 Normas profissionais do auditor independente, 76
- 2.9 Considerações finais, 78

3 Organização de Firma de Auditoria Independente, 81

- 3.1 Introdução, 81
- 3.2 Organizações profissionais, 83
- 3.3 Comissão de Valores Mobiliários (CVM), 84
- 3.4 Registro, suas categorias e condições, 86
- 3.5 Comprovação da atividade de auditoria, 87
  - 3.5.1 Educação profissional continuada, 88
- 3.6 Casos de suspensão e cancelamento automáticos, 90
- 3.7 Informações periódicas e eventuais, 91
- 3.8 Normas relativas ao exercício da atividade de auditoria no mercado de valores mobiliários, 91
- 3.9 Deveres e responsabilidades dos auditores independentes, 91
  - 3.9.1 Responsabilidade civil do auditor independente, 92

3.10 Penalidades administrativas, 93
3.11 Formas de exercício da atividade de auditor independente, 93
3.12 Quadro de pessoal técnico, 94
    3.12.1 O assistente, 95
    3.12.2 O auditor sênior, 96
    3.12.3 O supervisor ou gerente, 96
    3.12.4 Sócios, 97
3.13 Treinamento de pessoal, 97
3.14 Ética profissional na auditoria interna e externa, 98
3.15 Ceticismo profissional, 101
3.16 Evidência de auditoria apropriada e suficiente e risco de auditoria, 102
    3.16.1 Condução da auditoria em conformidade com NBC TA, 102
3.17 Revisão de informações intermediárias (ITR), 102
    3.17.1 Responsabilidade do auditor pelas outras informações que acompanham as informações contábeis intermediárias, 107
    3.17.2 Entendimento e orientação, 107
    3.17.3 Modelo de relatório de revisão das informações trimestrais, 108
    3.17.4 Entidades de incorporação imobiliária, 108
    3.17.5 Modelo de relatório sobre revisão das ITRs, contendo informações contábeis intermediárias individuais da controladora, elaboradas de acordo com a NBC TG 21, e informações consolidadas, elaboradas de acordo com a NBC TG 21 e a IAS 34, 109
    3.17.6 Modelo de relatório sobre revisão das ITRs de entidades de incorporação imobiliária, 111
3.18 Balanço de firmas de auditoria será auditado?, 113
3.19 Auditoria em revisão, 114
3.20 Considerações finais, 115

4 Controle de Qualidade no Exercício de Auditoria, 117
4.1 Sistema de controle de qualidade e função da equipe de trabalho, 117
4.2 Supervisão e controle de qualidade, 120
4.3 Habilidades e competências, 123
4.4 Execução dos trabalhos de auditoria independente, 123
4.5 Avaliação permanente da carteira de clientes, 124
4.6 Controle de qualidade interno, 125
4.7 Sistemas de informação: um meio seguro de obter qualidade, 126
4.8 Plano de controle de qualidade, 127
    4.8.1 CVM edita deliberação que dispõe sobre a rotatividade dos auditores independentes, 128
    4.8.2 CVM edita instrução que altera a regra do rodízio de firmas de auditoria quando houver Comitê de Auditoria Estatutário, 129
4.9 Normas sobre a Revisão Externa de Qualidade pelos Pares, 130
    4.9.1 Objetivo, 130

4.9.2 Administração da revisão pelos pares, 131
  4.9.3 Relatório de revisão, 133
  4.9.4 Características do programa, 134
    4.9.4.1 Confidencialidade, 134
    4.9.4.2 Independência, 134
    4.9.4.3 Conflito de interesses, 134
  4.9.5 Competência, 135
  4.9.6 Organização do trabalho de revisão, 135
  4.9.7 Procedimentos para a revisão pelos pares, 136
  4.9.8 Relatório da revisão pelos pares, 137
    4.9.8.1 Conteúdo e prazo, 137
  4.9.9 Tipos de relatório, 138
  4.9.10 Revisão e seus prazos, 139
  4.9.11 Recurso, 139
  4.9.12 Penalidades, 139
 4.10 Transparência de auditorias está no foco de reguladores, 140
 4.11 Considerações finais, 140

5 **Origem, Evolução e Desenvolvimento da Auditoria, 145**
 5.1 Origem da auditoria interna, 145
  5.1.1 No exterior, 145
  5.1.2 No Brasil, 147
 5.2 Causas do surgimento da auditoria interna, 148
 5.3 Origem da auditoria externa, 148
  5.3.1 No exterior, 148
  5.3.2 No Brasil, 151
 5.4 Causas do surgimento da auditoria externa, 152
 5.5 Evolução da auditoria, 152
 5.6 Desenvolvimento histórico da auditoria no exterior e no Brasil, 153
 5.7 Desenvolvimento das técnicas de auditoria, 154
 5.8 Fatores que exigem atualmente a atuação do auditor, de modo especial, no Brasil, 155
 5.9 A auditoria independente no Brasil nos últimos anos e o mercado atual, 155
 5.10 A necessidade da revisão e atualização das normas de auditoria independente, 157
 5.11 Perspectivas da auditoria, 159
 5.12 Tendências da auditoria, 160
 5.13 Considerações finais, 164

6 **Normas de Auditoria, 165**
 6.1 Introdução, 166
 6.2 Conceito, 170
 6.3 Importância das normas de auditoria, 171
  6.3.1 NBCs TA, 171
  6.3.2 Outras NBCs, 173

6.4 Objetivo da auditoria, 175
    6.4.1 Fraude e erro, 175
        6.4.1.1 Responsabilidade do auditor, 180
        6.4.1.2 Detecção de fraudes e erros, 181
        6.4.1.3 Limitações inerentes à auditoria, 183
        6.4.1.4 Procedimentos quando existe indicação de fraude ou erro, 184
        6.4.1.5 A avaliação dos resultados dos procedimentos, 184
        6.4.1.6 Fraude na empresa: como lidar, 184
        6.4.1.7 Efeitos de fraude e/ou erro no parecer do auditor, 185
        6.4.1.8 Comunicações de fraude e/ou erro, 185
        6.4.1.9 Renúncia ao trabalho, 186
        6.4.1.10 Surgem novas coberturas contra fraude, 186
6.5 Responsabilidade do auditor e dos dirigentes da empresa, 187
6.6 Normas de auditoria, 188
    6.6.1 Normas de auditoria *versus* procedimentos, 190
    6.6.2 Normas gerais ou relativas à pessoa do auditor, 191
        6.6.2.1 Treinamento e competência, 191
        6.6.2.2 Competência técnico-profissional, 192
        6.6.2.3 Independência, 192
        6.6.2.4 Operações de créditos e garantias, 197
        6.6.2.5 Relacionamentos comerciais com a entidade auditada, 198
        6.6.2.6 Relacionamentos familiares e pessoais, 199
        6.6.2.7 Vínculos empregatícios ou similares por administradores, executivos ou empregados da entidade auditada mantidos, anteriormente, com a entidade de auditoria, 199
        6.6.2.8 Atuando como administrador ou diretor de entidades auditadas, 201
        6.6.2.9 Rotação dos líderes de equipe de auditoria, 201
        6.6.2.10 Prestação de outros serviços, 202
        6.6.2.11 Presentes e brindes, 208
        6.6.2.12 Litígios em curso ou iminentes, 208
        6.6.2.13 Incompatibilidade ou inconsistência do valor dos honorários, 209
        6.6.2.14 Outras situações, 210
        6.6.2.15 Requisitos formais de controle, 210
    6.6.3 Sigilo, 211
        6.6.3.1 Dever do sigilo, 211
    6.6.4 Utilização de trabalhos de especialistas, 212
        6.6.4.1 Necessidade de uso de trabalho de especialista, 212
        6.6.4.2 Competência profissional e objetividade do especialista, 213
        6.6.4.3 Alcance do trabalho do especialista, 213

6.6.4.4 Avaliando o trabalho do especialista, 214
6.6.4.5 Referência ao especialista na opinião do auditor, 215
6.6.5 Guarda da documentação, 215
6.6.6 Normas relativas à execução do trabalho, 215
    6.6.6.1 Planejamento e supervisão, 216
    6.6.6.2 Relevância, 218
    6.6.6.3 Risco de auditoria, 219
    6.6.6.4 Supervisão e controle de qualidade, 224
    6.6.6.5 Avaliação do sistema contábil e controle interno, 225
    6.6.6.6 Papel da auditoria na redução de riscos, 227
6.6.7 Normas relativas à opinião do auditor, 227
    6.6.7.1 Descrições gerais, 227
    6.6.7.2 Normas de auditoria que entraram em vigor no Brasil, em 2010, 228
    6.6.7.3 Opinião sem ressalva, 254
    6.6.7.4 Opinião com ressalva, 255
    6.6.7.5 Opinião adversa, 256
    6.6.7.6 Abstenção de opinião, por incertezas, 257
    6.6.7.7 Circunstâncias que impedem a emissão da opinião sem ressalva, 259
    6.6.7.8 Incerteza, 259
    6.6.7.9 Informações relevantes nas demonstrações contábeis, 261
    6.6.7.10 Opinião do auditor quando demonstrações contábeis de controladas e/ou coligadas são auditadas por outros auditores, 262
    6.6.7.11 Opinião sobre demonstrações contábeis condensadas, 263
    6.6.7.12 Demonstrações contábeis não auditadas, 264
    6.6.7.13 Declaração dos diretores, 265
6.7 Tipos de relatórios, 265
6.8 Relatório do Auditor Independente sobre as Demonstrações Contábeis de Grupo Econômico – Comunicado CTA 12, 266
6.9 Características qualitativas de contabilidade, 267
    6.9.1 Uniformidade na aplicação das normas de contabilidade, 268
6.10 Quadro das normas de auditoria, 269
6.11 Lei Anticorrupção, 275
6.12 Considerações finais, 275

7 Testes em Auditoria, 277
7.1 Introdução, 277
7.2 Procedimentos de auditoria, 279
    7.2.1 Classificação das evidências, 283
        7.2.1.1 Evidências quanto à finalidade, 287
        7.2.1.2 Evidências quanto à natureza, 293
    7.2.2 Técnicas de auditoria, 296

7.3 Testes de auditoria, 306
    7.3.1 Testes globais, 311
    7.3.2 Procedimentos de revisão analítica, 312
7.4 Aplicação dos procedimentos de auditoria, 315
7.5 Combinação de testes de observância e substantivos, 316
7.6 Direção dos testes, 316
    7.6.1 Testes para superavaliação, 317
    7.6.2 Teste para subavaliação, 317
7.7 Amostragem em auditoria, 319
    7.7.1 Planejamento da amostra, 321
    7.7.2 População, 322
    7.7.3 Estratificação, 322
    7.7.4 Tamanho da amostra, 323
    7.7.5 Risco de amostragem, 323
    7.7.6 Erro tolerável, 325
    7.7.7 Erro esperado, 325
    7.7.8 Seleção da amostra, 325
        7.7.8.1 Aspectos gerais, 325
        7.7.8.2 Seleção aleatória, 326
        7.7.8.3 Seleção sistemática, 326
        7.7.8.4 Seleção casual, 326
    7.7.9 Avaliação dos resultados da amostra, 327
        7.7.9.1 Análise de erros da amostra, 327
        7.7.9.2 Extrapolação de erros, 327
        7.7.9.3 Reavaliação do risco de amostragem, 328
7.8 Considerações finais, 328

8 Controle Interno, 329
    8.1 Introdução, 329
        8.1.1 Conceito e observações fundamentais, 332
        8.1.2 Abrangência, 334
        8.1.3 Classificação, 334
        8.1.4 Estrutura e componentes, 335
        8.1.5 Os ganhos com a Sarbanes-Oxley, 336
        8.1.6 Visão geral e cultura de controle, 337
        8.1.7 Regulamentações – seguros privados, 337
        8.1.8 Atividades de controle e segregação de responsabilidades, 337
        8.1.9 Reconhecimento e avaliação de risco, 337
        8.1.10 Atividades de monitoração e correção de deficiências, 338
        8.1.11 Governança corporativa, 338
    8.2 Avaliação do controle interno, 338
        8.2.1 Como controlar as áreas de risco?, 340
        8.2.2 Quais os procedimentos mais eficientes?, 340

8.3 Tipos de controle: contábeis e administrativos, 341
8.4 Importância do controle interno, 343
    8.4.1 Responsabilidade, 344
    8.4.2 Rotinas internas, 345
    8.4.3 Acesso aos ativos, 346
    8.4.4 Segregação de funções, 346
    8.4.5 Confronto dos ativos com os registros, 346
    8.4.6 Amarrações do sistema, 347
    8.4.7 Auditoria interna, 349
8.5 Limitações do controle interno, 350
8.6 Fraudes e desfalques nas empresas, 350
    8.6.1 Responsabilidade pela prevenção e detecção da fraude, 352
    8.6.2 Responsabilidade do auditor, 353
8.7 Levantamento do sistema de controle interno, 353
8.8 Avaliação do sistema de controle interno e determinação dos procedimentos de auditoria, 353
    8.8.1 Realce do sistema, 354
    8.8.2 Avaliação, 356
    8.8.3 Testes de cumprimento de normas internas, 356
8.9 Questionário de avaliação do controle interno, 357
    8.9.1 Forma de aplicação, 357
    8.9.2 Levantamento e descrição da rotina, 357
        8.9.2.1 O que fazer?, 358
        8.9.2.2 Como fazer?, 358
        8.9.2.3 Descrição da rotina, 359
8.10 Características de um sistema eficiente de controle interno, 360
8.11 Categorias de controles internos, 362
    8.11.1 Controles organizacionais, 362
    8.11.2 Controles do sistema de informação, 363
    8.11.3 Controles de procedimentos, 363
    8.11.4 Documentação de procedimentos, 364
    8.11.5 Autorização e aprovação, 364
    8.11.6 Registros e formulários, 365
    8.11.7 Acesso aos ativos, 365
        8.11.7.1 Medidas físicas de proteção, 365
        8.11.7.2 Medidas de proteção intrínsecas, 366
    8.11.8 Limitações inerentes aos sistemas de controle interno, 366
8.12 Considerações finais, 366
Estudo de caso 1: Controles internos – Contas a receber – Clientes, 367
Estudo de caso 2: Compras – Deficiências de controles internos, 369

9 Documentação de Auditoria: Papéis de Trabalho, 371
9.1 Introdução, 371

9.2 Forma e conteúdo dos papéis de trabalho, 375
9.3 Confidencialidade, custódia e propriedade dos papéis de trabalho, 378
9.4 Preparação de um papel de trabalho, 378
9.5 Pontos essenciais dos papéis de trabalho, 379
9.6 Normas gerais para preenchimento dos papéis de trabalho, 380
9.7 Descrição dos papéis de trabalho, 381
9.8 Tipos de papéis de trabalho, 382
9.9 Forma e conteúdo dos papéis de trabalho, 384
9.10 Características básicas dos papéis de trabalho, 387
9.11 Codificação e arquivo dos papéis de trabalho, 388
9.12 Método para referenciar e cruzar referências – "amarração" das células individuais, 389
9.13 Ordenação dos papéis de trabalho, 391
9.14 *Ticks* ou marcas que indicam os trabalhos efetuados durante o exame, 393
9.15 Normas de organização e indexação dos papéis de trabalho, 403
    9.15.1 Trabalhos de outros, 403
    9.15.2 Relatórios financeiros, 404
    9.15.3 Ciclos de processamento de transações, 405
    9.15.4 Folhas-mestras e trabalho substantivo, 406
    9.15.5 Objetivos de auditoria e correspondentes conclusões, 407
    9.15.6 Estratégia de implementação, 408
9.16 Considerações finais, 410

10 Planejamento da Auditoria, 411
10.1 Introdução, 411
10.2 Objetivos, 424
10.3 Informações e condições para elaborar o planejamento de auditoria, 425
10.4 Conteúdo do planejamento, 433
10.5 Planejamento da primeira auditoria, 437
10.6 Saldos de abertura, 438
10.7 Procedimentos contábeis adotados, 438
10.8 Uniformidade dos procedimentos contábeis, 438
10.9 Eventos relevantes subsequentes ao exercício anterior, 439
10.10 Revisão dos papéis de trabalho do auditor anterior, 439
10.11 Planos de auditoria, 439
    10.11.1 Modelo de carta-proposta, 444
    10.11.2 Finalidades dos planos de auditoria, 447
    10.11.3 Responsabilidade pela preparação do plano de auditoria, 447
    10.11.4 Ocasiões em que o plano deve ser preparado, 448
    10.11.5 Maneira de preparar os planos de auditoria, 448
    10.11.6 Conteúdo dos planos de auditoria, 449
    10.11.7 Utilidade dos planos de auditoria, 450

10.12 Meios de prova e planejamento da auditoria, 451
    10.12.1 Como adquirir conhecimentos sobre a empresa auditada, 451
        10.12.1.1 Financeira, 451
        10.12.1.2 Contábil, 452
        10.12.1.3 Orçamentária, 452
        10.12.1.4 Pessoal, 452
        10.12.1.5 Fiscal e legal, 452
        10.12.1.6 Operações, 452
        10.12.1.7 Vendas, 452
        10.12.1.8 Suprimentos, 453
    10.12.2 Como planejar maior volume de horas nas auditorias preliminares, 453
    10.12.3 Como obter maior cooperação do pessoal da empresa, 454
    10.12.4 Como determinar os testes detalhados de auditoria, 455
    10.12.5 Identificação prévia de problemas, 455

10.13 Programa de auditoria, 456
    10.13.1 Técnica para elaboração do programa de auditoria, 458
    10.13.2 Elaboração do programa, 459

10.14 Aplicação das técnicas de auditoria, 460

10.15 Principais procedimentos de auditoria, 460

10.16 Carta de contratação para revisão de demonstrações contábeis, 461
    10.16.1 Procedimentos detalhados que podem ser executados em trabalho de revisão de demonstrações contábeis, 462

10.17 Considerações finais, 468

11 Programas de Auditoria para Contas do Ativo, 471

11.1 Introdução, 471

11.2 Contas do ativo, 471
    11.2.1 Planejamento de auditoria, 473
    11.2.2 Objetivos e procedimentos, 474

11.3 Auditoria de caixa e bancos, 477
    11.3.1 Desfalques no caixa, 481

11.4 Auditoria de contas a receber, 482
    11.4.1 Evidências externas – confirmação, 483

11.5 Auditoria de estoques, 487
    11.5.1 Definições, 487
    11.5.2 Objetivos, 488
    11.5.3 Observação do estoque, 488
    11.5.4 Procedimentos do cliente, 489
    11.5.5 Responsabilidades pelas etiquetas, 490
    11.5.6 Movimento, 491
    11.5.7 Contagem de teste, 491
    11.5.8 Avaliação do inventário físico, 492
    11.5.9 Procedimentos que se seguem à observação, 492

11.5.10 Controle interno sobre estoques, 494
11.5.11 Apresentação de estoques nas demonstrações financeiras, 495
11.6 Auditoria do imobilizado, 496
    11.6.1 Objetivos, 496
    11.6.2 Campo de exame, 496
    11.6.3 Revisão do controle interno, 496
    11.6.4 Procedimentos de auditoria, 497
11.7 Auditoria de investimentos, 502
    11.7.1 Objetivos, 503
    11.7.2 Exame e confirmação, 503
11.8 Ativo intangível, 508
    11.8.1 Identificação, 510
    11.8.2 Controle, 510
    11.8.3 Benefício econômico futuro, 511
    11.8.4 Reconhecimento e mensuração, 511
    11.8.5 Aquisição separada, 512
    11.8.6 Aquisição como parte de combinação de negócios, 513
    11.8.7 Mensuração do valor justo de ativo intangível adquirido em combinação de negócios, 514
    11.8.8 Gastos subsequentes em projeto de pesquisa e desenvolvimento em andamento adquirido, 515
    11.8.9 Aquisição por meio de subvenção ou assistência governamentais, 515
    11.8.10 Permuta de ativos, 516
    11.8.11 Ágio derivado da expectativa de rentabilidade futura (*goodwill*) gerado internamente, 516
    11.8.12 Ativo intangível gerado internamente, 517
        11.8.12.1 Fase de pesquisa, 517
        11.8.12.2 Fase de desenvolvimento, 518
    11.8.13 Custo de ativo intangível gerado internamente, 519
    11.8.14 Reconhecimento de despesa, 520
    11.8.15 Despesa anterior não reconhecida como ativo, 521
    11.8.16 Mensuração após reconhecimento, 521
        11.8.16.1 Método de custo, 521
        11.8.16.2 Método de reavaliação, 521
        11.8.16.3 Vida útil, 523
        11.8.16.4 Ativo intangível com vida útil definida, 524
    11.8.17 Revisão do período e do método de amortização, 525
    11.8.18 Ativo intangível com vida útil indefinida, 526
        11.8.18.1 Revisão da vida útil, 526
    11.8.19 Recuperação do valor contábil – perda por redução ao valor recuperável de ativos, 526
        11.8.19.1 Baixa e alienação, 526

11.8.20 Divulgação, 527
    11.8.20.1 Geral, 527
    11.8.20.2 Ativo intangível mensurado após o reconhecimento utilizando o método de reavaliação, 529
    11.8.20.3 Gasto com pesquisa e desenvolvimento, 529
    11.8.20.4 Outras informações, 529
11.8.21 Disposições diversas, 529
11.8.22 Exemplos ilustrativos, 530
    11.8.22.1 Avaliação da vida útil de ativo intangível, 530
11.8.23 Interpretação técnica, 533
    11.8.23.1 Ativo Intangível – Custo com Sítio para Internet (*Website Costs*), 533
    11.8.23.2 Aplicação prática, 534
11.9 Testes de recuperabilidade de ativos, 535
11.10 Considerações finais, 536

12 Programa de Auditoria para Contas do Passivo, 537

12.1 Auditoria para fornecedores e contas a pagar, 540
12.2 Auditoria para obrigações sociais e outras obrigações, 540
12.3 Auditoria das contas do passivo não circulante, 540
    12.3.1 Objetivos, 541
    12.3.2 Programa de auditoria, 541
12.4 Auditoria para empréstimos e financiamentos circulante e não circulante, 541
    12.4.1 Objetivos, 541
12.5 Contingências, 544
    12.5.1 Considerações gerais, 544
    12.5.2 Procedimentos de auditoria, 545
    12.5.3 Circularização dos consultores jurídicos, 546
    12.5.4 Limitações na extensão da resposta do consultor jurídico, 547
    12.5.5 Outras limitações na resposta de um consultor jurídico, 547
    12.5.6 Julgamento do auditor, 548
12.6 Considerações finais, 549

13 Programa de Auditoria para Contas do Patrimônio Líquido, 551

13.1 Objetivos específicos, 552
13.2 Procedimentos de auditoria, 552
13.3 Documentação, 554
13.4 Orientação, 554
13.5 Controle interno sobre o patrimônio líquido, 555
13.6 Apresentação das contas de patrimônio líquido nas demonstrações financeiras, 555
13.7 Programa de auditoria, 555
13.8 Considerações finais, 557

14 Programa de Auditoria para as Contas de Resultado, 559
  14.1 Introdução, 559
  14.2 Campo de exame, 560
  14.3 Objetivos, 560
  14.4 Controles internos, 561
  14.5 Procedimentos de auditoria, 561
  14.6 Seleção de contas para exame, 562
  14.7 Análise e verificação das contas de receitas e despesas, 563
  14.8 Despesas, 563
    14.8.1 Procedimentos, 563
  14.9 Considerações finais, 571

15 Programa de Auditoria para Verificação Complementar, 573
  15.1 Objetivo, 573
  15.2 Campo do exame, 573
  15.3 Procedimentos de auditoria, 573
  15.4 Considerações finais, 573

16 Programa de Auditoria para Eventos Subsequentes, 575
  16.1 Introdução, 575
  16.2 Definições, 577
  16.3 Reconhecimento e mensuração, 578
    16.3.1 Eventos subsequentes à data do balanço que originam ajustes, 578
    16.3.2 Eventos subsequentes à data do balanço que não originam ajustes, 579
    16.3.3 Dividendos, 580
  16.4 Procedimentos de auditoria sobre transações e eventos ocorridos entre o término do exercício social e a emissão da opinião, 580
  16.5 Transações e eventos ocorridos após emissão da opinião e a divulgação das demonstrações contábeis, 582
  16.6 Transações e eventos conhecidos após a divulgação das demonstrações contábeis, 582
  16.7 Oferta de valores mobiliários ao público, 583
  16.8 Continuidade operacional, 584
  16.9 Divulgação, 584
    16.9.1 Data da autorização para conclusão da elaboração do balanço, 584
    16.9.2 Atualização das divulgações sobre condições existentes na data do balanço, 584
    16.9.3 Eventos subsequentes à data do balanço que não originam ajustes, 584
  16.10 Programa de auditoria, 586
  16.11 Considerações finais, 586

17 Programa de Auditoria para Revisão Final, 589
  17.1 Objetivo, 589
  17.2 Procedimentos, 589

17.3 Programa, 590
17.4 Revisão com o cliente, 590
17.5 Carta de responsabilidade da administração, 590
    17.5.1 Reconhecimento por parte da administração de sua responsabilidade pelas demonstrações contábeis, 592
    17.5.2 Declarações da administração como evidência de auditoria, 593
    17.5.3 Documentação das declarações da administração, 594
    17.5.4 Elementos básicos da carta com as declarações de responsabilidade da administração, 594
    17.5.5 Ação a ser adotada caso a administração se recuse a prestar declarações, 597
17.6 Material, 603
17.7 Resumo de tempo, 603
17.8 Considerações finais, 603

Referências, 605

1

Fundamentos de Auditoria

ENFOQUE

➢	**NBC TA 01**	Estrutura Conceitual para Trabalhos de Asseguração.
➢	**NBC TA 200**	Objetivos Gerais do Auditor Independente e a Condução de uma Auditoria em Conformidade com as Normas de Auditoria.
➢	**NBC TA 210**	Concordância com os Termos de Trabalho de Auditoria.
➢	**NBC TA 240 (R1)**	Responsabilidade do Auditor Relacionada com Fraude em Auditoria de Demonstrações Contábeis.
➢	**NBC PA 290 (R2)**	Independência.
➢	**NBC TA 540 (R2)**	Auditoria de Estimativa Contábil, Inclusive do Valor Justo e Divulgações Relacionadas.
➢	**NBC TA 570**	Continuidade Operacional.
➢	**NBC TG 1000 (R1)**	Contabilidade para Pequenas e Médias Empresas.

1.1 INTRODUÇÃO

A administração de uma sociedade tem o dever de apresentar demonstrações contábeis e divulgações adequadas e esclarecedoras à opinião pública. A opinião dos auditores sobre esses demonstrativos é elemento fundamental na extensão que se traduz em sinônimo de confiabilidade às informações prestadas.

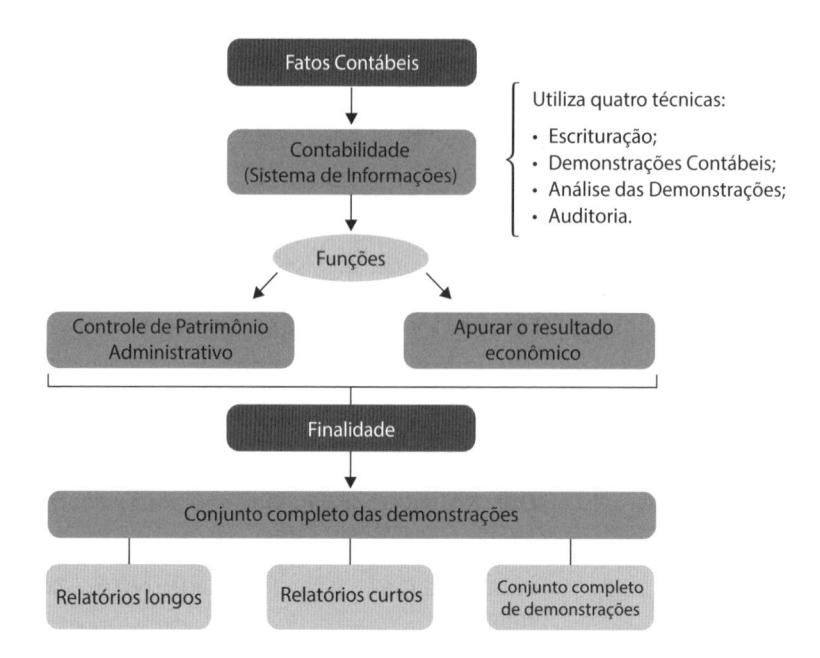

Figura 1.1 Contabilidade.

Fatos Contábeis → **Contabilidade (Sistema de Informações)** → **Funções**

Utiliza quatro técnicas:
- Escrituração;
- Demonstrações Contábeis;
- Análise das Demonstrações;
- Auditoria.

Funções:
- Controle de Patrimônio Administrativo
- Apurar o resultado econômico

Finalidade: Conjunto completo das demonstrações
- Relatórios longos
- Relatórios curtos
- Conjunto completo de demonstrações

Figura 1.1 *Contabilidade.*

Todos nós gostaríamos de saber, em alguma circunstância, se as informações sobre os recursos gerados e aplicados, o resultado operacional e a variação patrimonial obedeceram a padrões usuais de medição. Se uma empresa representa um conjunto de transações complexas que envolvem aspectos operacionais, sociais e societários de várias grandezas, como saber sobre os controles, as técnicas contábeis, os procedimentos tributários e a obediência às normas regulamentadoras?

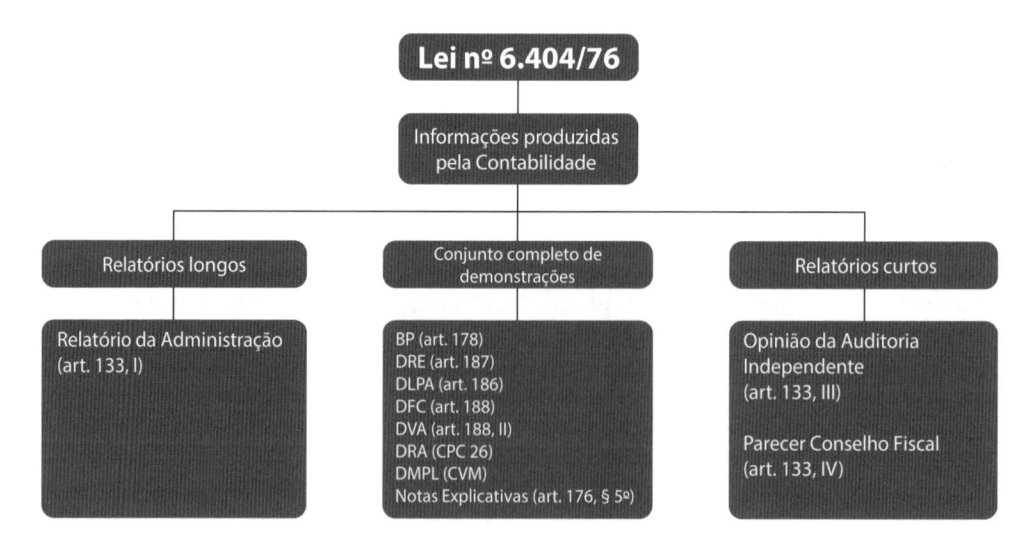

Lei nº 6.404/76

Informações produzidas pela Contabilidade

- **Relatórios longos**
  - Relatório da Administração (art. 133, I)

- **Conjunto completo de demonstrações**
  - BP (art. 178)
  - DRE (art. 187)
  - DLPA (art. 186)
  - DFC (art. 188)
  - DVA (art. 188, II)
  - DRA (CPC 26)
  - DMPL (CVM)
  - Notas Explicativas (art. 176, § 5º)

- **Relatórios curtos**
  - Opinião da Auditoria Independente (art. 133, III)
  - Parecer Conselho Fiscal (art. 133, IV)

Figura 1.2 *A Lei nº 6.404/76.*

A NBC TA 01 – Estrutura Conceitual para Trabalhos de Asseguração define e descreve os elementos e os objetivos de um trabalho de asseguração, identificando os trabalhos aos quais são aplicadas as Normas Técnicas de Auditoria (NBC TA), Normas Técnicas de Revisão (NBC TR) e Normas para Outros Trabalhos de Asseguração (NBC TO). Ela proporciona orientação e referência para:

- profissionais de contabilidade na prática de auditoria (auditores independentes) quando executam trabalhos de asseguração. Profissionais de contabilidade no setor público são remetidos para a Perspectiva do Setor Público no final desta Estrutura Conceitual. Os profissionais de contabilidade que não estejam nem na prática de auditoria nem no setor público são encorajados a considerar esta estrutura conceitual quando executarem trabalhos de asseguração;
- outros envolvidos em trabalhos de asseguração, incluindo os usuários previstos do relatório de asseguração e a parte responsável; e
- emissão de normas técnicas (NBC TA, NBC TR e NBC TO) pelo Conselho Federal de Contabilidade (CFC).

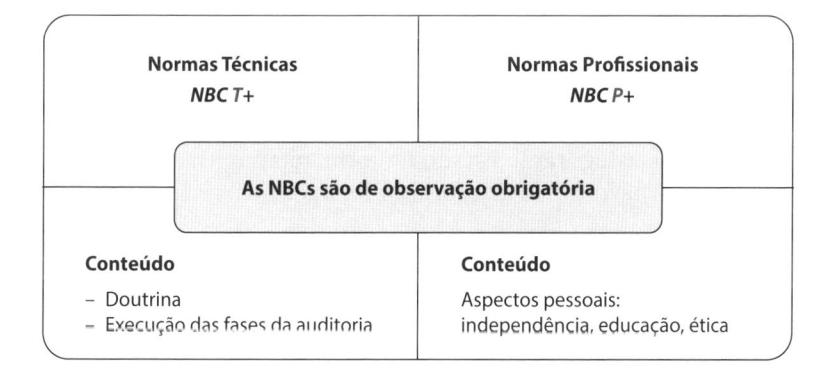

Normas Técnicas NBC T+	Normas Profissionais NBC P+
As NBCs são de observação obrigatória	
Conteúdo – Doutrina – Execução das fases da auditoria	**Conteúdo** Aspectos pessoais: independência, educação, ética

Figura 1.3 *Normas técnicas ou profissionais.*

Fonte: Leone (1999).

"Trabalho de asseguração" significa um trabalho no qual o auditor independente expressa uma conclusão com a finalidade de aumentar o grau de confiança dos outros usuários previstos, que não seja a parte responsável, acerca do resultado da avaliação ou mensuração de determinado objeto, de acordo com os critérios aplicáveis, conforme Aragão (2019). É todo trabalho no qual o auditor independente visa obter evidências apropriadas e suficientes para expressar sua conclusão, de forma a aumentar o grau de confiança dos usuários previstos sobre o resultado da mensuração ou avaliação do objeto, de acordo com os critérios que sejam aplicáveis.

A NBC TA – Estrutura Conceitual trata também do trabalho de atestação e do trabalho direto. Ambos possuem uma sutil diferença. No trabalho de atestação, o profissional, que não seja o auditor independente, deve mensurar ou avaliar o objeto de acordo com os critérios aplicáveis. Um exemplo é quando a própria entidade mensura o seu passivo decorrente de empréstimos e financiamentos.

No trabalho direto, como o próprio nome sugere, o auditor deve aplicar as habilidades e as técnicas de asseguração para obter evidências apropriadas e suficientes sobre o resultado da mensuração ou avaliação do objeto, de acordo com os critérios aplicáveis.

O trabalho de atestação é feito por outro profissional, que não seja o auditor independente, enquanto o trabalho direto é feito diretamente pelo auditor.

Esta estrutura conceitual não estabelece normas próprias nem exigências relativas a procedimentos para execução de trabalhos de asseguração. As NBC TA, NBC TR e NBC TO contêm princípios básicos, procedimentos essenciais e respectiva orientação, de modo consistente com os conceitos desta Estrutura Conceitual, para a execução de trabalhos de asseguração.

A NBC TA – Estrutura Conceitual para Trabalhos de Asseguração – identifica o relacionamento entre três partes (o auditor independente, a parte responsável e os usuários previstos) e estabelece mais quatro elementos que necessariamente devem estar presentes em um trabalho de asseguração executado por um auditor independente, que são: objeto apropriado; critérios adequados; evidências apropriadas e suficientes; e relatório de asseguração escrito de forma apropriada. Requer os seguintes elementos do trabalho de asseguração:

a) relação de três partes envolvendo o auditor independente, a parte responsável e os usuários previstos;
b) objeto apropriado;
c) critérios aplicáveis;
d) evidências apropriadas e suficientes; e
e) relatório de asseguração escrito no formato apropriado ao trabalho de asseguração razoável ou de asseguração limitada.

Ela também define dois tipos de trabalho de asseguração:

- trabalho de asseguração razoável – é a auditoria das demonstrações contábeis;
- trabalho de asseguração limitada – é uma revisão.

As normas brasileiras de auditoria definem e descrevem elementos, objetivos e outros aspectos dos trabalhos de asseguração. Ao conduzir os trabalhos de auditoria, o auditor deve procurar obter asseguração razoável de que as demonstrações contábeis estão livres de distorções relevantes e em conformidade com a estrutura do relatório financeiro, bem como deve apresentar o relatório de auditoria em conformidade com as suas constatações.

Conforme a norma sobre trabalhos de asseguração diferente de auditoria e revisão, o auditor independente deve aceitar ou continuar o trabalho em algumas situações, como: quando ele tiver motivos para acreditar que as exigências éticas aplicáveis, incluindo a independência, serão cumpridas; quando a base na qual o trabalho deverá ser executado for aceita, por meio de estabelecimento de que as precondições para o trabalho de asseguração estão presentes; e, quando a base na qual o trabalho deverá ser executado for aceita, por meio de confirmação de que existe entendimento comum dos termos do trabalho entre o auditor e a parte contratante, incluindo as responsabilidades relacionadas com o relatório a ser emitido pelo auditor.

De acordo com a NBC TO 01, o auditor deve avaliar a adequação dos critérios de avaliação ou de mensuração do objeto. Critérios adequados têm as seguintes características:

- **relevância**: critérios relevantes contribuem para a tomada de decisão pelos usuários previstos;

- **integridade**: critérios são suficientemente completos quando os fatores relevantes, que podem influenciar nas conclusões no contexto do trabalho, não foram omitidos. Critérios completos incluem, quando relevantes, pontos de referência (*benchmarks*) para divulgação e apresentação;
- **confiabilidade**: critérios confiáveis permitem avaliação ou mensuração razoavelmente uniformes do objeto que inclui, quando relevante, a apresentação e a divulgação, de acordo com a prática de mercado reconhecida em situações similares;
- **neutralidade**: critérios neutros contribuem para conclusões sem vícios;
- **entendimento**: critérios compreensíveis possibilitam conclusões claras e completas e sem risco de interpretações significativamente diferentes.

As normas brasileiras de auditoria tratam dos riscos do trabalho e os diferenciam em relação aos trabalhos de asseguração razoável e de asseguração limitada, existindo diferentes impactos no relatório de auditoria. No trabalho de asseguração razoável, a conclusão do auditor é expressa na forma positiva para transmitir a sua opinião sobre o resultado da avaliação do objeto, diferentemente do que ocorre no trabalho de asseguração limitada.

No processo de auditoria independente, deve-se emitir uma opinião com a assinatura de contador devidamente registrado. Nesse espaço, a auditoria mostra sua importância. Valendo-se de normas e padrões de natureza técnica e ética claramente determinados, a auditoria torna-se elemento fundamental no sistema de informações, medição de desempenho e prestação de contas da administração. Ela não existe para substituir a função da administração da empresa; portanto, não deve prosperar o raciocínio de que se há uma estrutura administrativa forte não é necessário o trabalho do auditor ou, *a contrario sensu*, a empresa tem auditor porque sua estrutura é fraca.

Maior grau de confiança
ao mercado na informação produzida por uma empresa – tomada de decisões

Avaliação independente
sobre julgamentos e premissas adotadas para demonstrar a realidade econômica e financeira

A IMPORTÂNCIA DA AUDITORIA

Fator relevante
na precificação de negócios

Requisito para atuação
em mercados regulados: CVM, BCB, SUSEP, PREVIC etc.

Figura 1.4 *Importância da auditoria.*

O administrador deve promover sua execução para apresentar dados informativos e precisos à disposição dos usuários e dos níveis decisórios. A auditoria, por seu turno, procederá a uma avaliação independente sobre a posição patrimonial e as informações financeiras. Não há como interpretar que haja conflitos nem que o trabalho de um iniba o trabalho do outro. O que não é possível é assumir a ideia de que as funções são descartáveis entre si. Seria o mesmo que um time de futebol no qual o atleta acumulasse também as funções de técnico (desastre na certa). O administrador é parte do sistema contábil e de controle interno; portanto, seu julgamento, discernimento e estratégias são canalizados para certos limites, e a avaliação independente será profissionalmente desenvolvida com as técnicas e a experiência do auditor independente.

Ao contador compete conhecer profundamente as técnicas de apresentação das demonstrações contábeis, enquanto ao auditor compete conhecer com minudência as técnicas para avaliar se as demonstrações contábeis representam adequadamente a posição patrimonial e financeira da empresa.

Claro que a auditoria independente guarda uma relação direta e acentuada com a sofisticação dos negócios e com a estrutura societária. Consequentemente, o nível de interesse em ter demonstrações contábeis com opinião de auditores depende do astral do empresário, do envolvimento do acionista, da responsabilidade do administrador e do entusiasmo do funcionário; mas um aspecto é fundamental: quando acompanhado da opinião dos auditores independentes, o grau de confiabilidade é outro. Um exemplo característico sobre a confiabilidade das informações está relacionado com os dados estatísticos de desempenho das empresas extraídos de demonstrações contábeis, nem sempre (ou quase nunca) submetidas à auditoria. Não se quer dizer que estejam errados, mas não há absoluta segurança de que os pronunciamentos contábeis, que garantem a adequada medição de variação patrimonial, foram seguidos, e mais, de que o sistema contábil e de controle interno está direcionado para assegurar com relativa certeza que as transações foram corretamente contabilizadas, permitindo informações financeiras práticas, confiáveis e úteis.

As "práticas contábeis adotadas no Brasil" compreendem a legislação societária brasileira, as Normas Brasileiras de Contabilidade, emitidas pelo Conselho Federal de Contabilidade, os pronunciamentos, as interpretações e as orientações emitidos pelo CPC e homologados pelos órgãos reguladores, e práticas pelas entidades em assuntos não regulados, desde que atendam à Estrutura Conceitual para a Elaboração e Apresentação das Demonstrações Contábeis emitidas pelo CFC e, por conseguinte, esteja em consonância com as normas contábeis internacionais.

De certa forma, estamos diante de um processo de conscientização. O público usuário deve exigir e o empresário acate a auditoria como parte integrante do sistema de informações econômico-financeiras. Devemos insistir: se necessário, vamos estudar e reformular as normas em função da realidade econômica; vamos estabelecer uma linguagem simples, desenvolver padrões tecnicamente perfeitos, porém acessíveis, evitando o "auditês"; vamos partir para exigências viáveis; enfim, vamos evoluir.

Há "desvios recorrentes" no nível de informação prestada pelas companhias abertas brasileiras em itens relevantes dos balanços. A conclusão é de um levantamento feito pela Comissão de Valores Mobiliários (CVM) com base nos demonstrativos financeiros. O principal problema identificado, segundo a CVM, é a omissão de informações relevantes nas notas explicativas que acompanham os balanços para que os usuários possam tirar suas conclusões sobre as empresas.

A autarquia vai ponderar na avaliação o fato de os normativos que exigem mais transparência serem uma novidade para as companhias, no âmbito das mudanças contábeis para o padrão internacional das *International Financial Reporting Standards* (IFRS). Não há restrição aos contratos, mas se exige divulgação de informações detalhadas, para que os usuários possam entender em que condições eles ocorreram e se seguiram ou não práticas de mercado.

O CFC e o Instituto dos Auditores Independentes do Brasil (IBRACON) são membros associados da *International Federation of Accounting* (IFAC) e, dessa forma, entenderam como indispensável o processo de convergência das Normas Brasileiras de Contabilidade aos padrões internacionais.

A atividade fundamental do auditor independente é expressar uma opinião sobre as demonstrações contábeis. A auditoria é disciplinada pela NBC TA 200 (R1) – Objetivos Gerais do Auditor Independente e a Condução da Auditoria em Conformidade com Normas de Auditoria. Para fins desta Norma, os termos a seguir possuem os significados a eles atribuídos:

- *Responsáveis pela governança* são as pessoas ou organizações com responsabilidade pela supervisão geral da direção estratégica da entidade e das obrigações relacionadas à responsabilidade da entidade. Isso inclui a supervisão geral do processo de relatórios financeiros. Para algumas entidades em algumas circunstâncias, os responsáveis pela governança podem incluir pessoal da administração, por exemplo, membros executivos de um conselho de administração de uma entidade do setor público ou privado, ou um sócio proprietário.
- *Administração* são as pessoas com responsabilidade executiva pela condução das operações da entidade. Para algumas entidades, os responsáveis pela governança podem incluir pessoal da administração, por exemplo, membros de um conselho de administração ou um sócio proprietário.

A estrutura conceitual para trabalhos de asseguração está demonstrada na Tabela 1.1.

Tabela 1.1 *Estrutura do trabalho de asseguração*

	Estrutura conceitual para trabalho de asseguração
	Normas Técnicas de Auditoria das Demonstrações Contábeis – NBC TAs
Série 200	Responsabilidades e objetivos do auditor independente e condução da auditoria
Séries 300 e 400	Planejamento da auditoria – Avaliação dos riscos de distorções relevantes pelo entendimento do ambiente da entidade auditada e do seu controle interno e as respostas aos riscos identificados
Séries 500 e 600	Evidências e procedimentos técnicos de auditoria independente das demonstrações contábeis
Série 700	Relatório do auditor independente das demonstrações contábeis
Série 800	Considerações especiais de auditoria das demonstrações contábeis
	Normas Técnicas de revisão – NBC TRs
	Normas Técnicas de Asseguração de Informação Histórica – NBC TO

Fonte: NBC TAs.

A correlação entre as NBC TAs e ISA está apresentada na Tabela 1.2.

Tabela 1.2 *Correlação NBCTA × ISA*

Norma Brasileira de Contabilidade Técnica Auditoria (NBC TA)	Equivalente Internacional
NBC TA – Estrutura Conceitual – Estrutura Conceitual para Trabalhos de Asseguração	Estrutura Conceitual da IFAC
NBC TA 200 – Objetivos Gerais do Auditor Independente e a Condução da Auditoria em Conformidade com Normas de Auditoria	ISA 200
NBC TA 300 – Planejamento da Auditoria de Demonstrações Contábeis	ISA 300
NBC TA 500 – Evidência de Auditoria	ISA 500
NBC TA 600 – Considerações Especiais – Auditorias de Demonstrações Contábeis de Grupos, incluindo o Trabalho dos Auditores dos Componentes	ISA 600
NBC TA 700 – Formação da Opinião e Emissão do Relatório do Auditor Independente sobre as Demonstrações Contábeis	ISA 700
NBC TA 800 – Considerações Especiais – Auditorias de Demonstrações Contábeis Elaboradas de Acordo com Estruturas de Contabilidade para Propósitos Especiais	ISA 800

Fonte: NBC TAs.

Os princípios fundamentais da ética profissional a serem observados pelos auditores na realização da auditoria de demonstrações contábeis incluem: integridade e comportamento profissional, objetividade, confidencialidade, competência profissional e devido zelo.

1.2 CONCEITO E APLICAÇÃO DA AUDITORIA CONTÁBIL

1.2.1 Conceito

De acordo com as normas brasileiras referentes às demonstrações contábeis, a auditoria das demonstrações contábeis constitui o conjunto de procedimentos técnicos que tem por objetivo a emissão de opinião sobre a sua adequação, consoante as Normas Brasileiras de Contabilidade e, no que for pertinente, a legislação específica. Para tanto, as informações devem observar características qualitativas, tais como: oportunidade; competência; continuidade; inadequação, impessoalidade e imparcialidade.

A auditoria é a técnica contábil que, por meio de procedimentos específicos que lhe são peculiares, aplicados no exame de registros e documentos, nas inspeções e na obtenção de informações e confirmações, relacionados com o controle de patrimônio de uma entidade, objetiva obter elementos de convicção que permitam julgar se os registros contábeis foram efetuados de acordo com as normas brasileiras de contabilidade e se as demonstrações contábeis deles decorrentes refletem adequadamente a situação econômico-financeira do patrimônio, os resultados do período administrativo examinado e as demais situações nelas demonstradas. A correção de fraudes ou erros não constitui objetivo da auditoria contábil. O auditor aplica procedimentos para emitir opinião sobre as demonstrações contábeis, verificando se existem erros ou distorções relevantes que as tornem inadequadas. A responsabilidade pela detecção de erros e sua correção é da administração da empresa.

Ao realizar a auditoria das demonstrações contábeis, são objetivos gerais do auditor obter segurança razoável de que as demonstrações como um todo estão livres de distorção relevante, independentemente se causada por fraude ou erro, possibilitando, assim, que o auditor expresse sua opinião de que se as demonstrações contábeis foram elaboradas, em todos os aspectos relevantes, em conformidade com a estrutura de relatório financeiro aplicável; e apresentar relatório sobre as demonstrações contábeis e comunicar-se como exigido pelas NBC TAs.

A auditoria contábil é responsável por verificar a efetiva aplicação de recursos externos oriundos de agentes financeiros por entidades públicas executoras de projetos celebrados com esses agentes, com a finalidade de emitir opinião sobre a adequação e fidedignidade das demonstrações financeiras. Trata-se da auditoria de recursos externos do tipo contábil, segundo Aragão (2019).

De acordo com a NBC TA 240 (R1), a principal responsabilidade pela prevenção e detecção da fraude é dos responsáveis pela governança da entidade e da sua administração. É importante que a administração, com a supervisão geral dos responsáveis pela governança, enfatize a prevenção da fraude, o que pode reduzir as oportunidades de sua ocorrência, e a dissuasão da fraude, o que pode persuadir os indivíduos a não perpetrar fraude por causa da probabilidade de detecção e punição. Isso envolve um compromisso de criar uma cultura de honestidade e comportamento ético, que pode ser reforçado por supervisão ativa dos responsáveis pela governança. A supervisão geral por parte dos responsáveis pela governança inclui a consideração do potencial de burlar controles ou outra influência indevida sobre o processo de elaborar confidencialidade de informações contábeis, tais como tentativas da administração de gerenciar os resultados para que influenciem a percepção dos analistas quanto à rentabilidade e ao desempenho da entidade.

Os dois tipos de distorções intencionais (fraude) são pertinentes para o auditor: (a) distorções decorrentes de informações contábeis fraudulentas; e (b) distorções decorrentes da apropriação indébita de ativos.

De forma bastante simples, pode-se definir auditoria como levantamento, estudo e avaliação sistemática das transações, procedimentos, operações, rotinas e das demonstrações financeiras de uma entidade. Por ser uma atividade crítica, em sua essência, traduz-se na emissão de uma opinião sobre as atividades verificadas. Envolve, de acordo com a Resolução 820/1997 do CFC, por sua natureza, "o conjunto de procedimentos técnicos que tem por objetivo a emissão da opinião sobre a adequação das demonstrações contábeis, consoante os pronunciamentos contábeis e as Normas Brasileiras de Contabilidade e, no que for pertinente, a legislação específica".

Brito e Fontenelle (2015) afirmam que auditar é testar a eficiência e a eficácia do controle patrimonial, não se limitando aos aspectos contábeis. Por ser uma atividade crítica, traduz-se na emissão de uma opinião sobre as atividades verificadas.

A auditoria das demonstrações contábeis constitui o conjunto de procedimentos técnicos que tem por objetivo a emissão de opinião sobre sua adequação, consoante os pronunciamentos contábeis e pertinente à legislação específica. Consiste em controlar as áreas-chave nas empresas a fim de evitar situações que propiciem fraudes, desfalques e subornos, através de testes. É a função de controle exercida pelas empresas, por técnicos especializados, salvaguardando o patrimônio da empresa ou entidade auditada. Segundo o disposto no item 4 da NBC TA 200 (R1) – Objetivos do Auditor Independente e a Condução da Auditoria em Conformidade com Normas de Auditoria, as demonstrações sujeitas à auditoria são as da entidade, elaboradas pela sua administração, com supervisão geral dos responsáveis pela governança, sendo: balanço patrimonial, demonstrações do resultado, demonstração das mutações do patrimônio líquido, demonstração dos fluxos de caixa e notas explicativas.

O desenvolvimento da profissão do contador na atividade de auditoria foi estruturado, fundamentalmente, na necessidade que tinham os usuários da informação contábil de contar com uma opinião independente e objetiva que agregasse credibilidade e confiabilidade às manifestações que a gerência faz, por meio das demonstrações contábeis, sobre a situação econômica e financeira da entidade.

No entanto, com o crescimento da função de auditoria, faz-se também necessário um desenvolvimento prospectivo e mais estrito da norma que regula sua aplicação com a finalidade de permitir garantia aos usuários de uma informação com todas as suas características, desde o ponto de vista das ciências das comunicações; ou seja, uma informação clara, acessível, confiável, com conteúdo, formato e que adquira valor quando se faça uso dela, devendo ser organizada para poder ser ajustada às necessidades daqueles que a utilizam, segundo Consenza e Grateron (2003).

A auditoria contábil é aplicada às companhias abertas, sociedades e empresas que integram o sistema de distribuição de valores mobiliários, art. 26 da Lei nº 6.385/76.

Também terão suas demonstrações auditadas regularmente as empresas que:

- faturarem mais que R$ 300 milhões por ano;
- possuírem ativos superiores a R$ 240 milhões, Lei nº 11.638/2007.

Atualmente não há qualquer imperativo legal nos termos da Lei nº 11.638/2007 que obrigue as sociedades limitadas de grande porte a publicar suas demonstrações financeiras. Assim, não existe obrigação de cumprir o art. 289 da Lei nº 6.404/76.

O Registro Público de Empresas Mercantis e Atividades Afins publicou o Ofício-circular nº 99, que estabeleceu ser facultativa a publicação dos balanços pelas sociedades limitadas de grande porte.

A auditoria independente é obrigatória para entidades filantrópicas que arrecadem mais de R$ 2,4 milhões. A Lei Federal nº 12.101/2009 define o parâmetro: as entidades filantrópicas que tenham faturamento superior a R$ 2,4 milhões por ano são obrigadas a apresentar suas demonstrações contábeis devidamente auditadas por auditor independente legalmente habilitado nos Conselhos Regionais de Contabilidade e desobrigadas de ter o seu registro na CVM, conforme item VIII do art. 29 da Lei nº 12.101/2009. Essa lei tomou como base os valores previstos na Lei Complementar nº 123/2006. O limite estabelecido por essa lei é o mesmo aplicado para faturamento-limite das microempresas e das empresas de pequeno porte. Assim, se houver alteração do limite dessas categorias de empresas, automaticamente será alterado o teto de faturamento que torna obrigatória a ação da auditoria independente.

Estão obrigadas a submeter suas demonstrações contábeis ao exame de auditoria independente as seguintes entidades:

- sociedades anônimas de capital aberto;
- instituições financeiras (bancos, financeiras, distribuidoras, corretoras, entre outras);
- companhias de seguros;
- fundos de previdência complementar;
- fundações públicas ou privadas consideradas de interesse público;
- empresas subordinadas a agências reguladoras, como, por exemplo: ANEEL (Agência Nacional de Energia Elétrica), ANATEL (Agência Nacional de Telecomunicações), ANAC (Agência Nacional de Aviação Civil), entre outras;
- sociedades de grande porte.

O conceito de materialidade é aplicado pelo auditor no planejamento e na execução da auditoria; na avaliação do efeito de distorções identificadas sobre a auditoria e de distorções não corrigidas, se houver, sobre as demonstrações contábeis.

Os motivos para as empresas contratarem uma auditoria independente são:

- obrigação legal pela Lei nº 6.404/76;
- aumento da confiabilidade dos investidores;
- existência de empresas com subsidiárias em outros países;
- exigência estatutária ou contratual;
- gerar informação para usuários externos;
- obtenção de um exame imparcial dos relatórios contábeis;
- reestruturação societária (cisão, fusão e incorporação).

A NBC TA 210 (R1) trata da responsabilidade do auditor independente em estabelecer os termos de um trabalho de auditoria com a administração e, quando apropriado, com os responsáveis pela governança, considerando que existem certas condições prévias a um trabalho de auditoria que são de responsabilidade desses atores. A responsabilidade do trabalho do auditor para com a sociedade em geral (auditor externo) e com dirigentes da empresa (auditor interno e externo) é indiscutível, e, no desempenho de suas funções, ele pode ser responsabilizado por danos eventualmente causados a terceiros.

Perante a lei, ele é responsável pela sua opinião sobre as demonstrações, sendo aplicadas as sanções disciplinares pelo CFC, enquanto as sanções civis são próprias do Estado, podendo mesmo haver cumulação de sanções. A responsabilidade civil do contador na função de auditor independente existe pelo fato de que esse profissional é um cidadão inserido no Estado de Direito com profissão regulamentada, sujeito a direitos e deveres. O sócio encarregado do trabalho (auditor) é o sócio ou outra pessoa na firma, responsável pelo trabalho e sua execução e pelo relatório de auditoria ou outros relatórios emitidos em nome da firma, e quem, quando necessário, tem a autoridade apropriada de um órgão profissional, legal ou regulador. Assume a responsabilidade exclusiva pela condução e pelo resultado dos trabalhos.

Na execução dos trabalhos de auditoria externa, normalmente são utilizadas equipes técnicas para o desempenho do trabalho. A responsabilidade técnica do trabalho é do auditor, que assumirá total responsabilidade pelos trabalhos executados.

A responsabilidade primária na prevenção e detecção de fraudes e erros é da administração, que deve:

- implementar os controles internos necessários;
- elaborar as demonstrações contábeis;
- prevenir e detectar, de forma primária, fraudes e erros.

O objetivo do auditor independente é aceitar ou continuar um trabalho de auditoria somente quando as condições em que esse trabalho deve ser realizado foram estabelecidas por meio de:

- determinação da existência das condições prévias; e
- confirmação de que há um entendimento comum entre o auditor independente e a administração sobre os termos do trabalho.

Os requisitos da NBC TA 210 estão relacionados com:

- condições prévias para aceitação do trabalho;
- acordos sobre os termos do trabalho;
- auditorias recorrentes;
- aceitação de mudança nos termos do trabalho;
- condições adicionais para aceitação do trabalho.

Para fins das normas de auditoria, condições prévias a um trabalho de auditoria correspondem ao uso pela administração de uma estrutura de relatório financeiro aceitável na elaboração das demonstrações contábeis e a concordância da administração em relação ao pressuposto em que a auditoria é conduzida, segundo Fontenelle (2016).

A auditoria contábil encontra-se diante de novo paradigma, que se baseia na visão dos processos organizacionais com enfoque no gerenciamento dos riscos do negócio implementado pela auditada, buscando aumentar o grau de confiança dos usuários externos nas informações apresentadas.

1.2.2 Objetivo

O objetivo da auditoria é aumentar o grau de confiança nas demonstrações contábeis por parte dos usuários. Isso é alcançado mediante a expressão de uma opinião pelo auditor sobre se as demonstrações contábeis foram elaboradas, em todos os aspectos relevantes, em conformidade com uma estrutura de relatório financeiro aplicável. Assim, será necessário que: a auditoria conduzida em conformidade com as normas de auditoria e exigências éticas relevantes dá condições ao auditor para formar sua opinião; as demonstrações contábeis sujeitas à auditoria são as da entidade, elaboradas pela sua administração, com supervisão geral dos responsáveis pela governança, conforme a NBC TA 200 (R1).

Assim, os objetivos gerais são:

- obter segurança razoável de que as demonstrações contábeis como um todo estão livres de distorção relevante, independentemente se causadas por fraude ou erro;
- expressar sua opinião sobre se as demonstrações contábeis foram elaboradas, em todos os aspectos relevantes, em conformidade com a estrutura de relatório financeiro aplicável;
- apresentar relatório sobre as demonstrações contábeis e comunicar-se como exigido pelas NBC TAs em conformidade com as constatações.

De acordo com o item 5 da NBC TA 200 (R1): "obtenha segurança razoável de que as demonstrações contábeis como um todo estão livres de distorção relevante, independentemente se causadas por fraude ou erro".

A auditoria deve ser conduzida em conformidade com as normas de auditoria e exigências éticas relevantes, que dão condições ao auditor para formar sua opinião. As demonstrações contábeis sujeitas à auditoria são as da entidade, elaboradas pela sua administração, com supervisão geral dos responsáveis pela governança. Como base para a opinião do auditor, as NBC TAs exigem que ele obtenha segurança razoável de que as demonstrações contábeis como um todo estão livres de distorção relevante, independentemente se causadas por fraude ou erro.

O que não é objetivo da auditoria:

- elaborar as demonstrações contábeis;
- prevenir e identificar fraudes e erros;
- garantir que todos os lançamentos contábeis foram efetuados corretamente;
- representar garantia de viabilidade futura da entidade;
- atestar a eficácia da administração na gestão dos negócios.

Como base para a opinião do auditor, as NBC TAs exigem que ele obtenha segurança razoável de que as demonstrações contábeis como um todo estejam livres de distorção relevante, independentemente se causadas por fraude ou erro.

A auditoria das demonstrações contábeis é uma técnica que objetiva avaliar as demonstrações financeiras de uma entidade. Surge num momento em que se faz a separação entre o dono da empresa e a figura do administrador da empresa. Quando o dono é o próprio administrador, ele sabe exatamente o que ocorre na sua empresa. Quando surge a figura do administrador profissional (que não é o sócio da empresa), o dono dessa empresa fica sem saber exatamente o que está ocorrendo. Sendo assim, surge a figura da auditoria, ou seja, auditar = fiscalizar = controlar.

- Na auditoria externa, o principal objetivo é o de emitir uma opinião sobre as demonstrações contábeis da organização em relação aos pronunciamentos contábeis, Normas Brasileiras de Contabilidade e demais legislações aplicáveis no Brasil.
- Na auditoria interna, o principal objetivo é o de emitir recomendações que examinem a integridade, adequação e eficácia dos controles internos e das informações físicas, contábeis, financeiras e operacionais da entidade.

O objetivo do exame das demonstrações financeiras é expressar uma opinião sobre a propriedade das mesmas e assegurar que elas representem adequadamente a posição patrimonial e financeira, o resultado de suas operações e as origens e aplicações de recursos correspondentes aos períodos em exame, de acordo com os pronunciamentos contábeis, aplicados com uniformidade durante os períodos.

O exame de auditoria deve ser efetuado de acordo com as normas usuais de auditoria, inclusive quanto às provas nos registros contábeis e aos procedimentos de auditoria julgados necessários nas circunstâncias. Dessa forma, o objetivo principal da auditoria pode ser descrito, em linhas gerais, como o processo pelo qual o auditor se certifica da veracidade das demonstrações financeiras preparadas pela companhia auditada. Em seu exame, o auditor, por um lado, utiliza os critérios e procedimentos que lhe traduzem provas que assegurem a efetividade dos valores apostos nas demonstrações financeiras e, por outro lado, cerca-se dos procedimentos que lhe permitem assegurar a inexistência de valores ou fatos não constantes das demonstrações financeiras que sejam necessários para seu bom entendimento.

As informações contábeis, em especial aquelas contidas nas demonstrações contábeis e as previstas em legislação, devem propiciar revelação suficiente sobre a entidade, de modo que facilitem a concretização dos propósitos do usuário, revestindo-se de atributos, entre os quais são indispensáveis confiabilidade, tempestividade, compreensibilidade e comparabilidade.

De acordo com a NBC TA 200 (R1) – Objetivos Gerais do Auditor Independente e a Condução da Auditoria em Conformidade com Normas de Auditoria:

- **Julgamento profissional** é a aplicação de treinamento, conhecimento e experiência relevantes, dentro do contexto fornecido pelas normas de auditoria, contábeis e éticas, na tomada de decisões informadas a respeito dos cursos de ação apropriados nas circunstâncias do trabalho de auditoria.
- **Evidências de auditoria** são as informações utilizadas pelo auditor para fundamentar suas conclusões em que se baseia a sua opinião. As evidências de auditoria incluem informações contidas nos registros contábeis subjacentes às demonstrações contábeis e outras informações.
- **Asseguração razoável** é, no contexto da auditoria de demonstrações contábeis, um nível alto, mas não absoluto, de segurança.

No trabalho de asseguração, o auditor independente expressa uma conclusão para aumentar a confiabilidade dos usuários das demonstrações financeiras, que não sejam quem as emitiu, conforme a NBC TA 01.

No trabalho de asseguração razoável, a conclusão do auditor é expressa na forma positiva para transmitir a sua opinião sobre o resultado da avaliação do objeto, diferentemente do que ocorre no trabalho de asseguração limitada.

A opinião do auditor considera as demonstrações contábeis como um todo e, portanto, o auditor não é responsável pela detecção de distorções que não sejam relevantes para as demonstrações contábeis como um todo, segundo Aragão (2019).

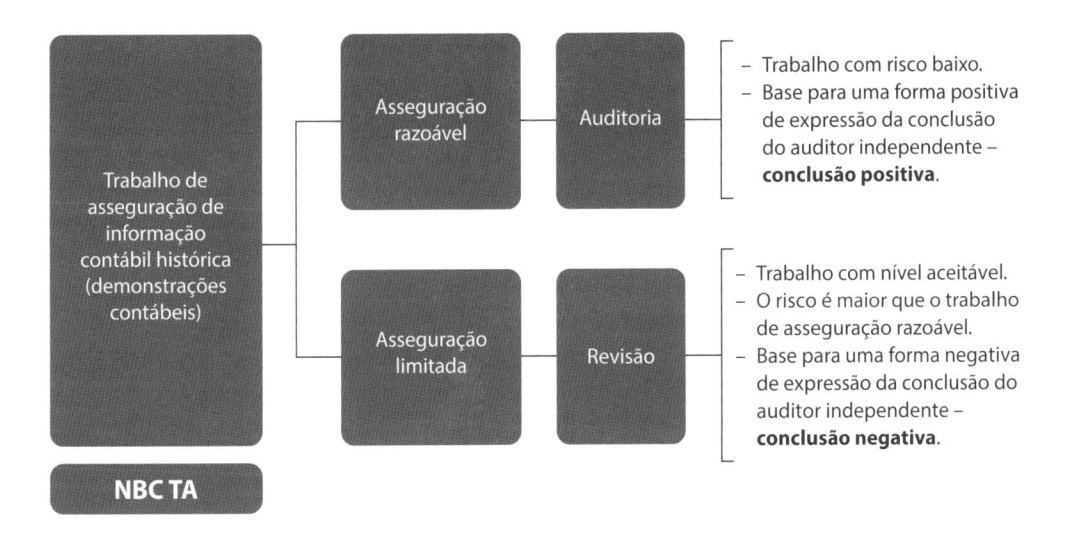

Figura 1.5 *Trabalho de asseguraçao.*

1.2.3 Objeto

O objeto da auditoria é o conjunto de todos os elementos de controle do patrimônio administrado, os quais compreendem registros contábeis, papéis, documentos, fichas, arquivos e anotações que comprovem a legitimidade dos atos da administração, bem como sua sinceridade na defesa dos interesses patrimoniais. A auditoria pode ter por objeto, inclusive, fatos não registrados documentalmente, mas relatados por aqueles que exercem atividades relacionadas com o patrimônio administrado, cujas informações mereçam confiança desde que possam ser admitidas como seguras pela evidência ou por indícios convincentes.

Pode a auditoria, inclusive, basear-se em informações obtidas fora da empresa, tais como as relativas à confirmação de contas de terceiros e de saldos bancários, por exemplo. As confirmações obtidas de fontes externas geralmente oferecem melhores características de credibilidade do que aquelas obtidas dentro da própria entidade auditada.

Sobre esse objeto a auditoria exerce sua ação preventiva, saneadora e moralizadora, para confirmar a veracidade dos registros e a confiabilidade dos comprovantes, com o fim de opinar sobre a adequação das situações e informações contidas nas demonstrações contábeis, na salvaguarda dos direitos dos proprietários, dos financiadores do patrimônio, do próprio fisco e, até, da sociedade em geral.

O campo de atuação da auditoria contábil é a fiscalização do fiel cumprimento das normas internas da empresa e emissão de relatório de falhas, irregularidades e desvios encontrados.

1.2.4 Reflexos da auditoria sobre a riqueza patrimonial

A proteção que a auditoria oferece à riqueza patrimonial, dando maior segurança e garantia aos administradores, proprietários, fisco e financiadores do patrimônio, apresenta os seguintes aspectos:

- sob o aspecto administrativo: contribui para redução de ineficiência, negligência, incapacidade e improbidade de empregados e administradores;
- sob o aspecto patrimonial: possibilita melhor controle dos bens, direitos e obrigações que constituem o patrimônio;
- sob o aspecto fiscal: é fator de mais rigoroso cumprimento das obrigações fiscais, resguardando o patrimônio contra multas, o proprietário contra penalidades decorrentes da lei de sonegação fiscal e o fisco contra sonegação de impostos;
- sob o aspecto técnico: contribui para mais adequada utilização das contas, maior eficiência dos serviços contábeis, maior precisão das informações e a garantia de que a escrituração e as demonstrações contábeis foram elaboradas de acordo com os pronunciamentos contábeis;
- sob o aspecto financeiro: resguarda créditos de terceiros – fornecedores e financiadores – contra possíveis fraudes e dilapidações do patrimônio, permitindo maior controle dos recursos para fazer face a esses compromissos;
- sob o aspecto econômico: assegura maior exatidão dos custos e veracidade dos resultados, na defesa do interesse dos investidores e titulares do patrimônio;
- sob o aspecto financeiro, a proteção que a auditoria oferece à riqueza patrimonial é a de resguardar créditos de terceiros, contra possíveis fraudes.

A realização de auditorias nas empresas é importante sob a perspectiva da riqueza patrimonial, dando maior segurança aos administradores, proprietários, fisco, financiadores etc., para que haja integridade do valor. No aspecto social, a auditoria assegura a veracidade das informações das demonstrações contábeis para a sociedade em geral. No aspecto econômico, a auditoria assegura maior exatidão dos custos e veracidade dos resultados operacionais.

A auditoria contábil possui diversos usuários que, em seus objetivos, procuram obter maior grau de segurança possível sobre as informações a eles prestadas, para que tomem suas decisões baseadas em dados que representem a realidade da organização analisada.

Os usuários da auditoria contábil são: bancos (quando se fala em tomada de empréstimos, financiamentos); acionistas ou sócios (para analisar a situação real da companhia, tomar decisões de gestão e operacionais e, no caso de acionistas minoritários, trazer segurança quanto às informações prestadas e avaliar seus investimentos); governo (para avaliar se os recolhimentos de tributos são efetuados de forma devida e apurados corretamente); fornecedores (no caso de abertura de cadastro, avaliação de crédito, quando utilizam informações como os demonstrativos contábeis para avaliar a capacidade de pagamento de seus clientes); órgãos reguladores (que necessitam fiscalizar as atividades das empresas de determinado setor econômico e controlá-las para manter o equilíbrio de mercado ou controle de domínio econômico de grandes corporações).

1.3 PAPEL DA AUDITORIA

Nesse momento, os empresários necessitam do maior número possível de informações claras e objetivas a respeito do desempenho de seu empreendimento. É justamente neste ponto que a auditoria independente assume importante papel auxiliando o empresário a escolher a melhor forma de entrar no mercado, com o uso do trabalho de consultoria de reorganização societária. A empresa, utilizando-se desse expediente, poderá revestir-se da solidez necessária para o início da operação e, consequentemente, os investidores terão a segurança necessária para aplicar seu material.

Neste caso, o auditor passa a ser útil tanto à empresa quanto aos investidores, que, por meio da análise das demonstrações financeiras, devidamente acompanhadas da opinião do auditor independente, podem eleger seguramente as empresas nas quais efetuarão aplicações de sua poupança pessoal em ações.

Os auditores independentes assistem a partir de então a um reconhecimento maior de sua função. Até algum tempo atrás, muitas empresas consideravam a contratação de auditoria independente como um custo, nunca como benefício. Cercados pela existência legal da contratação dos auditores (casos das companhias abertas, entre outras), os empresários pressionados pela crise econômica viam-se obrigados a empregar capital numa atividade que aparentemente não lhes traria nenhum benefício. Nada mais errado. O exame do auditor é um processo que leva o profissional independente a uma verdadeira viagem pela empresa, empregando técnicas que lhe asseguram formar uma opinião sobre a adequação das demonstrações financeiras (balanço patrimonial, demonstração do resultado, entre outras) e que também incluem a continuidade operacional da empresa. São trabalhos realizados nas áreas de tesouraria, compras, vendas, custos de produção, fiscal, legal e contabilidade, que permitem ao auditor opinar sobre a posição da empresa mediante opinião sobre suas demonstrações financeiras para que essas sejam dignas de fé pública.

A NBC TA 570 – Continuidade Operacional trata da responsabilidade do auditor independente, na auditoria de demonstrações contábeis, em relação ao uso do pressuposto de continuidade operacional, pela administração, na elaboração das demonstrações contábeis. De acordo com o pressuposto de continuidade operacional, a entidade é vista como continuando em operação em futuro previsível. As demonstrações contábeis, para fins gerais, são elaboradas com base na continuidade operacional, a menos que a administração pretenda liquidar a entidade ou interromper as operações, ou não tenha nenhuma alternativa realista além dessas. As demonstrações contábeis para propósitos especiais podem ou não ser elaboradas de acordo com uma estrutura de relatório financeiro para a qual o pressuposto de continuidade operacional é relevante (por exemplo, o pressuposto de continuidade operacional não é relevante para algumas demonstrações contábeis elaboradas para fins fiscais em algumas circunstâncias). Quando o uso do pressuposto de continuidade operacional é apropriado, ativos e passivos são registrados considerando que a entidade será capaz de realizar seus ativos e liquidar seus passivos no curso normal dos negócios.

A responsabilidade desse trabalho de total independência atinge inclusive a possibilidade de o auditor responder com seus bens pessoais, caso seja acionado, por causar prejuízos a terceiros em razão da não correspondência dos números certificados da sociedade auditada com a realidade.

A avaliação, pela administração, da capacidade de continuidade operacional envolve exercer julgamento, em determinado momento, sobre resultados futuros incertos de eventos ou condições, observados os seguintes fatores:

- o grau de incerteza aumenta significativamente quanto mais distante no futuro ocorrer o evento ou condição, ou o correspondente resultado;
- o tamanho e a complexidade da entidade, a natureza e a condição de seu negócio e o grau em que ela é afetada por fatores externos que influem no julgamento;
- qualquer julgamento sobre o futuro é baseado em informações disponíveis na época em que o julgamento é feito.

De acordo com o pressuposto de continuidade operacional, a entidade é vista como continuando em operação em futuro previsível. Segundo a NBC TA 530, o auditor deve revisar a avaliação da administração sobre a capacidade operacional, considerando os seguintes aspectos:

- obter evidência de auditoria suficiente sobre a adequação do uso do pressuposto de continuidade operacional na elaboração das demonstrações contábeis;
- expressar uma conclusão sobre se existe incerteza significativa quanto à capacidade de continuidade operacional.

Não cabe ao auditor garantir a continuidade operacional da entidade, pois ele não pode prever eventos ou condições futuras que venham causar uma descontinuidade.

Na execução de procedimentos de avaliação de risco, o auditor deve verificar se há eventos ou condições (indicadores) que possam levantar dúvida significativa quanto à capacidade de continuidade operacional da entidade, nos seguintes aspectos:

Financeiros:

- passivo a descoberto;
- capital circulante líquido negativo;
- principais índices financeiros adversos;
- empréstimos com prazo fixo sem previsões realistas de renovação ou liquidação;
- utilização excessiva de empréstimos de curto prazo para financiar ativos de longo prazo etc.

Operacionais:

- perda de pessoal-chave da administração sem que haja substituição;
- intenções da administração de liquidar a entidade ou interromper as operações;
- dificuldade na manutenção de mão de obra;
- falta de suprimentos importantes;
- perda de mercado importante, clientes importantes ou principais fornecedores.

Outras indicações:

- descumprimento de exigência de capital mínimo ou de outras exigências legais ou regulamentadas, inclusive as estatutárias;

- contingências ou processos legais e administrativos pendentes contra a entidade, cujas obrigações não possam ser cumpridas;
- alterações na legislação ou na política governamental que afetem a entidade de forma adversa.

De acordo com a versão da NBC TA 570 – Continuidade Operacional vigente à época, quando o auditor independente conclui que o uso do pressuposto de continuidade operacional é apropriado nas circunstâncias, embora exista incerteza significativa, ele deve determinar se as demonstrações contábeis descrevem adequadamente os principais eventos ou condições que possam levantar dúvida significativa quanto à capacidade de continuidade operacional e os planos da administração para tratar desses eventos ou condições; além de divulgar, claramente, que existe incerteza significativa (relacionada a eventos ou condições que possam levantar dúvida significativa quanto à capacidade de continuidade operacional) e, portanto, que pode não ser capaz de realizar seus ativos e saldar seus passivos no curso normal do negócio.

A estimativa contábil é uma previsão quanto ao valor de um item contábil que envolve julgamentos baseados nas melhores evidências disponíveis (normalmente, é feita a comparação com o comportamento dos itens no período anterior ao das demonstrações contábeis), considerando:

- estimativa de perda (créditos de liquidação duvidosa);
- estoques obsoletos;
- provisões para:
  - reduzir ativos ao seu valor provável de realização;
  - alocar o custo de itens do ativo durante suas vidas úteis estimadas (depreciação, exaustão ou amortização);
  - perdas em geral;
  - obrigações decorrentes de garantias;
  - indenizações.

O cálculo das estimativas contábeis é de exclusiva responsabilidade da administração da entidade. O cálculo das estimativas contábeis é de exclusiva responsabilidade da administração da entidade. O auditor deve ter conhecimentos suficientes sobre os controles, os procedimentos e os métodos utilizados pela entidade no estabelecimento de estimativas que resultem em provisões, devendo assegurar-se da razoabilidade das estimativas, individualmente consideradas, quando estas forem relevantes, conforme Aragão (2019). As estimativas são classificadas em simples (rotineiras) e complexas (não rotineiras). Estimativas baseadas em fórmulas ditadas pela experiência devem ser revisadas regularmente pela administração, com o objetivo de efetuar ajustes.

O CFC, em processo de convergência com as Normas Brasileiras de Contabilidade (NBCs) e os padrões internacionais da área, aprovou a NBC TA 540 (R2) – Auditoria de Estimativas Contábeis e Divulgações Relacionadas. Os principais objetivos do projeto para revisão da NBC TA 540 (R2) foram estabelecer requisitos mais robustos e orientações para promover a qualidade da auditoria, realizar procedimentos apropriados em relação às estimativas contábeis e divulgações relacionadas, além de enfatizar a importância da aplicação apropriada do ceticismo profissional ao auditar as estimativas contábeis. Em verdade, foram muitas as alterações visando ao aprimoramento da NBC TA 540 (R2), resultando em uma norma mais robusta, especialmente, acerca das considerações do risco inerente e do risco de controle para estimativas contábeis, conforme Aragão (2019).

Os requisitos relacionados com a auditoria do processo de estimativas a que os auditores devem atender, segundo a NBC TA 540 (R2) – Auditoria de Estimativas Contábeis, inclusive do valor justo e divulgações relacionadas, são os seguintes:

- avaliação da razoabilidade da estimativa contábil;
- documentação das conclusões relativas à estimativa contábil;
- entendimento dos procedimentos de avaliação de risco e atividades relacionadas, desenvolvidos pela entidade;
- representações formais.

De acordo a NBC TA 540 (R2), indicadores de possível tendenciosidade da administração não constituem, por si só, distorções para concluir sobre a razoabilidade de estimativas contábeis individuais. O auditor deve obter representações formais (por escrito) da administração e, quando apropriado, dos responsáveis pela governança se a administração acredita que as premissas significativas utilizadas nas estimativas contábeis são razoáveis. Deve revisar os julgamentos e decisões feitas pela administração na elaboração de estimativas contábeis para identificar se há indicadores de possível tendenciosidade da administração.

Os principais tópicos da NBC TA 540 (R2):

> Para fins das normas de auditoria, os termos a seguir possuem os seguintes significados:
> - **Estimativa contábil** é a aproximação de um valor monetário na ausência de um meio de mensuração preciso. Este termo é usado para um valor mensurado do valor justo quando existe incerteza de estimativa, bem como para outros valores que requerem estimativas. Quando esta Norma trata apenas de estimativas contábeis que envolvem mensuração do valor justo, é usado o termo "estimativas contábeis do valor justo".
> - **Estimativa pontual ou intervalo** é o valor, ou intervalo de valores, respectivamente, derivado de evidências de auditoria para uso na avaliação da estimativa pontual da administração. Incerteza de estimativa é a suscetibilidade da estimativa contábil e das respectivas divulgações à falta de precisão inerente em sua mensuração.
> - **Tendenciosidade da administração** é a falta de neutralidade da administração na elaboração e apresentação de informações.
> - **Estimativa pontual da administração** é o valor selecionado pela administração para registro ou divulgação nas demonstrações contábeis como estimativa contábil.
> - **Desfecho de estimativa contábil** é o valor monetário real.

Existem itens das demonstrações contábeis que só podem ser mensurados por estimativas, o que implica certo grau de incerteza, que, por sua vez, impacta os riscos de distorção e merece tratamento específico nos trabalhos de auditoria. Segundo a NBC TA 540(R2), para algumas estimativas contábeis, entretanto, pode haver incerteza de estimativa relativamente alta, especialmente quando elas são baseadas em premissas significativas, por exemplo:

- estimativa contábil em relação ao desfecho de litígios;
- estimativas contábeis do valor justo para instrumentos financeiros derivativos não negociados em bolsa;
- estimativas contábeis do valor justo para as quais é usado modelo altamente especializado desenvolvido para a entidade ou existem premissas ou dados que não podem ser observados no mercado.

Em relação às estimativas contábeis realizadas pela empresa auditada, o auditor independente deve revisar os julgamentos e decisões feitos pela administração na elaboração destas estimativas contábeis, para identificar se há indicadores de possível tendenciosidade da administração. De acordo com a NBC TA 540 – Auditoria de Estimativas Contábeis, o potencial para tendenciosidade da administração intencional é inerente em decisões subjetivas, que são, muitas vezes, necessárias na elaboração de estimativa contábil.

Quanto ao pressuposto de continuidade operacional, existem eventos ou condições na área financeira que, individual ou coletivamente, podem levantar dúvida significativa da continuidade da entidade. São eventos ou condições:

- patrimônio líquido negativo (passivo a descoberto);
- fluxos de caixa operacionais negativos indicados por demonstrações contábeis históricas ou prospectivas;
- prejuízos operacionais significativos ou deterioração significativa do valor dos ativos usados para gerar fluxos de caixa;
- atraso ou suspensão no pagamento de dividendos;
- mudança nas condições de pagamento imposta pelos fornecedores, de compras a prazo para pagamento à vista.

Ao avaliar o pressuposto de continuidade operacional da entidade auditada, o auditor deve lançar mão de indicações que, isoladamente ou não, possam sugerir dificuldades na continuação normal dos negócios. Entre tais indicações, não se inclui alteração na política econômica governamental que afete todos os segmentos produtivos. Para verificar se a empresa terá continuidade de suas atividades, o auditor deve avaliar se haverá normalidade nas operações da empresa pelo período de um ano após a data das demonstrações contábeis.

Outro aspecto a ser ressaltado no que se refere ao auditor independente é o código de ética que rege seus trabalhos. Segundo a *International Federation of Accountants* (Ifac), está prevista a confidencialidade sobre as informações obtidas durante o curso dos trabalhos. Tais informações não podem ser divulgadas sem autorização expressa do contratante dos serviços. Exceto, é claro, no tocante a sua opinião de auditoria. O dever de manter confidencialidade mantém-se inclusive após o encerramento do prazo de contratação profissional.

Essas condições (independência, confidencialidade, responsabilidade e capacitação profissional) colocam o auditor em posição extremamente privilegiada quanto a sua participação e opinião sobre os planos da empresa. O envolvimento do auditor em reuniões e comitês pode ser produtivo para a empresa, inclusive no tocante aos planos estratégicos, orçamentos, planejamento tributário etc. Entretanto, essa posição do auditor não tem sido convenientemente explorada pelas empresas-cliente, que assim deixam de obter todos os benefícios decorrentes do trabalho de auditoria.

A NBC PA 290 (R2) é específica sobre a independência:

- **Independência de pensamento**: postura mental que permite a apresentação de conclusão que não sofra efeitos de influências que comprometam o julgamento profissional, permitindo que a pessoa atue com integridade e exerça objetividade e ceticismo profissional.
- **Aparência de independência**: evita fatos e circunstâncias que sejam tão significativos a ponto de que um terceiro com experiência, conhecimento e bom senso provavelmente concluiria, pesando todos os fatos e circunstâncias específicas, que a integridade, a objetividade ou o ceticismo profissional da firma, ou de membro da equipe de auditoria ou asseguração seriam comprometidos.

Visando manter a qualidade e a credibilidade do seu trabalho, ao identificar ameaças que possam comprometer a sua independência, o auditor deve aplicar as salvaguardas adequadas, para eliminar as ameaças ou reduzi-las a um nível aceitável, documentando-as.

De acordo com a NBC TA 200 (R1), o ceticismo profissional é a postura que inclui uma mente questionadora e alerta para condições que possam indicar possível distorção, devida a erro ou fraude, e uma avaliação crítica das evidências de auditoria. As firmas de auditoria tradicionalmente prestam a seus clientes de auditoria uma gama de serviços que não são de auditoria ou de asseguração que são condizentes com suas habilidades e especialização. A prestação de serviços que não são de asseguração, contudo, pode criar ameaças à independência da firma ou dos membros da equipe de auditoria. As ameaças criadas mais frequentemente são as de autorrevisão, de interesse próprio e de defesa do interesse do cliente. Entre os serviços que podem criar ameaças e afetar a independência dos auditores, há os serviços de natureza fiscal, que incluem:

- elaboração de declarações de impostos;
- cálculos de impostos com a finalidade de elaborar os lançamentos contábeis;
- planejamento tributário e outros serviços de consultoria tributária;
- assessoria na solução de disputas fiscais.

Quanto ao ceticismo profissional, nos termos da NBC TA 200 (R1) o auditor deve manter postura de ceticismo profissional durante a auditoria, reconhecendo a possibilidade de existir distorção relevante decorrente de fraude, não obstante a experiência passada do auditor em relação a honestidade e integridade da administração e dos responsáveis pela governança da entidade.

Quadro 1.1 *Ceticismo profissional*

Circunstâncias em que devem ser destacadas as aplicações do ceticismo profissional	
Evidências de auditoria contraditórias	Informações sobre a confiabilidade de documentos e resposta às indagações que serão usadas como evidência.
Situações indicativas de possíveis fraudes	A crença na honestidade dos administradores não deve inibir o ceticismo.

As questões e decisões poderiam ser de grande interesse para a empresa e, com a participação do auditor independente, teriam soluções mais acertadas e até mais econômicas. Situam-se nos seguintes aspectos:

- assessoria no planejamento tributário;
- instrumentos adicionais de controle das atividades e do patrimônio;
- sistema informal de atualização dos executivos;
- avaliação de desempenho e sistemas de informações internas para gestão;
- assessoria na área de controle e utilização de informática;
- planos de reorganização societária (fusão, cisão, incorporação, *holding*), inclusive com o objetivo de atender a planos para abertura de capital;
- expansão de atividades, mudanças geográficas e decisões quanto a descontinuidade de linhas e unidades.

Efetivamente, a ação da auditoria independente faz com que sejam totalmente revistas as antigas opiniões. Deixou de ser vista como um custo ou mal necessário, para assumir a postura de grande instrumento de apoio à alta administração da empresa e também do governo. Nesse sentido, empresários inteligentes e executivos competentes sabem que é fundamental para a sobrevivência de seus negócios e aumento de sua força competitiva (interna ou externamente) uma equipe de auditoria, preparada, atualizada, em constante reciclagem e com programas definidos de desenvolvimento.

O entendimento dos procedimentos de estimativas contábeis é importante para o auditor planejar a natureza, a oportunidade e a extensão dos procedimentos de auditoria, considerando:

- Analisar a fundamentação matemático-estatística dos procedimentos utilizados pela entidade na quantificação das estimativas.
- Verificar a coerência das estimativas com o comportamento dos itens estimados em períodos anteriores, as práticas correntes em entidades semelhantes, os planos futuros da entidade, a conjuntura econômica e as suas projeções.

Quando possível, o auditor deve comparar as estimativas contábeis de períodos anteriores com os resultados reais desses períodos.

Se o auditor apurar que houve uma diferença significativa entre as estimativas feitas em períodos anteriores e os resultados reais desses períodos, ele deve verificar se houve o competente ajuste nos procedimentos, de forma a permitir estimativas mais apropriadas no período em exame.

1.4 ASPECTOS ADMINISTRATIVOS E DE CONTROLE DA AUDITORIA

A auditoria atualmente é um meio indispensável de confirmação da eficiência dos controles e fator de maior tranquilidade para a administração e de maior garantia para investidores, bem como para o próprio fisco, que tem na auditoria o colaborador eficiente e insuspeito, que contribui indiretamente para melhor aplicação das leis fiscais. A principal vantagem da auditoria externa é sua independência, pois não se envolve com o ambiente de trabalho, evitando embaraços e possíveis constrangimentos.

O trabalho de auditoria abrange, além de fatores técnicos, fatores psicológicos: as pessoas, ao saberem que há um controlador, inibem qualquer iniciativa de cometer irregularidades. As principais áreas de atuação do auditor são: saldo das contas do balanço, contabilidade, sistema de informática, folha de pagamento e faturamento da área financeira. É importante calcular o custo-benefício da operação; às vezes, o risco é tão pequeno que não compensa a contratação de auditores e o custo do controle torna-se mais caro.

1.4.1 Vantagens para a administração da empresa

São vantagens para a administração da empresa:

- fiscaliza a eficiência dos controles internos;
- assegura maior correção dos registros contábeis;
- opina sobre a adequação das demonstrações contábeis;
- dificulta desvios de bens patrimoniais e pagamentos indevidos de despesas;
- possibilita apuração de omissões no registro das receitas, na realização oportuna de créditos ou na liquidação oportuna de débitos;
- contribui para obtenção de melhores informações sobre a real situação econômica, patrimonial e financeira das empresas;
- aponta falhas na organização administrativa da empresa e nos controles internos.

As demonstrações contábeis sujeitas à auditoria são as da entidade, elaboradas pela sua administração, com supervisão geral dos responsáveis pela governança. A auditoria das demonstrações contábeis não exime dessas responsabilidades a administração ou os responsáveis pela governança.

1.4.2 Vantagens para os investidores (titulares do capital)

Constituem vantagens para os investidores:

- contribui para maior exatidão das demonstrações contábeis;
- possibilita melhores informações sobre a real situação econômica, patrimonial e financeira das empresas;
- assegura maior exatidão dos resultados apurados.

1.4.3 Vantagens para o fisco

São as seguintes vantagens para o fisco:

- permite maior exatidão das demonstrações e resultados contábeis;
- assegura maior exatidão dos resultados apurados;
- contribui para maior observância das leis fiscais.

1.5 TIPOS DE AUDITORIA

A auditoria poderá ser **governamental** ou **privada**, conforme Fontenelle (2016).

A auditoria governamental – ou pública, do setor público – é, conforme disposto na Instrução Normativa 01/2001, da Secretaria Federal de Controle Interno (da Controladoria-Geral da União – CGU), o conjunto de técnicas que visa avaliar a gestão pública, pelos processos e resultados gerenciais, e a aplicação de recursos públicos por entidades de direito público e privado, mediante a confrontação entre uma situação encontrada e determinado critério técnico, operacional ou legal. Tem como finalidade comprovar a legalidade e legitimidade, e avaliar os resultados quanto a economicidade, eficiência e eficácia da gestão orçamentária, financeira e patrimonial nas unidades da administração pública, bem como a avaliar a aplicação dos recursos públicos, segundo a legislação.

A auditoria governamental pode ser dividida em duas vertentes, segundo Brito (2015):

- **Auditoria Tributária Fiscal**: realizada pelo governo sobre o patrimônio privado com a finalidade de identificar e corrigir as atitudes contributivas, principalmente nas áreas de impostos, taxas e contribuições (INSS, FGTS, IR, CSLL etc). Abrange o exame da legalidade dos fatos patrimoniais em face das obrigações tributárias, trabalhistas e sociais. Pode ser feita pela própria empresa, por profissionais de contabilidade especializados ou pelo Poder Público, segundo a legislação.
- **Auditoria de Gestão Pública**: realizada pelo Estado visando ao controle de sua gestão, observando, além dos princípios de auditoria geral, aqueles que norteiam a administração pública: moralidade, publicidade, impessoalidade, economicidade e eficiência.

Quadro 1.2 *Tipos de auditoria*

AUDITORIA GOVERNAMENTAL	AUDITORIA PRIVADA
Ou Pública, é o conjunto de técnicas que visa avaliar a gestão pública, pelos processos e resultados gerenciais, e a aplicação de recursos públicos por entidades de direito público e privado, mediante a confrontação entre uma situação encontrada e determinado critério técnico, operacional ou legal.	Ou Independente, Externa, Empresarial, das Demonstrações Contábeis, das Demonstrações Financeiras – é uma técnica contábil, constituída por um conjunto de procedimentos técnicos sistematizados, para obtenção e avaliação de evidências sobre as informações contidas nas demonstrações de uma empresa.

Fonte: NBC.

Tem por objetivo primordial garantir resultados operacionais na gerência da coisa pública. Engloba todas as esferas de governo – federal, distrital, estadual e municipal – e níveis de poder – Executivo, Legislativo e Judiciário –, e, claro, alcança as pessoas jurídicas de direito privado, caso se utilizem de recursos públicos.

A auditoria privada – ou independente, externa, empresarial, das demonstrações contábeis, das demonstrações financeiras – é uma técnica contábil constituída por um conjunto de procedimentos técnicos sistematizados, para obtenção e avaliação de evidências sobre as informações contidas nas demonstrações contábeis de uma empresa. É a técnica que, utilizada no exame dos registros e documentos e na coleta de dados e informações, objetiva obter elementos comprobatórios suficientes que permitam opinar se os registros contábeis foram efetuados de acordo com os normas de contabilidade e se as demonstrações delas originárias refletem, adequadamente, a situação econômico-financeira da instituição, segundo as NBCs.

Com base na definição conceitual de auditoria, pode-se classificá-la nos seguintes tipos, de acordo com a extensão do trabalho:

- **Auditoria geral**: exercida sobre todos os elementos componentes do patrimônio, bem como sobre todas as operações de um exercício, ao fim da qual o auditor emite opinião sobre as Demonstrações Contábeis em conjunto e sobre os registros de que se originaram.
  - Exame integral ou por testes das operações registradas.
  - Caráter permanente ou eventual.
- **Auditoria parcial ou específica**: feita em apenas uma ou algumas das Demonstrações Contábeis, de livros ou atos de gestão, e com objetivos especiais, tais como: apurar a situação econômica e/ou financeira da entidade, conferir os custos, confirmar a existência de determinados valores patrimoniais, verificar o cumprimento de obrigações fiscais e outros.
- **Revisão limitada**: caráter de urgência, opinião parcial ou "limitada". A investigação do auditor está voltada principalmente para se assegurar da existência de violações evidentes dos pronunciamentos contábeis.
  - Refere-se ao exame do conjunto de Demonstrações Contábeis de um período sem, no entanto, aplicar todos os procedimentos de auditoria requeridos na auditoria convencional, com a extensão e profundidade necessárias para externar sua opinião.
  - No relatório final, o auditor deve evidenciar, já no parágrafo inicial, o escopo do trabalho, as demonstrações contábeis abrangidas pela revisão limitada e o fato de tratar-se de revisão limitada.

1.5.1 Auditoria de demonstrações contábeis

A auditoria das demonstrações contábeis constitui o conjunto de procedimentos técnicos que tem por objetivo a emissão da opinião sobre a sua adequação, consoante as Normas de Contabilidade e as Normas Brasileiras de Contabilidade e, no que for pertinente, a legislação específica. Para tanto, as informações devem observar características qualitativas, tais como: oportunidade; competência; continuidade; inadequação, impessoalidade e imparcialidade.

É a técnica contábil, constituída por um conjunto de procedimentos técnicos sistematizados, para obtenção e avaliação de evidências sobre as informações contidas nas demonstrações contábeis de uma empresa.

Para entender o conceito de auditoria de demonstrações financeiras é necessário, primeiro, entender sua função. As demonstrações financeiras são informações, preparadas por escrito, destinadas a apresentar a situação e a evolução do patrimônio da empresa aos administradores e a terceiros, alheios a ela.

Para que cumpram suas funções, é necessário que tais demonstrações observem dois requisitos:

- informar aos usuários que critérios foram adotados em sua elaboração;
- apresentar opinião de terceiros, alheios à empresa, sobre a fidedignidade com que tais demonstrações refletem a situação do patrimônio e sua evolução durante o período a que se referem.

Para atender ao primeiro requisito, adotou-se um conjunto de convenções conhecidas como "práticas contábeis adotadas no Brasil" compreendem a legislação societária brasileira, para a elaboração das demonstrações financeiras, que se referem basicamente à avaliação do patrimônio e à maneira de apresentar as informações nelas contidas.

O segundo requisito é preenchido recorrendo-se a um profissional independente, ou seja, alheio à empresa – o auditor independente. Com base nisto, poder-se-ia definir a auditoria das demonstrações financeiras como o exame das mesmas, por um profissional independente, com a finalidade de emitir opinião técnica sobre sua finalidade.

A auditoria contábil é a auditoria das demonstrações financeiras que destina-se ao exame e avaliação dos componentes dessas demonstrações, no que concerne à adequação dos registros e procedimentos contábeis, sistemática dos controles internos, observância de normas, regulamentos e padrões aplicáveis, bem como a aplicação dos pronunciamentos contábeis. De acordo com a NBC TG 1000 (R1), o conjunto completo das demonstrações contábeis para as empresas não reguladas compreende: balanço patrimonial; demonstração do resultado do exercício; demonstração do resultado abrangente; demonstração das mutações do patrimônio líquido; demonstração dos fluxos de caixa; e notas explicativas.

Quadro 1.3 *Auditoria contábil*

AUDITORIA CONTÁBIL	
A auditoria contábil é a auditoria das demonstrações financeiras e destina-se ao exame e avaliação dos componentes dessas demonstrações, no que concerne a: • Adequação dos registros e procedimentos contábeis. • Sistemática dos controles internos, observância de normas, regulamentos e padrões aplicáveis. • Aplicação das características qualitativas da informação contábil-financeira.	De acordo com a NBC TG 1000, o conjunto completo das demonstrações contábeis para as empresas não reguladas, compreende: • Balanço patrimonial. • Demonstrações do resultado do exercício. • Demonstração do resultado abrangente; • Demonstração das mutações do patrimônio líquido. • Demonstrações dos fluxos de caixa. • Notas explicativas.

Fonte: NBC de Auditoria.

A demonstração dos fluxos de caixa deve apresentar os fluxos de caixa do período classificados por atividades operacionais, de investimento e de financiamento. Algumas transações, como a venda de item do imobilizado, podem resultar em ganho ou perda, que é incluído na apuração do lucro líquido ou prejuízo. Os fluxos de caixa relativos a tais transações são fluxos de caixa provenientes de atividades de investimentos. Entretanto, pagamentos em caixa para a produção ou a aquisição de ativos mantidos para aluguel a terceiros que, em sequência, são vendidos, são fluxos de caixa advindos das atividades operacionais. Os recebimentos de aluguéis e das vendas subsequentes de tais ativos são também fluxos de caixa das atividades operacionais.

A auditoria contábil é responsável por verificar a efetiva aplicação de recursos externos oriundos de agentes financeiros por entidades públicas executoras de projetos celebrados com esses agentes, com a finalidade de emitir opinião sobre a adequação e a fidedignidade das demonstrações financeiras.

1.5.2 Auditoria operacional ou de gestão

A auditoria operacional objetiva analisar os planos e diretrizes da empresa e mensurar a eficiência da gestão das operações e sua consistência com os planos e metas aprovados. Consiste em revisões metódicas de programas, organizações, atividades ou segmentos operacionais dos setores público e privado, com a finalidade de avaliar e comunicar se os recursos da organização estão sendo usados eficientemente e se estão sendo alcançados os objetivos operacionais. Certificar a efetividade e oportunidade dos controles internos e apontar soluções alternativas para a melhoria do desempenho operacional; medir o grau de atendimento das necessidades dos clientes e acompanhar, mediante indicadores do nível de eficiência e eficácia, o desvio em relação ao desafio-padrão são os principais resultados a alcançar pela auditoria operacional. Resumindo, a auditoria operacional é um processo de avaliação do desempenho real, em confronto com o esperado, o que leva, inevitavelmente, à apresentação de recomendações destinadas a melhorar e a aumentar o êxito da organização. Deve estar muito mais vinculada à "função auditoria", dentro de uma visão sistêmica, em que todas as pessoas envolvidas na tomada de decisões deveriam ter a preocupação de análise de riscos e conhecimento amplo das linhas de negócios da empresa/cliente. A auditoria de gestão deve estar centrada em situações empresariais de maior risco para a continuidade dos negócios, proporcionando às organizações recomendações factíveis que auxiliem na tomada de decisões, corrigindo rumos e buscando sempre a máxima eficácia administrativa dos dirigentes das corporações. Certificar a efetividade e oportunidade dos controles internos e apontar soluções alternativas para a melhoria do desempenho operacional; medir o grau de atendimento das necessidades dos clientes e acompanhar, mediante indicadores do nível de eficiência e eficácia, o desvio em relação ao desafio-padrão; vigiar a produção e a produtividade e avaliar os resultados alcançados diante de objetivos e metas fixados para um determinado período dentro da tipicidade própria são os objetivos preponderantes da auditoria de gestão.

A auditoria operacional, ou auditoria dos 3 Es (Economia, Eficiência e Eficácia), destina-se a determinar se a organização submetida a exame e avaliação opera adequadamente. Nesse contexto, o auditor deve avaliar as operações da organização, segundo um amplo escopo de objetivos. O objetivo: assessorar a administração no desempenho efetivo de suas funções e responsabilidades.

Segundo a IN SFC/MF nº 001/2001, o procedimento que tem por objetivo avaliar as ações gerenciais e os procedimentos relacionados ao processo operacional, ou parte dele, das unidades ou entidades da administração pública federal, programas de governo, projetos, atividades, ou segmentos destes, com a finalidade de emitir uma opinião sobre a gestão quanto aos aspectos da eficiência, eficácia e economicidade, procurando auxiliar a administração na gerência e nos resultados, por meio de recomendações que visem aprimorar os procedimentos, melhorar os controles e aumentar a responsabilidade gerencial, classifica-se como auditoria operacional. É o conjunto de procedimentos de auditoria aplicados com o objetivo de avaliar o desempenho e a eficácia/efetividade das operações, dos sistemas de informação e dos métodos de administração.

A auditoria de avaliação de gestão é responsável por certificar a regularidade das contas e verificar os contratos, com o objetivo de emitir opinião com vistas a certificar a regularidade das contas. A auditoria operacional é que possui o objetivo de emitir opinião sobre as transações no que diz respeito a sua economicidade e eficiência. É responsável por avaliar a gestão do ano imediatamente anterior. A auditoria de acompanhamento de gestão é responsável por verificar o processo de gestão com o objetivo de evidenciar as melhorias existentes e prevenir gargalos no desempenho da missão institucional, conforme Aragão (2019).

O tipo de auditoria cujo objetivo é evidenciar melhorias e economias existentes nos atos efetivos praticados pelos administradores públicos ao gerir uma unidade orçamentária e, ao mesmo tempo, prevenir gargalos que a impeçam de desempenhar adequadamente sua missão institucional é denominado auditoria de acompanhamento de gestão.

A forma de auditoria que pressupõe a utilização de indicadores de desempenho para a fundamentação da opinião do agente executor das ações de controle é denominada auditoria simplificada. É a chamada auditoria de mesa ou a distância, realizada em unidades com baixa materialidade e risco, sendo que os benefícios não compensam o custo do deslocamento. Consiste em avaliar os procedimentos e mecanismos de controle adotados por uma organização, certificando a sua regularidade, por meio de exames de documentação comprobatória dos atos e fatos administrativos e a verificação da eficiência dos sistemas de controles administrativo e contábil. Auxilia a administração na gerência e nos resultados, por meio de recomendações que visem aprimorar procedimentos, melhorar controles e aumentar a responsabilidade gerencial, conforme Fontenelle (2016).

1.5.2.1 *Objetivos da auditoria de gestão ou operacional e sua caracterização*

Dentro da filosofia da auditoria de gestão, poderíamos citar como objetivos principais:

- Participação da auditoria interna em todos os momentos empresariais, em que o responsável pela auditoria interna poderia estar participando de comitês de negócios, grupos de planejamento estratégico, reuniões da qualidade, visando a total integração e conhecimento detalhado das atividades da empresa, principalmente daquelas vinculadas às tomadas de decisões.
- Foco da "atividade de auditoria" com participação inovadora. Deveria haver ciclos de estudos internos nas empresas sobre a "atividade de auditoria", em que a busca do conhecimento seria disseminada para todos os executivos, gestores da empresa, antecipando e prospectando cenários no ambiente de cada organização.
- Avaliação de indicadores não monetários. A auditoria de gestão deve estar voltada para o estabelecimento de padrões de excelência empresarial, através de avaliação de novas métricas, que não necessariamente estejam voltadas para itens monetários.

Sob o enfoque da qualidade organizacional, a auditoria de gestão deve fazer parte do ciclo de planejamento, execução e controle como uma nova função administrativa voltada para a mensuração dos resultados da administração. Vigiar a produção e a produtividade e avaliar os resultados alcançados diante de objetivos e metas fixados para um determinado período dentro da tipicidade própria.

O auditor, ao ser designado para proceder a auditoria para avaliar se as normas da empresa estão efetivamente sendo aplicadas por seus colaboradores, estará realizando conceitualmente uma auditoria de conformidade. A auditoria de conformidade é o tipo de auditoria que procura avaliar a legalidade e a legitimidade da gestão contábil, orçamentária, financeira e patrimonial. A auditoria operacional avalia a economia e a eficiência (desempenho), e a eficácia e a efetividade da gestão (resultados), segundo Aragão (2019).

1.5.2.2 *Tipos de auditoria operacional ou de gestão*

As auditorias operacionais podem ser:

a) Revisão limitada: o auditor examina as transações da empresa de modo global ou analítico, porém sem ter a necessidade de aplicar as normas de auditoria. Para esse tipo de trabalho, o auditor emite um relatório longo (ressaltando que os serviços não foram executados segundo as normas) comentando como se compõem os saldos das contas sem entrar no mérito de examinar ou não, segundo a sua conveniência, os respectivos comprovantes hábeis e também sem a obrigatoriedade de observação dos inventários físicos.

b) De caixa: específica para determinar a extensão de fraudes.

c) Parciais: constituindo-se em:
   - auditoria apenas em determinados setores. Exemplos: exame das contas a receber; faturamento e cobrança; eficiência do setor de crédito; confirmações etc.;
   - auditoria para determinar responsabilidades contingentes (processos em andamento, cálculos de juros, correção e outras obrigações);
   - auditoria de estoques e custos de produção.

d) De fusão ou incorporação de empresas.

e) De avaliação dos negócios para fins de aquisição.

f) De ativos fixos, de investimentos etc.

Em todas essas auditorias, apenas na que se refere às demonstrações financeiras é que o auditor emite opinião. Para as demais, prepara relatórios longos sobre o trabalho executado e sua conclusão.

1.5.2.3 *Natureza*

A auditoria operacional, comumente denominada auditoria interna, é uma atividade de avaliação independente dentro da empresa, executada por seu próprio pessoal, que se destina a revisar as operações, como um serviço prestado à administração. Constitui um controle gerencial que funciona mediante análise e avaliação da eficácia de outros controles.

1.5.3 Auditoria tributária

A auditoria tributária objetiva o exame e a avaliação de planejamento tributário e a eficiência e eficácia dos procedimentos e controles adotados para a operação, pagamento e recuperação de impostos, taxas e quaisquer outros ônus de natureza fisco-tributária que incidam nas operações, bens e documentos da empresa.

1.5.4 Auditoria de sistemas

A auditoria de sistemas objetiva o exame e a avaliação da qualidade do sistema de computação de dados e dos controles existentes no ambiente de tecnologia de informações, visando aperfeiçoar a utilização de recursos de processamento de dados, minimizar os riscos envolvidos nos processos e garantir a geração de informações e dados confiáveis, em tempo, ao menor custo possível. Compreende exame e avaliação dos processos de planejamento, desenvolvimento, teste e sistemas aplicativos. Visa, também, ao exame e à avaliação das estruturas lógica, física, ambiental, organizacional, de controle, segurança e proteção de determinados ativos, sistemas aplicativos, *software* e, notadamente, as informações, visando à qualidade de controles internos sistêmicos e de sua observância em todos os níveis gerenciais.

Objetiva assegurar a adequação, a privacidade e a consistência dos dados e informações oriundas dos sistemas informatizados, observando as diretrizes estabelecidas e a legislação específica, segundo Fontenelle (2016).

1.5.5 Auditoria de *compliance*

Objetiva verificar o cumprimento das normas e procedimentos implantados pela companhia ou pelos órgãos reguladores de determinadas atividades e definir se certas atividades financeiras ou operacionais de uma entidade obedecem às regras ou regulamentos que a elas se aplicam.

Compliance significa estar em conformidade com as leis, os regulamentos internos e externos e os princípios corporativos que garantem as melhores práticas do mercado. O objetivo é determinar se certas atividades financeiras ou operacionais de uma entidade obedecem às regras ou regulamentos que a elas se aplicam.

A função de *compliance* atua mais na fase de definições ou estabelecimento das normas, divulgação e treinamento e no acompanhamento das transações no dia a dia.

Uma relação de negócio, uma compra ou venda, um fornecimento ou a contratação de um serviço, quando conduzidos de uma forma íntegra, trazem benefícios a todos os envolvidos. Ter integridade na empresa é respeitar o parceiro de negócio, tratar bem os funcionários, honrar os contratos e os acordos, respeitar as leis, não enganar os clientes ou fornecedores, não cometer infrações e evitar que elas aconteçam.

Ter integridade é criar um ambiente em que o comportamento correto é incentivado e o comportamento inadequado punido. Uma empresa íntegra atua dentro da legalidade, pautando suas atividades por valores e princípios éticos, buscando sempre defender a honestidade e impedir a ocorrência de irregularidades em seus negócios.

Por esses motivos, a adoção dos programas de integridade ou de *compliance* pelas empresas é incentivada com o objetivo de evitar, detectar e interromper a ocorrência de irregularidades, fraudes e corrupção, além de agregar valor ao negócio e ser diferencial de concorrência.

Após a promulgação da Lei nº 12.846/2013 – Lei Anticorrupção, vigente desde 29-1-2014, os programas de gerenciamento de riscos corporativos e de *compliance*, ou de integridade, passaram a ser quase que obrigatórios para a sobrevivência das organizações. Esses programas devem ser implementados, revistos e aperfeiçoados constantemente, independentemente do setor e ramo de atuação da organização, para que eles possam, de maneira eficiente, assegurar a adequação, o fortalecimento e o funcionamento dos sistemas de controles internos. A expressão *compliance* tem sido utilizada para abarcar uma série de boas práticas de gestão corporativa. Para melhor compreensão, é necessário conhecer a sua evolução ao longo do tempo e os seus contextos de atuação, bem como o seu conceito, a sua missão, as suas características e, por fim, a sua diferenciação e interação em relação às atividades de gestão de riscos e controles internos, no âmbito interno das empresas e organizações.[1]

1.5.6 Auditoria ambiental

A auditoria ambiental consiste na investigação das normas ou parâmetros de uma empresa, em relação à sua interação com o meio ambiente.

Objetiva a avaliação dos processos operacionais e produtivos da empresa, visando identificação de danos ao meio ambiente, quantificação de contingências e preparação da empresa para receber o certificado de qualidade de meio ambiente.

Este tipo de auditoria serve para verificar se uma empresa está cumprindo os regulamentos dispostos pelas leis no âmbito da proteção ambiental. Em alguns casos, uma empresa pode esquecer a vertente ambiental e ecológica, para conseguir obter mais lucros.

1.5.7 Auditoria na saúde

No âmbito da saúde, existe a auditoria hospitalar que pode ser aplicada nas várias áreas de um hospital, como auditoria em enfermagem, por exemplo.

Nestes casos, a auditoria tem como objetivo averiguar se os serviços disponibilizados têm qualidade e cumprem as normas estabelecidas.

A auditoria é uma questão de aprendizagem e formação, para que todas as pessoas envolvidas no atendimento dos pacientes possam ter a melhor prestação possível.

1.5.8 Auditoria do Terceiro Setor

Auditoria no Terceiro Setor é o processo de validação dos resultados contábeis que são realizados nas organizações não governamentais que buscam a transparência das suas ações e processos, e a divulgação dos resultados obtidos para todos os interessados em suas realizações (associados, conselho fiscal, beneficiários, sociedade, doadores, financiadores, concedentes de titulações, órgãos públicos celebrantes de parcerias, fisco, e demais interessados). As operações de uma entidade sem fins lucrativos em aspectos financeiros, trabalhistas, contratuais e fiscais são semelhantes às de qualquer empresa; além disso, possuem giro financeiro comparável ao de uma empresa de grande porte.

---

[1] Conforme: http://www.cgu.gov.br/assuntos/responsabilizacao-de-empresas/lei-anticorrupcao. Acesso em: 20 maio 2019.

Esse tipo de auditoria pode ser demandado pelo Ministério Público Estadual nas fiscalizações das fundações, ou exigido de forma obrigatória em se tratando das Organizações da Sociedade Civil de Interesse Público (OSCIPs) quando celebram *termos de parceria* em valor acima de R$ 600.000,00, conforme a Lei Federal nº 12.101/2009 e art. 19 do Decreto nº 3.100/2019. As entidades portadoras do Certificado de Entidades Beneficentes de Assistência Social (CEBAS) que registram receita anual em montante superior a R$ 4.800.000,00 deverão ter os seus relatórios contábeis auditados por auditores independentes.

Pode também ser exigida por doadores e financiadores, principalmente internacionais, a fim de assegurar a observância aos princípios e normas brasileiras de contabilidade por parte das entidades nas quais pretendem aportar recursos. Independentemente das exigências legais, a auditoria é uma segurança para a administração da organização na medida em que irá validar os controles internos e procedimentos contábeis e de prestação de contas.

1.5.9 Auditorias especiais

A auditoria especial abrange a realização de trabalhos especiais de auditoria, não compreendidos na programação normativa da área, solicitados pelos membros dos Conselhos Administrativo, Fiscal, Diretoria ou determinados em legislação específica. É responsável por examinar fatos relevantes, de natureza incomum ou extraordinária, com o objetivo de atender determinação expressa de autoridade competente.

Os trabalhos de auditoria especial independem de designação formal, devendo, porém, ser objeto de relatório específico circunstanciado dos fatos examinados, elaborado em caráter restrito ou confidencial. Incluem-se nesta modalidade os exames de fraudes, irregularidades, desmobilização, aquisição, fusão, cisão e incorporação de empresas, contratos especiais de grande vulto, entre outros, conforme Jund (2007).

Objetiva o exame de fatos ou situações consideradas relevantes, de natureza incomum ou extraordinária, sendo realizada para atender a determinação específica do gerente de uma organização. Auditoria especial é aquela que se realiza para obtenção de resultados e conclusões sobre fatos particulares da gestão ou da atividade de um elemento certo, visando a um objeto específico (fraude, liquidação etc.), segundo Fontenelle (2016).

1.6 FUNÇÕES CONTÁBEIS NA PROFISSÃO DO AUDITOR

Tanto os usuários externos quanto os internos necessitam de informações fidedignas, exatas, apresentadas honestamente e isentas de distorções. Para se ter essa confiabilidade, as informações devem ser examinadas por uma pessoa devidamente capacitada, que não a encarregada de prepará-las, portanto um auditor.

De acordo com a Instrução CVM nº 308/99, art. 31, a rotatividade na prestação de serviços de auditoria de demonstrações contábeis para a mesma entidade realizada por auditor independente deve ocorrer, no máximo, a cada cinco anos consecutivos, com intervalo mínimo de três anos para sua recontratação. A administração da entidade auditada deverá, no prazo de vinte dias, comunicar à CVM a mudança de auditor, havendo, ou não, rescisão do contrato de prestação dos serviços de auditoria, com justificativa da mudança, na qual deverá constar a anuência do auditor substituído. Decorrido o prazo de vinte dias sem que haja manifestação da administração da entidade auditada quanto à informação requerida, o auditor independente deverá comunicar à CVM a substituição, no prazo de dez dias, contados a partir da data do encerramento do prazo conferido à administração da entidade. O auditor independente que não concordar com a justificativa apresentada para a sua substituição deverá encaminhar à CVM as razões de sua discordância, no prazo de trinta dias, contados a partir da data da substituição.

Objetivando impedir o risco de perda da objetividade e do ceticismo do auditor, é necessária a aplicação das seguintes ações, no caso de entidade de interesse do público:

- rotação do sócio encarregado do trabalho de auditoria e do revisor de controle de qualidade do trabalho de auditoria a intervalos menores ou iguais a cinco anos consecutivos; e
- intervalo mínimo de dois anos para o retorno desses responsáveis técnicos à equipe de auditoria.

Os motivos que levam à contratação do auditor independente podem ser devidos a determinações ou imposições do próprio negócio, sendo:

- Companhias abertas – a Lei nº 6.404/76 estabelece que as companhias abertas devem ser auditadas por auditores independentes registrados na CVM.
- Empresas de grande porte – a Lei nº 11.638/2007 estabelece que as sociedades de grande porte, ainda que não sejam S.A., devem ser auditadas por auditores independentes registrados na CVM.
- Instituições financeiras e seguradoras – o Banco Central e a Susep determinam que as instituições financeiras e seguradoras sejam auditadas por auditores independentes.
- Outras entidades – em função de medidas de controle dos proprietários, imposição de credores ou bancos e para efeito de fusão, incorporação ou cisão.

As novas normas convergidas para padrões internacionais dispõem que, no Brasil, as práticas contábeis adotadas compreendam:

- a legislação societária brasileira;
- as normas brasileiras de contabilidade emitidas pelo CFC;
- os pronunciamentos, as interpretações e as orientações emitidos pelo CPC e homologados pelos órgãos reguladores;
- práticas adotadas pelas entidades em assuntos não regulados, desde que atendam à Estrutura Conceitual para a Elaboração e Apresentação das Demonstrações Contábeis emitida pelo CFC e, consequentemente, em consonância com as normas contábeis internacionais.

Nas normas em vigor, a partir de 2010 não se fala mais em parecer de auditoria e, sim, em opinião do auditor sobre as demonstrações contábeis. Tal opinião trata de determinar se as demonstrações contábeis são elaboradas, em todos os seus aspectos relevantes, em conformidade com a estrutura de relatório financeiro aplicável.

O Código de Ética Profissional do Contabilista, bem como as Normas Profissionais do Auditor Independente (NBC-PAs), estabelecem princípios fundamentais de ética profissional relevantes para o auditor, quando da condução de auditoria de demonstrações contábeis, e fornece estrutura conceitual para a aplicação desses princípios, que estão em linha com os princípios fundamentais, cujo cumprimento pelo auditor é exigido pelo Código IFAC (*International Federation of Accountants*). Tais princípios são conhecimento técnico, independência, imparcialidade, comportamento ético, cautela e zelo profissional, objetividade, sigilo e discrição.

Figura 1.6 *Ética profissional.*

Em conformidade com a NBC TA 200 (R1), os princípios fundamentais de ética profissional para o auditor quando da condução de auditoria de demonstrações contábeis são:

1. **integridade**: ser franco e honesto em todos os relacionamentos profissionais e comerciais;
2. **objetividade**: não permitir que comportamento tendencioso, conflito de interesse ou influência indevida de outros afetem o julgamento profissional ou de negócio;
3. **competência profissional e devido zelo**: manter o conhecimento e a habilidade profissionais no nível necessário para assegurar que o cliente ou empregador receba serviços profissionais competentes com base em acontecimentos atuais referentes à prática, legislação e técnicas, e agir diligentemente e de acordo com as normas técnicas e profissionais aplicáveis;
4. **sigilo profissional**: respeitar o sigilo das informações obtidas em decorrência de relacionamentos profissionais e comerciais e, portanto, não divulgar nenhuma dessas informações a terceiros, a menos que haja algum direito ou dever legal ou profissional de divulgação, nem usar as informações para obtenção de vantagem pessoal ilícita pelo auditor ou por terceiros;
5. **comportamento ou conduta profissional** – cumprir as leis e os regulamentos pertinentes e evitar qualquer ação que desacredite a profissão.

O art. 6º do Código de Ética do Contador define que o profissional da contabilidade deve considerar os seguintes elementos ao fixar o valor de seus serviços: (a) a relevância, o vulto, a complexidade e a dificuldade do serviço a executar; (b) o tempo que será consumido para a realização do trabalho; (c) a possibilidade de ficar impedido da realização de outros serviços; (d) o resultado lícito favorável que para o contratante advirá com o serviço prestado; (e) a peculiaridade de tratar-se de cliente eventual, habitual ou permanente; e (f) o local em que o serviço será prestado.

A Instrução CVM nº 381/2003 dispõe sobre a divulgação, pelas empresas auditadas, de informações sobre a prestação, pelo auditor independente, de outros serviços que não sejam de auditoria externa. As empresas auditadas deverão divulgar a política ou procedimentos adotados pela companhia para evitar a existência de conflito de interesses, perda de independência ou objetividade de seus auditores independentes.

Antes de começar os trabalhos de auditoria inicial, o auditor deve realizar atividades adicionais: deve aplicar procedimentos exigidos pelas NBCs relativos à aceitação do cliente e do trabalho de auditoria específico e entrar em contato com o auditor antecessor, caso haja mudança de auditores, de acordo com os requisitos éticos pertinentes.

1.6.1 Comitê de auditoria estatutário

A Comissão de Valores Mobiliários (CVM) editou a Instrução nº 509, que altera a Instrução nº 308/99 e a Instrução nº 480/2009 e é resultado da Audiência Pública SNC nº 10/11.

A Instrução estabelece que as companhias que instalarem e mantiverem Comitê de Auditoria Estatutário (CAE) nas condições exigidas pela Instrução poderão contratar auditor independente para a prestação de serviços de auditoria por até dez anos consecutivos. Desse modo, o prazo previsto no art. 31 da Instrução CVM nº 308/99 aumenta de cinco para dez anos para as companhias que instalem e mantenham CAE. A instalação do CAE é facultativa e, por conseguinte, as companhias que desejarem poderão manter o atual sistema de rotações do auditor independente a cada cinco anos.

Em resumo, o CAE tem as seguintes atribuições:

i. opinar sobre a contratação e destituição do auditor independente para a elaboração de auditoria externa independente ou para qualquer outro serviço;
ii. supervisionar e avaliar as atividades dos auditores independentes;
iii. monitorar a qualidade e integridade dos mecanismos de controles internos e das demonstrações financeiras da companhia;
iv. avaliar e monitorar as exposições a risco da companhia.

A Instrução também estabelece regras de divulgação do regimento interno, relatório anual resumido e currículo dos membros do CAE. A norma permite, ainda, que a prerrogativa de realização do rodízio a cada dez anos seja utilizada pela companhia que, em 31-12-2011, possua comitê de auditoria instalado e em funcionamento, que cumpra com os requisitos da Instrução, podendo promover a alteração em seu estatuto social para prever a existência do CAE em até 120 dias contados a partir de 1º-1-2012.

1.7 LIMITAÇÕES DA AUDITORIA CONTÁBIL

Embora possa ser a auditoria considerada instrumento indispensável de controle na moderna administração de empresas, não se devem interpretar com exagero suas funções, tomando-a como órgão de supervisão geral da empresa em substituição à própria administração. Não obstante suas limitações, a auditoria contábil muitas vezes se vê obrigada a sair do âmbito meramente contábil, para testar controles e fatos extracontábeis, a fim certificar-se da exatidão dos registros efetuados.

Não se pode também julgar que a auditoria contábil torna impossível a existência de erros e fraudes na escrituração ou nos atos da administração, mas deve-se admitir que ela apenas reduz essa possibilidade. Para que sua eficiência fosse total, seria necessário que se procedesse à revisão integral de todos os registros da empresa, bem como se fiscalizassem todos os atos de seus funcionários e administradores, o que é impraticável. Mesmo a revisão integral dos registros não impede a existência de fraudes, pois essas podem decorrer de fatos não contabilizados.

O auditor independente pode aceitar ou continuar um trabalho de auditoria somente quando as condições em que esse trabalho deve ser realizado foram estabelecidas por meio de:

- determinação da existência das condições prévias a um trabalho de auditoria; e
- confirmação de que há um entendimento comum entre o auditor independente e a administração e, quando apropriado, com os responsáveis pela governança sobre os termos do trabalho de auditoria.

Para fins das normas de auditoria, **condições prévias a um trabalho de auditoria** correspondem ao uso pela administração de uma estrutura de relatório financeiro aceitável na elaboração das demonstrações contábeis e a concordância da administração e, quando apropriado, dos responsáveis pela governança em relação ao pressuposto em que a auditoria é conduzida.

Em conclusão, devemos reiterar que a auditoria contábil tem por objetivo confirmar se os registros contábeis foram efetuados de acordo com os pronunciamentos contábeis geralmente aceitos e se as demonstrações contábeis refletem adequadamente a situação econômica e financeira do patrimônio e os resultados do período administrativo examinado, bem como as informações complementares a elas adicionadas (notas explicativas).

Esclarecemos ainda que, para alcançar seus objetivos, o auditor obedece às normas de auditoria usualmente aceitas e aplica procedimentos que ele considera adequados para obtenção de elementos necessários ao seu julgamento sobre a confiabilidade das demonstrações contábeis.

1.8 IFRS

O *International Accounting Standards Board* (IASB) editou, em julho de 2009, as IFRS. É um novo padrão contábil vigente no país, que acompanha as normas internacionais. Todas as companhias, de acordo com o Código Civil, são obrigadas a levantar balanços todos os anos.

O empresário e a sociedade empresária têm obrigação de cumprir com formalidades previstas na legislação, a fim de que possam usufruir dos benefícios que a legislação empresarial oferece, entre os quais: recuperação judicial, valor probante dos livros empresariais, requerimentos de falência de outro empresário etc. Uma delas é a manutenção de um sistema de contabilidade embasado na correta escrituração de seus livros, conforme acentua o art. 1.179 do CC. Esses livros podem ser utilizados livremente pelos empresários, que terão a faculdade de adotar as espécies que considerarem convenientes para seu negócio, desde que escriturem aqueles livros considerados obrigatórios para sua atividade. Em princípio, os livros empresariais fazem prova contra os empresários a que pertençam ou em seu favor, quando forem escriturados sem vício extrínseco ou intrínseco e confirmados por outros subsídios, conforme arts. 417 e 418 do novo CPC. Escrituração ausente ou indevida nos livros obrigatórios enseja sérias consequências, inclusive no âmbito penal, podendo configurar infração penal, segundo o art. 1.179 do CC.

O que se pode dizer diante dessa situação é que pelo menos três coisas devem ocorrer:

- Mesmo com a obrigatoriedade a partir do exercício de 2010, a adesão ao novo padrão será feita aos poucos e não atingirá cedo boa parte das companhias já que não haverá mecanismo automático de fiscalização.
- Os contadores vão querer cobrar mais caro pelo serviço que prestam atualmente, já que o trabalho tomará mais horas e ficará mais sofisticado.
- A recompensadora consequência será uma melhora na gestão das empresas brasileiras de menor porte, que passarão a ter informações mais consistentes sobre seu desempenho.

A grande novidade do padrão é justamente a separação entre a contabilidade e a questão tributária. Estamos vivendo um período de transição e na nova contabilidade a essência vai prevalecer sobre a forma. Os contadores que não seguirem as normas poderão perder o registro profissional. A dúvida sobre a aplicação da nova norma também passa pela questão de custo, uma vez que os contadores podem deixar os clientes contrariados ao tentarem elevar o preço cobrado pelo serviço sob o argumento das IFRS.

O trabalhoso processo de migração para o padrão internacional de contabilidade IFRS aparentemente não está sendo em vão. As informações contidas nos balanços das empresas ganharam relevância a partir de 2008, depois das mudanças de normas contábeis decorrentes da edição da Lei nº 11.638/2007. Melhorou a qualidade da contabilidade, o que significa que os demonstrativos financeiros passaram a ser documentos mais úteis, tendo uma ligação mais próxima com o valor das ações. A adoção da etapa intermediária entre o modelo contábil brasileiro e o IFRS aumentou a associação existente entre os resultados das companhias e o preço das ações negociadas.

No Brasil, as normas internacionais de contabilidade tiveram um marco regulatório com as publicações da Lei nº 11.638/2007 e da Lei nº 11.941/2009, que determinaram a adoção inicial aos padrões internacionais de contabilidade nas empresas brasileiras. Nesse sentido, a legislação societária determina que, no balanço patrimonial, os ativos e os passivos decorrentes de operações de longo prazo devem ser ajustados ao valor presente, e os demais, ajustados quando houver efeito relevante. A Lei nº 11.638/2007, em vigor desde 1º de janeiro de 2008, contém vários pontos de convergência com os padrões internacionais de demonstrações financeiras das companhias (IFRS – *International Financial Reporting Standards*). Um dos pontos de convergência é a substituição da demonstração de origens e aplicações de recursos pela demonstração dos fluxos de caixa.

Intuitivamente, é possível imaginar que uma companhia que apresente lucros grandes e crescentes tenda a valer mais com o tempo. Da mesma forma, se o lucro diminui ou se a companhia tem prejuízo, seu valor de mercado deve ser menor.

No entanto, isso nem sempre é verdade. A qualidade da informação contábil depende não apenas das normas usadas em determinado país, mas também de fatores institucionais como o estágio de desenvolvimento do mercado de capitais, a estrutura de capital das empresas, a concentração da propriedade e o sistema tributário vigente.

Assim, se as empresas usam pouco o mercado para se financiar, elas têm menos incentivo para divulgar suas informações com melhor qualidade. Se a contabilidade societária é a mesma usada para fins fiscais, as companhias podem tentar usar artifícios para reduzir o lucro – ainda que a operação vá bem –, para pagar menos tributos.

Essa era a realidade existente no Brasil até 2007, combinada também com um modelo de contabilidade que privilegiava a forma e não a essência econômica. O Brasil tinha todas as características que levavam a uma informação contábil de baixa qualidade. A Lei nº 11.638/2007 mudou basicamente dois pontos: dissociou a contabilidade societária da fiscal e abriu o caminho para a migração para o padrão de contabilidade internacional IFRS, cujo objetivo declarado é informar o investidor.

As empresas, qualquer que seja seu tipo societário e seu porte, mantêm relações jurídicas com diversos públicos (*stakeholders*), como bem apresentado pela teoria contratual da firma. Além dos mais evidentes contratos celebrados com os sócios (acionistas ou quotistas) e com os administradores, as empresas celebram, cotidianamente, acordos na esfera privada, como são os casos dos fornecedores e dos clientes, e na esfera pública, cujos exemplos são os trabalhadores, os órgãos reguladores do Estado e a coletividade de maneira geral. Assim, como nos contratos *interna corporis* (relação societária) e nos de natureza privada (relação mercantil), também nas relações sociais (trabalhista) e nas relações institucionais (reguladora) as demonstrações financeiras são um destacado instrumento de manutenção, garantia e execução de direitos; o que implica diversos impactos jurídicos da adoção do padrão internacional de contabilidade – IFRS com a disciplina contábil ditada pelo Comitê de Pronunciamentos Contábeis (CPC).

No que diz respeito às relações trabalhistas, as demonstrações contábeis destinam-se, entre outras coisas, a informar os empregados da empresa sobre a situação econômico-financeira da sua fonte de emprego e renda, além da capacidade de absorver mais mão de obra ou de, ao menos, garantir os pontos de trabalho já criados. A mais importante utilização da contabilidade nas relações de emprego talvez seja para o acordo de participação dos trabalhadores nos lucros ou resultados da empresa (PLR), disciplinado pela Lei nº 10.101/2000. A começar pelos mecanismos de aferição das informações pertinentes ao cumprimento do acordado (art. 2º, § 1º, Lei nº 10.101/2000), a relevância do julgamento da administração, característica fundamental das IFRS, exige não só a divulgação dos números, mas a sua clareza na explicação dos critérios adotados para a elaboração das demonstrações contábeis.

Deve ser ressaltado que a lucratividade não é o único critério que as empresas estão autorizadas a adotar para a definição dos valores devidos a título de PLR, podendo ser utilizados, entre outros, índices de produtividade e programas de metas.

Os impactos jurídicos da adoção das IFRS não se limitam ao conflito de agência, isto é, à relação entre os proprietários e os gestores das empresas. Praticamente todos os usuários da contabilidade (*stakeholders*) sofrem os efeitos do julgamento da administração. Tais impactos jurídicos são sentidos, inclusive, nas relações de ordem pública da empresa.

A adoção das IFRS como padrão contábil brasileiro realçou a questão das garantias contratuais, notadamente aquelas com suporte nas demonstrações financeiras. As normas contábeis atuais são baseadas no julgamento e na primazia da substância sobre a forma – que, de tão intrínseca à contabilidade, deve ter a sua referência expressa excluída do texto normativo, conforme consulta do *International Accounting Standards Board* (IASB), o órgão emissor das IFRS. A aplicação desses dois princípios exerce influência decisiva, por exemplo, na identificação de bens a serem arrolados em garantia e no cumprimento de cláusulas de garantia (*convenants*).

A elaboração e a divulgação das demonstrações financeiras, com base em padrões contábeis internacionais, foi exigida a partir do exercício findo em 2010; as companhias abertas deverão apresentar suas demonstrações financeiras consolidadas adotando o padrão contábil internacional.

Por força da primazia da substância sobre a forma, um bem deve ser reconhecido nas demonstrações financeiras da empresa que aufere os seus benefícios de um lado e, de outro, assume seus riscos (art. 179, IV, Lei nº 6.404/76), sendo irrelevante a transferência jurídica da propriedade. Caso típico é o arrendamento mercantil financeiro (*leasing*): na forma, trata-se de um contrato de aluguel com opção de compra, mas, na essência, representa uma compra financiada. Dessa forma, um ativo não mais pode ser identificado, exclusivamente, como o bem de propriedade da empresa, pois isso não é mais o critério primordial para a classificação contábil.

1.9 LEI SARBANES-OXLEY

A Lei Sarbanes-Oxley, baseada em projetos de lei apresentados pelo deputado Michael Oxley e pelo senador Paul Sarbanes em 2002, buscou promover uma limpeza no mundo empresarial americano na esteira dos espetaculares escândalos financeiros que envolveram a Enron e a WorldCom, e que custaram bilhões de dólares aos investidores.

Oxley, um republicano de Ohio, era presidente da influente comissão de serviços financeiros da Câmara, que supervisiona o setor de finanças, juntamente com o Tesouro dos EUA, o FED (Federal Reserve, Banco Central dos EUA) e agências fiscalizadoras. Sarbanes é um democrata de Maryland.

As exigências impostas pela Lei Sarbanes-Oxley, como a necessidade de as companhias testarem seus controles financeiros internos contra fraudes, irritaram membros do *lobby* empresarial americano, que alegaram que a nova lei implicou grandes aumentos de custos de cumprimento das exigências da legislação.

Empresas de capital aberto de pequeno e médio portes também criticavam a legislação porque ela não concedia isenções em função do tamanho da empresa. Em resposta às preocupações, a Comissão de Valores Mobiliários americana (SEC) ponderou se as companhias de capital aberto de menor porte poderiam ficar sujeitas a um conjunto diferente de exigências contábeis e de governança, em comparação com as de maior porte, para reduzir o impacto em seus custos.

Entretanto, Oxley pareceu liquidar com as esperanças de que as companhias menores obteriam concessões como resultado da iniciativa. A legislação Sarbanes-Oxley misturou ideias sensatas com condições de valor duvidoso. A ideia de que poderia deixar a reforma da governança empresarial a cada Estado é um tanto exótica. Os investidores estavam buscando uma reação a um problema nacional.

A Lei Sarbanes-Oxley realizou uma série de exigências para as empresas que possuem ações na Bolsa de Nova York, todas praticamente ligadas a boas práticas de ética e governança corporativa. Na seção 404, essa Lei determina uma avaliação anual dos controles internos para elaboração dos relatórios financeiros, adicionados à emissão de relatório por auditoria independente, atestando a eficiência e a eficácia desses controles.

No entanto, devem-se compreender as reclamações das empresas sobre a proibição, imposta às companhias, de conceder empréstimos a seus executivos. Executivos da Enron e da WorldCom receberam grandes empréstimos quando suas companhias estavam sofrendo enormes prejuízos.

1.10 CONSIDERAÇÕES FINAIS

De acordo com a NBC TG 1000 (R1), o conjunto completo das demonstrações contábeis para as empresas não reguladas compreende: balanço patrimonial; demonstração do resultado do exercício; demonstração do resultado abrangente; demonstração das mutações do patrimônio líquido; demonstração dos fluxos de caixa; e notas explicativas.

Na condução de auditoria de demonstrações contábeis, o auditor considera relevantes os seguintes princípios fundamentais de ética: integridade, objetividade, competência e zelo profissional, confidencialidade e comportamento (ou conduta) profissional.

Os níveis hierárquicos que compõem a governança corporativa da empresa são os diretores, em uma empresa média: de fábrica, de filiais, de vendas, de distribuição, administrativo, contábil e da tesouraria. Objetiva-se a comunicação dos aspectos de (I) planejamento de auditoria, (II) independência, (III) conclusões e (IV) diferenças de auditoria que resultariam em ajustes ou ressalvas.

As partes relacionadas são as pessoas ou outra entidade que tenha controle ou influência significativa, direta ou indiretamente.

As demonstrações contábeis intermediárias devem incluir, pelo menos, os seguintes componentes:

I. Balanço patrimonial condensado.
II. Demonstração condensada do resultado e do resultado abrangente.
III. Demonstração condensada das mutações do patrimônio líquido e do fluxo de caixa.
IV. Notas explicativas condensadas.

Com base na NBC de Estrutura Conceitual para Trabalhos de Asseguração, existem algumas precondições que são relevantes para a aceitação e a continuidade de trabalhos de asseguração. As funções e as responsabilidades das partes apropriadas (ou seja, parte responsável, mensurador ou avaliador e contratante, conforme apropriado) são adequadas às circunstâncias quando elas tiverem motivos para acreditar que as exigências éticas aplicáveis, incluindo a independência, serão cumpridas, quando a base na qual o trabalho deverá ser executado for aceita, por meio de estabelecimento de que as precondições para o trabalho de asseguração estão presentes; quando a base na qual o trabalho deverá ser executado for aceita, por meio de confirmação de que existe entendimento comum dos termos do trabalho entre o auditor e a parte contratante, incluindo as responsabilidades relacionadas com o relatório a ser emitido pelo auditor.

Em conformidade com a NBC TA 200 (R1), os princípios fundamentais de ética profissional para o auditor quando da condução de auditoria de demonstrações contábeis são:

- **integridade**: ser franco e honesto em todos os relacionamentos profissionais e comerciais;
- **objetividade**: não permitir que comportamento tendencioso, conflito de interesse ou influência indevida de outros afetem o julgamento profissional ou de negócio;
- **competência profissional e devido zelo**: manter o conhecimento e a habilidade profissionais no nível necessário para assegurar que o cliente ou empregador receba serviços profissionais competentes com base em acontecimentos atuais referentes à prática, legislação e técnicas, e agir diligentemente e de acordo com as normas técnicas e profissionais aplicáveis;
- **sigilo profissional**: respeitar o sigilo das informações obtidas em decorrência de relacionamentos profissionais e comerciais e, portanto, não divulgar nenhuma dessas informações a terceiros, a menos que haja algum direito ou dever legal ou profissional de divulgação, nem usar as informações para obtenção de vantagem pessoal ilícita pelo auditor ou por terceiros;
- **comportamento ou conduta profissional**: cumprir as leis e os regulamentos pertinentes e evitar qualquer ação que desacredite a profissão.

Nos termos da NBC TA 200 (R1), o auditor que realiza auditoria de acordo com as Normas de Auditoria é responsável por obter **segurança razoável** de que as demonstrações contábeis, **como um todo**, não contêm **distorções relevantes**, causadas por **fraude ou erro**. Devido às limitações inerentes da auditoria, há um **risco inevitável** de que algumas distorções relevantes das demonstrações contábeis **podem não ser detectadas**, apesar de a auditoria ser devidamente planejada e realizada de acordo com as normas de auditoria.

Segundo a NBC TA 200 (R1), a expressão "estrutura de apresentação adequada" é utilizada para se referir a uma estrutura de relatório financeiro que exige conformidade com as exigências dessa estrutura e reconhece explícita ou implicitamente que, para conseguir a apresentação adequada das demonstrações contábeis, pode ser necessário que a administração forneça divulgações além das especificamente exigidas pela estrutura. Estabelece que o auditor deve conduzir a auditoria com base na premissa de que a administração e, quando apropriado, os responsáveis pela governança reconhecem e entendem que têm, entre outras, a **responsabilidade por fornecer ao auditor**:

- acesso às informações que os administradores e, quando apropriado, os responsáveis pela governança, tenham conhecimento que sejam relevantes para a elaboração e apresentação das demonstrações contábeis como registros, documentação e outros assuntos;
- quaisquer informações adicionais que o auditor possa solicitar da administração e, quando apropriado, dos responsáveis pela governança para o propósito da auditoria; e
- acesso irrestrito àqueles dentro da entidade que o auditor determina serem necessários para obter evidências de auditoria.

A NBC PA 290 estabelece que relacionamentos familiares e pessoais entre membro da equipe de auditoria e conselheiro ou diretor ou certos empregados (dependendo de sua função) do cliente de auditoria podem criar ameaças de interesse próprio, familiaridade ou intimidação, que afetam a independência e a integridade do auditor. A existência e a importância de quaisquer ameaças dependem de diversos fatores, incluindo as responsabilidades individuais na equipe de auditoria, a função do familiar ou outra pessoa no cliente e a proximidade do relacionamento.

Profissionais de Contabilidade

Brasil
529 mil profissionais de Contabilidade
Habitantes por auditor
24.615

EUA
1.850 mil profissionais de Contabilidade
Habitantes por auditor
2.327

Outros países
Habitantes por auditor
Argentina – 13.205
Chile – 8.711
África do Sul – 4.501
França – 4.310

Figura 1.7 *A importância da auditoria.*

2

Auditoria Interna e Externa: Funções e Diferenças

ENFOQUE

➢	**NBC TI 01**	Auditoria Interna.
➢	**NBC PA 01**	Auditor Independente.
➢	**NBC PG 100 (R1)**	Cumprimento do Código, dos Princípios Fundamentais e da Estrutura Conceitual.
➢	**NBC PG 12 (R3)**	Educação Profissional Continuada.
➢	**NBC TA 200 (R1)**	Objetivos Gerais do Auditor Independente e a Condução de uma Auditoria em Conformidade com as Normas de Auditoria.
➢	**NBC TA 230 (R1)**	Documentação de Auditoria.
➢	**NBC TA 290 (R2)**	Independência.
➢	**NBC TA 300 (R1)**	Planejamento de uma Auditoria de Demonstrações Contábeis.
➢	**NBC TA 500 (R1)**	Evidência de Auditoria.
➢	**NBC TA 610**	Utilização do Trabalho de Auditoria Interna.
➢	**NBC TA 620**	Utilização do Trabalho de Especialistas.

2.1 INTRODUÇÃO

Relativamente a assuntos contábeis, o auditor interno e o auditor externo operam em geral no mesmo campo, e ambos têm interesse na verificação da existência de:

- um sistema efetivo de controle interno para salvaguardar o patrimônio da empresa e que este sistema esteja funcionando satisfatoriamente e dentro das normas legais e internas da empresa;
- um sistema contábil capaz de fornecer os dados necessários para permitir a preparação de demonstrações contábeis que reflitam com propriedade a posição contábil e o resultado das operações da empresa.

As atividades de auditoria interna e de auditoria externa muitas vezes são executadas simultaneamente dentro das companhias, porém essas atividades possuem objetivos diferentes. Nas companhias de capital aberto, o principal objetivo da auditoria externa é emitir uma opinião sobre as demonstrações contábeis.

Auditoria privada → Auditoria interna / Auditoria independente

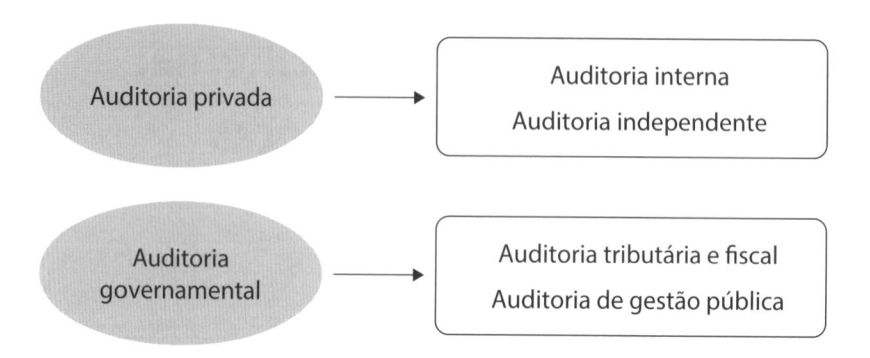

Auditoria governamental → Auditoria tributária e fiscal / Auditoria de gestão pública

Figura 2.1 *Auditoria privada e auditoria governamental.*

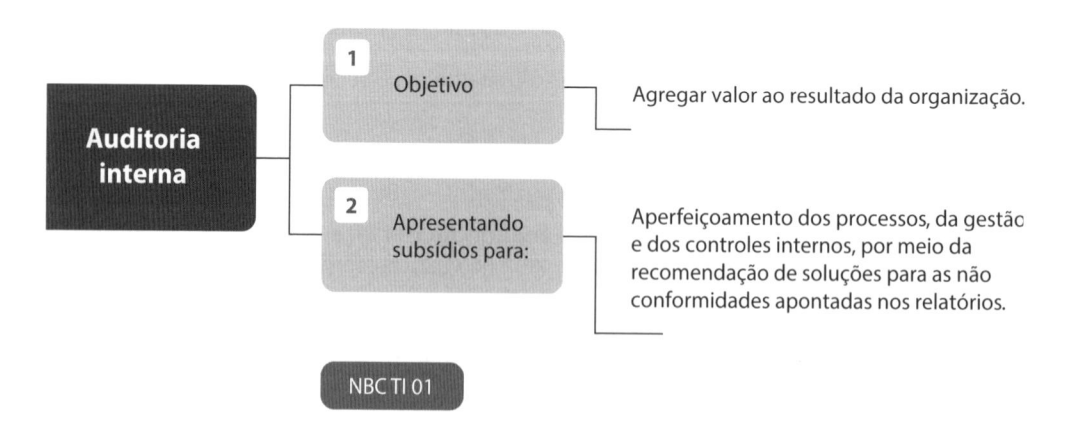

2.2 AUDITORIA INTERNA

A NBC TI 01 – Da Auditoria Interna – estabelece o conceito de auditoria interna: ela compreende os exames, análise, avaliações, levantamentos e comprovações, metodologicamente estruturados para a avaliação de integridade, adequação, eficácia, eficiência e economicidade dos processos, dos sistemas de informações e de controles internos integrados ao ambiente, e de gerenciamento de riscos, com vistas a assistir a administração da entidade no cumprimento de seus objetivos.

A atividade da auditoria interna tem por finalidade agregar valor ao resultado da organização, apresentando subsídios para o aperfeiçoamento dos processos, da gestão e dos controles internos.

Auditoria interna
1. Objetivo — Agregar valor ao resultado da organização.
2. Apresentando subsídios para: — Aperfeiçoamento dos processos, da gestão e dos controles internos, por meio da recomendação de soluções para as não conformidades apontadas nos relatórios.

NBC TI 01

Figura 2.2 *Auditoria interna.*

É a atividade de avaliação independente dentro da empresa, para verificar as operações e emitir um relatório sobre elas, sendo considerada um serviço prestado à administração. É facultativa, em função de previsão estatutária, funcionando como instrumento de apoio à gestão e objetivando verificar se o controle interno está em efetivo funcionamento, proferindo o auditor, quando cabível, sugestão para melhora de tais controles internos ou implantação de controles, caso não existam. Constitui o conjunto de procedimentos que tem por objetivo examinar integridade, adequação e eficácia dos controles internos e das informações físicas, contábeis, financeiras e operacionais da entidade. Presta serviços de avaliação (*assurance*) e de consultoria e tem como objetivo adicionar valor e melhorar as operações de uma organização, segundo as Normas Internacionais para o Exercício profissional de auditoria interna. Surgiu pela necessidade de formação de relatório independente quanto à forma pela qual determinado patrimônio estava sendo gerenciado.

O papel da auditoria interna é auxiliar a administração da entidade no cumprimento de seus objetivos. Para tanto, tem exercido a importante função de identificar oportunidades e estratégias para minimizar os riscos inerentes à atividade da organização da qual faz parte.

A NBC TI 01 afirma que "A Auditoria Interna é exercida nas pessoas jurídicas de direito público, interno ou externo, e de direito privado". Dessa forma, deixa claro que não se limita a discutir conceitos exclusivos do setor privado, incluindo as pessoas jurídicas de direito público.

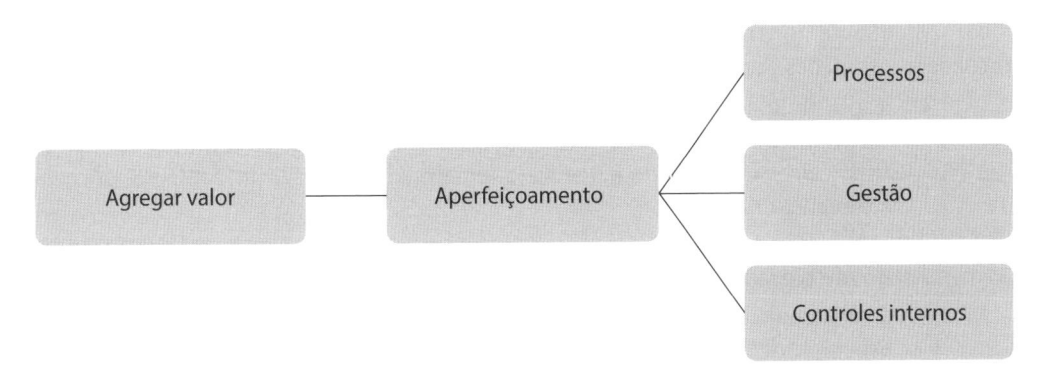

Figura 2.3 *Papel da auditoria interna.*

Fonte: NBC TI.

Sobre a finalidade da auditoria interna, a NBC TI 01 a coloca da seguinte forma: "agregar valor ao resultado da organização, apresentando subsídios para o aperfeiçoamento dos processos, da gestão e dos controles internos, por meio da recomendação de soluções para as não conformidades apontadas nos relatórios". A atividade de auditoria interna deve avaliar a adequação e a eficácia dos controles, abrangendo a governança, as operações e os sistemas de informação. Essa avaliação deve assegurar que os controles internos garantam uma série de medidas: confiabilidade e integridade das informações financeiras e operacionais, eficácia e eficiência de operações, salvaguarda dos ativos e conformidade às leis, aos regulamentos e aos contratos.

Funções

- Auditoria interna é realizada pela própria empresa por meio de um corpo contábil especializado para a função
- Emite recomendações

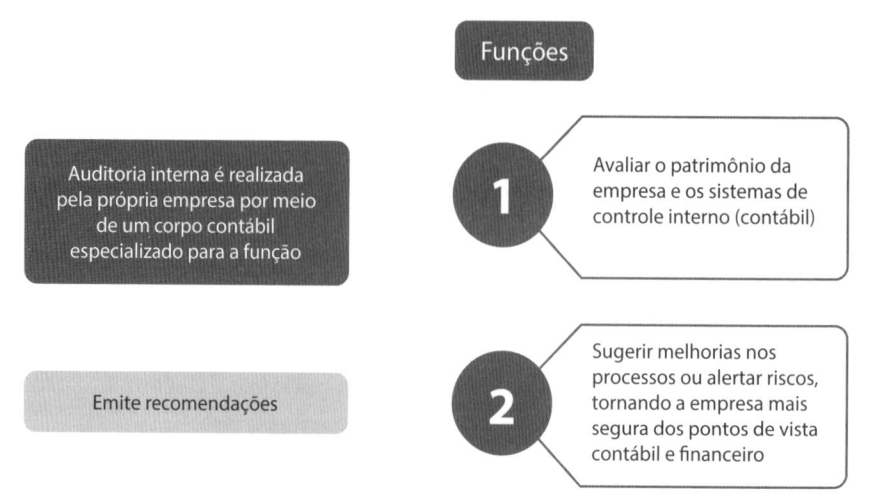

1. Avaliar o patrimônio da empresa e os sistemas de controle interno (contábil)
2. Sugerir melhorias nos processos ou alertar riscos, tornando a empresa mais segura dos pontos de vista contábil e financeiro

Figura 2.4 *Funções da auditoria interna.*
Fonte: NBC TI.

O auditor interno interessa-se por qualquer fase das atividades do negócio em que possa ser útil à administração. Isto pressupõe sua incursão em campos além dos de contabilidade e finanças, a fim de obter uma visão completa das operações submetidas a exame. Testa a qualidade dos trabalhos, revisa, recomenda; enfim, assiste a administração e lhe fornece informações periódicas principalmente no que tange:

- à aplicabilidade e adequação de controles internos, financeiros e operacionais; revisando e avaliando a correção, adequando e aplicando os controles contábeis, financeiros e outros de natureza operacional, propiciando controles eficazes a um custo razoável;
- à extensão do cumprimento das diretrizes, planos e procedimentos, determinando o grau de atendimento;
- à salvaguarda dos ativos quanto à escrituração, guarda e perdas de todas as espécies, determinando o grau de controle dos ativos da empresa quanto à proteção contra perdas de qualquer tipo;
- à avaliação da qualidade e desempenho na execução das responsabilidades delegadas, determinando a fidelidade dos dados administrativos originados na empresa;
- à recomendação de melhorias operacionais.

Observa-se que a auditoria interna presta ajuda à administração, com vistas à possibilidade de eliminar inconvenientes ao desempenho da gestão. Por ser empregado da empresa, o auditor interno perde sua independência profissional. Pode ser muito zeloso e cumprir a ética, mas é evidente sua demasiada submissão aos administradores. Servindo à empresa, a auditoria interna não se presta para informações. Deverá comprovar a participação em programas de educação continuada, conforme NBC PG 12 (R3).

As responsabilidades da auditoria interna, na organização, devem ser claramente determinadas pelas políticas da empresa. A autoridade correspondente deve propiciar ao auditor interno livre acesso a todos os registros, propriedades e pessoal da empresa que possam vir a ter importância para o assunto em exame. O auditor interno deve sentir-se à vontade para revisar e avaliar diretrizes, planos, procedimentos e registros. O auditor interno vai além da simples verificação da correta aplicação de normas e procedimentos, atuando como consultor para a empresa. Dizemos que, além da auditoria contábil, também realiza auditoria operacional.

As responsabilidades do auditor interno devem ser:

- informar e assessorar a administração e desimcumbir-se das responsabilidades de maneira condizente com o Código de Ética do Instituto dos Auditores Internos;
- coordenar suas atividades com a de outros, de modo a atingir com mais facilidade os objetivos da auditoria em benefício das atividades da empresa.

Quadro 2.1 *Normas brasileiras de contabilidade*

CÓDIGO DE ÉTICA PROFISSIONAL DO CONTADOR – CEPC									
Normas Brasileiras de Contabilidade									
Tipo	Conta-bilidade	Auditoria – Asseguração				Auditoria governa-mental	Auditoria interna	Perícia	
Normas Profissionais									
NBC P	PG (CEPC)	PA – Auditor Independente					PI	PP	
Normas Técnicas									
NBC T	TG – Geral: Completas Simplificadas (PMEs) Específicas	TSP Setor público	TA Auditoria	TR Revisão	TO Asse-guração não histórica	TSC Serviço correlato		TI	TP

Fonte: NBC TA.

No desempenho de suas funções, um auditor interno não tem responsabilidade direta nem autoridade sobre as atividades que examina. Portanto, as revisões e avaliações feitas por um auditor interno nunca eximem outras pessoas da empresa das responsabilidades que lhes cabem.

A independência é essencial para a eficiência da auditoria interna. Essa independência se obtém, primordialmente, por meio do posicionamento na estrutura organizacional e da objetividade:

- O posicionamento da função de auditoria interna na estrutura organizacional e o apoio dado a esta função pela administração são os principais determinantes de sua amplitude e valor. O responsável pelas atividades de auditoria interna deve, portanto, reportar-se a um executivo cuja autoridade seja suficiente, para assegurar uma ação efetiva, com respeito aos assuntos levantados e recomendações efetuadas.

- A objetividade é essencial à função de auditoria. Um auditor interno não deve, portanto, desenvolver e implantar procedimentos, preparar registros ou envolver-se em qualquer outra atividade que possa vir normalmente a examinar e analisar, e que venha a constituir empecilho à manutenção de sua independência. Sua objetividade não é, entretanto, afetada pelas determinações e recomendações de padrões de controle que venha a fazer, para aplicação no desenvolvimento de sistemas e procedimentos por ele revistos.

Apesar de ser subordinado à administração, o auditor interno deve ter certa autonomia. Naturalmente, essa autonomia será menor do que a do auditor independente. Contudo, aquele auditor deve produzir um trabalho livre de interferências internas.

A auditoria interna é uma atividade de apoio à administração da entidade, que visa agregar valor ao resultado da organização, mediante a apresentação de recomendações para aprimoramento da gestão e solução das não conformidades constatadas, consoante Aragão (2019). Agregar valor ao resultado da organização, apresentando subsídios para o aperfeiçoamento dos processos, da gestão e dos controles internos, por meio da recomendação de soluções para as não conformidades apontadas nos relatórios, é finalidade, decorrente da atividade auditoria interna.

O relatório é o documento pelo qual a auditoria interna apresenta o resultado dos seus trabalhos, devendo ser redigido com objetividade e imparcialidade, de forma a expressar, claramente, suas conclusões, recomendações e providências a serem tomadas pela administração da entidade. Expressa de forma clara as conclusões, recomendações e providências a serem tomadas pela administração da entidade, devendo esse documento ser redigido com objetividade e imparcialidade. Nos termos da Norma Brasileira de Contabilidade **NBC TI 01**, o relatório deve abordar no mínimo os seguintes aspectos:

- os riscos associados aos fatos constatados;
- os principais procedimentos de auditoria aplicados e sua extensão;
- a descrição dos fatos constatados e as evidências encontradas;
- eventuais limitações ao alcance dos procedimentos de auditoria.

A auditoria interna deve avaliar a necessidade de emissão de relatório parcial, na hipótese de constatar impropriedades que necessitem de providências imediatas da administração da entidade, e que não possam aguardar o final dos exames.

A atividade da auditoria interna tem por finalidade agregar valor ao resultado da organização, apresentando subsídios para o aperfeiçoamento dos processos, da gestão e dos controles internos.

Um dos principais objetivos do auditor interno é examinar a integridade, a adequação e a eficácia dos controles internos. Para o fornecimento de evidências às conclusões e recomendações da auditoria interna, as informações devem ser suficientes, adequadas, relevantes e úteis. Destacam-se:

- Verificar se as normas relativas ao sistema contábil e de controles internos estão sendo cumpridas.
- Promover medidas de incentivo para o cumprimento das normas contábeis e dos controles internos.

- Verificar a necessidade de aperfeiçoamento e propor novas normas para o sistema contábil e de controles internos.

A NBC TA 610 – Utilização do Trabalho de Auditoria Interna – trata dos objetivos e do alcance da função de auditoria interna. Inclui as atividades de asseguração e consultoria planejadas para avaliar e aprimorar a eficácia dos processos de governança, gestão de risco e controle interno da entidade, tais como:

- **Atividades relacionadas à governança**: a auditoria interna pode avaliar o processo de governança na concretização dos seus objetivos éticos e valores, na gestão do desempenho e prestação de contas (ou *accountability*) da administração, comunicação de risco e controle de informação para as áreas apropriadas da organização e eficácia da comunicação entre os responsáveis pela governança, auditores internos, auditores independentes e a administração.
- **Atividades relacionadas à gestão de risco**: a auditoria interna pode auxiliar a entidade a identificar e avaliar exposições significativas ao risco e contribuir no aprimoramento da gestão de risco e do controle interno (incluindo a eficácia do processo das demonstrações contábeis), e também executar procedimentos para auxiliar a entidade na detecção de fraude.
- **Atividades relacionadas ao controle interno**: avaliação do controle interno. A auditoria interna pode ter responsabilidade específica para revisar controles, avaliar o seu funcionamento e recomendar melhorias a esses controles. Ao fazê-las, ela fornece segurança sobre o controle. Por exemplo, a auditoria interna pode planejar e executar testes ou outros procedimentos para fornecer segurança à gerência e aos responsáveis pela governança relativos a planejamento, implantação e eficácia operacional do controle interno, incluindo os controles que sejam relevantes para a auditoria.
- **Análise da informação operacional e financeira**: a auditoria interna pode ser designada para revisar os meios usados para identificar, reconhecer, mensurar, classificar e reportar as informações financeiras e operacionais e realizar investigação específica de itens individualizados, incluindo testes detalhados de transações, saldos e procedimentos.
- **Revisão das atividades operacionais**: a auditoria interna pode ser designada para revisar a economicidade, a eficiência e a eficácia das atividades operacionais, incluindo as atividades não financeiras de uma entidade.
- **Revisar a observância das legislações e regulamentações**: a auditoria interna pode ser designada para revisar a observância das legislações e regulamentações, outros requisitos externos, além das políticas e diretrizes da administração e outros requisitos internos.

Apresenta uma série de afirmações referentes à representatividade da auditoria interna em uma empresa. A utilização do trabalho da auditoria interna pode afetar a natureza e a época ou reduzir a extensão dos procedimentos de auditoria a serem executados pelo próprio auditor independente.

De acordo com a NBC TA 610, admite-se o emprego da auditoria interna como assistência direta da auditoria externa, entretanto, nesse caso, o auditor independente deve dirigir, supervisionar e revisar o trabalho executado pelos auditores internos de forma apropriada.

Os riscos de auditoria interna estão relacionados à possibilidade de o auditor não atingir, de forma satisfatória, os objetivos dos trabalhos. A avaliação desses riscos deve ser feita na fase de planejamento e considerar a extensão da responsabilidade do auditor interno no uso dos trabalhos de especialistas.

A auditoria interna é exercida nas pessoas jurídicas de direito público, interno ou externo, e de direito privado. A finalidade é agregar valor ao resultado da organização, apresentando subsídios para o aperfeiçoamento dos processos, da gestão e dos controles internos, por meio de recomendação de soluções para as não conformidades apontadas nos relatórios. Compete à auditoria interna propor normas que visem ao aperfeiçoamento dos sistemas contábeis e dos controles internos da entidade.

A NBC TI 01 coloca a finalidade da auditoria interna da seguinte forma: "agregar valor ao resultado da organização, apresentando subsídios para o aperfeiçoamento dos processos, da gestão e dos controles internos, por meio da recomendação de soluções para as não conformidades apontadas nos relatórios".

A **NBC TA 610 – Utilização do Trabalho da Auditoria Interna** – apresenta uma série de afirmações referentes à representatividade da auditoria interna em uma empresa e destaca que a utilização do trabalho da auditoria interna pode afetar a natureza e a época ou reduzir a extensão dos procedimentos de auditoria a serem executados pelo próprio auditor independente.

O auditor independente deve determinar se o trabalho da auditoria interna pode ser utilizado para os fins da auditoria, considerando: (i) a extensão na qual a posição hierárquica da auditoria interna na organização e suas políticas e procedimentos propiciam objetividade dos auditores internos; (ii) o nível de competência da função de auditoria interna; e (iii) se a função de auditoria interna aplica uma abordagem sistemática e disciplinada, incluindo controle de qualidade. Compete à auditoria interna propor normas que visem ao aperfeiçoamento dos sistemas contábeis e dos controles internos da entidade.

O auditor independente deve determinar se o trabalho da auditoria interna pode ser utilizado para os fins da auditoria, considerando: (a) a extensão na qual a posição hierárquica da auditoria interna na organização e suas políticas e procedimentos propiciam objetividade dos auditores internos; (b) o nível de competência da função de auditoria interna; e.(c) se a função de auditoria interna aplica uma abordagem sistemática e disciplinada, incluindo controle de qualidade, conforme o item 5 da NBC TA 610.

Se o auditor independente utilizou o trabalho de auditoria interna, ele deve incluir na documentação de auditoria a avaliação: (i) se a posição hierárquica da auditoria interna e suas políticas e procedimentos dão adequado suporte para a objetividade dos auditores internos; (ii) do nível de competência da auditoria interna; (iii) se a auditoria interna aplica uma abordagem sistemática e disciplinada, incluindo controle de qualidade, segundo o item 36 da NBC TA 610.

Os trabalhos de auditoria interna devem ter por objetivo a obtenção de informação que seja: informação suficiente, aquela que é factual e convincente, de tal forma que uma pessoa prudente e informada possa entendê-la da mesma forma que o auditor interno; informação adequada, aquela que, sendo confiável, propicia a melhor evidência alcançável, por meio do uso apropriado das técnicas de auditoria interna; informação relevante, a que dá suporte às conclusões e às recomendações da auditoria interna; informação útil, a que auxilia a entidade a atingir suas metas.

Segundo a norma NBC TA 620, se a especialização em área que não contabilidade ou auditoria é necessária para obter evidência de auditoria apropriada e suficiente, o auditor deve determinar a necessidade de utilizar o trabalho de especialista. O auditor deve avaliar a adequação do trabalho do especialista para fins da auditoria, incluindo:

- a relevância e razoabilidade das constatações ou conclusões desse especialista, e sua consistência com outras evidências de auditoria;
- se o trabalho do especialista envolve o uso de premissas e métodos significativos, a relevância e a razoabilidade dessas premissas e desses métodos nas circunstâncias;
- se o trabalho do especialista envolve o uso de dados-fonte significativos para o seu trabalho, a relevância, integridade e precisão desses dados-fonte.

Segundo a NBC TA 620, o auditor não deve fazer referência ao trabalho do especialista do auditor em seu relatório que contenha opinião não modificada (sem ressalva). É possível o auditor fazer referência ao uso de especialista em seu relatório quando relevante para o entendimento de ressalva e opinião adversa. Se o auditor fizer referência ao trabalho de especialista do auditor em seu relatório porque essa referência é relevante para o entendimento de ressalva ou outra modificação na sua opinião, ele deve indicar no relatório que essa referência não reduz a sua responsabilidade por essa opinião.

2.2.1 Normas de auditoria interna

De acordo com o *Institute of Internal Auditors* (IIA), a estrutura das Normas Internacionais para a prática profissional de auditoria interna é dividida entre normas de atributos e de desempenho. As normas de atributos e as normas de desempenho se referem, respectivamente, a características das organizações e dos indivíduos que executam auditoria interna e à natureza da auditoria interna e critérios de qualidade. Dispõem sobre a natureza da auditoria interna e fornecem os critérios de qualidade em face dos quais o desempenho desses serviços possa ser avaliado. A partir das disposições dessas normas, o gerenciamento da atividade de auditoria interna é considerado eficaz quando os resultados do trabalho da atividade de auditoria interna cumprem a responsabilidade definida no estatuto de auditoria interna.

A criação de normas para auditoria operacional é uma tarefa complexa, em face da diversidade dos projetos desenvolvidos na área e das abordagens especialmente talhadas para cada trabalho especificamente. A tarefa torna-se ainda mais difícil devido à necessidade de criação de normas que se apliquem ao trabalho feito por pessoal que recebeu treinamento em diversas disciplinas. Os profissionais de engenharia, de transportes etc. que podem auxiliar na execução da auditoria operacional devem pautar seu desempenho pelas mesmas normas.

De acordo com as normas internacionais de auditoria interna publicadas pelo IIA, as normas de atributos estão relacionadas às características de organizações e aos indivíduos que realizam atividades de auditoria, principalmente em relação à definição formal de propósito, autoridade e responsabilidade de quem realiza a auditoria. O auditor deve assessorar a administração da entidade no trabalho de prevenção de fraudes e erros, obrigando-se a informá-la, sempre por escrito, de maneira reservada, sobre quaisquer indícios ou confirmações de irregularidades detectadas no decorrer de seu trabalho.

As normas profissionais do Auditor Interno, NBC PG 100 (R1), compreendem os seguintes aspectos:

- competência técnico-profissional;
- autonomia profissional;
- responsabilidade do auditor interno na execução dos trabalhos;
- relacionamento com profissionais de outras áreas;
- sigilo;
- cooperação com o auditor independente.

Compete à auditoria interna propor normas que visem ao aperfeiçoamento dos sistemas contábeis e dos controles internos da entidade.

2.2.2 Normas de auditoria operacional existentes

Normas gerais:

- os auditores devem ter, no conjunto, proficiência profissional para se desincumbirem das tarefas a eles confiadas;
- a organização de auditoria e os auditores, individualmente, não devem ter sua independência prejudicada, mantendo-a nas atitudes e na aparência;
- devem exercer zelo profissional ao fazerem a auditoria e prepararem o relatório;
- o auditor deve comunicar qualquer limitação imposta ao escopo do exame.

Normas de exame e avaliação:

- o trabalho deve ser adequadamente planejado e supervisionado e corroborado por papéis de trabalho corretamente feitos;
- deve-se obter evidência suficiente, competente e relevante, que proporcione uma base razoável para o relatório do auditor;
- o auditor deve estar atento para possíveis circunstâncias de fraude, abuso e atos ilegais.

Normas de relatório:

- os relatórios devem ser feitos por escrito e revisados na forma de rascunho, pelo setor auditado e pelos dirigentes que solicitaram a auditoria;
- os relatórios devem ser objetivos, imediatos e oportunos;
- os relatórios devem apresentar dados exatos e fidedignos e os fatos descobertos de maneira convincente, clara, simples, concisa e competente;
- os relatórios devem conter realizações dignas de nota e enfatizar principalmente as melhorias, em vez das críticas.

A apresentação do relatório final de uma auditoria interna é um dos pontos mais aguardados pelas partes interessadas no processo. Desse modo, um relatório de término de trabalho de campo de auditoria interna, para que seja bem entendido, deve conter, no mínimo, determinados pontos:

- introdução contendo os objetivos e o escopo do trabalho;
- metodologia de trabalho utilizada durante a auditoria;
- pontos de controle identificados com o apontamento dos riscos e as recomendações de melhoria.

2.2.3 Aplicação das normas

A orientação contida nas normas é instrutiva, mas não esgota todo o assunto. Nelas não se determina com precisão o que uma unidade de auditoria deve fazer para atender à exigência de planejamento adequado do trabalho, nem há regras quanto à quantidade de evidência exigida para se corroborar um fato descoberto. Todas essas questões envolvem julgamento e sua solução pode variar segundo as políticas e práticas da unidade de auditoria operacional e as características do trabalho executado.

Consequentemente, as unidades de auditoria desenvolvem práticas e procedimentos internos para assegurar a uniformidade e a qualidade de seu trabalho. Esses procedimentos dizem respeito a questões tais como a maneira de preparar e revisar os papéis de trabalho. As unidades de auditoria muitas vezes descrevem os procedimentos adotados para cumprimento das normas profissionais contidas em manuais internos ou em material de treinamento. Recomenda-se enfaticamente para qualquer ambiente a elaboração de manuais de procedimentos internos para corroborar a observância de normas profissionais.

Após a emissão do relatório final, inicia-se uma nova fase no processo de auditoria interna, que é o acompanhamento da implementação das ações corretivas. Para essa fase, a área ou setor auditado e responsável pelas ações corretivas deve organizar um plano de ação discutido e aprovado em conjunto com a auditoria interna, considerando aspectos como: prazo, orçamento, ferramentas, contingente e treinamento.

2.2.4 Por que são importantes as normas de auditoria?

As normas de auditoria, juntamente com os procedimentos para sua implementação, estabelecem a ordem e a disciplina na realização do trabalho. E o que é mais importante, a observância dessas normas leva à realização de auditorias completas e objetivas, com resultados e recomendações palpáveis fundamentados e passíveis de serem justificados. Dentre elas destaca-se:

COMPETÊNCIA TÉCNICO-PROFISSIONAL

O contador, na função de auditor interno, deve manter o seu nível de competência profissional pelo conhecimento atualizado das Normas Brasileiras de Contabilidade, das técnicas contábeis, especialmente na área de auditoria, da legislação inerente à profissão, dos conceitos e técnicas administrativas e da legislação aplicável à entidade.

AUTONOMIA PROFISSIONAL

O auditor interno, não obstante sua posição funcional, deve preservar sua autonomia profissional.

RESPONSABILIDADE DO AUDITOR INTERNO NA EXECUÇÃO DOS TRABALHOS

O auditor interno deve ter o máximo de cuidado, imparcialidade e zelo na realização dos trabalhos e na exposição das conclusões.

A amplitude do trabalho do auditor interno e sua responsabilidade estão limitadas à sua área de atuação.

A utilização da equipe técnica supõe razoável segurança de que o trabalho venha a ser executado por pessoas com capacitação profissional e treinamento requeridos nas circunstâncias.

Cabe também ao auditor interno, quando solicitado, prestar assessoria ao Conselho Fiscal ou órgãos equivalentes.

RELACIONAMENTO COM PROFISSIONAIS DE OUTRAS ÁREAS

O auditor interno pode realizar trabalhos de forma compartilhada com profissionais de outras áreas, situação em que a equipe fará a divisão de tarefas segundo a habilitação técnica e legal dos seus participantes.

SIGILO

O auditor interno deve respeitar o sigilo relativamente às informações obtidas durante o seu trabalho, não as divulgando para terceiros, sob nenhuma circunstância, sem autorização expressa da entidade em que atua.

O dever de manter o sigilo continua depois de terminado o vínculo empregatício ou contratual.

COOPERAÇÃO COM O AUDITOR INDEPENDENTE

O auditor interno, quando previamente estabelecido com a administração de entidade em que atua, e no âmbito de planejamento conjunto de trabalho a realizar, deve apresentar os seus papéis de trabalho ao auditor independente e entregar-lhe cópias, quando este entender necessário.

2.2.5 Departamento de auditoria interna

Órgãos de governo e alta administração contam com a auditoria interna para uma avaliação objetiva e percepção sobre a eficácia e eficiência da governança, gestão de riscos e processos de controle.

- Quais são as características de um departamento de auditoria interna de classe internacional?
- Qual é o incomparável valor que a auditoria interna traz para as partes interessadas?
- Como o seu departamento de auditoria interna se posiciona?
- Qual é a percepção do nível de confiança da alta administração nas funções de auditoria interna?

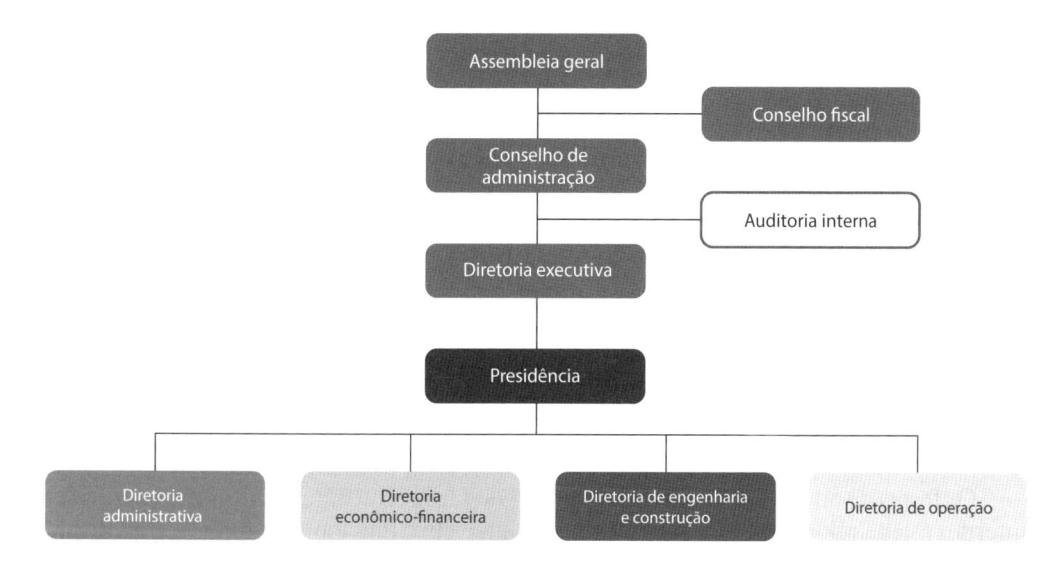

Figura 2.5 *Organograma empresarial simplificado.*

2.2.6 Auditoria interna em instituição financeira

A Resolução do CMN nº 4.588/2017 regulamentou a atividade de auditoria interna nas instituições financeiras e demais instituições autorizadas a funcionar pelo Banco Central do Brasil (BCB), exceto administradoras de consórcio, instituições de pagamento e cooperativas de crédito enquadradas no Segmento 5 (S5). Os responsáveis pela atividade de auditoria interna das instituições devem elaborar, entre outros documentos, o plano anual de auditoria interna, baseado na avaliação de riscos de auditoria, e o relatório anual de auditoria interna, contendo o sumário dos resultados dos trabalhos de auditoria, suas principais conclusões, recomendações e providências tomadas pela administração da entidade. Ambos os documentos deverão ser aprovados pelo conselho de administração e pelo comitê de auditoria, quando constituído.

2.2.7 Planejamento da auditoria interna

O planejamento do trabalho da auditoria interna compreende os exames preliminares das áreas, atividades, produtos e processos para definir a amplitude e a época do trabalho a ser realizado, de acordo com as diretrizes estabelecidas pela administração da entidade, segundo Brito (2015).

Já na definição temos a principal diferença entre o planejamento do auditor interno e do externo. O auditor interno, por ser um funcionário da empresa, deve seguir as diretrizes estabelecidas pela administração, sempre tentando resguardar sua autonomia profissional.

A NBC TI 01, norma que trata de auditoria interna, não divide as etapas do planejamento do auditor interno como a NBC TA 300 divide para o auditor independente.

De acordo com as Normas Brasileiras de Contabilidade aplicadas à auditoria interna, no planejamento de uma auditoria, os fatos relevantes que devem ser considerados pelo auditor na execução dos trabalhos incluem:

I. o conhecimento detalhado da política e dos instrumentos de gestão de riscos da entidade;

II. o conhecimento detalhado das atividades operacionais e dos sistemas contábil e de controles internos e seu grau de confiabilidade da entidade;

III. natureza, oportunidade e extensão dos procedimentos de auditoria interna a serem aplicados, alinhados com a política de gestão de riscos da entidade;

IV. o uso do trabalho de especialistas;

V. os riscos de auditoria, quer pelo volume, quer pela complexidade das transações e operações.

Os testes de observância visam à obtenção de razoável segurança de que os controles internos estabelecidos pela administração estão em efetivo funcionamento, inclusive quanto ao seu cumprimento pelos funcionários e administradores da entidade.

Na sua aplicação, devem ser considerados os seguintes procedimentos:

- inspeção: verificação de registros, documentos e ativos tangíveis;
- observação: acompanhamento de processo ou procedimento quando de sua execução; e
- investigação e confirmação: obtenção de informações perante pessoas físicas ou jurídicas conhecedoras das transações e das operações, dentro ou fora da entidade.

Os testes substantivos visam à obtenção de evidência quanto à suficiência, exatidão e validade dos dados produzidos pelos sistemas de informação da entidade. O trabalho da auditoria interna constitui-se em exames e investigações, que permitem ao auditor interno obter subsídios suficientes para fundamentar suas conclusões e recomendações à administração, incluindo testes e procedimentos para o desenvolvimento dos trabalhos. A Norma Brasileira de Contabilidade NBC TI 01 menciona que determinado tipo de teste visa à obtenção de evidências quanto a suficiência, exatidão e validade dos dados produzidos pelos sistemas de informação da entidade. Constituem exames e investigações que permitem ao auditor interno obter subsídios suficientes para fundamentar suas conclusões e recomendações à administração da entidade. São os procedimentos que visam à obtenção de evidência quanto a suficiência, exatidão e validade dos dados produzidos pelos sistemas de informação da entidade.

As informações que fundamentam os resultados da auditoria interna são denominadas "evidências", que devem ser suficientes, fidedignas, relevantes e úteis, de modo a fornecer base sólida para as conclusões e recomendações à administração da entidade.

O processo de obtenção e avaliação das informações compreende:

I – a obtenção de informações sobre os assuntos relacionados aos objetivos e ao alcance da Auditoria Interna, devendo ser observado que:

- a informação suficiente é aquela que é factual e convincente, de tal forma que uma pessoa prudente e informada possa entendê-la da mesma forma que o auditor interno;

- a informação adequada é aquela que, sendo confiável, propicia a melhor evidência alcançável, por meio do uso apropriado das técnicas de auditoria interna;
- a informação relevante é a que dá suporte às conclusões e às recomendações da auditoria interna;
- a informação útil é a que auxilia a entidade a atingir suas metas;

II – a avaliação da efetividade das informações obtidas, mediante a aplicação de procedimentos da Auditoria Interna, incluindo testes substantivos, se as circunstâncias assim o exigirem.

O processo deve ser supervisionado para alcançar razoável segurança de que o objetivo do trabalho da auditoria interna está sendo atingido.

Devem ser adotados procedimentos adequados para assegurar que as contingências ativas e passivas relevantes [...] foram identificadas e são do conhecimento da administração da entidade.

No trabalho da auditoria interna, quando aplicável, deve ser examinada a observância dos Princípios Fundamentais de Contabilidade, das Normas Brasileiras de Contabilidade e da legislação [...].

Ao determinar a extensão de um teste de auditoria ou um método de seleção de itens a serem testados, podem ser empregadas técnicas de amostragem.

Ao usar método de amostragem, estatística ou não, deve ser projetada e selecionada uma amostra que possa proporcionar evidência de auditoria suficiente e apropriada.

A utilização de processamento eletrônico de dados pela entidade requer que exista, na equipe da auditoria interna, profissional com conhecimento suficiente sobre a tecnologia da informação e os sistemas de informação utilizados.

O uso de técnicas de auditoria interna, que demandem o emprego de recursos tecnológicos de processamento de informações, requer que exista na equipe da auditoria interna profissional com conhecimento suficiente de forma a implementar os próprios procedimentos ou, se for o caso, orientar, supervisionar e revisar os trabalhos de especialistas.

2.2.8 Evidências na norma de auditoria interna (NBC TI 01)

Cabe mencionar a parte da norma de auditoria interna que trata de evidências de auditoria, uma vez que a definição dos atributos difere um pouco da NBC TA 500.

Segundo a NBC TI 01, o processo de obtenção e avaliação das informações compreende a obtenção de informações sobre os assuntos relacionados com os objetivos e ao alcance da auditoria interna, devendo ser observado que, segundo Fontenelle (2016):

- a informação suficiente é aquela que é factual e convincente, de tal forma que uma pessoa prudente e informada possa entendê-la da mesma forma que o auditor interno;
- a informação adequada é aquela que, sendo confiável, propicia a melhor evidência alcançável, por meio do uso apropriado das técnicas de auditoria interna;
- a informação relevante é a que dá suporte às conclusões e às recomendações da auditoria interna;
- a informação útil é a que auxilia a entidade a atingir suas metas.

A auditoria interna deve ser documentada por meio de papéis de trabalho, elaborados em meio físico ou eletrônico, que devem ser organizados e arquivados de forma sistemática e racional. Os papéis de trabalho constituem documentos e registros dos fatos, informações e provas, obtidos no curso da auditoria, a fim de evidenciar os exames realizados e dar suporte à sua opinião, críticas, sugestões e recomendações.

Os papéis de trabalho devem ter abrangência e grau de detalhes suficientes para propiciarem a compreensão do planejamento, da natureza, da oportunidade e da extensão dos procedimentos de auditoria interna aplicados, bem como do julgamento exercido e do suporte das conclusões alcançadas. De acordo com a Resolução CFC nº 986/2003 (NBC TI 01), na realização dos trabalhos de auditoria interna, os fatos, as informações e as provas, obtidos no curso da auditoria, a fim de evidenciar os exames realizados e dar suporte à opinião, críticas, sugestões e recomendações, deverão ser registrados nos papéis de trabalho. Constituem documentos e registros dos fatos, informações e provas, obtido no curso da auditoria, a fim de evidenciar os exames realizados e dar suporte à sua opinião, críticas, sugestões e recomendações.

De acordo com o Código de Ética para o exercício profissional da auditoria interna, emitido pelo Institute of Internal Auditors, a atividade de auditoria deve respeitar princípios e regras de conduta ética. Em relação aos princípios dispostos no Código de Ética, destaca-se que, pelo princípio da objetividade, os auditores internos devem apresentar uma confiança que represente a base para a confiabilidade atribuída ao seu julgamento.

As atividades de auditoria interna e de auditoria externa muitas vezes são executadas simultaneamente dentro das companhias, porém essas atividades possuem objetivos diferentes. Nas companhias de capital aberto, o principal objetivo da auditoria externa é emitir uma opinião sobre as demonstrações contábeis.

Acerca dos procedimentos da auditoria interna, conforme a Resolução CFC nº 986/2003, constituem exames e investigações que permitem ao auditor interno obter subsídios suficientes para fundamentar suas conclusões e recomendações à administração da entidade. Assim, os procedimentos que visam à obtenção de evidência quanto à suficiência, exatidão e validade dos dados produzidos pelos sistemas de informação da entidade referem-se aos testes substantivos.

Os testes de observância visam à obtenção de razoável segurança de que os controles internos estabelecidos pela administração estão em efetivo funcionamento, inclusive quanto ao seu cumprimento pelos funcionários e administradores da entidade. Inspeção, observação, investigação e confirmação são procedimentos de auditoria interna adotados com vistas a determinar se os controles internos estão de fato operando.

Esses procedimentos são adotados quando da aplicação dos testes.

O objetivo do auditor interno é preparar documentação que forneça registro suficiente do embasamento do seu relatório. Deve ser documentada por meio de papéis de trabalho, elaborados em meio físico ou eletrônico, que devem ser organizados e arquivados de forma sistemática e racional.

Nos termos da **NBC TA 230 (R1)**:

- o auditor interno pode não atender um requisito relevante de uma norma;
- o auditor interno pode executar procedimentos adicionais referentes a fatos ocorridos após a data do relatório de auditoria;

- o auditor interno deve documentar inconsistências em relação a sua conclusão final, referentes a assuntos significativos.

O relatório da auditoria interna expressa de forma clara as conclusões, recomendações e providências a serem tomadas pela administração da entidade, devendo esse documento ser redigido com objetividade e imparcialidade. Nos termos da Norma Brasileira de Contabilidade **NBC TI 01**, o relatório deve abordar no mínimo os seguintes aspectos:

- os riscos associados aos fatos constatados;
- os principais procedimentos de auditoria aplicados e sua extensão;
- a descrição dos fatos constatados e as evidências encontradas;
- eventuais limitações ao alcance dos procedimentos de auditoria.

Quando o auditor verificar a existência de irregularidades que necessitam de providências imediatas da administração da entidade auditada, não sendo possível aguardar o final dos exames, deverá emitir relatório parcial.

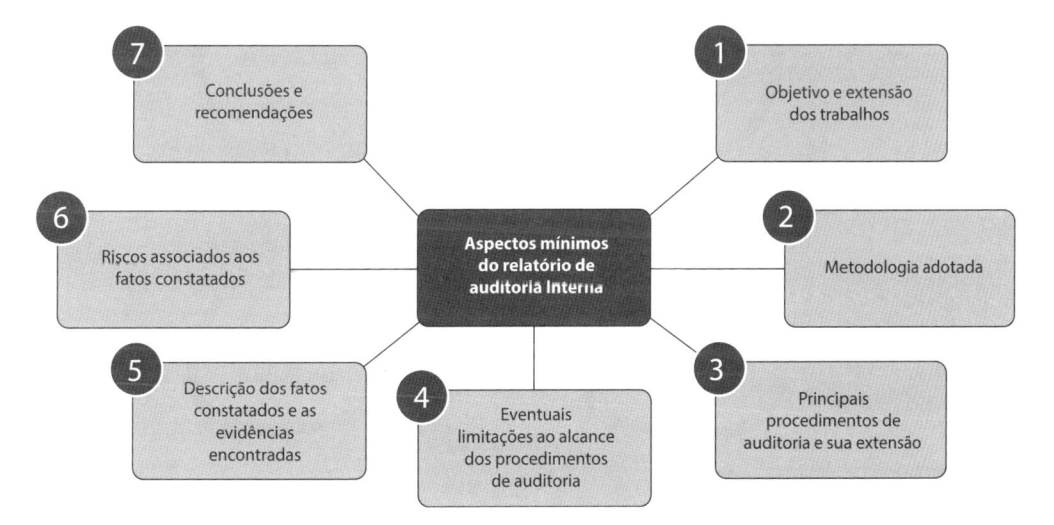

Figura 2.6 *Relatório de auditoria interna.*
Fonte: NBC TI.

2.2.9 Risco na auditoria interna

Em conformidade com a NBC TI 01, a análise dos riscos da auditoria interna deve ser feita na fase de planejamento dos trabalhos; tem relação com a possibilidade de não se atingir, de forma satisfatória, o objetivo dos trabalhos. Vale notar que, na fase de execução, o auditor reavalia os riscos e atualiza o plano, quando necessário, mas a análise substantiva dos riscos é procedida na fase de planejamento, para definição do escopo do trabalho e da natureza, oportunidade e extensão dos testes.

A análise dos riscos da auditoria interna, segundo as normas, deve ser feita na fase de planejamento dos trabalhos; tais riscos têm relação com a possibilidade de não se atingir, de forma satisfatória, o objetivo dos trabalhos. Nesse sentido, devem ser considerados, principalmente, os seguintes aspectos:

- a verificação e a comunicação de eventuais limitações ao alcance dos procedimentos da auditoria interna, a serem aplicados, considerando o volume ou a complexidade das transações e das operações;
- a extensão da responsabilidade do auditor interno no uso dos trabalhos de especialistas.

A auditoria interna é obrigada a informar à administração quaisquer indícios ou confirmações de irregularidades detectadas no decorrer do trabalho de prevenção de fraudes ou erros, sempre por escrito e de maneira reservada.

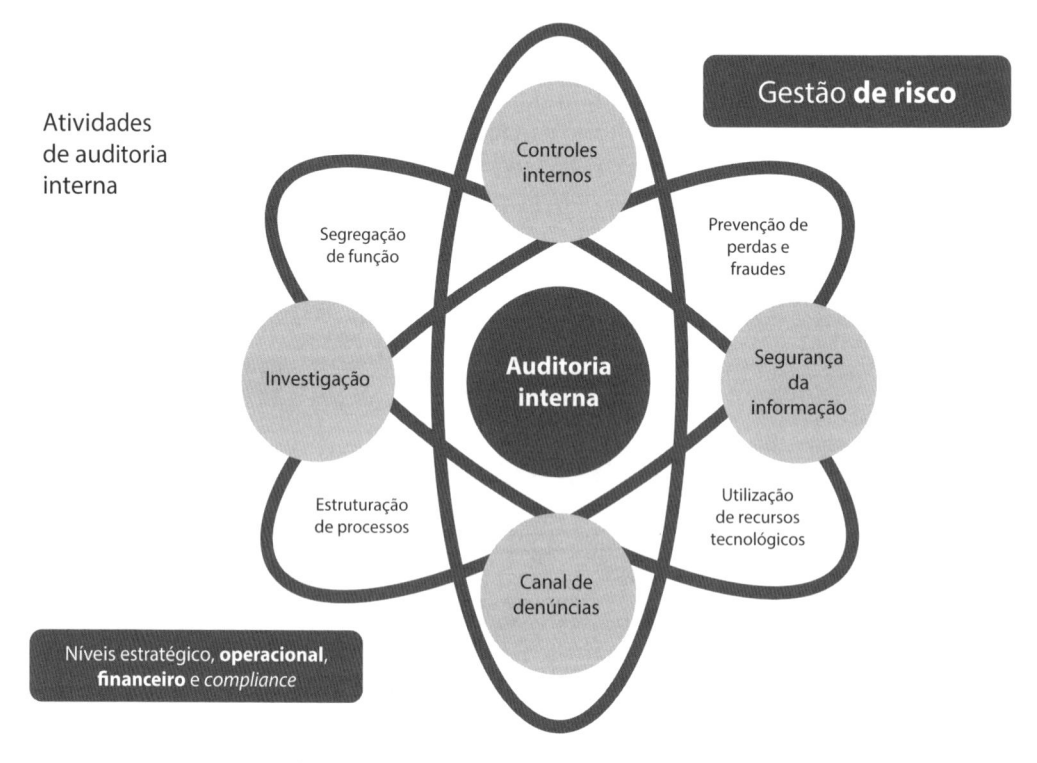

Figura 2.7 *Gestão de risco.*
Fonte: NBC TI.

2.3 AUDITORIA EXTERNA OU INDEPENDENTE

Segundo o CFC, a auditoria externa compreende "o conjunto de procedimentos técnicos que têm por objetivo a emissão de uma opinião sobre sua adequação, consoante as normas de Contabilidade e as Normas Brasileiras de Contabilidade e no que for pertinente, à legislação específica". Técnica contábil constituída por um conjunto de procedimentos técnicos sistematizados, para obtenção e avaliação de evidências sobre as informações contidas nas demonstrações contábeis de uma empresa.

O objetivo da auditoria externa é o processo pelo qual o auditor se certifica de que as demonstrações financeiras representam adequadamente, em todos os aspectos relevantes, a posição patrimonial e financeira da empresa. Assim, o principal objetivo é emitir opinião sobre as demonstrações contábeis de uma entidade, quanto a sua adequação, consoante as normas de contabilidade e as normas brasileiras de contabilidade. Também da credibilidade às demonstrações contábeis, examinadas dentro dos parâmetros de normas de auditoria e princípios contábeis, e tem como principal cliente o público externo, usuário final dessa informação. Trata-se de aumentar o grau de confiança nas demonstrações contábeis por parte dos usuários. Isso é alcançado mediante a expressão de uma opinião pelo auditor sobre se as demonstrações contábeis foram elaboradas, em todos os aspectos relevantes, em conformidade com uma estrutura de relatório financeiro aplicável (NBC TA 200 R1).

A auditoria externa é executada por profissional independente, sem ligação com o quadro da empresa. Sua intervenção é ajustada em contrato de serviços. Os testes e indagações se espalham por onde haja necessidade de levantar questões elucidativas para conclusão do trabalho ajustado.

Um exemplo é a auditoria exigida pelo Banco Central, trabalho típico de auditor externo independente. Nela, a extensão e a profundidade dos exames devem cingir-se à necessidade de certificar o balanço. Não importa que o trabalho alcance eventos detalhados, as mais minuciosas operações se necessário; continua sendo trabalho de auditoria externa.

O auditor externo, pela relevância do seu trabalho perante o público, dada a credibilidade que oferece ao mercado, se constitui numa figura ímpar que presta inestimáveis serviços ao acionista, aos banqueiros, aos órgãos do governo e ao público em geral. Sua função visa a credibilidade das demonstrações contábeis, examinadas dentro de parâmetros de normas de auditoria e princípios contábeis.

Função

Auditoria externa é realizada por uma empresa independente contratada.

EMITE OPINIÃO
MP nº 892/2019 altera o artigo 289 da Lei nº 6.404/1976 e o artigo 19 da Lei nº 13.043/2014 (publicação)

Ao contrário da auditoria interna, a auditoria externa não tem como principal objetivo auxiliar a administração do negócio, mas sim atestar que, na empresa, não existem quaisquer tipos de fraudes ou erros que possam causar um impacto significativo na situação financeira e contábil.

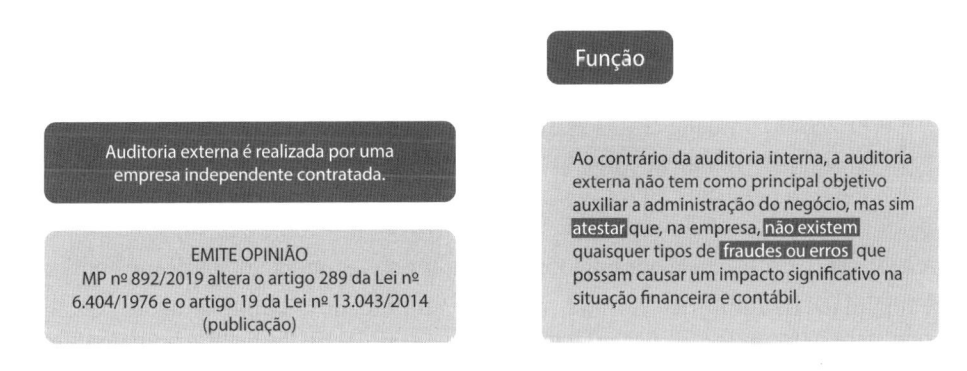

Figura 2.8 *Função da auditoria externa.*
Fonte: NBC TA.

Ciente de sua responsabilidade e consciência profissional, o auditor independente mantém uma atitude mental também independente, exerce seu trabalho com competência profissional e mantém seu grau de independência junto à empresa, objeto de exame, livre de qualquer interesse ou vantagens. Ao emitir a sua opinião sobre as demonstrações em exame, o seu julgamento e seu procedimento não se subordinam a injunções ou interesses da empresa.

O sucesso do auditor independente num mercado altamente sofisticado se deve única e exclusivamente ao elevado grau de capacidade e especialização e sua independência no exercício de sua atividade.

A responsabilidade do auditor independente sobre as demonstrações contábeis estende-se até o último dia de serviço da equipe em exemplo. O auditor independente, na avaliação de um trabalho específico da auditoria interna com pretensão de sua utilização, deve considerar se o alcance do trabalho e seus programas correlatos são adequados, e se a avaliação preliminar da auditoria interna permanece apropriada.

A Instrução CVM nº 381/2003 dispõe sobre a divulgação, pelas empresas auditadas, de informações sobre a prestação, pelo auditor independente, de outros serviços que não sejam de auditoria externa. As empresas auditadas deverão divulgar a política ou procedimentos adotados pela companhia para evitar a existência de conflito de interesse, perda de independência ou de objetividade de seus auditores independentes.

A NBC TA 01 – Estrutura Conceitual identifica o relacionamento entre três partes (auditor independente, a parte responsável e os usuários previstos) e estabelece mais quatro elementos que necessariamente devem estar presentes em um trabalho de asseguração executado por um auditor independente, que são: objeto apropriado; critérios adequados; evidências apropriadas e suficientes; relatório de asseguração escrito de forma apropriada.

A NBC TA 200 (R1) – Objetivos Gerais do Auditor Independente e a Condução da Auditoria em Conformidade com Normas de Auditoria – descreve o objetivo da auditoria das demonstrações contábeis externa: aumentar o grau de confiança nas demonstrações contábeis por parte dos usuários. Isso é alcançado mediante a expressão de uma opinião pelo auditor sobre se as demonstrações contábeis foram elaboradas, em todos os aspectos relevantes, em conformidade com uma estrutura de relatório financeiro aplicável. Os objetivos gerais do auditor são:

- obter segurança razoável de que as demonstrações contábeis como um todo estão livres de distorção relevante, independentemente se causada por fraude ou erro, possibilitando assim que o auditor expresse sua opinião sobre se as demonstrações contábeis foram elaboradas, em todos os aspectos relevantes, em conformidade com a estrutura de relatório financeiro aplicável; e
- apresentar relatório sobre as demonstrações contábeis e comunicar-se como exigido pelas NBC TAs, em conformidade com as constatações do auditor.

A auditoria geral é aquela que engloba todas as unidades operacionais de uma entidade.

A finalidade da auditoria externa é conferir credibilidade às demonstrações contábeis, visto que, para os interessados nas informações financeiras, não basta uma opinião interna, sendo indispensável a opinião independente da auditoria externa. Não é atribuição do auditor independente garantir a viabilidade futura da entidade ou fornecer qualquer tipo de atestado de eficácia da administração na gestão dos negócios.

O objetivo da auditoria independente é aumentar o grau de confiança nas demonstrações contábeis por meio da expressão de uma opinião sobre os aspectos relevantes, conforme a NBC TA 200 (R1). É função da auditoria externa avaliar e testar os sistemas de controles internos e contábil, em busca da razoável fidedignidade das demonstrações financeiras. Acompanhar o cumprimento de normas técnicas e a política de administração da empresa, na consecução dos seus objetivos; desenvolver continuamente o trabalho de auditoria na empresa, concluindo as tarefas com a elaboração de relatórios; e prevenir erros e fraudes, sugerindo aos administradores da empresa os ajustes necessários são funções ou atribuições da auditoria interna. A auditoria externa deve seguir as normas e procedimentos de auditoria na execução dos trabalhos, com alto grau de independência, possuindo os auditores altos padrões de objetividade, imparcialidade e integridade, segundo Aragão (2019).

2.4 DIFERENÇAS ENTRE AUDITORIA EXTERNA E INTERNA

A principal semelhança entre a auditoria interna e a externa é relacionada com os métodos de trabalho, que, via de regra, são bastante parecidos, tanto relativamente às características desejáveis à pessoa do auditor quanto aos aspectos de planejamento, execução e emissão de relatórios, conforme Brito (2015).

Mesmo que identificado o interesse comum no trabalho do auditor interno e do auditor externo, devemos salientar que existem diferenças fundamentais, sendo as principais:

- **extensão dos trabalhos:** o escopo dos trabalhos feitos pelo auditor interno normalmente é determinado pela gerência, enquanto a extensão do exame do auditor externo é determinada pelas normas usuais reconhecidas no país ou requeridas por legislação específica;
- **direção:** o auditor interno dirige seus trabalhos para assegurar que os sistemas contábil e de controle interno funcionem eficientemente, a fim de que os dados contábeis fornecidos à gerência apresentem os fatos com exatidão. Os trabalhos do auditor externo, entretanto, são determinados por seu dever de fazer com que as demonstrações contábeis a serem apresentadas a terceiros, como por exemplo a acionistas, investidores, fornecedores, à fiscalização, reflitam com propriedade a situação contábil de uma empresa em certa data, e os resultados das operações do período examinado;
- **responsabilidade:** a responsabilidade do auditor interno é para com a gerência, ao passo que a responsabilidade do auditor externo geralmente é mais ampla. É evidente que o auditor interno, sendo funcionário da empresa, não tem a condição de total independência que possui o auditor externo;
- **métodos:** não obstante as diferenças apontadas, os trabalhos de ambos são efetuados em geral por métodos idênticos. O auditor interno segue mais as rotinas de cunho interno, ou seja, observa o cumprimento rígido das normas internas, pois ele tem domínio da cultura da empresa, enquanto o auditor externo observa mais o cumprimento das normas associadas às leis de forma bem ampla; ele tem melhor domínio dos aspectos de interesse coletivo.

Como exemplos podemos citar:

- exame do sistema contábil e de controle interno, a fim de verificar o conceito dos princípios adotados e sua eficiência em operação;
- exame de registros contábeis;
- verificação de ativos e passivos;
- observação, pesquisa, confronto de dados e uso de outros processos técnicos de comprovação julgados necessários.

Comparando-se os dois tipos de auditoria, podem-se traçar as seguintes características marcantes:

- auditor externo é independente, contratado para determinada tarefa de auditoria, enquanto o auditor interno é empregado da empresa, sem independência;

- as tarefas do auditor externo são delimitadas no contrato, enquanto as tarefas do auditor interno são tão abrangentes quanto forem as operações da empresa;
- a auditoria externa é eventual, enquanto a auditoria interna é periódica;
- processo utilizado em ambas é o analítico e as técnicas assemelham-se;
- as bases em que se assentam os exames são as mesmas: a escrituração, os documentos e os controles;
- os resultados assemelham-se.

O que é distinção fundamental, todavia, entre os dois tipos é o grau de independência de um contra a total dependência do outro. No último caso, a confiabilidade de terceiros nos resultados fica comprometida. Não em função da pessoa do auditor, como fator de descrédito, mas por sua total submissão à empresa. Se a diretriz dos patrões for a de sonegar informações, mesmo que estas acarretem prejuízos a terceiros, seguramente o auditor interno participará da sonegação.

Já isso não pode e não deve acontecer com o auditor externo que tem independência; este age desinteressadamente, comprometido exclusivamente com o contrato, a ética e a opinião pública.

Podem-se resumir as diferenças entre auditoria externa e interna. Observe o Quadro 2.2.

Quadro 2.2 *Diferenças entre auditoria externa e auditoria interna*

Elementos	Auditoria Externa	Auditoria Interna
Profissional	Profissional independente	Funcionário da empresa
Ação e objetivo	Exame das demonstrações contábeis	Exame dos controles operacionais
Finalidade	Opinar sobre as demonstrações contábeis	Promover melhorias nos controles operacionais
Relatório principal	Opinião	Recomendações de controle interno e eficiência administrativa
Grau de independência	Mais amplo	Menos amplo
Interessados no trabalho	A empresa e o público em geral	A empresa
Responsabilidade	Profissional, civil e criminal	Trabalhista
Número de áreas cobertas pelo exame durante um período	Maior	Menor
Intensidade dos trabalhos em cada área	Menor	Maior
Continuidade do trabalho	Periódico	Contínuo

Em relação ao elemento **relatório principal**, o auditor interno emite recomendações à empresa auditada. O auditor externo dá uma opinião técnica. O documento por meio do qual o auditor interno emite suas recomendações, bem como o auditor independente exprime sua opinião, é chamado, atualmente, de **relatório**.

Além disso, deve-se ressaltar que tanto o auditor interno quanto o externo avaliam os controles internos da empresa. Entretanto, o auditor externo apenas avalia aqueles controles relacionados com as demonstrações contábeis, e não para fins de emitir uma opinião sobre esses controles, mas para melhor auxiliá-lo na definição dos testes a serem aplicados por ele, conforme Fontenelle (2016).

As classes de auditoria variam de acordo com o tratamento que se dá ao objeto do trabalho a ser realizado, podendo ser:

1. Quanto ao processo indagativo:
    - geral ou de balanços;
    - analítica ou detalhada.
2. Quanto à forma de intervenção:
    - interna;
    - externa ou independente.
3. Quanto à natureza:
    - preventiva;
    - concomitante;
    - subsequente.
4. Quanto ao tempo:
    - contínua;
    - periódica.
5. Quanto ao limite:
    - total;
    - parcial.

Quadro 2.3 *Responsabilidades do auditor independente*

São responsabilidades do Auditor Independente das Demonstrações Contábeis	NÃO são responsabilidades do Auditor Independente das Demonstrações Contábeis
Avaliar riscos de distorções relevantes nas DCS.	Atestar a eficácia da administração.
Obter evidencia suficiente e apropriada/ segurança razoável.	Assegurar a continuidade da empresa auditada.
Emitir opinião/ relatório sobre as DCs.	Revelar distorções (erros e fraudes) irrelevantes.
Comunicar-se de acordo com as normas (não conformidades, fraudes etc.).	Prevenir e detectar fraudes.
	Eliminar o risco de auditoria.
Comprimir as exigências éticas relevantes, inclusive as pertinentes à independência.	Elaborar demonstrações contábeis e implantar normas.
Planejar e executar a auditoria com ceticismo profissional.	Ter certeza da integridade das informações fornecidas pela entidade.
Exercer julgamento profissional ao planejar e executar a auditoria.	Proceder à investigação de fraude mediante busca e apreensão de documentos.
Observar todas as NBC TAs relevantes para a auditoria.	Cumprir normas que não sejam relevantes para a auditoria.

Fonte: NBC TA.

2.5 AUDITORIA INTERNA *VERSUS* EXTERNA

Embora as técnicas de trabalho invariavelmente sejam semelhantes, auditoria interna e auditoria externa diferenciam-se, ainda de forma mais ampla, pelos seguintes aspectos:

2.5.1 Auditoria externa

- não existindo vínculo empregatício com a empresa auditada e dependência hierárquica da administração, suas opiniões conseguem maior grau de confiabilidade junto aos acionistas, financiadores, fornecedores e analistas;
- os exames das operações são feitos principalmente visando averiguar os reflexos delas nas operações contábeis.

2.5.2 Auditoria interna

- existindo vínculo empregatício com a empresa auditada e dependência hierárquica da administração, suas opiniões tenderiam a se incluir nos interesses da própria empresa, e assim não haveria contribuição aos interesses da própria empresa nem suficiente grau de confiabilidade junto a terceiros;
- os exames das operações são feitos principalmente visando aos aspectos de eficiência operacional/administrativa.

Podemos concluir que a diferença básica entre a auditoria interna e a externa refere-se ao grau de independência existente. O auditor interno é dependente da empresa em que trabalha e é responsável por seus atos somente perante a empresa em que exerce suas atividades. O impacto de seus relatórios recebe influência de sua subordinação.

O auditor externo, pela relevância de seu trabalho perante o público, dada a credibilidade que oferece no mercado, constitui-se numa figura ímpar que presta inestimáveis serviços ao acionista, aos banqueiros, aos órgãos públicos governamentais e ao público em geral. Por sua função, visa à credibilidade das demonstrações contábeis, examinadas dentro de parâmetros de normas de auditoria e princípios contábeis. Pela sua responsabilidade, o auditor independente mantém uma atitude mental independente, exerce o seu trabalho com competência profissional e mantém seu grau de independência junto à empresa objeto de exame, livre de quaisquer interesses ou vantagens. Pela atual legislação da Comissão de Valores Mobiliários, ele é responsável pela emissão de sua opinião sobre os dados examinados.

O sucesso do auditor independente num mercado altamente sofisticado deve-se única e exclusivamente ao elevado grau de capacidade e especialização e à independência no exercício de sua atividade.

Isto não menospreza o auditor, que, embora subordinado à empresa, mantém também seu grau de independência e seu alto grau de conhecimento técnico e sobre as normas internas da empresa, inclusive melhor que o auditor externo. Seus relatórios apenas terão menor influência no campo externo, pois são dirigidos à presidência da empresa.

Na maioria das vezes, muitos dos trabalhos examinados pelo auditor interno coincidem com os examinados pelo auditor externo. Exemplos: contagem física dos estoques, contagem de caixa, obtenção de confirmações de saldos de clientes, de bancos, de fornecedores, vigência de seguros, verificação da razoabilidade dos controles da confiabilidade dos livros e dos dados contábeis. Se houver negligência em seus trabalhos ou estes intencionalmente acarretarem prejuízos a terceiros, ele sofrerá punições dos órgãos competentes, podendo ser impedido de exercer sua profissão.

Concluindo o trabalho do auditor interno, o auditor externo examina os papéis de trabalho do serviço executado e aceita-os depois de seu julgamento, como se o serviço fosse executado por ele. Isto traz a seguinte vantagem para a empresa em exame: reduz tempo de permanência do auditor externo no campo e reduz substancialmente o custo dos honorários, além de corroborar os trabalhos da auditoria interna.

O auditor independente executa inúmeros outros serviços sem que tenha de emitir sua opinião em consonância com as normas de auditoria. Ele simplesmente apresenta um relatório longo das observações colhidas sobre o trabalho executado. Exemplo: trabalho sobre uma concorrência, cujo relatório não será divulgado ao público. Pode ser contratado para analisar a fusão e incorporação de empresas, efetuar levantamento e preparar diagnóstico da empresa para fins de aquisição de outras empresas para seus clientes, pode efetuar investigações para dimensionar o montante de roubos, fraudes. O controle e fiscalização desses atos é feito pela Comissão de Valores Mobiliários (CVM).

A Lei das Sociedades por Ações estabelece os princípios que presidem o mercado de valores mobiliários; à CVM compete atuar nesse mercado como agente encarregado de fazer cumprir as normas estabelecidas em favor do próprio mercado e de seus intervenientes. A CVM é uma autarquia vinculada ao Ministério da Fazenda. No exercício de suas atribuições, a CVM poderá examinar registros contábeis, livros de registros contábeis, livros e documentos das pessoas sujeitas a sua fiscalização, intimá-las a prestar informações, sob pena de multa, requisitar informações de órgãos públicos, autarquias e empresas públicas, determinar às companhias abertas a republicação de demonstrações financeiras e outros dados, apurar infração mediante inquérito administrativo, aplicar penalidades.

Por sua vez, a lei que dispõe sobre o mercado de valores mobiliários e criou a CVM determina que somente empresas de auditoria contábil ou auditores contábeis independentes, registrados na CVM, poderão auditar as demonstrações financeiras de companhias abertas e de instituições, sociedades ou empresas que integram o sistema de distribuição e intermediação de valores mobiliários.

A auditoria externa somente é exercida por contador ou bacharel em Ciências Contábeis ou seu equiparado legal, registrado no Conselho Regional de Contabilidade. É proibido ao técnico de contabilidade exercer a auditoria externa.

A auditoria interna deve estar vinculada aos mais altos níveis de uma entidade, para que tenha um trabalho mais abrangente. A prática demonstra que a vinculação da auditoria interna a determinado diretor, quando existem outros diretores do mesmo nível, é ineficiente e traz geralmente resultados insatisfatórios. O que acontece é a auditoria interna não ter acesso à contabilidade e, portanto, não ter experiência para dar suporte aos auditores independentes.

Os objetivos da administração com a auditoria interna são muito importantes. Deve ter caráter preventivo; abranger todas as áreas da entidade; ser útil para a organização e não atuar dentro do espírito fiscalizador; ajudar na solução dos problemas, e não criá-los; ser composta por pessoas tecnicamente experientes, treinadas constantemente e com excelente relacionamento pessoal. O último objetivo apresentado vem ao encontro da integração do trabalho da auditoria interna com auditores independentes, para não haver duplicidade de tarefas, estendendo, dessa forma, a abrangência dos trabalhos e diminuindo o custo da auditoria independente. O objetivo único de que a auditoria interna seja o "olho do dono", vendo os erros de seus subordinados, está ultrapassado.

É fundamental que os auditores internos tenham total independência para movimentar-se dentro da entidade, emitir opinião, dar sugestões etc., sem a preocupação de que, com tais atividades, possam desagradar a alguém e ser despedidos. Ao mesmo tempo, os auditores internos devem lembrar que os auditados são colegas e que "a crítica pela crítica é um posicionamento irracional".

A respeito dos propósitos da auditoria interna e da auditoria independente, o objetivo da auditoria interna é apoiar a administração da entidade no cumprimento dos seus objetivos, conforme a NBC TI 01, enquanto o da auditoria independente é a emissão de opinião sobre as demonstrações contábeis. Os objetivos da auditoria interna mostram que ela pode ser responsável por revisar a economia, eficiência e eficácia das atividades operacionais, incluindo as atividades não financeiras de uma entidade. É apoiar a administração da entidade no cumprimento dos seus objetivos, enquanto o da auditoria independente é a emissão de parecer sobre as demonstrações contábeis.

Os objetivos das funções de auditoria interna variam amplamente e dependem do tamanho da entidade, da sua estrutura, dos requerimentos da administração e, quando aplicável, dos responsáveis pela governança.

Quadro 2.4 *Diferenças entre a auditoria intena e a externa*

Auditoria interna	×	Auditoria externa
Compreende exames, análises, avaliações, levantamentos e comprovações, metodologicamente estruturados, para avaliação da integridade, adequação, eficiência e economicidade dos processos, dos sistemas de informações, e de controles internos integrados ao ambiente, e de gerenciamento de riscos, com vistas a assistir à administração da entidade no cumprimento de seus objetivos.		**Obter segurança razoável** de que as demonstrações contábeis como um todo estão livres de distorção relevante, independentemente se causadas por fraude ou erro, possibilitando assim que o auditor expresse sua opinião sobre se as demonstrações contábeis foram elaboradas, em todos os aspectos relevantes, em conformidade com a estrutura de relatório financeiro aplicável.

2.6 AUDITORES INTERNOS E INDEPENDENTES: INTEGRAÇÃO

É importante compatibilizar os métodos de trabalho da auditoria interna e os dos auditores independentes, em especial nas questões relativas à avaliação dos controles internos, critérios na fixação dos testes de observância e substantivos, sinais e referências adotadas nos papéis de trabalho e cronograma de trabalho.

A integração do trabalho entre auditores internos e independentes se dá normalmente na auditoria permanente (demonstrações contábeis que abrangem exames em áreas operacionais) e na auditoria do balanço (exclusivamente demonstrações contábeis). A utilização do trabalho dos auditores internos pelos independentes deve seguir alguns critérios estabelecidos pelo Guia Internacional da *International Federation of Accountants* (IFAC), sendo:

- **Situação organizacional:** o auditor interno é parte da entidade e, consequentemente, não pode ser totalmente independente dela. Especificamente, o auditor interno deve ser livre para se comunicar irrestritamente com o auditor independente.
- **Alcance da função:** o auditor independente deve verificar a natureza e a profundidade da cobertura das tarefas que o auditor interno executa para a administração. Ele deve também certificar-se de que a administração leva em consideração as recomendações de auditoria interna, se age de acordo com elas e como esse fato é evidenciado.
- **Competência técnica:** o auditor independente deve certificar-se de que o trabalho de auditoria interna é executado por pessoas que tenham adequado treinamento técnico e proficiência como auditores.
- **Devido cuidado profissional:** o auditor independente deve certificar-se de que o trabalho da auditoria interna parece ser devidamente planejado, supervisionado, revisado e documentado. Um exemplo da aplicação do devido cuidado profissional do auditor interno é a existência de adequados manuais de auditoria, programas e material de trabalho.

Os requisitos técnicos para integração dos trabalhos, segundo o Guia do IFAC, são:
- Metodologias compatíveis
- Alcance do trabalho
- Compatibilização de cronogramas de trabalho
- Troca de informações
- Ação conjunta

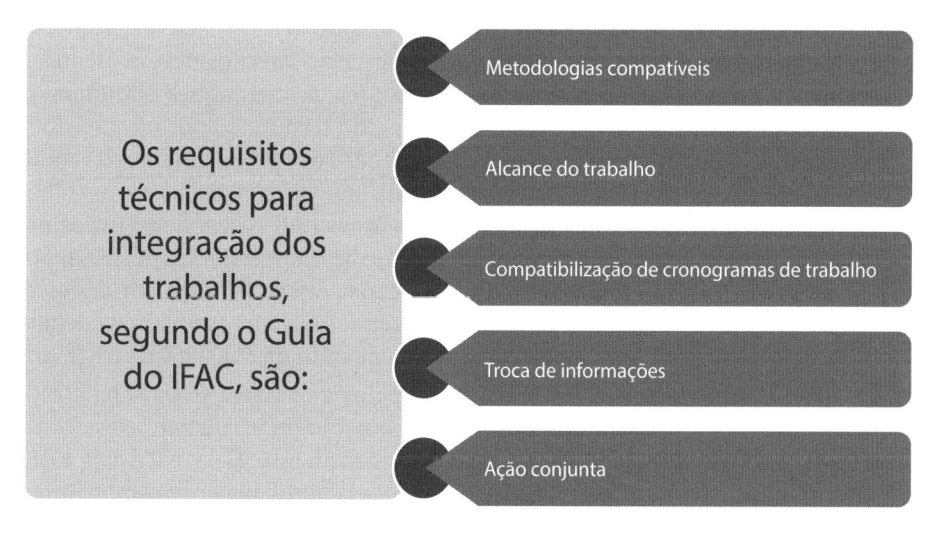

Figura 2.9 *Requisitos técnicos para integração de trabalhos.*

Os objetivos da função de auditoria interna são determinados pela administração e, quando aplicável, pelos responsáveis pela governança. Embora os objetivos da função de auditoria interna e os do auditor independente sejam diferentes, os meios utilizados pela auditoria interna e pelo auditor independente para alcançar seus respectivos objetivos podem ser semelhantes.

Independentemente do grau de autonomia e de objetividade da função de auditoria interna, tal função não é independente da entidade, como é exigido do auditor independente quando ele expressa uma opinião sobre as demonstrações contábeis. O auditor independente assume integral responsabilidade pela opinião de auditoria expressa e essa responsabilidade do auditor independente não é reduzida pela utilização do trabalho feito pelos auditores internos.

2.6.1 Técnica e profissionalismo

Outro ponto importante é a responsabilidade profissional dos auditores independentes quando utilizam o trabalho dos auditores internos. O Guia da IFAC diz: o auditor independente deve ter como responsabilidade parte de sua auditoria interna, à medida que será relevante na determinação da natureza, cronologia e extensão de seus procedimentos de observância e comprovação.

Os requisitos técnicos para integração dos trabalhos, usando mais uma vez o Guia da IFAC, são:

- **metodologias compatíveis:** estabelecer um programa de trabalho conjunto que permita a ambas as partes o pleno acesso ao trabalho do outro numa mesma linguagem técnica;
- **alcance do trabalho:** os programas de trabalho devem ser comparados, analisados e compatibilizados quanto a conteúdo, extensão, profundidade e oportunidade dos exames;
- **compatibilização de cronogramas de trabalho:** tendo objetivos próprios mas também comuns, os auditores independentes e internos devem atentar para alguns pontos: evitar exames na mesma área com enfoques diferentes, num mesmo momento ou após o trabalho ter sido terminado por um dos dois; ter adequada identificação da natureza (conteúdo) dos procedimentos de auditoria aplicados e extensão dos testes; a auditoria interna deve realizar seus trabalhos antes dos auditores independentes nas áreas onde estes farão um trabalho complementar; a auditoria interna deve realizar um trabalho posterior ao dos auditores independentes quando estes constatarem substanciais deficiências no sistema contábil e de controles que requeiram um exame mais detalhado para solução dos problemas, ou também quando da constatação de fraudes;
- **troca de informações:** ela se dará por meio de contatos verbais, relatórios ou memorandos. Para tanto, deve haver combinação prévia quanto ao pleno acesso aos relatórios e papéis de trabalho, reciprocamente. Essa evidência torna-se importante para auditores independentes pela necessidade de comprovarem os trabalhos realizados e o grau de utilização dos trabalhos dos auditores internos, tendo em vista o cumprimento das Normas de Auditoria Independente;
- **ação conjunta:** os auditores internos e independentes trabalharão conjuntamente no acompanhamento do inventário, na preparação de confirmação de saldos, na auditoria das demonstrações contábeis, em levantamentos especiais e em constatações de fraudes.

2.6.2 Pressuposição e objetivos

O trabalho deve seguir as Normas de Auditoria Independente, deve cobrir todas as áreas da entidade em determinado período e também promover a racionalização de custos, tempo e esforços. Além disso, é preciso aumentar a eficácia gerencial por meio de recomendações compatíveis, aplicáveis e inovadoras, aumentar a eficácia e eficiência do processo auditorial e trazer benefícios efetivos para a entidade auditada. A identificação das áreas onde os controles internos adotados tendem a apresentar problemas e o aprimoramento dos padrões de trabalho de ambas as partes são necessários. Por fim, aparecem como objetivos a busca da valorização profissional do auditor, independente e interno, na própria entidade e também na comunidade empresarial e profissional e a apresentação de propostas que representem avanços para a entidade, como forma de antecipar-se ao mercado em que atua.

2.7 REQUISITOS PARA O EXERCÍCIO DA AUDITORIA

2.7.1 Ética

Os princípios fundamentais de ética profissional relevantes para o auditor quando da condução de auditoria de demonstrações contábeis estão implícitos no Código de Ética Profissional do Contabilista e na NBC PA 01, que trata do controle de qualidade. Esses princípios estão em linha com os princípios do Código de Ética do IFAC, cujo cumprimento é exigido dos auditores. Os princípios são:

- integridade;
- objetividade;
- competência e zelo profissional;
- confidencialidade; e
- comportamento (ou conduta) profissional.

São deveres do profissional da contabilidade, segundo a NBC TA 200 (R1):

- exercer a profissão com zelo, diligência, honestidade e capacidade técnica, observada toda a legislação vigente, em especial aos Princípios de Contabilidade e as Normas Brasileiras de Contabilidade, e resguardados os interesses de seus clientes e/ou empregadores, sem prejuízo da dignidade e independência profissionais;
- guardar sigilo sobre o que souber em razão do exercício profissional lícito, inclusive no âmbito do serviço público, ressalvados os casos previstos em lei ou quando solicitado por autoridades competentes, entre estas os Conselhos Regionais de Contabilidade.

Requisitos para o exercício da Auditoria (NBC TA 200):

- ética (Resolução nº 803/96);
- zelar pela sua competência exclusiva na orientação técnica dos serviços a seu cargo;
- manifestar, a qualquer tempo, a existência de impedimento para o exercício da profissão;
- cumprir os Programas Obrigatórios de Educação Continuada estabelecidos pelo CFC.

É prática ética do auditor guardar sigilo das informações que obteve para realização da auditoria das demonstrações contábeis, dando divulgações dessas informações somente nas situações em que a lei ou as normas de auditoria permitam.

2.7.2 Ceticismo profissional

Ceticismo profissional é a postura que inclui uma mente questionadora e alerta para condições que possam indicar possível distorção devido a erro ou fraude e uma avaliação crítica das evidências de auditoria, conforme NBC TA 200 (R1). O auditor deve planejar e executar a auditoria com ceticismo profissional, reconhecendo que podem existir circunstâncias que causem distorção relevante nas demonstrações contábeis. O ceticismo profissional inclui estar alerta, por exemplo, a:

- evidências de auditoria que contradigam outras evidências obtidas;
- informações que coloquem em dúvida a confiabilidade dos documentos e respostas a indagações a serem usadas como evidências de auditoria;
- condições que possam indicar possível fraude;
- circunstâncias que sugiram a necessidade de procedimentos de auditoria além dos exigidos pelas NBC TAs.

A manutenção do ceticismo profissional ao longo de toda a auditoria é necessária, por exemplo, para que o auditor reduza os riscos de:

- ignorar circunstâncias não usuais;
- generalização excessiva ao tirar conclusões das observações de auditoria;
- uso inadequado de premissas ao determinar a natureza, a época e a extensão dos procedimentos de auditoria e ao avaliar os resultados destes.

O ceticismo profissional é o reconhecimento pelo auditor de que existem circunstâncias que podem causar distorção relevante nas demonstrações contábeis. Ele revela o requisito ético relacionado à auditoria de demonstrações contábeis. O auditor está sujeito às exigências éticas e deve sempre estar alerta, por exemplo, à condição que possa indicar fraude, como informações que coloquem em dúvida a confiabilidade de documentos e respostas.

De acordo com as normas de auditoria externa, quando o auditor desenvolve seus trabalhos com uma postura que inclui questionamento e avaliação crítica e detalhada, e desempenhe os trabalhos com alerta para condições que possam indicar possível distorção, devido a erro ou fraude nas demonstrações financeiras, ele está aplicando ceticismo profissional.

O ceticismo profissional é necessário para a avaliação crítica das evidências de auditoria. A manutenção do ceticismo, ao longo dos trabalhos, é necessária para reduzir os riscos de generalização excessiva das conclusões resultantes das observações de auditoria. O ceticismo profissional é necessário para a avaliação crítica das evidências de auditoria. Isso inclui questionar evidências de auditoria contraditórias e a confiabilidade dos documentos e respostas a indagações e outras informações obtidas junto à administração e aos responsáveis pela governança. Também inclui a consideração da suficiência e adequação das evidências de auditoria obtidas considerando as circunstâncias, por exemplo, no caso de existência de fatores de risco de fraude, for a única evidência que corrobore um valor relevante da demonstração contábil.

2.7.3 Julgamento profissional

É a aplicação de treinamento, conhecimento e experiência relevantes, dentro do contexto fornecido pelas normas de auditoria, contábeis e éticas, na tomada de decisões informadas a respeito dos cursos de ação apropriados nas circunstâncias do trabalho de auditoria.

O auditor deve exercer julgamento profissional ao planejar e executar a auditoria de demonstrações contábeis. O julgamento profissional é necessário, em particular, nas decisões sobre:

- materialidade e risco de auditoria;
- a natureza, a época e a extensão dos procedimentos de auditoria aplicados para o cumprimento das exigências das normas de auditoria e a coleta de evidências de auditoria;
- avaliar se foi obtida evidência de auditoria suficiente e apropriada e se algo mais precisa ser feito para que sejam cumpridos os objetivos das NBC TAs e, com isso, os objetivos gerais do auditor;
- avaliação das opiniões da administração na aplicação da estrutura de relatório financeiro aplicável da entidade;
- extração de conclusões baseadas nas evidências de auditoria obtidas, por exemplo, pela avaliação da razoabilidade das estimativas feitas pela administração na elaboração das demonstrações contábeis.

A revisão das atividades operacionais e a função de auditoria interna podem ser responsáveis por revisar a economia, eficiência e eficácia das atividades operacionais, incluindo as atividades não financeiras de uma entidade. Não se confunde com controle interno, mas faz parte deste. O monitoramento do controle interno é a função da auditoria interna que pode receber responsabilidades específicas de revisão dos controles, monitoramento da sua operação e recomendação de melhoria nos mesmos. Propõe normas, mas não as implementa porque esse é papel da administração. O exame das informações contábeis e operacionais é uma função da auditoria interna que pode ser responsável por revisar os meios usados para identificar, mensurar, classificar e reportar informações contábeis e operacionais e fazer indagações específicas sobre itens individuais, incluindo o teste detalhado de transações, saldos e procedimentos. A gestão de risco é a função de autoria interna que pode ajudar a organização mediante a identificação e avaliação das exposições significativas a riscos, e a contribuição para a melhoria da gestão de risco e dos sistemas de controles, segundo as normas internacionais de auditoria interna.

2.7.4 Evidência de auditoria apropriada e suficiente e risco de auditoria

Para obter segurança razoável, o auditor deve obter evidência de auditoria apropriada e suficiente para reduzir o risco de auditoria a um nível baixo aceitável e, com isso, possibilitar-lhe a obtenção de conclusões razoáveis nas quais possa basear a sua opinião.

2.7.5 Condução da auditoria em conformidade com NBC TAs

- Normas guiam o auditor na condução dos trabalhos.
- O auditor deve cumprir com exigências legais e regulatórias, além das NBC TAs.
- Conformidade com as NBC TAs relevantes + procedimentos adicionais.

2.7.6 Sigilo – NBC PG 100 (R1)

Circunstâncias nas quais os profissionais da contabilidade são ou podem ser solicitados a divulgar informações confidenciais ou nas quais essa divulgação pode ser apropriada:

a) a divulgação é permitida por lei e autorizada pelo cliente ou empregador, por escrito;
b) a divulgação é exigida por lei;
c) há dever ou direito profissional de divulgação, quando não proibido por lei.

O auditor independente, quando solicitado, por escrito e fundamentadamente, pelo Conselho Federal de Contabilidade e Conselhos Regionais de Contabilidade, deve exibir as informações obtidas durante o seu trabalho, incluindo a fase de pré-contratação dos serviços, a documentação, os papéis de trabalho e os relatórios.

2.8 NORMAS PROFISSIONAIS DO AUDITOR INDEPENDENTE

A independência do auditor frente à entidade salvaguarda a capacidade do auditor de formar opinião de auditoria sem ser afetado por influências que poderiam comprometer essa opinião. A independência aprimora a capacidade do auditor de atuar com integridade, ser objetivo e manter postura de ceticismo profissional.

As Normas Profissionais do Auditor Independente: Independência (NBC PA 290 (R1)) determinam que a independência exige:

- **independência de pensamento**: postura que permite expressar uma opinião sem ser afetado por influências que comprometem o julgamento profissional, permitindo à pessoa agir com integridade, objetividade e ceticismo profissional;
- **aparência de independência**: evitar fatos e circunstâncias significativos a ponto de um terceiro bem informado, tendo conhecimento de todas as informações pertinentes, incluindo as salvaguardas aplicadas, concluir dentro do razoável que a integridade, a objetividade ou o ceticismo profissional da entidade de auditoria ou de membro da equipe de auditoria ficaram comprometidos.

A independência pode ser afetada conforme a NBC PA 290 (R1), por:

- ameaças de interesse próprio;
- autorrevisão;
- defesa de interesses da entidade auditada;
- familiaridade;
- intimidação.

Quando são identificadas ameaças, exceto aquelas claramente insignificantes, devem ser definidas e aplicadas salvaguardas adequadas para eliminar a ameaça ou reduzi-la a um nível aceitável. Essa decisão deve ser documentada. A natureza das salvaguardas a aplicar varia conforme as circunstâncias.

Determinadas situações caracterizam a perda de independência da entidade de auditoria em relação à entidade auditada. Dentre eles, destaca-se a perda por interesses financeiros. Deter interesse financeiro em cliente de auditoria pode criar ameaça de interesse próprio. A existência e a importância de qualquer ameaça criada dependem, conforme NBC PA 290 (R1):

- da função da pessoa que detém o interesse financeiro;
- se o interesse financeiro é direto ou indireto; e
- da materialidade do interesse financeiro.

São a propriedade de títulos e valores mobiliários e quaisquer outros tipos de investimentos adquiridos ou mantidos pela entidade de auditoria, seus sócios, membros da equipe de auditoria ou membros imediatos da família destas pessoas, relativamente à entidade auditada, suas controladas ou integrantes de um mesmo grupo econômico, dividindo-se em diretos e indiretos, segundo a NBC PA 290 (R1):

- interesses financeiros diretos são aqueles sobre os quais o detentor tem controle, seja em ações, debêntures ou em outros títulos e valores mobiliários; e
- interesses financeiros indiretos são aqueles sobre os quais o detentor não tem controle algum. A relevância de interesse financeiro indireto deve ser considerada no contexto da entidade auditada, do trabalho e do patrimônio líquido do indivíduo em questão.

Uma ação capaz de eliminar a perda de independência da entidade de auditoria por interesse financeiro direto é alienar o interesse financeiro direto antes de a pessoa física tornar-se membro da equipe de auditoria. Se um membro da equipe de auditoria, um familiar imediato dessa pessoa, ou uma firma tiver interesse financeiro direto ou interesse financeiro indireto relevante no cliente de auditoria, a ameaça de interesse próprio criada seria tão significativa que nenhuma salvaguarda poderia reduzir a ameaça a um nível aceitável.

O auditor pode exercer julgamento profissional ao planejar e executar a auditoria de demonstrações contábeis. Em decorrência das limitações inerentes de uma auditoria, há um risco inevitável de que algumas distorções relevantes das demonstrações contábeis não sejam detectadas, embora a auditoria seja adequadamente planejada e executada em conformidade com as normas legais de auditoria.

Visando manter a qualidade e a credibilidade do seu trabalho, ao identificar ameaças que possam comprometer a sua independência, o auditor deve tomar a providência de aplicar as salvaguardas adequadas, para eliminar as ameaças ou reduzi-las a um nível aceitável, documentando-as. Em uma auditoria independente, a perda de independência pode dar-se pela ocorrência dos seguintes fatos:

- operações de créditos e garantias com a entidade auditada.
- relacionamentos comerciais com a entidade auditada.
- relacionamentos familiares e pessoais com a entidade auditada.
- atuação como administrador ou diretor de entidade auditada.

2.9 CONSIDERAÇÕES FINAIS

Tanto o auditor interno quanto o auditor externo devem avaliar os controles internos e a possibilidade de ocorrência de fraudes e erros que afetem as demonstrações contábeis. A auditoria interna é obrigada a informar à administração quaisquer indícios ou confirmações de irregularidades detectadas no decorrer do trabalho de prevenção de fraudes ou erros.

O auditor independente, ao utilizar o trabalho específico dos auditores internos, deve incluir, na documentação de auditoria, as conclusões atingidas relacionadas com a avaliação da adequação do trabalho dos auditores internos e os procedimentos de auditoria por ele executados sobre a conformidade dos trabalhos.

O trabalho da auditoria interna constitui-se em exames e investigações, que permitem ao auditor interno obter subsídios suficientes para fundamentar suas conclusões e recomendações à administração, incluindo testes e procedimentos para o desenvolvimento dos trabalhos. A Norma Brasileira de Contabilidade **NBC TI 01** menciona que determinado tipo de teste substantivo visa à obtenção de evidências quanto a suficiência, exatidão e validade dos dados produzidos pelos sistemas de informação da entidade.

O relatório da auditoria interna deve abordar, no mínimo, os seguintes aspectos:

- o objetivo e a extensão dos trabalhos;
- a metodologia adotada;
- os principais procedimentos de auditoria aplicados e sua extensão;
- eventuais limitações ao alcance dos procedimentos de auditoria;
- a descrição dos fatos constatados e as evidências encontradas;
- os riscos associados aos fatos constatados; e
- as conclusões e as recomendações resultantes dos fatos constatados.

Deve ser apresentado a quem tenha solicitado o trabalho ou a quem este autorizar, devendo ser preservada a confidencialidade do seu conteúdo.

A auditoria interna deve avaliar a necessidade de emissão de relatório parcial, na hipótese de constatar improbidades/irregularidades/ilegalidades que necessitem providências imediatas da administração da entidade, e que não possam aguardar o final dos exames.

Segundo a NBC TA 230 (R1), auditor experiente é um indivíduo (interno ou externo à firma de auditoria) que possui experiência prática de auditoria e conhecimento razoável de:

- processos de auditoria;
- normas de auditoria e exigências legais e regulamentares aplicáveis;
- ambiente de negócios em que opera a entidade;
- assuntos de auditoria e de relatório financeiro relevantes ao setor de atividade da entidade.

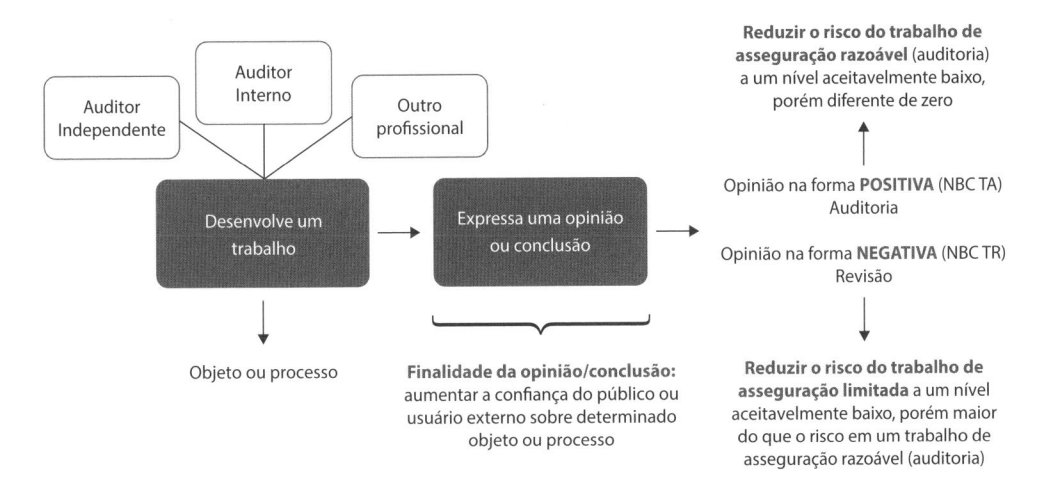

Figura 2.10 *Estrutura conceitual da NBC TA.*

A estrutura de relatório financeiro aplicável, nos termos da TA 200, é a adotada pela administração e, quando apropriado, pelos responsáveis pela governança na elaboração das demonstrações contábeis, que é aceitável em vista da natureza da entidade e do objetivo das demonstrações contábeis, ou seja, exigida por lei ou regulamento. É utilizada para se referir a uma estrutura de relatório financeiro que exige conformidade com as exigências dessa estrutura e reconhece explícita ou implicitamente que, para conseguir a apresentação adequada das demonstrações contábeis, pode ser necessário que a administração forneça divulgações além das especificamente exigidas pela estrutura.

3

Organização de Firma de Auditoria Independente

ENFOQUE

- **NBC TA 01**
- **NBC TA 11 (R3)**
- **NBC PA 13 (R3)**
- **NBC PA 12 (R3)**
- **NBC PA 200 (R1)**
- **NBC PA 209 (R1)**
- **NBC PA 290**
- **NBC PG 100**
- **NBC TG 21**
- **NBC TR 2410**

3.1 INTRODUÇÃO

Embora a prática da contabilidade pública nos Estados Unidos da América do Norte seja regulamentada cada um de *per si* (esse reconhecimento ainda não se aplica no Brasil), pelos diferentes Estados, por Washington – DC e pelos três territórios, todas as leis e regulamentos são iguais. Na maioria das jurisdições, o auditor independente só tem autorização para exercer a profissão depois de atingir um alto nível de conhecimento, de passar em um exame e de adquirir a necessária experiência. A pessoa que preenche todas essas exigências tem licença para a prática de auditoria independente e é um *Certified Public Accountant* (CPA), correspondente no Brasil à profissão de auditor independente, que possui esse título em um Estado e pode exercer atividades do ramo em outro, com relativa facilidade. Os principais organismos profissionais nacionais e internacionais relacionados direta ou indiretamente com a auditoria são:

- **IASB:** *International Accounting Standards Board* (Inglaterra);
- **IFAC:** *International Federation of Accountants* (EUA);

- **AIC:** Associação Interamericana de Contabilidade (Porto Rico);
- **AICPA:** *American Institute of Certified Public Accountants* (EUA);
- **FASB:** *Financial Accounting Standards Board* (EUA);
- **GASB:** *Governmental Accounting Standards Board* (EUA);
- **CFC:** Conselho Federal de Contabilidade (Brasil);
- **IBRACON:** Instituto dos Auditores Independentes (Brasil);
- **CVM:** Comissão de Valores Mobiliários (Brasil);
- **BACEN:** Banco Central do Brasil (Brasil);
- **SUSEP:** Superintendência de Seguros Privados (Brasil).

Figura 3.1 *Órgãos profissionais.*

No Brasil, oficialmente, quem fixa princípios, normas e procedimentos contábeis é o Conselho Federal de Contabilidade, órgão máximo da profissão contábil nacional, filiado a organismos internacionais como a *International Federation of Accountants* e a Associação Interamericana de Contabilidade, que estabelecem normas e padrões para a atuação da contabilidade em países afiliados.

Devemos destacar também a importância do IBRACON, que através de seus enunciados técnicos fornece orientação para os auditores independentes sobre os diversos aspectos das suas atividades (comportamentais e técnicos).

Não menos importantes são as atuações de órgãos reguladores que estabelecem condições para a atuação profissional dos auditores independentes, como é o caso da Comissão de Valores Mobiliários, Banco Central do Brasil e Superintendência de Seguros Privados. O Conselho Federal de Contabilidade, no final de década de 1990, firmou convênio de cooperação técnica com esses órgãos, visando aprimorar a qualidade dos serviços de auditoria independente e propiciar condições para o fortalecimento da imagem do auditor independente.

Para o exercício profissional da auditoria independente em sociedades anônimas (S.A.), em instituições financeiras e seguradoras, os auditores independentes devem se submeter a provas de aferição de conhecimentos técnicos, aplicadas pelos Conselhos Regionais de Contabilidade (CRCs) das suas jurisdições e, mediante aprovação, os profissionais podem requerer o registro profissional na CVM.

Os auditores independentes, para se habilitarem ao exercício do trabalho de auditoria independente em instituições financeiras e seguradoras, além do registro da CVM, têm que realizar provas de conhecimentos específicos baseadas em legislações específicas, resoluções e circulares de competência do BACEN e da SUSEP.

Um auditor tem de ser diplomado em Ciências Contábeis, deve ser cadastrado na CVM e sempre manter conduta ilibada.

De acordo com a Lei nº 6.404/76, a escolha e a destituição do auditor independente, nas companhias de capital aberto, são de competência do Conselho de Administração.

Nas Normas Brasileiras de Contabilidade NBC PA, que regulam o controle de qualidade para auditores, encontram-se algumas definições de termos (significados atribuídos) nelas empregados, como segue:

- **Sócio encarregado do trabalho**: é o sócio ou outra pessoa na firma responsável pelo trabalho e sua execução, e pelo relatório que é emitido em nome da firma. Quando necessário, é quem tem a autoridade apropriada conferida pelo Sistema CFC/CRC e quando requerido pelo regulador. Os termos **sócios encarregados do trabalho, sócio** e **firma** devem ser lidos como os equivalentes aplicados para o setor público.
- **Revisor de controle de qualidade do trabalho**: é o sócio, ou outro profissional da firma, uma pessoa externa adequadamente qualificada, ou uma equipe composta por essas pessoas, nenhuma delas fazendo parte da equipe de trabalho, com experiência e autoridade suficientes e adequadas para avaliar objetivamente os julgamentos relevantes feitos pela equipe de trabalho e as conclusões obtidas para elaboração do relatório.
- **Monitoramento**: é o processo que consiste na contínua consideração e avaliação do sistema de controle de qualidade da firma, incluindo a inspeção periódica de uma seleção de trabalhos concluídos, projetados para fornecer à firma segurança razoável de que seu sistema de controle de qualidade está operando de maneira efetiva.
- **Equipe de trabalho**: os sócios e o quadro técnico envolvidos no trabalho e quaisquer pessoas contratadas pela firma ou uma firma da mesma rede para executar procedimentos do trabalho. Isso exclui especialistas externos contratados pela firma ou por firma da mesma rede.

3.2 ORGANIZAÇÕES PROFISSIONAIS

Os auditores submetem-se forçosamente às leis e regulamentos dos Estados em que se obtêm suas licenças para atividade profissional, uma vez que são esses Estados que as emitem.

Além disso, muitos auditores estão sujeitos aos regulamentos do *American Institute of Certified Public Accountants*, que exerce considerável autoridade sobre seus membros e sobre a profissão de auditor independente. Essa organização é o instrumento por meio do qual se estabelecem normas de auditoria, procedimentos de auditoria e regras de conduta profissional e também normas para exame de auditoria em várias indústrias. Entretanto, a organização só pode impor regras e normas a seus membros e a punição mais grave por ela aplicada é a expulsão. Apenas esta possibilidade já estimula os auditores a seguirem os regulamentos, pois ela acarretaria grande embaraço e perda de reputação profissional aos punidos.

Como se expandiu muito o campo de auditoria, surgiram, nos últimos anos, muitas técnicas novas e, consequentemente, uma das principais funções do AICPA e das sociedades estaduais está em promover a continuidade da instrução profissional. Fazem-se e apresentam-se cursos de curta duração, fitas, audiovisuais e material de ensino programado, sobre vários assuntos. As organizações dos auditores independentes têm dedicado muito tempo e recursos ao trabalho de atualização de conhecimentos e especialização.

O Instituto dos Auditores Independentes do Brasil (IBRACON) é uma entidade que representa contadores que atuam em auditoria independente e firmas de auditoria independente associadas. É porta-voz da categoria, buscando estimular a valorização da atividade perante a sociedade. Tem como missão manter a confiança na atividade de auditoria independente e a relevância da atuação profissional, salvaguardando e promovendo os padrões de excelência em contabilidade e auditoria independente. Para isso, tem como valores: ética; independência; transparência; coerência e continuidade de propósitos; trabalho em equipe; liderança pelo exemplo; e excelência.

Mantém ações nas áreas de comunicação, educação continuada, contribuição técnica para com o mercado e seus órgãos reguladores, representação institucional junto a entidades públicas e privadas.

3.3 COMISSÃO DE VALORES MOBILIÁRIOS (CVM)

A Lei nº 6.385, de 7-12-1976, criou a CVM. Em seu art. 26, determina que somente empresas de auditoria contábil ou auditores contábeis independentes registrados na CVM poderão auditar as demonstrações financeiras de companhias abertas e de instituições, sociedades ou empresas que integram o sistema de distribuição e intermediação de valores mobiliários. Também dispõe sobre o registro e o exercício da atividade de auditoria independente no âmbito do mercado de valores mobiliários, define os deveres e responsabilidades dos auditores independentes, bem como os casos em que o registro pode ser recusado, suspenso ou cancelado.

O Cadastro Nacional de Auditores Independentes (CNAI) do Conselho Federal de Contabilidade (CFC) foi criado pela Resolução CFC nº 1.019, de 18 de fevereiro de 2005, alterada pela Resolução CFC nº 1.147/2008, de 12 de dezembro de 2008, como resposta à exigência da CVM e do Banco Central do Brasil (BCB) de realização de exame de qualificação para os auditores que atuam nas áreas reguladas por esses órgãos.

O CFC dispõe sobre o Exame de Qualificação Técnica (EQT), NCB TA 13 (R3) para registro no Cadastro Nacional de Auditores Independentes (CNAI). Tem por objetivo aferir o nível de conhecimento e a competência técnico-profissional necessários para atuação na área da auditoria independente. Os profissionais registrados na categoria de contador, independentemente do tempo de registro, que estejam com o seu registro regular, poderão se inscrever no CNAI. Para tanto, terão que se submeter à aprovação no

Exame de Qualificação Técnica, promovido pelo CFC com o apoio do IBRACON. O CFC é administrado por uma Comissão Administradora do Exame (CAE) formada por cinco membros efetivos e cinco membros suplentes, que sejam contadores, com comprovada atuação nas áreas de auditoria independente de demonstrações contábeis, sendo três efetivos e três suplentes indicados pelo Conselho Federal de Contabilidade e dois efetivos e dois suplentes indicados pelo IBRACON.

A CAE terá as seguintes atribuições:

a) estabelecer as condições, o formato e o conteúdo dos exames e das provas que serão realizadas;
b) dirimir dúvidas a respeito do Exame de Qualificação Técnica para registro no Cadastro Nacional de Auditores Independentes do CFC;
c) zelar pela confidencialidade dos exames, pelos seus resultados e por outras informações relacionadas;
d) emitir relatório até 60 dias após a conclusão de cada exame, a ser encaminhado para o CFC, que o encaminhará à Comissão de Valores Mobiliários, ao Banco Central do Brasil, à SUSEP ao IBRACON;
e) decidir, em primeira instância administrativa, sobre os recursos apresentados.

O Exame de Qualificação Técnica NBC PA 13 (R3) será composto de prova escrita, contemplando questões para respostas objetivas e questões para respostas dissertativas.

Nas provas dos exames serão exigidos conhecimentos nas seguintes áreas:

a) ética profissional;
b) legislação profissional;
c) características qualitativas da contabilidade e normas brasileiras de contabilidade, editados pelo Conselho Federal de Contabilidade;
d) auditoria contábil;
e) legislação societária;
f) legislação e normas de organismos reguladores do mercado; e
g) língua portuguesa aplicada.

Os contadores que pretendem atuar em auditoria de instituições reguladas pelo BACEN devem ainda se submeter a prova específica sobre:

a) legislação profissional;
b) características qualitativas da contabilidade e normas brasileiras de contabilidade, editados pelo CFC;
c) auditoria contábil;
d) legislação e normas emitidas pelo Banco Central do Brasil;
e) conhecimentos de operações da área de instituições reguladas pelo BACEN;
f) contabilidade bancária;
g) língua portuguesa aplicada.

Os contadores que pretendem atuar em auditoria de instituições reguladas pela Superintendência de Seguros Privados devem ainda se submeter a prova específica sobre:

a) legislação pofissional;
b) características qualitativas da contabilidade e normas brasileiras de contabilidade, editados pelo CFC;
c) auditoria contábil;
d) legislação e normas emitidas pela SUSEP;
e) conhecimentos de operações da área de instituições reguladas pela SUSEP;
f) língua portuguesa aplicada.

Ocorrendo aprovação no Exame de Qualificação Técnica, o CFC emitirá Certidão de Aprovação, com validade de um ano para o registro no CNAI.

3.4 REGISTRO, SUAS CATEGORIAS E CONDIÇÕES

O registro de auditor independente na Comissão de Valores Mobiliários não constitui uma nova categoria profissional. A atividade de auditoria independente é prerrogativa do contador legalmente habilitado, registrado em Conselho Regional de Contabilidade, atividade essa que pode ser exercida individualmente ou em sociedade constituída, inscrita em CRC. Para exercer atividade no âmbito do mercado de valores mobiliários, está sujeito ao registro na CVM.

O registro de auditor independente compreende duas categorias:

- Auditor Independente – Pessoa Física (AIPF), conferido ao contador que satisfaça os requisitos previstos abaixo.
- Auditor Independente – Pessoa Jurídica (AIPJ), conferido à sociedade profissional, constituída sob a forma de sociedade civil, que satisfaça os requisitos previstos abaixo.

A definição de "firma" compreende também o auditor independente individual, ou seja, segundo as NBC TA 01, "firma" é um único profissional ou sociedade de pessoas que atuam como auditor independente.

A Comissão de Valores Mobiliários manterá, ainda, cadastro dos responsáveis técnicos autorizados a emitir e assinar opinião de auditoria, em nome de cada sociedade, no âmbito do mercado de valores mobiliários.

Para fins de registro na categoria de Auditor Independente – Pessoa Física, o interessado deverá atender às seguintes condições:

- estar registrado em Conselho Regional de Contabilidade, na categoria de contador;
- haver exercido atividade de auditoria de demonstrações contábeis, dentro do território nacional, por período não inferior a cinco anos, consecutivos ou não, contados a partir da data do registro em CRC, na categoria de contador;
- estar exercendo atividade de auditoria independente, mantendo escritório profissional legalizado, em nome próprio, com instalações compatíveis com

o exercício da atividade, em condições que garantam a guarda, a segurança e o sigilo dos documentos e informações decorrentes dessa atividade, bem como a privacidade no relacionamento com seus clientes;
- possuir conhecimento permanentemente atualizado sobre o ramo de atividade, os negócios e as práticas contábeis e operacionais de seus clientes, bem como possuir estrutura operacional adequada ao seu número e porte; e
- ter sido aprovado em exame de qualificação técnica.

Para fins de registro na categoria de Auditor Independente – Pessoa Jurídica, a sociedade profissional interessada deverá atender às seguintes condições:

- estar inscrita no Registro Civil das Pessoas Jurídicas, sob a forma de sociedade civil, constituída exclusivamente para prestação de serviços profissionais de auditoria e demais serviços inerentes à profissão de contador;
- que todos os sócios sejam contadores e que, pelo menos, a metade desses sejam cadastrados como responsáveis técnicos;
- constar do contrato social, ou ato constitutivo equivalente, cláusula dispondo que a sociedade responsabilizar-se-á pela reparação de dano que causar a terceiros, por culpa ou dolo, no exercício da atividade profissional e que os sócios responderão solidária e ilimitadamente pelas obrigações sociais, depois de esgotados os bens da sociedade;
- estar regularmente inscrita, bem como seus sócios e demais responsáveis técnicos regularmente registrados, em Conselho Regional de Contabilidade;
- terem todos os responsáveis técnicos sido autorizados a emitir e assinar opinião de auditoria em nome da sociedade e exercido atividade de auditoria de demonstrações contábeis, dentro do território nacional por período não inferior a cinco anos, consecutivos ou não, contados a partir da data do registro em Conselho Regional de Contabilidade, na categoria de contador;
- terem sido todos os responsáveis técnicos aprovados em exame de qualificação técnica;
- manter escritório profissional legalizado em nome da sociedade, com instalações compatíveis com o exercício da atividade de auditoria independente, em condições que garantam a guarda, a segurança e o sigilo dos documentos e informações decorrentes dessa atividade, bem como a privacidade no relacionamento com seus clientes; e
- manter quadro permanente de pessoal técnico adequado ao número e porte de seus clientes, com conhecimento constantemente atualizado sobre o seu ramo de atividade, os negócios, as práticas contábeis e operacionais.

3.5 COMPROVAÇÃO DA ATIVIDADE DE AUDITORIA

Para obter o registro como auditor independente pessoa física, o interessado deve comprovar haver exercido a atividade por cinco anos, consecutivos ou não, a partir da data do seu efetivo registro na categoria de contador.

O exercício da atividade de auditoria poderá ser comprovado mediante a apresentação dos seguintes documentos:

- cópias de opiniões de auditoria acompanhadas das demonstrações contábeis auditadas, emitidas e assinadas pelo interessado, publicadas em jornais ou revistas especializadas, bastando uma publicação para cada ano; ou
- cópia do registro individual de empregado ou declaração da sociedade de auditoria registrada na CVM, firmada por seu sócio representante, e cópia da carteira de trabalho do profissional.

A critério da CVM, a comprovação de experiência em trabalhos de auditoria de demonstrações contábeis poderá ser satisfeita, ainda, mediante a apresentação de:

- cópias de opiniões de auditoria e respectivos relatórios circunstanciados, emitidos e assinados pelo interessado, acompanhados das respectivas demonstrações contábeis, autenticados pela entidade auditada, contendo expressa autorização para que tais documentos sejam apresentados à Comissão de Valores Mobiliários, com a finalidade de comprovação da atividade de auditoria do interessado, bastando uma comprovação para cada ano; ou
- declaração de entidade governamental, companhia aberta ou empresa reconhecida de grande porte, firmada por seu representante legal, na qual deverão constar todas as informações pertinentes ao vínculo de emprego, atestando haver o interessado exercido cargo ou função de auditoria de demonstrações contábeis.

Deverá ser comprovado o exercício, pelo prazo mínimo de dois anos, em cargo de direção, chefia ou supervisão na área de auditoria de demonstrações contábeis, a partir da data do registro na categoria de contador. A comprovação de atendimento desses requisitos poderá ser feita por períodos parciais, consecutivos ou não, desde que o somatório do período de exercício de atividade não seja inferior a cinco anos.

3.5.1 Educação profissional continuada

A NBC PA 12 (R3) disciplina a educação profissional continuada. É a atividade formal e reconhecida pelo CFC, que visa manter, atualizar e expandir os conhecimentos e competências técnicas e profissionais, as habilidades multidisciplinares e a elevação do comportamento social, moral e ético dos profissionais da contabilidade como características indispensáveis à qualidade dos serviços prestados e ao pleno atendimento das normas que regem o exercício da profissão contábil.

Os contadores devem cumprir 40 pontos de educação profissional continuada por ano-calendário, conforme tabelas de pontuação.

No cumprimento da pontuação da educação profissional continuada, o contador deve observar a diversificação e a adequação das atividades de auditoria ao seu nível de experiência profissional. Da pontuação anual exigida no item 6 dessa Norma, no mínimo 50% deverá ser cumprida com atividades de aquisição de conhecimento, constantes da Tabela I do Anexo I. O cumprimento é exigido a partir do ano subsequente ao de início das suas atividades ou à obtenção do seu registro no CNAI. Os contadores aprovados no exame de certificação, exigido pelos órgãos reguladores (BCB e SUSEP), devem cumprir, dentro do total de pontos anuais, o mínimo exigido de educação profissional continuada, de acordo com as exigências do órgão regulador, com preponderância de tópicos relativos a operações de cada área ou atividades aplicáveis aos trabalhos de auditoria das demonstrações contábeis.

O cumprimento das exigências estabelecidas nessa Norma deve ser comprovado por meio do relatório de atividades a que se refere o Anexo III, a ser encaminhado ao CRC de jurisdição do registro principal até 31 de janeiro do ano subsequente ao ano-base, acompanhado da documentação comprobatória das atividades, no que se refere ao disposto nas Tabelas II, III e IV da Norma. A comprovação de docência deve ser feita mediante apresentação de declaração emitida pela instituição de ensino. O descumprimento das disposições dessa Norma pelos contadores constitui infração ao art. 2º, inciso X, do Código de Ética Profissional do Contador, bem como pode acarretar a baixa do seu CNAI, sendo assegurado o direito ao contraditório.

Um auditor independente, após obter sua inscrição no Cadastro Nacional dos Auditores Independentes, deverá cumprir as exigências da educação profissional continuada, conforme a NBC PA 12 (R3). Para cumprimento do programa, há a necessidade de atender a uma quantidade de pontos/horas de educação continuada, que são, no mínimo, 20 pontos no ano e 96 pontos no triênio.

Programa de Educação Profissional Continuada (PEPC)

Integram o PEPC os eventos e as atividades descritas nos itens seguintes da Norma que visam manter, atualizar e expandir os conhecimentos técnicos e profissionais indispensáveis à qualidade e ao pleno atendimento às normas que regem o exercício da atividade de auditoria de demonstrações contábeis, aprovados pelo Sistema CFC/CRCs.

Aquisição de conhecimentos nas modalidades presenciais, a distância e mistas é feita por meio de:

- cursos credenciados;
- eventos credenciados: seminários, conferências, painéis, simpósios, palestras, congressos, convenções, fóruns, debates, reuniões técnicas, encontros e outros eventos de mesma natureza, nacionais e internacionais;
- cursos de pós-graduação credenciados (disciplinas concluídas no ano, relacionadas com o PEPC):
  - *stricto sensu*;
  - *lato sensu*; e
- cursos de extensão que tenham relação com o PEPC.

Docência em disciplinas ou temas relacionados ao PEPC:

- cursos credenciados pela CEPC;
- eventos credenciados: seminários, conferências, painéis, simpósios, palestras, congressos, convenções, fóruns, debates, reuniões técnicas, encontros e outros eventos de mesma natureza, nacionais e internacionais;
- cursos de pós-graduação:
  - *lato sensu*;
  - *stricto sensu*;

- bacharelado em Ciências Contábeis; e
- cursos de extensão.

Exemplos de atuação em atividades relacionadas ao Programa de Educação Profissional Continuada:

- participante em comissões técnicas e profissionais do CFC, dos CRCs, do IBRACON, da CVM, do BCB, da SUSEP e outros organismos afins, no Brasil ou no exterior;
- orientador de tese, dissertação ou monografia.

Produção intelectual de forma impressa ou eletrônica relacionada ao PEPC se dá por meio de:

- publicação de artigos em revistas nacionais e internacionais;
- estudos e trabalhos de pesquisa apresentados em congressos nacionais ou internacionais; e
- autoria, coautoria e/ou tradução de livros publicados.

São características do auditor experiente possuir experiência prática de auditoria e conhecimento razoável de processos de auditoria, normas de auditoria e exigências legais aplicáveis.

3.6 CASOS DE SUSPENSÃO E CANCELAMENTO AUTOMÁTICOS

O auditor independente pessoa física, o auditor independente pessoa jurídica e seus responsáveis técnicos poderão ter, respectivamente, o registro e o cadastro na Comissão de Valores Mobiliários suspenso ou cancelado, sem prejuízo de outras sanções legais cabíveis, nos casos em que:

I. seja comprovada a falsidade dos documentos ou declarações apresentados para a obtenção do registro na Comissão de Valores Mobiliários;

II. sejam descumpridas quaisquer das condições necessárias à sua concessão ou à sua manutenção ou se verifique a superveniência de situação impeditiva;

III. tenham sofrido pena de suspensão ou cancelamento do registro profissional, transitada em julgado, aplicada pelo órgão fiscalizador da profissão; ou

IV. forem, por sentença judicial transitada em julgado:
  a) declarados insolventes;
  b) condenados em processo-crime de natureza infamante, ou por crime ou contravenção de conteúdo econômico;
  c) impedidos para exercer cargo público; ou
  d) declarados incapazes de exercerem os seus direitos civis.

A CVM comunicará previamente ao auditor independente a decisão de suspender ou cancelar o seu registro, nos termos deste artigo, concedendo-lhes o prazo de dez dias úteis, contados da data do recebimento da comunicação, para apresentarem as suas razões de defesa ou regularizar o seu registro. Da decisão de suspensão ou cancelamento do registro, segundo o disposto neste artigo, caberá recurso voluntário, com efeito suspensivo, ao Colegiado desta Comissão, de acordo com as demais normas vigentes.

3.7 INFORMAÇÕES PERIÓDICAS E EVENTUAIS

O auditor independente pessoa física e o auditor independente pessoa jurídica deverão remeter anualmente, até o último dia útil do mês de abril, as informações requeridas no anexo VI da Instrução CVM nº 308/1999, relativas ao exercício anterior. São informações relacionadas à sua atuação no mercado de valores mobiliários, tais como: relação dos seus clientes; faturamento total em serviços de auditoria e percentual em relação ao faturamento total; número de horas trabalhadas; relação das empresas associadas; número de sócios e empregados da área técnica; e política de educação continuada. Essas informações são subsídios importantes para a CVM avaliar a capacidade dos auditores em atender adequadamente aos seus clientes e, ainda, possibilitam um conhecimento global dessa atividade no mercado de capitais.

3.8 NORMAS RELATIVAS AO EXERCÍCIO DA ATIVIDADE DE AUDITORIA NO MERCADO DE VALORES MOBILIÁRIOS

O auditor independente, no exercício de sua atividade no âmbito do mercado de valores mobiliários, deve cumprir e fazer cumprir, por seus empregados e prepostos, as normas específicas emanadas da Comissão de Valores Mobiliários. O auditor independente pessoa física e o auditor independente pessoa jurídica, todos os seus sócios e integrantes do quadro técnico deverão observar, ainda, as normas emanadas do CFC e os pronunciamentos técnicos do IBRACON, no que se refere à conduta profissional, ao exercício da atividade e à emissão de opiniões e relatórios de auditoria.

As opiniões de auditoria e os documentos destinados a satisfazer as exigências da Comissão de Valores Mobiliários deverão ser emitidos e assinados, com a indicação única da categoria profissional e do número de registro no Conselho Regional de Contabilidade, quando pessoa física, ou com a indicação da categoria profissional, do número de registro e de cadastro no CRC, respectivamente, do responsável técnico e da sociedade, quando pessoa jurídica.

3.9 DEVERES E RESPONSABILIDADES DOS AUDITORES INDEPENDENTES

A Comissão de Valores Mobiliários, como órgão regulador, conserva competências específicas que lhe permitem evitar possíveis inconvenientes da autorregulação, como a complacência em relação a assuntos de interesse público, a tendência à autoproteção dos regulados, a leniência na imposição de sanções e atitudes tolerantes decorrentes do desejo de evitar publicidade adversa aos negócios.

No exercício de suas atividades no âmbito do mercado de valores mobiliários, o auditor independente deverá, adicionalmente:

I. verificar:
   a) se as demonstrações contábeis e a opinião de auditoria foram divulgados nos jornais em que seja obrigatória a sua publicação e se correspondem às demonstrações contábeis auditadas e ao relatório ou opinião originalmente emitidos;

b) se as informações e análises contábeis e financeiras apresentadas no relatório da administração da entidade estão em consonância com as demonstrações contábeis auditadas;

c) se as destinações do resultado da entidade estão de acordo com as disposições da lei societária, com o seu estatuto social e com as normas emanadas da CVM; e

d) o eventual descumprimento das disposições legais e regulamentares aplicáveis às atividades da entidade auditada e/ou relativas à sua condição de entidade integrante do mercado de valores mobiliários, que tenham ou possam vir a ter reflexos relevantes nas demonstrações contábeis ou nas operações da entidade auditada;

II. elaborar e encaminhar à administração e, quando solicitado, ao Conselho Fiscal, relatório circunstanciado que contenha suas observações a respeito de deficiências ou ineficácia dos controles internos e dos procedimentos contábeis da entidade auditada;

III. conservar em boa guarda pelo prazo mínimo de cinco anos, ou por prazo superior por determinação expressa desta Comissão em caso de inquérito administrativo, toda a documentação, correspondência, papéis de trabalho, relatórios e opiniões relacionados com o exercício de suas funções;

IV. indicar com clareza as contas ou subgrupos de contas do ativo, passivo, resultado e patrimônio líquido que estão afetados pela adoção de procedimentos contábeis conflitantes com as normas de contabilidade, bem como os efeitos no dividendo obrigatório e no lucro ou prejuízo por ação, conforme o caso, sempre que emitir relatório de revisão especial de demonstrações trimestrais ou opinião adversa ou com ressalva;

V. dar acesso à fiscalização da CVM e fornecer ou permitir a reprodução dos documentos referidos no item III, que tenham servido de base à emissão do relatório de revisão especial de demonstrações trimestrais ou da opinião de auditoria; e

VI. possibilitar, no caso de substituição por outro auditor, resguardados os aspectos de sigilo e mediante prévia concordância da entidade auditada, o acesso do novo auditor contratado aos documentos e informações que serviram de base para a emissão dos relatórios de revisões especiais de demonstrações trimestrais e opiniões de auditoria dos exercícios anteriores.

São características do auditor experiente possuir experiência prática de auditoria e conhecimento razoável de ambiente de negócios em que opera a entidade e negócios estratégicos realizados pelos seus concorrentes.

3.9.1 Responsabilidade civil do auditor independente

Nos termos do § 2º do art. 26 da Lei nº 6.385/76, as empresas de auditoria contábil e os auditores contábeis independentes responderão, civilmente, pelos prejuízos que causarem a terceiros em virtude de culpa ou dolo no exercício de suas funções.

Dessa forma, são mantidas as exigências, para efeito de registro, de que as sociedades sejam constituídas sob a forma de sociedade civil (vedada, portanto, qualquer forma de sociedade comercial, inclusive a por quotas de responsabilidade limitada) e que incorporem ao respectivo contrato social ou ato constitutivo equivalente a cláusula de responsabilidade solidária e ilimitada.

Por se tratar de sociedade tipicamente de pessoas, em que há responsabilidade civil por prejuízos causados no exercício da atividade profissional, exige-se que todos os sócios sejam contadores registrados em Conselho Regional de Contabilidade.

3.10 PENALIDADES ADMINISTRATIVAS

O auditor independente pessoa física, o auditor independente pessoa jurídica e seus responsáveis técnicos poderão ser advertidos, multados, ou ter seu registro na Comissão de Valores Mobiliários suspenso ou cancelado, sem prejuízo de outras sanções legais cabíveis, quando:

- atuarem em desacordo com as normas legais e regulamentares que disciplinam o mercado de valores mobiliários;
- realizarem auditoria inepta ou fraudulenta, falsearem dados ou informações que sejam de seu dever revelar;
- utilizarem, em benefício próprio ou de terceiros, informações a que tenham tido acesso em decorrência do exercício da atividade de auditoria.

3.11 FORMAS DE EXERCÍCIO DA ATIVIDADE DE AUDITOR INDEPENDENTE

Quanto às formas de exercício da atividade do auditor independente, distinguem-se as seguintes:

- individualmente;
- em participação com outros profissionais;
- por meio de organização que congregue vários profissionais, operando sob denominação social ou firma em nome coletivo.

No primeiro caso, o contador age sob sua responsabilidade e em nome individual, mesmo que na execução do trabalho conte com a colaboração de outros colegas, como assistentes ou auxiliares.

Na segunda hipótese, o contador divide a responsabilidade com outro ou outros colegas, participando, com eles, em nome de todos, na execução de seus trabalhos.

No último caso, em conjunto com outros colegas, constitui o auditor independente empresa de prestação de serviços profissionais de contabilidade, podendo essa sociedade recorrer ainda ao concurso de assistentes e auxiliares, quando necessário.

A empresa de prestação de serviços profissionais tem a vantagem de poder contar com especialistas em cada setor profissional, oferecendo assim melhores serviços a seus clientes. Tem ainda a possibilidade de formar equipes para execução de trabalhos de grande porte, o que é impraticável para o profissional que trabalha individualmente. Portanto, os contadores que atuam sozinhos devem limitar o âmbito de seus serviços, porque uma única pessoa não consegue controlar todos os aspectos de auditoria, impostos e serviços de consultoria de organização.

Além dos serviços que lhes são de competência, as firmas de auditoria podem realizar outros tipos de serviços, a saber:

- serviços de assessoria tributária;
- serviços de consultoria de organização: desenvolvimento e instalação de sistemas de contabilidade de custos, assessoria em elaboração de orçamentos e análise de variações, assessoria em projeto de sistemas e equipamento para processamento eletrônico de dados etc.;
- serviços a empresas de pequeno porte.

A razão do entusiasmo pela profissão de auditor independente é especialmente o fato de ser uma atividade que, como poucas, alia alto padrão ético com oportunidade de desenvolvimento profissional, qualidades que dependem exclusivamente da capacidade profissional e do desempenho pessoal. Inicia-se a carreira como assistente, na condição de júnior, e pode-se chegar à condição de sócio.

Essa atividade possibilita, além de um excepcional sentido de cidadania, respeito ao direito da parte auditada e muita responsabilidade para tornar pública a situação financeira da empresa. Some-se a isso o aprendizado técnico obtido em aperfeiçoamento profissional.

Outro fator de atração para essa carreira é a multiplicidade de experiências que a profissão oferece. Audita-se um banco, um jornal, uma indústria automobilística ou têxtil, um programa comunitário, uma rede de televisão ou uma grande construtora. Na verdade, não é trabalho para gente acomodada, mas uma profissão para quem gosta de desafios.

Os auditores têm a responsabilidade de descobrir fraudes, mas se escondem atrás de formalidades. O que é preciso saber é a situação real das finanças da empresa, e não se os números estão de acordo com as práticas contábeis.

O Conselho Federal de Contabilidade tem normas específicas para casos de fraude e erro. Segundo o CFC, o auditor não é responsável nem pode ser responsabilizado pela prevenção de fraudes. No entanto, deve planejar seu trabalho avaliando o risco de sua ocorrência. O CFC lista vários indícios que merecem atenção, como alta administração controlada por um pequeno grupo, estrutura empresarial complexa aparentemente não justificada, deficiências de controle interno e administração de reputação duvidosa.

Os Conselhos Regionais de Contabilidade são responsáveis pela fiscalização da profissão e podem abrir processos internos, cujos resultados não vêm a público. O alcance do trabalho de auditoria é muito grande. É preciso estabelecer se o auditor teria como saber que havia a fraude.

Houve mudanças na atitude dos auditores depois dos escândalos da Enron e da WorldCom, que provocaram a quebra da Arthur Andersen – até então a mais respeitada firma do setor. Os auditores não viraram polícia, mas vários profissionais admitem que a crise do setor tornou a gestão de risco uma questão de vida ou morte.

3.12 QUADRO DE PESSOAL TÉCNICO

Nas firmas de auditoria independente, os cargos do quadro de pessoal técnico, com suas respectivas atribuições, às vezes são tão nitidamente definidos como na indústria. Nas grandes firmas de auditoria, esses cargos estão divididos genericamente da seguinte forma:

- o assistente;
- o auditor sênior;
- o supervisor ou gerente;
- os sócios.

Para serem eficientes, a auditoria interna e a externa são distintas por dispor de pessoal competente, com conhecimentos suficientes de contabilidade e das técnicas de auditoria e utilizá-las adequadamente de acordo com os objetivos que se propuseram atingir, em face das dificuldades e dos problemas encontrados durante o transcorrer dos trabalhos de campo.

Para atingir a meta de pessoal qualificado, o auditor deve ter suficiente formação educacional, conhecendo o ramo de negócios desenvolvido pela empresa e ser adequadamente treinado para possibilitar visão mais ampla e realista dos negócios realizados. O treinamento implica utilização benéfica para a administração, uma vez que o auditor revisará o trabalho realizado pelo pessoal executante e todas as áreas com relação a suas possíveis deficiências e forma de solucioná-las. São características do auditor experiente possuir experiência prática de auditoria e conhecimento razoável de processos de auditoria, normas de auditoria e exigências legais aplicáveis.

A estrutura da auditoria pode variar de acordo com as circunstâncias de cada organização.

Se determinada pessoa trabalha para uma pequena firma de auditoria independente ou se recebe a incumbência de examinar as contas de uma empresa de pequeno porte, ou se trabalha como auditor interno de uma firma de pequeno porte, talvez venha a exercer funções nos mais variados níveis ou, até mesmo, fazer sozinho todo o trabalho de auditoria.

Consequentemente, as descrições de cargos do quadro de pessoal, que se seguem, são genéricas e podem aplicar-se mais especificamente aos quadros de pessoal das grandes firmas de auditoria ou grandes organizações, como conglomerados financeiros; no caso de auditoria interna, tem-se:

3.12.1 O assistente

Durante um ou dois anos iniciais, na auditoria, o assistente tem de seguir cuidadosamente as instruções de seu superior imediato, que lhe examina o trabalho, fazendo críticas construtivas. Entre as tarefas confiadas ao assistente de auditoria, temos a análise de várias contas, a verificação da documentação suporte, as contagens de caixas e de itens de estoque, a verificação de preços, de prazos e a confirmação de contas a receber. Logo, porém, essas tarefas cedem lugar a outras, de maior responsabilidade, cuja boa execução, aliada a certas características pessoais do profissional, constitui requisito para se progredir na carreira.

O auditor, para ser bem-sucedido, precisa possuir mente inquisitiva, que o faça descobrir o que está por trás das informações e dados a ele fornecidos rotineiramente. Precisa estar atento a pormenores e, ao mesmo tempo, ser capaz de manter uma visão global do funcionamento do sistema contábil. É bom, também, que se mantenha alerta para situações que fujam à normalidade, precisa estar consciente de suas limitações, quanto ao conhecimento e experiência, levando os erros e irregularidades que detectar ao conhecimento de seu superior, que determinará as providências a tomar. Cortesia e tato são qualidades apreciáveis num auditor, uma vez que ele deve relacionar-se com o pessoal do cliente e com seus colegas de profissão. Para sair-se bem profissionalmente, o auditor precisa saber comunicar-se de modo eficaz tanto verbalmente como por escrito, pois terá de dar instruções claras e comunicar com exatidão suas descobertas. A capacidade de comunicação é extremamente importante para um auditor, pois sua profissão só terá valor para a sociedade se seus membros puderem fornecer aos interessados dados relevantes, de forma inteligível.

3.12.2 O auditor sênior

Quando já possui experiência suficiente para fazer pequenas auditorias e encarregar-se de segmentos importantes de trabalhos maiores, necessitando pouca ou nenhuma supervisão, o auditor é promovido a sênior, recebendo, mesmo como principiante na categoria, a incumbência de orientar o trabalho de assistentes, em muitos casos. Normalmente, o indivíduo que é promovido à categoria de sênior já foi aprovado em alguns ou em todos os exames e demonstra capacidade técnica e de liderança, para progredir dentro da firma. Em muitas firmas não existe este estágio preliminar, na categoria de sênior; em vez disso, os assistentes distinguem-se naqueles que possuem pouca experiência e naqueles que possuem muita experiência.

Geralmente, depois de receber o título de auditor, este já possui experiência e já demonstrou capacidade para supervisionar o trabalho dos colegas hierarquicamente inferiores; é então, nesse estágio mais avançado, como sênior, que o auditor recebe a incumbência de trabalhos maiores, tendo a seu cargo vários assistentes e a responsabilidade de designar-lhes tarefas, revisar seu trabalho, elaborar e modificar o programa de auditoria, conforme as exigências do serviço. O contato diário com o cliente compreende as consultas sobre assuntos rotineiros; no caso de alterações importantes no programa de auditoria ou reuniões de maior responsabilidade com o cliente, o gerente ou supervisor do trabalho deve ser consultado.

O sênior tem capacidade e treino para coordenar todos os aspectos do exame de auditoria, a fim de determinar quando já reuniu evidência suficiente e necessária para escrever o rascunho do relatório de auditoria.

3.12.3 O supervisor ou gerente

Os auditores que demonstram qualidades de liderança e de análise, além de terem muitos anos de experiência em auditoria independente, normalmente são promovidos a supervisores ou gerentes. Depois de se desenvolverem e se especializarem em algum campo, recebem a incumbência de dirigir vários trabalhos ao mesmo tempo, no departamento de auditoria, no setor fiscal ou no de serviços a pequenas empresas.

O gerente, em geral, é quem se reúne com o pessoal do cliente, para planejar o exame e, também, é quem emite e discute com eles o relatório final. Revisa os papéis de trabalho e o relatório final, para verificar não somente se o exame foi feito a contento, como também se o relatório foi redigido de acordo com as normas vigentes. Além disso, o gerente pode ser encarregado de dirigir o escritório ou de treinar o pessoal. Em firmas pequenas, muitas funções dos gerentes são cumpridas, normalmente, por sócios. Espera-se dos gerentes que se mantenham a par do desenvolvimento geral da contabilidade, mesmo que se especializem em determinado assunto.

3.12.4 Sócios

Os auditores que assumem responsabilidade total pelo exercício da auditoria independente são os sócios. Eles dedicam boa parte de seu tempo às relações públicas e aos contatos profissionais, pois é mediante esses contatos que se obtêm novos limites. Nas grandes firmas de auditoria independente, alguns sócios pouco ou nenhum contato mantêm com os aspectos rotineiros de auditoria.

Cabe-lhes examinar as versões finais dos relatórios, juntamente com os gerentes, para determinar se cada exame foi feito segundo as diretrizes da firma e se o trabalho atende às exigências do padrão profissional. Antes de assinar o relatório do auditor, emitindo opinião profissional sobre a fidedignidade das demonstrações financeiras, o sócio revisa os papéis de trabalho, discute os procedimentos e as descobertas feitas pelos auditores, assim como investiga tudo o que achar necessário, a fim de garantir que o exame seja satisfatório, sob todos os aspectos, que seja boa a redação do relatório e que as demonstrações financeiras de fato retratem com fidedignidade a situação financeira do cliente. O sócio de uma grande firma de auditoria só tem a ganhar, financeiramente e em termos de prestígio profissional, se as operações dessa firma forem bem-sucedidas.

Da mesma forma, o auditor só tem a perder, financeiramente e em termos de *status* profissional, os elevados padrões profissionais que se esperam do auditor se as operações não forem bem-sucedidas.

Para obterem êxito como sócios, os auditores precisam possuir grande capacidade de liderança e de administração. Têm de conhecer, em todos os seus aspectos, o trabalho de auditoria e, embora não se espere que conheçam a fundo todas as áreas de especialização, devem saber o suficiente para examinar o trabalho dos especialistas, uma vez que são responsáveis por toda a atividade da firma.

3.13 TREINAMENTO DE PESSOAL

O indivíduo de formação universitária em Ciências Contábeis que escolhe o campo da auditoria frequentemente entra para uma firma de auditoria independente ou para o departamento de auditoria de uma grande empresa.

Mesmo que tencione especializar-se em assuntos fiscais ou em consultoria de organização, o novo contratado é encaminhado, de preferência, para a auditoria, para treinamento, porque muitos dados usados pelo setor fiscal e pelo de consultoria de organização são colhidos durante a realização de um exame regular de auditoria. Aqueles que participam da auditoria de uma empresa têm excelente oportunidade de adquirir visão global das operações da mesma, familiarizando-se com todos os aspectos da atividade empresarial, desde o mais baixo nível operacional até a mais alta função administrativa.

Muitas firmas exigem que os recém-contratados passem por um programa de treinamento formal, imediatamente após a admissão. Esses programas às vezes versam exclusivamente sobre política da empresa, outras vezes sobre pormenores dos procedimentos de auditoria. À medida que progridem na empresa, os auditores passam por outros programas de treinamento, sobre assuntos mais difíceis e elevados ou sobre questões correntes, mais comuns. Algumas firmas preferem treinar os auditores no próprio trabalho de campo, uma vez que a experiência prática é parte essencial do treinamento e desenvolvimento do auditor.

3.14 ÉTICA PROFISSIONAL NA AUDITORIA INTERNA E EXTERNA

A ética profissional é de grande valia em todas as profissões, notadamente na de auditor, que tem em suas mãos grande responsabilidade, pois mediante seu serviço é possível conhecer todas as irregularidades, erros, falhas dentro do grupo de empresas, conhecendo o responsável hierárquico e executores das rotinas que originam estas informações.

Um bom auditor sempre se comporta dentro de um código de ética dos mais rígidos, pois somente assim conseguirá os resultados que dele se esperam e que exige a administração da empresa à qual presta sua colaboração.

A primeira exigência do código de ética do auditor diz respeito à subordinação hierárquica dentro da empresa, ou dentro do grupo. É de praxe o responsável por seu serviço, debaixo dos escalões mais altos da administração, respeitar também a ordem hierárquica dos setores que esteja revisando, dirigindo-se sempre, e em primeiro lugar, aos chefes respectivos, que então o encaminharão aos atuais executantes dos serviços.

Outra exigência refere-se ao modo de trabalho. O auditor **pede e não exige** a colaboração da área auditada sob revisão, embora tenha o poder de fazer cumprir suas exigências, que na realidade não são suas, mas da empresa, para que seus objetivos sejam alcançados. As eventuais "exigências" necessárias devem sempre ser formuladas respeitando-se o trabalho alheio, obedecendo a critério (fechamento de livros, relatórios mensais à matriz etc.), embora nem sempre isto seja possível, pois ao auditor interessa muito a aplicação da lei e de normas das instituições competentes.

A terceira exigência diz respeito ao envolvimento em política interna ou de qualquer nível, tráfico de influência, que reduz sensivelmente a *performance* e o desempenho de rotinas e controles da empresa e setores envolvidos. Em todas as organizações existem, infelizmente, grupelhos, grandes grupos, *lobbies*, que visam a seu próprio crescimento ou influência na empresa. É sensato que o auditor possa ouvir e sentir tais grupos, não participando nunca de tal política, direta ou indiretamente, assegurando assim a função de independência.

A quarta exigência é a discrição. Tendo acesso em geral a documentos e informações sigilosos, manterá sempre sigilo absoluto, não se servindo de detalhes dessa natureza para engrandecimento pessoal ou de grupos, ou, ainda, que permitam ser usados como reserva para eventual alteração política na empresa. Tratando-se de assuntos que venham a comprometer a empresa, é aconselhável, quando muito, serem discutidos com seus superiores, porém sempre de forma discreta.

A quinta exigência trata diretamente da observância dos regulamentos internos, normas, instruções, leis etc.

A sexta exigência refere-se ao comportamento pessoal. Um auditor eficiente, que conheça profundamente seu trabalho e sua importância na empresa, saberá formular suas perguntas e fazer suas pesquisas, com modos e sem exigências descabidas, valendo-se do poder de seu cargo.

É oportuno manter bom relacionamento, tanto com o colegiado hierárquico quanto junto aos setores auditados, sem coleguismo exagerado, e saber sempre se impor diante de ideias vazias, que muitas vezes furtam a ideia central, pois o papel do auditor está acima de qualquer suspeita, visto que ele representa a hierarquia máxima na consecução dos objetivos de controle da empresa.

O Código de Ética Profissional do Contador (CEPC) tem por objetivo fixar a forma pela qual se devem conduzir os profissionais da contabilidade, quando no exercício profissional e nos assuntos relacionados à profissão e à classe.

De acordo com o referido Código, são deveres do profissional da contabilidade, e consequentemente do auditor independente, entre outros:

- exercer a profissão com zelo, diligência, honestidade e capacidade técnica, observada toda a legislação vigente, em especial as normas de Contabilidade e as Normas Brasileiras de Contabilidade, e resguardados os interesses de seus clientes e/ou empregadores, sem prejuízo da dignidade e independência profissionais (ZELO, INTEGRIDADE E COMPETÊNCIA);
- guardar sigilo sobre o que souber em razão do exercício profissional lícito, inclusive no âmbito do serviço público, ressalvados os casos previstos em lei ou quando solicitado por autoridades competentes, entre estas os Conselhos Regionais de Contabilidade (CONFIDENCIALIDADE);
- inteirar-se de todas as circunstâncias, antes de emitir opinião sobre qualquer caso (EFICIÊNCIA);
- renunciar às funções que exerce, logo que se positive falta de confiança por parte do cliente ou empregador, a quem deverá notificar com 30 dias de antecedência, zelando, contudo, para que os interesses dos mesmos não sejam prejudicados, evitando declarações públicas sobre os motivos da renúncia (CREDIBILIDADE);
- cumprir os Programas Obrigatórios de Educação Continuada estabelecidos pelo CFC (QUALIDADE).

A NBC TA 200 (R1) informa que os princípios fundamentais de ética profissional relevantes para o auditor quando da condução de auditoria de demonstrações contábeis estão implícitos no Código de Ética Profissional do Contador e na NBC PA 01, que trata do controle de qualidade. Tais princípios estão em linha com os princípios do Código de Ética do IFAC, cujo cumprimento é exigido dos auditores. Esses princípios são:

Integridade

O auditor deve ser íntegro em todos os seus compromissos, que envolvam:

- a empresa auditada quanto às suas exposições e opiniões, exercício de seu trabalho e os serviços e honorários profissionais;
- o público em geral e pessoas interessadas na opinião emitida pelo auditor independente, transmitindo validade e certificando a veracidade das informações contidas nas demonstrações contábeis ou de exposições quando não refletida a realidade em tais demonstrações;
- a entidade de classe à qual pertença, sendo leal quanto à concorrência dos serviços junto a terceiros, não concessão de benefícios financeiros ou aviltando honorários, colocando em risco os objetivos do trabalho.

A integridade constitui o valor central da ética do auditor, obrigado a cumprir normas elevadas de conduta de honestidade e imparcialidade durante seu trabalho e em suas relações com o pessoal das entidades auditadas. A percepção da integridade dos auditores é que faz com que a confiança da sociedade seja preservada.

Pode ser medida em função do que é correto e justo, e exige que os auditores se ajustem tanto à forma quanto ao espírito das normas de auditoria e de ética.

Exige também que os auditores se ajustem aos princípios de objetividade (ou imparcialidade) e independência, mantenham normas acertadas de conduta profissional, tomem decisões de acordo com o interesse público, e apliquem um critério de honestidade absoluta na realização de seu trabalho.

Confidencialidade (sigilo)

Este item sofreu uma modificação em 25 de março de 2014, quando a NBC PG 100 revogou a NBC P1 – IT 02 e a NBC P 1.6, normas que tratavam do sigilo da profissão de auditor. Essa nova norma é geral, aplicada não apenas a contadores que exercem a função de auditor, e seus principais pontos são abordados a seguir.

O princípio do sigilo profissional impõe a todos os profissionais da contabilidade a obrigação de abster-se de:

- divulgar fora da firma ou da organização empregadora informações sigilosas obtidas em decorrência de relacionamentos profissionais e comerciais, sem estar prévia e especificamente autorizado pelo cliente, por escrito, a menos que haja um direito ou dever legal ou profissional de divulgação; e
- usar, para si ou para outrem, informações obtidas em decorrência de relacionamentos profissionais e comerciais para obtenção de vantagem pessoal.

O profissional da contabilidade deve manter sigilo das informações divulgadas por cliente potencial ou empregador, dentro da firma ou organização empregadora. O profissional da contabilidade deve tomar as providências adequadas para assegurar que o pessoal da sua equipe de trabalho, assim como as pessoas das quais são obtidas assessoria e assistência, também respeitem o dever de sigilo do profissional da contabilidade.

Segundo essa nova norma, a necessidade de cumprir o princípio do sigilo profissional permanece mesmo após o término das relações entre o profissional da contabilidade e seu cliente ou empregador. Quando o profissional da contabilidade muda de emprego ou obtém novo cliente, ele pode usar sua experiência anterior. Contudo, ele não deve usar ou divulgar nenhuma informação confidencial obtida ou recebida em decorrência de relacionamento profissional ou comercial.

A seguir, são apresentadas circunstâncias nas quais os profissionais da contabilidade são ou podem ser solicitados a divulgar informações confidenciais ou nas quais essa divulgação pode ser apropriada:

- a divulgação é permitida por lei e autorizada pelo cliente ou empregador, por escrito;
- a divulgação é exigida por lei;
- há dever ou direito profissional de divulgação, quando não proibido por lei.

O auditor independente, quando solicitado, por escrito e fundamentadamente, pelo Conselho Federal de Contabilidade e Conselhos Regionais de Contabilidade, deve exibir as informações obtidas durante o seu trabalho, incluindo a fase de pré-contratação dos serviços, a documentação, os papéis de trabalho e os relatórios.

Ao decidir sobre a divulgação de informações sigilosas, os fatores pertinentes a serem considerados incluem:

- se os interesses de terceiros, incluindo partes cujos interesses podem ser afetados, podem ser prejudicados se o cliente ou empregador consentir com a divulgação das informações pelo profissional da contabilidade;
- se todas as informações relevantes são conhecidas e comprovadas, na medida praticável. Quando a situação envolver fatos não comprovados, informações incompletas ou conclusões não comprovadas, deve ser usado o julgamento profissional para avaliar o tipo de divulgação que deve ser feita, caso seja feita;
- o tipo de comunicação que é esperado e para quem deve ser dirigida; e
- se as partes para quem a comunicação é dirigida são as pessoas apropriadas para recebê-la.

3.15 CETICISMO PROFISSIONAL

É a postura que inclui uma mente questionadora e alerta para condições que possam indicar possível distorção devida a erro ou fraude e uma avaliação crítica das evidências de auditoria. O auditor deve planejar e executar a auditoria com ceticismo profissional, reconhecendo que podem existir circunstâncias que causam distorção relevante nas demonstrações contábeis.

O ceticismo profissional inclui estar alerta, por exemplo, a:

- evidências de auditoria que contradigam outras evidências obtidas;
- informações que coloquem em dúvida a confiabilidade dos documentos e respostas a indagações a serem usadas como evidências de auditoria;
- condições que possam indicar possível fraude;
- circunstâncias que sugiram a necessidade de procedimentos de auditoria além dos exigidos pelas NBC TAs.

A manutenção do ceticismo profissional ao longo de toda a auditoria é necessária, por exemplo, para que o auditor reduza os riscos de:

- ignorar circunstâncias não usuais;
- generalização excessiva ao tirar conclusões das observações de auditoria;
- uso inadequado de premissas ao determinar a natureza, a época e a extensão dos procedimentos de auditoria e ao avaliar os resultados destes.

Julgamento profissional

É a aplicação de treinamento, conhecimento e experiência relevantes, dentro do contexto fornecido pelas normas de auditoria, contábeis e éticas, na tomada de decisões informadas a respeito dos cursos de ação apropriados nas circunstâncias do trabalho de auditoria.

O auditor deve exercer julgamento profissional ao planejar e executar a auditoria de demonstrações contábeis. O julgamento profissional é necessário, em particular, nas decisões sobre:

- materialidade e risco de auditoria;
- a natureza, a época e a extensão dos procedimentos de auditoria aplicados para o cumprimento das exigências das normas de auditoria e a coleta de evidências de auditoria;
- avaliar se foi obtida evidência de auditoria suficiente e apropriada e se algo mais precisa ser feito para que sejam cumpridos os objetivos das NBC TA e, com isso, os objetivos gerais do auditor;
- avaliação das opiniões da administração na aplicação da estrutura de relatório financeiro aplicável da entidade;
- extração de conclusões baseadas nas evidências de auditoria obtidas, por exemplo, pela avaliação da razoabilidade das estimativas feitas pela administração na elaboração das demonstrações contábeis.

3.16 EVIDÊNCIA DE AUDITORIA APROPRIADA E SUFICIENTE E RISCO DE AUDITORIA

Para obter segurança razoável, o auditor deve obter evidência de auditoria apropriada e suficiente para reduzir o risco de auditoria a um nível baixo aceitável e, com isso, possibilitar a ele obter conclusões razoáveis e nelas basear a sua opinião.

3.16.1 Condução da auditoria em conformidade com NBC TA

- Normas guiam o auditor na condução dos trabalhos.
- O auditor deve cumprir com exigências legais e regulatórias, além das NBC TAs.
- Conformidade com as NBC TAs relevantes + procedimentos adicionais.

Independência

A Resolução CFC nº 1.311/2010 aprovou a NBC PA 290, que trata da Independência, estabelecendo condições e procedimentos para cumprimento dos requisitos de independência profissional nos trabalhos de auditoria. Em maio de 2014 o CFC alterou essa norma, segundo a atualmente vigente, denominada NBC PA 209 (R1).

Quando o auditor avalia que salvaguardas apropriadas não estão disponíveis ou não podem ser aplicadas para eliminar as ameaças ou reduzi-las a um nível aceitável, ele deve eliminar a circunstância ou relacionamento que cria as ameaças, declinar ou descontinuar o trabalho de auditoria. O auditor deve usar julgamento profissional ao aplicar esses conceitos sobre a independência.

3.17 REVISÃO DE INFORMAÇÕES INTERMEDIÁRIAS (ITR)

O objetivo do trabalho de revisão de informações intermediárias é permitir que o auditor expresse uma conclusão, caso ele, com base na revisão, venha a tomar conhecimento de algum fato que o leve a acreditar que as informações intermediárias não foram elaboradas, em todos os aspectos relevantes, de acordo com a estrutura de relatório financeiro aplicável. O auditor faz indagações e executa procedimentos analíticos e outros procedimentos de revisão a fim de reduzir a um nível moderado o risco de expressar uma conclusão inadequada quando as informações intermediárias apresentarem distorção relevante.

Difere, significativamente, daquele da auditoria conduzida de acordo com as normas de auditoria (NBC TA). A revisão de informações intermediárias não fornece base para expressar uma opinião (conclusão da forma positiva) sobre se as informações contábeis estão apresentadas adequadamente, em todos os aspectos relevantes, de acordo com a estrutura de relatório financeiro aplicável.

Ao contrário da auditoria, a revisão não é planejada para obter segurança razoável de que as informações intermediárias não apresentam distorção relevante. A revisão consiste na execução de indagações, principalmente das pessoas responsáveis pelos assuntos financeiros e contábeis, e na aplicação de procedimentos analíticos e de outros procedimentos de revisão. A revisão pode fazer com que o auditor tome conhecimento de questões importantes que afetam as informações intermediárias, mas não fornece todas as evidências que seriam necessárias na auditoria.

Nesse caso, o auditor deve seguir as orientações contidas na NBC TR 2410 e, caso julgue necessário, fazer a modificação em seu relatório de revisão sobre as informações intermediárias.

MODELO DE RELATÓRIO SOBRE REVISÃO DAS ITR, CONTENDO INFORMAÇÕES CONTÁBEIS INTERMEDIÁRIAS INDIVIDUAIS DA CONTROLADORA, ELABORADAS DE ACORDO COM O CPC 21, E INFORMAÇÕES CONSOLIDADAS, ELABORADAS DE ACORDO COM O CPC 21 E IAS 34

RELATÓRIO SOBRE A REVISÃO DE INFORMAÇÕES TRIMESTRAIS

(Destinatário apropriado)

Introdução

Revisamos as informações contábeis intermediárias, individuais e consolidadas, da Companhia ABC, contidas no Formulário de Informações Trimestrais – ITR referente ao trimestre findo em ____ de _____ de 20X1, que compreendem o balanço patrimonial em ____ de _____ de 20X1 e as respectivas demonstrações do resultado e do resultado abrangente [incluir quando aplicável] para o(s) período(s) de três e [seis ou nove – quando aplicável] meses findo(s) naquela data e das mutações do patrimônio líquido e dos fluxos de caixa para o período de três [seis ou nove] meses findo naquela data, incluindo as notas explicativas.

A administração é responsável pela elaboração das informações contábeis intermediárias individuais de acordo com o Pronunciamento Técnico CPC 21 – Demonstração Intermediária e das informações contábeis intermediárias consolidadas de acordo com o CPC 21 e com a norma internacional IAS 34 – *Interim Financial Reporting*, emitida pelo *International Accounting Standards Board* – IASB, assim como pela apresentação dessas informações de forma condizente com as normas expedidas pela Comissão de Valores

Mobiliários, aplicáveis à elaboração das Informações Trimestrais – ITR. Nossa responsabilidade é a de expressar uma conclusão sobre essas informações contábeis intermediárias com base em nossa revisão.

Alcance da revisão

Conduzimos nossa revisão de acordo com as normas brasileiras e internacionais de revisão de informações intermediárias (NBC TR 2410 – Revisão de Informações Intermediárias Executada pelo Auditor da Entidade e ISRE 2410 – *Review of Interim Financial Information Performed by the Independent Auditor of the Entity*, respectivamente). Uma revisão de informações intermediárias consiste na realização de indagações, principalmente às pessoas responsáveis pelos assuntos financeiros e contábeis e na aplicação de procedimentos analíticos e de outros procedimentos de revisão. O alcance de uma revisão é significativamente menor do que o de uma auditoria conduzida de acordo com as normas de auditoria e, consequentemente, não nos permitiu obter segurança de que tomamos conhecimento de todos os assuntos significativos que poderiam ser identificados em uma auditoria. Portanto, não expressamos uma opinião de auditoria.

Conclusão sobre as informações intermediárias individuais

Com base em nossa revisão, não temos conhecimento de nenhum fato que nos leve a acreditar que as informações contábeis intermediárias individuais incluídas nas informações trimestrais acima referidas não foram elaboradas, em todos os aspectos relevantes, de acordo com o CPC 21 aplicável à elaboração de Informações Trimestrais – ITR, e apresentadas de forma condizente com as normas expedidas pela Comissão de Valores Mobiliários.

Conclusão sobre as informações intermediárias consolidadas

Com base em nossa revisão, não temos conhecimento de nenhum fato que nos leve a acreditar que as informações contábeis intermediárias consolidadas incluídas nas informações trimestrais acima referidas não foram elaboradas, em todos os aspectos relevantes, de acordo com o CPC 21 e o IAS 34 aplicáveis à elaboração de Informações Trimestrais – ITR, e apresentadas de forma condizente com as normas expedidas pela Comissão de Valores Mobiliários.

Outros assuntos

Demonstrações do valor adicionado

Revisamos, também, as Demonstrações do Valor Adicionado (DVA), individuais e consolidadas, referentes ao período de três [seis ou nove] meses findo em ____ de _____ de 20X1, preparadas sob a responsabilidade da administração da Companhia, cuja apresentação nas informações intermediárias é requerida de acordo com as normas expedidas pela CVM – Comissão de Valores Mobiliários aplicáveis à elaboração de Informações Trimestrais – ITR e considerada informação suplementar pelas IFRS, que não requerem a apresentação da DVA. Essas demonstrações foram submetidas aos mesmos procedimentos de revisão descritos anteriormente e, com base em nossa revisão, não temos conhecimento de nenhum fato que nos leve a acreditar que não foram elaboradas, em todos os seus aspectos relevantes, de forma consistente com as informações contábeis intermediárias individuais e consolidadas tomadas em conjunto.

Uberlândia-MG, ___ de _____ de 20__

Dr. Silvio Aparecido Crepaldi
CRC-MG 29.313

Crepaldi Auditores Independentes Associados
CRC-XX 88.888

MODELO DE RELATÓRIO SOBRE REVISÃO DAS ITR DE ENTIDADES DE INCORPORAÇÃO IMOBILIÁRIA

RELATÓRIO SOBRE A REVISÃO DE INFORMAÇÕES TRIMESTRAIS

(Destinatário apropriado)

Introdução

Revisamos as informações contábeis intermediárias, individuais e consolidadas, da Companhia ABC, contidas no Formulário de Informações Trimestrais – ITR referente ao trimestre findo em ___ de _____ de 20X1, que compreendem o balanço patrimonial em ___ de _____ de 20X1 e as respectivas demonstrações do resultado e do resultado abrangente [incluir quando aplicável] para o(s) período(s) de três [seis ou nove – quando aplicável] meses findo(s) naquela data e das mutações do patrimônio líquido e dos fluxos de caixa para período de três [seis ou nove] meses findo naquela data, incluindo as notas explicativas.

A administração é responsável pela elaboração das informações contábeis intermediárias individuais de acordo com o Pronunciamento Técnico CPC 21 – Demonstração Intermediária e das informações contábeis intermediárias consolidadas de acordo com o CPC 21 e com a norma internacional IAS 34 – *Interim Financial Reporting*, que considera a Orientação OCPC 04 sobre a aplicação da Interpretação Técnica ICPC 02 às Entidades de Incorporação Imobiliária no Brasil, emitida pelo Comitê de Pronunciamentos Contábeis (CPC) e aprovada pela Comissão de Valores Mobiliários (CVM) e Conselho Federal de Contabilidade (CFC), assim como pela apresentação dessas informações de forma condizente com as normas expedidas pela Comissão de Valores Mobiliários, aplicáveis à elaboração das Informações Trimestrais – ITR. Nossa responsabilidade é a de expressar uma conclusão sobre essas informações contábeis intermediárias com base em nossa revisão.

Alcance da revisão

Conduzimos nossa revisão de acordo com as normas brasileiras e internacionais de revisão de informações intermediárias (NBC TR 2410 – Revisão de Informações Intermediárias Executada pelo Auditor da Entidade e ISRE 2410 – *Review of Interim Financial Information Performed by the Independent Auditor of the Entity*, respectivamente). Uma revisão de informações intermediárias consiste na realização de indagações, principalmente às pessoas responsáveis pelos assuntos financeiros e contábeis e na aplicação de procedimentos analíticos e de outros procedimentos de revisão. O alcance de uma revisão é significativamente menor do que o de uma auditoria conduzida de acordo com as normas de auditoria e, consequentemente, não nos permitiu obter segurança de que tomamos conhecimento de todos os assuntos significativos que poderiam ser identificados em uma auditoria. Portanto, não expressamos uma opinião de auditoria.

Conclusão sobre as informações intermediárias individuais e consolidadas preparadas de acordo com o CPC 21

Com base em nossa revisão, não temos conhecimento de nenhum fato que nos leve a acreditar que as informações contábeis intermediárias individuais e consolidadas incluídas nas informações trimestrais acima referidas não foram elaboradas, em todos os aspectos relevantes, de acordo com o CPC 21 aplicável à elaboração de Informações Trimestrais – ITR, e apresentadas de forma condizente com as normas expedidas pela Comissão de Valores Mobiliários.

Conclusão sobre as informações intermediárias consolidadas preparadas de acordo com o IAS 34 que considera a Orientação OCPC 04 sobre a aplicação da Interpretação Técnica ICPC 02 às Entidades de Incorporação Imobiliária no Brasil, emitida pelo Comitê de Pronunciamentos Contábeis (CPC) e aprovada pela Comissão de Valores Mobiliários (CVM) e Conselho Federal de Contabilidade (CFC)

Com base em nossa revisão, não temos conhecimento de nenhum fato que nos leve a acreditar que as informações contábeis intermediárias consolidadas incluídas nas informações trimestrais acima referidas não foram elaboradas, em todos os aspectos relevantes, de acordo com o IAS 34, que considera a Orientação OCPC 04 sobre a aplicação da Interpretação Técnica ICPC 02 às Entidades de Incorporação Imobiliária no Brasil, emitida pelo Comitê de Pronunciamentos Contábeis (CPC) e aprovada pela Comissão de Valores Mobiliários (CVM) e Conselho Federal de Contabilidade (CFC), aplicáveis à elaboração de Informações Trimestrais – ITR, e apresentadas de forma condizente com as normas expedidas pela Comissão de Valores Mobiliários.

Ênfase

Conforme descrito na Nota X, as informações contábeis intermediárias, individuais e consolidadas, foram elaboradas de acordo com as práticas contábeis adotadas no Brasil (CPC 21). As informações contábeis intermediárias consolidadas preparadas de acordo com as IFRS aplicáveis a entidades de incorporação imobiliária no Brasil (IAS 34, para as informações intermediárias), consideram, adicionalmente, a Orientação OCPC 04 editada pelo Comitê de Pronunciamentos Contábeis. Essa orientação trata do reconhecimento da receita desse setor e envolve assuntos relacionados ao significado e aplicação do conceito de transferência contínua de riscos, benefícios e de controle na venda de unidades imobiliárias, conforme descrito em mais detalhes na Nota X. Nossa conclusão não está ressalvada em função desse assunto.

Outros assuntos

Demonstrações do valor adicionado

Revisamos, também, as Demonstrações do Valor Adicionado (DVA), individuais e consolidadas, referentes ao período de três [seis ou nove] meses findo em ___ de _____ de 20X1, preparadas sob a responsabilidade da administração da Companhia, cuja apresentação nas informações intermediárias é requerida de acordo com as normas expedidas pela CVM – Comissão de Valores Mobiliários aplicáveis à elaboração de Informações Trimestrais – ITR e considerada informação suplementar pelas IFRS, que não requerem a apresentação da DVA. Essas demonstrações foram submetidas aos mesmos procedimentos de revisão descritos anteriormente e, com base em nossa revisão, não temos conhecimento de nenhum fato que nos leve a acreditar que não foram elaboradas, em todos os seus aspectos relevantes, de forma consistente com as informações intermediárias individuais e consolidadas tomadas em conjunto.

Uberlândia-MG, ___ de _____ de 20__

Dr. Silvio Aparecido Crepaldi
CRC-MG 29.313

Crepaldi Auditores Independentes Associados
CRC-XX 88.888

3.17.1 Responsabilidade do auditor pelas outras informações que acompanham as informações contábeis intermediárias

No que tange às outras informações apresentadas juntamente com as informações intermediárias, os itens 36 e 37 da NBC TR 2410 tratam de inconsistências nas informações trimestrais.

3.17.2 Entendimento e orientação

O item 9 do Ofício-Circular/CVM/SNC/SEP nº 003/2011, ao referir-se ao art. 29 da Instrução CVM nº 480, dispõe *"que o Formulário ITR deve ser um documento completo com todos os seus quadros devidamente preenchidos, independentemente da definição do conteúdo mínimo das demonstrações condensadas"*.

Assim, o tipo de conclusão a ser incluída no relatório de revisão do auditor independente sobre as informações contábeis contidas no Formulário de Informações Trimestrais (ITR) deve ser de acordo com a estrutura de conformidade. Nesse sentido, a conclusão expressa pelo auditor independente em seu relatório de revisão é quanto ao fato de ele ter tomado conhecimento de algum assunto que o levou a acreditar que as informações contábeis intermediárias (individuais e/ou consolidadas, conforme for o caso) não foram elaboradas, em todos os aspectos relevantes, de acordo com as estruturas contábeis da NBC TG 21 e IAS 34 aplicáveis às ITR e apresentadas de forma condizente com as normas expedidas pela Comissão de Valores Mobiliários.

3.17.3 Modelo de relatório de revisão das informações trimestrais

Importante destacar que os modelos se aplicam às companhias abertas que declararem em nota explicativa o atendimento às normas contidas na NBC TG 21 e sua equivalente IAS 34, com a apresentação de informações contábeis intermediárias nos termos previstos pelas normas da CVM.

Adaptações são necessárias para situações em que o auditor concluir que o relatório sem ressalvas não é apropriado. Nesse caso, o auditor deve seguir as orientações contidas na NBC TR 2410 e, caso julgue necessário, fazer a modificação em seu relatório de revisão sobre as informações intermediárias.

Em relação ao comentário sobre o desempenho da companhia aberta apresentado nas informações trimestrais, sob o título de relatório de desempenho, que antes era referido no parágrafo introdutório do relatório do auditor independente sobre a revisão das informações trimestrais, ele passa, de acordo com as novas normas de revisão, a ser tratado como informação que acompanha as informações contábeis intermediárias, não cabendo citação ao comentário de desempenho no relatório do auditor independente, exceto quando identificadas eventuais inconsistências entre as informações do comentário de desempenho e aquelas contidas nas informações contábeis. Nesse caso, o auditor deve incluir um parágrafo de "outros assuntos" conforme sugerido abaixo, o qual deve ser adaptado para cada situação específica:

Outros assuntos

O relatório de desempenho elaborado pela administração da Companhia ABC inclui informações sobre índices de liquidez, solvência e rentabilidade que estão inconsistentes com os valores que figuram nas informações intermediárias, que foram por nós revisadas, e que deveriam ter sido utilizados como base para a elaboração dessas informações. De acordo com essas informações intermediárias, os seguintes índices estão inconsistentes: (listar os índices e/ou sua localização no relatório de desempenho).

O CTR 01 (R1) – Relatório de Revisão sobre as Informações Trimestrais (ITR) tem por objetivo orientar os auditores independentes na emissão de relatório de revisão das Informações Trimestrais (ITR), a partir de 2011, para atendimento às normas da Comissão de Valores Mobiliários (CVM), conforme o CFC.

Em abril de 2019, o IBRACON emitiu e o Conselho Feral de Contabilidade (CFC) aprovou o CTA 25 (R1), trazendo orientações quanto aos reflexos do relatório de administração e da apresentação dos principais assuntos de auditoria nos relatórios de auditoria de entidade regulada ou supervisionada pela CVM. O CTA 25 (R1) – Emissão do Novo Modelo de Relatório do Auditor Independente o Conselho Federal de Contabilidade (CFC) publicou um conjunto de normas de auditoria revisadas, em decorrência da adoção do novo modelo de relatório do auditor independente, convergentes com as *International Standards on Auditing* (ISAs), emitidas pelo *International Auditing and Assurance Standards Board* (IAASB). As normas revisadas são aplicáveis para as auditorias de demonstrações contábeis referentes aos exercícios ou períodos que se findam em, ou após, 31 de dezembro de 2016.

3.17.4 Entidades de incorporação imobiliária

No caso de informações intermediárias consolidadas incluídas nas Informações Trimestrais elaboradas pelas entidades de incorporação imobiliária brasileiras com a observância dos conceitos do CTG 04 – Aplicação da Interpretação Técnica ITG 02 – Contrato de Construção do Setor Imobiliário, editado pelo CFC, o auditor deve observar as orientações contidas no Comunicado Técnico CTA 09 – Emissão do Relatório do Auditor Independente sobre Demonstrações Contábeis do exercício social encerrado em, ou a partir de, 31 de dezembro de 2010 de Entidades de Incorporação Imobiliária, alterando seu relatório de revisão de forma que mencione que a entidade atendeu às normas internacionais de relatório financeiro aplicáveis às entidades de incorporação imobiliária no Brasil. O Anexo II inclui modelo de relatório para tais entidades.

Em maio de 2019, o IBRACON emitiu o CT 02/2019, aprovado pelo CFC mediante o CTR 04, com o objetivo de orientar os auditores independentes na emissão de relatórios de revisão sobre Informações Trimestrais elaboradas por entidades de incorporação. O CTA 27 – Relatório sobre as Demonstrações Contábeis de Entidade de Incorporação Imobiliária tem por objetivo orientar os auditores independentes na emissão do relatório do auditor independente sobre as demonstrações contábeis de entidades de incorporação imobiliária a partir do exercício social encerrado em, ou após, 31 de dezembro de 2018. A orientação é necessária, dado o andamento das discussões sobre o impacto da NBC TG 47 – Receita de Contrato com Cliente nas demonstrações contábeis das entidades de incorporação imobiliária, conforme o CFC.

O CTR 04 – Relatório de Revisão sobre as Informações Trimestrais (ITR) Elaboradas por Entidade de Incorporação Imobiliária tem por objetivo orientar os auditores independentes na emissão de relatórios de revisão sobre Informações Trimestrais (ITR) elaboradas por entidades de incorporação imobiliária registradas na Comissão de Valores Mobiliários (CVM), para os trimestres encerrados após 31 de dezembro de 2018, segundo o CFC.

3.17.5 Modelo de relatório sobre revisão das ITRs, contendo informações contábeis intermediárias individuais da controladora, elaboradas de acordo com a NBC TG 21, e informações consolidadas, elaboradas de acordo com a NBC TG 21 e a IAS 34

RELATÓRIO SOBRE A REVISÃO DE INFORMAÇÕES TRIMESTRAIS

(Destinatário apropriado)

Introdução

Revisamos as informações contábeis intermediárias, individuais e consolidadas, da Companhia ABC, contidas no Formulário de Informações Trimestrais (ITR) referente ao trimestre findo em ____ de _____ de 20X1, que compreendem o balanço patrimonial em ____ de _____ de 20X1 e as respectivas demonstrações do resultado e do resultado abrangente para o(s) período(s) de três [seis ou nove – quando aplicável] meses findo(s) naquela data e das mutações do patrimônio líquido e dos fluxos de caixa para o período de três [seis ou nove] meses findo naquela data, incluindo as notas explicativas.

A administração é responsável pela elaboração das informações contábeis intermediárias individuais de acordo com a NBC TG 21 – Demonstração Intermediária e das informações contábeis intermediárias consolidadas de acordo com a NBC TG 21 e com a norma internacional IAS 34 – *Interim Financial Reporting*, emitida pelo *International*

Accounting Standards Board (IASB), assim como pela apresentação dessas informações de forma condizente com as normas expedidas pela Comissão de Valores Mobiliários, aplicáveis à elaboração das Informações Trimestrais (ITR). Nossa responsabilidade é a de expressar uma conclusão sobre essas informações contábeis intermediárias com base em nossa revisão.

Alcance da revisão

Conduzimos nossa revisão de acordo com as normas brasileiras e internacionais de revisão de informações intermediárias (NBC TR 2410 – Revisão de Informações Intermediárias Executada pelo Auditor da Entidade e ISRE 2410 – *Review of Interim Financial Information Performed by the Independent Auditor of the Entity*, respectivamente). Uma revisão de informações intermediárias consiste na realização de indagações, principalmente às pessoas responsáveis pelos assuntos financeiros e contábeis e na aplicação de procedimentos analíticos e de outros procedimentos de revisão. O alcance de uma revisão é significativamente menor que o de uma auditoria conduzida de acordo com as normas de auditoria e, consequentemente, não nos permitiu obter segurança de que tomamos conhecimento de todos os assuntos significativos que poderiam ser identificados em uma auditoria. Portanto, não expressamos uma opinião de auditoria.

Conclusão sobre as informações intermediárias individuais

Com base em nossa revisão, não temos conhecimento de nenhum fato que nos leve a acreditar que as informações contábeis intermediárias individuais incluídas nas informações trimestrais acima referidas não foram elaboradas, em todos os aspectos relevantes, de acordo com a NBC TG 21 aplicável à elaboração de Informações Trimestrais (ITR), e apresentadas de forma condizente com as normas expedidas pela Comissão de Valores Mobiliários.

Conclusão sobre as informações intermediárias consolidadas

Com base em nossa revisão, não temos conhecimento de nenhum fato que nos leve a acreditar que as informações contábeis intermediárias consolidadas incluídas nas informações trimestrais anteriormente referidas não foram elaboradas, em todos os aspectos relevantes, de acordo com a NBC TG 21 e a IAS 34 aplicáveis à elaboração de Informações Trimestrais (ITR), e apresentadas de forma condizente com as normas expedidas pela Comissão de Valores Mobiliários.

Demonstrações do valor adicionado

Revisamos, também, as Demonstrações do Valor Adicionado (DVA), individuais e consolidadas, referentes ao período de três [seis ou nove] meses findo em ____ de _____ de 20X1, elaboradas sob a responsabilidade da administração da Companhia, cuja apresentação nas informações intermediárias é requerida de acordo com as normas expedidas pela Comissão de Valores Mobiliários aplicáveis à elaboração de Informações Trimestrais (ITR) e considerada informação suplementar pelas IFRSs, que não requerem a apresentação da DVA. Essas demonstrações foram submetidas aos mesmos procedimentos de revisão descritos anteriormente e, com base em nossa revisão, não temos conhecimento de nenhum fato que nos leve a acreditar que não foram elaboradas, em todos os seus aspectos relevantes, de acordo com as informações contábeis intermediárias individuais e consolidadas tomadas em conjunto.

Uberlândia-MG, ___ de _____ de 20__

Dr. Silvio Aparecido Crepaldi
CRC-MG 29.313

Crepaldi Auditores Independentes Associados
CRC-XX 88.888

3.17.6 Modelo de relatório sobre revisão das ITRs de entidades de incorporação imobiliária

RELATÓRIO SOBRE A REVISÃO DE INFORMAÇÕES TRIMESTRAIS

(Destinatário apropriado)

Introdução

Revisamos as informações contábeis intermediárias, individuais e consolidadas, da Companhia ABC, contidas no Formulário de Informações Trimestrais (ITR) referente ao trimestre findo em ___ de _____ de 20X1, que compreendem o balanço patrimonial em ___ de _____ de 20X1 e as respectivas demonstrações do resultado e do resultado abrangente para o(s) período(s) de três [seis ou nove – quando aplicável] meses findo(s) naquela data e das mutações do patrimônio líquido e dos fluxos de caixa para período de três [seis ou nove] meses findo naquela data, incluindo as notas explicativas.

A administração é responsável pela elaboração das informações contábeis intermediárias individuais de acordo com a NBC TG 21 – Demonstração Intermediária e das informações contábeis intermediárias consolidadas de acordo com a NBC TG 21 e com a norma internacional IAS 34 – *Interim Financial Reporting*, que considera o Comunicado Técnico CTA 04 – Aplicação da Interpretação Técnica ITG 02 – Contrato de Construção do Setor Imobiliário, aprovado pelo Conselho Federal de Contabilidade (CFC) e também pela Comissão de Valores Mobiliários (CVM), assim como pela apresentação dessas informações de forma condizente com as normas expedidas pela Comissão de Valores Mobiliários, aplicáveis à elaboração das Informações Trimestrais (ITR). Nossa responsabilidade é a de expressar uma conclusão sobre essas informações contábeis intermediárias com base em nossa revisão.

Alcance da revisão

Conduzimos nossa revisão de acordo com as normas brasileiras e internacionais de revisão de informações intermediárias (NBC TR 2410 – Revisão de Informações Intermediárias Executada pelo Auditor da Entidade e ISRE 2410 – *Review of Interim Financial Information Performed by the Independent Auditor of the Entity*, respectivamente). Uma revisão de informações intermediárias consiste na realização de indagações, principalmente às pessoas responsáveis pelos assuntos financeiros e contábeis e na aplicação de procedimentos analíticos e de outros procedimentos de revisão. O alcance de uma revisão é significativamente menor do que o de uma auditoria conduzida de acordo com as normas de auditoria e, consequentemente, não nos permitiu obter segurança de que tomamos conhecimento de todos os assuntos significativos que poderiam ser identificados em uma auditoria. Portanto, não expressamos uma opinião de auditoria.

Conclusão sobre as informações intermediárias individuais e consolidadas elaboradas de acordo com a NBC TG 21

Com base em nossa revisão, não temos conhecimento de nenhum fato que nos leve a acreditar que as informações contábeis intermediárias individuais e consolidadas incluídas nas informações trimestrais acima referidas não foram elaboradas, em todos os aspectos relevantes, de acordo com a NBC TG 21 aplicável à elaboração de Informações Trimestrais (ITR), e apresentadas de forma condizente com as normas expedidas pela Comissão de Valores Mobiliários.

Conclusão sobre as informações intermediárias consolidadas elaboradas de acordo com a IAS 34 que considera o Comunicado Técnico CTA 04 – Aplicação da Interpretação Técnica ITG 02 – Contrato de Construção do Setor Imobiliário, aprovado pelo Conselho Federal de Contabilidade (CFC) e também pela Comissão de Valores Mobiliários (CVM)

Com base em nossa revisão, não temos conhecimento de nenhum fato que nos leve a acreditar que as informações contábeis intermediárias consolidadas incluídas nas informações trimestrais acima referidas não foram elaboradas, em todos os aspectos relevantes, de acordo com a IAS 34, que considera o Comunicado Técnico CTA 04 – Aplicação da Interpretação Técnica ITG 02 – Contrato de Construção do Setor Imobiliário, aprovado pelo Conselho Federal de Contabilidade (CFC) e também pela Comissão de Valores Mobiliários (CVM), aplicáveis à elaboração de Informações Trimestrais (ITR), e apresentadas de forma condizente com as normas expedidas pela Comissão de Valores Mobiliários.

Ênfase

Conforme descrito na Nota X, as informações contábeis intermediárias, individuais e consolidadas, foram elaboradas de acordo com as práticas contábeis adotadas no Brasil (NBC TG 21). As informações contábeis intermediárias consolidadas, elaboradas de acordo com a IAS 34, consideram, adicionalmente, o CTG 04 editado pelo CFC, que trata do reconhecimento da receita desse setor, conforme descrito em mais detalhes na Nota X.

Determinados assuntos relacionados ao significado e aplicação do conceito de transferência contínua de riscos, benefícios e de controle na venda de unidades imobiliárias serão analisados pelo *International Financial Reporting Interpretation Committee* (IFRIC). Os resultados dessa análise podem fazer com que as incorporadoras imobiliárias tenham que revisar suas práticas contábeis relacionadas ao reconhecimento de receitas. Nossa opinião não está ressalvada em função desse assunto.

Demonstrações do Valor Adicionado

Revisamos, também, as demonstrações do valor adicionado (DVA), individuais e consolidadas, referentes ao período de três [seis ou nove] meses findo em ___ de _____ de 20X1, elaboradas sob a responsabilidade da administração da Companhia, cuja apresentação nas informações intermediárias é requerida de acordo com as normas expedidas pela Comissão de Valores Mobiliários (CVM) aplicáveis à elaboração de Informações Trimestrais (ITR) e considerada informação suplementar pelas IFRSs, que não requerem a apresentação da DVA. Essas demonstrações foram submetidas aos mesmos procedimentos de revisão descritos anteriormente e, com base em nossa revisão, não temos conhecimento de nenhum fato que nos leve a acreditar que não foram elaboradas, em todos os seus aspectos relevantes, de acordo com as informações intermediárias individuais e consolidadas tomadas em conjunto.

Uberlândia-MG, ___ de _____ de 20__

Dr. Silvio Aparecido Crepaldi
CRC MG 29.313

Crepaldi Auditores Independentes Associados
CRC-XX 88.888

3.18 BALANÇO DE FIRMAS DE AUDITORIA SERÁ AUDITADO?

Quem audita o auditor? Se havia dúvidas, agora não há mais: são os auditores. As grandes firmas de auditoria, conhecidas como as *Big Four*, precisarão ter suas contas checadas por um concorrente.

É uma determinação da nova lei contábil, aprovada no fim do ano de 2007, que reformou a Lei das Sociedades por Ações com o objetivo de levar o Brasil ao grupo de países que adotam as normas internacionais para demonstrações financeiras, conhecidas pela sigla IFRS.

A Lei nº 11.638/2007 em um artigo, que não está relacionado à convergência às normas internacionais, obriga as sociedades de grande porte limitadas – nacionais e estrangeiras – a elaborar demonstrações financeiras anuais segundo a lei brasileira, o que inclui a auditoria externa.

Firmas de auditoria e consultoria como PricewaterhouseCoopers Auditores Independentes, Deloitte Touche Tohmatsu Auditores Independentes, Ernst & Young Terco Auditores Independentes (Quality in Everything We Do) e KPMG Auditores Independentes são grandes beneficiadas com a mudança da lei, por conta do grande volume de trabalho que está sendo demandado pelas empresas abertas para a adaptação às regras internacionais. Além disso, a auditoria das companhias limitadas abriu um novo campo para serviços de auditoria e consultoria.

O único problema é que a lei também se aplica às grandes auditorias, já que considera empresa de grande porte "sociedade ou conjunto de sociedades sob controle comum" com ativo total superior a R$ 240 milhões e receita bruta anual superior a R$ 300 milhões.

O termo "conjunto de sociedades" é importante no caso das auditorias, porque elas estão organizadas como empresas separadas (de prestação de serviços, consultoria, auditoria etc.) que atuam sob o nome comum. Seria preciso, portanto, elaborar um balanço consolidado, como fazem as companhias de capital aberto. Mas isso não foi especificado no texto da lei. O assunto está sendo discutido por representantes das auditorias em uma comissão do IBRACON. O tema não é dos mais agradáveis para os executivos das firmas do setor. Por conta de uma regra de autorregulamentação, as firmas já fazem a "revisão pelos pares", que visa garantir a qualidade dos serviços dos auditores. No entanto, essa revisão não envolve dados financeiros.

Apesar de não haver dúvida quanto à necessidade de se adaptar à lei, há um mal-estar evidente com o fato de trazer um concorrente para dentro da empresa para verificar os números do balanço.

3.19 AUDITORIA EM REVISÃO

Ao mesmo tempo em que as empresas brasileiras terão que adotar as normas internacionais de contabilidade, os auditores que atuam no Brasil também serão obrigados a seguir as regras globais da profissão, a partir dos balanços referentes ao exercício completo de 2010. Uma das principais mudanças será o fim da divisão de opinião, quando o auditor de uma *holding* diz que se baseou na opinião de outro auditor para atestar os números das subsidiárias, que às vezes usam outro prestador de serviço.

Pela norma, o auditor da empresa "mãe" será responsável também pelo balanço das controladas, seja fazendo a auditoria diretamente ou checando o trabalho feito por outra firma.

Isso pode dificultar uma prática que foi comum quando houve o rodízio de firmas entre as companhias abertas, em que se trocava apenas a auditoria da *holding* aberta e se mantinha a prestadora de serviço antiga nas subsidiárias. Ao dividir a opinião com outro profissional, o auditor se livrava também da responsabilidade sobre aquelas informações. Hoje não há mais essa possibilidade. O auditor tem que assumir a responsabilidade para si.

Nesse processo, o auditor da controladora terá que checar os trabalhos feitos pela outra firma, para se certificar de que aqueles números são confiáveis. O auditor precisa saber o que o outro está fazendo, se há necessidade de extensão dos trabalhos e se os procedimentos usados pelo outro são os mesmos que ele adotaria.

Em certa medida isso já era feito, mas quando havia algum tipo de problema ou irregularidade, o auditor podia usar esse argumento em sua defesa, o que não será mais permitido. Uma opção para evitar o retrabalho é concentrar a auditoria de todo o grupo em apenas uma empresa, o que alguns acreditam que pode favorecer as maiores do setor.

A mudança das normas de auditoria não deve representar perda de serviço para as empresas médias do setor. Algo que deve facilitar essa supervisão é outra exigência das normas internacionais de auditoria, que pede um nível de documentação maior sobre os trabalhos realizados.

Ainda em relação às novas normas de auditoria, a mudança mais visível para os investidores será na opinião do auditor, a começar pela troca do próprio nome, que passará a ser "relatório de auditoria". Para o IBRACON, um benefício do novo modelo, que será dividido em subtítulos, deve deixar mais claro qual é a responsabilidade da administração da empresa que elabora o balanço e qual o papel do auditor.

A maior preocupação dos auditores é tentar afastar a imagem de sua assinatura no pé dos balanços, que é uma garantia de sucesso de qualidade da companhia. O serviço de auditoria das demonstrações financeiras anuais será considerado uma "asseguração razoável" sobre os números do balanço. Já a revisão feita nos balanços trimestrais será de "asseguração limitada", para que fique claro o alcance do trabalho menor.

Outra mudança de nomenclatura é a troca da "opinião sem (ou com) ressalva" por "opinião sem (ou com) modificação".

3.20 CONSIDERAÇÕES FINAIS

A Instrução CVM nº 408/2004 determina que as demonstrações contábeis consolidadas das companhias abertas deverão incluir, além das sociedades controladas, individualmente ou em conjunto, as Entidades de Propósito Específico (EPE), quando a essência de sua relação com a companhia aberta indicar que as atividades dessas entidades são controladas, direta ou indiretamente, individualmente ou em conjunto, pela companhia aberta. Entretanto, existem certas condições para a consolidação das EPEs. A companhia aberta deve ter o poder de decisão ou os direitos suficientes à obtenção da maioria dos benefícios das atividades da EPE, podendo, em consequência, estar exposta aos riscos decorrentes dessas atividades.

O auditor independente exerce papel fundamental para assegurar credibilidade às informações financeiras de determinada empresa (entidade), ao opinar se as demonstrações financeiras preparadas pela sua administração representam adequadamente sua posição patrimonial e financeira e o seu desempenho e que a informação divulgada é completa. A auditoria da informação é essencial para a proteção dos usuários das demonstrações financeiras, aumenta a confiança, contribuindo para a eficiência do mercado. Exerce função social relevante, à medida que contribui para garantir o fortalecimento da confiança nas relações entre as empresas e todos os seus públicos de interesse: acionistas, investidores, governo e a sociedade como um todo.

Os auditores independentes se organizam em firmas de auditoria para agregar valor, conhecimento, especializações e capacidade técnica ao trabalho, atendendo melhor às necessidades do mercado. Isso gera alto índice de contratações de profissionais recém-formados e experientes, todos os anos. Com isso essas firmas promovem a formação contínua e intensiva de mão de obra qualificada, fruto dos significativos investimentos no treinamento constante de seus profissionais.

As firmas (pessoas jurídicas e físicas) de auditores independentes que executam exames de auditoria e revisões de informação contábil histórica e outros trabalhos de asseguração e de serviços correlatos têm por obrigação estabelecer e manter sistema de controle de qualidade para obter segurança razoável de que: (i) a firma e seu pessoal cumprem com as normas profissionais e técnicas e com as exigências legais e regulatórias aplicáveis; e (ii) os relatórios emitidos pela firma ou pelos sócios do trabalho são apropriados nas circunstâncias.

Na condução de auditoria de demonstrações contábeis, o auditor considera relevantes os seguintes princípios fundamentais de ética: integridade, objetividade, competência e zelo profissional, confidencialidade e comportamento (ou conduta) profissional.

4

Controle de Qualidade no Exercício de Auditoria

ENFOQUE

- **NBC PA 01**
- **NBC PA 11**
- **NBC PA 220 (R2)**
- **NBC PA 290**
- **NBC PG 12 (R3)**
- **NBC TA 265**

4.1 SISTEMA DE CONTROLE DE QUALIDADE E FUNÇÃO DA EQUIPE DE TRABALHO

Os sistemas, as políticas e os procedimentos de controle de qualidade são de responsabilidade da firma de auditoria. De acordo com a NBC PA 01 – Controle de Qualidade para Firmas (Pessoas Jurídicas e Físicas) e a NBC TA 220 (R2) de auditores independentes que executam exames de auditoria e revisões de informação contábil histórica e outros trabalhos de asseguração e de serviços correlatos, a firma tem por obrigação estabelecer e manter sistema de controle de qualidade para obter segurança razoável de que (NBC PA 01):

- a firma e seu pessoal cumprem com as normas profissionais e técnicas e as exigências legais e regulatórias aplicáveis; e
- os relatórios emitidos pela firma ou pelos sócios do trabalho são apropriados nas circunstâncias.

A NBC TA 220 (R2) estabelece que o objetivo do auditor é implementar procedimentos de controle de qualidade no nível do trabalho que forneçam ao auditor segurança razoável de que:

- a auditoria está de acordo com normas profissionais e técnicas e exigências legais e regulatórias aplicáveis; e
- os relatórios emitidos pelo auditor são apropriados nas circunstâncias.

Equipe de trabalho são os sócios e o quadro técnico envolvidos no trabalho e quaisquer pessoas contratadas pela firma ou uma firma da mesma rede para executar procedimentos do trabalho. Isso exclui especialistas externos contratados pela firma ou por firma da mesma rede.

Pessoa externa qualificada é uma pessoa de fora da firma com competência e habilidades para atuar como sócio encarregado do trabalho, por exemplo, um sócio de outra firma ou um empregado (com experiência apropriada) de outra firma de auditoria, cujos membros podem realizar auditorias e revisões de informações contábeis históricas ou outros serviços de asseguração e serviços correlatos.

Revisão do controle de qualidade do trabalho é o processo projetado para fornecer uma avaliação objetiva, na data, ou antes da data do relatório, dos julgamentos relevantes feitos pela equipe do trabalho e das conclusões obtidas ao elaborar o relatório.

Equipe de trabalho são os sócios e o quadro técnico envolvidos no trabalho e quaisquer pessoas contratadas pela firma ou uma firma da mesma rede para executar procedimentos do trabalho. Isso exclui especialistas externos contratados pela firma ou por firma da mesma rede.

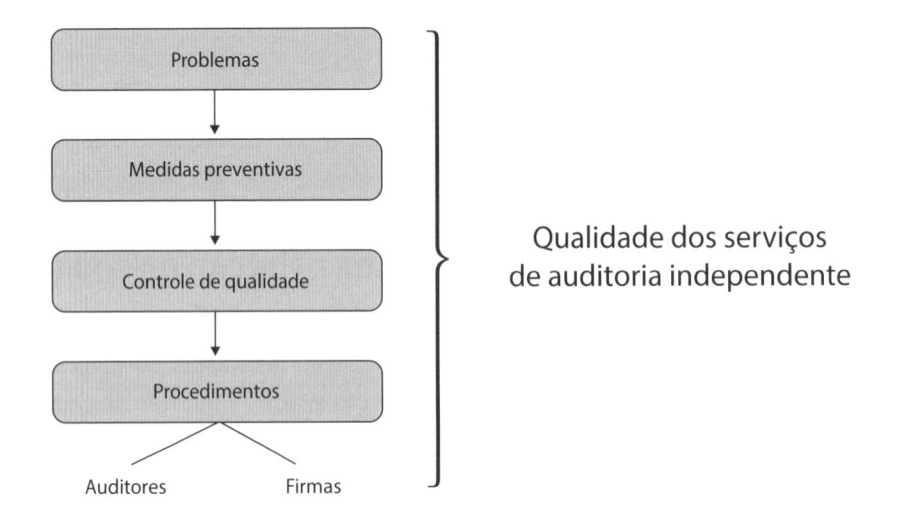

Figura 4.1 *Controle de qualidade no processo de auditoria.*

Fonte: NBC TA.

Nos termos da NBC PA 01 e da NBC TA 220 (R2), pelo menos uma vez por ano, a firma deve obter confirmação por escrito do cumprimento de suas políticas e procedimentos sobre independência de todo o pessoal da firma, que precisa ser independente por exigências éticas relevantes. Monitoramento é um processo que consiste na contínua consideração e avaliação do sistema de controle de qualidade da firma, incluindo a inspeção periódica de uma seleção de trabalhos concluídos, projetado para fornecer à firma segurança razoável de que seu sistema de controle de qualidade está operando de maneira efetiva. É um processo estabelecido para fornecer avaliação objetiva, na data ou antes da data do relatório, dos julgamentos relevantes feitos pela equipe de trabalho e das conclusões atingidas ao elaborar o relatório. O processo de revisão de controle de qualidade do trabalho é somente para auditoria de demonstrações contábeis de entidades listadas e de outros trabalhos de auditoria para os quais a firma tenha determinado a necessidade de revisão de controle de qualidade do trabalho.

O objetivo é implementar procedimentos de controle de qualidade no nível do trabalho que forneçam ao auditor segurança razoável de que a auditoria está de acordo com normas profissionais e técnicas e exigências legais e regulatórias aplicáveis.

Os princípios éticos e de controle de qualidade são:

- honestidade (ou integridade);
- objetividade;
- competência e zelo profissionais;
- sigilo; e
- comportamento profissional.

O objetivo do auditor, conforme a NBC TA 220 (R2), é implementar procedimentos de controle de qualidade no nível de trabalho que lhe forneça segurança razoável de que:

- a auditoria está de acordo com normas profissionais e técnicas e exigências legais e regulatórias aplicáveis; e
- os relatórios emitidos pelo auditor são apropriados nas circunstâncias.

O auditor independente deverá implementar um programa interno de controle de qualidade, segundo as diretrizes do Conselho Federal de Contabilidade (CFC), para atender à Comissão de Valores Mobiliários (CVM) no exercício da prestação de serviço de auditoria nas empresas que atuam no mercado mobiliário, segundo a **Instrução CVM nº 308**, de 14 de maio de 1999.

A revisão do controle de qualidade do trabalho é o processo projetado para fornecer uma avaliação objetiva, na data, ou, antes da data do relatório, dos julgamentos relevantes feitos pela equipe do trabalho e das conclusões obtidas ao elaborar o relatório. O processo de revisão do controle de qualidade do trabalho é elaborado para auditoria de demonstrações contábeis de companhias abertas e os outros trabalhos, se houver, para os quais a firma determinou a necessidade de revisão do controle de qualidade do trabalho.

A firma de auditoria tem por obrigação estabelecer e manter sistema de controle de qualidade para obter a segurança razoável de que a firma e seu pessoal cumprem com as normas profissionais e técnicas e as exigências legais e regulatórias aplicáveis.

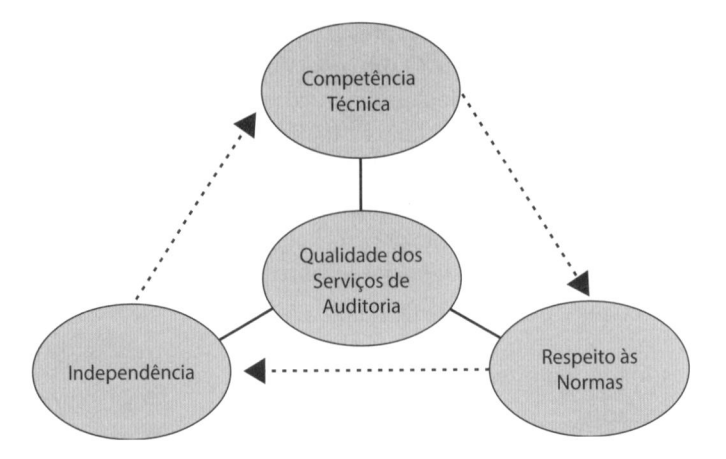

Figura 4.2 *Controle de qualidade nos trabalhos de auditoria.*

Fonte: NBC.

Conforme a norma sobre controle de qualidade para firmas de auditores independentes (pessoas físicas e jurídicas), o auditor deve estabelecer políticas e procedimentos para fornecer segurança razoável de que a firma e seu pessoal cumprem as exigências éticas relevantes, sendo que essas políticas e procedimentos devem contemplar alguns aspectos essenciais. O(s) sócio(s) encarregado(s) do trabalho deve(m) fornecer à firma informações relevantes sobre trabalhos de clientes, incluindo o alcance dos serviços, para permitir à firma avaliar o impacto geral, se houver, sobre os requisitos de independência.

4.2 SUPERVISÃO E CONTROLE DE QUALIDADE

Os auditores independentes – empresas ou profissionais autônomos – devem implantar e manter regras e procedimentos de supervisão e controle interno de qualidade, que garantam a qualidade dos serviços executados.

As regras e os procedimentos relacionados ao controle de qualidade interno devem ter documentação formal e ser do conhecimento de todas as pessoas ligadas aos auditores independentes. Devem ser colocados à disposição do Conselho Federal de Contabilidade para fins de acompanhamento e fiscalização, bem como dos organismos reguladores de atividades do mercado, com vistas ao seu conhecimento e acompanhamento, e dos próprios clientes, como afirmação de transparência. Vários fatores devem ser levados em consideração na definição das regras e dos procedimentos de controle interno de qualidade, principalmente os relacionados à estrutura da equipe técnica do auditor, ao porte, à cultura, à organização e à complexidade dos serviços que realizar.

O controle interno de qualidade é relevante na garantia de qualidade dos serviços prestados e deve abranger a totalidade das atividades dos auditores, notadamente, diante da repercussão com que os relatórios de auditoria vêm, interna e externamente, afetando a entidade auditada. As equipes de auditoria são responsáveis, observados os limites das atribuições individuais, pelo atendimento das normas da profissão contábil e pelas regras e procedimentos destinados a promover a qualidade dos trabalhos de auditoria.

Na supervisão dos trabalhos da equipe técnica durante a execução da auditoria, o auditor deve:

a) avaliar o cumprimento do planejamento e do programa de trabalho;
b) avaliar se as tarefas distribuídas à equipe técnica estão sendo cumpridas no grau de competência exigido;
c) resolver questões significativas quanto à aplicação das Normas de Contabilidade e das Normas Brasileiras de Contabilidade;
d) avaliar se os trabalhos foram, adequadamente, documentados e os objetivos dos procedimentos técnicos alcançados; e
e) avaliar se as conclusões obtidas são resultantes dos trabalhos executados e permitem ao auditor fundamentar sua opinião sobre as Demonstrações Contábeis.

O auditor deve instituir um programa de controle de qualidade visando avaliar, periodicamente, se os serviços executados são efetuados de acordo com as Normas Técnicas de Auditoria e Profissionais do Auditor Independente. Deve ser estabelecido de acordo com a estrutura da equipe técnica do auditor e a complexidade dos serviços que realizar. No caso de o auditor atuar sem a colaboração de assistentes, o controle da qualidade é inerente à qualificação profissional do auditor.

Os requisitos que o auditor deve adotar para o controle da qualidade dos seus serviços são os que seguem:

a) o pessoal designado deve ter a competência e a habilidade profissionais compatíveis com o requerido no trabalho realizado;
b) o pessoal designado deve ter o nível de independência e demais atributos definidos nas Normas Profissionais de Auditor Independente para ter uma conduta profissional inquestionável;
c) o trabalho de auditoria deve ser realizado por pessoal que tenha um nível de treinamento e de experiência profissional compatível com o grau de complexidade das atividades da entidade auditada; e
d) o auditor deve planejar, supervisionar e revisar o trabalho em todas as suas etapas, de modo a garantir aos usuários de seus serviços a certeza razoável de que o trabalho seja realizado de acordo com as normas de controle de qualidade requeridas nas circunstâncias.

O controle de qualidade do auditor inclui a avaliação permanente da carteira dos clientes, quanto aos seguintes aspectos:

a) capacidade de atendimento ao cliente, em face da estrutura existente;
b) grau de independência existente; e
c) integridade dos administradores do cliente.

A avaliação permanente da carteira de clientes deve ser feita por escrito, considerando os seguintes pressupostos:

a) a capacidade de atendimento deve ser determinada pela soma das horas disponíveis, segundo horário contratado com a equipe técnica, em relação às horas contratadas com os clientes;

b) a independência em relação aos clientes deve abranger toda a equipe técnica envolvida na prestação de serviços aos clientes;

c) que não haja evidências de que a administração do cliente adotou medidas administrativas que possam comprometer o trabalho do auditor; e

d) o auditor independente deve avaliar a necessidade de rodízio de auditores responsáveis pela realização dos serviços, de modo a resguardar a independência do auditor responsável pela execução dos serviços.

Acerca do controle de qualidade para firmas de auditores independentes no tocante à documentação do sistema de controle de qualidade, a firma deve, a seu critério, disponibilizar partes ou trechos da documentação do trabalho aos órgãos reguladores, desde que essa divulgação não prejudique a validade do trabalho realizado ou, no caso de trabalhos de asseguração, a independência da firma ou do seu pessoal.

De acordo com a NBC PA 01 e a NBC TA 220 (R2), o revisor do controle de qualidade do trabalho é o sócio, ou outro profissional da firma, uma pessoa externa adequadamente qualificada, ou uma equipe composta por essas pessoas, nenhuma delas fazendo parte da equipe de trabalho, com experiência e autoridade suficientes e apropriadas para avaliar objetivamente os julgamentos relevantes feitos pela equipe de trabalho e as conclusões obtidas para elaboração do relatório.

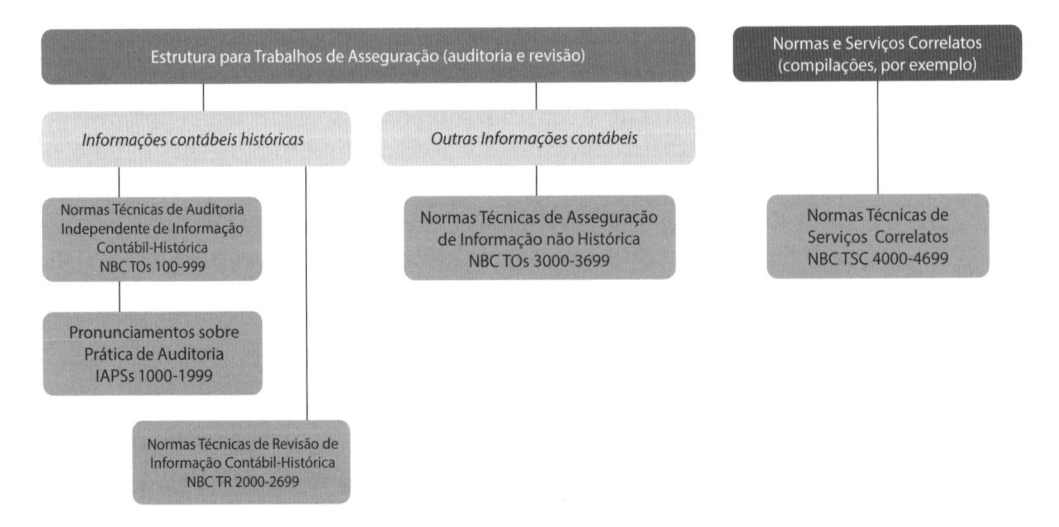

Normas de Controle de Qualidade para Firmas (pessoas jurídicas e físicas) de Auditores Independentes NBC PA 01 1-99

```
┌─────────────────────────────────────────────────────────┐   ┌─────────────────────────┐
│ Estrutura para Trabalhos de Asseguração (auditoria e    │   │ Normas e Serviços       │
│ revisão)                                                │   │ Correlatos              │
│                                                         │   │ (compilações, por       │
│                                                         │   │ exemplo)                │
└─────────────────────────────────────────────────────────┘   └─────────────────────────┘
     │                                    │                              │
┌──────────────────────┐    ┌──────────────────────┐         ┌─────────────────────────┐
│ Informações contábeis│    │ Outras Informações   │         │                         │
│ históricas           │    │ contábeis            │         │                         │
└──────────────────────┘    └──────────────────────┘         │                         │
     │                                    │                              │
┌──────────────────────┐    ┌──────────────────────┐         ┌─────────────────────────┐
│ Normas Técnicas de   │    │ Normas Técnicas de   │         │ Normas Técnicas de      │
│ Auditoria Independente│   │ Asseguração de       │         │ Serviços Correlatos     │
│ de Informação        │    │ Informação não       │         │ NBC TSC 4000-4699       │
│ Contábil-Histórica   │    │ Histórica            │         │                         │
│ NBC TOs 100-999      │    │ NBC TOs 3000-3699    │         │                         │
└──────────────────────┘    └──────────────────────┘         └─────────────────────────┘
     │
┌──────────────────────┐
│ Pronunciamentos sobre│
│ Prática de Auditoria │
│ IAPSs 1000-1999      │
└──────────────────────┘
     │
┌──────────────────────┐
│ Normas Técnicas de   │
│ Revisão de Informação│
│ Contábil-Histórica   │
│ NBC TR 2000-2699     │
└──────────────────────┘
```

Figura 4.3 *Normas de controle de qualidade.*

Fonte: Guia das normas de auditoria em auditorias de entidades de pequeno e médio portes.

4.3 HABILIDADES E COMPETÊNCIAS

O auditor deve manter procedimentos visando à confirmação de que seu pessoal atingiu e mantém as qualificações técnicas e a competência necessárias para cumprir as suas responsabilidades profissionais. Para atingir tal objetivo, o auditor deve adotar procedimentos formais para contratação, treinamento, desenvolvimento e promoção do seu pessoal. Adotar, no mínimo, um programa de contratação e monitoramento que leve em consideração o planejamento de suas necessidades, o estabelecimento dos objetivos e a qualificação necessária para os envolvidos nos processos de seleção e contratação.

Devem ser estabelecidas as qualificações e as diretrizes para avaliar os selecionados para contratação, estabelecendo, no mínimo:

a) habilitação legal para o exercício profissional;
b) habilidades, formação universitária, experiência profissional, características comportamentais e expectativas futuras para o cargo a ser preenchido;
c) regras para a contratação de parentes de pessoal interno e de clientes, contratação de funcionários de clientes; e
d) análises de currículo, entrevistas, referências pessoais e profissionais e testes a serem aplicados.

O auditor independente deve comprovar a participação anual em programa de educação continuada, segundo a NBC PG 12 (R3).

4.4 EXECUÇÃO DOS TRABALHOS DE AUDITORIA INDEPENDENTE

O auditor deve ter política de documentação dos trabalhos executados e das informações obtidas na fase de aceitação ou retenção do cliente, em especial, quanto:

a) ao planejamento preliminar com base nos julgamentos e nas informações obtidos; e
b) à habilitação legal para o exercício profissional, inclusive quanto à habilidade e à competência da equipe técnica, com evidenciação por trabalho de auditoria independente dos profissionais envolvidos quanto a suas atribuições.

O auditor deve ter como política a designação de recursos humanos com nível de treinamento, experiência profissional, capacidade e especialização adequados para a execução dos trabalhos contratados. Deve ter plena consciência de sua capacidade técnica, recursos humanos e estrutura para prestar e entregar o serviço que está sendo solicitado, devendo verificar se há a necessidade de alocação de recursos humanos especializados em tecnologia da computação, em matéria fiscal e tributária ou, ainda, no ramo de negócios do cliente em potencial. Planejar, supervisionar e revisar o trabalho em todas as suas etapas, de modo a garantir que o trabalho seja realizado de acordo com as normas de auditoria independente de demonstrações contábeis.

As equipes de trabalho devem ser integradas por pessoas de experiência compatível com a complexidade e o risco profissional que envolvam a prestação do serviço ao cliente. A delegação de tarefas para todos os níveis da equipe técnica deve assegurar que os trabalhos a serem executados terão o adequado padrão de qualidade.

4.5 AVALIAÇÃO PERMANENTE DA CARTEIRA DE CLIENTES

Para os clientes que envolvam maiores riscos, o auditor deve indicar mais de um responsável técnico quando da aceitação ou da retenção dos mesmos, da revisão do planejamento, da discussão dos assuntos críticos durante a fase de execução dos trabalhos e quando do seu encerramento, em especial relativos ao relatório. No caso de ser um único profissional prestador dos serviços de auditoria independente, esses procedimentos devem ser executados com a participação de outro profissional habilitado.

Deve avaliar cada novo cliente em potencial, bem como rever suas avaliações a cada recontratação e, ainda, avaliar quando há algum fato ou evento relevante que provoque modificações no serviço a ser prestado, ou no relacionamento profissional entre o auditor e seu cliente. Estabelecer política para a consulta a outros responsáveis técnicos ou especialistas, com experiência específica, interna ou externa à empresa de auditoria, bem como para a solução de conflitos de opiniões entre a equipe de auditoria e os responsáveis técnicos, devendo o processo ser documentado.

Ao avaliar o risco de associação com um cliente em potencial, o auditor deve considerar suas responsabilidades e imagem pública. O relacionamento profissional entre o cliente e o auditor deve preservar a independência, a objetividade e a boa imagem de ambos. Esse procedimento deve ser formalizado por escrito ou por outro meio que permita consultas futuras. É relevante o entendimento prévio entre o auditor e o cliente, por meio de termos contratuais adequados. O risco de associação deve ser conhecido, avaliado e administrado.

A avaliação de cada novo cliente em potencial deve contemplar, entre outros fatores:

a) os acionistas ou os quotistas e os administradores: a seleção dos clientes deve ser precedida de um trabalho de coleta de dados e análise, abrangendo a identificação, a reputação e a qualificação dos proprietários e dos executivos do cliente em potencial;

b) o ramo de negócios, incluindo especializações: informação suficiente sobre o cliente em potencial quanto ao ramo de negócios; o ambiente em que atua; a imagem que projeta no mercado, inclusive no mercado de capitais; e quais são seus consultores, advogados, banqueiros, principais clientes e fornecedores;

c) a filosofia da administração: conhecer, como parte da avaliação de risco, os conceitos de governança corporativa e os métodos de controles internos adotados, e se mantém tecnologia, estatísticas e relatórios adequados, bem como se tem planos de expansão e sucessão;

d) a revisão dos relatórios econômicos e financeiros, internos e publicados;

e) em certos casos, a obtenção de informações de fontes externas que se relacionam com o potencial cliente, com os advogados, os financiadores, os fornecedores, os consultores, entre outros;

f) a existência e a política de transações com partes relacionadas;

g) sendo a entidade a ser auditada coligada, controlada, controladora ou integrante de grupo econômico em que existam mais auditores envolvidos, deve ser avaliada a abrangência da confiabilidade nos trabalhos dos demais auditores;

h) a necessidade de a entidade auditada também ter de elaborar suas demonstrações contábeis com base em normas técnicas internacionais;

i) se houve troca constante de auditor e se a sua contratação ocorre por obrigação normativa ou para apoio e assessoria aos administradores;

j) se houve alguma razão de ordem profissional que tenha determinado a mudança de auditores.

É relevante o conhecimento da situação financeira do cliente em potencial, inclusive quanto à probabilidade de continuidade operacional e riscos de ordem moral, devendo ser evitadas contratações com riscos manifestos neste sentido.

4.6 CONTROLE DE QUALIDADE INTERNO

Deve ser executada a avaliação de clientes recorrentes a cada contratação ou quando houver mudança relevante nas condições dos mesmos ou no seu mercado de atuação.

Um programa de verificação periódica da qualidade deve ser aplicado anualmente, incluindo:

a) a seleção de amostra de serviços prestados a clientes e a aplicação de um programa de verificação do atendimento às Normas de Auditoria Independente, profissional e técnica; e

b) aplicação, sobre a amostra selecionada, de um programa de verificação do atendimento às Normas Brasileiras de Contabilidade.

A aceitação ou a manutenção do cliente deve ser, continuamente, reavaliada quanto às situações de riscos potenciais para o auditor.

O programa deve incluir a avaliação dos procedimentos administrativos e técnicos de auditoria independente, inclusive em relação à NBC P 1 – Normas Profissionais de Auditor Independente, abrangendo, pelo menos:

a) registro regular em CRC;
b) recrutamento do pessoal técnico;
c) treinamento do pessoal técnico;
d) contratação dos serviços pelos clientes;
e) comparação de horas disponíveis do quadro técnico com as horas contratadas;
f) procedimentos sobre independência;
g) instalações dos escritórios.

O programa deve incluir plano de ação para sanar falhas detectadas no processo de verificação da qualidade e o acompanhamento da sua implementação.

A Lei nº 12.249/2010 instituiu o Exame de Suficiência para os contadores formados para trabalhar na área. Esta lei em dois artigos reforça o poder do Conselho Federal de Contabilidade (CFC) para regulamentar a profissão, o que inclui esse novo exame, e também torna explícito o direito do órgão de emitir as Normas Brasileiras de Contabilidade, o que era contestado por alguns contadores. Isso engloba todos os pronunciamentos baseados no IFRS emitidos pelo Comitê de Pronunciamentos Contábeis (CPC) e ratificados pelo CFC nos últimos dois anos, inclusive a regra simplificada para uso obrigatório pelas pequenas e médias empresas.

O Programa Interno de Qualidade deve incluir cumulativamente a avaliação dos procedimentos administrativos e técnicos de auditoria independente, inclusive em relação à NBC P 1, abrangendo, pelo menos: o registro em CRC e a afiliação a entidades de classe; o recrutamento do pessoal técnico; o treinamento do pessoal técnico; a contratação dos serviços pelos clientes; a comparação de horas disponíveis do quadro técnico com as horas contratadas; os procedimentos sobre independência; as instalações dos escritórios; e o plano de ação para sanar falhas detectadas no processo de verificação da qualidade e o acompanhamento da sua implementação.

4.7 SISTEMAS DE INFORMAÇÃO: UM MEIO SEGURO DE OBTER QUALIDADE

Os donos ou executivos de empresas onde esteja sendo implantado um programa de qualidade total já devem ter deparado com a seguinte dúvida: "está certo, minhas vendas aumentaram, mas em que medida o esforço pela qualidade contribuiu para este aumento, em relação a outros fatores, como demanda aquecida, ou o próprio crescimento vegetativo?". Ou então: "até que ponto este programa contribui para aumentar meus lucros e diminuir meus custos?". O empresário em questão talvez se pergunte também se o custo do esforço pela qualidade (consultoria, sistemas modificados, treinamento para o programa, pesquisas etc.) é mais baixo que os benefícios advindos de sua implantação.

O programa de controle de qualidade deve ser estabelecido de acordo com a estrutura da equipe técnica do auditor e a complexidade dos serviços; assim, se o auditor não possuir equipe, em trabalho desta natureza o controle de qualidade será inerente à qualificação profissional do auditor, a qual confirmará sua competência para a execução do trabalho.

A maioria das empresas brasileiras e estrangeiras que adotam programas de melhoria contínua não sabe responder a essas perguntas. Isto só será possível no dia em que os sistemas financeiros das empresas estiverem integrados aos sistemas de qualidade e produtividade.

Na maioria dos casos, as empresas apenas sabem que estão num processo de qualidade, mas, no final das contas, não conseguem dizer o peso que isso tem em seus resultados. O segredo para garantir a continuidade eficaz e bem monitorada de um programa de qualidade passa pela implementação de um sistema de mensuração mais sensível, capaz de medir os ganhos efetivos. Isto seria feito por meio da criação de um sistema de informações que reunisse num mesmo arcabouço as informações econômico-financeiras, de qualidade, de produtividade e de cunho social. Diferente dos sistemas hoje em prática, baseados em demonstrações financeiras e relatórios gerenciais.

Os sistemas de informações no mundo inteiro não evoluíram muito desde 1930. Muitas organizações de grande porte têm sistemas caóticos. Como querer mensurar qualidade – que dá margem a índices muito mais complexos – se a maioria das empresas demora meses para consolidar as informações de seus balanços após o fim do exercício? Por exemplo, uma grande empresa há um ano envolvida num programa de qualidade, mas que ainda não consegue determinar o custo individual de cada um dos diversos produtos que comercializa.

Uma tendência no empresariado afinado com a qualidade é a de procurar respostas para essas questões, na direção de um novo modelo; muitos o chamam de "balanço social", mas o que predomina hoje neste modelo ainda é a vertente laboral. Acredito que rumemos para algo como "sistema de informações empresariais integradas", funcionando *on-line*, em tempo real. Num sistema assim, podem-se criar até 3 milhões de itens de controle.

Duas saídas para as empresas que identificarem esse problema:

- repensar o atual sistema mediante um processo de sensibilização;
- fazer uma completa reengenharia no sistema de informações, adaptando-o às novas diretrizes ou, simplesmente, criando um novo sistema, completamente diferente.

Outra dificuldade encontrada pelas empresas está na própria definição do conceito de qualidade.

Não existe uniformidade. Para algumas correntes, qualidade é atender às necessidades do cliente. Para outras, é atender às especificações do produto. Há quem defenda que ela é inata ao produto, e ainda os que preconizam o equilíbrio entre preços e custos. O ponto de partida deve ser sempre definir o que é qualidade para a empresa e depois calcular quanto custa a não conformidade a estes parâmetros. Assim se cria uma base segura e começa a desenhar-se um histórico de informações.

Os programas de educação continuada cumprem o papel de elevar a qualidade do perfil do profissional contábil. Os profissionais têm se preocupado muito mais com a busca de informações intelectuais e humanísticas do que informações burocráticas. É por essa razão que a contabilidade está sendo valorizada e reconhecida junto à sociedade. Exige-se o cumprimento mínimo de horas por ano, por meio de cursos certificados, seminários, conferências, painéis, simpósios, palestras, congressos, convenções, cursos de pós-graduação, pois a educação continuada do auditor independente, além de buscar a valorização do trabalho do contador, busca melhorar a qualidade dos serviços para as empresas.

A Educação Profissional Continuada estabeleceu um sistema de aferição quanto aos contadores na função de auditor independente, com cadastro na Comissão de Valores Mobiliários, consoante o estabelecido na Instrução CVM nº 308, quanto a manutenção, atualização e expansão contínua de seus conhecimentos. O auditor independente deve comprovar a participação em programa específico anualmente. Os auditores independentes deverão manter uma política de educação continuada de todo o seu quadro funcional e de si próprios, conforme o caso, segundo as diretrizes aprovadas pelo Conselho Federal de Contabilidade (CFC) e pelo Instituto Brasileiro de Contadores (IBRACON), com vista em garantir a qualidade e o pleno atendimento das normas que regem o exercício da atividade de auditoria de demonstrações contábeis.

4.8 PLANO DE CONTROLE DE QUALIDADE

O Controle Externo de Qualidade está definido no art. 33 da Resolução nº 308/99 da CVM. Os auditores independentes deverão, a cada quatro anos, submeter-se à revisão de seu controle de qualidade, segundo as diretrizes emanadas do CFC e do IBRACON, que será realizada por outro auditor independente, também registrado na CVM, cuja escolha deverá ser comunicada previamente àquela autarquia.

O objetivo da revisão externa de qualidade pelos pares é a avaliação dos procedimentos adotados pelo contador que atua como auditor independente e pela firma de auditoria, com vistas a assegurar a qualidade dos trabalhos desenvolvidos. A qualidade, neste contexto, é medida pelo atendimento ao estabelecido nas Normas Brasileiras de Contabilidade Técnicas e Profissionais editadas pelo CFC e, na falta destas, nos pronunciamentos do IBRACON, e, quando aplicável, nas normas emitidas por órgãos reguladores.

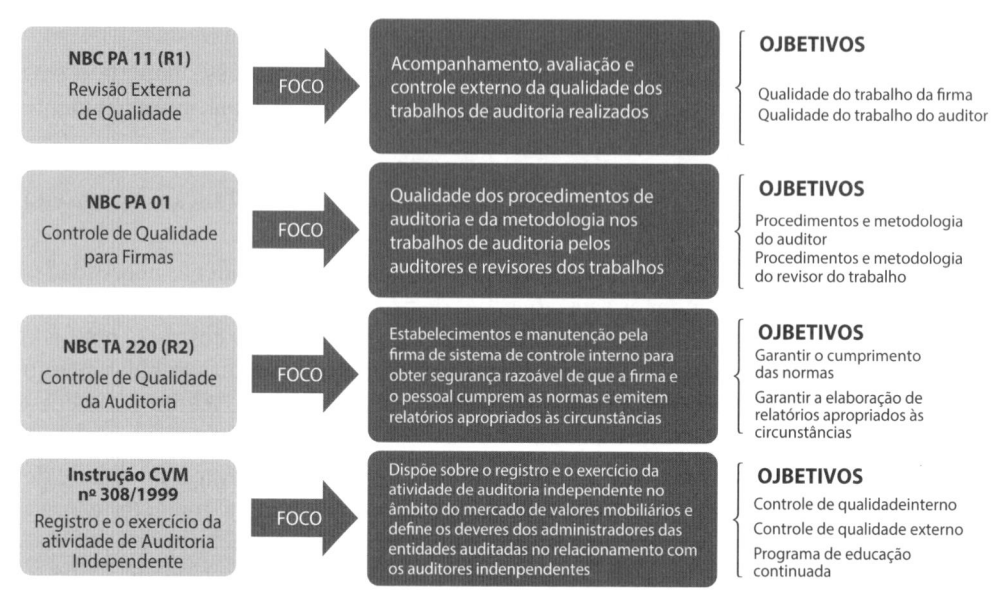

	FOCO	OJBETIVOS
NBC PA 11 (R1) Revisão Externa de Qualidade	Acompanhamento, avaliação e controle externo da qualidade dos trabalhos de auditoria realizados	Qualidade do trabalho da firma Qualidade do trabalho do auditor
NBC PA 01 Controle de Qualidade para Firmas	Qualidade dos procedimentos de auditoria e da metodologia nos trabalhos de auditoria pelos auditores e revisores dos trabalhos	Procedimentos e metodologia do auditor Procedimentos e metodologia do revisor do trabalho
NBC TA 220 (R2) Controle de Qualidade da Auditoria	Estabelecimentos e manutenção pela firma de sistema de controle interno para obter segurança razoável de que a firma e o pessoal cumprem as normas e emitem relatórios apropriados às circunstâncias	Garantir o cumprimento das normas Garantir a elaboração de relatórios apropriados às circunstâncias
Instrução CVM nº 308/1999 Registro e o exercício da atividade de Auditoria Independente	Dispõe sobre o registro e o exercício da atividade de auditoria independente no âmbito do mercado de valores mobiliários e define os deveres dos administradores das entidades auditadas no relacionamento com os auditores indenpendentes	Controle de qualidade interno Controle de qualidade externo Programa de educação continuada

Figura 4.4 *Objetivos da revisão externa de qualidade.*
Fonte: NBC TA.

4.8.1 CVM edita deliberação que dispõe sobre a rotatividade dos auditores independentes

A Comissão de Valores Mobiliários editou a Deliberação nº 549/2008, com o objetivo de permitir, exclusivamente às companhias abertas, que mantenham seus atuais auditores independentes até a data de emissão da opinião de auditoria para as demonstrações contábeis relativas ao exercício social a se encerrar em 2011. Com essa medida, a CVM pretende diminuir os impactos decorrentes do processo de adaptação às novas normas contábeis e contribuir para a estabilidade nesse cenário de mudanças com vistas à convergência contábil. A permissão prevista na Deliberação não alcança, portanto, os fundos de investimento e demais entidades sujeitas à regra de rodízio estabelecida pela Instrução CVM nº 308/99.

Em virtude da obrigatoriedade do rodízio de auditores independentes a cada cinco anos (conforme art. 31 da Instrução nº 308/99), algumas companhias teriam que realizar a substituição prevista na norma ao longo dos próximos três anos. Esse período coincide com a implantação de relevantes alterações na contabilização dessas entidades, decorrentes da Lei nº 11.638/2007. Essa lei, que introduziu alterações significativas nas regras contábeis previstas na Lei das S.A., estabeleceu também que as normas expedidas pela

CVM sejam convergentes com as normas internacionais de contabilidade (IFRS), o que demandou alterações relevantes no arcabouço normativo aplicável à contabilização das sociedades anônimas.

Diante desse quadro, a CVM reconhece que a realização do rodízio obrigatório de auditoria durante o período de adaptação às novas regras pode ser considerado indesejável, tanto por algumas companhias auditadas quanto pelos auditores independentes. A autarquia decidiu, então, facultar às entidades auditadas a manutenção do mesmo auditor até o encerramento das demonstrações contábeis do exercício de 2011.

É necessário deixar claro que a Deliberação nº 549/2008 teve por único objetivo permitir que as entidades auditadas obrigadas por norma a fazer a substituição de auditor durante o período de adaptação à Lei nº 11.638/2007 pudessem adiar essa troca até o encerramento do exercício de 2011. A CVM não está inclinada, neste momento, a eliminar a exigência do rodízio obrigatório, inclusive porque o estudo contratado pela autarquia trouxe evidências da efetividade desse sistema em termos de qualidade das demonstrações financeiras. Ainda assim, a CVM está disposta e irá avaliar eventuais aprimoramentos às regras existentes.

Considerando a NBC PA 290, deve a firma de auditoria externa exceder o prazo de cinco anos de prestação de serviços de auditoria independente e deverá trocar o sócio-principal e demais sócios-chave do trabalho, podendo retornar a fazer auditoria após decorrido o prazo de dois anos.

4.8.2 CVM edita instrução que altera a regra do rodízio de firmas de auditoria quando houver Comitê de Auditoria Estatutário

A Comissão de Valores Mobiliários editou a Instrução nº 509/2011, que altera a Instrução nº 308/99 e a Instrução nº 480/2009. A Instrução CVM nº 509 é resultado da Audiência Pública SNC nº 10/2011. A Instrução estabelece que as companhias que instalarem e mantiverem Comitê de Auditoria Estatutário (CAE) nas condições exigidas pela Instrução poderão contratar auditor independente para a prestação de serviços de auditoria por até dez anos consecutivos.

Desse modo, o prazo previsto no art. 31 da Instrução CVM 308/99 aumenta de cinco para dez anos para as companhias que instalem e mantenham CAE, conforme previsto na Instrução. A instalação do CAE é facultativa e, por conseguinte, as companhias que desejarem poderão manter o atual sistema de rotações do auditor independente a cada cinco anos.

Em resumo, o CAE tem as seguintes atribuições:

- opinar sobre a contratação e destituição do auditor independente para a elaboração de auditoria externa independente ou para qualquer outro serviço;
- supervisionar e avaliar as atividades dos auditores independentes;
- monitorar a qualidade e integridade dos mecanismos de controles internos e das demonstrações financeiras da companhia;
- avaliar e monitorar as exposições de risco da companhia.

A Instrução também estabelece regras de divulgação do regimento interno, relatório anual resumido e currículo dos membros do CAE. A norma permite, ainda, que a prerrogativa de realização do rodízio a cada dez anos seja utilizada pela companhia que, em

31/12/2011, possuía comitê de auditoria instalado e em funcionamento, que cumpria com os requisitos da Instrução.

4.9 NORMAS SOBRE A REVISÃO EXTERNA DE QUALIDADE PELOS PARES

4.9.1 Objetivo

A Revisão Externa de Qualidade pelos Pares, adiante denominada "revisão pelos pares", constitui-se em processo de acompanhamento e controle de qualidade dos trabalhos realizados pelos auditores independentes.

A qualidade, neste contexto, é medida pelo atendimento ao estabelecido nas Normas Brasileiras de Contabilidade Técnicas e Profissionais editadas pelo CFC e, na insuficiência destas, pelos pronunciamentos do IBRACON, e, quando aplicável, nas normas emitidas por órgãos reguladores, segundo a NBC PA 01.

Para a Comissão de Valores Mobiliários (CVM), o objetivo do Programa Interno de Controle de Qualidade é garantir o pleno atendimento das normas que regem a atividade de auditoria das demonstrações contábeis e das normas emanadas da CVM.

```
Código de Ética do Profissional de Contabilidade
NBC PA 01 – Controle de Qualidade para Firmas de Auditoria

NBC TA 200 (R1) – Objetivos Gerais do Auditor Independente
NBC TA 220 (R2) – Controle de Qualidade de Auditoria de Demonstrações Contábeis
NBC TA 230 (R1) – Documentação de Auditoria (Papéis do Trabalho)
NBC TA 520 – Procedimentos Analíticos
```

| Concordância com os termos do trabalho NBC TA 210 (R1) | Planejamento: Idenficação e avaliação de riscos NBC TA 300 (R1) e 315 (R1) | Respostas aos riscos "procedimentos de auditoria" NBC TA 330 (R1) | Avaliação das distorções NBC TA 450 (R1) | Formação de opinião NBC 700 | Comunicação de deficiências NBC TA 260 (R2) e 265 |

NBC TA 500 (R1) – Evidência de Auditoria
NBC TA 505 – Confirmações Externas
NBC TA 510 (R1) – Trabalhos Iniciais – Saldos Iniciais
NBC TA 520 – Procedimentos Analíticos
NBC TA 530 – Amostragem em Euforia
NBC TA 540 (R2) – Auditoria e Estimativas Contábeis
NBC TA 560 (R1) – Eventos Subsequentes
NBC TA 570 – Continuidade Operacional
NBC TA 580 (R1) – Representações Formais

Relatórios especiais
NBC TA 800

NBC TA 320 (R1) – Materialidade no Planejamento
NBC TA 240 (R1) – Responsabilidade do Auditor em relação à fraude
NBC TA 250 – Consideração de Leis e Regulamento na Auditoria
NBC TA 510 (R1) – Trabalhos Iniciais – Saldos Iniciais
NBC TA 610 – Utilização do Trabalho de Auditoria Interna
NBC TA 620 – Utilização do Trabalho de Especialistas

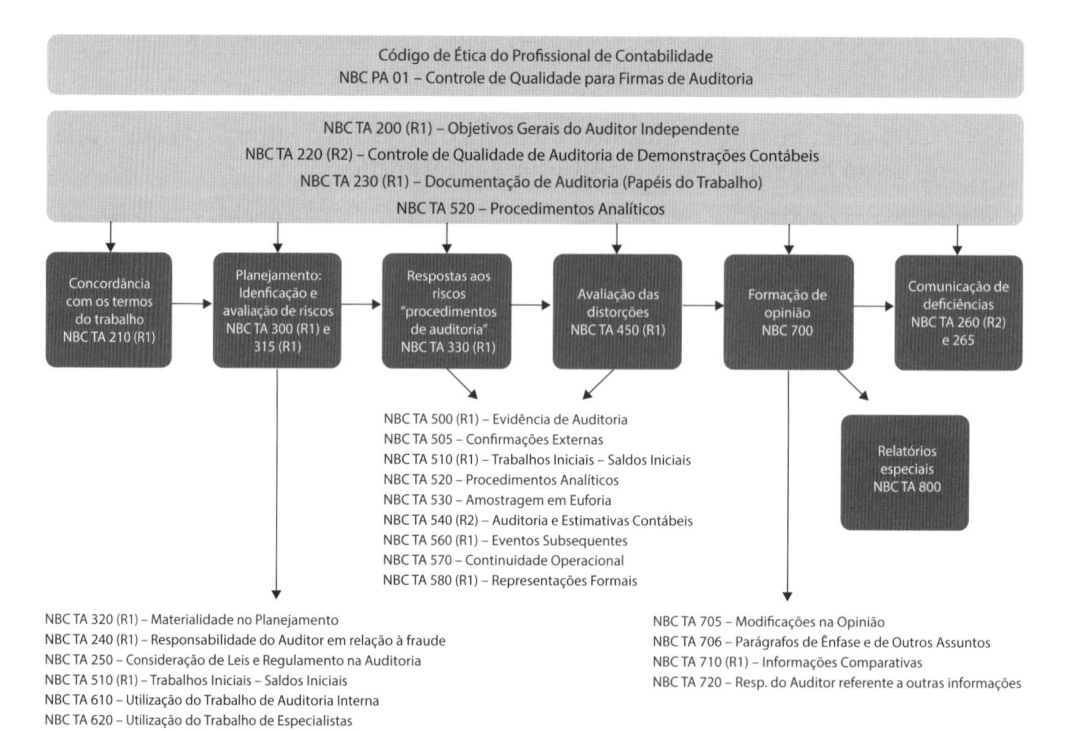

NBC TA 705 – Modificações na Opinião
NBC TA 706 – Parágrafos de Ênfase e de Outros Assuntos
NBC TA 710 (R1) – Informações Comparativas
NBC TA 720 – Resp. do Auditor referente a outras informações

Figura 4.5 *Normas brasileiras de contabilidade técnica de auditoria.*
Fonte: NBC TA.

4.9.2 Administração da revisão pelos pares

Os seguintes termos são usados com os significados respectivos:

Revisão pelos pares é o exame realizado por auditor independente nos trabalhos de auditoria executados por outro auditor independente, visando verificar se:

- os procedimentos e as técnicas de auditoria utilizados para execução dos trabalhos nas empresas clientes estão em conformidade com as Normas Brasileiras de Contabilidade Técnicas e Profissionais editadas pelo CFC e, quando aplicável, com outras normas emitidas por órgão regulador;
- o sistema de controle de qualidade desenvolvido e adotado pelo auditor está adequado e conforme o previsto na NBC PA 01 – Controle de Qualidade para Firmas (Pessoas Jurídicas e Físicas) de Auditores Independentes.

Programa de revisão é o programa de trabalho do Comitê Administrador da Revisão Externa de Qualidade (CRE), que compreende a definição da abrangência, a seleção dos auditores a serem revisados, as etapas e os prazos a serem cumpridos pelos auditores revisores na realização do trabalho de revisão.

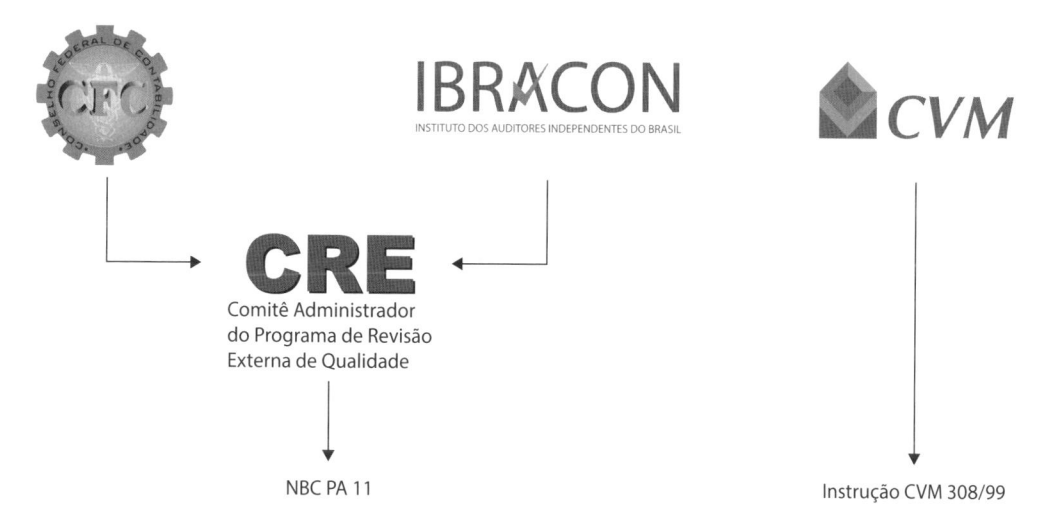

Figura 4.6 *Programa de revisão externa de qualidade.*

Ano-base da revisão refere-se ao ano a ser revisado pelo auditor-revisor, que pode ser o ano anterior ao da indicação do auditor a ser revisado, bem como outros anos não revisados na última revisão realizada.

Relatório de revisão é o relatório elaborado pelo auditor-revisor, a ser apresentado ao CRE, dispondo sobre a conformidade, ou não, do sistema de controle de qualidade existente nos trabalhos desenvolvidos pelo auditor-revisado.

Plano de ação é o documento elaborado pelo auditor-revisado, a ser apresentado ao CRE, dispondo sobre as ações que ele irá realizar com o objetivo de sanar as fragilidades que foram apresentadas no relatório de revisão.

Revisão recíproca é a situação em que o auditor-revisor teve sua última revisão realizada pelo atual auditor-revisado, não importando o intervalo de tempo entre as revisões.

As partes envolvidas na revisão pelos pares são as seguintes:

- CRE, que é o responsável pela administração do programa de revisão;
- auditor-revisor, que é o responsável pela realização da revisão individual;
- auditor-revisado, que é a firma, ou o auditor independente, que será objeto da revisão.

O auditor deve submeter-se à revisão pelos pares, no mínimo, uma vez a cada ciclo de quatro anos, considerando que:

- a cada ano, no mês de janeiro, devem ser selecionados para inclusão no programa de revisão, por critério definido pelo CRE, os auditores que deverão submeter-se à revisão pelos pares, sendo, obrigatoriamente, incluídos aqueles que obtiveram seu cadastro na CVM no ano anterior, que será definido como o ano-base da revisão;
- em decorrência dos problemas específicos relatados pelo auditor-revisor na última revisão, o CRE pode decidir por determinar períodos menores para a revisão seguinte nos trabalhos do auditor-revisado.

A revisão deve ser organizada para permitir que o auditor-revisor emita opinião sobre o sistema de controle de qualidade dos trabalhos desenvolvidos pelo auditor-revisado no período coberto pela revisão, independentemente de o mesmo ter realizado trabalho com emissão de relatório de auditoria no período sob revisão.

O sistema de controle de qualidade está relacionado à estrutura organizacional e à metodologia de auditoria estabelecida pelo auditor-revisado para a realização dos trabalhos de auditoria, as quais devem atender ao estabelecido nas Normas Brasileiras de Contabilidade Técnicas e Profissionais.

O auditor-revisor deve elaborar carta de recomendação circunstanciada quando houver evidência de que o auditor-revisado não cumpriu com as políticas e com os procedimentos de controle de qualidade.

O auditor-revisado deve submeter-se a nova revisão no ano subsequente, quando:

- o auditor-revisor emitir relatório com opinião adversa ou abstenção de opinião;
- o relatório de revisão e/ou o plano de ação não tiverem sido aprovados pelo CRE no ano em que foram submetidos à revisão, por não atendimento aos prazos estabelecidos ou por outras razões comunicadas pelo CRE.

O CRE é composto por quatro representantes do CFC e por quatro representantes do Instituto dos Auditores Independentes do Brasil, indicados pelas respectivas entidades, segundo suas disposições estatutárias. As atividades operacionais são de responsabilidade de ambas as entidades. Os representantes devem ser contadores no exercício da auditoria independente devidamente registrados no Cadastro Nacional de Auditores Independentes (CNAI) e na CVM. Os representantes serão nomeados para um período de três anos, sendo permitida a recondução.

Cabe ao CRE:

- selecionar e identificar os auditores a serem revisados a cada ano;
- emitir e atualizar guias de orientação, instruções, questionários detalhados, anexos, expedientes, correspondências e ofícios, que servirão de roteiro mínimo obrigatório para orientação na tarefa de revisão pelos pares, sendo as mesmas partes integrantes dessa norma;
- dirimir quaisquer dúvidas a respeito do processo de revisão pelos pares e resolver eventuais situações não previstas na norma;
- revisar os relatórios de revisão elaborados pelo auditor-revisor e os planos de ação corretivos encaminhados pelo auditor-revisado;
- aprovar, ou não, os relatórios de revisão e os planos de ação apresentados pelos auditores-revisores e pelos auditores-revisados, respectivamente;
- emitir relatório sumário anual;
- comunicar, ao CFC e à CVM, as situações que sugiram necessidade de diligências em relação aos trabalhos dos auditores-revisados e dos auditores-revisores;
- emitir todos os expedientes e as comunicações dirigidos aos auditores, ao CFC, ao IBRACON e à CVM, e, quando aplicável, ao Banco Central do Brasil (BACEN) e à Superintendência de Seguros Privados (SUSEP);
- estabelecer controles para administrar a revisão pelos pares, de forma a garantir que as revisões sejam realizadas nos prazos estabelecidos, comunicando, ao CFC e à CVM, os nomes dos auditores que não cumprirem os prazos para a tomada das providências cabíveis;
- revisar e divulgar as orientações e instruções, anexos, incluindo o questionário-base, destinado ao auditor-revisor e ao auditor-revisado, para a sua aplicação anual. A atualização deve contemplar eventuais mudanças nas Normas Brasileiras de Contabilidade Técnicas e Profissionais, editadas pelo CFC e, quando aplicável, em outras normas emitidas pelos órgãos reguladores.

As decisões do CRE devem constar em ata, que será encaminhada ao Vice-presidente Técnico do CFC, que a submeterá à Câmara Técnica para aprovação e, posteriormente, ao Plenário do CFC, visando à sua homologação.

4.9.3 Relatório de revisão

Ao final da revisão, o auditor-revisor deve emitir relatório com suas conclusões e carta de recomendações, quando for o caso, os quais devem ser encaminhados, juntamente com o plano de ação do auditor-revisado e cópia do questionário-base, ao CRE, que pode requerer esclarecimentos tanto do auditor-revisor quanto do auditor-revisado. Esses documentos devem ser encaminhados, obrigatoriamente, utilizando-se sistema *web* a ser disponibilizado pelo CRE, com a certificação digital do auditor-revisor. A critério do CRE, o sistema convencional poderá ser utilizado pelo auditor-revisor e pelo auditor-revisado.

Ao final da revisão, o auditor-revisor deve encaminhar ao auditor-revisado carta de recomendações, quando emitida, para que o auditor-revisado elabore seu plano de ação com os comentários e as ações que serão adotadas para sanar cada um dos aspectos apontados.

O auditor-revisado deve entregar o plano de ação elaborado ao auditor-revisor, que fará o encaminhamento ao CRE. O CRE poderá requerer reunião com o auditor-revisado para assegurar o adequado entendimento das ações planejadas contidas no plano de ação encaminhado. Como resultado das análises dos documentos encaminhados pelo auditor-revisor e do plano de ação elaborado pelo auditor-revisado, bem como das reuniões ou dos esclarecimentos, quando for o caso, o CRE deve aprovar, ou não, o relatório de revisão. No caso de relatórios de revisão com opinião adversa ou com abstenção de opinião, o CRE efetuará comunicação específica ao CFC e à CVM.

Ao término de cada ano, o CRE deve elaborar, a partir dos relatórios analisados ao longo do ano, o relatório sumário anual, o qual deve ser destinado à presidência de cada entidade profissional e de cada órgão regulador que requeira a revisão pelos pares. O relatório será confidencial e constituirá um resumo dos resultados das revisões realizadas no ano e das ações planejadas, implementadas e executadas, sendo permitida a identificação do nome do auditor-revisado e do auditor-revisor ou da entidade cujo trabalho foi incluído no referido resumo dos resultados. Os aspectos relevantes levantados pelas presidências das entidades profissionais e/ou órgãos reguladores sobre o relatório confidencial, encaminhados ao CRE, devem ser comunicados ao auditor-revisado e ao auditor-revisor.

Informações baseadas no relatório serão disponibilizadas ao mercado pelos meios estabelecidos pelo CFC, por proposta do CRE.

4.9.4 Características do programa

4.9.4.1 Confidencialidade

Adotam-se, para a revisão pelos pares, as mesmas normas sobre confidencialidade aplicáveis a qualquer trabalho de auditoria independente, conforme definido pelo CFC. Neste contexto, os membros do CRE, do CFC e das demais equipes revisoras ficam impedidos de divulgar qualquer informação obtida durante a participação na revisão pelos pares, em qualquer fase do trabalho ou posteriormente ao seu término.

O auditor-revisado deve obter aprovação de cada um dos seus clientes selecionados para revisão a fim de que os trabalhos possam ser, efetivamente, realizados.

O auditor-revisor deve enviar confirmação de confidencialidade ao cliente selecionado.

4.9.4.2 Independência

O auditor-revisor e os demais membros da equipe revisora devem ter independência em relação ao auditor-revisado, de acordo com as definições previstas nas Normas Brasileiras de Contabilidade Técnicas e Profissionais, editadas pelo CFC e, quando aplicável, em outras normas emitidas por órgão regulador. Podem possuir investimentos ou grau de parentesco com executivos em posições-chave nas empresas clientes do auditor-revisado, porém não podem revisar os trabalhos do auditor-revisado com o qual possuam tais relacionamentos.

São vedadas as revisões recíprocas entre auditores independentes (pessoas físicas e jurídicas). Eventuais exceções devem ser submetidas à aprovação do CRE.

4.9.4.3 Conflito de interesses

Não deve haver qualquer relação que caracterize suspeição, impedimento ou mesmo conflito de interesses entre o auditor-revisor, os membros da equipe revisora ou os profissionais envolvidos na administração da revisão pelos pares e o auditor-revisado ou os seus clientes selecionados para a revisão.

4.9.5 Competência

Para atuar como auditor-revisor, o auditor deve observar se:

- a equipe revisora possui estrutura técnica e de recursos humanos compatível com a revisão a ser realizada. A compatibilidade refere-se, principalmente, à experiência dos revisores em trabalhos de auditoria de similar complexidade;
- o auditor independente pessoa física e os profissionais responsáveis técnicos da firma de auditoria independente, encarregados da revisão, estão devidamente registrados na CVM e no CNAI;
- caso o auditor-revisado tenha em sua lista de clientes entidades regulamentadas pelo BACEN ou pela SUSEP, os membros da equipe revisora estão registrados no CNAI, com habilitação para auditar as respectivas entidades, cabendo ao auditor-revisado a responsabilidade pela verificação dessa habilitação.

O auditor não pode atuar como auditor-revisor nas seguintes hipóteses:

- quando o seu cadastro estiver suspenso ou cancelado pela CVM, ou quando estiver desautorizado de atuar como auditor por organismos oficiais controladores e reguladores de mercado;
- quando o último relatório de revisão, realizado sobre os seus trabalhos, tiver sido emitido com "opinião adversa", com "abstenção de opinião" ou não tiver sido aprovado pelo CRE;
- quando existir parágrafo de ênfase no relatório de revisão emitido sobre os seus trabalhos que faça menção à limitação de escopo na execução dos trabalhos de revisão realizados pelos auditores-revisores;
- quando não tiver cumprido os prazos determinados pelo CRE na revisão anterior;
- quando não tenha sido submetido à revisão pelos pares no ciclo imediatamente anterior;
- quando, por decisão fundamentada do CRE, a ressalva contida no último relatório de revisão sobre os seus trabalhos for considerada de natureza grave. Nessa situação o auditor-revisado deve ser informado previamente dessa condição;
- quando, por decisão fundamentada do CRE, o auditor-revisor não for aceito, ele deve ser informado previamente desta condição.

4.9.6 Organização do trabalho de revisão

A seleção do auditor-revisor cabe ao auditor a ser revisado.

A equipe revisora deve ser formada por uma ou mais pessoas, dependendo do porte e da especialização do auditor a ser revisado.

O auditor-revisor tem as seguintes responsabilidades:

- organizar, planejar e conduzir os trabalhos de revisão;
- supervisionar o trabalho desenvolvido pelos membros da equipe;

- comunicar e discutir os resultados da revisão com a administração do auditor-revisado;
- elaborar o relatório de revisão e a carta de recomendações, quando for o caso;
- apresentar o relatório, a carta de recomendações e a cópia do questionário ao CRE;
- dar esclarecimentos ou participar de reunião com o CRE, quando requerido; e
- guardar por sete anos toda a documentação referente aos trabalhos de revisão, tais como: carta de contratação; correspondências encaminhadas ao auditor-revisado; respostas do auditor-revisado; documentação preliminar aos trabalhos de revisão; documentação pertinente ao planejamento de auditoria aplicado aos trabalhos de revisão; papéis de trabalho do auditor-revisor que evidenciam os exames efetuados durante a revisão; justificativas e comentários emitidos pelo auditor-revisado sobre os pontos levantados durante os trabalhos de revisão; e toda e qualquer documentação que reporte ao trabalho de revisão realizado.

O líder da equipe revisora é responsável por organização, condução, revisão, supervisão do trabalho desenvolvido pelos membros da equipe, comunicação e discussão dos resultados da revisão na administração dos auditores-revisados; preparação e apresentação do respectivo relatório de revisão e carta de recomendações, quando for o caso; envio de cópia do questionário ao Comitê Administrador do Programa de Revisão Externa de Qualidade (CRE); e, quando requerido, pela prestação de esclarecimentos no CRE.

Segundo a NBC TA 220 (R2), o revisor do controle de qualidade do trabalho deve realizar uma avaliação objetiva dos julgamentos significativos feitos pela equipe de trabalho e as conclusões atingidas ao elaborar o relatório. Essa avaliação deve envolver:

a) discussão de assuntos significativos com o sócio encarregado do trabalho;
b) revisão das demonstrações contábeis e do relatório proposto;
c) revisão da documentação selecionada de auditoria relativa aos julgamentos significativos feitos pela equipe de trabalho e das conclusões obtidas; e
d) avaliação das conclusões atingidas ao elaborar o relatório e consideração se o relatório é apropriado.

4.9.7 Procedimentos para a revisão pelos pares

A revisão deve abranger, exclusivamente, aspectos de atendimento às Normas Brasileiras de Contabilidade Técnicas e Profissionais editadas pelo CFC e, quando aplicável, a outras normas emitidas por órgão regulador, sem a inclusão de quaisquer questões relativas a negócios entre o auditor-revisado e os seus clientes.

O processo da revisão pelos pares deve ser desenvolvido conforme procedimentos a serem detalhados pelo CRE, e deve considerar:

- obtenção, análise e avaliação das políticas e dos procedimentos de controle de qualidade estabelecidas pelo auditor-revisado independentemente da realização de trabalhos, com emissão de relatório de auditoria no período sob revisão;
- análise da adequação da informação recebida nas entrevistas com pessoas de níveis hierárquicos e experiência adequada do auditor-revisado;

- confirmação da estrutura de controle interno mediante confronto com os papéis de trabalho, para uma amostra de trabalhos;
- discussão com o auditor-revisado sobre os aspectos identificados, as eventuais falhas verificadas na revisão e as respectivas recomendações;
- elaboração do relatório de revisão e a carta de recomendações, quando for o caso;
- preparação da documentação que evidencie as discussões realizadas com o auditor-revisado.

A equipe revisora deve adotar procedimentos de auditoria, tais como: verificação de documentação; indagação às pessoas envolvidas na administração, com o objetivo de confirmar se as normas de controle de qualidade definidas foram, efetivamente, aplicadas.

Naqueles aspectos em que, necessariamente, se requeira a revisão de papéis de trabalho, a equipe deve selecionar uma amostra limitada de clientes, concentrando suas atividades nos aspectos que necessitem avaliação, devendo, na amostra, serem incluídos trabalhos realizados em empresas de capital aberto, mercado financeiro, fundos de aposentadoria e pensões e securitário, quando o auditor-revisado tiver entre seus clientes tais tipos de entidades.

Quando o auditor-revisado não concordar com a seleção de determinado cliente para revisão, por motivos justificáveis, tais como a existência de litígio ou investigação, ou pela negativa do cliente em autorizar a revisão dos papéis de trabalho, a equipe revisora deve avaliar e documentar as razões para essa exclusão.

Caso a equipe revisora não concorde com a restrição apresentada pelo auditor-revisado, o efeito dessa situação deve ser avaliado no contexto do trabalho e no relatório a ser emitido.

Caso o auditor-revisado possua mais de um escritório, deve ser aplicado julgamento profissional para avaliar a necessidade de revisão de mais de um deles.

Podem ser requeridas visitas a alguns dos escritórios para obtenção de evidências que permitam concluir que as políticas e os procedimentos de controle de qualidade são adequadamente divulgados e estendidos para o conjunto dos escritórios.

Conforme definição prevista na NBC TA 220 (R2), **Equipe de trabalho** são todos os sócios e quadro técnico envolvidos no trabalho, assim como quaisquer pessoas contratadas pela firma ou uma firma da rede para executar procedimentos de auditoria no trabalho. Isso exclui especialistas externos contratados pela firma ou por uma firma de rede".

4.9.8 Relatório da revisão pelos pares

4.9.8.1 *Conteúdo e prazo*

O relatório do auditor-revisor deve incluir os seguintes elementos:

- escopo da revisão e eventuais limitações;
- se está sendo emitida carta de recomendações;
- descrição das limitações sobre a plena efetividade de qualquer sistema de controle de qualidade, além do risco de determinadas deficiências existirem, mas não serem detectadas;
- conclusão sobre as políticas e os procedimentos de controle de qualidade em relação ao atendimento das Normas Brasileiras de Contabilidade Técnicas e Profissionais editadas pelo CFC e, quando aplicável, das normas emitidas por órgãos reguladores.

A emissão do relatório deve ocorrer no prazo máximo de 45 dias após a finalização da revisão em campo, e sua data deve ser a do encerramento dos trabalhos da revisão, não podendo esse prazo ultrapassar os prazos estabelecidos pelo CRE para que o auditor-revisor encaminhe o relatório e demais documentos para a análise.

Em relação às sugestões apresentadas na carta de recomendações sobre o aprimoramento do sistema de controle interno de qualidade, deve ser observado o disposto na NBC TA 265 – Comunicação de Deficiências de Controle Interno.

4.9.9 Tipos de relatório

O relatório emitido pode ser de quatro tipos:

- sem ressalvas, com emissão de carta de recomendações, quando o auditor-revisor concluir, positivamente, sobre os trabalhos realizados. A falta de emissão de carta de recomendações deve ser justificada pelo auditor-revisor em sua carta de encaminhamento do relatório da revisão ao CRE;
- com ressalvas, quando:
  - o auditor-revisor encontrar falhas relevantes que, não requeiram, porém, a emissão de opinião adversa. Nesse caso, é obrigatória a emissão de carta de recomendação; ou
  - foi imposta alguma limitação no escopo da revisão que impeça o auditor-revisor de aplicar um ou mais procedimentos requeridos. Nesse caso, a emissão da carta de recomendações pode não ser requerida, dependendo das causas das limitações apresentadas no escopo da revisão;
- com opinião adversa, com emissão obrigatória de carta de recomendações, identificando as falhas que evidenciem as políticas e os procedimentos de qualidade que não estejam em conformidade com as Normas Brasileiras de Contabilidade Técnicas e Profissionais editadas pelo CFC e, quando aplicável, com as normas emitidas por órgãos reguladores;
- com abstenção de opinião, com emissão obrigatória de carta de recomendações, tendo em vista que as limitações impostas ao trabalho foram tão relevantes que o auditor-revisor não tem condições de concluir sobre a revisão.

Quando o auditor-revisado não tiver executado qualquer trabalho de auditoria, esta situação não indica uma limitação de escopo para o auditor-revisor. As falhas identificadas nos trabalhos não implicam emissão de relatório com ressalvas ou adverso, sempre que, a julgamento do auditor-revisor, forem consideradas como isoladas e irrelevantes. A equipe revisora deve avaliar o padrão e o efeito das falhas identificadas, bem como sua implicação no sistema de controle de qualidade do auditor-revisado, diferenciando os erros na estrutura do sistema de controle de qualidade dos erros na aplicação das políticas e dos procedimentos definidos.

No caso de emissão de julgamento sobre o padrão ou o efeito das falhas, o auditor-revisor deve registrar todos os apontamentos em seus papéis de trabalho de revisão, inclusive com as justificativas apresentadas pelo auditor-revisado e, quando possível, com as evidências que corroborem as justificativas apresentadas.

As conclusões constantes no relatório emitido dependem, sempre, do exercício de julgamento profissional do auditor-revisor. O auditor-revisor deve incluir no relatório a quantidade de parágrafos explicativos que se faça necessária, visando ao adequado entendimento das políticas e procedimentos adotados, bem como das suas aplicações.

O auditor-revisado deve apresentar seus comentários sobre os aspectos reportados no relatório de revisão e na carta de recomendações e elaborar, obrigatoriamente, um plano de ação para responder às recomendações formuladas, com observância do prazo de até 30 dias, contados da data do recebimento do relatório elaborado pelo auditor-revisor. No entanto, tanto o auditor-revisor quanto o auditor-revisado devem atentar para o cumprimento do prazo de encaminhamento, ao CRE, dos relatórios e de toda a documentação referente à revisão.

4.9.10 Revisão e seus prazos

Cabe ao CRE definir os auditores que devem ser revisados, bem como estabelecer o cronograma para entrega dos relatórios de revisão e dos demais documentos.

O CRE também é responsável pela emissão e atualização das guias de orientação até 31 de março de cada ano.

O CRE deve encaminhar, até 28 de fevereiro de cada ano, expediente para os auditores selecionados para se submeterem à revisão pelos pares, com a comunicação dos prazos a serem observados para a indicação do auditor-revisor e para a entrega do relatório de revisão.

O auditor-revisado que não contrate auditor-revisor para efetuar os trabalhos de revisão externa de qualidade, ou que apresente motivos para que o relatório de revisão seja entregue após 30 dias da data estabelecida, fica automaticamente indicado para a revisão no ano subsequente.

Os ofícios emitidos pelo CRE ao auditor-revisor, originados da análise dos relatórios de revisão, devem ser respondidos no prazo de 30 dias contados do primeiro dia útil após a data de recebimento do aviso de recebimento (AR).

O auditor-revisor que não cumprir os prazos determinados está automaticamente impedido de atuar como auditor-revisor no ano subsequente.

A submissão do auditor-revisado e/ou auditor-revisor à revisão pelos pares em anos subsequentes não exime a responsabilidade pelo descumprimento dos prazos e das determinações referentes à revisão pelos pares de anos anteriores.

O relatório sumário anual será disponibilizado pelo CRE ao CFC, à CVM e ao IBRACON e, quando solicitado, aos demais organismos oficiais controladores e reguladores de mercado.

4.9.11 Recurso

Das decisões do CRE, cabe interposição de recurso ao Tribunal Superior de Ética e Disciplina do CFC no prazo de 15 dias após a notificação.

4.9.12 Penalidades

A inobservância desta norma constitui infração disciplinar sujeita às penalidades previstas nas alíneas *c* a *g* do art. 27 do Decreto-lei nº 9.295, de 27 de maio de 1946, alterado pela Lei nº 12.249/2010, e, quando aplicável, ao Código de Ética Profissional do Contador.

4.10 TRANSPARÊNCIA DE AUDITORIAS ESTÁ NO FOCO DE REGULADORES

Os órgãos reguladores internacionais consideram que a falta de transparência das auditorias é uma questão que tem de ser atacada e estudam adotar uma série de medidas para aumentar o nível de divulgação sobre estrutura de governança, controle de qualidade e informações financeiras das firmas do setor. É importante ter informações sobre a qualidade do trabalho das auditorias e sobre a saúde financeira delas, em um cenário em que as quatro maiores empresas do setor – PricewaterhouseCoopers Auditores Independentes, Deloitte Touche Tohmatsu Auditores Independentes, Ernst & Young Terco Auditores Independentes (Quality in Everything We Do) e KPMG Auditores Independentes – auditam os balanços de 98% das 1,5 mil maiores empresas dos EUA e de 96% das 250 maiores companhias do Reino Unido, por exemplo. No Brasil, a concentração é de 58% entre as companhias abertas.

Há dúvida se essa concentração limita as opções das empresas e também se há o risco de haver uma falta de oferta de serviço de auditoria para grandes corporações se uma das quatro maiores deixar o mercado.

Na lista de informações que poderiam ser divulgadas, é possível fazer uma divisão em quatro áreas: governança e controle; pessoal e treinamento; indicadores do resultado do trabalho; e informações financeiras.

De forma geral, as auditorias não veem problemas em divulgar mais informações sobre os dois primeiros grupos, sobre governança e pessoal, que acreditam estar mais diretamente ligadas à avaliação da qualidade da auditoria.

Há mais resistência, porém, em fornecer informações financeiras, como balanço auditado das próprias auditorias, e também indicadores ligados ao resultado do trabalho, como existência de litígios judiciais ou de procedimentos disciplinares, dados sobre aceitação e rejeição de clientes, número de balanços republicados etc.

4.11 CONSIDERAÇÕES FINAIS

O auditor independente deve enviar anualmente ao Conselho Regional de Contabilidade informações sobre sua equipe e seus clientes, entre as quais:

- relação dos seus clientes, cuja sede seja a da jurisdição do respectivo Conselho, e em que o objeto do trabalho seja a auditoria independente, realizada em demonstrações contábeis relativas ao exercício encerrado até o dia 31 de dezembro do ano anterior;
- relação dos nomes do pessoal técnico existente em 31 de dezembro do ano anterior;
- relação dos clientes cujos honorários representem mais de 10% do seu faturamento anual, bem como os casos em que o faturamento de outros serviços prestados aos mesmos clientes de auditoria ultrapassem, na média dos últimos três anos, os honorários de auditoria.

A NBC PA 01, que trata do controle de qualidade para firmas (pessoas jurídicas e físicas) de auditores independentes, determina que um limite de tempo apropriado para concluir a montagem do arquivo final de auditoria geralmente não ultrapasse 60 dias após a data do relatório do auditor.

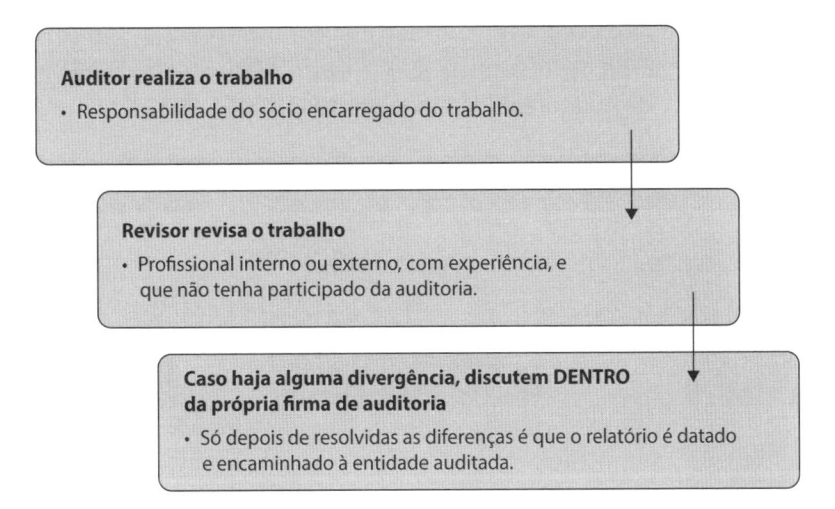

Auditor realiza o trabalho
- Responsabilidade do sócio encarregado do trabalho.

Revisor revisa o trabalho
- Profissional interno ou externo, com experiência, e que não tenha participado da auditoria.

Caso haja alguma divergência, discutem DENTRO da própria firma de auditoria
- Só depois de resolvidas as diferenças é que o relatório é datado e encaminhado à entidade auditada.

Figura 4.7 *Controle de qualidade.*

Fonte: Brito (2015).

De acordo com a norma relativa ao controle de qualidade da auditoria das demonstrações contábeis, o revisor do controle de qualidade do trabalho deve realizar uma avaliação objetiva dos julgamentos feitos pela equipe de trabalho e das conclusões atingidas ao elaborar o relatório. Essa avaliação deve envolver a revisão da documentação selecionada pela auditoria relativa aos julgamentos significativos feitos pela equipe de trabalho e às conclusões obtidas.

O objetivo do "Guia de Controle de Qualidade para Firmas de Auditoria de Pequeno e Médio Porte" é fornecer orientação prática para a implantação de sistema de controle de qualidade, quanto a:

I. responsabilidades da liderança pela qualidade na firma;
II. exigências éticas relevantes;
III. aceitação e continuidade de clientes e trabalhos específicos;
IV. execução do trabalho, monitoramento e documentação.

O objetivo do auditor e implementar procedimentos de controle de qualidade no nível do trabalho que lhe forneçam segurança razoável de que a auditoria está de acordo com normas profissionais e técnicas e exigências legais e regulatórias aplicáveis.

Acerca da **NBC PA 11**, que regula a "revisão externa de qualidade pelos pares", aplica-se exclusivamente ao auditor com registro na CVM. Conforme a norma sobre controle de qualidade para firmas de auditores independentes (pessoas físicas e jurídicas), o auditor deve estabelecer políticas e procedimentos para fornecer segurança razoável de que a firma e seu pessoal cumprem as exigências éticas relevantes, sendo que essas políticas e procedimentos devem contemplar alguns aspectos essenciais. O(s) sócio(s) encarregado(s) do trabalho deve(m) fornecer à firma informações relevantes sobre trabalhos de clientes, incluindo o alcance dos serviços, para permitir à firma avaliar o impacto geral, se houver, sobre os requisitos de independência.

Normas de Controle de Qualidade para Firmas (pessoas jurídicas e físicas) de Auditores Independentes NBC PA 01 1-99

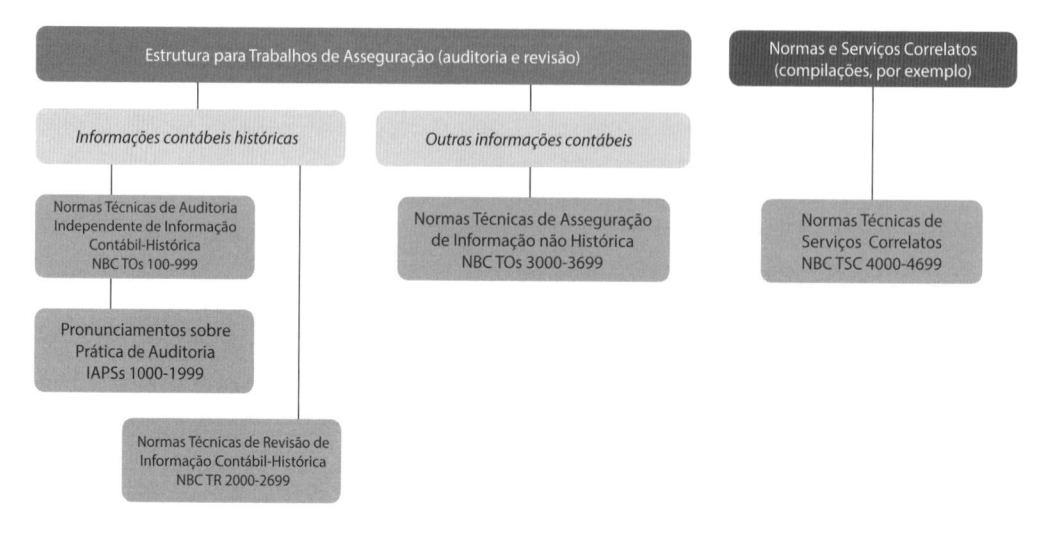

- Estrutura para Trabalhos de Asseguração (auditoria e revisão)
  - *Informações contábeis históricas*
    - Normas Técnicas de Auditoria Independente de Informação Contábil-Histórica NBC TOs 100-999
    - Pronunciamentos sobre Prática de Auditoria IAPSs 1000-1999
    - Normas Técnicas de Revisão de Informação Contábil-Histórica NBC TR 2000-2699
  - *Outras informações contábeis*
    - Normas Técnicas de Asseguração de Informação não Histórica NBC TOs 3000-3699
- Normas e Serviços Correlatos (compilações, por exemplo)
  - Normas Técnicas de Serviços Correlatos NBC TSC 4000-4699

Figura 4.8 *Normas de qualidade.*

Fonte: Guia das normas de auditoria em auditorias de entidades de pequeno e médio portes.

A revisão será da documentação do trabalho selecionada relativa a julgamentos significativos feitos pela equipe de trabalho e das conclusões obtidas, e não da documentação preparada pela auditoria relativa a todos os exames relevantes feitos pela equipe de trabalho. Cabe lembrar que a revisão de qualidade é feita em parte da documentação produzida pela equipe e relativa a julgamentos mais significativos.

A Revisão do Controle de Qualidade do Trabalho é desenhada para fornecer avaliação objetiva, na data, ou antes da data, do relatório, dos julgamentos significativos feitos pela equipe de trabalho e das conclusões a que se chegou durante a elaboração do relatório. Essa revisão deve ser feita também pelas firmas de auditoria de pequeno porte, podendo-se utilizar profissionais externos, desde que tenham as qualificações necessárias.

Conforme a norma sobre controle de qualidade para firmas de auditores independentes (pessoas físicas e jurídicas), o auditor deve estabelecer políticas e procedimentos para fornecer segurança razoável de que a firma e seu pessoal cumprem as exigências éticas relevantes, sendo que essas políticas e procedimentos devem contemplar alguns aspectos essenciais. O(s) sócio(s) encarregado(s) do trabalho deve(m) fornecer à firma informações relevantes sobre trabalhos de clientes, incluindo o alcance dos serviços, para permitir à firma avaliar o impacto geral, se houver, sobre os requisitos de independência.

A NBC PA 01, ao estabelecer considerações específicas para a revisão de controle de qualidade para firma menor (de pequeno porte), define que pessoas externas adequadamente qualificadas podem ser contratadas quando um único profissional ou firmas de pequeno porte identificam trabalhos que requerem revisão do controle de qualidade do trabalho. Alternativamente, alguns profissionais individuais ou algumas firmas de pequeno porte podem desejar usar outras firmas para facilitar a revisão do controle de qualidade dos trabalhos. Quando a firma contrata pessoas externas, deve-se verificar se o revisor externo possui a qualificação e a objetividade necessárias.

De acordo com a NBC TA 220 (R2) Controle de Qualidade de Auditoria de Demonstrações Contábeis, o revisor do controle de qualidade do trabalho deve realizar avaliação objetiva dos julgamentos significativos feitos pela equipe de trabalho e as conclusões atingidas ao elaborar o relatório.

Os sistemas, as políticas e os procedimentos de controle de qualidade são de responsabilidade da firma de auditoria.

Firmas (pessoas jurídicas e físicas) de auditores independentes que executam exames de auditoria e revisões de informação contábil histórica e outros trabalhos de asseguração e de serviços correlatos têm por obrigação estabelecer e manter sistema de controle de qualidade para obter segurança razoável de que: (i) a firma e seu pessoal cumprem com as normas profissionais e técnicas e com as exigências legais e regulatórias aplicáveis; e (ii) os relatórios emitidos pela firma ou pelos sócios do trabalho são apropriados nas circunstâncias.

No contexto do sistema de controle de qualidade da firma, as equipes de trabalho têm a responsabilidade de implantar procedimentos de controle de qualidade que são aplicáveis ao trabalho de auditoria e fornecer à firma informações relevantes que permitam o funcionamento do sistema de controle de qualidade relacionado com a independência. As equipes de trabalho podem confiar no sistema de controle de qualidade da firma, a menos que as informações fornecidas pela firma ou por outras partes indiquem o contrário.

5

Origem, Evolução e Desenvolvimento da Auditoria

5.1 ORIGEM DA AUDITORIA INTERNA

5.1.1 No exterior

Autores e pesquisadores americanos citam a existência da auditoria há mais de 4.000 anos, na antiga Babilônia, quando os reis queriam verificar se o recolhimento de tributos (naquela época cobrados dos plebeus) era feito de maneira correta.

No fim do século XV aconteceram as expedições marítimas financiadas pelos reis, príncipes, empresários e banqueiros de Portugal, Espanha, França, Inglaterra e Holanda. Como tais expedições eram financiadas, havia a necessidade de se prestar contas das receitas (ganhos) e dos gastos (despesas, custos, investimentos) das expedições às Américas, África e Ásia.

Com a Revolução Industrial (em 1756, na Inglaterra), expandiu-se o capitalismo, o que propiciou grande impulso para a profissão de auditor, devido ao surgimento das primeiras fábricas com uso intenso de capital e que geograficamente se encontravam fora da jurisdição dos proprietários, com a consequente necessidade de delegação de funções e verificação dos dados fornecidos por essas jurisdições.

De uma maneira ou de outra, as atividades de verificação das transações realizadas e do produto auferido das mesmas remontam a tempos imemoriais, pois sempre houve um investidor à procura de aplicação rendosa para seu capital, assim como sempre houve quem possuísse ou produzisse bens que atraíssem os investimentos disponíveis, oferecidos o mais das vezes por feitores do investidor. Assim, as atividades de conferir se, com o capital investido, foram adquiridos ou produzidos os bens ou serviços almejados, e se estes renderam o lucro esperado, compreendem, em essência, a natureza da auditoria interna.

O surgimento da auditoria está ancorado na necessidade de confirmação por parte dos investidores e proprietários quanto à realidade econômico-financeira espelhada no patrimônio das empresas investidas, tudo como fruto da evolução do sistema capitalista.

A mais remota referência a atividades qualificáveis como de natureza da auditoria interna é da Worshipful Company of Pewterers. Tal entidade, em 1854, nomeou quatro de seus membros para examinar suas contas (logo, auditoria interna contábil) e o desempenho dos demais em extração, transporte e venda de minério (logo, auditoria interna operacional).

Em 1886, nos Estados Unidos, foi criada a Associação dos Contadores Públicos Certificados, existente até hoje e conhecida pela sigla AICPA (*American Institute of Certified Public Accountants*), órgão que regula as normas do exercício da profissão contábil e de auditoria naquele país.

No início do século XX, começaram a surgir as grandes corporações americanas, a exemplo da Ford Motors, Dupont, GM, entre outras, e isso proporcionou uma rápida expansão do mercado de capitais nos Estados Unidos da América do Norte.

Nos Estados Unidos, já em 1923, o saudoso e eminente auditor interno Bradford Cadmus começava sua longa e proveitosa carreira de auditoria interna.

Mas só após 1941 a auditoria interna, "como um controle administrativo, cuja função é medir e avaliar a eficácia de outros controles", passou a vigorar efetivamente naquele país. Naquele ano, 24 auditores internos em exercício em empresas daquele país congregaram-se e fundaram, em Nova York, o *Institute of Internal Auditors*, persuadidos de que a profissão de auditor interno constituía-se em um trabalho à parte e diferente, e que uma organização formal serviria para promover uma aplicação mais efetiva da auditoria interna aos problemas de administração de negócios. Esses abnegados batalhadores escolheram como lema do *Institute* uma frase muito feliz: *progress through sharing* (progresso pelo intercâmbio). Aplicando efetivamente este lema no dia a dia de suas atividades profissionais, os membros fundadores do *Institute*, e muitos outros mais, que logo aderiram à organização, entre os quais destacou-se Brad Cadmus, seu primeiro diretor gerente (cargo que ocupou com grande destaque durante 15 anos), levaram a então nova organização a um desenvolvimento invejável, não só nos Estados Unidos, mas também internacionalmente, com a constituição de "Capítulos" pelo mundo afora.

Entender esse histórico facilita o entendimento de como a auditoria se encontra nos moldes contemporâneos e o que a trouxe até aqui. A necessidade do desenvolvimento da profissão de auditor veio em função deste histórico. Para tanto, podemos analisar os fatos históricos a seguir.

Em 2008, o sistema financeiro americano entra em crise, devido ao mercado de *subprime*, que consiste na venda de direitos de uma instituição financeira para outra, relativos aos créditos imobiliários que essas instituições negociavam entre elas. Portanto, com a crise imobiliária americana, os bancos ficaram com "moedas podres" e precisaram reconhecer as perdas em seus demonstrativos financeiros. As auditorias dessas instituições acompanharam a valorização do reconhecimento dessa perda, para que os investidores/acionistas dessas instituições financeiras pudessem ter a real situação de seus investimentos nessas instituições. Com tais prejuízos, o *Securities and Exchange Commission* (SEC) – órgão criado em 1934 para fiscalizar a transparência das empresas de capital aberto nos Estados Unidos – teve que intervir e estabelecer políticas de juros mais baixos para incentivar o consumo e o crédito. Porém, a preocupação agora é de que, com o incentivo ao consumo através de diminuição das taxas de juros, a inflação venha a aumentar naquele país, pois como é aprendido em ciências econômicas, se a demanda aumenta e a oferta é escassa, quem oferta aumenta o preço, gerando inflação.

Mas o que o fato descrito no parágrafo anterior implica para a auditoria e qual o papel da auditoria neste cenário? Como já foi dito, cabe à auditoria fazer com que essas instituições financeiras espelhem em seus demonstrativos contábeis e financeiros a real situação econômica e financeira da empresa, para que os usuários interessados nas informações (na situação acima os interessados são os acionistas para entenderem suas perdas e o governo para definir quais os passos macroeconômicos a serem adotados) possam realmente tirar uma fotografia da real situação dessas instituições.

Os Estados Unidos exercem uma contribuição considerável quando o assunto é auditoria. Haja vista pelos casos de grandes empresas americanas que utilizaram práticas contábeis não próprias para ocultar as reais situações dessas companhias. Estes foram os cenários das empresas americanas Enron, WorldCom e Tyco.

De 1996 a 2001, a empresa do setor energético americano chamada Enron foi considerada pela revista *Fortune* a empresa mais inovadora dos Estados Unidos. Porém, a empresa passava por uma situação financeira de insolvência, que não era detectada em seus demonstrativos financeiros (que inclusive eram auditados por uma das maiores empresas de auditoria e consultoria do mundo, a Arthur Andersen), por uma série de práticas ilícitas feitas pela alta administração da companhia em conjunto com os auditores. Neste caso, foram condenados à prisão os diretores da Enron, Jeff Skilling e Ken Lay, e foi fechada a empresa de auditoria Arthur Andersen, que atuou em conluio com a empresa para ocultar ou manipular as informações dos investidores e do mercado.

Após esse escândalo, os legisladores preocuparam-se em criar leis mais rigorosas para aumentar a governança corporativa e a confiabilidade nas informações prestadas pelas organizações. O senador americano Paul Sarbanes e o deputado Michael Oxley colaboraram para a promulgação em 30-6-2002 da lei batizada com os seus sobrenomes, a chamada Lei Sarbanes-Oxley, também conhecida por SOX ou SARBOX. Tal norma estipula regras para melhoria dos controles financeiros e transparência das organizações que possuem ações listadas em bolsa de valores, além de atribuir maior grau de responsabilidade aos administradores, contadores e auditores no processo de transparência e divulgação de informações econômico-financeiras.

5.1.2 No Brasil

A versão em português do lema "Progresso pelo intercâmbio" foi adotada em 1967 pelo Instituto dos Auditores Internos do Brasil, São Paulo.

Buscando mais reminiscências, vamos encontrar, mais perto de nós, os dois parágrafos finais do artigo de abertura do livro *Auditoria interna*, escrito em 1967 pelo contador e exímio auditor interno Kurt F. Schrader, fundador do Instituto dos Auditores Internos do Brasil, seu ex-presidente e governador, cujas contribuições de valor inestimável para a causa auditoria interna no Brasil só findaram com sua morte.

Todavia, com o desenvolvimento da indústria e do comércio, verificou-se que os auditores internos tinham, na realidade, funções mais amplas, além da conferência de valores e documentos, transformando-se, de meros "conferentes e revisores", em "olhos e ouvidos" da administração, de força atuante para obter controles internos funcionais, análise de contas de despesas e rendas, e hoje até nos setores de produção, colaborando com a administração para um melhor desempenho geral, em todos os setores de entidade.

Embora não tenhamos chegado totalmente a esse estágio de reconhecimento da função de "auditor interno", cada vez mais se está firmando, também no Brasil, o conceito de que auditores internos, além de facilitarem a tarefa dos auditores públicos, são indispensáveis a organizações de certo porte, e não representam um "luxo".

No Brasil, a evolução da auditoria se deu com a presença cada vez maior das subsidiárias e filiais de multinacionais, principalmente dos Estados Unidos, Japão, França, Alemanha, Inglaterra, Suécia, Japão, Coreia e Espanha. Fisco e legislação tributária, de acordo com alguns autores e pesquisadores, foram também responsáveis pela evolução das práticas contábeis e de auditoria no país. Todos esses em busca de transparência nas informações prestadas pelas organizações.

No caso das subsidiárias e filiais de empresas multinacionais, os investidores externos não têm tanta segurança quanto ao ambiente interno, por isso contratam grandes empresas de auditoria (que geralmente são as empresas que já auditam sua matriz no exterior) para trazer maior segurança quanto às informações prestadas. Grandes empresas costumam adotar também um corpo de auditores internos para reforçar sua preocupação com essa política.

Percebe-se também, devido ao grande desenvolvimento em determinados setores da nossa economia, o crescimento de algumas empresas que fazem o movimento inverso, ou seja, empresas nacionais que criam subsidiárias no exterior e que também utilizam os serviços de auditoria para trazer maior segurança quanto às atividades desenvolvidas naqueles países.

5.2 CAUSAS DO SURGIMENTO DA AUDITORIA INTERNA

A administração da empresa, com a expansão dos negócios, sentiu a necessidade de dar maior ênfase às normas ou procedimentos internos, devido ao fato de que o administrador, ou em alguns casos o proprietário da empresa, não poderia supervisionar pessoalmente todas as suas atividades. Entretanto, de nada valia a implantação desses procedimentos internos sem que houvesse um acompanhamento, no sentido de verificar se estavam sendo seguidos pelos empregados da empresa.

Adicionalmente, o auditor externo ou independente, além de sua opinião sobre as demonstrações contábeis, passou a emitir um relatório-comentário, no qual apresentava sugestões para solucionar os problemas da empresa, que chegaram a seu conhecimento no curso normal de seu trabalho de auditoria. Entretanto, o auditor externo passava um período de tempo muito curto na empresa e seu trabalho estava totalmente direcionado para o exame das demonstrações contábeis.

Para atender à administração da empresa seria necessária uma auditoria mais periódica, com maior grau de profundidade e visando também a outras áreas não relacionadas com contabilidade (sistema de controle de qualidade, administração de pessoal etc.).

Portanto, surgiu o auditor interno, como uma ramificação da profissão de auditor externo, e, consequentemente, do contador. O auditor interno é um empregado da empresa, e dentro de uma organização ele não deve estar subordinado àqueles cujo trabalho examina. Além disso, o auditor interno não deve desenvolver atividades que ele possa vir um dia a examinar (como, por exemplo, elaborar lançamentos contábeis), para que não interfira em sua independência.

5.3 ORIGEM DA AUDITORIA EXTERNA

5.3.1 No exterior

O primeiro auditor provavelmente foi um proficiente guarda-livros, a serviço de mercador italiano do século XV ou XVI que, pela reputação de sua sabedoria técnica, passou a ser consultado por outros sobre a escrituração de suas transações. "Nasce" a contabilidade impulsionada pela necessidade de controle das diferentes transações comerciais. Supõe-se que a auditoria estabeleceu-se como profissão distinta da atividade contábil para um único usuário no momento em que o especialista em escrituração deixou de praticá-la para assessorar os demais especialistas e mercadores, transformando-se em consultor público liberal.

Os italianos foram os arquitetos da contabilidade moderna. Luca Pacioli, cognominado Borgo por ser natural de Borgo-San-Sepolcro (Toscana), frade matemático franciscano, em 1494 publicou sua teoria das partidas dobradas, alicerce da contabilidade. O interesse do clero pela contabilidade não foi acidental, porquanto os principais empreendimentos estruturados na Europa moderna ou medieval foram dirigidos pela Igreja, e a primeira dívida pública organizada de que se tem notícia foi incorrida pelo Vaticano, mediante colocação de títulos mobiliários.

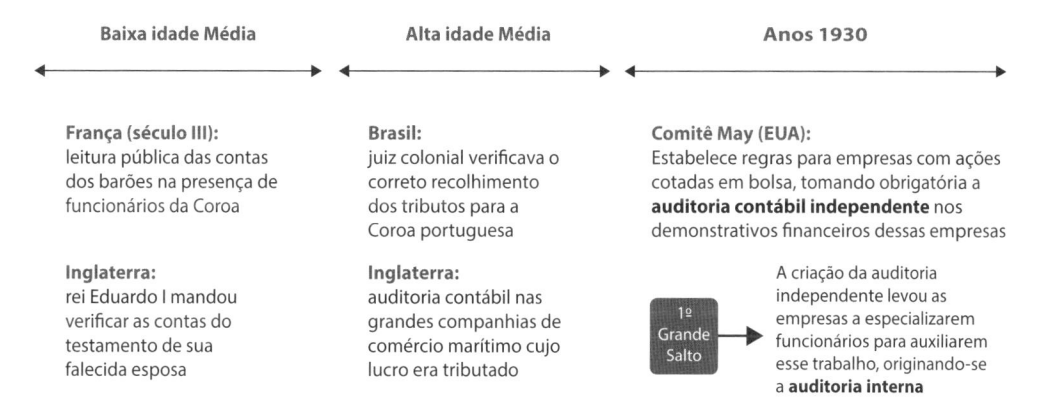

Baixa idade Média	Alta idade Média	Anos 1930
França (século III): leitura pública das contas dos barões na presença de funcionários da Coroa	**Brasil:** juiz colonial verificava o correto recolhimento dos tributos para a Coroa portuguesa	**Comitê May (EUA):** Estabelece regras para empresas com ações cotadas em bolsa, tornando obrigatória a **auditoria contábil independente** nos demonstrativos financeiros dessas empresas
Inglaterra: rei Eduardo I mandou verificar as contas do testamento de sua falecida esposa	**Inglaterra:** auditoria contábil nas grandes companhias de comércio marítimo cujo lucro era tributado	1º Grande Salto → A criação da auditoria independente levou as empresas a especializarem funcionários para auxiliarem esse trabalho, originando-se a **auditoria interna**

Figura 5.1 *Evolução da auditoria.*

Acredita-se, todavia, que o termo **auditar**, evidenciado o título de quem pratica esta técnica, tenha aparecido nos fins do século XIII na Inglaterra, durante o reinado de Eduardo I.

Na Idade Média, muitas foram, nos diversos países da Europa, as associações profissionais que se incumbiam de executar as funções de auditoria, destacando-se, entre elas, os conselhos londrinos em 1310, o tribunal de contas, em 1640, em Paris, e a Academia dei Ragionieri, em 1658, nas cidades de Milão e Bolonha.

O reconhecimento da escrituração mercantil como forma de ocupação especializada também aconteceu na Itália (Veneza), onde, em 1581, no *Collegio dei Raxonati*, foi constituído o primeiro colégio de contadores, para cuja admissão o candidato tinha de completar aprendizado de seis anos com contador praticante e submeter-se a exame.

A Revolução Industrial, na Inglaterra, operada na segunda metade do século XVIII, quanto à demanda de capital e à expansão das atividades, naturalmente, criou problemas contábeis mais complexos, mudou o eixo do desenvolvimento prático dessa disciplina para aquele país. Mas a real necessidade da contabilidade pública (auditoria) somente se manifestou a partir da institucionalização do investidor capitalista (não participante da administração), agora uma classe importante e em crescimento, que passou a exigir relatórios imparciais sobre a integridade de seu investimento e dos resultados econômicos do empreendimento. O berço da moderna auditoria foi a Inglaterra, que exportou suas técnicas para outros países.

São prenúncio, em 1845, ou seja, pouco depois de a contabilidade penetrar nos domínios científicos, os *Railway Companies Consolidation Acts*, que obrigavam à verificação anual dos balanços, o que deveria ser feito por auditores.

A confiança que na Inglaterra se depositava nos auditores era muito grande e haveria mesmo de seguir um brilhante futuro, não fossem a displicência e a incapacidade de muitos profissionais surgidos na época, que influíram desastrosamente na carreira extraordinária traçada para tal ramo.

A medida surtiu seus efeitos e voltaram os auditores a viver uma grande prosperidade protegidos como se acharam pela instituição de classe que controlava o exercício da profissão e titulava seus associados.

Com a evolução do sistema capitalista, a auditoria externa foi se tornando mais necessária, pois no início as empresas eram fechadas e pertenciam a grupos familiares. Com a expansão do mercado e o acirramento da concorrência, houve a necessidade de a empresa ampliar suas instalações fabris e administrativas, investir no desenvolvimento tecnológico e aprimorar os controles e procedimentos internos em geral, principalmente visando à redução de custos e, portanto, tornando mais competitivos seus produtos no mercado.

Entretanto, para processar todas essas mudanças seria necessário um volume de recursos impossível de ser obtido por meio das operações lucrativas da empresa ou do patrimônio de seus proprietários. Por conseguinte, a empresa teve de captar esses recursos junto a terceiros, principalmente mediante empréstimos bancários a longo prazo e abrindo seu capital social para novos acionistas.

No entanto, esses futuros investidores precisavam conhecer a posição patrimonial e financeira, a capacidade de gerar lucros e como estava sendo efetuada a administração financeira dos recursos na empresa (natureza das fontes de recursos e aplicação destes). Essa necessidade de informação era para que o investidor pudesse avaliar a segurança, a liquidez e a rentabilidade de seu futuro investimento. A melhor forma de o investidor obter essas informações era por meio das demonstrações contábeis da empresa, ou seja, o balanço patrimonial, a demonstração do resultado do exercício, a demonstração das origens e aplicações de recursos e as notas explicativas.

Na medida em que as empresas passam a captar recursos de terceiros, em forma de investimentos, empréstimos, fornecimentos etc., surge a necessidade de uma auditoria externa, independente dos administradores, para atestar a situação financeira e patrimonial dessas entidades, conforme Aragão (2019).

Como consequência, as demonstrações contábeis passaram a ter importância muito grande para os futuros aplicadores de recursos. Como medida de segurança contra a possibilidade de manipulação de informações, os futuros investidores passaram a exigir que essas demonstrações fossem examinadas por um profissional independente da empresa e de reconhecida capacidade técnica; surge a figura do auditor externo ou independente.

Com a Revolução Industrial, surgem problemas mais complexos e sistemas de controles internos são criados e implementados. Com o nascimento da figura do investidor capitalista, o auditor passa a ser essencial para garantir a integridade dos investimentos (FONTENELLE, 2016).

O surgimento da auditoria está ancorado na necessidade de confirmação por parte dos investidores e proprietários quanto à realidade econômico-financeira espelhada no patrimônio das empresas investidas. Tudo como fruto da evolução do sistema capitalista.

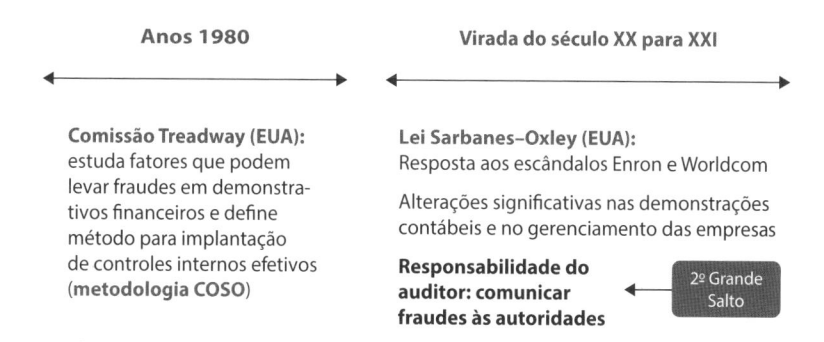

Anos 1980

Comissão Treadway (EUA): estuda fatores que podem levar fraudes em demonstrativos financeiros e define método para implantação de controles internos efetivos (**metodologia COSO**)

Virada do século XX para XXI

Lei Sarbanes–Oxley (EUA): Resposta aos escândalos Enron e Worldcom

Alterações significativas nas demonstrações contábeis e no gerenciamento das empresas

Responsabilidade do auditor: comunicar fraudes às autoridades ← 2º Grande Salto

Figura 5.2 *Lei Sarbanes-Oxley.*

5.3.2 No Brasil

Não existem divulgações de pesquisas sobre os primórdios da auditoria no Brasil, sendo certo, porém, que teve origem inglesa.

Stephen Charles Kanitz menciona que o primeiro parecer de auditoria brasileiro foi publicado em 1903. Ele, no entanto, refere-se a um parecer emitido pela Clarkson & Cross, em 9 de abril de 1903, relativamente ao exame dos livros da São Paulo Tramway, Light and Power Company, em sua matriz em Toronto, Canadá; a menção nele contida de que "examinamos também os recebimentos da filial de São Paulo..." não permite determinar se eles mantinham escritório no Brasil ou se enviaram auditores de Toronto para aquela expressa finalidade.

Sabe-se, porém, que pela alteração contratual assinada em Londres, em 1911, por Sir Henry Thomas McAuliffe, Alfred Edward Maidlow e David Bell, a firma de auditoria McAuliffe Davis Bell & Co., atualmente Arthur Andersen S.C., já mantinha estabelecimento no Rio de Janeiro desde 21 de outubro de 1909, sendo que David Bell era sócio-presidente.

Está igualmente documentado que em 1915 a firma Price Waterhouse, tendo-se incorporado com a W. B. Peat & Co. e Touche Faller & Co., na América do Sul, abriu escritório no Rio, transferindo Richard Wilson, então gerente em Nova York, para dirigi-lo.

Apesar de formalmente organizada em 26 de março de 1957, quando formado o Instituto dos Contadores Públicos do Brasil, em São Paulo, a auditoria foi oficialmente reconhecida apenas em 1968, por ato do Banco Central do Brasil. O fortalecimento da atividade, todavia, ocorreu em 1972, por regulamentação do Banco Central, do Conselho Federal de Contabilidade e pela formação de um órgão nacional para a congregação e autodisciplinação dos profissionais, o Instituto dos Auditores Independentes do Brasil.

As influências que possibilitaram o desenvolvimento da auditoria no Brasil não incluem as limitadas circunstâncias de obrigatoriedade da auditoria.

5.4 CAUSAS DO SURGIMENTO DA AUDITORIA EXTERNA

Com relação às origens da auditoria e seus tipos o surgimento da auditoria externa está associado à necessidade das empresas de captarem recursos de terceiros.

A auditoria surgiu como consequência da necessidade de confirmação dos registros contábeis, em virtude do aparecimento das grandes empresas e da taxação do imposto de renda, baseado nos resultados apurados em balanço. Sua evolução ocorreu paralelamente ao desenvolvimento econômico, que gerou as grandes empresas, formadas por capitais de muitas pessoas, que têm na confirmação dos registros contábeis a proteção a seu patrimônio.

A auditoria surgiu primeiramente na Inglaterra, que, como dominadora dos mares e controladora do comércio mundial, foi a primeira a possuir as grandes companhias de comércio e a primeira também a instituir a taxação do imposto de renda, baseado nos lucros das empresas.

Além disso, já se praticava na Inglaterra a auditoria das contas públicas, desde 1314, conforme nos relata a *Enciclopédia Britânica*. Seu aparecimento como prática sistematizada, entretanto, parece-nos que somente ocorreu no século XIX, como se depreende do fato de que a partir da segunda metade desse século é que começaram a surgir as primeiras associações de contadores públicos, profissionais que exercem as funções de auditor.

5.5 EVOLUÇÃO DA AUDITORIA

A evolução da auditoria como técnica contábil sempre esteve ligada ao atendimento de seu principal objetivo, que é a emissão de uma opinião independente sobre a adequação das demonstrações contábeis às Normas de Contabilidade, às Normas Brasileiras de Contabilidade, à legislação específica e, mais recentemente, à estrutura de Relatório Financeiro Aplicável, segundo Brito e Fontenelle (2015). A Contabilidade foi a primeira disciplina desenvolvida para auxiliar e informar o administrador, e pode-se afirmar que a Auditoria é uma especialização da Contabilidade, destinada a ser usada como ferramenta de confirmação da própria Contabilidade.

As mesmas causas responsáveis pelo surgimento da auditoria são hoje determinantes de sua extraordinária evolução. A grandeza econômica e comercial da Inglaterra e da Holanda, em fins do século XIX, bem como dos Estados Unidos, onde hoje a profissão é mais desenvolvida, determinou a evolução da auditoria, como consequência do crescimento das empresas, do aumento de sua complexidade e do envolvimento do interesse da economia popular nos grandes empreendimentos.

Nota-se que, em todos os países do mundo, o desenvolvimento da profissão de contador público é consequência do desenvolvimento econômico, que exige, cada vez mais, a utilização da auditoria, em virtude de dois fatores principais: crescimento das Sociedades Anônimas, onde grandes empresas são formadas por capitais de muitas pessoas, que têm na confirmação dos registros contábeis a proteção do seu patrimônio, e taxação do imposto de renda.

A exportação de capitais, por parte das nações economicamente mais evoluídas, é responsável pelo gigantismo atingido pela profissão nos países de origem e por sua disseminação pelo mundo. De fato, ao criarem subsidiárias no exterior, as grandes empresas mandavam também seus auditores para que estes fiscalizassem a correta aplicação dos capitais, aplicação dos lucros e retorno dos capitais investidos. Essa situação propiciou a abertura de filiais das firmas de contadores nos países importadores de capital. Esses auditores, por sua vez, utilizando os elementos locais, concorreram decisivamente para a criação e o desenvolvimento da profissão, com as características do chamado contador (que inclui a função de auditor independente) nos países onde se estabeleceram.

5.6 DESENVOLVIMENTO HISTÓRICO DA AUDITORIA NO EXTERIOR E NO BRASIL

A profissão do auditor data do século XVIII, quando alguns profissionais se autonomeavam contadores públicos, executando, porém, um trabalho pouco mais aprofundado do que aquele efetuado pelos contadores comuns. No século XIX, aparece o denominado perito contador, cuja função básica era a de descobrir erros e fraudes.

A partir de 1900, a profissão do auditor tomou maior impulso por meio do desenvolvimento do capitalismo, tornando-se uma profissão propriamente dita. Em 1934, com a criação do *Secutiry and Exchange Commission* nos Estados Unidos, a profissão do auditor criou um novo estímulo, pois as companhias que transacionavam ações na Bolsa de Valores foram obrigadas a utilizar-se dos serviços de auditoria, para dar maior fidedignidade a suas demonstrações financeiras.

No Brasil, o desenvolvimento da auditoria teve influência de:

- filiais e subsidiárias de firmas estrangeiras;
- financiamento de empresas brasileiras mediante entidades internacionais;
- crescimento das empresas brasileiras e necessidade de descentralização e diversificação de suas atividades econômicas;
- diversificação de suas atividades econômicas;
- evolução do mercado de capitais;
- criação das normas de auditoria promulgadas pelo Banco Central do Brasil em 1972; e
- criação da Comissão de Valores Mobiliários e da Lei das Sociedades Anônimas em 1976.

Nas últimas décadas instalaram-se no Brasil diversas firmas estrangeiras de auditoria externa. Esse fato ocorreu em razão da necessidade legal, principalmente nos Estados Unidos da América, de os investimentos no exterior serem auditados. Essas firmas estrangeiras praticamente iniciaram a auditoria no Brasil e trouxeram todo um conjunto de técnicas de auditoria, que posteriormente foram aperfeiçoadas.

Basicamente, só em 1965, pela Lei nº 4.728 (que disciplinou o mercado de capitais e estabeleceu medidas para seu desenvolvimento), foi mencionada pela primeira vez na legislação brasileira a expressão "auditores independentes". Posteriormente, o Banco Central do Brasil (BACEN) estabeleceu uma série de regulamentos tornando obrigatória a auditoria externa ou independente em quase todas as entidades integrantes do Sistema Financeiro Nacional (SFN) e companhias abertas. O BACEN estabeleceu também, por meio da circular nº 179, de 11 de maio de 1972, as normas gerais de auditoria. Cabe ressaltar que a Resolução nº 321/72 do Conselho Federal de Contabilidade (CFC) aprovou as normas e procedimentos de auditoria, os quais foram elaborados pelo Instituto dos Auditores Independentes do Brasil (IAIB).

Mais recentemente, a Lei das Sociedades por Ações (Lei nº 6.404/76, art. 177) determinou que as demonstrações financeiras ou contábeis das companhias abertas (ações negociadas em Bolsa de Valores) serão obrigatoriamente auditadas por auditores independentes registrados na Comissão de Valores Mobiliários (CVM), criada pela Lei nº 6.385, de 7 de dezembro de 1976.

No Brasil, a evolução da auditoria esteve primariamente relacionada com a instalação de filiais e subsidiárias de firmas estrangeiras e com a consequente obrigatoriedade de auditar suas demonstrações contábeis.

5.7 DESENVOLVIMENTO DAS TÉCNICAS DE AUDITORIA

O auditor externo não poderia ser engenheiro, arquiteto ou advogado, já que seu trabalho seria o exame das demonstrações contábeis. O profissional que entende de contabilidade é o contador; portanto, o auditor externo teria de ser um contador.

Na fase inicial do desenvolvimento das técnicas de auditoria surgiram muitas dúvidas, principalmente relacionadas com a amplitude dos testes. A principal delas era a seguinte: o auditor externo, para dar sua opinião sobre as demonstrações contábeis, teria de examinar todos os lançamentos contábeis referentes àquele exercício social.

Caso examinasse todos os lançamentos contábeis, além do alto custo do serviço de auditoria, a opinião do auditor não teria utilidade, devido ao fato de que provavelmente seria emitida com muito atraso.

Existe realmente a necessidade de o auditor examinar todos os lançamentos contábeis?

Em primeiro lugar, o auditor externo deve se preocupar com os erros que, individual ou cumulativamente, possam levar os leitores das demonstrações contábeis a terem uma interpretação errônea sobre estas. Portanto, o valor desses erros teria que ser significativo em relação às demonstrações contábeis. Exemplificando, um erro de $ 10,00 em lucro líquido do exercício de $ 5.000,00 não influenciaria a decisão do investidor de comprar ou não comprar ações da empresa.

Em segundo lugar, normalmente a empresa já tem um conjunto de procedimentos internos com o objetivo de evitar a ocorrência de erros. Esse conjunto de procedimentos internos é chamado, na prática, de sistema de controle interno.

O risco da ocorrência de um erro, em uma empresa com bom sistema de controle interno, é muito menor do que em uma empresa com o sistema de controle interno ruim. O auditor externo utiliza o sistema de controle interno para determinar a amplitude dos testes de auditoria, ou seja, quando o controle interno é bom o auditor externo faz o menor volume de testes, caso contrário, o auditor externo faz um maior volume de testes.

Exemplificando, imagine a situação em que o auditor externo terá de fazer o total de 10 pontos, somando a nota dada ao controle interno e o volume de testes. A nota dada ao controle interno varia de 0 a 8, sendo 0 a nota mais baixa e 8 a nota mais alta. A amplitude de testes varia de 2 a 10, ou seja, se a amplitude de testes é 3, portanto o auditor deverá testar 30% dos lançamentos contábeis; isso pressupõe que a nota do controle interno foi 7, para formar um total de 10 pontos.

5.8 FATORES QUE EXIGEM ATUALMENTE A ATUAÇÃO DO AUDITOR, DE MODO ESPECIAL, NO BRASIL

Como a auditoria é a técnica contábil por meio da qual são confirmados os registros realizados pela contabilidade, sua atuação interessa principalmente às seguintes pessoas e/ou órgãos:

- executivos de empresas, que não podem fiscalizar todos os atos de seus subordinados;
- investidores que não tomam parte ativa na administração de uma sociedade (é o caso dos acionistas em sociedades abertas);
- financiadores e fornecedores que desejam ver confirmada a possibilidade de liquidação de seus créditos;
- o Fisco, que tem na auditoria idônea uma colaboração útil para orientação dos contribuintes e para evitar sonegação de impostos;
- o Poder Público, quando se trata de empresas ou entidades de interesse coletivo que devem sofrer controles e fiscalização do Estado.

O surgimento e o progresso da auditoria verificaram-se, em todos os países do mundo, como consequência dos seguintes fatores:

- o crescimento de empresas, cuja complexidade e ramificações tornam impossível aos administradores controlar todos os atos de seus subordinados;
- o aparecimento, cada vez em maior número, das sociedades abertas;
- a utilização, sempre crescente, de capitais de terceiros por parte das empresas, principalmente de financiamentos de entidades particulares e empréstimos junto ao público;
- o crescimento da importância do imposto de renda – baseado no resultado do exercício – na receita pública de muitos países;
- o controle, cada vez maior, do Poder Público sobre as empresas particulares e entidades que exercem atividades relacionadas com o interesse público.

A condição de país em desenvolvimento tem oferecido campo, no Brasil, para o surgimento de grandes empresas e, até mesmo, de grandes conglomerados econômicos com ramificações pelo exterior. O progresso em todos os setores, nas comunicações, nos transportes, na construção civil, nas finanças e em vários outros campos da atividade econômica, propiciou, por um lado, a complexidade e a interligação de negócios e transações, e, por outro lado, a necessidade e a evolução dos controles. A auditoria, como valioso instrumento de aferição da eficiência desses controles, experimenta gradativa e ascendente evolução no campo da contabilidade, custos, finanças, economia, legislação fiscal e comercial, de organização e métodos e de processamento eletrônico de dados.

5.9 A AUDITORIA INDEPENDENTE NO BRASIL NOS ÚLTIMOS ANOS E O MERCADO ATUAL

Desde 1971, quando foi fundado o IAIB, passando pela aprovação, em 1972, da Resolução CFC nº 321, que continha as Normas e Procedimentos de Auditoria, da Resolução n° 220 e das Circulares n°s 178 e 179 do BACEN, a primeira criando a obrigatoriedade da auditoria independente das sociedades anônimas de capital aberto, e as outras duas regulamentando o registro dos auditores independentes e as normas de auditoria e estrutura das demonstrações contábeis, constata-se que um longo caminho foi corrido.

Alguns fatos importantes ocorridos:

- aprovação da nova Lei das Sociedades por Ações, em 1976;
- criação da CVM, em 1976, passando esta a cadastrar e controlar os auditores independentes na área do mercado de capitais;
- aprovação, a partir de 1981, pelo CFC, das Normas Brasileiras de Contabilidade (NBCs);
- emissão, pelo IBRACON, de vários pronunciamentos sobre Princípios Contábeis e Normas de Auditoria;
- obrigatoriedade, por outros órgãos fiscalizadores, da auditoria independente em entidades como instituições financeiras, seguradoras, fundações de seguridade, empresas com incentivos fiscais, cooperativas, construção civil, quando captadoras de recursos habitacionais, e empresas estatais federais;
- inclusão e aprovação, pelo CFC, das Normas de Auditoria Independente das Demonstrações Contábeis e Normas Profissionais de Auditoria (Resoluções n°s 700 e 701/91), que substituíram a Resolução n° 321/72, também referendadas pela CVM e pelo BACEN;
- exigência de auditoria independente nas empresas incluídas no Programa de Privatização, inclusive a auditoria do processo.

No Brasil, a atividade de auditoria está em posição de vanguarda, não apenas nas normas, como também no avanço da atividade nos últimos 20 anos, devendo servir de modelo para os demais países do Mercosul.

Os escândalos contábeis que atingiram gigantes como Enron e Parmalat têm ajudado pequenas e médias auditorias a conquistar uma fatia de mercado que antes pertencia às grandes do setor, as chamadas *Big Four* (Deloitte Touche Tohmatsu Auditores Independentes, PricewaterhouseCoopers Auditores Independentes, Ernst & Young Terco e KPMG Auditores Independentes).

Segundo o *International Accounting Bulletin* (IAB), publicação internacional especializada no segmento, as pequenas e médias companhias registraram um crescimento de aproximadamente 50% no faturamento em 2004. Já as quatro grandes tiveram um aumento mais tímido: cerca de 25%.

O estabelecimento de normas mais rígidas de controle tem contribuído para essa desconcentração. Atualmente, as grandes controlam 80% do mercado de auditoria e consultorias. Mas no passado era quase 100%. Nos próximos três anos, esse número deve cair para 60%.

Pelas novas regras, uma auditoria não pode prestar serviços de consultoria numa mesma companhia. Na parte de consultoria, por serem mais flexíveis, as pequenas e médias são muito procuradas. Na auditoria, é mais difícil, porque as marcas contam muito na hora da escolha.

O segmento de pequenas e médias empresas também representa um importante filão para as auditorias. Essas empresas perceberam que auditoria não é só para apontar problemas. Elas ajudam a fazer a empresa crescer. São cerca de 8.000 potenciais clientes.

O serviço mais procurado por essas empresas é o de planejamento tributário. Alguns empresários perceberam ser mais vantajoso o planejamento do que a sonegação de impostos. Quando sonegam, as empresas têm de esconder tanta informação que ficam sem saber o que existe de fato no negócio delas.

5.10 A NECESSIDADE DA REVISÃO E ATUALIZAÇÃO DAS NORMAS DE AUDITORIA INDEPENDENTE

Um dos passos mais importantes foi dado em 1991, quando, num trabalho conjunto, o CFC, o IBRACON, a CVM e o BACEN unificaram as Normas de Auditoria Independente das Demonstrações Contábeis.

As normas aprovadas pela Resolução CFC nº 700/91 foram preparadas a partir de pronunciamentos do IBRACON, normas emitidas pela CVM e pelo BACEN, e pronunciamentos da IFAC, como órgão internacional mais importante na área da auditoria.

Com isso, nossas normas de auditoria independente atendem em quase tudo às normas internacionais, estando, no entanto, adaptadas a nossas circunstâncias brasileiras.

Como as normas aprovadas pelas Resoluções nºs 700 e 701/91 do CFC foram redigidas de maneira a dar uma regra geral para cada etapa do processo de uma auditoria, é necessário que se agilizem as Interpretações Técnicas sobre cada item das referidas normas, para que a classe contábil e os usuários dos serviços de auditoria independente tenham realmente um trabalho técnico do mais alto nível e de grande utilidade.

Recentemente, o IBRACON emitiu longo pronunciamento sobre a opinião do auditor, o qual está sendo analisado pelo grupo de trabalho de Normas Contábeis do CFC para ser utilizado como Interpretação Técnica.

Quando da regulamentação da atividade da auditoria independente, em 1972, pelo BACEN, uma primeira relação de firmas de auditoria registradas apontava para um total de 44 pessoas jurídicas, das quais oito eram as chamadas "multinacionais" ou *big eight* (oito grandes, hoje *big four*). Na realidade, essas 44 empresas eram as firmas que formavam o mercado da auditoria antes da regulamentação pelo BACEN.

Atualmente, as *big four* são:

- PricewaterhouseCoopers Auditores Independentes;
- Ernst & Young Terco;
- KPMG Auditores Independentes;
- Deloitte Touche Tohmatsu Auditores Independentes.

Após a criação da CVM, passando para esta o cadastramento dos auditores independentes, aquele número chegou a mais de 2.000 pessoas jurídicas, embora muitas das 44 inicialmente existentes tenham desaparecido no período, por venda para firmas maiores ou pelo falecimento de seus sócios. Só nos últimos anos mais de 100 firmas de auditoria de certo porte foram vendidas para as *big four*.

As principais características da grande maioria dessas 2.000 firmas de auditoria são:

- pequenos escritórios, com um responsável técnico somente; em geral são escritórios de contabilidade que também fazem, esporadicamente, auditoria;
- pessoal oriundo de firmas de auditoria maiores, que ganharam experiência e resolveram montar seu negócio;
- são firmas com atuação em mercados regionais, limitadas, em geral, a seu Estado de origem.

Na realidade, as firmas de auditoria que hoje têm maior expressão no mercado e que surgiram após aquela época são de ex-gerentes das *big four* que se reuniram para montar o seu negócio, levando consigo, na maioria das vezes, uma carteira de clientes nacionais que possibilitava a base para um crescimento posterior.

São raros os casos de firmas formadas, e que tenham uma presença marcante no mercado, fora das circunstâncias supramencionadas.

Isso se deve aos seguintes fatores:

- as nossas universidades e faculdades não preparam adequadamente nossos bacharéis em Ciências Contábeis para enfrentar esses desafios;
- as firmas de auditoria já existentes em 1972 ocuparam os espaços e concentraram para si um mercado cada vez mais crescente;
- as novas empresas que tiveram êxito têm origem nas grandes firmas de auditoria, de gerentes com experiência de muitos anos, e muitos dos novos empreendedores fizeram estágios no exterior, nas *big four*, ou tiveram longo tempo de treinamento e formação profissional em empresa nacional de médio e grande portes.

Dentro dessas circunstâncias, estes são os componentes do mercado atual:

- as maiores do setor, conhecidas como as *big four*. Qualquer coligação ou acordo operacional entre uma dessas empresas e uma empresa nacional é mera forma de transição para uma futura incorporação;
- empresas nacionais com atuação em vários Estados mantêm presença permanente no mercado nacional de auditoria. Essas empresas têm tido presença significante no mercado, ocupando espaços com muita competência e tenacidade;
- empresas nacionais com atuação regionalizada ou profissionais pessoas físicas, que atendem a empresas de menor porte.

Cabe ressaltar que a auditoria independente é o único mercado em que, há pelo menos 20 anos, os critérios de contratação pelo processo de licitação são completamente desfavoráveis às empresas nacionais. Ao contrário das empresas nacionais de publicidade, por exemplo, que, nas décadas de 1970 e 1980 cresceram pela reserva de mercado nas contas do Governo, na auditoria independente deu-se o contrário: as auditorias multinacionais sempre tiveram privilégios nas contas do Governo em relação às empresas nacionais.

Por outro lado, as *big four*, que, segundo a legislação profissional, são empresas nacionais, utilizam-se desse privilégio da forma como lhes convém. Quando as razões para a contratação dos serviços requerem a comprovação de experiência internacional, utilizam-se de seu nome para provar que são, na realidade, empresas multinacionais. Nesse ponto, a luta tem sido desigual. Mas os "teimosos" auditores genuinamente nacionais têm sabido utilizar algumas vantagens competitivas para continuar no mercado e conquistar mais espaços.

Essa é a realidade do mercado da auditoria no Brasil: uma forte concentração de todos os serviços entre as *big four* e as empresas nacionais. Não existem estatísticas oficiais, mas há certo consenso, entre os sócios das principais firmas de auditoria, de que essas 20 empresas abocanham mais de 90% do faturamento dos serviços de auditoria no Brasil.

Todavia, esta concentração é preocupante. A tendência para um futuro próximo é de que as empresas nacionais ficarão reduzidas a no máximo seis ou sete, como também se especula, no mercado mundial de auditoria, alguma fusão entre as *big four*.

5.11 PERSPECTIVAS DA AUDITORIA

O mercado da auditoria independente tem crescido bastante nos últimos anos e tem ainda um amplo espaço para crescer. Basta verificar algumas áreas em que a atuação do auditor independente é muito pequena ou mesmo inexistente:

- administração direta (federal e estadual);
- prefeituras;
- universidades, faculdades isoladas e escolas;
- clubes sociais e esportivos;
- fundações e associações sem fins lucrativos;
- hospitais;
- estatais estaduais (exceções feitas a São Paulo, Paraná e Santa Catarina, onde a auditoria independente é obrigatória para todas).

Deveria existir uma lei específica para regular a auditoria independente, a exemplo do que existe em outros países, dentro de um princípio básico: onde há interesse público, deve haver a transparência aos interessados e à comunidade em geral.

É inadmissível que não se obriguem prefeituras de cidades a partir de determinado tamanho (por exemplo: mais de 50.000 habitantes) a divulgar, semestral ou anualmente, suas contas num jornal da cidade, acompanhadas da opinião de auditoria independente, segundo normas específicas baixadas pelo CFC e pelo Tribunal de Contas do Estado (TCE). Certamente, não teríamos tantos desvios e falcatruas descobertos pelos TCEs (só que dois anos depois).

Se examinarmos o mercado potencial, somente em empresas privadas de capital fechado, vamos ver que só estratificando por alguns parâmetros e obrigando essas empresas a divulgarem seus balanços auditados é que já teríamos um mercado bem maior.

Esses parâmetros poderiam ser:

- valor do patrimônio líquido;
- faturamento;
- volume de impostos e contribuições sociais que recolhem;
- número de funcionários;
- controle acionário ou societário por capital estrangeiro.

Uma empresa que tenha importância para a comunidade não deve prestar contas apenas para sócios ou acionistas.

O que se questiona é se a estrutura atual das firmas de auditoria independente atenderia a essa demanda.

É necessário que se continue a fazer o que já foi feito nos últimos anos, ou seja, crie-se obrigatoriedade da auditoria independente por segmentos em que é evidente o interesse público. Todavia, é preciso conscientizar os legisladores e o Poder Executivo, em níveis federal, estadual e municipal, da importância da transparência das contas públicas e também mostrar onde há interesse público no âmbito das entidades privadas.

Esse é o papel a ser desempenhado pelas entidades profissionais no âmbito da auditoria independente. Por sua vez, as firmas de auditoria precisam estruturar-se para atender a esse mercado crescente.

5.12 TENDÊNCIAS DA AUDITORIA

A auditoria deve-se modificar para conquistar e consolidar o espaço que será criado com a introdução dos setores apresentados, anteriormente, em seu campo de atuação.

No entanto, uma modificação desse gênero não é simples. Portanto, faz-se necessário analisar uma série de fatores relacionados principalmente com:

a) Aspectos conjunturais

Como está nossa economia? Por que o mercado de capitais reage dessa maneira? Quais são as tendências? Se o mundo aceita a globalização da economia, é importante analisarmos os fatores que implicam esse estado econômico, tais como: minimização de custos, otimização de mão de obra, destinação de recursos, mercado investidor. Dessa análise, é importante determinarmos qual produto o auditor deve oferecer a essa comunidade; o que essa comunidade necessita para seu benefício.

b) Cenário do conhecimento

A formação cultural, acadêmica e profissional deverá passar por uma enorme e radical transformação. Os grandes futurólogos garantem que a próxima década será a era do conhecimento. Isso representa dizer que um pedaço de papel, por mais bonito que seja, na parede ou na gaveta, só terá valor e significado se seu detentor demonstrar conhecimento cultural, acadêmico e profissional.

A próxima década consolidará o valor da informação e do sistema. Nada será feito sem depender de uma e se basear no outro.

c) Cenário técnico

O cenário técnico é resultante de um agregado de fatores e, ao mesmo tempo, o corolário das transformações e reformulações dos padrões. A auditoria será executada dentro de um contexto de sistemas e informações utilizados e gerados de forma diferente, o que resultará na mudança do enfoque e estratégia do auditor.

As pistas de auditoria serão outras e os padrões de auditoria serão todos adaptados e condicionados para acompanhar a nova era. Se hoje ainda existe certa dificuldade para se perceber a importância dos sistemas e dos controles internos, o futuro exigirá seu perfeito conhecimento, pois somente terá sucesso o auditor que dominar completamente a dinâmica e sensibilidade do sistema.

A teoria contábil será vital, pois estaremos vivendo a era dos "porquês". Só a fundamentação contábil correta e apropriada, firme e sólida poderá propiciar a interpretação dos eventos econômicos.

Inspirada pela velocidade da informática, a auditoria passará a ser executada praticamente por revisões analíticas e indagações. Procedimentos tradicionais, como a circularização de saldos, a observação física dos inventários e os exames documentais, estarão com seus dias contados. Os sistemas e o controle interno terão de dar ao auditor o conforto da exatidão, existência e propriedade.

Os objetivos e procedimentos de auditoria modificar-se-ão radicalmente. O enfoque de exame de contas e saldos dará lugar ao enfoque de negócios. As contas a receber valem por sua capacidade de se converter em benefícios para a entidade, e não simplesmente por sua realização. Os enfoques estarão relacionados com sua condição de gerar riqueza para a entidade, e não apenas se serão ou não realizados acima do preço de mercado.

Qualquer detalhe do ativo em si e isoladamente será supérfluo. O auditor estará vivamente interessado em apreciar a probabilidade de esses ativos darem à entidade não só condição de continuidade operacional, mas também, e muito mais importante, a sequência operacional com qualidade.

No trabalho do auditor, ficará confirmada a importância da essência sobre a forma; do conjunto sobre o detalhe; da qualidade sobre a quantidade.

A análise dos riscos de auditoria, o planejamento eficiente dos trabalhos e a compreensão dos negócios da entidade serão o arcabouço de qualquer trabalho de auditoria.

O auditor que não tiver essa visão estará relegado ao plano comum, sem chances. A sensibilidade será interpretar os negócios da entidade valendo-se de princípios contábeis, e não vice-versa. A contabilidade fornecerá o instrumental valioso para registrar, controlar, medir, interpretar e apresentar as informações. Somente o enfoque de negócios dará ao auditor condições para discernir sobre os fundamentos e atributos da contabilidade e das interpretações gerenciais. A auditoria sairá definitivamente da área contábil, para se voltar aos principais níveis decisórios dos negócios da entidade.

Com isso, a auditoria cumprirá sua outra finalidade, a de interpretar os eventos econômicos de maneira prospectiva e seus efeitos no ambiente empresarial, no interesse dos acionistas, na motivação dos administradores e no crescimento da economia.

d) Cenário disciplinar

Para acompanhar as tendências de globalização da economia, a formação acadêmica passará por uma modificação substancial. A formação generalizada será intensificada, dando à especialização uma importância quase que excludente e no regime de exceção. A auditoria continuará a ser uma especialização da contabilidade, porém o auditor dependerá de uma formação generalista muito forte, e poucos terão condições e talento para fazer especialização.

É um erro admitir que, por ser contador, um profissional pode ser auditor, ou pode vir a emitir opinião como se fosse um auditor. Isso vem acontecendo exatamente porque não há um cenário disciplinar definido que coíba ou iniba essa prática.

Não será mais admissível que um profissional entenda e possa desenvolver, ao mesmo tempo, atividades de contador, perito-contador, auditor, *controller* ou consultor. Daqui para frente, isso será visto com muitas reservas, pois não podemos confundir a formação generalista, a qual, baseada no talento, permite e fundamenta a especialização, com a pseudocondição do exercício concomitante de toda e qualquer atividade. Mesmo a atividade do professor do curso de Ciências Contábeis terá de ser exclusiva e circunscrita a quem se especializar para tanto.

Dentro desse cenário, entendemos que os órgãos de registro e fiscalização sofrerão uma mudança estrutural.

Toda ênfase desses órgãos estará no aprimoramento do conhecimento. Caberá à opinião pública julgar cada profissional por seus atos e pelos danos que, pela deficiência de conhecimento, vier a causar e pelos quais responderá civilmente.

As normatizações terão enorme flexibilidade, porque as aplicações serão analisadas caso a caso, em função de que os auditores passarão a ter uma formação muito mais completa, com especialização pertinente, sem perder de vista a visão global do generalista.

Esse discernimento permitirá ao auditor, com mais liberdade profissional, dar a correta interpretação dos eventos econômicos.

O relacionamento com o mundo dos negócios permitirá essa flexibilização, mas exigirá mais segurança. O moderno auditor deixará de lado o costume de justificar seus atos com base nos padrões, como acontece hoje, e realmente dará sua opinião sobre a entidade, e não mais uma opinião baseada nisto ou naquilo.

e) Cenário ético

Com relação à ética, podemos identificar três tipos de profissionais:

- aqueles que não estão preparados e, portanto, não têm como segui-la;
- aqueles que estão parcialmente preparados e, portanto, correm o grande risco de não segui-la;
- aqueles que estão preparados, e, portanto, não a seguem se não quiserem.

A expectativa estará no conceito de que aquele que não seguir ou atender aos padrões de ética estará completamente alijado da comunidade, sem chances.

Os padrões de ética serão rigidamente codificados e serão seguidos, principalmente e de maneira genérica, no que tange a:

- sabedoria, harmonia e respeito;
- competência, independência, responsabilidade e sigilo.

Para tanto, voltarão a ter enorme valor os formadores de comportamento:

- família, igreja, associações, escolas e comunidades;
- ética é uma concepção filosófica, isso explica a dificuldade de entendê-la, pois estamos exageradamente arraigados nos aspectos práticos do dia a dia;

- cada um de nós terá de passar por uma reciclagem ou transformação completa para poder entender nossa própria razão de ser numa vida em comunidade.

Aquele que julga, o que opina como auditor terá de ter um sentido de ética mais apurado e reciclado mais rapidamente, pois, além de aplicá-la, terá de julgar sua aplicação com consciência.

f) Cenário pessoal

O auditor terá de ser um cidadão do mundo, desfrutar privilegiada visão do todo. Não se admitirá que viva numa ilha. Tudo interessa e vale a pena saber. A cultura geral será de fundamental importância para o auditor, que a utilizará como grande veículo e instrumental de comunicação com a administração. A versatilidade será um atributo importante para o auditor, baseada na visão de conjunto cultural-profissional.

g) Expectativas técnicas

A opinião de auditoria mudará substancialmente. As expressões **exceto por**, **não representam**, **não nos foi possível opinar** deixarão de existir. A divulgação por incerteza, seja por assunto não resolvido ou por continuidade operacional, também não será mais utilizada nos moldes de hoje.

O importante será expressar o que está certo e o que está errado, o quanto o investidor está perdendo ou deixando de ganhar, bem como as perspectivas da entidade, de maneira direta e objetiva.

Os demonstrativos deixarão de ser os tradicionais em uso, para dar lugar, de maneira livre, àqueles que de fato divulguem mais compreensivelmente a situação patrimonial e financeira.

Haverá flexibilidade em função do próprio ramo de negócio e do mercado da entidade.

Pouco importará saber qual foi a extensão do ramo de trabalho do auditor, o importante será sua opinião, clara, concisa, objetiva e que transmita aquilo que o público precisa saber de maneira inteligível. As Normas de Contabilidade serão premissas e, portanto, serão banidas da opinião.

Da mesma forma, não terá o mínimo sentido mencionar que os exames foram efetuados de acordo com normas de auditoria. Não poderá ser de outra forma, e, além disso, ao público pouco importa.

Os padrões serão desenvolvidos pelo próprio auditor, para cada caso, conforme os objetivos dos exames. A responsabilidade do auditor será declarada em sua opinião, que abrangerá muito mais os critérios e o desempenho do que os padrões.

A linguagem do relatório e das notas explicativas será mais adequada, com menos números e mais explicações. A própria equação patrimonial e a demonstração do resultado serão estruturadas de maneira a refletirem as operações da entidade e a faceta patrimonial. A apresentação gráfica será livre, e o auditor terá responsabilidade de avaliar se ela é a mais apropriada em função do ramo de negócio e de peculiaridades pertinentes.

Estaremos definitivamente diante de análises financeiras com retrospectivas, com análises de desempenho e prognósticos abrangidos na opinião do auditor.

5.13 CONSIDERAÇÕES FINAIS

Pode-se estabelecer o seguinte quadro cronológico da evolução da auditoria, conforme Brito (2015):

Data	Fato
?	Desconhecida a data de início da atividade de auditoria.
1314	Criação do cargo de auditor do Tesouro na Inglaterra.
1559	Sistematização e estabelecimento da auditoria dos pagamentos a servidores públicos pela Rainha Elizabeth I.
1880	Criação da Associação dos Contadores Públicos Certificados, na Inglaterra.
1886	Criação da Associação dos Contadores Públicos Certificados, nos Estados Unidos.
1894	Criação do Instituto Holandês de Contadores Públicos.
1934	Criação da *Security and Exchange Commission* (SEC), nos Estados Unidos.

A evolução da auditoria como técnica contábil sempre esteve ligada ao atendimento de seu principal objetivo, que é a emissão de uma opinião independente sobre a adequação das demonstrações contábeis/financeiras às Normas de Contabilidade, às Normas Brasileiras de Contabilidade, à legislação específica e, mais recentemente, à estrutura de Relatório Financeiro Aplicável.

O surgimento da auditoria está ancorado na necessidade de confirmação por parte dos investidores e proprietários quanto à realidade econômico-financeira espelhada no patrimônio das empresas investidas, tudo como fruto da evolução do sistema capitalista.

6

Normas de Auditoria

ENFOQUE

- **NBC TA 200** — Objetivos Gerais do Auditor Independente e a Condução de Auditoria em Conformidade com Normas de Auditoria.
- **NBC TA 210** — Concordância com os Termos de Trabalho de Auditoria.
- **NBC TA 240 (R1)** — Responsabilidade do Auditor Relacionada com Fraude em Auditoria de Demonstrações Contábeis.
- **NBC TA 250** — Considerações de Leis e Regulamentos em Auditoria de Demonstrações Contábeis.
- **NBC TA 260 (R2)** — Comunicação com os Responsáveis pela Governança.
- **NBC TA 265** — Comunicação de Deficiências de Controle Interno.
- **NBC TA 315 (R2)** — Identificação e Avaliação dos Riscos de Distorção Relevante por meio do Entendimento da Entidade e do seu Ambiente.
- **NBC TA 320** — Materialidade no Planejamento e na Execução da Auditoria.
- **NBC TA 330 (R1)** — Respostas do Auditor aos Riscos Avaliados.
- **NBC TA 450 (R1)** — Avaliação de Distorções Identificadas Durante a Auditoria.
- **NBC TA 540 (R2)** — Auditoria de Estimativa Contábil, Inclusive do Valor Justo e Divulgações Relacionadas.
- **NBC TA 550** — Partes Relacionadas.
- **NBC TA 560 (R1)** — Eventos Subsequentes.
- **NBC TA 570** — Continuidade Operacional.
- **NBC TA 600 (R1)** — Considerações Especiais.
- **NBC TA 620** — Utilização do Trabalho de Especialistas.
- **NBC TA 700** — Conclusão da Auditoria e emissão de Relatórios.

➢	**NBC TA 705**	Modificações na Opinião do Auditor Independente.
➢	**NBC TA 706**	Parágrafos de Ênfase e Parágrafos de Outros Assuntos no Relatório do Auditor Independente.
➢	**NBC TA 710 (R1)**	Informações Comparativas – Valores correspondentes e Demonstrações Contábeis Comparativas.
➢	**NBC TA 720**	Responsabilidade do Auditor em Relação a outras Informações incluídas em Documentos que contenham Demonstrações Contábeis Auditadas.
➢	**NBC TA 800**	Considerações Especiais – Auditorias de Demonstrações Contábeis elaboradas de acordo com Estruturas Conceituais de Contabilidade para Propósitos Especiais.

6.1 INTRODUÇÃO

As normas de auditoria orientam os auditores na realização de seus exames e na preparação de relatórios. Há normas que são descritas como normas gerais, normas relativas à execução do trabalho e normas de parecer (normas do relatório). Essas normas determinam a estrutura dentro da qual o auditor decide sobre o que é necessário à elaboração de um exame de demonstrações financeiras, à realização do exame e à redação do relatório. Também servem para medir a qualidade dos objetivos de auditoria e dos atos destinados a atingir esses objetivos. Desde 1972, temos normas de auditoria que estão em vigor pelo Conselho Federal de Contabilidade (CFC) em conjunto com o Instituto de Auditores Independentes do Brasil (IBRACON), além da Comissão de Valores Mobiliários (CVM), do Banco Central do Brasil (BACEN) e da Superintendência de Seguros Privados (SUSEP).

Enquanto as normas de auditoria são para controlar a qualidade do exame e do relatório, os procedimentos de auditoria descrevem as tarefas realmente cumpridas pelo auditor, na realização do exame. As normas de auditoria são claramente estabelecidas e não se permite desvio algum, se o objetivo é fazer um exame satisfatório. Em contraposição, os procedimentos de auditoria geralmente aceitos são descritos em termos genéricos, que podem ser modificados de modo a adaptarem-se a um trabalho específico de auditoria. As normas gerais referem-se, primordialmente, a caráter, atitudes e treinamento de auditores e são também conhecidas como normas pessoais. Dizem respeito a treinamento técnico e competência do auditor, experiência e zelo profissional e atitude de independência mental.

As normas de trabalho de campo dizem que os auditores têm de examinar evidências suficientes, tiradas dos registros contábeis e financeiros do cliente, e os dados que as fundamentam, para justificarem a emissão da opinião do auditor sobre as demonstrações financeiras. O trabalho deve ser cuidadosamente planejado e, quando houver assistentes, estes devem ser supervisionados adequadamente. Deve-se fazer um bom estudo e avaliação do controle interno existente, como base para que se possa confiar no mesmo e para determinação da extensão dos testes, aos quais se restringirão os procedimentos de auditoria.

Para muitos usuários de demonstrações financeiras, o relatório do auditor é a única evidência de que se fez um exame profissional. Consequentemente, é de extrema importância que se faça o relatório de modo profissional e há quatro normas que servem de orientação global para a preparação do relatório, que dizem o seguinte:

- o relatório deve declarar se as demonstrações financeiras são apresentadas em conformidade com as normas de contabilidade;
- o relatório deve declarar se os princípios contábeis foram aplicados consistentemente no período corrente em relação ao período anterior;
- as divulgações de informações nas demonstrações financeiras devem ser consideradas adequadas, salvo declaração em contrário no relatório;
- o relatório deve conter uma opinião relativa às demonstrações financeiras tomadas em conjunto, ou qualquer declaração de que não pode ser emitida a opinião. Se não for possível emitir opinião global, devem-se declarar os motivos e, em todos os casos em que o nome do auditor estiver ligado às demonstrações financeiras, o relatório deve conter explicações bem claras da natureza do exame do auditor, se é que foi feito algum, e do grau de responsabilidade que ele está assumindo.

O contador tem sua atuação como profissional quase que totalmente influenciada pelo ambiente onde atua. Nesse contexto, pode-se observar, no que diz respeito ao processo de convergência aos padrões internacionais de contabilidade IFRS (*International Financial Reporting Standards*), sem embargo, a grande vantagem que estão levando os contadores que prestam serviços às sociedades anônimas de capital aberto, cujo órgão regulador é a Comissão de Valores Mobiliários (CVM). A partir da promulgação das Leis nº 11.638/2007 e nº 11.941/2009, que separou a contabilidade para fins fiscais da contabilidade para fins societários, tornamo-nos mais profissionais da informação.

A grande vantagem das normas internacionais de contabilidade que estão sendo adotadas no Brasil é o fato de se tratar de um conjunto completo de normas, tanto para as sociedades anônimas de capital aberto e sociedades de grande porte – art. 3º da Lei nº 11.638/2007 –, como para pequenas e médias empresas – Comitê de Pronunciamentos Contábeis para Pequenas e Médias Empresas (CPC PME). Sua adoção deve ser integral, não há espaços para adaptações, ou se adota integralmente ou não. Esse raciocínio vale para todas as empresas brasileiras.

Por lei, toda e qualquer sociedade empresária é obrigada a manter um sistema de contabilidade, conforme o art. 1.179 do Código Civil. Com relação à observância do padrão contábil internacional, surgiu a dúvida em razão de a Lei nº 11.638/2007 ser, em princípio, aplicável apenas às sociedades anônimas (abertas ou fechadas) e às sociedades limitadas consideradas de grande porte – faturamento anual superior a R$ 300 milhões ou ativos totais superiores a R$ 240 milhões. Ocorre que a lei brasileira delegou a competência para editar normas contábeis ao Conselho Federal de Contabilidade (CFC), por meio do Decreto-lei nº 9.295/56, competência essa que foi confirmada pela Lei nº 12.249/2010.

Assim, todas as sociedades empresárias brasileiras devem adotar as normas internacionais de contabilidade – IFRS/CPC, independentemente de seu tipo societário (sociedade anônima ou sociedade limitada), seu porte (grande, média ou pequena) ou sua opção pela tributação dos impostos sobre a renda (lucro real ou lucro presumido). Considerando que se trata de um ramo do direito não sujeito exclusivamente à legalidade, cabe às normas infralegais regulamentar o direito contábil, o que tem sido feito pelas Resoluções do CFC e Instruções da CVM. Essa liberdade de regulamentação, por outro lado, não é absoluta, devendo ser respeitados os dispositivos legais que venham a limitar ou obrigar determinada opção de política contábil.

As Normas Brasileiras de Auditoria são as regras ditadas pelos órgãos reguladores da profissão contábil do Brasil e têm por objetivo a regulação da profissão e atividades, bem como estabelecer diretrizes a serem seguidas pelos profissionais no desenvolver de seus trabalhos. A adoção dessas normas é obrigatória de acordo com a Resolução CFC nº 1.328/2011. A inobservância às NBCs constitui infração disciplinar sujeita às penalidades previstas no Decreto-lei nº 9.295/46, alterado pela Lei nº 12.249/2010, e ao Código de Ética Profissional do Contador, Resolução nº 1.560/2019, a NBC PG 01 – Código de Ética Profissional do Contador.

Constitui infringência ao Código de Ética Profissional do Contador e, portanto, é vedado ao auditor independente de demonstrações contábeis, no desempenho de suas funções, valer-se de agenciador de serviços, mediante participação no montante de honorários profissionais estabelecidos para a contratação.

De forma simplificada, podemos dizer que as Normas Brasileiras de Contabilidade são classificadas em Normas Técnicas e Profissionais, e compreendem:

- Código de Ética Profissional do Contador;
- Normas de Contabilidade;
- Normas de Auditoria Independente e de Asseguração;
- Normas de Auditoria Interna; e
- Normas de Perícia.

As Normas Brasileiras de Contabilidade (NBC) editadas pelo CFC devem seguir os padrões internacionais e compreendem as normas propriamente ditas, as Interpretações Técnicas e os Comunicados Técnicos. As normas de auditoria independente são aprovadas pelo CFC por meio de Resoluções e classificadas em normas profissionais (NBC PA) e normas técnicas (NBC TA). Enquanto as NBCs PA estabelecem regras e procedimentos de conduta a serem observados como requisitos para o exercício profissional contábil, as NBCs TA descrevem conceitos doutrinários, princípios e procedimentos a serem aplicados quando da realização dos trabalhos.

A Resolução CFC nº 1.328/2011, que dispõe sobre a Estrutura das Normas Brasileiras de Contabilidade, estabelece que as Normas Brasileiras de Contabilidade se estruturam conforme segue:

Normas Profissionais:

I. Geral – NBC PG – aplicadas indistintamente a todos os profissionais de contabilidade;

II. do Auditor Independente – NBC PA – aplicadas, especificamente, aos contadores que atuam como auditores independentes;

III. do Auditor Interno – NBC PI – aplicadas especificamente aos contadores que atuam como auditores internos;

IV. do Perito – NBC PP – aplicadas especificamente aos contadores que atuam como peritos contábeis.

Normas Técnicas:

I. Geral – NBC TG – são as Normas Brasileiras de Contabilidade convergentes com as normas internacionais emitidas pelo *International Accounting Standards Board* (IASB); e as Normas Brasileiras de Contabilidade editadas por necessidades locais, sem equivalentes internacionais;

II. do Setor Público – NBC TSP – são as Normas Brasileiras de Contabilidade aplicadas ao Setor Público, convergentes com as Normas Internacionais de Contabilidade para o Setor Público, emitidas pela *International Federation of Accountants* (IFAC); e as Normas Brasileiras de Contabilidade aplicadas ao Setor Público editadas por necessidades locais, sem equivalentes internacionais.

III. de Auditoria Independente de Informação Contábil Histórica – NBC TA – são as Normas Brasileiras de Contabilidade aplicadas à Auditoria convergentes com as Normas Internacionais de Auditoria Independente emitidas pela IFAC;

IV. de Revisão de Informação Contábil Histórica – NBC TR – são as Normas Brasileiras de Contabilidade aplicadas à Revisão convergentes com as Normas Internacionais de Revisão emitidas pela IFAC;

V. de Asseguração de Informação Não Histórica – NBC TO – são as Normas Brasileiras de Contabilidade aplicadas à Asseguração convergentes com as Normas Internacionais de Asseguração emitidas pela IFAC;

VI. de Serviço Correlato – NBC TSC – são as Normas Brasileiras de Contabilidade aplicadas aos Serviços Correlatos convergentes com as Normas Internacionais para Serviços Correlatos emitidas pela IFAC;

VII. de Auditoria Interna – NBC TI – são as Normas Brasileiras de Contabilidade aplicáveis aos trabalhos de Auditoria Interna;

VIII. de Perícia – NBC TP – são as Normas Brasileiras de Contabilidade aplicáveis aos trabalhos de Perícia;

IX. de Auditoria Governamental – NBC TAG – são as Normas Brasileiras de Contabilidade aplicadas à Auditoria Governamental convergentes com as Normas Internacionais de Auditoria Governamental emitidas pela Organização Internacional de Entidades Fiscalizadoras Superiores (INTOSAI).

	Resolução CFC nº 1.328/2011			
	Normas Brasileiras de Contabilidade			
	Contabilidade	Auditoria	Auditoria Interna	Perícia
Profissionais	NBC PG	NBC PA	NBC PI	NBC PP
Técnicas	NBC TG / TSP	NBC TA / TR / TO / TSC	NBC TI	NBC TP

Fonte: Resolução nº 1.328/2011 do CFC.

6.2 CONCEITO

Por normas de auditoria são entendidas as regras estabelecidas pelos órgãos regulares da profissão contábil, em todos os países, com o objetivo de regulamentar o exercício da função do auditor, estabelecendo orientação e diretrizes a serem seguidas por esses profissionais no exercício de suas funções. Elas estabelecem conceitos básicos sobre exigências em relação à pessoa do auditor, à execução de seu trabalho e à opinião do auditor que deverá por ele ser emitida. Embora, na maioria das vezes, as normas de auditoria sejam meros guias de orientação geral, e não um manual analítico de procedimentos a serem seguidos pelo auditor, elas fixam limites nítidos de responsabilidades, bem como dão orientação útil quanto ao comportamento do auditor em relação à capacitação profissional e aos aspectos técnicos requeridos para a execução de seu trabalho.

As normas usuais de auditoria, aprovadas pelo Conselho Federal de Contabilidade (CFC), são:

- normas relativas à pessoa do auditor;
- normas relativas à execução do trabalho;
- normas relativas à opinião do auditor.

As normas de auditoria são os requisitos a serem observados no desempenho do trabalho de auditoria. Com o desenvolvimento da atividade e seu reconhecimento, o auditor vem conseguindo firmar-se como um elemento indispensável dentro da estrutura organizacional.

O conceito, tradicionalmente, de policial do auditor interno está sendo há muito modificado pelas novas concepções de gestão empresarial que veem na auditoria um importante aliado na revisão das operações desenvolvidas pelas áreas operacionais e de apoio além de, com base no exame minucioso das rotinas e procedimentos internos, avaliar a eficiência e a eficácia do funcionamento dos sistemas de controles internos da empresa.

A relevância do papel desenvolvido pelo auditor interno está diretamente relacionada com os seguintes fatores:

- a crescente complexidade dos métodos contábeis, administrativos e de operações;
- a tendência cada vez mais acentuada das descentralizações com o consequente aumento da delegação de autoridade;
- a verticalização cada vez maior dos níveis operacionais.

A criação de normas para auditoria é uma tarefa complexa, em face da diversidade dos projetos desenvolvidos na área e das abordagens especialmente talhadas para cada trabalho especificamente. A tarefa torna-se ainda mais difícil devido à necessidade de criação de normas que se apliquem ao trabalho feito por pessoal que recebeu treinamento em diversas disciplinas. Os profissionais de engenharia, de transportes etc. que podem auxiliar na execução da auditoria devem pautar seu desempenho pelas mesmas normas.

6.3 IMPORTÂNCIA DAS NORMAS DE AUDITORIA

As normas de auditoria, juntamente com os procedimentos para sua implementação, estabelecem a ordem e a disciplina na realização do trabalho. E o que é mais importante, a observância dessas normas leva à realização de auditorias completas e objetivas, com resultados e recomendações palpáveis, fundamentos passíveis de serem justificados.

6.3.1 NBCs TA

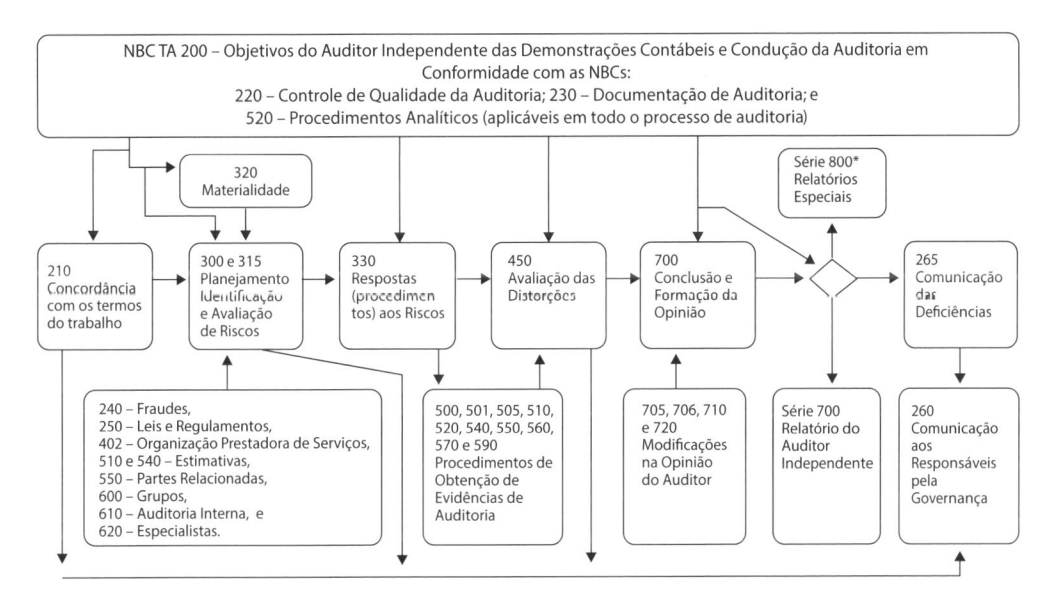

Figura 6.1 *Normas de auditoria.*

Fonte: NBC – CFC.

Seção 200 – Princípios Gerais e Responsabilidades

200	Objetivos gerais do auditor independente e a condução de uma auditoria de acordo com as normas de auditoria.
210	Concordando com os termos de um trabalho de auditoria.
220	Controle de qualidade de uma auditoria de demonstrações contábeis.
23	Documentação de auditoria.
240	Responsabilidades do auditor relacionadas com fraude em uma auditoria de demonstrações contábeis.
250	Consideração de leis e regulamentos em uma auditoria de demonstrações contábeis.
260	Comunicação com os responsáveis pela governança.
265	Comunicação de deficiência nos controles internos aos responsáveis pela governança e administração.

Objetivos Gerais

Segundo texto da própria norma, "trata das responsabilidades gerais do auditor independente na condução de uma auditoria de demonstrações contábeis em conformidade com as NBCs TA", contemplando os seguintes aspectos:

- os objetivos gerais do auditor;
- a natureza e o alcance de uma auditoria pensada de forma que possibilite ao auditor independente cumprir esses objetivos;
- o alcance, a autoridade e a estrutura das NBCs TA e responsabilidades gerais do auditor independente (aplicáveis em todas as auditorias).

Pode-se verificar que as responsabilidades são diferentes, como também são diferentes os papéis e o alcance das partes envolvidas num processo de elaboração dos relatórios contábeis e a aplicação do processo auditorial.

Seções 300 e 400 – Avaliação dos Riscos e Respostas aos Riscos Avaliados

300	Planejamento de uma auditoria de demonstrações contábeis.
315	Identificação e avaliação dos riscos de distorção relevante por meio do entendimento da entidade e de seu ambiente.
320	Materialidade no planejamento e na execução de uma auditoria.
330	Respostas do auditor aos riscos avaliados.
402	Considerações de auditoria referentes ao uso por uma entidade de uma outra organização de serviços.
450	Avaliação das distorções identificadas durante a auditoria.

Seção 500 – Evidência de Auditoria

501	Evidências de auditoria – Considerações específicas para itens selecionados.
505	Confirmações externas.
510	Trabalhos iniciais – Saldos iniciais.
520	Procedimentos analíticos.
530	Amostragem em auditoria.
540	Auditoria de estimativas contábeis, incluindo estimativas contábeis de valor justo, e divulgações relacionadas.
550	Partes relacionadas.
560	Eventos subsequentes.
570	Continuidade.
580	Representações formais da administração.

Seção 600 – Utilização do Trabalho de Outros

600	Considerações especiais – Auditorias de demonstrações contábeis de grupos (incluindo trabalho dos auditores de componentes).
610	Utilização do trabalho de auditoria interna.
620	Utilização do trabalho de especialistas.

Seção 700 – Conclusão dos Trabalhos e Relatórios

700	Formação da opinião e emissão do relatório do auditor independente sobre as demonstrações contábeis.
705	Modificações na opinião do auditor independente.
706	Parágrafos de ênfase e parágrafos de outros assuntos no relatório do auditor independente.
710	Informações comparativas – Valores correspondentes e demonstrações contábeis.
720	Responsabilidade do auditor em relação a outras informações incluídas em documentos que contenham demonstrações contábeis auditadas.

Seção 800 – Áreas Específicas

800	Considerações especiais – Auditorias de demonstrações contábeis preparadas de acordo com estruturas conceituais de contabilidade para propósitos especiais.
805	Considerações especiais – Auditoria de quadros isolados das demonstrações contábeis e de elementos, contas ou itens específicos das demonstrações contábeis.
810	Trabalhos para reportar sobre demonstrações contábeis condensadas.

6.3.2 Outras NBCs

NBC PA – Controle de qualidade para firmas (pessoas jurídicas e físicas) de auditores independentes que executam exames de auditoria e revisões de informação contábil histórica, outros trabalhos de asseguração e serviços correlatos.

NBC TR 2400 – Trabalhos de Revisão de Demonstrações Contábeis.

NBC TR 2410 – Revisão de Demonstrações Contábeis Intermediárias executadas pelo Auditor Independente da Entidade.

NBC TSC 4400 – Trabalhos de Execução de Procedimentos Acordados relacionados com informação contábil.

NBC TA 4410 – Trabalhos de Compilação.

NBC TA 200 (R1)

Objetivos Gerais

Segundo a própria norma, o "objetivo de uma auditoria é aumentar o grau de confiança nas demonstrações contábeis por parte dos usuários. Isso é alcançado mediante a expressão de uma opinião pelo auditor sobre se as demonstrações contábeis foram elaboradas, em todos os aspectos relevantes, em conformidade com uma estrutura de relatório financeiro aplicável".

Nível de segurança e limitação inerente de uma auditoria

A auditoria realiza os seus testes por amostragem, assim, podem ocorrer erros alheios à sua vontade, ou seja, o risco de auditoria não é estatisticamente isento de erros. As demonstrações contábeis não estão com segurança absoluta, livres de distorção relevante ocasionada por fraude ou erro.

Isso decorre da própria natureza das informações financeiras; dos procedimentos de auditoria; e da necessidade de que o processo auditorial seja realizado dentro de um período de tempo e a um custo (ambos razoáveis), segundo a NBC TA 200 (R1).

Distorção é a diferença entre o valor, classificação, apresentação ou divulgação de um item informado nas demonstrações contábeis e o valor requerido para que o item esteja de acordo com a estrutura de relatório financeiro aplicável. Assim:

I. Distorção pode ser decorrente de erro ou de fraude e pode ser oriunda de imprecisão na coleta ou no processamento de dados usados na elaboração das demonstrações contábeis.

II. Distorção pode ser decorrente de erro ou de fraude e pode ser oriunda de omissão de valor ou divulgação.

III. Distorção pode ser decorrente de erro ou de fraude e pode ser oriunda de estimativa contábil incorreta decorrente da falta de atenção aos fatos ou de interpretação errada dos fatos.

IV. Distorção pode ser decorrente de erro ou de fraude e pode ser oriunda de julgamento da administração sobre estimativas contábeis que o auditor não considera razoáveis, ou da seleção e aplicação de políticas contábeis que o auditor considera inadequadas.

A norma *Responding to Non-Compliance with Laws and Regulations* (Noclar), editada pelo *International Ethics Standards Board for Accountants* (Iesba), objetiva melhorar as relações entre a administração pública e o setor privado, atendendo, assim, ao interesse público.

A norma orienta contadores e auditores a comunicar às autoridades competentes quando descobrirem, no exercício de suas funções, desvios de leis e regulamentos, como práticas de corrupção, lavagem de dinheiro e sonegação de impostos.

6.4 OBJETIVO DA AUDITORIA

O objetivo do exame normal das demonstrações financeiras pelo auditor independente é a emissão de uma opinião que mostrará a realidade das demonstrações financeiras, o resultado das operações e as modificações necessárias, de acordo com os princípios contábeis e as normas de auditoria geralmente aceitas. Essas normas requerem que o auditor afirme se, em sua opinião, as demonstrações financeiras estão apresentadas de acordo com as normas de contabilidade e se esses princípios foram aplicados de forma consistente em relação ao período anterior.

6.4.1 Fraude e erro

De acordo com a NBC TA 240 (R1) – Responsabilidade do Auditor em Relação a Fraude, no Contexto da auditoria de Demonstrações Contábeis, as distorções nas demonstrações contábeis podem originar-se de fraude ou erro. O fator distintivo entre fraude e erro está no fato de ser intencional ou não intencional a ação subjacente que resulta em distorção nas demonstrações contábeis.

A fraude é considerada o ato intencional de um ou mais indivíduos da administração, dos responsáveis pela governança, empregados ou terceiros que envolva dolo para obtenção de vantagem injusta ou ilegal. Esta norma trata da responsabilidade do auditor no que se refere à fraude na auditoria de demonstrações contábeis. Especificamente, detalha a forma como a NBC TA 315 (R2) – Identificação e Avaliação dos Riscos de Distorção Relevante por meio do Entendimento da Entidade e do seu Ambiente – e a NBC TA 330 (R1) – Resposta do Auditor aos Riscos Avaliados – devem ser aplicadas em relação aos riscos de distorção relevante decorrente de fraude. O objetivo do auditor é o de obter evidência de auditoria apropriada e suficiente relacionada aos riscos avaliados de distorção relevante por meio do planejamento e da implementação de respostas apropriadas a esses riscos. Em relação à identificação e à avaliação dos riscos de distorção relevante, o auditor não deve obter um entendimento do ambiente de controle, quando for analisar as demonstrações contábeis.

Manipulação de demonstrações contábeis
(reportar resultados acima/abaixo do que realmente foi obtido)

	Proprietários e administração	Empregados
Quem?	Proprietários e administração	Empregados
Por quê?	Benefício pessoal (economizar imposto, vender o negócio por preço inflacionado ou pagar bônus) Justificar um fim (permanecer no negócio, salvar empregos, manter financiamento, servir à comunidade)	Benefício pessoal (obter bônus baseado em desempenho, ocultar prejuízos ou encobrir ativos roubados)
Como?	Transgressão de controles internos, transações falsas/incorretas, conluio, manipulação de práticas contábeis, aproveitamento das deficiências no controle interno	Transações falsas ou registradas incorretamente, conluio, manipulação de práticas contábeis, aproveitamento das deficiências no controle interno
Quanto?	Frequentemente de grande magnitude devido a posição da administração na entidade e ao seu conhecimento sobre o controle interno	Frequentemente de menor magnitude, mas pode aumentar significativamente com o decorrer do tempo se não detectada

Apropriação indébita de ativos
(conversão de ativos para uso pessoal)

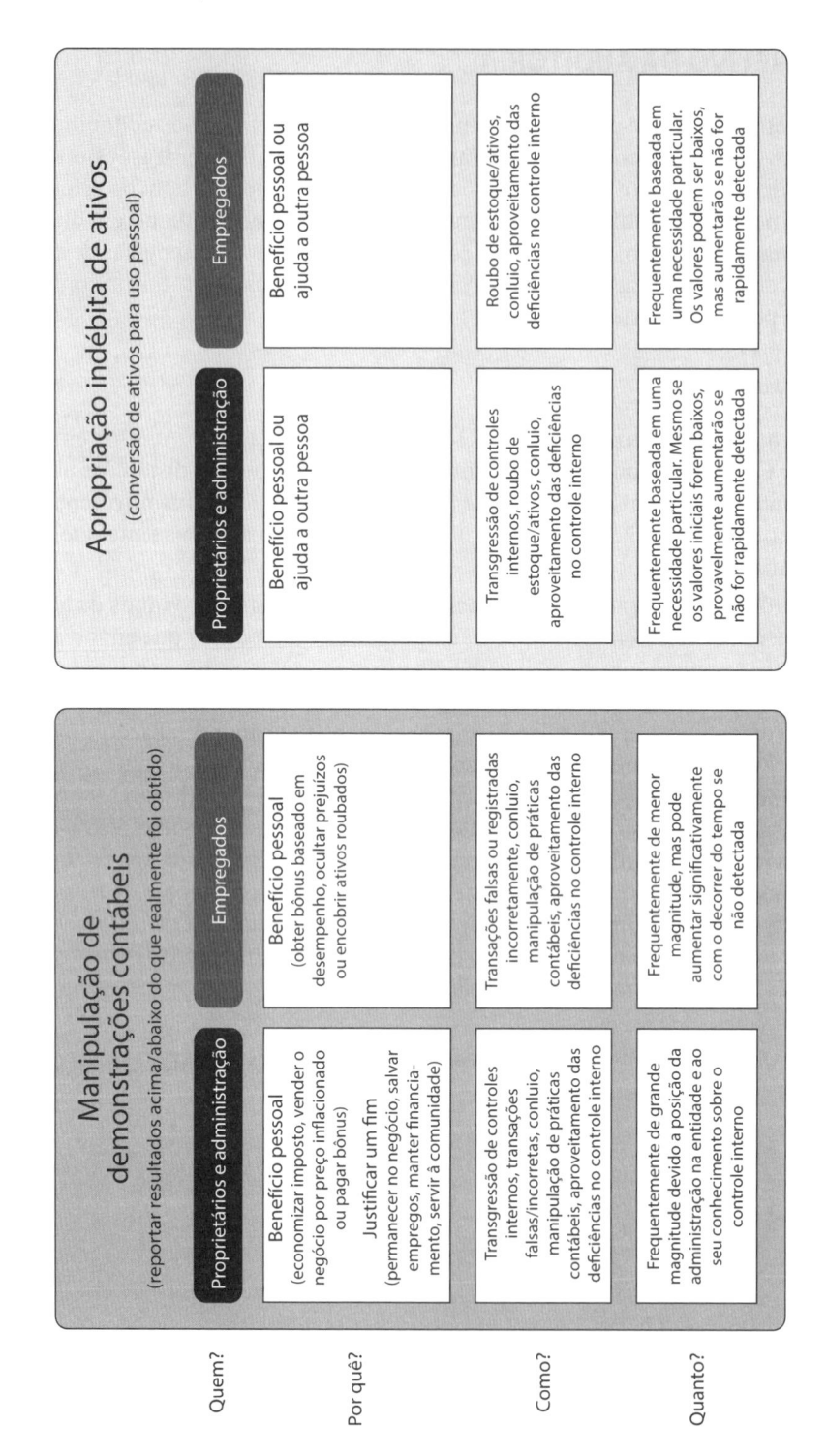

	Proprietários e administração	Empregados
Quem?	Proprietários e administração	Empregados
Por quê?	Benefício pessoal ou ajuda a outra pessoa	Benefício pessoal ou ajuda a outra pessoa
Como?	Transgressão de controles internos, roubo de estoque/ativos, conluio, aproveitamento das deficiências no controle interno	Roubo de estoque/ativos, conluio, aproveitamento das deficiências no controle interno
Quanto?	Frequentemente baseada em uma necessidade particular. Mesmo se os valores iniciais forem baixos, provavelmente aumentarão se não for rapidamente detectada	Frequentemente baseada em uma necessidade particular. Os valores podem ser baixos, mas aumentarão se não for rapidamente detectada

Figura 6.2 *Fraude e erro.*

Fonte: Guia de Utilização das Normas de Auditoria em Auditorias de Entidades de Pequeno e Médio Portes da Federação Internacional de Contadores (IFAC).

A principal responsabilidade pela prevenção e detecção da fraude é dos responsáveis pela governança da entidade e da sua administração. É importante que a administração, com a supervisão geral dos responsáveis pela governança, enfatize a prevenção da fraude, o que pode reduzir as oportunidades de sua ocorrência, e a dissuasão da fraude, o que pode persuadir os indivíduos a não perpetrar fraude por causa da probabilidade de detecção e punição. Isso envolve um compromisso de criar uma cultura de honestidade e comportamento ético, que pode ser reforçado por supervisão ativa dos responsáveis pela governança. A supervisão geral por parte dos responsáveis pela governança inclui a consideração do potencial de burlar controles ou de outra influência indevida sobre o processo de elaboração de informações contábeis, tais como tentativas da administração de gerenciar os resultados para que influenciem a percepção dos analistas quanto à rentabilidade e desempenho da entidade, conforme a NBC TA 240 (R1).

De acordo com a NBC TA 315 (R2) – Identificação e Avaliação dos Riscos de Distorção Relevante por meio do Entendimento da Entidade e do seu Ambiente, os procedimentos de avaliação de riscos incluem: indagações à administração e a outros na entidade que, no julgamento do auditor, possam ter informações com probabilidade de auxiliar na identificação de riscos de distorção relevante devida a fraude ou erro; procedimentos analíticos; e observação e inspeção.

O termo **fraude** aplica-se a ato intencional de omissão ou manipulação de transações, adulteração de documentos, registros e demonstrações contábeis. A fraude pode ser caracterizada por:

- manipulação, falsificação ou alteração de registros ou documentos, de modo que modifique os registros de ativos, passivos e resultados;
- apropriação indébita de ativos;
- supressão ou omissão de transações nos registros contábeis;
- registro de transações sem comprovação; e
- aplicação de práticas contábeis indevidas.

O termo **erro** refere-se a ato não intencional resultante de omissão, desatuação ou má interpretação de fatos na elaboração de registros e demonstrações que resulte em incorreções deles, consistentes em:

- erros aritméticos na escrituração contábil ou nas demonstrações contábeis;
- aplicação incorreta das normas contábeis;
- interpretação errada das variações patrimoniais.

O termo **irregularidade** refere-se às distorções voluntárias nas demonstrações financeiras.

Ele inclui:

- deliberadas simulações pela administração (fraude gerencial); e
- apropriação de ativos (desfalques).

As irregularidades podem resultar de:

- impostura ou omissão dos efeitos de eventos ou transações;
- manipulação, falsificação ou adulteração dos registros ou documentos;

- omissão de informação significativa nos registros ou documentos;
- contabilização de transações sem substância;
- má aplicação intencional das normas de contabilidade; ou
- apropriação indébita de ativos por administradores, empregados ou terceiros.

Ao definir a responsabilidade do auditor independente de demonstrações contábeis quanto a fraudes e erros, o Conselho Federal de Contabilidade entende que o auditor não é responsável nem pode ser responsabilizado pela prevenção de fraudes ou erros relevantes nas demonstrações contábeis.

O auditor, no decorrer dos trabalhos, ao constatar a existência de fraudes, deve emitir relatório parcial e encaminhá-lo à administração da empresa, tão logo tenha conhecimento. É objetivo do auditor identificar e avaliar os riscos de distorção relevantes nas demonstrações contábeis decorrentes de fraudes; obter evidências de auditoria suficientes e apropriadas sobre os riscos identificados de distorção relevante decorrente de fraude, por meio da definição e implantação de respostas apropriadas; e responder adequadamente face à fraude ou à suspeita de fraudes identificada durante a auditoria, de acordo com a NBC TA 240 (R1) – Responsabilidade do Auditor em Relação à Fraude no Contexto da Auditoria de Demonstrações Contábeis.

O auditor pode ter responsabilidades adicionais nos termos de leis, de regulamentos ou de requisitos éticos relevantes com relação à não conformidade por parte da entidade com leis e regulamentos, incluindo fraude, que podem diferir desta Norma ou ir além desta ou de outras normas de auditoria, como, por exemplo, segundo a NBC TA 240 (R1):

- resposta à não conformidade identificada ou suspeita de não conformidade com leis e regulamentos, incluindo exigências relacionadas com comunicações específicas com a administração e os responsáveis pela governança, avaliando a adequação de sua resposta à não conformidade e determinando se medidas adicionais são necessárias;
- comunicação da não conformidade identificada ou suspeita de não conformidade com leis e regulamentos a outros auditores (por exemplo, na auditoria de demonstrações contábeis de grupo); e
- exigências de documentação relacionada com a não conformidade identificada ou suspeita de não conformidade com leis e regulamentos.

O cumprimento de quaisquer responsabilidades adicionais pode fornecer mais informações que são relevantes para o trabalho do auditor de acordo com esta e outras normas de auditoria (por exemplo, informações relacionadas com a integridade da administração ou, quando apropriado, dos responsáveis pela governança).

No Brasil, a Resolução CFC nº 1.530/2017 dispõe sobre os procedimentos a serem observados pelos profissionais e organizações contábeis, quando do exercício de suas funções, para cumprimento das obrigações previstas na Lei nº 9.613/1998 e alterações posteriores, que dispõe sobre os crimes de "lavagem" ou ocultação de bens, direitos e valores; a prevenção da utilização do sistema financeiro para ilícitos previstos nessa lei; e cria o Conselho de Controle de Atividades Financeiras (Coaf):

- assuntos relacionados, salvo se proibido por lei ou regulamento, à pessoa de nível apropriado da administração que têm a responsabilidade primordial

- de prevenir e detectar fraude em assuntos relevantes no âmbito de suas responsabilidades.
- de auditoria necessários para concluir a auditoria. Essas comunicações aos responsáveis pela governança são necessárias a menos que a comunicação seja proibida por lei ou regulamento.
- o auditor deve comunicar, salvo se proibido por lei ou regulamento, aos responsáveis pela governança quaisquer outros assuntos relacionados a fraudes que, no seu julgamento, são relevantes para suas responsabilidades (ver itens A61 e A66).
- caso o auditor tenha identificado ou suspeite de fraude, ele deve determinar se leis, regulamentos ou requisitos éticos relevantes (ver itens de A67 a A69):
  - exigem que o auditor comunique à autoridade competente externa à entidade;
  - estabelecem responsabilidades segundo as quais a comunicação à autoridade competente externa à entidade pode ser apropriada nas circunstâncias.

No Brasil, as regras de comunicação de não conformidade ou suspeita de não conformidade a autoridades externas à entidade se aplicam somente nos casos em que a legislação expressamente estabelece dita obrigação, como ocorre, por exemplo, quanto à obrigação do auditor de comunicar suspeita ou a ocorrência de não conformidade com leis e regulamentos, conforme determinado por órgãos reguladores para determinados segmentos regulados, tais como o Banco Central do Brasil e a Comissão de Valores Mobiliários, ou, ainda, em decorrência do disposto na Resolução CFC nº 1.530/2017, que dispõe sobre os procedimentos a serem observados pelos profissionais e organizações contábeis, com relação às obrigações previstas na Lei nº 9.613/98 (sobre "lavagem" de dinheiro). Em todos os outros casos, o auditor continua obrigado ao dever profissional de confidencialidade das informações do cliente, consoante a NBC TA 250.

Em algumas jurisdições, leis ou regulamentos podem restringir a comunicação do auditor de certos assuntos aos responsáveis pela governança. Leis ou regulamentos podem proibir, especificamente, a comunicação ou outra ação que possa prejudicar a investigação pela autoridade competente de ato ilegal, real ou suspeito, inclusive alertando a entidade, por exemplo, quando o auditor tiver que comunicar a não conformidade identificada ou suspeita de não conformidade com leis e regulamentos à autoridade competente de acordo com a lei de prevenção de crime de lavagem de dinheiro. Nessas circunstâncias, as questões consideradas pelo auditor podem ser complexas e ele pode considerar apropriada a obtenção de assessoria legal.

Responsabilidade pela fraude
1. Administração — A principal responsabilidade pela prevenção e detecção da fraude é dos responsáveis pela **governança da empresa** e da sua **administração**
2. Auditor — O auditor que realiza auditoria de acordo com as normas de auditoria é **responsável** por obter segurança razoável de que as demonstrações contábeis, como um todo, **não contêm** distorções relevantes causadas por fraude ou erro

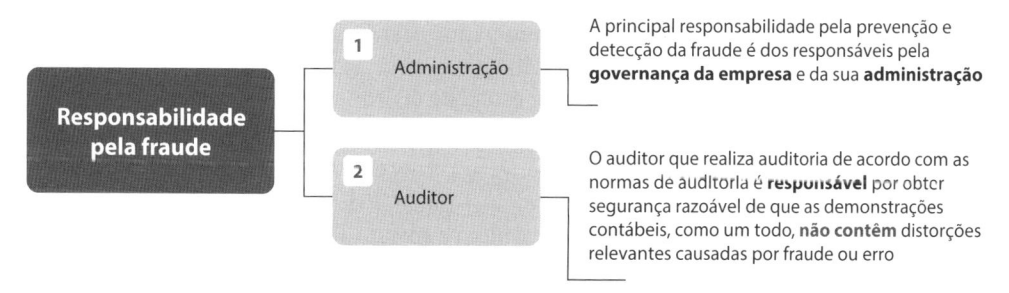

Figura 6.3 *Fraude e erro.*
Fonte: NBC TA.

6.4.1.1 Responsabilidade do auditor

O auditor não é responsável nem pode ser responsabilizado pela prevenção de fraudes ou erros. Entretanto, deve planejar seu trabalho avaliando o risco de sua ocorrência, de forma que tenha grande probabilidade de detectar aqueles que impliquem efeitos relevantes nas demonstrações contábeis.

Ao planejar a auditoria, o auditor deve indagar da administração da entidade auditada sobre qualquer fraude e/ou erro que tenham sido detectados. Ao detectá-los, o auditor tem a obrigação de comunicá-los à administração da entidade e sugerir medidas corretivas, informando sobre os possíveis efeitos em sua opinião, caso elas não sejam adotadas. O auditor que realiza auditoria de acordo com as Normas de Auditoria é responsável por obter segurança razoável de que as demonstrações contábeis, como um todo, não contenham distorções relevantes, causadas por fraude ou erro. Devido às limitações inerentes da auditoria, há um risco inevitável de que algumas distorções relevantes das demonstrações contábeis não sejam detectadas, apesar de a auditoria ser devidamente planejada e realizada de acordo com as normas de auditoria. De acordo com a norma sobre avaliação das distorções identificadas durante a auditoria, o auditor precisa avaliar o impacto das distorções identificadas. Deve determinar se as distorções não corrigidas são relevantes, individualmente ou em conjunto.

Conforme a norma "Responsabilidade do Auditor com Relação à Fraude", no contexto da auditoria das demonstrações contábeis, pode-se afirmar que as informações contábeis fraudulentas envolvem a manipulação intencional, pela administração, de controles que aparentemente estão funcionando com eficácia.

A NBC TA 450 (R1) – Avaliação das Distorções Identificadas durante a Auditoria trata da responsabilidade do auditor independente em avaliar o efeito de distorções identificadas na auditoria e de distorções não corrigidas, se houver, nas demonstrações contábeis. A NBC TA 700 – Formação da Opinião e Emissão do Relatório do Auditor Independente sobre as Demonstrações Contábeis trata da responsabilidade do auditor, ao formar opinião sobre as demonstrações contábeis, para concluir se foi obtida segurança razoável de que as demonstrações contábeis como um todo estão livres de distorções relevantes. A conclusão do auditor requerida pela NBC TA 700 leva em consideração a avaliação do auditor de distorção não corrigida, se houver, nas demonstrações contábeis, de acordo com esta Norma, itens 10 e 11. A NBC TA 320 (R1) – Materialidade no Planejamento e na Execução da Auditoria trata da responsabilidade do auditor independente de aplicar apropriadamente o conceito de materialidade no planejamento e na execução de auditoria de demonstrações contábeis.

Distorção é a diferença entre o valor divulgado, classificação, apresentação ou divulgação de um item nas demonstrações contábeis e o valor, classificação, apresentação ou divulgação que é requerido para que o item esteja de acordo com a estrutura de relatório financeiro aplicável. Distorção pode ser decorrente de erro ou fraude, segundo a NBC TA 450 (R1).

Uma distorção pode não ser uma ocorrência isolada. Evidências de que podem existir outras distorções incluem, por exemplo, quando o auditor identifica a ocorrência de distorção decorrente de falha no controle interno ou de premissas ou métodos de avaliação inadequados largamente aplicados pela entidade. Se o conjunto de distorções detectadas durante a auditoria se aproxima da materialidade determinada, existe a possibilidade de risco maior do que o risco baixo aceitável, de que eventuais distorções não detectadas, quando consideradas no conjunto das distorções acumuladas durante a auditoria, venham exceder a materialidade. Podem existir distorções não detectadas devido à presença do risco de amostragem e do risco de não amostragem.

O auditor pode solicitar à administração que examine uma classe de transações, saldos contábeis ou divulgação para que a administração entenda a causa de distorção identificada por ele, execute procedimentos para determinar o valor real da distorção nessa classe, e faça os ajustes apropriados nas demonstrações contábeis. Essa solicitação pode ser feita pelo auditor, por exemplo, com base na projeção de distorções identificadas em amostra de auditoria para a população inteira de onde foi extraída a amostra.

6.4.1.2 Detecção de fraudes e erros

O auditor deverá avaliar criticamente o sistema contábil, incluindo o controle interno, tanto em termos de concepção quanto de funcionamento efetivo, concedendo especial atenção às condições ou eventos que representem aumento de risco de fraude ou erro, que incluem:

- estrutura ou atuação inadequada da administração da entidade auditada ou de algum de seus membros;
- pressões internas e externas;
- transações que pareçam anormais;
- problemas internos no cumprimento dos trabalhos de auditoria;
- fatores específicos no ambiente de sistemas de informação computadorizados.

Exemplos dessas condições ou eventos são apresentados a seguir:

1. **Estrutura ou atuação inadequada da administração:**
   - a alta administração é controlada por pessoa ou pequeno grupo, não existindo estrutura de supervisão eficaz;
   - existe estrutura empresarial complexa aparentemente não justificada;
   - as deficiências importantes de controle interno não são corrigidas, mesmo quando isso é praticável;
   - existe alta rotação do pessoal-chave das áreas financeira, contábil e de auditoria interna;
   - a área de contabilidade apresenta insuficiência, significativa e prolongada, de pessoal e condições de trabalho inadequadas;
   - há mudanças frequentes de auditores e/ou advogados; e
   - a reputação da administração é duvidosa.

2. **Pressões internas e externas:**
   - o setor econômico no qual a entidade se insere está em declínio, e as falências estão aumentando;
   - o capital de giro é insuficiente, devido à diminuição de lucros ou à expansão muito rápida;

- os lucros estão se deteriorando, e a administração da entidade vem assumindo maiores riscos em suas vendas a prazo, está alterando suas praxes comerciais ou escolhendo alternativas de práticas contábeis com o intuito de melhorar o resultado;
- a entidade necessita de uma tendência de lucro crescente para suportar o preço de mercado de suas ações, devido à oferta pública, transferência de controle ou outra razão;
- a entidade tem um investimento significativo em um setor ou linha de produto conhecido por estar sujeito a mudanças rápidas;
- a entidade depende muito de um ou de uns poucos produtos, clientes ou fornecedores;
- a alta administração está sofrendo pressão financeira;
- o pessoal da área contábil está sendo pressionado para concluir a elaboração das demonstrações contábeis;
- existem questões internas e/ou externas que provocam dúvidas quanto à continuidade normal das atividades da entidade; e
- há desentendimentos entre os acionistas, quotistas e a administração.

3. **Transações que pareçam anormais:**
   - especialmente as que tenham efeitos significativos sobre os resultados, realizadas em datas próximas do fim do exercício;
   - aquelas de natureza complexa, com os decorrentes tratamentos contábeis;
   - realizadas com partes relacionadas; e
   - pagamentos que pareçam excessivos em relação aos serviços prestados.

4. **Problemas internos no cumprimento dos trabalhos de auditoria:**
   - registros inadequados, arquivos incompletos, ajustes excessivos nos livros e contas, transações não registradas de acordo com os procedimentos usuais e contas não conciliadas com os registros;
   - documentação inadequada de transações, com falta de autorização, documento de apoio ausente e/ou alterado. Quaisquer desses problemas de documentação assumem significância maior quando relacionados a transações não usuais ou de valor relevante;
   - diferenças excessivas entre os registros contábeis e as confirmações de terceiros;
   - conflitos na evidência de auditoria;
   - mudanças inexplicáveis nos indicadores econômicos, financeiros e operacionais;
   - respostas evasivas ou ilógicas da administração às indagações do auditor;
   - experiência anterior com fraude e/ou erro; e
   - cliente novo sem auditoria anterior.

5. **Fatores específicos no ambiente de sistemas de informação computadorizados:**
   - incapacidade ou dificuldade para extrair informações dos arquivos de computador, devido à falta de documentação, ou à documentação desatualizada, de programas ou conteúdos de registros;

- grande quantidade de alterações nos programas que não foram documentadas, aprovadas e testadas; e
- falta de conciliação geral entre as transações processadas em forma computadorizada e as bases de dados, de um lado, e os registros contábeis, de outro.

Quem é responsável pela prevenção e detecção?

Executivos • Comitê de auditoria/conselhos • Auditoria interna
RESPONSABILIDADE

TONE AT THE TOP
Código de ética
Políticas de prevenção de fraudes
Comunicação e treinamento

PROATIVIDADE
Avaliação de riscos
Controle e monitoramento

REATIVIDADE
Plano de resposta às fraudes

Recursos humanos • Departamento jurídico
Tecnologia da informação • Departamento compliance
COMUNICAÇÃO
• Departamento de controladoria

Figura 6.4 *Responsabilidade pela prevenção e detecção de fraudes.*
Fonte: NBC TA.

6.4.1.3 *Limitações inerentes à auditoria*

Devido às limitações inerentes à auditoria, existe **risco inevitável** de que distorções relevantes resultantes de fraude e, em menor grau, de erro possam deixar de ser detectadas. Caso se descubra posteriormente que, durante o período coberto pela opinião do auditor, exista distorção relevante não refletida ou não corrigida nas demonstrações contábeis, resultante de fraude, e/ou relevante não refletida ou não corrigida nas demonstrações contábeis, resultante de fraude e/ou erro, isto não indica que o auditor não tenha cumprido as Normas de Auditoria Independente das Demonstrações Contábeis. O que vai determinar se o auditor cumpriu essas normas é a adequação dos procedimentos de auditoria adotados nas circunstâncias e de sua opinião com base nos resultados desses procedimentos.

O **risco de não detectar** distorção relevante resultante de fraude é maior do que o risco de não detectar distorção relevante resultante de erro, porque a fraude normalmente envolve atos planejados para ocultá-la, como, por exemplo, conluio, falsificação, falha deliberada no registro de transações ou apresentação de informações intencionalmente erradas ao auditor. Salvo se a auditoria revelar evidência em contrário, o auditor normalmente aceitará informações como verdadeiras e registros e documentos como genuínos.

Embora a existência de sistema contábil e de controle interno eficaz reduza a probabilidade de distorção das demonstrações contábeis resultante de fraude e/ou erro, sempre irá existir algum risco de que os controles internos não funcionem como planejado. Além disso, qualquer sistema contábil e de controle interno pode ser ineficaz contra fraude que envolva conluio entre empregados ou cometida pela administração. Certos níveis da administração podem estar em condição de burlar controles que previnam fraudes similares por parte de outros empregados; por exemplo, instruindo subordinados para registrar transações incorretamente ou ocultá-las, ou sonegando informações relativas a transações.

6.4.1.4 Procedimentos quando existe indicação de fraude ou erro

Quando a aplicação de procedimentos de auditoria, planejados com base na avaliação de risco, indicar a provável existência de fraude e/ou erro, o auditor deve considerar o efeito potencial sobre as demonstrações contábeis. Se acreditar que tais fraudes e erros possam resultar em distorções relevantes nas demonstrações contábeis, o auditor deve modificar seus procedimentos ou aplicar outros, em caráter adicional.

A extensão desses procedimentos adicionais ou modificados depende do julgamento do auditor quanto:

- aos possíveis tipos de fraude e/ou erro;
- à probabilidade de que um tipo particular de fraude e/ou erro possa resultar em distorções relevantes nas demonstrações contábeis.

Salvo quando houver circunstâncias indicando claramente o contrário, o auditor não pode presumir que um caso de fraude e/ou erro seja ocorrência isolada. Se necessário, ele deve revisar a natureza, a oportunidade e a extensão dos procedimentos de auditoria. As fraudes ocorrem nas empresas por diversos motivos, tais como inexistência de normas e controles internos fragilizados, entre outros. Elas ocorrem em determinados processos das empresas de forma conjunta ou isoladamente. Uma das formas de prevenção da fraude no processo de contas a pagar é a implantação do controle de segregação de funções.

6.4.1.5 A avaliação dos resultados dos procedimentos

A aplicação de procedimentos adicionais ou modificados normalmente permite que o auditor confirme ou elimine a suspeita de fraude e/ou erro. Caso contrário, ele deve discutir a questão com a administração da entidade auditada e avaliar as providências a serem tomadas e seus possíveis efeitos.

O auditor deve avaliar as implicações de fraude e/ou erro relevantes em relação a outros aspectos de auditoria, particularmente quanto à confiabilidade das informações escritas ou verbais fornecidas pela administração da entidade auditada. No caso de fraude e/ou erro não detectados por controle interno ou não incluídos nas informações da administração, o auditor deve reconsiderar a avaliação de risco e a validade dessas informações. As implicações de fraude e/ou erro detectadas pelo auditor vão depender da relação entre, de um lado, a eventual perpetração e ocultação da fraude e/ou erro e, de outro lado, os procedimentos de controle específicos e o nível da administração ou dos empregados envolvidos.

6.4.1.6 Fraude na empresa: como lidar

As empresas perdem em média 6% do faturamento em fraudes praticadas por seus funcionários, segundo uma pesquisa americana. Numa época em que a remuneração variável, vinculada ao desempenho individual e de toda a empresa, representa uma parte cada vez maior da renda, é fácil entender o interesse em combater a corrupção interna.

Distorção do balanço, pedidos falsos de reembolso ou desvio de fundos são algumas das fraudes mais comuns. Diante de um caso, a primeira questão é como reagir. Antes de tudo, com discrição. Uma crise pública pode prejudicar a empresa – e também a participação nos resultados. Segundo o mesmo estudo americano, a prevenção da corrupção via disque-denúncia, por exemplo, reduz em 50% o risco de fraudes.

Em caso de suspeita:

Sinais de alerta	O que o empregado pode fazer	O que a empresa deve fazer
Poderes concentrados em poucas pessoas, sem supervisão.	Reunir documentos que permitam fazer a denúncia.	Guardar em lugar seguro documentos e arquivos de computador relevantes.
Prejuízos repentinos em um negócio tradicionalmente rentável.	Se a fraude for em outro setor, comunicá-la ao superior imediato.	Determinar claramente quem é o responsável pelo contato com as autoridades.
Mudança súbita no estilo de vida de um funcionário.	Se a fraude foi cometida pelo superior imediato, levar o caso à direção da empresa.	Uma vez terminada a investigação, comunicar internamente as conclusões, com transparência.
Pagamentos anormalmente elevados por serviços e consultorias.	Procurar o apoio de outros funcionários, se isso ajudar a reunir evidências.	Tomar providências imediatamente.

6.4.1.7 *Efeitos de fraude e/ou erro no parecer do auditor*

Se o auditor concluir que a fraude e/ou o erro têm efeito relevante sobre as demonstrações contábeis e que isso não foi apropriadamente refletido ou corrigido, ele deve emitir sua opinião com ressalva ou com opinião adversa.

Se o auditor não puder determinar se houve a fraude e/ou erro devido a limitações impostas pelas circunstâncias, e não pela entidade, deve avaliar o tipo de opinião e emitir.

6.1.1.8 *Comunicações de fraude e/ou erro*

A administração

O auditor sempre deve comunicar à administração da entidade auditada descobertas factuais envolvendo fraude – dependendo das circunstâncias, de forma verbal ou escrita –, tão cedo quanto possível, mesmo que o efeito potencial sobre as demonstrações contábeis seja irrelevante.

Ao determinar o representante apropriado da entidade auditada a quem comunicar ocorrências de erros relevantes ou fraude, o auditor deve considerar todas as circunstâncias. Com respeito a fraude, o auditor deve avaliar a probabilidade de envolvimento da alta administração. Na maior parte dos casos que envolvem fraude, seria apropriado comunicar a questão a um nível da estrutura organizacional da entidade acima do nível responsável pelas pessoas que se acredita estejam implicadas. Quando houver dúvida quanto ao envolvimento da alta administração da entidade, antes de qualquer comunicação por escrito o auditor deve avaliar as circunstâncias do fato.

A terceiros

O sigilo profissional normalmente impede o auditor de comunicar fraude e/ou erros a terceiros. Todavia, em certas circunstâncias, quando houver obrigação legal de fazê-lo, ao auditor poderá ser requerida a quebra do sigilo profissional. Aplicam-se nesse caso o Código de Ética Profissional do Contador e as Normas Profissionais de Auditor Independente.

6.4.1.9   Renúncia ao trabalho

O auditor pode concluir que é necessário retirar-se do trabalho quando a entidade não tomar as medidas corretivas relacionadas com fraude que ele considera necessárias às circunstâncias, mesmo quando a fraude for relevante para as demonstrações contábeis. Entre os fatores passíveis de afetar a conclusão do auditor estão as implicações de envolvimento da alta administração da entidade, o que pode acarretar o abalo na confiabilidade das informações da administração da entidade auditada e o impacto, para o auditor, da continuidade de seu vínculo profissional com a entidade.

6.4.1.10   Surgem novas coberturas contra fraude

Fraude é o pesadelo das companhias de seguro que lutam para diminuir a incidência de indenizações fraudulentas. Mas também está se transformando em fonte de negócios à medida que elas desenvolvem seguros voltados a cobrir perdas – cada vez maiores e mais frequentes – das empresas vítimas de fraudes cometidas por funcionários ou de ataques virtuais aos sistemas de informática.

As seguradoras estão entrando com novos seguros nesse filão de mercado onde a seleção de riscos é a alma do negócio. O cliente tem que ter uma boa política de atualização de seus programas antivírus, uma apólice que cubra danos aos sistemas e prejuízos financeiros gerados pela interrupção das atividades de uma empresa atacada por *hackers* ou vírus de computador.

O seguro "Fraude Corporativa" previne contra ataques reais de dentro ou de fora da empresa. É um seguro para defender o patrimônio das empresas contra fraudes cometidas por seus funcionários. A apólice prevê indenização contra fraudes cometidas por empregados, terceiros, inclusive a fraude eletrônica e a transferência de fundos. Fraude eletrônica prevê também indenização por danos aos sistemas de terceiros que se relacionam com a empresa segurada, pagamento das custas judiciais para defesa do cliente em casos de acusação de violação. É um misto de danos materiais e responsabilidade civil porque dá amparo à empresa contra o uso de seus *sites* em ataques a terceiros.

O Brasil já é o segundo país com mais incidentes envolvendo a Internet, atrás dos Estados Unidos. O Grupo de Respostas a Incidentes para a Internet Brasileira (NBSO) coloca o Brasil com 26,14% do total de reclamações, depois dos EUA, com 27,62%. Segundo esse mesmo estudo, o setor financeiro é o mais afetado pelos crimes cibernéticos.

O seguro contra fraudes corporativas se expandiu nos EUA e na Europa depois das denúncias de fraudes envolvendo grandes conglomerados.

6.5 RESPONSABILIDADE DO AUDITOR E DOS DIRIGENTES DA EMPRESA

A NBC TA 210 (R1) trata da responsabilidade do auditor independente em estabelecer os termos de um trabalho de auditoria com a administração e, quando apropriado, com os responsáveis pela governança, considerando que existem certas condições prévias a um trabalho de auditoria, que são de responsabilidade desses atores.

A empresa, por meio de seus dirigentes, é responsável pelo estabelecimento de diretrizes contábeis adequadas, pela proteção dos ativos e pelo planejamento e manutenção de um sistema de controle interno que possa assegurar, entre outras coisas, a apresentação adequada das demonstrações financeiras. A administração da entidade tem a responsabilidade primária pela preparação e apresentação das suas demonstrações contábeis, enquanto o auditor tem a responsabilidade de emitir uma opinião sobre a adequação dessas demonstrações contábeis à estrutura de relatório financeiro aplicável.

Ao estabelecer as responsabilidades para a elaboração das demonstrações contábeis pela administração, a NBC que trata sobre os objetivos gerais do auditor independente estabelece que a administração e, quando apropriado, os responsáveis pela governança corporativa da entidade têm responsabilidade pela elaboração das demonstrações contábeis em conformidade com a estrutura de relatório financeiro aplicável, incluindo, quando relevante, sua apresentação adequada.

A responsabilidade primária de que os negócios da entidade sejam realizados em estrita observância das disposições legais e regulamentares é da administração e dos responsáveis pela governança. Logo, é responsabilidade da administração e dos responsáveis pela governança a prevenção e detecção de não conformidade da entidade com leis e regulamentos. O auditor deve obter evidência de auditoria apropriada e suficiente referente à conformidade com as disposições legais e regulamentares geralmente reconhecidas por terem efeito direto sobre a determinação dos valores e divulgações relevantes nas demonstrações contábeis, conforme as Comunicações com os responsáveis pela governança (NBC TA 260 R2) e comunicações de deficiências no controle interno (NBC TA 265).

Assim, as alterações ocorridas nas contas e nas demonstrações financeiras são de conhecimento e controle direto da empresa, e o conhecimento que o auditor tem dessas transações é limitado àquele adquirido mediante seu exame. Consequentemente, a forma e a qualidade de apresentação dos dados nas demonstrações financeiras é responsabilidade da empresa. O auditor deve fazer sugestões quanto à forma e ao conteúdo das demonstrações financeiras. Contudo, sua responsabilidade limita-se à emissão da opinião sobre as demonstrações executadas.

De acordo com a NBC TA 200 (R1) – Objetivos Gerais do Auditor Independente e a Condução da Auditoria em Conformidade com Normas de Auditoria, o objetivo da auditoria é aumentar o grau de confiança nas demonstrações contábeis por parte dos usuários. Isso é alcançado mediante a expressão de uma opinião pelo auditor sobre as demonstrações contábeis terem sido elaboradas, em todos os aspectos relevantes, em conformidade com uma estrutura de relatório financeiro aplicável. O auditor deve planejar e executar a auditoria com ceticismo profissional, reconhecendo que podem existir circunstâncias que causam distorção relevante nas demonstrações contábeis. O ceticismo profissional, de acordo com as normas de auditoria externa, requer que o auditor desenvolva seus trabalhos com uma postura que inclui questionamento e avaliação crítica e detalhada, e desempenhe os trabalhos com alerta para condições que possam indicar possível distorção, devida a erro ou fraude nas demonstrações financeiras. É a aplicação do treinamento, conhecimento e experiência relevantes, dentro do contexto fornecido pelas normas de auditoria, contábeis e éticas, na tomada de decisões informadas a respeito dos cursos de ação apropriados nas circunstâncias do trabalho de auditoria.

De acordo com a NBC TA 250 (R2) – Consideração de leis e regulamentos na Auditoria das Demonstrações Contábeis, a responsabilidade do auditor com a não conformidade da entidade com leis e regulamentos pode resultar em: distorção relevante das demonstrações contábeis. São atos de omissão ou cometimento pela entidade, intencionais ou não, que são contrários às leis ou regulamentos vigentes.

A responsabilidade primária de que os negócios da entidade sejam realizados em estrita observância das disposições legais e regulamentares é da administração e dos responsáveis pela governança. Logo, é responsabilidade da administração e dos responsáveis pela governança a prevenção e detecção de não conformidade da entidade com leis e regulamentos. O auditor deve obter evidência de auditoria apropriada e suficiente referente à conformidade com as disposições legais e regulamentares geralmente reconhecidas por terem efeito direto sobre a determinação dos valores e divulgações relevantes nas demonstrações contábeis, segundo Aragão (2019).

Comunicações com os responsáveis pela governança (NBC TA 260 R2) e comunicações de deficiências no controle interno (NBC TA 265).

Os responsáveis pela governança são as pessoas ou organizações com responsabilidade pela supervisão geral da direção estratégica da entidade e das obrigações relacionadas à responsabilidade da entidade. Isso inclui a supervisão geral do processo de relatórios financeiros. Para algumas entidades, em determinadas circunstâncias, os responsáveis pela governança podem incluir pessoal da administração, como membros executivos do conselho de administração de entidade do setor público ou privado, ou um sócio-proprietário. Administração são as pessoas com responsabilidade executiva pela condução das operações da entidade. Para algumas entidades, os responsáveis pela governança podem incluir pessoal da administração, como membros do conselho de administração ou um sócio-proprietário, conforme Aragão (2019).

A NBC TA 260 (R2) está focada na comunicação com os órgãos de governança na auditoria de demonstrações contábeis e, portanto, ela **não** estabelece requisitos relacionados à comunicação do auditor com a administração ou com proprietários da entidade, a menos que eles também sejam responsáveis pela governança.

O auditor deve comunicar, aos responsáveis pela governança, as responsabilidades do auditor em relação à auditoria das demonstrações contábeis, considerando que:

- o auditor é responsável por formar e expressar uma opinião sobre as demonstrações contábeis elaboradas pela administração com a supervisão geral dos responsáveis pela governança; e
- a auditoria das demonstrações contábeis não isenta a administração ou os responsáveis pela governança de suas responsabilidades.

6.6 NORMAS DE AUDITORIA

As profissões estabelecem padrões técnicos visando assegurar qualidade mínima específica de execução, basicamente porque quem contrata profissionais ou se beneficia de seus trabalhos não é, normalmente, capaz de julgar o trabalho por si mesmo; isto, sem dúvida alguma, é verdade para a auditoria. Não é possível nem desejável eximir os auditores de suas responsabilidades profissionais por meio do estabelecimento de normas detalhadas para a execução de uma auditoria; procedendo-se dessa forma, estaria descaracterizando-se a responsabilidade profissional pelo fato de as normas serem elaboradas com o intuito de proteção. De qualquer modo, normas devem ser cuidadosamente definidas e articuladas para dar a seus praticantes a orientação mais clara possível.

Dessa forma, o Conselho Federal de Contabilidade editou Resolução dispondo sobre as Normas Brasileiras de Contabilidade. Essas normas estabelecem a regra de conduta e procedimentos técnicos a serem observados quando da realização dos trabalhos de auditoria.

A NBC TA – Estrutura Conceitual trata dos trabalhos de asseguração executados por auditores independentes. Proporciona orientação e referência para auditores independentes e para outros envolvidos em trabalhos de asseguração, como aqueles que contratam um auditor independente.

"Trabalho de asseguração" significa um trabalho no qual o auditor independente expressa uma conclusão com a finalidade de aumentar o grau de confiança dos outros usuários previstos, que não seja a parte responsável, acerca do resultado da avaliação ou mensuração de determinado objeto de acordo com os critérios aplicáveis.

Segundo esta Estrutura Conceitual, existem dois tipos de trabalhos de asseguração cuja execução é permitida ao auditor independente:

- Trabalho de asseguração razoável:
  O objetivo do trabalho de asseguração razoável é reduzir o risco do trabalho de asseguração a um nível aceitavelmente baixo, considerando as circunstâncias do trabalho como base para uma forma positiva de expressão da conclusão do auditor independente. Exemplo: Auditoria.

- Trabalho de asseguração limitada:
  É o de reduzir o risco de trabalho de asseguração a um nível que seja aceitável, considerando as circunstâncias do trabalho, mas cujo risco seja maior do que no trabalho de asseguração razoável, como base para uma forma negativa de expressão da conclusão do auditor independente. Exemplo: Revisão.

Entretanto, nem todos os trabalhos executados por auditores independentes são trabalhos de asseguração. O exemplo clássico de um trabalho que o auditor independente executa, mas que não é de asseguração, é a Consultoria.

O objeto e a informação sobre o objeto de trabalho de asseguração podem tomar várias formas, como:

- desempenho ou condições financeiras (por exemplo, posição patrimonial e financeira histórica ou prospectiva, desempenho das operações e fluxos de caixa) para os quais a informação sobre o objeto pode ser o reconhecimento, a mensuração, a apresentação e a divulgação nas demonstrações contábeis;
- desempenho ou condições não financeiras (por exemplo, desempenho da entidade) para os quais a informação sobre o objeto pode ser o principal indicador de eficiência e eficácia;
- características físicas (por exemplo, capacidade de instalação) para as quais a informação sobre o objeto pode ser um documento de especificações;

- sistemas e processos (por exemplo, o controle interno da entidade ou o sistema de tecnologia da informação) para os quais a informação sobre o objeto pode ser uma afirmação acerca da sua eficácia;
- o comportamento (por exemplo, governança corporativa da entidade, conformidade com regulamentação, práticas de recursos humanos) para o qual a informação sobre o objeto pode ser uma declaração de conformidade ou uma declaração de eficácia.

Os critérios são os pontos de referência (*benchmarks*) usados para avaliar ou mensurar o objeto, incluindo, sempre que relevante, referências para a apresentação e a divulgação.

Os critérios podem ser formais. Exemplo: na elaboração de demonstrações contábeis, os critérios podem ser as práticas contábeis adotadas no Brasil.

Quando se relata sobre controle interno, os critérios podem ser a estrutura conceitual estabelecida de controle interno, ou objetivos de controle individual especificamente planejados para o trabalho.

Quando se relata sobre conformidade, os critérios podem estar relacionados com lei, regulamento ou contrato. Exemplos de critérios menos formais são: código de conduta desenvolvido internamente (como o número de vezes que se espera que determinado comitê se reúna durante o ano) ou nível acordado de desempenho.

A NBC TA – Estrutura Conceitual proporciona orientação e referência para auditores independentes e para outros envolvidos em trabalhos de asseguração, como aqueles que contratam um auditor independente. Trabalho de asseguração é um trabalho no qual o auditor independente visa obter evidências apropriadas e suficientes para expressar sua conclusão, de forma a aumentar o grau de confiança dos usuários previstos sobre o resultado da mensuração ou avaliação do objeto, de acordo com os critérios que sejam aplicáveis. O objetivo do trabalho de asseguração razoável é reduzir o risco do trabalho de asseguração a um nível aceitavelmente baixo, considerando as circunstâncias do trabalho como base para forma positiva de expressão da conclusão do auditor independente. Por exemplo: auditoria. Já o trabalho de asseguração limitada objetiva reduzir o risco de trabalho de asseguração a um nível que possa ser considerado aceitável, levando em conta as circunstâncias do trabalho, mas em que o risco seja maior que no trabalho razoável, como princípio para uma forma negativa de expressão da conclusão do auditor independente. Por exemplo: revisão.

Segundo Brito (2015), nem todos os trabalhos executados por auditores independentes são trabalhos de asseguração. O exemplo clássico de um trabalho que o auditor independente executa, mas que não é de asseguração, é a Consultoria.

A NBC TA – Estrutura Conceitual também distingue:

- Trabalho de atestação: o profissional, que não seja o auditor independente, deve mensurar ou avaliar o objeto de acordo com os critérios aplicáveis.
- Trabalho direto: o auditor deve mensurar ou avaliar o objeto de acordo com os critérios aplicáveis.

6.6.1 Normas de auditoria *versus* procedimentos

As normas de auditoria são os procedimentos a serem observados no desempenho do trabalho de auditoria. Elas diferem dos procedimentos de auditoria naquilo em que os procedimentos se relacionam com atos a serem praticados, enquanto as normas tratam das medidas de qualidade na execução desses atos e dos objetivos a serem alcançados com o uso dos procedimentos adotados. Assim, diferentemente dos procedimentos de auditoria, dizem respeito não apenas às qualidades profissionais do auditor, mas também a sua avaliação pessoal do exame efetuado e da opinião emitida.

Existem inúmeros procedimentos de auditoria estabelecidos pela técnica e consagrados pela experiência, cuja aplicação, em cada caso, condiciona-se aos objetivos e à natureza do exame e às circunstâncias prevalecentes.

A Instrução CVM nº 527/2012 define parâmetros para a divulgação voluntária de informações de natureza não contábil denominadas: LAJIDA – Lucro Antes dos Juros, Impostos sobre Renda incluindo Contribuição Social sobre o Lucro Líquido, Depreciação e Amortização e LAJIR – Lucro Antes dos Juros e Impostos sobre a Renda incluindo Contribuição Social sobre o Lucro Líquido. Os administradores da companhia devem dispensar à divulgação das informações de natureza não contábil tratadas na Instrução nº 527 o mesmo tratamento dado à divulgação das informações contábeis. A Deliberação CVM nº 676/2012 trata da apresentação do conjunto completo das demonstrações contábeis. Neste caso, a forma como o auditor independente deve inserir parágrafo sobre a DVA em outros assuntos.

Em relação às estimativas contábeis realizadas pela empresa auditada, o auditor independente revisa os julgamentos e decisões feitos pela administração na elaboração destas estimativas contábeis, para identificar se há indicadores de possível tendenciosidade da administração, segundo a NBC TA 540 (R2). Na execução dos trabalhos voltados à avaliação de risco e atividades relacionadas a exames quanto à adoção de estimativas contábeis e à avaliação das distorções identificadas durante os trabalhos de auditoria, o auditor deve ter conhecimento de como os responsáveis pela administração da empresa identificam os fatos e as circunstâncias que podem levar à necessidade de reconhecimento de estimativas nas demonstrações contábeis.

6.6.2 Normas gerais ou relativas à pessoa do auditor

6.6.2.1 Treinamento e competência

Essa norma estabelece que, por mais capaz que seja uma pessoa em outros campos de atividade, inclusive dos negócios e das finanças, ela não pode satisfazer às exigências das normas de auditoria, sem instrução apropriada e experiência no exercício dessa atividade. A auditoria deverá ser exercida por profissional legalmente habilitado, registrado no CRC na categoria de contador.

Na execução do exame que o leva a emitir uma opinião, o auditor considera-se perito na prática contábil e nos procedimentos de auditoria. Essa posição é alcançada pelo auditor por meio de instrução formal que se amplia com sua experiência. O auditor deve submeter-se a treinamento adequado, a fim de atingir os requisitos necessários a um profissional.

A instrução formal e a experiência formal do auditor complementam-se. O auditor deverá considerar esses atributos conjuntamente, a fim de determinar o grau de supervisão exercida sobre seus subordinados e da revisão de seus trabalhos. Entende-se por experiência profissional o conhecimento atualizado das normas de auditoria, dos princípios contábeis, das modernas técnicas empresariais e dos processos evolutivos ocorridos em sua profissão.

6.6.2.2 Competência técnico-profissional

O contador, na função de auditor independente, deve manter seu nível de competência profissional pelo conhecimento atualizado das Normas Brasileiras de Contabilidade, das técnicas contábeis, especialmente na área de auditoria, da legislação inerente à profissão, dos conceitos e técnicas administrativas e da legislação específica aplicável à entidade auditada.

O auditor deve recusar os serviços sempre que reconhecer não estar adequadamente capacitado para desenvolvê-los, contemplada a utilização de especialistas noutras áreas, face à especialização requerida e aos objetivos do contratante.

6.6.2.3 Independência

Entidade de auditoria é a instituição vista no seu conjunto, ou seja, o auditor independente pessoa física ou jurídica, inclusive pessoas jurídicas sob a mesma administração, tais como as de consultoria e/ou assessoria e, em sendo o caso, as demais entidades de auditoria por rede, atuando no Brasil ou no exterior. Uma entidade de auditoria, por exemplo, realiza trabalho de auditoria das Demonstrações Contábeis com o objetivo de emissão de opinião ou formação de juízo sobre estas. Quando a entidade auditada é emissora de ações negociadas em bolsa de valores, ela inclui sempre suas entidades relacionadas.

Entidade relacionada é aquela que tem uma das seguintes relações com a entidade auditada:

a) entidade que tem controle direto ou indireto sobre a entidade auditada, desde que a entidade auditada seja relevante para essa entidade;
b) entidade com interesse financeiro direto na entidade auditada, desde que tal entidade tenha influência significativa sobre a entidade auditada e o interesse na entidade auditada seja relevante para essa entidade;
c) entidade sobre a qual a entidade auditada tenha controle direto ou indireto;
d) entidade na qual a entidade auditada, ou uma entidade a esta relacionada, tenha um interesse financeiro direto que lhe proporcione influência significativa, ou seja, preponderância nas deliberações sociais sobre essa entidade, e o interesse seja relevante para a entidade auditada e sua entidade relacionada; e
e) entidade sob controle comum ao da entidade auditada desde que essa entidade e a entidade auditada sejam, ambas, relevantes para a entidade controladora.

Equipes de auditoria são:

a) todos os profissionais que participam do trabalho de auditoria;
b) todas as outras pessoas da entidade de auditoria capazes de influir, diretamente, sobre o resultado do trabalho de auditoria, incluindo:
   b.1) aquelas que recomendam a remuneração do sócio do trabalho de auditoria no âmbito da realização do trabalho de auditoria, ou que são responsáveis diretas pela supervisão ou gerenciamento daquele profissional. Isso inclui todas as pessoas que ocupem cargos superiores ao sócio-líder do trabalho, sucessivamente, até o presidente da entidade de auditoria;

b.2) aquelas que dão consultoria de cunho técnico ou setorial sobre questões, transações ou fatos relativos ao trabalho de auditoria; e

b.3) aquelas que efetuam o controle de qualidade do trabalho de auditoria;

c) todas as pessoas de uma entidade de auditoria por rede capazes de influir, diretamente, sobre o resultado do trabalho de auditoria.

Membros imediatos da família são o cônjuge e todos os dependentes, financeiramente, dos membros da equipe de auditoria.

Os conceitos sobre a independência, segundo a NBC PA 290, devem ser aplicados por auditores para:

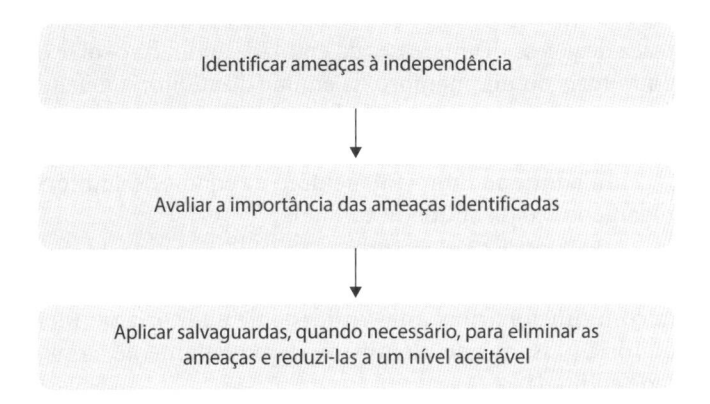

```
Identificar ameaças à independência
           ↓
Avaliar a importância das ameaças identificadas
           ↓
Aplicar salvaguardas, quando necessário, para eliminar as
ameaças e reduzi-las a um nível aceitável
```

Figura 6.5 *Aplicação da independência.*

Fonte: Brito (2015).

6.6.2.3.1 Conceitos

A condição de independência é fundamental e óbvia para o exercício da atividade de auditoria independente. Entende-se como independência o estado no qual as obrigações ou os interesses da entidade de auditoria são, suficientemente, isentos dos interesses das entidades auditadas para permitir que os serviços sejam prestados com objetividade. Em suma, é a capacidade que a entidade de auditoria tem de julgar e atuar com integridade e objetividade, permitindo a emissão de relatórios ou opiniões imparciais em relação à entidade auditada, aos acionistas, aos sócios, aos quotistas, aos cooperados e a todas as demais partes que possam estar relacionadas com o seu trabalho, segundo a NBC PA 02 – Independência.

A independência exige:

a) independência de pensamento – postura que permite expressar uma opinião sem ser afetado por influências que comprometam o julgamento profissional, permitindo à pessoa agir com integridade, objetividade e ceticismo profissional;

b) aparência de independência – evitar fatos e circunstâncias significativos a ponto de um terceiro bem informado, tendo conhecimento de todas as informações pertinentes, incluindo as salvaguardas aplicadas, concluir dentro do razoável que a integridade, a objetividade ou o ceticismo profissional de uma entidade de auditoria ou de um membro da equipe de auditoria ficaram comprometidos.

A independência pode ser afetada por ameaças de interesse próprio, autorrevisão, defesa de interesses da entidade auditada, familiaridade e intimidação.

- A ameaça de interesse próprio ocorre quando uma entidade de auditoria ou um membro da equipe de auditoria possa auferir benefícios de um interesse financeiro na entidade auditada, ou outro conflito de interesse próprio com essa entidade auditada.
- A ameaça de autorrevisão ocorre quando o resultado de um trabalho anterior precisa ser reanalisado ao serem tiradas conclusões sobre o trabalho de auditoria ou quando um membro da equipe de auditoria era, anteriormente, administrador ou diretor da entidade auditada, ou era um funcionário cujo cargo lhe permitia exercer influência direta e importante sobre o objeto do trabalho de auditoria.
- A ameaça de defesa de interesses da entidade auditada ocorre quando a entidade de auditoria ou um membro da equipe de auditoria defendem ou parecem defender a posição ou a opinião da entidade auditada, a ponto de poderem comprometer ou darem a impressão de comprometer a objetividade. Pode ser o caso da entidade de auditoria ou membro da equipe de auditoria que subordina seu julgamento ao da entidade auditada.
- A ameaça de familiaridade ocorre quando, em virtude de um relacionamento estreito com uma entidade auditada, com seus administradores, com diretores ou com funcionários, uma entidade de auditoria ou membro da equipe de auditoria passam a se identificar, demasiadamente, com os interesses da entidade auditada.
- A ameaça de intimidação ocorre quando um membro da equipe de auditoria encontra obstáculos para agir, objetivamente e com ceticismo profissional devido a ameaças, reais ou percebidas, por parte de administradores, diretores ou funcionários de uma entidade auditada.

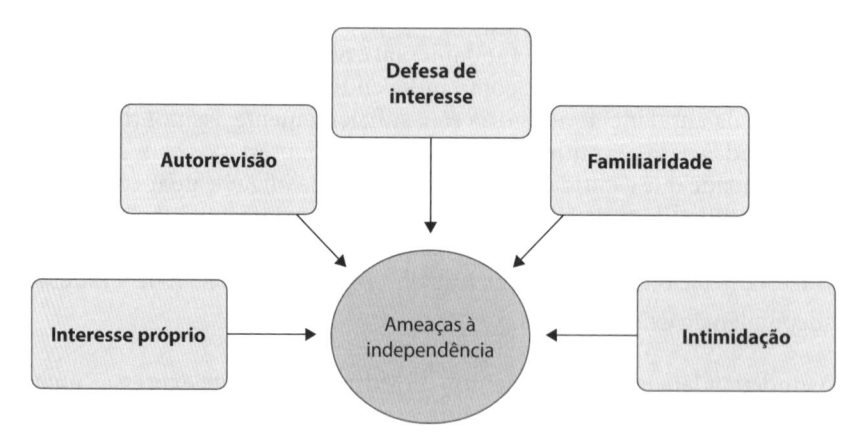

Figura 6.6 *Ameaças à independência.*
Fonte: NBC TA.

A entidade de auditoria e os membros da equipe de auditoria têm a responsabilidade de manter-se independentes, levando em conta o contexto em que exercem suas atividades, as ameaças à independência e as salvaguardas disponíveis para eliminar as ameaças ou reduzi-las a um nível aceitável. Quando são identificadas ameaças, exceto aquelas claramente insignificantes, devem ser definidas e aplicadas salvaguardas adequadas para eliminar a ameaça ou reduzi-la a um nível aceitável. Essa decisão deve ser documentada. A natureza das salvaguardas a aplicar varia conforme as circunstâncias. Sempre se deve considerar o que um terceiro bem informado, tendo conhecimento de todas as informações pertinentes, incluindo as salvaguardas aplicadas, concluiria, numa avaliação razoável, ser inaceitável. A consideração do auditor é afetada por questões como a importância da ameaça, a natureza do trabalho de auditoria, os usuários previstos do relatório e a estrutura da entidade de auditoria.

As entidades de auditoria devem instituir políticas e procedimentos relativos às comunicações de independência com os organismos de governança da entidade auditada. No caso da auditoria de entidades registradas em bolsas de valores, a entidade de auditoria deve comunicar, formalmente, ao menos uma vez por ano, todos os relacionamentos e as outras questões entre a entidade de auditoria, as entidades de auditoria por rede e a entidade auditada que, de acordo com o julgamento profissional da entidade de auditoria, possam ser consideradas, em uma perspectiva razoável, como afetando a independência. Os assuntos a serem comunicados variam em cada caso e devem ser decididos pela entidade de auditoria, mas devem, em geral, tratar dos assuntos relevantes expostos na norma NBC PA 02 – Independência.

O auditor deve ser absolutamente independente e imparcial na interpretação de tudo que lhe for apresentado, atestando a cada dado um pronunciamento conclusivo. A independência necessita orientar o trabalho do auditor no sentido da verdade, evitando interesses, conflitos, vantagens, sendo factual em suas afirmações.

Integridade

O auditor deve ser íntegro em todos os seus compromissos que envolvam a empresa auditada, o público em geral e pessoas interessadas na opinião emitida e a entidade de classe à qual pertença. A integridade constitui o valor central da ética do auditor, e pode ser medida em função do que é correto e justo, exigindo que os auditores ajustem-se tanto à forma quanto ao espírito das normas de auditoria e de ética. A percepção da integridade dos auditores é que faz com que a confiança da sociedade em seu trabalho seja preservada.

Eficiência

O serviço de auditoria independente precisa ser estabelecido mediante uma abrangência técnica adequada, estimando-se, dentro do possível, perspectivas de sua concretização quanto a prazos, extensão e momento de obtenção das provas.

Confidencialidade

A confidencialidade torna-se elementar na atividade da auditoria e as informações obtidas somente podem ser usadas na execução do serviço para o qual o auditor foi contratado, não devendo ele, em nenhuma hipótese, divulgar fatos que conheça e/ou utilizar dessas informações em seu próprio benefício ou de terceiros. Como regra, o auditor não pode divulgar as informações obtidas durante o seu trabalho na entidade auditada, a não ser que tenha autorização expressa da entidade auditada, ou, haja obrigações legais ou normativas que o obriguem a fazê-lo.

Ao se iniciar qualquer trabalho de auditoria, esse deve ser cuidadosamente planejado tendo em vista seu objetivo.

O planejamento da auditoria envolve a definição da estratégia global para o trabalho e o desenvolvimento do plano de auditoria.

A estratégia global define o alcance, a época e a direção da auditoria, para orientar o desenvolvimento do plano de auditoria.

O plano de auditoria é mais detalhado que a estratégia global de auditoria, visto que inclui a natureza, a época e a extensão dos procedimentos de auditoria a serem realizados pelos membros da equipe de trabalho.

6.6.2.3.2 Perda de independência

Determinadas situações caracterizam a perda de independência da entidade de auditoria em relação à entidade auditada. Assim sendo, são apresentados alguns exemplos dessas situações e das ações a serem tomadas pela entidade de auditoria:

- Interesses financeiros são a propriedade de títulos e valores mobiliários e quaisquer outros tipos de investimentos adquiridos ou mantidos pela entidade de auditoria, seus sócios, membros da equipe de auditoria ou membros imediatos da família destas pessoas, relativamente à entidade auditada, suas controladas ou integrantes de um mesmo grupo econômico, dividindo-se em diretos e indiretos.
- Interesses financeiros diretos são aqueles sobre os quais o detentor tem controle, seja em ações, debêntures ou em outros títulos e valores mobiliários; e
- Interesses financeiros indiretos são aqueles sobre os quais o detentor não tem controle algum, ou seja, são interesses em empresas ou outras entidades, mantidas por titular beneficiário mediante um plano de investimento global, sucessão, fideicomisso, fundo comum de investimento ou entidade financeira sobre os quais a pessoa não detém o controle nem exerce influência significativa. A relevância de um interesse financeiro indireto deve ser considerada no contexto da entidade auditada, do trabalho e do patrimônio líquido do indivíduo em questão. Um interesse financeiro indireto é considerado relevante se seu valor for superior a 5% do patrimônio líquido da pessoa. Para esse fim, deve ser adicionado o patrimônio líquido dos membros imediatos da família.

Se a entidade de auditoria, um membro da equipe de auditoria ou o responsável técnico do trabalho de auditoria ou outros membros dentro da entidade de auditoria, em nível gerencial, que possam influenciar o resultado dos trabalhos, ou um membro imediato da família destas pessoas tiver um interesse financeiro direto ou um interesse financeiro indireto relevante na entidade auditada, está caracterizada a perda de independência.

As únicas ações disponíveis para eliminar a perda de independência são:

a) alienar o interesse financeiro direto antes de a pessoa física tornar-se membro da equipe de auditoria;
b) alienar o interesse financeiro indireto relevante em sua totalidade ou alienar uma quantidade suficiente dele para que o interesse remanescente deixe de ser relevante antes de a pessoa tornar-se membro da equipe de auditoria; ou
c) afastar o membro da equipe de auditoria do trabalho da empresa auditada.

No caso de sócio da entidade de auditoria ou membro imediato de sua família, as ações de que tratam os itens *a* e *b* acima devem ser tomadas antes do início dos trabalhos.

A violação inadvertida no tocante a interesse financeiro em uma entidade auditada não prejudica a independência da entidade de auditoria, da entidade de auditoria por rede ou de um membro da equipe de auditoria se:

a) a entidade de auditoria e a entidade de auditoria por rede têm políticas e procedimentos instituídos que requerem que todos os profissionais informem, prontamente, à entidade de auditoria quaisquer violações resultantes da compra, da herança ou de outra forma de aquisição de um interesse financeiro na entidade auditada;
b) a entidade de auditoria e a entidade de auditoria por rede informam, prontamente, ao profissional que o interesse financeiro deve ser alienado; e
c) a alienação é efetuada quando da identificação do problema, ou o profissional é afastado da equipe de auditoria.

Quando ocorrer uma violação inadvertida no tocante a um interesse financeiro na entidade auditada, a entidade de auditoria deve considerar se devem ser aplicadas salvaguardas, que podem ser:

a) obtenção da participação de um auditor adicional que não tenha feito parte do trabalho de auditoria para revisar o trabalho feito pelo membro da equipe de auditoria; ou
b) exclusão da pessoa da tomada de decisões importantes referentes ao trabalho de auditoria.

A perda de independência pode-se dar ainda por:

a) operações de créditos e garantias com a entidade auditada;
b) relacionamentos comerciais com a entidade auditada;
c) relacionamentos familiares e pessoais com a entidade auditada;
d) atuação como administrador ou diretor de entidade auditada.

6.6.2.4 *Operações de créditos e garantias*

A entidade de auditoria, sócios, membros da equipe e membros imediatos da família destas pessoas não podem ter operações relevantes de operações de créditos ou garantia de operações de créditos com instituições financeiras que sejam entidade auditada.

As seguintes transações são permitidas, se realizadas dentro dos requisitos e das condições oferecidos a terceiros:

a) operações de créditos para aquisição de veículo;
b) arrendamento de veículo;
c) saldos em cartão de crédito que não superem 20 salários-mínimos; e
d) operações de créditos para aquisição de imóveis, com garantia.

Caso o empréstimo não seja feito em condições normais de crédito para quaisquer das partes, é necessária uma das seguintes ações para impedir a caracterização da perda de independência:

a) liquidação total do empréstimo pela entidade de auditoria;
b) liquidação total do empréstimo pelo sócio ou membro da equipe da entidade de auditoria; ou
c) afastamento do sócio ou membro da equipe de trabalho de auditoria.

É expressamente proibida para entidades de auditoria, sócios, membros da equipe e membros da família destas pessoas a obtenção de operações de créditos por meio de entidades auditadas. Não devem ser considerados, para efeito de independência, as operações de créditos contratados em período anterior ao relacionamento do auditor independente com a instituição financeira, ou antes que o profissional faça parte da equipe de auditoria, desde que tenha sido contratado em condições de mercado e mantidos os prazos e as condições originais.

Se a entidade de auditoria ou um membro da equipe de auditoria conceder empréstimo a uma entidade auditada que não seja um banco ou instituição semelhante, ou garantir um empréstimo tomado por essa entidade auditada, a ameaça de interesse próprio criada seria tão importante que nenhuma salvaguarda poderia reduzir a ameaça a um nível aceitável, a menos que o empréstimo ou a garantia fosse irrelevante tanto para a entidade de auditoria ou membro da equipe de auditoria como para a entidade auditada.

6.6.2.5 *Relacionamentos comerciais com a entidade auditada*

As transações comerciais da entidade de auditoria, de sócios e membros da equipe de auditoria com uma entidade auditada devem ser feitas dentro do curso normal de negócios e na mesma condição com terceiros. No entanto, essas operações não podem ser de tal dimensão que criem uma ameaça de interesse próprio.

Relacionamentos comerciais em condições diferenciadas, privilegiadas e relevantes com entidades auditadas afetam a independência do auditor e, nesses casos, deve ser adotada uma das seguintes ações:

a) terminar o relacionamento comercial;
b) substituir o membro da equipe que tenha relacionamento comercial; ou
c) recusar a realização do trabalho de auditoria.

6.6.2.6 Relacionamentos familiares e pessoais

A perda de independência está sujeita a uma série de fatores, entre eles as responsabilidades do membro da equipe de auditoria no trabalho, a proximidade do relacionamento e o papel do membro da família ou o relacionamento pessoal na entidade auditada.

As funções ocupadas por pessoas próximas ou familiares, que prejudicam a independência da entidade de auditoria, são aquelas que:

a) exercem influência significativa sobre as políticas operacionais, financeiras ou contábeis. Em geral, dizem respeito a uma pessoa que tem funções como presidente, diretor, administrador, gerente geral de uma entidade auditada;

b) exercem influência nas Demonstrações Contábeis da entidade auditada. Em geral, dizem respeito a funções consideradas críticas no ambiente contábil como *controller*, gerente de contabilidade, contador; e

c) são consideradas sensíveis sob o ponto de vista da auditoria. Em geral, incluem cargos com atribuições de monitoramento dos controles internos da entidade auditada, como, por exemplo, tesoureiro, auditor interno, gerente de compras/vendas, entre outros.

6.6.2.7 *Vínculos empregatícios ou similares por administradores, executivos ou empregados da entidade auditada mantidos, anteriormente, com a entidade de auditoria*

A independência da entidade de auditoria ou membro de sua equipe pode ser comprometida se um diretor ou um administrador ou empregado da entidade auditada, em condições de exercer influência direta e significativa sobre o objeto do trabalho de auditoria, tiver sido um membro da equipe de auditoria ou sócio da entidade de auditoria. Este comprometimento da independência ocorre dependendo dos seguintes fatores:

a) influência do cargo da pessoa na entidade auditada;
b) grau de envolvimento que a pessoa terá com a equipe de auditoria;
c) tempo decorrido desde que a pessoa foi membro da equipe de auditoria ou da entidade de auditoria; e
d) cargo que a pessoa tiver exercido na equipe ou na entidade de auditoria.

Após avaliados os fatores de que trata o item anterior, ações visando salvaguardar a independência da entidade de auditoria devem ser aplicadas, tais como as seguintes:

a) modificar o plano de auditoria, se necessário;
b) designar uma equipe de auditoria que inclua membros com experiência superior àquela do profissional que se transferiu para a entidade auditada;
c) envolver outro profissional que não seja membro da equipe de auditoria para revisar o trabalho realizado; ou
d) ampliar o nível de controle de qualidade do trabalho.

Nos casos de prestação de assessoria e/ou consultoria, as seguintes condições devem ser observadas:

a) a pessoa em questão não tem nenhum benefício da entidade de auditoria, a menos que em razão de acordos feitos anteriormente e de montantes prefixados; além disso, o valor devido à pessoa pela entidade de auditoria não deve ser de importância que possa ameaçar a independência da entidade de auditoria; e

b) a pessoa não participa e não aparenta participar dos negócios ou das atividades da entidade de auditoria.

Constitui-se conflito de interesse e possível perda de independência da entidade de auditoria quando um sócio ou um membro da equipe de auditoria possa estar em processo de negociação para ingressar na entidade auditada. Essa ameaça é reduzida a um nível aceitável mediante a aplicação de todas as seguintes ações:

a) manter políticas e procedimentos no sentido de exigir que a pessoa envolvida com a entidade auditada, quanto ao seu possível ingresso como executivo ou empregado de tal entidade, notifique a entidade de auditoria sobre tal circunstância no momento inicial do processo;

b) não designar sócio ou membro da equipe que esteja em processo de negociação com a entidade auditada; e

c) avaliar a necessidade de realizar uma revisão, independentemente de todos os julgamentos significativos feitos por aquela pessoa enquanto participava do trabalho.

Membros da entidade de auditoria que, anteriormente, eram administradores, executivos ou empregados da entidade auditada – a atuação como membro da equipe de auditoria de um ex-administrador, um executivo ou um empregado da entidade auditada, consideradas determinadas circunstâncias, caracteriza-se como perda de independência da entidade de auditoria. Isso se aplica, particularmente, no caso em que um membro da equipe tenha que reportar, por exemplo, sobre elementos das Demonstrações Contábeis que ele mesmo tenha preparado, ou ajudado a preparar, enquanto atuando na entidade auditada.

Se, durante o período coberto pela auditoria, um membro da equipe de auditoria tenha atuado como administrador ou como executivo da entidade auditada ou tenha sido um empregado ocupando posição que lhe permitisse exercer influência direta e significativa no objeto da auditoria, a ameaça à perda de independência é tão significativa que nenhuma salvaguarda pode reduzi-la a um nível aceitável. Consequentemente, tais indivíduos não devem ser designados como membros da equipe de auditoria.

Se, durante o período imediatamente anterior ao período coberto pela auditoria, um membro da equipe de auditoria tiver atuado como administrador ou como executivo da entidade auditada ou tiver sido um empregado, ocupando posição que lhe permitisse exercer influência direta e significativa no objeto da auditoria, isso pode criar ameaças de interesse próprio, de autorrevisão ou de familiaridade. Por exemplo, essas ameaças seriam criadas se uma decisão tomada ou um trabalho executado pelo indivíduo no período imediatamente anterior, enquanto empregado pela entidade auditada estivesse para ser analisado como parte da auditoria no período corrente. A significância dessas ameaças depende de fatores como:

a) a posição que o indivíduo ocupava na entidade auditada;
b) o lapso de tempo decorrido de, no mínimo, dois anos desde que o indivíduo desvinculou-se da entidade auditada, caso ele venha a exercer função de responsabilidade, como encarregado, supervisor ou gerente de equipe ou sócio da entidade de auditoria na condução dos trabalhos na entidade auditada;
c) a função que o indivíduo ocupa na equipe de auditoria.

A significância dessas ameaças deve ser avaliada e, se seu nível não for claramente insignificante, salvaguardas devem ser consideradas e aplicadas, conforme necessário, para reduzir tais ameaças a um nível aceitável. Tais salvaguardas podem incluir:

a) envolvimento de outro profissional para revisar o trabalho executado pelo indivíduo enquanto membro da equipe de auditoria; ou
b) discussão do assunto com os órgãos de governança corporativa da entidade auditada.

6.6.2.8 Atuando como administrador ou diretor de entidades auditadas

Se um sócio ou um membro da entidade de auditoria atuar também como diretor, membro do conselho de administração, conselho fiscal ou executivo da entidade auditada, a ameaça criada à perda de independência será de tal magnitude, que não existe salvaguarda ou ação a ser aplicada que possa impedir o conflito de interesse. E, neste caso, a realização do trabalho deve ser recusada.

6.6.2.9 Rotação dos líderes de equipe de auditoria

Visando possibilitar contínua renovação da objetividade e do ceticismo do auditor, necessários na auditoria, é requerida a rotação dos responsáveis técnicos pelos trabalhos na entidade auditada.

Alguns fatores que podem influenciar a objetividade e o ceticismo do auditor são:

a) tempo que o profissional faz parte da equipe de auditoria. O risco de perda da objetividade e do ceticismo pode ocorrer com o passar dos anos; e
b) função do profissional na equipe de auditoria. O risco de perda da objetividade e do ceticismo é maior no pessoal de liderança da equipe, ou seja, os responsáveis técnicos. Neste aspecto, entende-se que as demais funções da equipe de auditoria, ou seja, as funções de gerente, sênior ou encarregado e assistentes, dedicam-se a realizar os trabalhos de auditoria e não a tomar decisões-chave. Adicionalmente, os trabalhos executados por estes últimos são revisados pelos membros mais experientes da equipe de auditoria e as conclusões obtidas são por estes corroboradas.

Visando impedir o risco de perda da objetividade e do ceticismo do auditor, é necessária a aplicação das seguintes ações:

a) rotação do pessoal de liderança da equipe de auditoria a intervalos menores ou iguais a cinco anos consecutivos; e

b) intervalo mínimo de três anos para o retorno do pessoal de liderança à equipe.

Como é impraticável a rotação nas entidades de auditoria de porte pequeno, com apenas um sócio ou diretor e auditores pessoas físicas, para atender ao estabelecido nos itens *a* e *b* acima nos anos em que se completarem os cinco anos e durante os próximos três anos dos prazos estabelecidos nesse item, seus trabalhos devem ser submetidos à revisão por outra entidade de auditoria, que emitirá relatório circunstanciado sobre a correta aplicação das normas profissionais e das técnicas nestes trabalhos, encaminhando-o ao Conselho Federal de Contabilidade até 31 de julho de cada ano.

6.6.2.10 Prestação de outros serviços

As entidades de auditoria prestam, usualmente, outros serviços para as entidades auditadas, compatíveis com seu nível de conhecimento e capacitação.

As entidades auditadas valorizam os serviços proporcionados por essas entidades de auditoria quando estas possuem um bom entendimento do negócio e contribuem com conhecimento e capacitação em outras áreas. Além disso, muitas vezes, a prestação desses outros serviços, não de auditoria, proporciona às equipes de auditoria desenvolvimento de conhecimentos relativos aos negócios e operações da entidade auditada, que são proveitosos para o próprio trabalho de auditoria.

A prestação desses outros serviços, entretanto, não pode criar ameaças à independência da entidade de auditoria ou de membros da equipe de auditoria.

Os princípios básicos que devem fundamentar qualquer regra de independência do auditor são:

a) o auditor não deve auditar o seu próprio trabalho;

b) o auditor não deve exercer funções gerenciais na entidade auditada; e

c) o auditor não deve promover interesses da entidade auditada.

Consequentemente, é necessário avaliar se a realização desses outros serviços pode vir a criar conflitos de interesses e, por conseguinte, possível perda de independência.

Entre outros, os serviços abaixo, também chamados de consultoria, podem caracterizar a perda de independência:

a) serviços de avaliação de empresas e reavaliação de ativos;

b) serviços de assistência tributária, fiscal e parafiscal;

c) serviços de auditoria interna à entidade auditada;

d) serviços de consultoria de sistema de informação computadorizado;

e) serviços de apoio em litígios, perícia judicial ou extrajudicial;

f) serviços de finanças corporativas e assemelhados;

g) serviços de seleção de executivos;

h) registro (escrituração) contábil:

h.1) a execução, para uma entidade auditada, de serviços como a preparação de registros contábeis ou elaboração de Demonstrações Contábeis caracteriza-se como conflito de interesse e, consequentemente, perda de independência;

h.2) cabe à administração da entidade auditada providenciar, por intermédio de seu corpo de profissionais ou de contabilista independente, a manutenção dos registros contábeis e a elaboração de Demonstrações Contábeis, embora a entidade auditada possa solicitar assistência à entidade de auditoria;

h.3) porém, se a entidade de auditoria e o pessoal que presta assistência à entidade auditada tomarem decisões gerenciais, surgirá o conflito de interesses e, também neste caso, ocorrerá a perda da independência;

h.4) consequentemente, o pessoal da entidade de auditoria não deve tomar tais decisões. São exemplos de decisões gerenciais:

h.4.1) escriturar registros contábeis;

h.4.2) apurar ou alterar lançamentos em diários ou a classificação de contas ou operações ou outros registros contábeis sem obtenção da aprovação expressa da entidade auditada;

h.4.3) autorizar ou aprovar operações; e

h.4.4) preparar documento fonte de dados (inclusive decisões sobre premissas de avaliações) ou fazer alterações em tais documentos ou dados;

h.5) para os exemplos acima, não há nenhuma providência de salvaguarda para garantir a independência da entidade de auditoria, a não ser a recusa dos serviços de assistência à entidade auditada ou a recusa da realização da auditoria;

i) serviços de avaliação de empresas e reavaliação de ativos:

i.1) uma avaliação econômico-financeira compreende a formulação de premissas relativas a acontecimentos futuros, a aplicação de determinadas metodologias e técnicas e a combinação de ambas para calcular um determinado valor, ou intervalo de valores, para um ativo, um passivo ou uma entidade como um todo;

i.2) pode ser criada uma ameaça de autorrevisão quando uma entidade de auditoria ou uma entidade de auditoria por rede fizerem uma avaliação para uma entidade auditada que deva ser incorporada às Demonstrações Contábeis da entidade auditada. Neste caso, pode ser estabelecido o conflito de interesses quando uma entidade de auditoria fizer uma avaliação para uma entidade auditada, inclusive controladas, coligadas ou pertencentes ao mesmo grupo econômico a que deva ser incorporada, fusionada, cindida ou utilizada para a integralização de capital, caracterizando, assim, a perda de independência;

i.3) se o serviço de avaliação envolver questões relevantes para as Demonstrações Contábeis e um grau significativo de subjetividade, a ameaça de autorrevisão não pode ser reduzida a um nível aceitável mediante a aplicação de nenhuma salvaguarda. Dessa forma, tais serviços de avaliação não devem ser prestados ou, alternativamente, o trabalho de auditoria deve ser recusado;

i.4) a realização de serviços de avaliação que não são, nem separadamente nem em conjunto, relevantes para as Demonstrações Contábeis, e que não sejam utilizados na determinação de valores relevantes nas Demonstrações Contábeis ou que não envolvam um grau significativo de subjetividade, pode criar uma ameaça de autorrevisão capaz de ser reduzida a um nível aceitável mediante a aplicação de salvaguardas. Essas salvaguardas podem ser:

i.4.1) obter a participação de um auditor adicional que não tenha sido membro da equipe de auditoria para revisar o trabalho feito ou opinar conforme necessário;

i.4.2) confirmar com a entidade auditada o entendimento desta sobre as premissas de avaliação e a metodologia a serem usadas, e obter aprovação para seu uso;

i.4.3) obter da entidade auditada uma declaração de aceitação de responsabilidade pelos resultados do trabalho realizado pela entidade de auditoria; e

i.4.4) tomar providências para que o pessoal que prestar tais serviços não participe do trabalho de auditoria;

i.5) o mesmo ocorre com os serviços de avaliação a valor de reposição, de mercado ou similar para fins de reavaliação de ativos, para a constituição de reserva no patrimônio líquido da entidade auditada ou para qualquer outra forma de registro contábil;

i.6) a entidade de auditoria não deve realizar avaliações ou reavaliações para entidades auditadas nas quais o resultado, a valor de mercado ou a valor econômico, tenha, direta ou indiretamente, reflexos relevantes nas Demonstrações Contábeis que estiver auditando. Não há, portanto, para esses casos, nenhuma ação de salvaguarda que impeça a perda de independência, por não poder auditar o seu próprio trabalho, que não seja a recusa dos serviços de avaliação ou a renúncia à realização da auditoria. Consequentemente, no exercício seguinte, após as Demonstrações Contábeis terem sido auditadas por outro auditor independente, a entidade de auditoria que, atuando como especialista, efetuou a avaliação pode ser contratada sem quebra de independência, desde que o outro auditor independente não tenha compartilhado em sua opinião responsabilidade sobre o resultado da avaliação efetuada;

i.7) a emissão de laudo de avaliação a valores contábeis, apesar de se diferenciar de relatório de auditoria e acarretar responsabilidades profissionais distintas ao profissional que o elabora, é formulada com base na auditoria de um balanço patrimonial, pois tem como objeto o patrimônio mensurado de acordo com as Normas Brasileiras de Contabilidade, portanto, não configura a incompatibilidade ou o conflito de interesses com a prática da auditoria independente e, assim sendo, não resulta em perda de independência.

j) serviços de assistência tributária, fiscal e parafiscal:

    j.1) é comum a entidade de auditoria ser solicitada a prestar serviços de consultoria tributária, fiscal e parafiscal a uma entidade auditada. Tais serviços compreendem uma gama variada de tipos, incluindo:

        j.1.1) o cumprimento das leis e das normas;

        j.1.2) a emissão de cartas-consultas;

        j.1.3) a assistência técnica na solução de divergências quanto a impostos e contribuições; e

        j.1.4) o planejamento tributário;

    j.2) esses trabalhos não são, geralmente, considerados ameaças à independência da entidade de auditoria, pois não caracterizam a perda real ou suposta da sua objetividade e da sua integridade;

    j.3) planejamento tributário é a atividade que auxilia a administração dos tributos, projeta os atos e fatos administrativos ou relacionados com a melhor abordagem no tratamento a ser dado a determinado produto ou serviço da entidade auditada, com o objetivo de mensurar quais os ônus tributários em cada uma das opções legais disponíveis, maximizando vantagens e reduzindo riscos, se efetuado em bases estritamente científicas;

    j.4) entretanto, quando o denominado e já conceituado planejamento tributário é realizado sem levar em consideração bases estritamente científicas e não estiver amparado legalmente e suportado por documentação hábil e idônea, pode nascer a figura da fraude, do ato simulado ou dissimulado, podendo, nesse momento, proporcionar conflito de interesse e, portanto, a perda de independência da entidade de auditoria. Incluem-se, nesse contexto, os ditos planejamentos tributários que não tenham sido avaliados por consultores jurídicos externos e apresentando risco para a entidade auditada, ainda que haja a concordância e o consentimento da administração da entidade auditada. Geralmente, os honorários dos serviços de planejamento tributário cobrados pela entidade de auditoria, nestes casos, incluem importante parcela variável proporcional ao benefício conseguido pela entidade auditada. A forma de cobrança de honorários, entretanto, não é o fator determinante para a interpretação da perda de independência. Para estes casos, não há ação de salvaguarda a ser tomada pela entidade de auditoria que não seja a recusa da prestação do serviço de planejamento tributário ou a renúncia da realização dos trabalhos de auditoria independente;

    j.5) não constituem perda de independência os serviços prestados pela entidade de auditoria relacionados com a resposta de solicitação de análise e conclusão sobre estruturação tributária elaborada pela administração da entidade auditada ou por terceiros por ela contratados;

k) serviços de auditoria interna à entidade auditada:

    k.1) conflitos de interesse podem ser gerados pela prestação, pela entidade de auditoria independente, de serviços de auditoria interna a uma entidade auditada;

k.2) os serviços de auditoria interna realizados por uma entidade de auditoria são, geralmente, decorrentes da terceirização do departamento de auditoria interna ou da solicitação dos chamados trabalhos especiais de auditoria;

k.3) em certos casos, o cuidado na manutenção de determinadas salvaguardas a seguir listadas impede a existência do conflito de interesses e, por conseguinte, a perda de independência:

k.3.1) assegurar que o pessoal da entidade de auditoria não atue e nem pareça atuar em uma condição equivalente à de um membro da administração da entidade auditada;

k.3.2) assegurar que a entidade auditada reconheça sua responsabilidade por instituir, manter e monitorar o sistema de controle interno;

k.3.3) assegurar que a entidade auditada designe um funcionário competente, preferivelmente da alta administração, para ser o responsável pelas atividades de auditoria interna;

k.3.4) assegurar que a entidade auditada seja responsável por avaliar e determinar quais recomendações da entidade de auditoria devam ser implementadas;

k.3.5) assegurar que a entidade auditada avalie a adequação dos procedimentos de auditoria interna executados e as conclusões resultantes mediante a obtenção de relatórios da entidade de auditoria e a tomada de decisões com base nesses relatórios; e

k.3.6) assegurar que as conclusões e as recomendações decorrentes da atividade de auditoria interna sejam devidamente informadas aos responsáveis pela entidade auditada.

k.4) nos casos em que órgãos reguladores específicos de setores da atividade econômica restrinjam a execução de trabalhos de auditoria interna, pela entidade de auditoria independente, esta deve atender àquela regulamentação;

l) serviços de consultoria de sistemas de informação computadorizados:

l.1) caracteriza-se como conflito de interesse a prestação pela entidade de auditoria de serviços que envolvam o desenho e a implementação de sistemas de informações usados para gerar a informação contábil da entidade auditada, incluindo os serviços de remodelamento dos sistemas contábeis de qualquer natureza, como financeiro e de custos;

l.2) não há, portanto, para esses casos, nenhuma ação de salvaguarda que impeça a perda de independência que não seja a recusa dos serviços citados ou a renúncia à realização da auditoria;

l.3) constituem-se trabalhos da especialidade da entidade de auditoria e parte integrante de seus exames, portanto sem caracterizar perda de independência, os serviços do tipo:

l.3.1) diagnóstico substanciado em procedimentos de análise e crítica, desenvolvidos em um desenho já definido no qual especialistas da entidade de auditoria podem identificar riscos de sistemas, falhas de fluxo de informações e pontos de melhoria para aprimoramento do atual desenho;

l.3.2) assistência na revisão da configuração do sistema de controles internos e de informações, na qual o procedimento visa eliminar erros ou conflitos identificados nos sistemas; e

l.3.3) elaboração de relatórios específicos sobre a qualidade dos controles internos e de informação da entidade auditada;

m) serviços de apoio em litígios, perícia judicial ou extrajudicial:

m.1) caracteriza-se como conflito de interesse a prestação, pela entidade de auditoria independente ou profissional pessoa física pertencente ao seu quadro, de serviços que envolvam a atividade de perito nas esferas judicial ou extrajudicial (esferas administrativas ou juízo privado-arbitragem);

m.2) não há, portanto, para esses casos, nenhuma ação de salvaguarda que impeça a perda de independência que não seja a recusa dos serviços citados ou a renúncia à realização da auditoria;

n) serviços de finanças corporativas e assemelhados:

n.1) a prestação de serviços, consultoria ou assistência de finanças corporativas a uma entidade auditada pode criar ameaças à independência por poder representar defesa de interesses da entidade auditada ou da revisão do próprio trabalho. No caso de alguns serviços de finanças corporativas, as ameaças à independência criadas são tão importantes que nenhuma salvaguarda pode ser aplicada para reduzi-las a um nível aceitável. Por exemplo, a promoção, a negociação ou a subscrição de ações de uma entidade auditada não é compatível com a prestação de serviços de auditoria. Ademais, comprometer a entidade auditada com os termos de uma transação ou realizar a transação em nome da entidade auditada criaria uma ameaça à independência tão importante que nenhuma salvaguarda poderia reduzi-la a um nível aceitável. No caso de uma entidade auditada, a prestação dos serviços de finanças corporativas mencionados acima por uma entidade de auditoria ou entidade de auditoria por rede cria uma ameaça à independência tão importante que nenhuma salvaguarda pode reduzi-la a um nível aceitável;

n.2) outros serviços de finanças corporativas podem criar ameaças à independência do auditor por poder representar defesa do interesse da entidade auditada ou revisão do próprio trabalho. No entanto, pode haver salvaguardas para reduzir tais ameaças a um nível aceitável. Exemplos de tais serviços incluem auxiliar a entidade auditada a traçar estratégias societárias, auxiliar na identificação ou apresentar um cliente a possíveis fontes de capital que satisfaçam às especificações ou aos critérios da entidade auditada, e prestar consultoria de estruturação e auxiliar a entidade auditada a analisar os efeitos contábeis das transações propostas. As salvaguardas a serem consideradas incluem:

n.2.1) políticas e procedimentos para proibir as pessoas que auxiliam a entidade auditada a tomar decisões gerenciais em seu nome;

n.2.2) utilização de profissionais não integrantes da equipe de auditoria para prestar os serviços; e

n.2.3) uma pessoa no nível apropriado de gerência da entidade auditada assumir, efetiva e formalmente, a função de coordenação do assunto e se encarregar de tomar as decisões-chave;

n.3) não se incluem, nesses casos, os trabalhos da entidade de auditoria limitados à sua competência profissional, tais como:

n.3.1) diagnóstico das diferenças de práticas contábeis entre países;

n.3.2) assessoria na identificação de controles para fins de levantamento de dados financeiros; e

n.3.3) aplicação de procedimentos de auditoria sobre os ajustes de diferenças entre as práticas contábeis;

n.4) a emissão de carta de conforto, geralmente comum em processos de captação de recursos com emissão de títulos, também se incorpora a procedimentos que se integram à função do auditor independente e, portanto, não constitui perda de independência;

o) serviços de seleção de executivos:

o.1) o recrutamento de membros da administração para a entidade auditada pode criar ameaças atuais ou futuras de conflito de interesses e, por conseguinte, perda de independência. A ameaça depende de fatores tais como:

o.1.1) a importância da função da pessoa a ser recrutada; e

o.1.2) a natureza da assistência solicitada;

o.2) em geral, a entidade de auditoria pode prestar serviços como a seleção de profissionais e recomendar sua adequação ao cargo na entidade auditada. Além disso, a entidade de auditoria pode elaborar uma relação sintética de candidatos para entrevista, desde que ela seja feita com base em critérios especificados pela entidade auditada; e

o.3) de qualquer modo, em todos os casos, a entidade de auditoria não deve tomar decisões gerenciais e a decisão de quem contratar deve ser deixada a cargo da entidade auditada.

6.6.2.11 Presentes e brindes

Aceitar presentes, brindes ou outros benefícios de uma entidade auditada pode criar conflitos de interesse e, por conseguinte, perda de independência. Quando uma entidade de auditoria ou um membro de equipe aceitam presentes, brindes ou outros benefícios cujo valor não seja claramente insignificante, a perda de independência é caracterizada, não sendo possível a aplicação de qualquer salvaguarda.

6.6.2.12 Litígios em curso ou iminentes

Quando há, ou é provável haver, um litígio entre a entidade de auditoria ou um membro da sua equipe e a entidade auditada, pode ser criado o conflito de interesse. O relacionamento entre a administração da entidade auditada e os membros da equipe de auditoria precisa ser caracterizado por total franqueza e divulgação completa de todos os aspectos das operações de negócios da entidade auditada. A entidade de auditoria e a administração da entidade auditada podem ficar em lados opostos por causa do litígio, o que pode afetar a disposição da administração em fazer divulgações completas, e a entidade de auditoria pode se ver ameaçada por conflito de interesse. A importância da ameaça criada depende de fatores tais como:

a) a relevância do litígio;
b) a natureza do trabalho de auditoria; e
c) se o litígio diz respeito a um trabalho de auditoria já efetuado.

Uma vez avaliada a importância da ameaça, devem ser aplicadas as seguintes ações, para reduzi-la a um nível aceitável:

a) informar aos níveis superiores da entidade auditada, por exemplo conselho de administração, conselho fiscal e assembleia de acionistas e acionistas controladores, a extensão e a natureza do litígio;
b) informar, se aplicável, aos órgãos reguladores competentes a extensão e a natureza do litígio;
c) se o litígio envolver um membro da equipe de auditoria, afastar aquela pessoa do trabalho de auditoria; ou
d) envolver outro auditor da entidade de auditoria, não integrante da equipe, para revisar o trabalho feito ou opinar conforme necessário.

Se essas ações não reduzirem a ameaça ao conflito de interesse a um nível adequado, a única alternativa é recusar o trabalho de auditoria.

6.6.2.13 *Incompatibilidade ou inconsistência do valor dos honorários*

Os honorários profissionais não devem ser praticados, por gerarem conflitos de interesses e, por consequência, perda de independência e, dessa forma, a entidade de auditoria não deve estabelecer honorários contingenciais relacionados a serviços de auditoria prestados para a entidade auditada, suas coligadas, controladas, controladoras ou integrantes do mesmo grupo econômico. Quando os honorários de auditoria forem de valor substancialmente inferior ao estabelecido para os outros serviços que a entidade de auditoria realize para a entidade auditada, pode se estabelecer o conflito de interesses, por razões de dependência financeira e, por conseguinte, a perda de independência.

Para que se caracterize a dependência financeira, é necessário que o conjunto dos honorários de serviços prestados à entidade auditada, ou seja, os de auditoria e os demais, seja relevante dentro do total de honorários da entidade de auditoria. Considera-se como conjunto de honorários relevante aquele que represente 25%, ou mais, do total de honorários da entidade de auditoria.

Constitui infringência ao Código de Ética Profissional do Contador e, portanto, é vedado ao auditor independente de demonstrações contábeis no desempenho de suas funções valer-se de agenciador de serviços, mediante participação desse no montante de honorários profissionais estabelecidos para a contratação.

6.6.2.14 Outras situações

Os exemplos de perda de independência citados não são exaustivos. Assim sendo, outras situações podem ensejar o conflito de interesses e a perda de independência. Por este motivo, a entidade de auditoria deve, permanentemente, avaliar se ela se encontra em situação que possa ensejar o conflito de interesse e aparentar a perda de independência e, como parte dessa análise, verificar as possibilidades de aplicação de salvaguardas e, não sendo possível, renunciar ao trabalho de auditoria ou outros trabalhos ou atividades que possam estar produzindo o conflito de interesses e a perda de independência.

6.6.2.15 Requisitos formais de controle

A NBC T 11.8 – Supervisão e Controle de Qualidade determina aos auditores independentes serem necessárias a implementação e a manutenção de regras e procedimentos de supervisão e controle interno de qualidade que garantam a qualidade dos serviços prestados.

Assim, os requisitos formais mínimos para a verificação do cumprimento dos aspectos desta Norma estão a seguir indicados. Documentação de declaração individual dos profissionais da entidade de auditoria da existência, ou não, das seguintes questões relacionadas a entidades auditadas:

a) interesses financeiros;
b) operações de créditos e garantias;
c) relacionamentos comerciais relevantes estreitos com a entidade auditada;
d) relacionamentos familiares e pessoais; e
e) membros da entidade de auditoria que já foram administradores, executivos ou empregados da entidade auditada.

A formalização deve ser um processo anual, por meio eletrônico ou não, contendo uma declaração formal de todos os profissionais da entidade de auditoria quanto à existência, ou não, de tais vinculações com a entidade auditada. Em caso de declarações positivas, deverá haver a anotação das providências tomadas, tais como: **não fará parte da equipe de trabalho na empresa auditada X**.

- Estabelecimento de controle formal que possa permitir a verificação permanente da execução de rotação de pessoal.
- Estabelecimento de arquivos manuais ou eletrônicos que permitam verificar outros serviços executados em entidades auditadas e o valor dos honorários cobrados.
- Estabelecimento de controle formal que permita a divulgação interna das contratações de novas entidades auditadas, ao mesmo tempo em que cada profissional a ser envolvido no trabalho se obrigue a informar sobre eventuais riscos seus de conflitos de interesses e perda de independência.
- Estabelecimento permanente de treinamento sobre o conteúdo desta Norma no Programa de Educação Profissional Continuada.

6.6.3 Sigilo

O auditor independente deve obedecer às diretrizes sobre questões de sigilo profissional nos trabalhos de auditoria.

Entende-se por sigilo a obrigatoriedade do auditor independente de não revelar, em nenhuma hipótese, as informações que obteve e das quais tem conhecimento em função de seu trabalho na entidade auditada.

6.6.3.1 Dever do sigilo

O sigilo profissional do auditor independente deve ser observado nas seguintes circunstâncias:

a) na relação entre o auditor independente e a entidade auditada;
b) na relação entre os auditores independentes;
c) na relação entre o auditor independente e os organismos reguladores e fiscalizadores; e
d) na relação entre o auditor independente e demais terceiros.

O auditor independente deve respeitar e assegurar o sigilo relativamente às informações obtidas durante o seu trabalho na entidade auditada, não as divulgando, sob nenhuma circunstância, salvo as contempladas na legislação vigente, bem como nas Normas Brasileiras de Contabilidade. Quando previamente autorizado por escrito, pela entidade auditada, deve fornecer as informações que por aquela foram julgadas necessárias ao trabalho do auditor independente que o suceder, as quais serviram de base para emissão da última opinião de auditoria por ele emitida.

O auditor independente, quando solicitado, por escrito e fundamentadamente, pelo Conselho Federal de Contabilidade e Conselhos Regionais de Contabilidade, deve exibir as informações obtidas durante o seu trabalho, incluindo a fase de pré-contratação dos serviços, a documentação, papéis de trabalho, relatórios e opiniões, de modo a demonstrar que o trabalho foi realizado de acordo com as Normas de Auditoria Independente das Demonstrações Contábeis.

- Os contadores designados pelo Conselho Federal de Contabilidade e pelos Conselhos Regionais de Contabilidade para efetuarem a fiscalização do exercício profissional devem ter a mesma formação técnico-profissional requerida ao auditor independente para o trabalho por ele realizado e assumirão compromisso de sigilo profissional semelhante.
- Os organismos profissionais citados assumirão a responsabilidade civil por perdas e danos que vierem a ser causados em decorrência da quebra de sigilo pelos profissionais por eles designados para o exame dos trabalhos desenvolvidos pelos auditores independentes.

O auditor independente, sob pena de infringir o sigilo profissional, somente deve divulgar aos demais terceiros informações sobre a entidade auditada ou sobre o trabalho por ele realizado, caso seja autorizado, por documento escrito pela administração da entidade com poderes para tanto, que contenha, de forma clara e objetiva, os limites das informações a serem fornecidas.

O dever de manter o sigilo prevalece:

a) para os auditores independentes, mesmo após terminados os compromissos contratuais;
b) para os contadores designados pelo CFC ou CRC, mesmo após o término do vínculo empregatício ou funcional; e
c) para os conselheiros do Conselho Federal de Contabilidade e dos Conselhos Regionais de Contabilidade, mesmo após o término dos respectivos mandatos.

É obrigatório e relevante que todos os auditores independentes tenham procedimentos de proteção de informações sigilosas obtidas durante o relacionamento com a entidade auditada, por quaisquer meios, devendo dispensar especial atenção ao uso de redes de computador internas ou externas (Internet).

6.6.4 Utilização de trabalhos de especialistas

Existem condições e procedimentos para utilização de especialistas, pelo auditor independente, como parte da evidência de seus trabalhos de auditoria das demonstrações contábeis.

Ao utilizar-se de trabalhos executados por outros especialistas legalmente habilitados, o auditor independente deve obter evidência suficiente de que tais trabalhos são adequados para fins de sua auditoria. A expressão "especialista" significa um indivíduo ou empresa que detenha habilidades, conhecimento e experiência em áreas específicas não relacionadas à contabilidade ou auditoria. A formação e experiência do auditor independente lhe permite possuir conhecimentos sobre os negócios em geral, mas não se espera que ele tenha capacidade para agir em áreas alheias à sua competência profissional.

6.6.4.1 *Necessidade de uso de trabalho de especialista*

Durante a auditoria, o auditor independente pode necessitar obter, em conjunto com a entidade auditada ou de forma independente, evidências para dar suporte às suas conclusões. Exemplos dessas evidências, na forma de relatórios, opiniões ou declarações de especialistas, são:

a) avaliações de certos tipos de ativos, por exemplo terrenos e edificações, máquinas e equipamentos, obras de arte e pedras preciosas;
b) determinação de quantidades ou condições físicas de ativos, como por exemplo minerais estocados, jazidas e reservas de petróleo, vida útil remanescente de máquinas e equipamentos;
c) determinação de montantes que requeiram técnicas ou métodos especializados, como por exemplo avaliações atuariais;
d) medição do estágio de trabalhos completados ou a completar em contratos em andamento;
e) interpretações de leis, de contratos, de estatutos ou de outros regulamentos.

Ao determinar a necessidade de utilizar-se do trabalho de especialistas, o auditor independente deve considerar:

a) a relevância do item da demonstração contábil que está sendo analisada;
b) o risco de distorção ou erro levando em conta a natureza e a complexidade do assunto em análise;
c) conhecimento da equipe de trabalho e a experiência prévia dos aspectos que estão sendo considerados; e
d) a quantidade e qualidade de outras evidências de auditoria disponíveis para sua análise.

O auditor pode contratar com outra firma de auditoria para realização de determinados trabalhos para o auxiliar na execução da auditoria. Ele não deve fazer menção em seu relatório, caso utilize o trabalho de outro auditor, e esse envolvimento não modifica a responsabilidade do auditor, já que ela é de quem assina o relatório, segundo a NBC TA 620.

6.6.4.2 *Competência profissional e objetividade do especialista*

Ao planejar o uso do trabalho de um especialista, o auditor independente deve avaliar a competência do especialista em questão. Isso envolve avaliar:

a) se o especialista tem certificação profissional, licença ou registro no órgão de classe que se lhe aplica; e
b) a experiência e reputação no assunto em que o auditor busca evidência de auditoria.

O auditor também deve avaliar a objetividade do especialista. O risco de que a objetividade do especialista seja prejudicada aumenta quando:

a) o especialista é empregado da entidade auditada; ou
b) o especialista é, de alguma forma, relacionado à entidade auditada, por exemplo, ser financeiramente dependente desta ou deter investimento na mesma.

Se o auditor tiver dúvidas quanto à competência profissional ou objetividade do especialista, deve discutir suas opiniões com a administração da entidade auditada e considerar a necessidade de aplicar procedimentos adicionais de auditoria ou buscar evidências junto a outros especialistas de sua confiança.

6.6.4.3 *Alcance do trabalho do especialista*

O auditor independente deve obter evidência adequada de que o alcance do trabalho do especialista é suficiente para fins de sua auditoria. Tal evidência pode ser obtida por meio de revisão dos termos de contratação geralmente fornecidos pela entidade auditada ao especialista ou contrato entre as partes. Tais termos geralmente cobrem assuntos tais como:

a) objetivo e alcance do trabalho do especialista;
b) descrição dos assuntos específicos que o auditor independente espera que o especialista cubra em seu trabalho;

c) o uso pretendido, por parte do auditor independente, do trabalho do especialista incluindo a eventual possibilidade de divulgação a terceiros de sua identidade e envolvimento;

d) o nível de acesso a registros e arquivos a serem utilizados pelo especialista, bem como eventuais requisitos de confidencialidade;

e) esclarecimentos sobre eventuais relacionamentos entre a entidade auditada e o especialista, se houver;

f) informação sobre premissas e métodos a serem empregados pelo especialista e sua consistência com aqueles empregados em períodos anteriores.

Caso esses assuntos não estejam claramente informados em comunicação formal ao especialista, o auditor independente deve considerar formular tal comunicação diretamente ao especialista como forma de obter evidência apropriada para seus fins.

6.6.4.4 Avaliando o trabalho do especialista

O auditor independente deve avaliar a qualidade e suficiência do trabalho do especialista como parte da evidência de auditoria relacionada ao item da demonstração contábil sob análise. Isso envolve uma avaliação sobre se a substância das conclusões do especialista foi adequadamente refletida nas demonstrações contábeis ou fornece suporte adequado para as mesmas. Além disso, deve concluir sobre:

a) a fonte de dados utilizada pelo especialista;

b) as premissas e os métodos utilizados e sua consistência com períodos anteriores;

c) os resultados do trabalho do especialista à luz de seu conhecimento geral sobre os negócios e dos resultados e outros procedimentos de auditoria que tenha aplicado.

Ao analisar se a fonte de dados utilizada pelo especialista é a mais apropriada nas circunstâncias, o auditor independente deve utilizar os seguintes procedimentos:

a) indagar ao especialista se os procedimentos aplicados por este último são, no seu julgamento, suficientes para garantir que a fonte de dados é confiável e relevante; e

b) revisar ou testar na extensão necessária a fonte de dados utilizada pelo especialista.

A responsabilidade quanto à qualidade e propriedade das premissas e métodos utilizados é do especialista. O auditor independente não tem a mesma capacitação que o especialista e, assim, nem sempre estará em posição para questioná-lo quanto ao trabalho efetuado. Entretanto, o auditor independente deve compreender as premissas e métodos utilizados para poder avaliar se, baseado no seu conhecimento da entidade auditada e nos resultados de outros procedimentos de auditoria, são adequados às circunstâncias.

Se os resultados do trabalho do especialista não fornecerem suficiente evidência de auditoria ou se não forem consistentes com outras evidências possuídas pelo auditor independente, este último deverá tomar devidas providências. Tais providências podem incluir discussão com a administração da entidade auditada e com o especialista; aplicação de procedimentos de auditoria adicionais; contratação de outro especialista; ou modificação de sua opinião.

O auditor independente, ao utilizar o trabalho específico dos auditores internos, deve incluir, na documentação de auditoria, as conclusões atingidas relacionadas com a avaliação da adequação do trabalho dos auditores internos e os procedimentos de auditoria por ele executados sobre a conformidade dos trabalhos.

É permitido ao auditor independente utilizar trabalhos realizados por auditores internos, pois não há qualquer proibição de tal prática nas NBCs, mas:

- Em nenhuma circunstância a responsabilidade do auditor independente será minimizada em função de apoio de auditores internos.
- A utilização de trabalhos de auditores internos na obtenção de evidências de auditoria é uma prerrogativa assegurada ao auditor independente.
- É recomendável ao auditor independente avaliar a posição hierárquica dos auditores internos e as práticas por eles adotadas, de modo que os trabalhos por eles produzidos sejam aceitos como prova razoável para formação da opinião final do auditor.

6.6.4.5 Referência ao especialista na opinião do auditor

A responsabilidade do auditor fica restrita à sua competência profissional.

Em se tratando de uma opinião sem ressalva, o auditor independente não pode fazer referência do trabalho de especialista na sua opinião.

Em situações em que especialista legalmente habilitado for contratado pela entidade auditada, sem vínculo empregatício, para executar serviços que tenham efeitos relevantes nas demonstrações contábeis, este fato deve ser divulgado nas demonstrações contábeis e o auditor, ao emitir a opinião de forma diferente da opinião sem ressalvas, pode fazer referência ao trabalho do especialista.

A utilização de serviços de especialista para dar suporte à opinião do auditor independente a ser emitida no seu relatório, é permitida, mas:

- O auditor não deve fazer referência ao trabalho do especialista componente da equipe de auditoria em seu relatório que contenha opinião não modificada.
- O auditor poderá fazer referência ao trabalho de especialista em seu relatório, se essa referência for relevante para o entendimento de ressalva ou outra modificação na sua opinião.

Caso o auditor faça referência ao trabalho de especialista no seu relatório, deverá indicar no relatório que essa citação não reduz a sua responsabilidade por essa opinião.

6.6.5 Guarda da documentação

O auditor deve conservar em boa guarda, pelo prazo de cinco anos a partir da data de emissão de sua opinião, toda a documentação, correspondência, papéis de trabalho, relatórios e opiniões relacionados com os serviços realizados.

6.6.6 Normas relativas à execução do trabalho

A execução do trabalho consiste na obtenção de evidências apropriadas e suficientes para respaldar as conclusões da auditoria.

As principais atividades realizadas durante a execução do trabalho são: desenvolvimento dos trabalhos de campo – consiste na coleta de dados e informações, as quais devem ser precisas, completas e comparáveis; análise dos dados coletados, representados por entrevistas, questionário e observação direta; e elaboração da conclusão.

O auditor deve buscar as evidências necessárias para orientar sua conclusão e ter cuidado para não se desviar do foco do trabalho nem coletar grande quantidade de informações que, muitas vezes, são desnecessárias e irrelevantes (BRITO; FONTENELLE, 2015).

6.6.6.1 *Planejamento e supervisão*

O auditor deve planejar seu trabalho consoante as Normas Profissionais de Auditoria Independente e as Normas Brasileiras de Contabilidade e de acordo com os prazos e demais compromissos contratualmente assumidos com a entidade. O planejamento pressupõe adequado nível de conhecimento sobre as atividades, os fatores econômicos, legislação aplicável e as práticas operacionais da entidade, e o nível geral de competência de administração. Deve considerar todos os fatores relevantes na execução dos trabalhos, especialmente os seguintes:

- conhecimento detalhado das práticas contábeis adotadas pela entidade e as alterações procedidas em relação ao exercício anterior;
- os riscos de auditoria;
- a natureza da oportunidade e extensão dos procedimentos de auditoria a serem aplicados;
- a existência de entidades associadas, filiais e partes relacionadas; e
- o uso dos trabalhos de outros auditores independentes, especialistas e auditores internos.

Com relação aos procedimentos e às conclusões de auditoria estabelecidos na NBC TA 550 – Partes Relacionadas, o auditor deve avaliar se as transações com partes relacionadas estão sendo realizadas em condições normais de mercado e se estão adequadamente registradas e divulgadas nas notas explicativas.

O trabalho deve ser planejado adequadamente e os assistentes devem ser supervisionados apropriadamente.

Ao se analisar a primeira norma relativa à execução do trabalho, deve-se reconhecer que a designação antecipada do auditor oferece muitas vantagens, tanto para o auditor como para seu cliente.

A designação antecipada possibilita ao auditor o planejamento de seu trabalho, de forma que este possa ser executado eficientemente, possibilitando-lhe determinar qual a extensão do trabalho que pode ser executado antes da data do encerramento do balanço. A execução de trabalhos preliminares beneficia o cliente, pois permite que o exame seja executado de maneira mais eficiente e completado em data mais próxima à do encerramento do exercício. A execução de alguns trabalhos de auditoria durante o exercício permite, pelas mesmas razões, o estudo antecipado de problemas que afetam as demonstrações financeiras, bem como a introdução, em tempo hábil, de modificações nos procedimentos contábeis que o auditor julgue passíveis de aperfeiçoamento.

Ao se mencionar a execução dos trabalhos de auditoria em diversas épocas, deve-se entender a divisão básica de um trabalho de auditoria. As fases em que um trabalho de auditoria padrão se divide são:

- planejamento;
- avaliação e teste dos sistemas de controle interno;
- análise dos saldos de balanço em data preliminar;
- análise dos saldos de balanço na data de encerramento do exercício.

Fica claro verificar por que a designação antecipada do auditor fornece as condições ideais para a execução do trabalho de auditoria. Embora a designação antecipada seja preferível, o auditor pode aceitar proposta de exame em data próxima ou posterior à do encerramento do exercício. Neste caso, antes de aceitar o trabalho, o auditor deve averiguar se as circunstâncias existentes permitem um exame adequado e emissão de opinião sem ressalvas. Caso contrário, deve prevenir a empresa sobre a possibilidade de ser emitida uma opinião com ressalva.

O aspecto mais importante do planejamento é a definição da estratégia de auditoria. A estratégia irá determinar e documentar a natureza dos testes a serem aplicados, as principais transações e contas que serão analisadas, a época da execução dos procedimentos, o tempo a ser despendido, os diversos níveis de auditores que participarão do trabalho, os relatórios a serem emitidos etc.

A fim de preparar uma estratégia apropriada, o auditor deve obter informações e avaliar os seguintes fatores:

- a indústria em que a empresa opera;
- dados financeiros preliminares e orçamento;
- resultado das auditorias anteriores;
- expectativa quanto à qualidade dos sistemas de controle interno;
- prazos estabelecidos para o cumprimento dos trabalhos e entrega do relatório;
- alteração na legislação;
- participação do departamento de auditoria interna;
- grau de importância do processamento eletrônico de dados na produção de dados financeiros.

As normas de auditoria definem que a supervisão envolve o direcionamento do trabalho dos assistentes e a determinação sobre o atingimento dos objetivos do trabalho.

A supervisão inicia-se com a designação de tarefas e assegura que cada tarefa e seus objetivos tenham sido entendidos. Continua com conversas frequentes entre o encarregado de campo e os assistentes, com o propósito de ambos se manterem informados, especialmente sobre problemas significativos encontrados. O processo de supervisão também envolve o tratamento de diferenças de opinião surgidas entre os membros da equipe relativas a assuntos sobre auditoria e contabilidade. O elemento final da supervisão é a revisão dos trabalhos executados pelos assistentes; nessa fase, discute-se a revisão com eles e avalia-se sua *performance*. Uma das qualidades essenciais de uma boa supervisão é a instrução adequada e a motivação dos assistentes de forma que o processo de supervisão seja contínuo, que os problemas sejam descobertos e analisados com antecedência e que a comunicação seja imediata e não posterior ao fato. A revisão dos papéis de trabalho é uma ferramenta essencial da supervisão de auditoria, mas o ideal é que ela seja um controle final que garanta que nada foi deixado de lado pelo processo de supervisão durante as várias etapas de auditoria. Os auditores estão constantemente tentando desenvolver instrumentos que facilitem a identificação e a avaliação antecipada dos problemas. Questionários, *check-lists*, formulários-padrões para reuniões e memorandos são úteis e os esforços para aprimorá-los devem ser contínuos. Entretanto, não há substitutos para uma supervisão forte, ativa e inteligente pelos responsáveis pela auditoria ao longo do trabalho.

A NBC TA 540 (R2) – Auditoria de Estimativas Contábeis, Inclusive do Valor Justo, e Divulgações Relacionadas trata da responsabilidade do auditor independente em relação a estimativas contábeis, incluindo estimativas contábeis do valor justo e respectivas divulgações em auditoria de demonstrações contábeis. Especificamente, ela discorre sobre como a NBC TA 315 (R2) – Identificação e Avaliação dos Riscos de Distorção Relevante por meio do Entendimento da Entidade e de seu Ambiente e a NBC TA 330 (R1) – Resposta do Auditor aos Riscos Avaliados, além de outras normas de auditoria, devem ser aplicadas em relação a estimativas contábeis. Inclui, também, requisitos e orientação sobre distorção de estimativas contábeis individuais, e indicadores de possível tendenciosidade da administração. Alguns itens das demonstrações contábeis não podem ser mensurados com precisão, mas podem ser apenas estimados. Para fins desta Norma, essa forma de mensuração de tais itens das demonstrações contábeis é denominada estimativa contábil. A natureza e a confiabilidade das informações disponíveis para a administração para suportar a elaboração de estimativa contábil variam significativamente, afetando dessa maneira o grau de incerteza de estimativa associada às estimativas contábeis. O grau de incerteza de estimativa, por sua vez, afeta os riscos de distorção relevante de estimativas contábeis, incluindo sua suscetibilidade à tendenciosidade da administração intencional ou não.

6.6.6.2 *Relevância*

Os exames de auditoria devem ser planejados e executados na expectativa de que os eventos relevantes relacionados com as demonstrações contábeis sejam identificados.

A relevância deve ser considerada pelo auditor quando:

- determinar a natureza, oportunidade e extensão dos procedimentos de auditoria;
- avaliar o efeito das distorções entre os saldos, denominação e classificação das contas; e
- determinar a adequação da apresentação e da divulgação da informação contábil.

Para fins das normas de auditoria, "distorção" é a diferença entre o valor, a classificação, a apresentação ou a divulgação de um item informado nas demonstrações contábeis e o valor requerido para que o item esteja de acordo com a estrutura de relatório financeiro aplicável. Pode ser decorrente de erro ou de fraude e pode ser oriunda de:

- imprecisão na coleta ou no processamento de dados usados na elaboração das demonstrações contábeis;
- omissão de valor ou divulgação;

- estimativa contábil incorreta decorrente da falta de atenção aos fatos ou de interpretação errada dos fatos;
- julgamento da administração sobre estimativas contábeis que o auditor não considera razoáveis, ou da seleção e aplicação de políticas contábeis que o auditor considera inadequadas.

6.6.6.3 Risco de auditoria

De acordo com a **NBC TA 200 (R1)**, risco de auditoria é o risco de que o auditor expresse uma opinião de auditoria inadequada quando as demonstrações contábeis contiverem distorção relevante. A probabilidade de os procedimentos de auditoria executados pelo auditor não identificarem distorção relevante existente nas demonstrações contábeis auditadas relaciona-se diretamente ao risco de detecção. Julgamento profissional é a aplicação de treinamento, conhecimento e experiência relevantes, dentro do contexto fornecido pelas normas de auditoria, contábeis e éticas, na tomada de decisões informadas a respeito dos cursos de ação apropriados nas circunstâncias do trabalho de auditoria. O auditor deve exercer julgamento profissional ao planejar e executar a auditoria de demonstrações contábeis, que envolve:

- materialidade e risco de auditoria;
- natureza, a época e a extensão dos procedimentos de auditoria;
- avaliar se foi obtida evidência de auditoria suficiente e apropriada;
- avaliação das opiniões da administração na aplicação da estrutura de relatório financeiro aplicável à entidade;
- extração de conclusões baseadas nas evidências de auditoria obtidas.

Busca identificar e avaliar os riscos de distorção relevante independentemente de terem sido causados por fraude ou erro, nos níveis da demonstração contábil e das afirmações, por meio do entendimento da entidade e do seu ambiente, inclusive do controle interno da entidade, proporcionando assim uma base para o planejamento e a implementação das respostas aos riscos identificados de distorção relevante, segundo a NBC TA 315 (R2), que dispõe sobre a identificação e a avaliação dos riscos de distorção relevante por meio do entendimento da entidade e do seu ambiente. Risco de auditoria é a possibilidade de o auditor vir a emitir uma opinião isoladamente inadequada sobre as demonstrações contábeis significativamente incorretas. A análise dos riscos de auditoria deve ser feita na fase de planejamento dos trabalhos, considerando a relevância em dois níveis:

- em nível geral, considerando as demonstrações contábeis tomadas em seu conjunto, bem como os negócios, qualidade da administração, avaliação do sistema contábil e de controles internos e situação econômica e financeira da entidade; e
- em níveis específicos, relativos ao saldo das contas ou natureza e volume das transações.

O risco de auditoria é o risco de que o auditor expresse uma opinião de auditoria inadequada quando as demonstrações contábeis contiverem distorção relevante. O risco de auditoria é uma função dos riscos de distorção relevante e do risco de detecção, segundo a NBC TA 200 (R1). A hipótese de o auditor se equivocar ao manifestar opinião de que as demonstrações contábeis contêm distorção relevante constitui, na acepção das Normas Brasileiras de Contabilidade, um tipo de risco considerado insignificante. É a possibilidade de o auditor, por algum motivo alheio à sua vontade, vir a emitir uma opinião tecnicamente inadequada sobre demonstrações contábeis significativamente incorretas.

Quando os erros não são significativos, não há tanto problema. Entretanto, quando forem relevantes e não tiverem sido descobertos, esse fato pode prejudicar a confiabilidade em seu trabalho. Assim, faz-se necessário o conhecimento das diversas variáveis envolvidas no risco de auditoria, para que se possa minimizar seus efeitos.

Para determinar o risco de auditoria, o auditor deve avaliar o ambiente de controle da entidade, compreendendo:

- a função e o envolvimento dos administradores nas atividades da entidade;
- a estrutura organizacional e os métodos de administração adotados, especialmente quanto a limites de autoridade e responsabilidade;
- as políticas de pessoal e segregação de funções;
- a fixação, pela administração, de norma de inventário, para conciliação de contas, preparação de demonstrações contábeis e demais informes adicionais;
- as implantações, modificações e acesso aos sistemas de informação computadorizada, bem como acesso a arquivos de dados e possibilidade de inclusão ou exclusão de dados;
- o sistema de aprovação e registro de transações;
- as limitações de acesso físico e ativos e registros contábeis e/ou administrativos; e
- as comparações e análises dos resultados financeiros com dados históricos e/ou projetados.

Os procedimentos de avaliação de riscos são os procedimentos de auditoria aplicados para a obtenção do entendimento da entidade e do seu ambiente, incluindo o controle interno da entidade, para a identificação e avaliação dos riscos de distorção relevante, independentemente se causados por fraude ou erro, nos níveis das demonstrações contábeis e das afirmações. O modelo de risco orienta os auditores na coleta de evidências, para que possam emitir uma opinião, com razoável segurança. Os riscos de auditoria são:

O risco de detecção – ao aplicar os procedimentos de auditoria, o auditor também não detecta os erros. É o risco de que o auditor expresse opinião de auditoria inadequada quando as demonstrações contábeis contiverem distorção relevante, e a probabilidade de os procedimentos de auditoria executados pelo auditor não identificarem uma distorção relevante existente nas demonstrações contábeis auditadas.

É o risco de o auditor não identificar erros ou irregularidades relevantes, por ser o exame efetuado em base de testes. É o risco de que os procedimentos executados pelo auditor para reduzir o risco de auditoria a um nível aceitavelmente baixo não detectem uma distorção existente que possa ser relevante, individualmente ou em conjunto com outras distorções, de acordo com a NBC TA 200 (R1) – Objetivos

Gerais do Auditor Independente e a Condução da Auditoria em Conformidade com Normas de Auditoria. É uma função da eficácia do procedimento de auditoria e da sua aplicação pelo auditor.

O planejamento adequado, a designação apropriada de pessoal para a equipe de trabalho, a aplicação de ceticismo profissional, a supervisão e revisão do trabalho de auditoria executado ajudam a aprimorar a eficácia do procedimento de auditoria e de sua aplicação e reduzem a possibilidade de que o auditor possa selecionar um procedimento de auditoria inadequado, aplicar erroneamente um procedimento de auditoria apropriado ou interpretar erroneamente os resultados da auditoria, conforme a NBC TA 315 (R2).

Os riscos de distorção relevante podem existir em dois níveis: no nível geral da demonstração contábil e no nível da afirmação para classes de transações, saldos contábeis e divulgações.

- **No nível geral da demonstração contábil** – riscos que se relacionam de forma disseminada às demonstrações contábeis como um todo e que afetam potencialmente muitas afirmações.
- **No nível da afirmação** – riscos relacionados ao nível de classes de transações, saldos contábeis e divulgações e são avaliados para que se determine a natureza, a época e a extensão dos procedimentos.

O risco de distorção relevante – é o risco de que as demonstrações contábeis contenham distorção relevante antes da auditoria. É o risco ou a probabilidade de ocorrência de erro e fraude relevante e é avaliado pelo auditor considerando-se o risco inerente e o risco de controle. Consiste em dois componentes, descritos a seguir no nível das afirmações:

- **Controle** – o erro ou irregularidade não foi detectado pelo sistema de controle interno da entidade auditada. É a probabilidade de que os controles internos não previnam ou detectem erros e fraudes relevantes. É uma função da eficácia dos controles internos. É o risco de que os sistemas contábeis e de controle interno deixem de detectar uma distorção de saldo que poderia ser relevante; qualquer distorção que possa ocorrer em uma afirmação sobre uma classe de transação, saldo contábil ou divulgação e que possa ser relevante, individualmente ou em conjunto com outras distorções, e que não seja prevenida, detectada e corrigida tempestivamente pelo controle interno da entidade. Está relacionado à eficácia dos controles internos.
- **Inerente** – o erro ou irregularidade ocorreu nos registros ou nas demonstrações contábeis. É a probabilidade de distorções relevantes sem levar em conta os controles internos existentes. Depende da natureza da entidade ou da área ou da conta examinada, sem considerar os controles. É o risco de suscetibilidade do saldo de uma conta ou classe de transações a uma distorção que poderia ser relevante, presumindo que não houvesse controles internos correlatos. É a suscetibilidade de uma afirmação a respeito de uma transação, saldo contábil ou divulgação, a uma distorção que possa ser relevante, individualmente ou em conjunto com outras distorções, antes da

consideração de quaisquer controles relacionados. É relacionado às características da afirmação específica.

- **Detecção** – relaciona-se com a natureza, a época e a extensão dos procedimentos que são determinados pelo auditor para reduzir o risco de auditoria a um nível baixo aceitável. Portanto, é uma função da eficácia dos procedimentos de auditoria e de sua aplicação pelo auditor.

A auditoria tem limitações inerentes, e, como resultado, a maior parte das evidências de auditoria possibilita ao auditor obter suas conclusões, nas quais a sua opinião é persuasiva em vez de conclusiva. As limitações inerentes de uma auditoria originam-se da:

- natureza das informações contábeis, por exemplo, estimativa contábil;
- natureza dos procedimentos de auditoria;
- necessidade de que a auditoria seja conduzida dentro de um período de tempo razoável e a um custo razoável.

Exemplos de limitações inerentes: possibilidade de erros ou equívocos humanos e controles contornados por conluio ou burla inapropriada da administração.

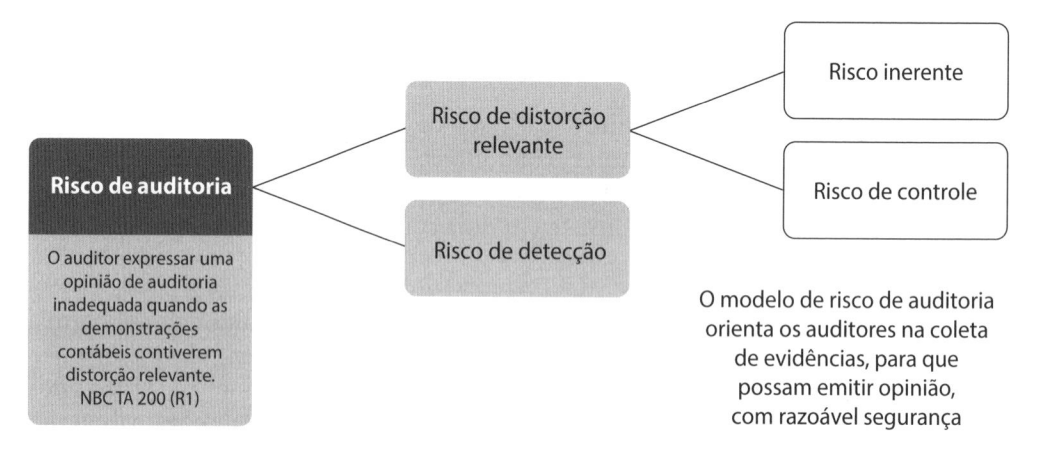

Figura 6.7 *Risco de auditoria.*

Fonte: NBC TA 200 (R1).

De acordo com a NBC TA 200 (R1), pode ser classificado o risco de auditoria em risco de distorção relevante e de detecção. O risco de distorção relevante é composto dos riscos de controle e inerente. Este consiste em dois componentes, quais sejam: o risco de controle (de que os controles da entidade não consigam prevenir e detectar distorções relevantes) e o risco inerente (de que existam distorções nas demonstrações, sem considerar os controles como respostas).

O gerenciamento de riscos dentro da empresa é uma atividade fundamental que servirá de apoio para diversas outras atividades, como planejamento estratégico, auditoria interna etc. Nesse contexto, durante uma auditoria, o auditor interno deve avaliar e monitorar os riscos dos processos auditados, verificando as consequências quando os objetivos não são atingidos e se os controles associados mitigam os riscos existentes. Ajudam a aprimorar a eficácia do procedimento de auditoria, reduzindo o risco de detecção:

- planejamento adequado;
- designação apropriada de pessoal para equipe de trabalho;
- aplicação de ceticismo profissional;
- supervisão e revisão do trabalho de auditoria.

De acordo com a NBC TA 315 (R2) – Identificação e Avaliação dos Riscos de Distorção Relevante por meio do Entendimento da Entidade e do seu Ambiente, os procedimentos de avaliação de riscos incluem indagações à administração e a outros na entidade que, no julgamento do auditor, possam ter informações com probabilidade de auxiliar na identificação de riscos de distorção relevante devida a fraude ou erro; procedimentos analíticos e observação e inspeção.

De acordo com a NBC TA 315 (R2) – Identificação e Avaliação dos Riscos de Distorção Relevante por meio do Entendimento da Entidade e do seu Ambiente, o auditor deve aplicar procedimentos de avaliação de riscos para fornecer uma base para a identificação e avaliação de riscos de distorção relevante nas demonstrações contábeis e nas afirmações. No processo de avaliação dos riscos, o auditor deve aplicar os seguintes procedimentos: inspeção de documentos, tais como planos e estratégias de negócio, e indagações à administração e a outros na entidade com probabilidade de auxiliar na identificação de riscos de distorção relevante devido a fraude ou erro.

O risco de detecção é o risco do auditor, enquanto os riscos de controle e inerente existem independentemente do auditor. O risco é evento negativo, futuro e incerto (ou seja, ainda não ocorreu nem sabemos se vai mesmo ocorrer).

No contexto da auditoria de demonstrações contábeis, o auditor deve fazer indagações à administração relacionadas com:

I. Avaliação, pela Administração, do risco de que as demonstrações contábeis contenham distorções relevantes decorrentes de fraudes, inclusive a natureza, extensão e frequência de tais avaliações.

II. Processo da Administração para identificar e responder aos riscos de fraude da entidade, inclusive quaisquer riscos de fraudes específicos identificados pela Administração.

III. Comunicação da Administração, se houver, aos responsáveis pela governança em relação aos processos de identificação e resposta aos riscos de fraude na entidade.

Risco de detecção é o risco de o auditor não detectar em seus testes de auditoria uma distorção relevante. Quando o risco de existirem fraudes e erros relevantes é maior, o risco de detecção a ser aceito pelo auditor tem que ser reduzido, mediante, por exemplo, formação da equipe com auditores mais experientes, aumento da supervisão, aplicação do ceticismo profissional, alteração da natureza e época e ampliação da extensão dos procedimentos de auditoria, segundo Aragão (2019).

Quadro 6.1 *Responsabilidade do auditor*

São responsabilidade do auditor independente das demonstrações contábeis	Não são responsabilidades ou obrigações do auditor independente das demonstrações contábeis
Avaliar riscos de distorções relevantes nas demonstrações contábeis.	Atestar a eficácia da administração.
Obter evidência suficiente e apropriada/segurança razoável.	Assegurar a continuidade da empresa auditada.
	Revelar distorções (erros e fraudes) irrelevantes.
Emitir opinião/relatório sobre as demonstrações contábeis.	Prevenir e detectar fraudes.
Comunicar-se de acordo com as normas (não conformidades, fraudes etc.).	Eliminar o risco de auditoria.
	Elaborar demonstrações contábeis e implantar normas.
Cumprir as exigências éticas relevantes, inclusive as pertinentes à independência.	
Planejar e executar a auditoria com ceticismo profissional.	Ter certeza da integridade das informações fornecidas pela entidade.
Exercer julgamento profissional ao planejar e executar a auditoria.	Proceder à investigação de fraude mediante busca e apreensão de documentos.
Observar todas as NBC TAs relevantes para a auditoria.	Cumprir normas que não sejam relevantes para a auditoria.

Fonte: Aragão (2019).

6.6.6.4 *Supervisão e controle de qualidade*

Na supervisão dos trabalhos da equipe técnica, durante a execução da auditoria, o auditor deve:

- avaliar o cumprimento do planejamento e do programa de trabalho;
- avaliar se as tarefas distribuídas à equipe técnica estão sendo cumpridas no grau de competência exigido;
- resolver questões significativas quanto à aplicação das Normas de Contabilidade e das Normas Brasileiras de Contabilidade;
- avaliar se os trabalhos foram adequadamente documentados e os objetivos dos procedimentos técnicos alcançados; e
- avaliar se as conclusões obtidas são resultantes dos trabalhos executados e permitem ao auditor fundamentar sua opinião sobre as demonstrações contábeis.

O auditor deve instituir um programa de controle de qualidade visando avaliar, periodicamente, se os serviços executados são efetuados de acordo com as Normas Profissionais de Auditor Independente. Deve ser estabelecido de acordo com a estrutura da equipe técnica do auditor e a complexidade dos serviços que realizar. No caso de o auditor atuar sem a colaboração de assistentes, o controle da qualidade é inerente à qualificação profissional do auditor.

Os requisitos que o auditor deve adotar para o controle da qualidade dos seus serviços são os que seguem:

- o pessoal designado deve ter competência e habilidade profissionais compatíveis com o requerido no trabalho realizado;
- o pessoal designado deve ter o nível de independência e demais atributos definidos nas Normas Profissionais de Auditor Independente para ter uma conduta profissional inquestionável;
- o trabalho de auditoria deverá ser realizado por pessoal que tenha um nível de treinamento e de experiência profissional compatível com o grau de complexidade das atividades da entidade auditada; e
- o auditor deverá planejar, supervisionar e revisar o trabalho em todas as suas etapas, de modo que garanta aos usuários de seus serviços a certeza razoável de que o trabalho foi realizado de acordo com as normas de controle de qualidade requeridas nas circunstâncias.

O controle de qualidade do auditor inclui a avaliação permanente da carteira dos clientes quanto aos seguintes aspectos:

- capacidade de atendimento ao cliente, em face da estrutura existente;
- grau de independência existente; e
- integridade dos administradores do cliente.

6.6.6.5 *Avaliação do sistema contábil e controle interno*

O sistema contábil e de controles internos compreende o plano de organização e o conjunto integrado de método e procedimentos adotados pela entidade na proteção de seu patrimônio, promoção da confiabilidade e tempestividade de seus registros e demonstrações contábeis, e da sua eficácia operacional.

O auditor deve efetuar o estudo e a avaliação do sistema contábil e de controles internos da entidade, como base para determinar a natureza, oportunidade e extensão da aplicação dos procedimentos de auditoria, considerando:

- o tamanho e a complexidade das atividades da entidade;
- os sistemas de informação contábil, para efeitos tanto internos quanto externos;
- as áreas de risco de auditoria;
- a natureza da documentação, em face dos sistemas de informatização adotados pela entidade;
- o grau de descentralização de decisão adotado pela administração da entidade; e
- o grau de envolvimento da auditoria interna, se existente.

O sistema contábil e de controles internos é de responsabilidade da administração da entidade; porém o auditor deve efetuar sugestões objetivas para seu aprimoramento, decorrentes de constatações feitas no decorrer de seu trabalho.

A avaliação do sistema contábil e de controles internos pelo auditor deve considerar os seguintes aspectos:

- o ambiente de controle existente na entidade; e
- os procedimentos de controle adotados pela administração da entidade.

A avaliação do ambiente de controle existente deve considerar:

- a definição de funções de toda a administração;
- o processo decisório adotado na entidade;
- a estrutura organizacional da entidade e os métodos de delegação de autoridade e responsabilidade;
- as políticas de pessoal e segregação de funções; e
- o sistema de controle da administração, incluindo as atribuições da auditoria interna, se existente.

A avaliação dos procedimentos de controle deve considerar:

- as normas para elaboração de demonstrações contábeis e quaisquer outros informes contábeis e administrativos, para fins quer internos, quer externos;
- a elaboração, revisão e aprovação de conciliações de contas;
- a sistemática revisão da exatidão aritmética dos registros;
- a adoção de sistemas de informação computadorizados e os controles adotados em sua implantação, alteração, acesso a arquivos e geração de relatórios;
- os controles adotados sobre as contas que registram as principais transações da entidade;
- o sistema de aprovação e guarda de documentos;
- a comparação de dados internos com fontes externas de informação;
- os procedimentos de inspeções físicas periódicas em ativos da entidade;
- a limitação do acesso físico a ativos e registros; e
- a comparação dos dados realizados com os dados projetados.

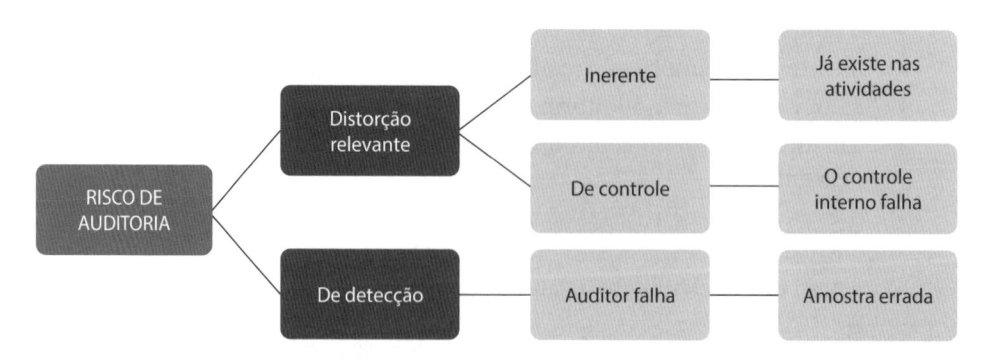

Figura 6.8 *Risco de auditoria.*

6.6.6.6 Papel da auditoria na redução de riscos

A onda de abertura de capitais, os serviços de consultoria e também os trabalhos relacionados à lei Sarbanes-Oxley, lei americana que impôs às empresas padrões mais rígidos de controle de risco e de governança corporativa, colaboraram para este resultado.

A área de auditoria e gerenciamento de riscos cresceu significativamente. O segmento de assessoria tributária aumentou seu faturamento. A expectativa é que os serviços ligados a auditoria sejam os de maior crescimento nos próximos anos. Por muito tempo, as firmas apostaram mais no planejamento tributário do que na auditoria em si. Hoje a realidade é o contrário.

Depois dos escândalos contábeis que envolveram empresas como Enron, WorldCom e Parmalat, o cenário mudou. A grande preocupação dos investidores hoje é com os riscos, e a auditoria é uma forma de protegê-los. Por isso a demanda é crescente. Os nomes de diversas firmas de auditoria estiveram envolvidos nesses escândalos contábeis e muitos sofrem processos até hoje por causa disso. A diferença é que, depois que os problemas foram enfrentados, as auditorias também mudaram.

De acordo com a NBC TA 315 (R2) – Identificação e Avaliação dos Riscos de Distorção Relevante por meio do Entendimento da Entidade e de seu Ambiente, risco de negócio é o que resulta de condições, eventos, circunstâncias, ações ou falta de ações significativas que possam afetar adversamente a capacidade da entidade de alcançar seus objetivos e executar suas estratégias, ou do estabelecimento de objetivos ou estratégias inadequadas.

6.6.7 Normas relativas à opinião do auditor

6.6.7.1 Descrições gerais

A Opinião dos Auditores Independentes, ou Parecer do Auditor Independente, é o documento mediante o qual o auditor expressa sua opinião, de forma clara e objetiva, sobre as demonstrações contábeis nele indicadas. Como o auditor assume, através da opinião, responsabilidade técnico-profissional definida, inclusive de ordem pública, é indispensável que tal documento obedeça às características intrínsecas estabelecidas nas presentes normas.

Em condições normais, a opinião é dirigida aos acionistas, cotistas ou sócios, ao conselho de administração ou à diretoria da entidade, ou outro órgão equivalente, segundo a natureza daquela. Em circunstâncias próprias, a opinião é dirigida ao contratante dos serviços.

A opinião deve identificar as demonstrações contábeis sobre as quais o auditor está expressando sua opinião, indicando, outrossim, o nome da entidade, as datas e os períodos a que correspondem. Deve ser datado e assinado pelo contador responsável pelos trabalhos, e conter seu número de registro no Conselho Regional de Contabilidade. Caso o trabalho tenha sido realizado por empresa de auditoria, o nome e o número de registro cadastral no Conselho Regional de Contabilidade também devem constar da opinião. A data da opinião deve corresponder ao dia do encerramento dos trabalhos de auditoria na entidade. Deve expressar, clara e objetivamente, se as demonstrações contábeis auditadas, em todos os aspectos relevantes, na opinião do auditor, estão adequadamente representadas ou não.

As informações que serviriam de base para a última opinião sobre as demonstrações contábeis emitida pelo auditor independente que tenha sido precedido podem ser divulgadas para o auditor sucessor, desde que a entidade auditada autorize previamente por escrito.

Em linha de convergência das Normas Brasileiras de Contabilidade com as Normas Internacionais, a Comissão de Valores Mobiliários, mediante sua Instrução nº 457/2007, determinou que as companhias abertas devem, a partir do exercício a findar em 2010, apresentar as suas demonstrações contábeis consolidadas adotando o padrão contábil internacional, de acordo com os pronunciamentos emitidos pelo *International Accounting Standards Board* (IASB).

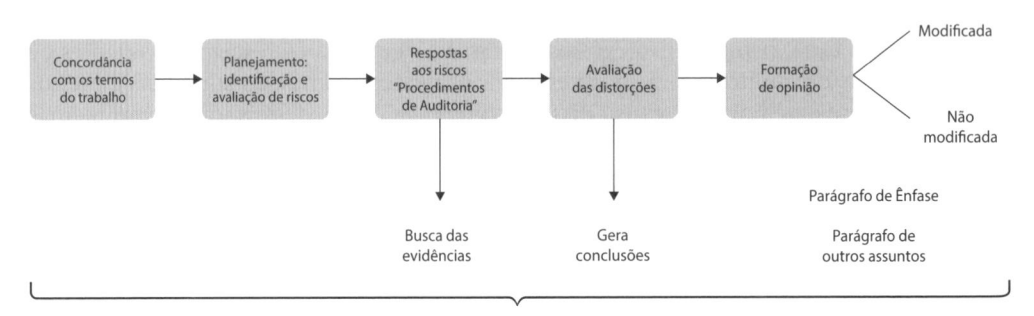

Figura 6.9 *Formação da opinião.*

Fonte: NBC TA.

A opinião do auditor representa o produto final do trabalho do auditor. A opinião-padrão ou limpa compreende os seguintes parágrafos:

- parágrafo referente à identificação das demonstrações contábeis e à definição das responsabilidades da administração e dos auditores;
- parágrafo referente à extensão dos trabalhos;
- parágrafo referente à opinião sobre as demonstrações contábeis.

6.6.7.2 Normas de auditoria que entraram em vigor no Brasil, em 2010

O CFC emitiu novas normas de auditoria (NBCs TA), convergentes com as normas internacionais de auditoria (ISAs). Essas novas normas trouxeram uma série de alterações, destacando-se, entre elas, a nova forma e conteúdo do Relatório do Auditor Independente, anteriormente denominado Parecer do Auditor Independente, que deve ser utilizado pelos auditores independentes para as auditorias de demonstrações contábeis dos exercícios findos em, ou a partir de, 31 de dezembro de 2010.

6.6.7.2.1 Entendimento e orientação

Dessa forma, devem ser utilizados os novos modelos de Relatório do Auditor Independente para as auditorias dessas demonstrações contábeis, extraído da NBC TA 700.

As NBCs TA emitidas pelo CFC possuem a mesma numeração das normas internacionais equivalentes (ISAs) emitidas pelo IAASB da Federação Internacional de Contadores (IFAC); portanto, neste Comunicado Técnico estão sendo citadas apenas as NBCs TA, uma vez que elas convergem com as referidas normas internacionais.

A NBC TA 700 – Formação da Opinião e Emissão do Relatório do Auditor Independente sobre as Demonstrações Contábeis cita a NBC TA 260 (R2) no que se refere a uma discussão sobre os aspectos qualitativos das práticas contábeis. Ao considerar esses aspectos, o auditor pode tomar conhecimento de uma possível tendenciosidade nos julgamentos da administração. O auditor pode concluir que o efeito cumulativo da falta de neutralidade, juntamente com o efeito de distorções não corrigidas, faz com que as demonstrações contábeis tomadas em conjunto apresentem distorções relevantes. Os indicadores de falta de neutralidade que podem afetar a avaliação do auditor sobre se as demonstrações contábeis tomadas em conjunto apresentam distorções relevantes incluem a correção seletiva de erros que chamou a atenção da administração durante a auditoria.

É requerido que os auditores independentes atentem para as demais situações apresentadas nessa norma e nas:

- NBC TA 705, no caso de o relatório conter modificações (adverso, abstenção de opinião ou ressalva). De acordo com a NBC TA 705 – Modificações na Opinião do Auditor Independente, quando a modificação da opinião é decorrente da impossibilidade de obter evidência apropriada e suficiente de auditoria, o auditor deve usar uma frase-padrão para a opinião modificada, que é "**exceto pelos possíveis efeitos dos assuntos...**";
- NBC TA 706, quando for necessária a adição de parágrafo de ênfase ou parágrafo de outros assuntos; e
- NBC TA 710 (R1), quando se tratar de demonstrações contábeis comparativas e não de valores correspondentes.

De acordo com a NBC TA 705, se houver impossibilidade de obter evidência de auditoria apropriada e suficiente e o auditor julgar que o possível efeito desse fato sobre as demonstrações contábeis for relevante e generalizado, ele deve emitir um relatório com abstenção de opinião.

De acordo com o item 16 da NBC TA 710 (R1), que trata das informações comparativas, ao emitir relatório sobre demonstrações contábeis, cobrindo também o período anterior, em conexão com a auditoria do período corrente, se a opinião atual (do mesmo auditor) sobre as demonstrações do período anterior for diferente da opinião expressa anteriormente, o auditor deve divulgar as razões substanciais para a opinião diferente em um parágrafo de Outros Assuntos.

O auditor deve expressar uma opinião não modificada quando concluir que as demonstrações contábeis são elaboradas, em todos os aspectos relevantes, de acordo com a estrutura de relatório financeiro aplicável.

O auditor deve modificar sua opinião, de acordo com a NBC TA 705, se:

a) concluir, com base em evidência de auditoria obtida, que as demonstrações contábeis tomadas em conjunto apresentam distorções relevantes; ou

b) não conseguir obter evidência de auditoria apropriada e suficiente para concluir que as demonstrações contábeis tomadas em conjunto não apresentam distorções relevantes.

E, segundo a NBC TA 200 (R1), temos que a estrutura de relatório financeiro aplicável é a estrutura de relatório financeiro adotada pela administração e, quando apropriado, pelos responsáveis pela governança na elaboração das demonstrações contábeis, que é aceitável em vista da natureza da entidade e do objetivo das demonstrações contábeis ou que seja exigida por lei ou regulamento.

Há três tipos de opinião modificada, a saber: opinião com ressalva, opinião adversa e abstenção de opinião. A decisão sobre que tipo de opinião modificada é apropriada depende da:

- natureza do assunto que deu origem à modificação, ou seja, se as demonstrações contábeis apresentam distorção relevante ou, no caso de impossibilidade de obter evidência de auditoria apropriada e suficiente, podem apresentar distorção relevante; e
- opinião do auditor sobre a disseminação dos efeitos ou possíveis efeitos do assunto sobre as demonstrações contábeis.

A **opinião** classifica-se, segundo a natureza da opinião do auditor independente em...

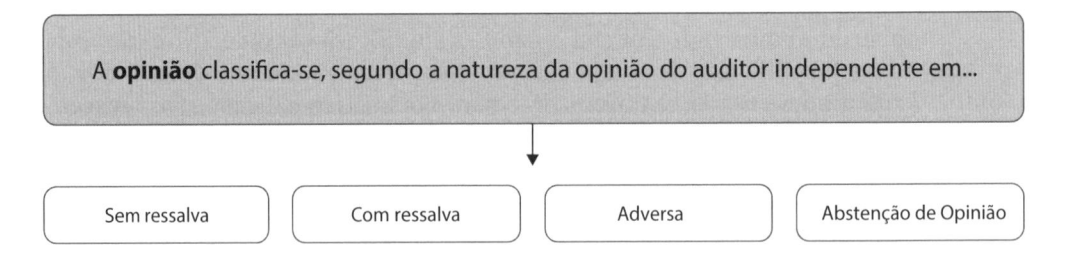

- Sem ressalva
- Com ressalva
- Adversa
- Abstenção de Opinião

Figura 6.10 *Tipos de opinião de auditoria.*

Conforme a NBC TA 200, que trata dos Objetivos Gerais do Auditor Independente e a Condução da Auditoria em Conformidade com as Normas de Auditoria, são objetivos gerais do auditor obter segurança razoável de que as demonstrações contábeis como um todo estão livres de distorções relevantes e apresentar o relatório sobre as demonstrações contábeis, comunicando-se como exigido pelas NBCs TA. Entretanto, quando não for possível obter segurança razoável e a opinião com ressalva no relatório do auditor for insuficiente para atender aos usuários previstos das demonstrações contábeis, as NBCs TA requerem que o auditor abstenha-se de emitir sua opinião ou renuncie ao trabalho.

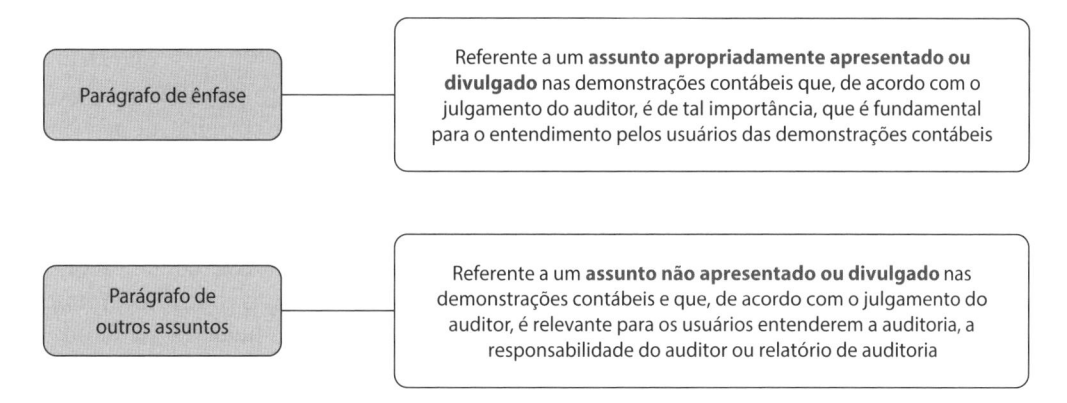

```
┌─────────────────────┐      ┌──────────────────────────────────────────────────┐
│                     │      │ Referente a um **assunto apropriadamente apresentado ou** │
│ Parágrafo de ênfase │──────│ **divulgado** nas demonstrações contábeis que, de acordo com o │
│                     │      │ julgamento do auditor, é de tal importância, que é fundamental │
└─────────────────────┘      │ para o entendimento pelos usuários das demonstrações contábeis │
                             └──────────────────────────────────────────────────┘

┌─────────────────────┐      ┌──────────────────────────────────────────────────┐
│                     │      │ Referente a um **assunto não apresentado ou divulgado** nas │
│ Parágrafo de        │──────│ demonstrações contábeis e que, de acordo com o julgamento do │
│ outros assuntos     │      │ auditor, é relevante para os usuários entenderem a auditoria, a │
│                     │      │ responsabilidade do auditor ou relatório de auditoria │
└─────────────────────┘      └──────────────────────────────────────────────────┘
```

Figura 6.11 *Parágrafos de ênfase e outros assuntos.*

A inclusão de parágrafo de ênfase:

- não substitui uma opinião modificada quando exigida pelas circunstâncias específicas do trabalho de auditoria;
- não substitui as divulgações nas demonstrações contábeis exigidas da administração de acordo com a estrutura de relatório financeiro aplicável ou que são, de outra forma, necessárias para alcançar uma apresentação adequada;
- não substitui a inclusão de Nota Explicativa da Administração quando existe incerteza relevante em relação a eventos ou condições que podem levantar dúvida significativa quanto à capacidade da entidade de manter sua continuidade operacional.

Características do relatório do auditor

O auditor assume responsabilidade técnico-profissional, por meio do relatório de auditoria. É endereçado às pessoas para quem o relatório de auditoria é elaborado, frequentemente para os acionistas ou para os responsáveis pela governança da entidade. Deve identificar as demonstrações contábeis sobre as quais o auditor está expressando sua opinião. Deve ser assinado pelo contador responsável pelos trabalhos. Não pode ter data anterior à data em que o auditor independente obteve evidência de auditoria apropriada e suficiente para fundamentar sua opinião sobre as demonstrações contábeis.

6.6.7.2.2 Considerações adicionais para emissão do relatório de auditoria

Conforme já mencionado anteriormente, o relatório de auditoria sobre as demonstrações contábeis do exercício que findou em, ou após, 31 de dezembro de 2010 deve ser emitido de acordo com as novas normas de auditoria emitidas pelo CFC, que trouxeram uma série de mudanças em relação às normas anteriores.

Entre essas mudanças, destaca-se como exemplo a proibição de divisão de responsabilidade com outro auditor no caso desse outro auditor examinar demonstrações contábeis de investidas avaliadas pelo método de equivalência patrimonial ou incluídas nas demonstrações contábeis consolidadas, conforme estabelece a NBC TA 600 (R1), assim como o fato de que o relatório do auditor, emitido no contexto de valores correspondentes, menciona apenas as demonstrações contábeis do período corrente, de acordo com a NBC TA 710 (R1).

Assim, a inclusão de informações comparativas do exercício anterior e dos saldos de abertura do balanço patrimonial do início do mais antigo período comparativo apresentado, nos termos da NBC TG 26, torna implícito aos usuários das demonstrações contábeis que o auditor independente atual, na ausência de qualquer informação em contrário, emitiu anteriormente opinião sem qualquer modificação e sem a adição de qualquer parágrafo após a opinião que devessem ser considerados na apresentação das demonstrações contábeis do exercício corrente.

Dessa forma, caso essa não seja a situação, o auditor das demonstrações contábeis do período corrente deve adicionar um parágrafo de outros assuntos para informar que os valores correspondentes ao exercício anterior e aos saldos de abertura do balanço patrimonial, referidos anteriormente, apresentados em conjunto com aqueles das demonstrações contábeis do ano corrente, não foram auditados ou, no caso de terem sido auditados por outro auditor antecessor, que essas informações foram auditadas por outro auditor antecessor.

Adicionalmente, as demonstrações contábeis do período anterior (particularmente em 2010) foram auditadas de acordo com outro conjunto de normas que vigoravam naquela oportunidade (2009). Nessas circunstâncias, o auditor pode querer alertar aos usuários das demonstrações contábeis que os valores correspondentes ao exercício anterior, apresentados para fins de comparação, foram por ele auditados de acordo com as normas de auditoria vigentes naquela oportunidade, que permitiam a divisão de responsabilidade com outros auditores que auditaram alguma investida.

No caso das informações correspondentes às demonstrações contábeis do exercício anterior ou os saldos de abertura do balanço patrimonial do exercício anterior terem sido alterados, nos termos da NBC TG 26, conforme mencionado no item 7 deste CT, esses valores não são mais aqueles que foram originalmente auditados. Quando as demonstrações contábeis do exercício ou do período anterior tiverem sido auditadas por outro auditor e por algum motivo forem modificadas, um novo relatório do auditor antecessor será necessário para a inclusão da menção no relatório do exercício ou do período corrente que os valores correspondentes foram auditados por outros auditores independentes.

No caso de alteração daquelas informações anteriormente auditadas pelo auditor antecessor, a administração da entidade deve comunicar ao auditor antecessor. Se o auditor independente antecessor concordar em emitir novo relatório sobre as demonstrações contábeis alteradas, o auditor atual deve emitir relatório somente sobre o período corrente.

A inclusão de parágrafo de Outros Assuntos no relatório do auditor independente (atual) pode ocorrer quando o auditor independente antecessor possa não ter condição ou não querer reemitir o relatório de auditoria independente sobre as demonstrações contábeis do período anterior. Essa e outras situações são apresentadas na NBC TA 710.

Espera-se que essas situações sejam casos excepcionais. Se as demonstrações contábeis do período anterior foram auditadas por outro auditor independente, a menos que o relatório desse auditor independente sobre as demonstrações contábeis do período anterior seja reemitido com as demonstrações contábeis, além de expressar uma opinião sobre as demonstrações contábeis do período corrente, o auditor deve especificar em um parágrafo de Outros Assuntos: (i) que as demonstrações contábeis do período anterior foram examinadas por auditor independente antecessor; (ii) o tipo de opinião expressa pelo auditor independente antecessor e, se a opinião conteve modificação, as razões para a modificação; e (iii) a data desse relatório.

Conforme requerido pela Instrução CVM nº 457/2007, os auditores independentes devem emitir opinião sobre a adequação das demonstrações contábeis consolidadas elaboradas de acordo com as IFRSs, bem como sobre a suficiência e adequação da nota explicativa referida no § 1º do art. 2º daquela Instrução. Como as notas explicativas já fazem parte do alcance da auditoria, uma vez que já estão expressamente mencionadas no parágrafo introdutório do novo modelo de relatório a ser utilizado, torna-se desnecessária qualquer menção adicional àquela nota explicativa no relatório do auditor independente, quando a referida divulgação, no julgamento do auditor, estiver adequada e suficiente; todavia, se a conclusão for contrária, ou seja, não estiver adequada ou suficiente, o auditor deverá proceder à necessária modificação em sua opinião, conforme requerido pela NBC TA 705.

Tendo em vista o esforço empreendido para que as demonstrações contábeis elaboradas de acordo com as práticas contábeis adotadas no Brasil sejam iguais àquelas elaboradas de acordo com as normas internacionais de relatório financeiro (IFRS) e como as diferenças remanescentes são pontuais, a CVM requer a adição de um parágrafo no relatório do auditor independente para enfatizar esse assunto, nos casos em que exista tal diferença, de forma a alertar os usuários que essas diferenças entre as demonstrações contábeis individuais elaboradas de acordo com as práticas contábeis adotadas no Brasil e demonstrações contábeis separadas de acordo com as IFRSs se restringem à avaliação dos investimentos em controladas, coligadas e empreendimentos controlados em conjunto pelo método de equivalência patrimonial e à manutenção do diferido nas demonstrações contábeis individuais.

Se o auditor considera necessário comunicar outro assunto, não apresentado nem divulgado nas demonstrações contábeis, e que, de acordo com seu julgamento é relevante para o entendimento da auditoria pelos usuários, da responsabilidade do auditor ou do relatório de auditoria, e não for proibido por lei ou regulamento, ele deve fazê-lo em um parágrafo no relatório de auditoria, com o título "Outros assuntos" ou outro título apropriado.

A opinião-padrão de auditoria é composta por parágrafos que informam a:

- identificação das demonstrações contábeis e definição das responsabilidades da administração e do auditor;
- extensão dos trabalhos;
- opinião sobre as demonstrações contábeis.

6.6.7.2.3 Modelos de relatórios do auditor independente

Modelo de relatório do auditor independente, sem modificação, sobre as demonstrações contábeis constante da NBC TA 700.

A opinião-padrão de auditoria é composta por parágrafos que informam a identificação das demonstrações contábeis e definição das responsabilidades da administração e do auditor – extensão dos trabalhos –, opinião sobre as demonstrações contábeis.

Relatório dos auditores independentes sobre as demonstrações contábeis

[Destinatário apropriado]

Examinamos as demonstrações contábeis da Companhia ABC, que compreendem o balanço patrimonial em 31 de dezembro de 20X1 e as respectivas demonstrações do resultado [do resultado abrangente – quando aplicável], das mutações do patrimônio líquido e dos fluxos de caixa para o exercício findo naquela data, assim como o resumo das principais práticas contábeis e demais notas explicativas.

Responsabilidade da administração sobre as demonstrações contábeis

A administração da Companhia é responsável pela elaboração e adequada apresentação dessas demonstrações contábeis de acordo com as práticas contábeis adotadas no Brasil e pelos controles internos que ela determinou como necessários para permitir a elaboração de demonstrações contábeis livres de distorção relevante, independentemente se causada por fraude ou erro.

Responsabilidade dos auditores independentes

Nossa responsabilidade é a de expressar uma opinião sobre essas demonstrações contábeis com base em nossa auditoria, conduzida de acordo com as normas brasileiras e internacionais de auditoria. Essas normas requerem o cumprimento de exigências éticas pelos auditores e que a auditoria seja planejada e executada com o objetivo de obter segurança razoável de que as demonstrações contábeis estão livres de distorção relevante.

Uma auditoria envolve a execução de procedimentos selecionados para obtenção de evidência a respeito dos valores e divulgações apresentados nas demonstrações contábeis. Os procedimentos selecionados dependem do julgamento do auditor, incluindo a avaliação dos riscos de distorção relevante nas demonstrações contábeis, independentemente se causada por fraude ou erro. Nessa avaliação de riscos, o auditor considera os controles internos relevantes para a elaboração e adequada apresentação das demonstrações contábeis da companhia para planejar os procedimentos de auditoria que são apropriados nas circunstâncias, mas não para fins de expressar uma opinião sobre a eficácia desses controles internos da companhia. Uma auditoria inclui, também, a avaliação da adequação das práticas contábeis utilizadas e a razoabilidade das estimativas contábeis feitas pela administração, bem como a avaliação da apresentação das demonstrações contábeis tomadas em conjunto.

Acreditamos que a evidência de auditoria obtida é suficiente e apropriada para fundamentar nossa opinião.

Opinião

Em nossa opinião, as demonstrações contábeis acima referidas apresentam adequadamente, em todos os aspectos relevantes, a posição patrimonial e financeira da Companhia ABC em 31 de dezembro de 20X1, o desempenho de suas operações e os seus fluxos de caixa para o exercício findo naquela data, de acordo com as práticas contábeis adotadas no Brasil.

Uberlândia-MG, ___ de _____ de 20___

Dr. Silvio Aparecido Crepaldi
CRC MG 29.313

Crepaldi Auditores Independentes Associados
CRC MG 88.888

Modelo de relatório do auditor independente sobre as demonstrações contábeis individuais elaboradas de acordo com as práticas contábeis adotadas no Brasil e demonstrações contábeis consolidadas elaboradas de acordo com as IFRSs e também de acordo com as práticas contábeis adotadas no Brasil, apresentadas em conjunto (lado a lado) e que não apresentam diferença entre o resultado e o patrimônio líquido.

RELATÓRIO DOS AUDITORES INDEPENDENTES SOBRE DEMONSTRAÇÕES CONTÁBEIS

[Destinatário apropriado]

Examinamos as demonstrações contábeis individuais e consolidadas da Companhia ABC (Companhia), identificadas como controladora e consolidada, respectivamente, que compreendem o balanço patrimonial em 31 de dezembro de 20X1 e as respectivas demonstrações do resultado, do resultado abrangente, das mutações do patrimônio líquido e dos fluxos de caixa, para o exercício findo naquela data, assim como o resumo das principais práticas contábeis e demais notas explicativas.

Responsabilidade da administração sobre as demonstrações contábeis

A administração da companhia é responsável pela elaboração e adequada apresentação das demonstrações contábeis individuais e consolidadas de acordo com as práticas contábeis adotadas no Brasil e das demonstrações contábeis consolidadas de acordo com as normas internacionais de relatório financeiro (IFRS) aplicáveis a entidades de incorporação imobiliária no Brasil como aprovadas pelo Comitê de Pronunciamentos Contábeis (CPC), pela Comissão de Valores Mobiliários (CVM)(*) e pelo Conselho Federal de Contabilidade (CFC), assim como pelos controles internos que a administração determinou como necessários para permitir a elaboração dessas demonstrações contábeis livres de distorção relevante, independentemente se causada por fraude ou erro.

Responsabilidade dos auditores independentes

Nossa responsabilidade é a de expressar uma opinião sobre essas demonstrações contábeis com base em nossa auditoria, conduzida de acordo com as normas brasileiras e internacionais de auditoria. Essas normas requerem o cumprimento de exigências éticas pelos auditores e que a auditoria seja planejada e executada com o objetivo de obter segurança razoável de que as demonstrações contábeis estão livres de distorção relevante.

Uma auditoria envolve a execução de procedimentos selecionados para obtenção de evidência a respeito dos valores e divulgações apresentados nas demonstrações contábeis. Os procedimentos selecionados dependem do julgamento do auditor, incluindo a avaliação dos riscos de distorção relevante nas demonstrações contábeis, independentemente se causada por fraude ou erro. Nessa avaliação de riscos, o auditor considera os controles internos relevantes para a elaboração e adequada apresentação das demonstrações contábeis da companhia para planejar os procedimentos de auditoria que são apropriados nas circunstâncias, mas não para fins de expressar uma opinião sobre a eficácia desses controles internos da companhia. Uma auditoria inclui, também, a avaliação da adequação das práticas contábeis utilizadas e a razoabilidade das estimativas contábeis feitas pela administração, bem como a avaliação da apresentação das demonstrações contábeis tomadas em conjunto.

Acreditamos que a evidência de auditoria obtida é suficiente e apropriada para fundamentar nossa opinião.

Opinião sobre as demonstrações contábeis elaboradas de acordo com as práticas contábeis adotadas no Brasil

Em nossa opinião, as demonstrações contábeis, individuais (controladora) e consolidadas, acima referidas apresentam adequadamente, em todos os aspectos relevantes, a posição patrimonial e financeira da Companhia ABC, em 31 de dezembro de 20X1, o desempenho de suas operações e os seus fluxos de caixa para o exercício findo naquela data, de acordo com as práticas contábeis adotadas no Brasil.

Opinião sobre as demonstrações contábeis consolidadas elaboradas de acordo com as normas Internacionais de Relatório Financeiro (IFRS), aplicáveis a entidades de incorporação imobiliária no Brasil como aprovadas pelo Comitê de Pronunciamentos Contábeis (CPC), pela Comissão de Valores Mobiliários (CVM)(*) e pelo Conselho Federal de Contabilidade (CFC).

Em nossa opinião, as demonstrações contábeis consolidadas acima referidas apresentam adequadamente, em todos os aspectos relevantes, a posição patrimonial e financeira consolidada da Companhia ABC, em 31 de dezembro de 20X1, o desempenho consolidado de suas operações e os seus fluxos de caixa consolidados para o exercício findo naquela data, de acordo com as normas internacionais de relatório financeiro (IFRS) aplicáveis a entidades de incorporação imobiliária no Brasil como aprovadas pelo Comitê de Pronunciamentos Contábeis (CPC), pela Comissão de Valores Mobiliários (CVM)(*) e pelo Conselho Federal de Contabilidade (CFC).

Ênfase

Conforme descrito na Nota Explicativa X, as demonstrações contábeis individuais (controladora) e consolidadas foram elaboradas de acordo com as práticas contábeis adotadas no Brasil. As demonstrações contábeis consolidadas elaboradas de acordo com as IFRS aplicáveis a entidades de incorporação imobiliária, consideram adicionalmente o CTG 04 editado pelo CFC. Esse Comunicado trata do reconhecimento da receita desse setor e envolve assuntos relacionados ao significado e aplicação do conceito de transferência contínua de riscos, benefícios e de controle na venda de unidades imobiliárias, conforme descrito em maiores detalhes na Nota Explicativa X. Nossa opinião não está ressalvada em função desse assunto.

Outros assuntos

Demonstração do valor adicionado

Examinamos, também, as demonstrações individual e consolidada do valor adicionado (DVA), referentes ao exercício findo em 31 de dezembro de 20X1, elaboradas sob a responsabilidade da administração da Companhia, cuja apresentação é requerida pela legislação societária brasileira para companhias abertas, mas não é requerida pelas IFRSs. Essas demonstrações foram submetidas aos mesmos procedimentos de auditoria descritos anteriormente e, em nossa opinião, estão adequadamente apresentadas, em todos os seus aspectos relevantes, em relação às demonstrações contábeis elaboradas de acordo com as práticas contábeis adotadas no Brasil tomadas em conjunto.

Uberlândia-MG, ___ de _____ de 20__

Dr. Silvio Aparecido Crepaldi
CRC MG 29.313

Crepaldi Auditores Independentes Associados
CRC MG 88.888

(*) Para as entidades não reguladas que adotarem a prática contábil de reconhecimento de receita do CTG 04, caberá ao auditor emitir o seu relatório sobre as demonstrações contábeis citando o atendimento às práticas contábeis adotadas no Brasil e às normas internacionais de relatório financeiro (IFRS) aplicáveis às entidades brasileiras de incorporação imobiliária, como aprovadas pelo Comitê de Pronunciamentos Contábeis (CPC) e pelo Conselho Federal de Contabilidade (CFC), eliminando a referência à Comissão de Valores Mobiliários (CVM).

Modelo de relatório do auditor independente com exemplo de alteração no último parágrafo da seção responsabilidades do auditor independente e do parágrafo a ser incluído entre esse parágrafo da responsabilidade do auditor e o de sua opinião no relatório para descrever a base para emitir a opinião com ressalva.

Parágrafo de ênfase — Referente a um **assunto apropriadamente apresentado ou divulgado** nas demonstrações contábeis que, de acordo com o julgamento do auditor, é de tal importância, que é fundamental para o entendimento pelos usuários das demontrações contábeis

Parágrafo de outros assuntos — Referente a um **assunto não apresentado ou divulgado** nas demonstrações contábeis e que, de acordo com o julgamento do auditor, é relevante para os usuários entenderem a auditoria, a responsabilidade do auditor ou relatório de auditoria

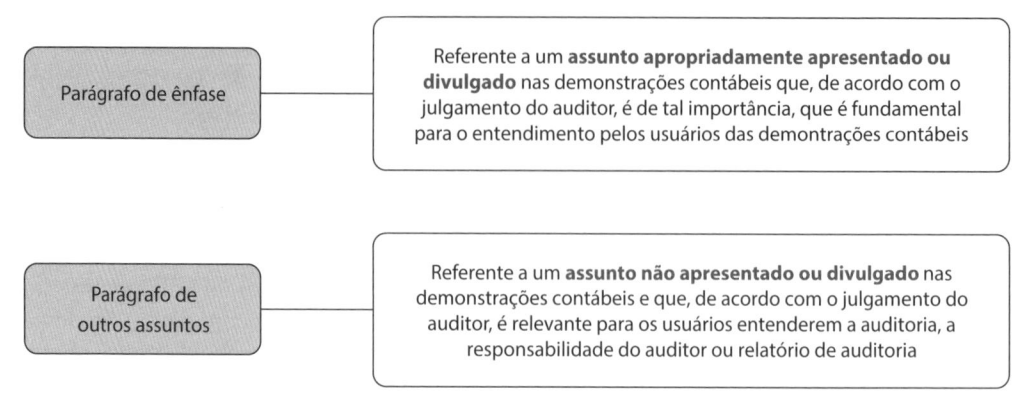

Figura 6.12 *Parágrafos de ênfase e outros assuntos.*
Fonte: NBC TA.

RELATÓRIO DOS AUDITORES INDEPENDENTES SOBRE AS DEMONSTRAÇÕES CONTÁBEIS

[Destinatário apropriado]

Examinamos as demonstrações contábeis individuais e consolidadas da Companhia ABC, identificadas como controladora e consolidado, respectivamente, que compreendem o balanço patrimonial em 31 de dezembro de 20X1 e as respectivas demonstrações do resultado, do resultado abrangente das mutações do patrimônio líquido e dos fluxos de caixa, para o exercício findo naquela data, assim como o resumo das principais práticas contábeis e demais notas explicativas.

Responsabilidade da administração sobre as demonstrações contábeis

A administração da companhia é responsável pela elaboração e adequada apresentação dessas demonstrações contábeis individuais de acordo com as práticas contábeis adotadas no Brasil e das demonstrações contábeis consolidadas de acordo com as normas internacionais de relatório financeiro (IFRS), emitidas pelo *International Accounting Standards Board* (IASB), e de acordo com as práticas contábeis adotadas no Brasil, assim como pelos controles internos que ela determinou como necessários para permitir a elaboração dessas demonstrações contábeis livres de distorção relevante, independentemente se causada por fraude ou erro.

Responsabilidade dos auditores independentes

Nossa responsabilidade é a de expressar uma opinião sobre essas demonstrações contábeis com base em nossa auditoria, conduzida de acordo com as normas brasileiras e internacionais de auditoria. Essas normas requerem o cumprimento de exigências éticas pelos auditores e que a auditoria seja planejada e executada com o objetivo de obter segurança razoável de que as demonstrações contábeis estão livres de distorção relevante.

Uma auditoria envolve a execução de procedimentos selecionados para obtenção de evidência a respeito dos valores e divulgações apresentados nas demonstrações contábeis. Os procedimentos selecionados dependem do julgamento do auditor, incluindo a avaliação dos riscos de distorção relevante nas demonstrações contábeis, independentemente se causada por fraude ou erro. Nessa avaliação de riscos, o auditor considera os controles internos relevantes para a elaboração e adequada apresentação das demonstrações contábeis da companhia para planejar os procedimentos de auditoria que são apropriados nas circunstâncias, mas não para fins de expressar uma opinião sobre a eficácia desses controles internos da companhia. Uma auditoria inclui, também, a avaliação da adequação das práticas contábeis utilizadas e a razoabilidade das estimativas contábeis feitas pela administração, bem como a avaliação da apresentação das demonstrações contábeis tomadas em conjunto.

Acreditamos que a evidência de auditoria obtida é suficiente e apropriada para fundamentar nossa opinião com ressalva.

Opinião sobre as demonstrações contábeis individuais

Em nossa opinião, as demonstrações contábeis individuais acima referidas apresentam adequadamente, em todos os aspectos relevantes, a posição patrimonial e financeira da Companhia ABC em 31 de dezembro de 20X1, o desempenho de suas operações e os seus fluxos de caixa para o exercício findo naquela data, de acordo com as práticas contábeis adotadas no Brasil.

Base para opinião com ressalva(*) sobre as demonstrações contábeis consolidadas

Conforme mencionado na nota explicativa X, a Administração da Companhia ABC optou pela manutenção de saldo no ativo diferido, prevista no item 20 da NBC TG 13 (em linha com o art. 299-A da Lei nº 6.404/76, alterada pela Lei nº 11.941/09), referente a despesas pré-operacionais, também nas demonstrações contábeis consolidadas. A manutenção desse ativo diferido não é permitida pelas práticas contábeis adotadas no Brasil e pelas normas internacionais de relatório financeiro nas demonstrações contábeis consolidadas. Consequentemente, em 31 de dezembro de 20X1, o saldo do ativo e patrimônio líquido estão aumentados em R$ _____ e R$ _____ (R$ _____ e R$ _____ 20X0), respectivamente, e o lucro líquido do exercício está diminuído em R$ _____ (R$ _____ em 20X0) em decorrência dos valores amortizados.

Opinião com ressalva

Em nossa opinião, exceto pelos efeitos do assunto descrito no parágrafo Base para opinião com ressalva sobre as demonstrações contábeis consolidadas, essas demonstrações contábeis consolidadas apresentam adequadamente, em todos os aspectos relevantes, a posição patrimonial e financeira consolidada da Companhia ABC em 31 de dezembro de 20X1, o desempenho consolidado de suas operações e os seus fluxos de caixa consolidados para o exercício findo naquela data, de acordo com as práticas contábeis adotadas no

Brasil e normas internacionais de relatório financeiro (IFRS) emitidas pelo *International Accounting Standards Board* (IASB).

Uberlândia-MG, ___ de _____ de 20___

Dr. Silvio Aparecido Crepaldi
CRC MG 29.313

Crepaldi Auditores Independentes Associados
CRC MG 88.888

(*) Assumido que os efeitos não estão disseminados nas demonstrações contábeis, não requerendo, portanto, a emissão de relatório com opinião adversa.

Exemplo de parágrafo a ser incluído no relatório de auditoria junto ao último parágrafo da seção responsabilidades do auditor independente e entre esse parágrafo da responsabilidade do auditor e o da sua opinião, para descrever a base para emissão de opinião com ressalva, aplicável no caso em que a nota explicativa requerida pelo § 1º do art. 2º da Instrução CVM nº 457/2007 não atender à suficiência e adequação das divulgações requerida pela CVM.

Responsabilidade dos Auditores Independentes

Primeiro e segundo parágrafos inalterados, complementando-se o terceiro parágrafo para explicar o tipo de evidência obtida para fundamentar sua opinião:

Acreditamos que a evidência de auditoria obtida é suficiente e apropriada para fundamentar nossa opinião com ressalva.

Base para opinião com ressalva sobre as demonstrações contábeis(*)

As divulgações na nota explicativa X às demonstrações contábeis individuais e consolidadas não apresentam todas as informações requeridas para explicar de forma apropriada e suficiente as diferenças existentes entre as demonstrações contábeis individuais, elaboradas de acordo com as práticas contábeis adotadas no Brasil, e as demonstrações contábeis consolidadas, elaboradas de acordo com as normas internacionais de relatório financeiro (IFRS), conforme requerido pela Comissão de Valores Mobiliários. As informações requeridas e não divulgadas estão relacionadas com os seguintes aspectos: (descrever os itens não divulgados)

Opinião com ressalva

Em nossa opinião, exceto pela insuficiência das divulgações referentes ao assunto descrito no parágrafo Base para opinião com ressalva sobre as demonstrações contábeis, as demonstrações contábeis acima referidas apresentam adequadamente, em todos os aspectos relevantes, ... (Adaptar a cada situação específica e seguir, atentando para quais demonstrações estão sendo afetadas pela divulgação não apropriada).

(*) De forma similar ao exemplo anterior, também foi assumido que o efeito não estaria disseminado pelas demonstrações contábeis como um todo e, dessa forma, considerou-se que a ressalva seria suficiente; todavia, esse item também requer julgamento do auditor e, caso seja considerado que o mais apropriado seja a emissão de opinião adversa, o exemplo deve ser adaptado à situação concreta.

```
Opinião com ressalva
├── Tendo obtido evidência de auditoria apropriada e suficiente ──> As distorções, individualmente ou em conjunto, são relevantes mas não generalizadas nas demonstrações contábeis
└── Não consegue obter evidência apropriada e suficiente ──> Os possíveis efeitos de distorções não detectadas, se houver sobre as demonstrações contábeis poderiam ser relevantes, mas não generalizadas
```

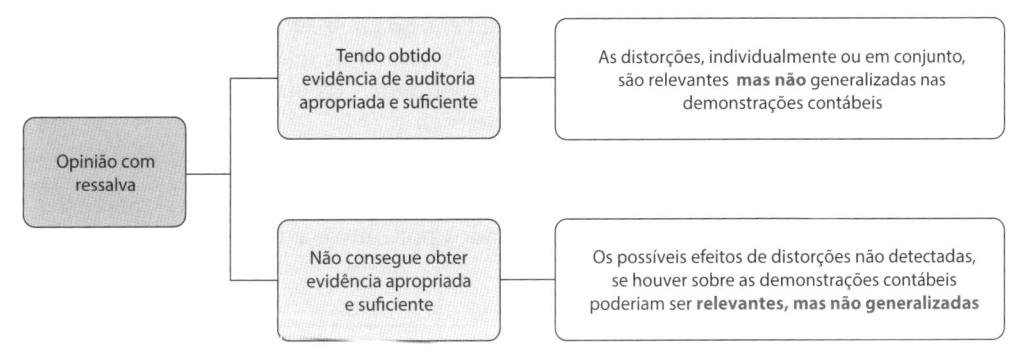

Figura 6.13 *Opinião com ressalva.*

Fonte: NBC TA.

Modelos de parágrafos de outros assuntos a serem adicionados no relatório de auditoria sobre demonstrações contábeis, quando apropriado

Exemplo 1: O auditor emite relatório sobre dois conjuntos distintos de demonstrações contábeis. Neste caso, o parágrafo foi redigido para ser adicionado no relatório sobre as demonstrações contábeis consolidadas, que pode ser adaptado ao relatório sobre as demonstrações contábeis individuais, onde a referência seria feita ao relatório sobre as demonstrações contábeis consolidadas.

Outros assuntos

Demonstrações contábeis individuais

A Companhia ABC elaborou um conjunto completo de demonstrações contábeis individuais para o exercício findo em 31 de dezembro de 2010 de acordo com as práticas contábeis adotadas no Brasil apresentadas separadamente, sobre as quais emitimos relatório de auditoria independente separado, não contendo qualquer modificação, com data de XX de XX de 2011 [adaptar caso contenha ressalva ou outra modificação].

Exemplo 2: Para alertar os usuários das demonstrações contábeis que os valores correspondentes ao exercício anterior, foram auditados pelo mesmo auditor atual de acordo com as normas de auditoria anteriormente vigentes e que conteve divisão de responsabilidade com outro auditor que auditou as demonstrações contábeis de investida. Este parágrafo somente é aplicável no caso em que no ano anterior houve divisão de responsabilidade, permitida até 2009 e não permitida a partir de 2010.

> *Outros assuntos*
>
> *Auditoria dos valores correspondentes ao exercício anterior*
>
> *Os valores correspondentes ao exercício findo em 31 de dezembro de 2009, apresentados para fins de comparação, foram anteriormente por nós auditados de acordo com as normas de auditoria vigentes por ocasião da emissão do relatório em XX de XX de 20X0, que não conteve nenhuma modificação. As normas de auditoria anteriormente vigentes permitiam divisão de responsabilidade, portanto,...* (copiar e adaptar a redação que constou do relatório emitido no ano anterior).

Exemplo 3: relacionado com o item 24 deste CT para alertar que os valores correspondentes ao exercício anterior foram auditados por outros auditores independentes antecessores.

> *Outros assuntos*
>
> *Auditoria dos valores correspondentes ao exercício anterior*
>
> *Os valores correspondentes ao exercício findo em 31 de dezembro de 2009, apresentados para fins de comparação, foram anteriormente auditados por outros auditores independentes que emitiram relatório datado em XX de XX de 20X0, que não conteve qualquer modificação.*

Modelo de relatório de auditoria sobre demonstrações contábeis consolidadas de propósito especial [aplicável quando não for apresentado um conjunto completo de demonstrações contábeis consolidadas de acordo com as IFRSs, incluindo a não apresentação das informações correspondentes do período ou do exercício anterior].

RELATÓRIO DOS AUDITORES INDEPENDENTES SOBRE DEMONSTRAÇÕES CONTÁBEIS PARA PROPÓSITO ESPECIAL

[Destinatário apropriado]

Responsabilidade da administração pelas demonstrações contábeis consolidadas

A administração da instituição (ou do banco) é responsável pela elaboração e adequada apresentação dessas demonstrações contábeis consolidadas de acordo com as práticas contábeis descritas na nota explicativa Y e pelos controles internos que ela determinou como necessários para permitir a elaboração de demonstrações contábeis consolidadas livres de distorção relevante, independentemente se causada por fraude ou erro.

Responsabilidade dos auditores independentes

Nossa responsabilidade é a de expressar uma opinião sobre essas demonstrações contábeis consolidadas com base em nossa auditoria, conduzida de acordo com as normas brasileiras e internacionais de auditoria. Essas normas requerem o cumprimento das exigências éticas pelos auditores e que a auditoria seja planejada e executada com o objetivo de obter segurança razoável de que as demonstrações contábeis consolidadas estão livres de distorção relevante.

Uma auditoria envolve a execução de procedimentos selecionados para obtenção de evidência a respeito dos valores e divulgações apresentados nas demonstrações contábeis consolidadas. Os procedimentos selecionados dependem do julgamento do auditor, incluindo a avaliação dos riscos de distorção relevante nas demonstrações contábeis consolidadas, independentemente se causada por fraude ou erro. Nessa avaliação de riscos, o auditor considera os controles internos relevantes para a elaboração das demonstrações contábeis consolidadas da instituição para planejar procedimentos de auditoria que são apropriados nas circunstâncias, mas não para expressar uma opinião sobre a eficácia dos controles internos da instituição (ou do banco). Uma auditoria inclui também a avaliação da adequação das práticas contábeis utilizadas e a razoabilidade das estimativas contábeis feitas pela administração, bem como a avaliação da apresentação das demonstrações contábeis consolidadas tomadas em conjunto.

Acreditamos que a evidência de auditoria obtida é suficiente e apropriada para fundamentar nossa opinião.

Opinião

Em nossa opinião, as demonstrações contábeis consolidadas da Instituição Financeira X (ou do Banco X) e suas controladas em 31 de dezembro de 2010 foram elaboradas, em todos os aspectos relevantes, de acordo com as práticas contábeis descritas na nota explicativa Y às demonstrações contábeis consolidadas.

Ênfase sobre a base de elaboração das demonstrações contábeis consolidadas para propósito especial

Sem modificar nossa opinião, chamamos a atenção para a nota explicativa Y às demonstrações contábeis consolidadas, que descreve sua base de elaboração. As demonstrações contábeis consolidadas foram elaboradas pela administração da instituição (ou do banco) para cumprir os requisitos da Carta-Circular BCB nº 3.435. Consequentemente, essas demonstrações contábeis consolidadas podem não ser adequadas para outro fim.

Outros assuntos

Uberlândia-MG, ___ de _____ de 20___

Dr. Silvio Aparecido Crepaldi
CRC MG 29.313

Crepaldi Auditores Independentes Associados
CRC XX 88.888

Modelo de relatório de auditoria sobre demonstrações contábeis consolidadas de uso geral [aplicável somente quando for apresentado um conjunto completo de demonstrações contábeis consolidadas de acordo com as IFRSs, incluindo a comparação com o período ou exercício anterior e o balanço de abertura do primeiro exercício apresentado].

RELATÓRIO DOS AUDITORES INDEPENDENTES SOBRE DEMONSTRAÇÕES CONTÁBEIS CONSOLIDADAS DE USO GERAL

[Destinatário apropriado]

Examinamos as demonstrações contábeis consolidadas da Instituição Financeira X e suas controladas (instituição ou banco), que compreendem o balanço patrimonial consolidado em 31 de dezembro de 2010 e as respectivas demonstrações consolidadas do resultado, do resultado abrangente, das mutações do patrimônio líquido e dos fluxos de caixa para o exercício findo naquela data, assim como o resumo das principais práticas contábeis e demais notas explicativas.

Responsabilidade da administração sobre as demonstrações contábeis consolidadas

A administração da instituição (ou do banco) é responsável pela elaboração e adequada apresentação dessas demonstrações contábeis consolidadas de acordo com as normas internacionais de relatório financeiro (IFRS) e pelos controles internos que ela determinou como necessários para permitir a elaboração de demonstrações contábeis consolidadas livres de distorção relevante, independentemente se causada por fraude ou erro.

Responsabilidade dos auditores independentes

Nossa responsabilidade é a de expressar uma opinião sobre essas demonstrações contábeis consolidadas com base em nossa auditoria, conduzida de acordo com as normas brasileiras e internacionais de auditoria. Essas normas requerem o cumprimento de exigências éticas pelos auditores e que a auditoria seja planejada e executada com o objetivo de obter segurança razoável de que as demonstrações contábeis consolidadas estão livres de distorção relevante.

Uma auditoria envolve a execução de procedimentos selecionados para obtenção de evidência a respeito dos valores e divulgações apresentados nas demonstrações contábeis consolidadas. Os procedimentos selecionados dependem do julgamento do auditor, incluindo a avaliação dos riscos de distorção relevante nas demonstrações contábeis consolidadas, independentemente se causada por fraude ou erro. Nessa avaliação de riscos, o auditor considera os controles internos relevantes para a elaboração e a adequada apresentação das demonstrações contábeis consolidadas da instituição para planejar os procedimentos de auditoria que são apropriados nas circunstâncias, mas não para expressar uma opinião sobre a eficácia dos controles internos da instituição. Uma auditoria inclui também a avaliação da adequação das práticas contábeis utilizadas e a razoabilidade das estimativas contábeis feitas pela administração, bem como a avaliação da apresentação das demonstrações contábeis consolidadas tomadas em conjunto.

Acreditamos que a evidência de auditoria obtida é suficiente e apropriada para fundamentar nossa opinião.

Opinião

Em nossa opinião, as demonstrações contábeis consolidadas referidas acima apresentam adequadamente, em todos os aspectos relevantes, a posição patrimonial e financeira consolidada da Instituição Financeira X (ou do Banco X) e suas controladas em 31 de dezembro de 2010, o desempenho consolidado de suas operações e os seus fluxos de caixa consolidados para o exercício findo naquela data, de acordo com as normas internacionais de relatório financeiro (IFRS) emitidas pelo *International Accounting Standards Board* (IASB).

Parágrafo(s) de ênfase

Parágrafo(s) de outros assuntos

Obs.: Parágrafos de ênfase e de outros assuntos somente devem ser adicionados nos casos requeridos pela NBC TA 706 (ISA 706).

Uberlândia-MG, ___ de _____ de 20___

Dr. Silvio Aparecido Crepaldi
CRC MG 29.313

Crepaldi Auditores Independentes Associados
CRC XX 88.888

Modelo de relatório de auditoria sobre demonstrações contábeis individuais de uso geral.

RELATÓRIO DOS AUDITORES INDEPENDENTES SOBRE DEMONSTRAÇÕES CONTÁBEIS INDIVIDUAIS DE USO GERAL

[Destinatário apropriado]

Examinamos as demonstrações contábeis individuais da Instituição Financeira X (instituição ou banco), que compreendem o balanço patrimonial em 31 de dezembro de

2010 e as respectivas demonstrações do resultado, das mutações do patrimônio líquido e dos fluxos de caixa para o exercício findo naquela data, assim como o resumo das principais práticas contábeis e demais notas explicativas.

Responsabilidade da administração sobre as demonstrações contábeis

A administração da instituição (ou do banco) é responsável pela elaboração e adequada apresentação dessas demonstrações contábeis de acordo com as práticas contábeis adotadas no Brasil aplicáveis às instituições autorizadas a funcionar pelo Banco Central do Brasil e pelos controles internos que ela determinou como necessários para permitir a elaboração de demonstrações contábeis livres de distorção relevante, independentemente se causada por fraude ou erro.

Responsabilidade dos auditores independentes

Nossa responsabilidade é a de expressar uma opinião sobre essas demonstrações contábeis com base em nossa auditoria, conduzida de acordo com as normas brasileiras e internacionais de auditoria. Essas normas requerem o cumprimento de exigências éticas pelos auditores e que a auditoria seja planejada e executada com o objetivo de obter segurança razoável de que as demonstrações contábeis estão livres de distorção relevante.

Uma auditoria envolve a execução de procedimentos selecionados para obtenção de evidência a respeito dos valores e divulgações apresentados nas demonstrações contábeis. Os procedimentos selecionados dependem do julgamento do auditor, incluindo a avaliação dos riscos de distorção relevante nas demonstrações contábeis, independentemente se causada por fraude ou erro. Nessa avaliação de riscos, o auditor considera os controles internos relevantes para a elaboração e a adequada apresentação das demonstrações contábeis da instituição para planejar os procedimentos de auditoria que são apropriados nas circunstâncias, mas não para expressar uma opinião sobre a eficácia dos controles internos da instituição (ou do banco). Uma auditoria inclui também a avaliação da adequação das práticas contábeis utilizadas e a razoabilidade das estimativas contábeis feitas pela administração, bem como a avaliação da apresentação das demonstrações contábeis tomadas em conjunto.

Acreditamos que a evidência de auditoria obtida é suficiente e apropriada para fundamentar nossa opinião.

Opinião

Em nossa opinião, as demonstrações contábeis referidas acima apresentam adequadamente, em todos os aspectos relevantes, a posição patrimonial e financeira da Instituição Financeira X em 31 de dezembro de 2010, o desempenho de suas operações e os seus fluxos de caixa para o exercício findo naquela data, de acordo com as práticas contábeis adotadas no Brasil, aplicáveis às instituições autorizadas a funcionar pelo Banco Central do Brasil.

Parágrafo(s) de ênfase

Parágrafo(s) de outros assuntos

Demonstração do Valor Adicionado

Examinamos também a demonstração do valor adicionado (DVA) para o exercício findo em 31 de dezembro de 20X1, elaborada sob responsabilidade da administração da instituição, cuja apresentação é requerida pela legislação societária brasileira para companhias abertas [**adaptar no caso de outras companhias que elaboram essa informação requerida pelo respectivo órgão regulador**], e como informação suplementar pelas IFRSs, que não requer a apresentação da DVA. Essa demonstração foi submetida aos mesmos procedimentos de auditoria descritos anteriormente e, em nossa opinião, está adequadamente apresentada, em todos os seus aspectos relevantes, em relação às demonstrações contábeis tomadas em conjunto.

Obs.: Parágrafos de ênfase e de outros assuntos somente devem ser adicionados nos casos requeridos pela NBC TA 706 (ISA 706).

Uberlândia-MG, ___ de _____ de 20___

Dr. Silvio Aparecido Crepaldi
CRC MG 29.313

Crepaldi Auditores Independentes Associados
CRC XX 88.888

Modelos de parágrafos de outros assuntos a serem adicionados no relatório de auditoria sobre demonstrações contábeis

Exemplo 1: O auditor emite relatório sobre dois conjuntos distintos de demonstrações contábeis. Neste caso, o parágrafo foi redigido para ser adicionado no relatório sobre as demonstrações contábeis consolidadas, que pode ser adaptado ao relatório sobre as demonstrações contábeis individuais, sendo feita a referência ao relatório sobre as demonstrações contábeis consolidadas.

> *Outros assuntos*
>
> *Demonstrações contábeis individuais*
>
> *A Companhia ABC elaborou um conjunto completo de demonstrações contábeis individuais para o exercício findo em 31 de dezembro de 2010 de acordo com as práticas contábeis adotadas no Brasil apresentadas separadamente, sobre as quais emitimos relatório de auditoria independente separado, não contendo nenhuma modificação, datado de XX de XXXXXX de 2011 [adaptar caso contenha ressalva ou outra modificação].*

Exemplo 2: Relacionado com os itens 29 a 31 deste CT para alertar os usuários das demonstrações contábeis que os valores correspondentes ao exercício anterior foram auditados pelo mesmo auditor atual de acordo com as normas de auditoria anteriormente vigentes e que conteve divisão de responsabilidade com outro auditor que auditou as demonstrações contábeis de alguma investida. Esse parágrafo somente é aplicável no caso em que no ano anterior houve divisão de responsabilidade, permitida até 2009 e não permitida a partir de 2010.

Outros assuntos

Auditoria dos valores correspondentes ao exercício anterior

Os valores correspondentes ao exercício findo em 31 de dezembro de 2009, apresentados para fins de comparação, foram anteriormente por nós auditados de acordo com as normas de auditoria vigentes por ocasião da emissão do relatório em XX de XXXXXX de 20X0, que não conteve nenhuma modificação. As normas de auditoria anteriormente vigentes permitiam divisão de responsabilidade; portanto, ... (copiar e adaptar a redação que constou do relatório emitido no ano anterior).

Exemplo 3: Relacionado com o item 32 deste CT para alertar que os valores correspondentes ao exercício anterior foram auditados por outros auditores independentes antecessores.

Outros assuntos

Auditoria dos valores correspondentes ao exercício anterior

Os valores correspondentes ao exercício findo em 31 de dezembro de 2009, apresentados para fins de comparação, foram anteriormente auditados por outros auditores independentes que emitiram relatório datado de XX de XXXXXX de 20X0, que não conteve nenhuma modificação.

Modelo de relatório dos auditores independentes com parágrafo de modificação, nos casos em que ainda é possível concluir sobre as demonstrações contábeis, sem quantificação dos efeitos.

RELATÓRIO DOS AUDITORES INDEPENDENTES SOBRE AS DEMONSTRAÇÕES CONTÁBEIS

[Destinatário apropriado]

Introdução

Examinamos as demonstrações contábeis da Companhia ABC (Companhia), que compreendem o balanço patrimonial em 31 de dezembro de 20X1 e as respectivas demonstrações do resultado [do resultado abrangente – quando aplicável], das mutações do patrimônio líquido e dos fluxos de caixa para o exercício findo naquela data, assim como o resumo das principais práticas contábeis e demais notas explicativas.

Responsabilidade da administração sobre as demonstrações contábeis

A administração da Companhia é responsável pela elaboração e adequada apresentação dessas demonstrações contábeis de acordo com as práticas contábeis adotadas no Brasil e pelos controles internos que ela determinou como necessários para permitir a elaboração de demonstrações contábeis livres de distorção relevante, independentemente se causada por fraude ou erro.

Responsabilidade dos auditores independentes

Nossa responsabilidade é a de expressar uma opinião sobre essas demonstrações contábeis com base em nossa auditoria, conduzida de acordo com as normas brasileiras e internacionais de auditoria. Essas normas requerem o cumprimento de exigências éticas pelos auditores e que a auditoria seja planejada e executada com o objetivo de obter segurança razoável de que as demonstrações contábeis estão livres de distorção relevante.

Uma auditoria envolve a execução de procedimentos selecionados para obtenção de evidência a respeito dos valores e divulgações apresentados nas demonstrações contábeis. Os procedimentos selecionados dependem do julgamento do auditor, incluindo a avaliação dos riscos de distorção relevante nas demonstrações contábeis, independentemente se causada por fraude ou erro. Nessa avaliação de riscos, o auditor considera os controles internos relevantes para a elaboração e adequada apresentação das demonstrações contábeis da Companhia para planejar os procedimentos de auditoria que são apropriados nas circunstâncias, mas não para fins de expressar uma opinião sobre a eficácia desses controles internos da Companhia. Uma auditoria inclui, também, a avaliação da adequação das práticas contábeis utilizadas e a razoabilidade das estimativas contábeis feitas pela administração, bem como a avaliação da apresentação das demonstrações contábeis tomadas em conjunto.

Acreditamos que a evidência de auditoria obtida é suficiente e apropriada para fundamentar nossa opinião com ressalva.

Base para opinião com ressalva

A Companhia ABC não está divulgando demonstrações contábeis consolidadas em conjunto ou separadamente às demonstrações individuais, conforme requerido pela NBC TG 36 – Demonstrações Consolidadas. Se a Companhia tivesse apresentado demonstrações contábeis consolidadas, alguns elementos nas demonstrações contábeis teriam sido afetados de forma relevante. Os efeitos da não apresentação de demonstrações contábeis consolidadas não foram determinados.

Opinião com ressalva

Em nossa opinião, exceto pela insuficiência de divulgação referente ao assunto descrito no parágrafo Base para opinião com ressalva, as demonstrações contábeis individuais acima referidas apresentam adequadamente, em todos os aspectos relevantes, a posição patrimonial e financeira da Companhia ABC em 31 de dezembro de 20X1, o desempenho de suas operações e os seus fluxos de caixa para o exercício findo naquela data, de acordo com as práticas contábeis adotadas no Brasil.

Parágrafo de ênfase (quando requerido)

Parágrafo de outros assuntos (quando requerido)

Uberlândia-MG, ____ de _____ de 20___

Dr. Silvio Aparecido Crepaldi
CRC MG 29.313

Crepaldi Auditores Independentes Associados
CRC XX 88.888

Modelo de relatório dos auditores independentes com parágrafo de modificação, nos casos em que o auditor terá que emitir uma opinião adversa, sem quantificação dos efeitos.

RELATÓRIO DOS AUDITORES INDEPENDENTES SOBRE AS DEMONSTRAÇÕES CONTÁBEIS

[Destinatário apropriado]

Introdução

Examinamos as demonstrações contábeis da Companhia ABC (Companhia), que compreendem o balanço patrimonial em 31 de dezembro de 20X1 e as respectivas demonstrações do resultado [do resultado abrangente – quando aplicável], das mutações do patrimônio líquido e dos fluxos de caixa para o exercício findo naquela data, assim como o resumo das principais práticas contábeis e demais notas explicativas.

Responsabilidade da administração sobre as demonstrações contábeis

A administração da Companhia é responsável pela elaboração e adequada apresentação dessas demonstrações contábeis de acordo com as práticas contábeis adotadas no Brasil e pelos controles internos que ela determinou como necessários para permitir a elaboração de demonstrações contábeis livres de distorção relevante, independentemente se causada por fraude ou erro. A elaboração das demonstrações contábeis, pela administração e, quando apropriado, pelos responsáveis pela governança requer: (1) a identificação da estrutura de relatório financeiro aplicável, no contexto de leis ou regulamentos relevantes; (2) a elaboração das demonstrações contábeis em conformidade com essa estrutura; e (3) a inclusão de descrição adequada dessa estrutura nas demonstrações contábeis.

A reapresentação de demonstrações contábeis requer da administração da entidade a divulgação, em nota explicativa, das razões que a levaram a retificar e reapresentar as demonstrações contábeis. Por sua vez, o auditor independente deve adicionar um parágrafo de ênfase ao seu novo relatório; fazendo referência às divulgações constantes dessa nota explicativa da administração, a qual explica as razões da reapresentação.

Responsabilidade dos auditores independentes

Nossa responsabilidade é a de expressar opinião sobre essas demonstrações contábeis com base em nossa auditoria, conduzida de acordo com as normas brasileiras e internacionais de auditoria. Essas normas requerem o cumprimento de exigências éticas pelo auditor e que a auditoria seja planejada e executada com o objetivo de obter segurança razoável de que as demonstrações contábeis estão livres de distorção relevante.

Uma auditoria envolve a execução de procedimentos selecionados para obtenção de evidência a respeito dos valores e divulgações apresentados nas demonstrações contábeis. Os procedimentos selecionados dependem do julgamento do auditor, incluindo a avaliação dos riscos de distorção relevante nas demonstrações contábeis, independentemente se causada por fraude ou erro. Nessa avaliação de riscos, o auditor considera os controles internos relevantes para a elaboração e adequada apresentação das demonstrações contábeis da Companhia para planejar os procedimentos de auditoria que são apropriados nas circunstâncias, mas não para fins de expressar uma opinião sobre a eficácia desses controles internos da Companhia. Uma auditoria inclui, também, a avaliação da adequação das práticas contábeis utilizadas e a razoabilidade das estimativas contábeis feitas pela administração, bem como a avaliação da apresentação das demonstrações contábeis tomadas em conjunto.

Acreditamos que a evidência de auditoria obtida é suficiente e apropriada para fundamentar nossa opinião adversa.

Base para opinião adversa

A Companhia ABC não está divulgando demonstrações contábeis consolidadas em conjunto ou separadamente às demonstrações individuais, conforme requerido pela NBC TG 36 – Demonstrações Consolidadas. Se a Companhia tivesse apresentado demonstrações contábeis consolidadas, muitos elementos nas demonstrações contábeis teriam sido afetados de forma significativa e generalizada. Os efeitos da não apresentação de demonstrações contábeis consolidadas não foram determinados.

Opinião adversa

Em nossa opinião, devido à relevância das divulgações não efetuadas descritas no parágrafo Base para opinião adversa, as demonstrações contábeis individuais acima referidas não apresentam adequadamente, em todos os aspectos relevantes, a posição patrimonial e financeira da Cia. ABC em 31 de dezembro de 20X1, o desempenho de suas operações e os seus fluxos de caixa para o exercício findo naquela data, de acordo com as práticas contábeis adotadas no Brasil.

Parágrafo de ênfase (quando requerido)

Parágrafo de outros assuntos (quando requerido)

Uberlândia-MG, ___ de _____ de 20___

Dr. Silvio Aparecido Crepaldi
CRC MG 29.313

Crepaldi Auditores Independentes Associados
CRC XX 88.888

Modelo de relatório de auditoria sobre demonstrações contábeis individuais e consolidadas de uso geral elaboradas de acordo com as normas contábeis estabelecidas pela ANS.

Circunstâncias que modificam a opinião do auditor:

- Discordância com a administração da empresa a respeito do conteúdo e/ou forma da apresentação das Demonstrações Contábeis
- Normas contábeis, próprias ao segmento econômico (empresa com regulação específica), que forem significativamente conflitantes com as práticas contábeis brasileiras

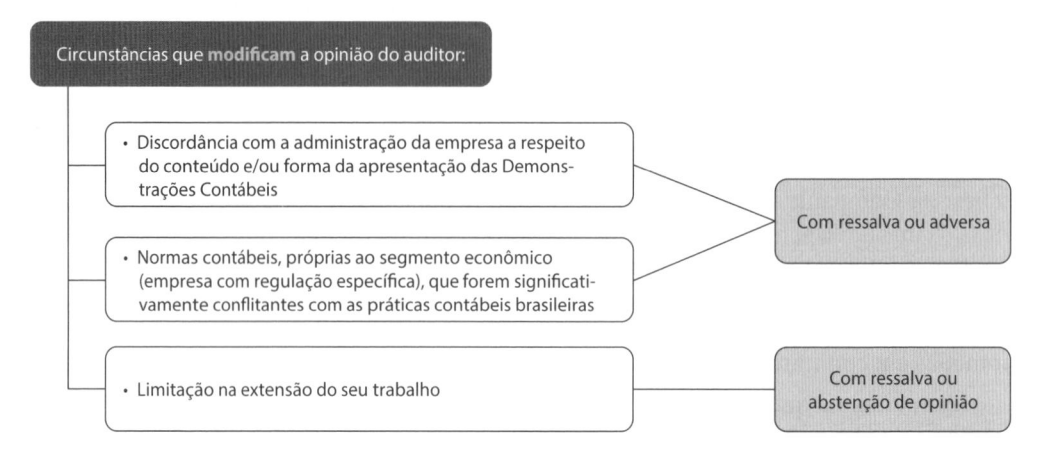

→ Com ressalva ou adversa

- Limitação na extensão do seu trabalho

→ Com ressalva ou abstenção de opinião

Figura 6.14 *Relatório com opinião de auditoria.*
Fonte: NBC TA.

RELATÓRIO DOS AUDITORES INDEPENDENTES SOBRE AS DEMONSTRAÇÕES CONTÁBEIS

[Destinatário apropriado]

Examinamos as demonstrações contábeis individuais e consolidadas [**quando aplicável**] da Entidade X (Entidade), identificadas como controladora e consolidado [**quando aplicável**], respectivamente, que compreendem o balanço patrimonial em 31 de dezembro de 2011 e as respectivas demonstrações do resultado [**do resultado abrangente – quando aplicável**], das mutações do patrimônio líquido e dos fluxos de caixa para o exercício findo naquela data, assim como o resumo das principais práticas contábeis e demais notas explicativas.

Responsabilidade da administração sobre as demonstrações contábeis

A administração da Entidade é responsável pela elaboração e adequada apresentação dessas demonstrações contábeis de acordo com as práticas contábeis adotadas no Brasil, aplicáveis às entidades supervisionadas pela Agência Nacional de Saúde Suplementar (ANS), e pelos controles internos que ela determinou como necessários para permitir a elaboração de demonstrações contábeis livres de distorção relevante, independentemente se causada por fraude ou erro.

Responsabilidade dos auditores independentes

Nossa responsabilidade é a de expressar opinião sobre essas demonstrações contábeis com base em nossa auditoria, conduzida de acordo com as normas brasileiras e internacionais de auditoria. Essas normas requerem o cumprimento de exigências éticas pelos auditores e que a auditoria seja planejada e executada com o objetivo de obter segurança razoável de que as demonstrações contábeis estão livres de distorção relevante.

Uma auditoria envolve a execução de procedimentos selecionados para obtenção de evidência a respeito dos valores e das divulgações apresentados nas demonstrações contábeis. Os procedimentos selecionados dependem do julgamento do auditor, incluindo a avaliação dos riscos de distorção relevante nas demonstrações contábeis, independentemente se causada por fraude ou erro. Nessa avaliação de riscos, o auditor considera os controles internos relevantes para a elaboração e adequada apresentação das demonstrações contábeis da Entidade para planejar os procedimentos de auditoria que são apropriados nas circunstâncias, mas não para fins de expressar uma opinião sobre a eficácia desses controles internos da Entidade. Uma auditoria inclui, também, a avaliação da adequação das práticas contábeis utilizadas e a razoabilidade das estimativas contábeis feitas pela administração, bem como a avaliação da apresentação das demonstrações contábeis tomadas em conjunto.

Acreditamos que a evidência de auditoria obtida é suficiente e apropriada para fundamentar nossa opinião.

Opinião

Em nossa opinião, as demonstrações contábeis anteriormente referidas apresentam adequadamente, em todos os aspectos relevantes, a posição patrimonial e financeira da Entidade X, individual e consolidada [**quando aplicável**], em 31 de dezembro de 2011, o desempenho de suas operações e os seus fluxos de caixa para o exercício findo naquela data, de acordo com as práticas contábeis adotadas no Brasil, aplicáveis às entidades supervisionadas pela Agência Nacional de Saúde Suplementar (ANS).

Parágrafo de ênfase (quando requerido).

Parágrafo de outros assuntos (quando requerido).

Observação: Parágrafos de ênfase e de outros assuntos somente devem ser adicionados nos casos requeridos pela NBC TA 706 (ISA 706).

Uberlândia-MG, ____ de _____ de 20___

Dr. Silvio Aparecido Crepaldi
CRC MG 29.313

Crepaldi Auditores Independentes Associados
CRC XX 88.888

6.6.7.3 Opinião sem ressalva

A opinião sem ressalva é emitida quando o auditor conclui, sobre todos os aspectos relevantes, que:

- as demonstrações contábeis foram preparadas de acordo com as Normas de Contabilidade e as Normas Brasileiras de Contabilidade; e
- há apropriada divulgação de todos os assuntos relevantes às demonstrações contábeis.

> **A opinião sem ressalva indica que o auditor está convencido de que:**
> - As demonstrações contábeis **foram preparadas** de acordo com a estrutura do relatório contábil aplicável
> - Há **apropriada divulgação** de todos os assuntos relevantes às demonstrações contábeis
> - Tendo havido alterações em procedimentos contábeis, os seus **efeitos foram adequadamente determinados** e revelados nas demonstrações contábeis

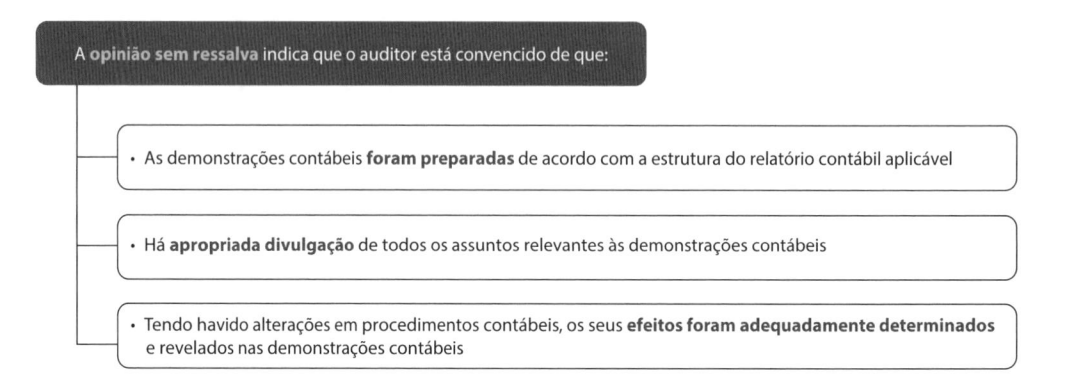

Figura 6.15 *Opinião sem ressalva.*

A opinião sem ressalva implica afirmação de que, em tendo havido alterações em procedimentos contábeis, os efeitos delas foram adequadamente determinados e revelados nas demonstrações contábeis. Nesses casos, não é requerida nenhuma referência na opinião.

Exemplo de opinião sem ressalva

> **Opinião**
>
> Em nossa opinião, as demonstrações financeiras acima referidas apresentam, adequadamente, em todos os aspectos relevantes, a posição patrimonial e financeira do Grupo Simões Crepaldi em 31 de dezembro de 20XX, o desempenho de suas operações e os seus fluxos de caixa para o exercício findo naquela data, de acordo com as práticas contábeis adotadas no Brasil.

A opinião sem ressalva indica que o auditor está convencido de que:

- as demonstrações contábeis foram preparadas de acordo com a estrutura do relatório financeiro aplicável;
- há apropriada divulgação de todos os assuntos relevantes às demonstrações contábeis;

- tendo havido alterações em procedimentos contábeis, os seus efeitos foram adequadamente determinados e revelados nas demonstrações contábeis.

6.6.7.4 *Opinião com ressalva*

A opinião com ressalva deve obedecer ao modelo da opinião sem ressalva, modificado no parágrafo de opinião, com a utilização das expressões **exceto por, exceto quanto** ou **com exceção de**, referindo-se aos efeitos do assunto objeto da ressalva. Não é aceitável nenhuma outra expressão na redação desse tipo de opinião. No caso de limitação na extensão do trabalho, o parágrafo referente à extensão também será modificado, para refletir tal circunstância.

Quando o auditor emitir opinião com ressalva, adversa ou com abstenção de opinião, deve ser incluída descrição clara de todas as razões que fundamentaram sua opinião e, se praticável, a quantificação dos efeitos sobre as demonstrações contábeis. Essas informações devem ser apresentadas em parágrafo específico e, se for caso, fazer referência a uma divulgação mais ampla pela entidade em nota explicativa às demonstrações contábeis.

O conjunto das informações sobre o assunto objeto de ressalva, constante na opinião do auditor e nas notas explicativas sobre as demonstrações contábeis, deve permitir aos usuários claro entendimento de sua natureza e seus efeitos nas demonstrações contábeis, particularmente sobre a posição patrimonial e financeira e o resultado das operações.

Exemplo de opinião com ressalva

Base para opinião com ressalva

Os estoques de produtos acabados das lojas, que somavam R$ 7.197 mil em 31 de dezembro de 20XX (R$ 6.248 mil em 20X1), são avaliados com base no valor de remessa das notas fiscais que não corresponde ao custo efetivo de produção. Cabe destacar que a Entidade mantém uma conta no grupo de estoques para corrigir os efeitos de valorização dos produtos acabados das lojas e que apresentava saldo negativo de R$ 4.411 mil em 31 de dezembro de 20XX (R$ 3.551 mil em 20X1). No entanto, essa conta não estava devidamente conciliada em 31 de dezembro de 20XX. Não foi possível quantificar os eventuais efeitos decorrentes das correções de critério.

Opinião

Em nossa opinião, exceto pelos possíveis efeitos do assunto comentado no parágrafo "Base para opinião com ressalva", as demonstrações financeiras acima referidas apresentam, adequadamente, em todos os aspectos relevantes, a posição patrimonial e financeira do Grupo Simões Crepaldi em 31 de dezembro de 20XX, o desempenho de suas operações e os seus fluxos de caixa para o exercício findo naquela data, de acordo com as práticas contábeis adotadas no Brasil, aplicáveis às pequenas e médias empresas (NBC TG 1000) e aplicáveis às entidades sem fins lucrativos (ITG 2002).

A opinião com ressalva é, segundo a NBC TA 705, expressa quando:

- o auditor, tendo obtido evidência de auditoria apropriada e suficiente, conclui que as distorções, individualmente ou em conjunto, são relevantes, mas não generalizadas nas demonstrações contábeis; ou
- o auditor não consegue obter evidência apropriada e suficiente de auditoria para suportar sua opinião, mas ele conclui que os possíveis efeitos de distorções não detectadas, se houver, sobre as demonstrações contábeis poderiam ser relevantes, mas não generalizados.

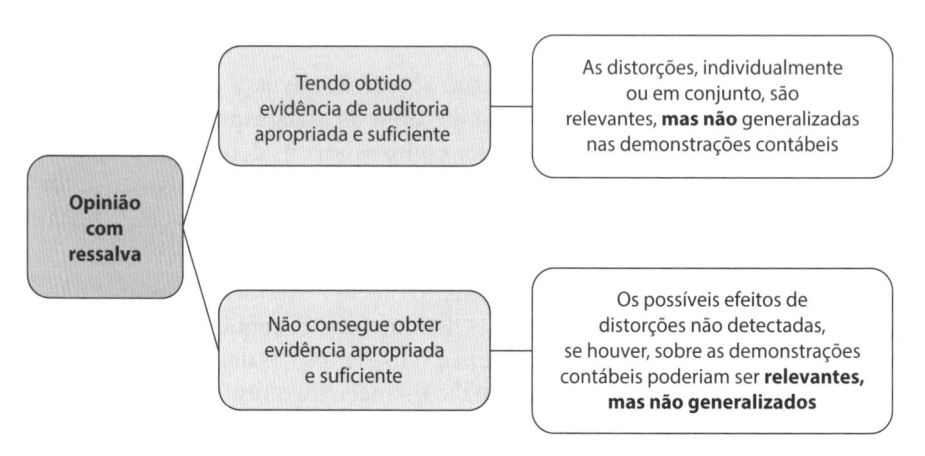

Figura 6.16 *Opinião com ressalva.*

Fonte: Brito (2015).

É o tipo de opinião apropriada nos casos em que o auditor obteve evidência e constata a existência de distorção relevante nas demonstrações contábeis (embora não generalizada), ou quando há impossibilidade do auditor em obter evidência de auditoria suficiente e adequada, conforme Fontenelle (2016). Opinião apropriada nos casos em que o auditor obteve evidência e constata a existência de distorção relevante nas demonstrações contábeis (embora não generalizada), ou quando há impossibilidade do auditor em obter evidência de auditoria suficiente e adequada.

6.6.7.5 Opinião adversa

O auditor deve expressar uma opinião adversa quando obtém evidência de auditoria apropriada e suficiente, conclui que as distorções, individualmente ou em conjunto, são relevantes e generalizadas para as demonstrações contábeis. Também, quando o auditor verificar a existência de efeitos que, isolada ou conjugadamente, forem de tal relevância que comprometam o conjunto das demonstrações contábeis, deve emitir opinião adversa. Em seu julgamento deve considerar tanto as distorções provocadas, quanto a apresentação inadequada ou substancialmente incompleta das demonstrações contábeis.

Quando da emissão de opinião adversa, o auditor deve descrever, em um ou mais parágrafos intermediários, imediatamente anteriores ao parágrafo de opinião, os motivos e a natureza das divergências que suportam sua opinião adversa, bem como seus principais efeitos sobre a posição patrimonial e financeira e o resultado do exercício ou período.

No parágrafo de opinião, o auditor deve explicitar que, devido à relevância dos efeitos dos assuntos descritos no parágrafo ou parágrafos precedentes, ele é da opinião de que as demonstrações contábeis da entidade não estão adequadamente apresentadas. De acordo com a NBC TA 705 – Modificações na Opinião do Auditor Independente, o auditor deve emitir uma Opinião Adversa quando, tendo obtido evidência de auditoria apropriada e suficiente, conclui que as distorções, individualmente ou em conjunto, são relevantes e generalizadas para as demonstrações contábeis.

Segundo a NBC TA 705, que trata da opinião do auditor independente, caso as demonstrações contábeis apresentem distorções relevantes que, no julgamento do auditor, estão disseminadas em vários elementos, contas ou itens das demonstrações financeiras, esse profissional deve emitir um relatório com opinião adversa.

6.6.7.6 *Abstenção de opinião, por incertezas*

Quando a abstenção de opinião decorrer de incertezas relevantes, o auditor deve expressar, no parágrafo de opinião, que, devido à relevância das incertezas descritas em parágrafos intermediários específicos, não está em condições de emitir opinião sobre as demonstrações contábeis. Novamente, a abstenção de opinião não elimina a responsabilidade do auditor de mencionar, na opinião, os desvios relevantes que normalmente seriam incluídos como ressalvas.

Circunstâncias que modificam a opinião do auditor:

Opinião com ressalva ou adversa

- Discordância com a administração da entidade a respeito do conteúdo e/ou forma da apresentação das demonstrações contábeis.
- Normas contábeis, próprias ao segmento econômico (entidades com regulação específica), que forem significativamente conflitantes com as práticas contábeis brasileiras.

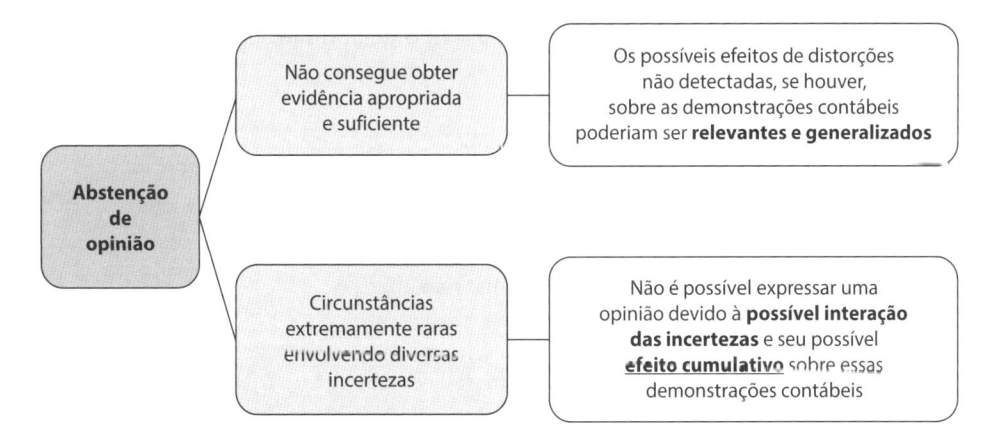

Figura 6.17 *Abstenção de opinião.*

Fonte: Brito (2015).

Opinião com ressalva ou abstenção de opinião

Limitação na extensão do seu trabalho.

Itens	Quais são os efeitos ou possíveis efeitos sobre as demonstrações contábeis	
O que gerou a modificação de opinião	Relevante, mas não generalizado	Relevante e generalizado
As demonstrações contábeis apresentam distorções relevantes	Opinião com ressalva	Opinião adversa
Impossibilidade de obter evidência de auditoria apropriada e suficiente	Opinião com ressalva	Abstenção de opinião

Tipos de opiniões modificadas:

Opinião modificada compreende...
- Opinião com ressalva
- Opinião adversa
- Abstenção de opinião

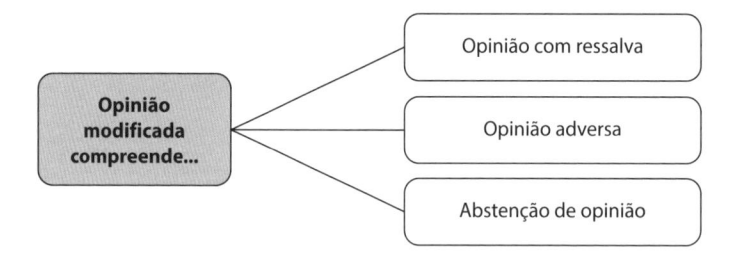

Figura 6.18 *Opinião modificada.*

Fonte: NBC.

O Quadro a seguir mostra como a opinião do auditor sobre a natureza do assunto que gerou a modificação e a disseminação de forma generalizada dos seus efeitos ou possíveis efeitos sobre as demonstrações contábeis afeta o tipo de opinião a ser expressa.

Quadro 6.2 *Impactos da opinião do auditor*

Natureza do assunto que gerou a modificação	Julgamento do auditor sobre a disseminação de forma generalizada dos efeitos ou possíveis efeitos sobre as demonstrações contábeis	
	Relevante, mas **não** generalizado	Relevante e generalizado
As demonstrações contábeis apresentam distorções relevantes	Opinião com ressalva	Opinião adversa
Impossibilidade de obter evidência de auditoria apropriada e suficiente	Opinião com ressalva	Abstenção de opinião

Fonte: Brito (2015).

6.6.7.7 Circunstâncias que impedem a emissão da opinião sem ressalva

O auditor não deve emitir opinião sem ressalva quando existir qualquer das circunstâncias seguintes, que, em sua opinião, tenham efeitos relevantes para as demonstrações contábeis:

- discordância com a administração da entidade a respeito do conteúdo e/ou forma de apresentação das demonstrações contábeis; ou
- limitação na extensão de seu trabalho.

A discordância com a administração da entidade a respeito do conteúdo e forma de apresentação das demonstrações contábeis deve conduzir à opinião com ressalva ou à opinião adversa, com os esclarecimentos que permitam a correta interpretação dessas demonstrações.

A limitação na extensão do trabalho deve conduzir à opinião com ressalva ou à abstenção de opinião.

Na auditoria independente das demonstrações contábeis das entidades, públicas ou privadas, sujeitas a regulamentação específica quanto à adoção de normas contábeis próprias ao segmento econômico, quando elas forem significativamente conflitantes com as disposições contidas nas Normas de Contabilidade e nas Normas Brasileiras de Contabilidade, o auditor deve emitir opinião com ressalva.

Quando o auditor emitir opinião com ressalva, adversa ou com abstenção de opinião, deve ser incluída descrição clara de todas as razões que fundamentaram sua opinião e, se praticável, a quantificação dos efeitos sobre as demonstrações contábeis. Essas informações devem ser apresentadas em parágrafo específico, e, se for caso, fazer referência a uma divulgação mais ampla pela entidade em nota explicativa às demonstrações contábeis.

6.6.7.8 Incerteza

Quando ocorrer incerteza em relação a fato relevante, cujo desfecho poderá afetar significativamente a posição patrimonial e financeira da entidade, bem como o resultado das suas operações, deve o auditor adicionar um parágrafo de ênfase em sua avaliação, após o parágrafo de opinião, fazendo referência à nota explicativa da administração, que deve descrever de forma mais extensa a natureza e, quando possível, o efeito da incerteza.

Parágrafo de ênfase é o parágrafo incluído no relatório de auditoria referente a um assunto apropriadamente apresentado ou divulgado nas demonstrações contábeis que, de acordo com o julgamento do auditor, é de tal importância que é fundamental para o entendimento pelos usuários das demonstrações contábeis.

O objetivo do auditor, depois de ter formado opinião sobre as demonstrações contábeis, é chamar a atenção dos usuários, quando necessário, por meio de comunicação adicional clara no relatório, para:

- um assunto que, apesar de apropriadamente apresentado ou divulgado nas demonstrações contábeis, tem tal importância, que é fundamental para o entendimento das demonstrações contábeis pelos usuários; ou
- como apropriado, qualquer outro assunto que seja relevante para os usuários entenderem a auditoria, a responsabilidade do auditor ou do relatório de auditoria.

Ao incluir parágrafo de ênfase, o auditor deverá usar o título "*Ênfase*" ou outro título apropriado e uma referência clara ao assunto enfatizado e à nota explicativa que descreva de forma completa o assunto nas demonstrações contábeis, de acordo com a NBC TA 706 – Parágrafos de Ênfase e Parágrafos de Outros Assuntos.

Parágrafos de outros assuntos é o parágrafo incluído no relatório de auditoria que se refere a um assunto não apresentado ou não divulgado nas demonstrações contábeis e que, de acordo com o julgamento do auditor, é relevante para os usuários entenderem a auditoria, a responsabilidade do auditor ou o relatório de auditoria.

Na hipótese do emprego de parágrafo de ênfase, a opinião do auditor permanece na condição de opinião sem ressalva. Se o auditor concluir que a matéria envolvendo incerteza relevante não está adequadamente divulgada nas demonstrações contábeis, de acordo com as disposições contidas nas Normas de Contabilidade e nas Normas Brasileiras de Contabilidade, a sua opinião deve conter ressalva, pela omissão ou inadequação da divulgação.

Lista de normas de auditoria que contêm exigências para parágrafos de ênfase

Requerem do auditor a inclusão de parágrafo de ênfase no seu relatório de auditoria em certas circunstâncias. A lista a seguir não substitui a consideração das exigências, aplicação relacionada e outros materiais explicativos nas normas de auditoria:

- NBC TA 210 (R1) – Concordância com os Termos do Trabalho de Auditoria, item 19;
- NBC TA 560 (R1) – Eventos Subsequentes, itens 12(b) e 16;
- NBC TA 570 – Continuidade Operacional, item 19;
- NBC TA 800 – Considerações Especiais – Auditorias de Demonstrações Contábeis Elaboradas de Acordo com Estruturas Conceituais de Contabilidade para Propósitos Especiais, item 14.

Conforme a NBC TA 570 – Continuidade Operacional, os objetivos do auditor independente são: obter evidência de auditoria suficiente sobre a adequação do uso, pela administração, do pressuposto de continuidade operacional na elaboração das demonstrações contábeis; concluir, baseado na evidência de auditoria obtida, sobre a existência de incerteza significativa em relação a eventos ou condições que podem levantar dúvida significativa quanto à capacidade de continuidade operacional; e determinar as implicações para o relatório do auditor independente.

Quando o auditor da empresa obtém evidências da incapacidade de continuidade da entidade, deve informar, em parágrafo de ênfase no parecer, os efeitos da situação na continuidade operacional da empresa de forma que os usuários tenham adequada informação sobre a situação.

De acordo com a NBC TA 570 – Continuidade Operacional, quando a entidade apresenta incerteza relevante em relação a sua continuidade, mas o auditor conclui que o pressuposto de continuidade sustentado pela administração é apropriado, o auditor deve estar satisfeito sobre a adequação das informações prestadas em notas explicativas e incluir um parágrafo de ênfase sobre a incerteza, fazendo menção da nota explicativa que trata do assunto.

Quando se deparar com incertezas o auditor pode ...

- Adicionar o parágrafo de ênfase — Quando ocorrer **incerteza** em relação a fato relevante, mas esteja devidamente divulgada nas demonstrações contábeis (opinião continua sem ressalva)
- Emitir uma opinião com ressalva ou adversa — Se o auditor concluir que a matéria envolvendo **incerteza** relevante não está adequadamente divulgada nas demonstrações contábeis
- Emitir uma opinião com ressalva ou abstenção de opinião — Quando as **incertezas** impedem a formação de opinião do auditor

Figura 6.19 *Incertezas*.

Fonte: NBC TA.

Lista de normas de auditoria que contêm exigências para parágrafos de outros assuntos

Requerem do auditor a inclusão de parágrafo de outros assuntos no seu relatório em certas circunstâncias. A lista, a seguir, não substitui a consideração das exigências, aplicação relacionada e outros materiais explicativos em normas de auditoria:

- NBC TA 560 (R1) – Eventos Subsequentes, itens 12(b) e 16;
- NBC TA 710 (R1) – Informações Comparativas – Valores Correspondentes e Demonstrações Contábeis Comparativas, itens 13, 14, 16, 17 e 19;
- NBC TA 720 – Responsabilidade do Auditor em Relação a Outras Informações Incluídas em Documentos que Contenham Demonstrações Contábeis Auditadas, item 10(a).

Exemplo de relatório de auditoria que inclui parágrafo de ênfase

As circunstâncias incluem:

- Auditoria de conjunto completo de demonstrações contábeis elaboradas pela administração da entidade, em conformidade com as práticas contábeis adotadas no Brasil.
- Os termos do trabalho de auditoria refletem a descrição da responsabilidade da administração pelas demonstrações contábeis na NBC TA 210 (R1).
- Há incerteza relativa a um assunto litigioso excepcional.
- Um desvio da estrutura de relatório financeiro aplicável resultou em uma opinião com ressalva.
- Além da auditoria das demonstrações contábeis, o auditor pode ter outras responsabilidades exigidas pela lei local.

6.6.7.9 *Informações relevantes nas demonstrações contábeis*

O auditor deve incluir na sua opinião informações consideradas relevantes para adequada interpretação das demonstrações contábeis, ainda que divulgadas pela entidade.

Se, após a emissão da opinião, o auditor tomar conhecimento de um fato existente na data da emissão da opinião que, se conhecido na ocasião, poderia ter gerado a modificação da sua opinião final, nesse caso o procedimento a ser efetuado pelo auditor será emitir uma nova opinião de auditoria com parágrafo de ênfase sobre as demonstrações contábeis revisadas.

Exemplo

Ênfase

Conforme descrito na nota explicativa 2, as demonstrações financeiras individuais foram elaboradas de acordo com as práticas contábeis adotadas no Brasil. No caso do Grupo Simões Crepaldi essas práticas diferem do IFRS, aplicável às demonstrações financeiras separadas, somente no que se refere à avaliação dos investimentos em controladas, coligadas e controladas em conjunto pelo método da equivalência patrimonial, enquanto que para fins de IFRS seria custo ou valor justo.

Nossa opinião não está ressalvada em função deste assunto.

Outros assuntos
Demonstração do valor adicionado

Examinamos, também, as demonstrações individual e consolidada do valor adicionado (DVA), referentes ao exercício findo em 31 de dezembro de 20XX, preparadas sob a responsabilidade da administração do Grupo Simões Crepaldi, cuja apresentação é requerida pela legislação societária brasileira para companhias abertas, e como informação suplementar pelas IFRS que não requerem a apresentação da DVA. Essas demonstrações foram submetidas aos mesmos procedimentos de auditoria descritos anteriormente e, em nossa opinião, estão adequadamente apresentadas, em todos os seus aspectos relevantes, em relação às demonstrações financeiras tomadas em conjunto.

Se o auditor considera necessário comunicar outro assunto, não apresentado nem divulgado nas demonstrações contábeis e que de acordo com seu julgamento é relevante para o entendimento, pelos usuários, da auditoria, da responsabilidade do auditor ou do relatório de auditoria, e não for proibido por lei ou regulamento, ele deve fazê-lo em um parágrafo no relatório de auditoria, com o título "**Outros assuntos**" ou outro título apropriado.

6.6.7.10 *Opinião do auditor quando demonstrações contábeis de controladas e/ou coligadas são auditadas por outros auditores*

O auditor deve assegurar-se de que as demonstrações contábeis das controladas e/ou coligadas, relevantes, utilizadas para fins de consolidação ou contabilização dos investimentos pelo valor do patrimônio líquido na controladora e/ou investidora, estão de acordo com as disposições contidas nas Normas de Contabilidade e nas Normas Brasileiras de Contabilidade.

Quando houver participação de outros auditores independentes no exame das demonstrações contábeis das controladas e/ou coligadas, relevantes, o auditor da controladora e/ou investidora deve destacar esse fato em sua opinião.

Nessas circunstâncias, o auditor da controladora e/ou investidora deve expressar sua opinião sobre as demonstrações contábeis como um todo, baseando-se exclusivamente na opinião de outro auditor com respeito às demonstrações contábeis de controladas e/ou coligadas. Esse fato deve ser destacado na opinião, indicando os valores envolvidos.

Exemplo – ano anterior auditado por outros auditores

Opinião sobre as demonstrações contábeis individuais

Em nossa opinião, as demonstrações contábeis individuais (Controladora) anteriormente referidas apresentam adequadamente, em todos os aspectos relevantes, a posição patrimonial e financeira do Grupo Simões Crepaldi em 31 de dezembro de 20XX, o desempenho de suas operações e os seus fluxos de caixa para o exercício findo naquela data, de acordo com as práticas contábeis adotadas no Brasil.

Auditoria dos valores correspondentes ao exercício anterior

Os valores correspondentes ao exercício findo em 31 de dezembro de 20X1, apresentados para fins de comparação, foram anteriormente auditados por outros auditores independentes que emitiram relatório datado de 12 de fevereiro de 20XX, que não conteve nenhuma modificação.

6.6.7.11 Opinião sobre demonstrações contábeis condensadas

As **Demonstrações contábeis auditadas** são aquelas demonstrações (completas) que foram examinadas pelo auditor de acordo com as normas de auditoria e das quais são derivadas as demonstrações contábeis condensadas.

As **Demonstrações contábeis condensadas** são informações contábeis históricas derivadas de demonstrações contábeis (completas), porém menos detalhadas do que essas últimas. Todavia, continuam a fornecer uma representação estruturada consistente com aquela fornecida pelas demonstrações contábeis completas da entidade contendo os recursos econômicos ou obrigações em determinado momento ou as modificações ocorridas durante um período de tempo.

O auditor poderá expressar opinião sobre demonstrações contábeis apresentadas de forma condensada, desde que tenha emitido opinião sobre as demonstrações contábeis originais.

A opinião sobre as demonstrações contábeis condensadas deve indicar que elas estão preparadas segundo os critérios utilizados originalmente e que o perfeito entendimento da posição da entidade depende da leitura das demonstrações contábeis originais.

Toda informação importante, relacionada com ressalva, opinião adversa, opinião com abstenção de opinião e/ou ênfase, constante da opinião do auditor sobre as demonstrações contábeis originais, deve estar incluída na opinião sobre as demonstrações contábeis condensadas.

O auditor dever incluir uma restrição ou alerta no seu relatório sobre as demonstrações contábeis condensadas sobre essas demonstrações completas, de que elas foram elaboradas de acordo com uma estrutura conceitual de contabilidade para propósitos especiais.

O relatório de auditoria sobre as demonstrações contábeis do exercício que findou em, ou após, 31 de dezembro de 2010 deve ser emitido de acordo com as novas normas de auditoria emitidas pelo CFC, que trouxeram uma série de mudanças em relação às normas anteriores.

Entre essas mudanças, destaca-se, como exemplo, a proibição de divisão de responsabilidade com outro auditor no caso de esse outro auditor examinar demonstrações contábeis de investidas avaliadas pelo método de equivalência patrimonial ou incluídas nas demonstrações contábeis consolidadas, conforme estabelece a NBC TA 600 (R1), assim como o fato de que o relatório do auditor, emitido no contexto de valores correspondentes, menciona apenas as demonstrações contábeis do período corrente, de acordo com a NBC TA 710 (R1).

Exemplo – demonstrações individuais e consolidadas

Opinião sobre as demonstrações contábeis individuais

Em nossa opinião, as demonstrações contábeis individuais (Controladora) anteriormente referidas apresentam adequadamente, em todos os aspectos relevantes, a posição patrimonial e financeira do Grupo Simões Crepaldi em 31 de dezembro de 20XX, o desempenho de suas operações e os seus fluxos de caixa para o exercício findo naquela data, de acordo com as práticas contábeis adotadas no Brasil.

Opinião sobre as demonstrações contábeis consolidadas

Em nossa opinião, as demonstrações contábeis consolidadas anteriormente referidas apresentam adequadamente, em todos os aspectos relevantes, a posição patrimonial e financeira do Grupo Simões Crepaldi em 31 de dezembro de 20XX, o desempenho consolidado de suas operações e os seus fluxos de caixa para o exercício findo naquela data, de acordo com as IFRS, emitidas pelo IASB, e as práticas contábeis adotadas no Brasil.

6.6.7.12 *Demonstrações contábeis não auditadas*

Sempre que o nome do auditor estiver, de alguma forma, associado com demonstrações ou informações contábeis que ele não auditou, essas devem ser claramente identificadas como "não auditadas", em cada folha do conjunto.

Em havendo emissão de relatório, este deve conter a indicação de que o auditor não está expressando opinião sobre as referidas demonstrações contábeis.

Exemplo

> **Auditoria das informações contábeis, individuais e consolidadas, do exercício findo em 31 de dezembro de 20X1**
>
> As informações e os valores correspondentes ao exercício findo em 31 de dezembro de 20X1, apresentados para fins de comparação foram anteriormente auditados por outros auditores independentes, que emitiram relatório datado de 28 de março de 20XX, o qual não conteve nenhuma modificação.

6.6.7.13 *Declaração dos diretores*

> **DECLARAÇÃO DOS DIRETORES SOBRE O RELATÓRIO DOS AUDITORES INDEPENDENTES**
>
> Declaramos, em atendimento à Instrução CVM nº 480, de 7 de dezembro de 2009, que revisamos, discutimos e concordamos com as opiniões expressas no relatório dos auditores independentes da Crepaldi Auditores, emitido sobre as Demonstrações Financeiras do Grupo Simões Crepaldi, relativas ao exercício findo em 31 de dezembro de 20XX, em reunião realizada em 28 de março de 20XX.
>
> Uberlândia-MG, 28 de março de 20XX
>
> Manoel Batista
>
> Diretor Presidente

6.7 TIPOS DE RELATÓRIOS

Os relatórios emitidos por auditores independentes podem ser relatórios formais, elaborados de forma escrita e sujeitos a determinadas normas, muitas das quais estão contidas nas próprias normas de auditoria, existindo ainda os relatórios informais, que geralmente não consubstanciam a forma escrita, mas compreendem apenas informações verbais, transmitidas aos administradores da entidade auditada ou a seus subordinados, e que envolvem assuntos não relevantes, que podem ser corrigidos sem que precisem constar de relatórios formais.

Entre os relatórios formais, podemos distinguir os seguintes tipos principais:

- Relatório de forma curta – também conhecido como Opinião do Auditor.
- Relatórios de forma longa – poderão ser bastante analíticos, quanto à descrição dos trabalhos realizados, mas poderão não conter uma opinião final e formal do auditor.

O relatório em forma longa normalmente inclui detalhes de itens das demonstrações, dados estatísticos, comentários explicativos e, às vezes, uma descrição da extensão do exame do auditor. Pode coexistir com o relatório em forma curta. Nesse caso, o relatório em forma curta não pode omitir informações consideradas relevantes contidas no relatório em forma longa.

O conteúdo dos relatórios-comentários, normalmente, é dividido nas seguintes partes: índice; introdução; e comentários e sugestões. Os comentários e sugestões devem abordar cada item considerado relevante, de forma geral, em três parágrafos, que são procedimento em vigor, influências e recomendações.

Segundo a NBC TC 4400, deverá ser emitido o Relatório sobre os Trabalhos de Procedimentos Previamente Acordados sobre Informações Contábeis. A aplicação de Procedimentos Previamente Acordados (PPA), consiste em trabalhos cuja extensão e abrangência são definidas pela Administração das empresas, relacionadas a itens individuais de dados financeiros, uma demonstração contábil isolada ou mesmo um conjunto completo de demonstrações contábeis. O objetivo do trabalho consiste na aplicação de procedimentos de auditoria acordados entre o auditor independente, a entidade e, eventualmente, terceiros, com a consequente emissão de relatório contendo o resultado das aplicações dos procedimentos.

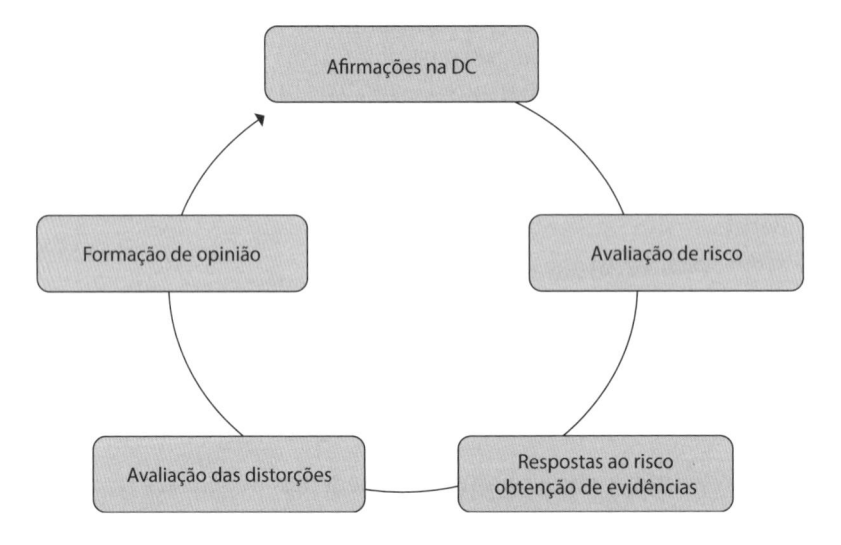

Figura 6.20 *Relatórios de trabalhos.*

Fonte: NBC TA.

6.8 RELATÓRIO DO AUDITOR INDEPENDENTE SOBRE AS DEMONSTRAÇÕES CONTÁBEIS DE GRUPO ECONÔMICO – COMUNICADO CTA 12

Este Comunicado Técnico visa orientar o auditor independente na emissão de seu relatório de auditoria para grupo econômico que não elabore demonstrações contábeis consolidadas, conforme requerido pela NBC TG 36, e a controladora que estiver fora das exceções previstas no item 4 dessa norma.

4. A entidade que seja controladora deve apresentar demonstrações consolidadas. Esta norma se aplica a todas essas entidades, com as seguintes exceções:

(a) a controladora pode deixar de apresentar as demonstrações consolidadas somente se satisfizer todas as condições a seguir, além do permitido legalmente:

(i) a controladora é ela própria uma controlada (integral ou parcial) de outra entidade, a qual, em conjunto com os demais proprietários, incluindo aqueles sem direito a voto, foram consultados e não fizeram objeção quanto à não apresentação das demonstrações consolidadas pela controladora;

(ii) seus instrumentos de dívida ou patrimoniais não são negociados publicamente (bolsa de valores nacional ou estrangeira ou mercado de balcão, incluindo mercados locais e regionais);

(iii) ela não tiver arquivado nem estiver em processo de arquivamento de suas demonstrações contábeis na Comissão de Valores Mobiliários ou outro órgão regulador, visando à distribuição pública de qualquer tipo ou classe de instrumento no mercado de capitais; e

(iv) a controladora final, ou qualquer controladora intermediária da controladora, disponibiliza ao público suas demonstrações em conformidade com as normas do CFC, em que as controladas são consolidadas ou são mensuradas ao valor justo por meio do resultado de acordo com esta norma;

6.9 CARACTERÍSTICAS QUALITATIVAS DE CONTABILIDADE

As características qualitativas de Contabilidade são as normas resultantes do desenvolvimento da aplicação prática dos princípios técnicos emanados da contabilidade, de uso predominante no meio em que se aplicam, proporcionando interpretação uniforme das demonstrações contábeis.

Estabelecem o sistema uniforme de registro dos fatos contábeis e de demonstrações patrimonial e financeira e do resultado econômico, bem como dos respectivos detalhes, para fins de esclarecimentos aos titulares da empresa e a terceiros.

Acompanham a evolução da técnica e da doutrina contábil, ficando, por conseguinte, sempre sujeitos às modificações que decorrem desse processo evolutivo. Assim, é indispensável que o auditor proceda ao exame em extensão e profundidade necessárias, para certificar-se de que as demonstrações contábeis foram elaboradas de acordo com as normas de contabilidade.

Em circunstâncias especiais, pode ocorrer que as demonstrações contábeis preparadas com obediência às normas de contabilidade reconhecidos como geralmente aceitos não representem, entretanto, a posição específica para a qual foram elaboradas. Se, na convicção do auditor, a adoção de outros princípios for mais adequada à apresentação das demonstrações contábeis, ele pode emitir sua opinião fazendo a correspondente ressalva e consignando devidamente os seguintes fatos:

- descrição das normas de contabilidade adotados pela empresa na mesma área em que foi observada a divergência;

- descrição das normas de contabilidade que, na opinião do auditor, seriam mais apropriados à adequada demonstração da posição patrimonial e financeira ou do resultado das operações;
- descrição dos efeitos que teriam resultado da adoção das normas de contabilidade propostos pelo auditor. A ressalva, na opinião do auditor, deve ser redigida com a prudência que as circunstâncias exigem.

No caso em que a empresa, dentro das circunstâncias especiais, adotar normas de contabilidade ainda não geralmente aceitos unicamente para evitar distorções que poderiam ocorrer nas demonstrações contábeis, o auditor, ao fazer referência a esse fato, deverá manifestar-se sobre o procedimento adotado, fundamentando sua opinião.

Quando, por exemplo, o contador da empresa consegue condições financeiras vantajosas para comprar caminhões por meio de arrendamento mercantil (*leasing*), como a empresa tem a intenção de ficar com os veículos no final do prazo do contrato e a compra se enquadra nos conceitos de *leasing* operacional, a empresa contabiliza como ativo imobilizado os caminhões. O referido procedimento atende ao conceito da essência sobre a forma.

6.9.1 Uniformidade na aplicação das normas de contabilidade

Em todos os exames, o auditor deverá manifestar-se, na sua opinião, sobre a uniformidade na aplicação das normas de contabilidade.

O objetivo desta declaração é assegurar que as demonstrações contábeis referentes aos diversos períodos podem ser comparadas entre si, pois não foram afetadas de forma substancial por mudança de orientação ou de método, na aplicação das normas de contabilidade. Se a comparabilidade for ponderavelmente prejudicada por essa mudança, o auditor deverá declará-lo em sua opinião, indicando sua natureza e seu correspondente efeito nas demonstrações contábeis.

A comparabilidade das demonstrações contábeis entre diversos exercícios é geralmente afetada pelos seguintes fatos:

- alteração das normas de contabilidade aplicados;
- alteração de condições que exijam alterações na contabilidade, mas que não envolvam alteração na aplicação das normas de contabilidade;
- alteração de condições não relacionadas com a contabilidade.

Apenas a primeira hipótese afeta a norma da uniformidade e tem efeito nas demonstrações contábeis e somente ela requer uma ressalva na opinião do auditor.

As alterações na aplicação das normas de contabilidade que, embora afetem substancialmente os resultados do exercício auditado, possam, na opinião do auditor, ter influência significativa nos resultados do exercício seguinte, deverão ser objeto de nota explicativa ou ser mencionadas na opinião do auditor.

6.10 QUADRO DAS NORMAS DE AUDITORIA

NORMAS DE AUDITORIA INDEPENDENTE

NBC	Resolução CFC	Nome da Norma	Correlação IFAC	Correlação IBRACON
ESTRUTURA CONCEITUAL	DOU 25/11/15	Estrutura Conceitual para Trabalhos de Asseguração	*Framework*	não há
NBC TA 200 (R1)	DOU 05/09/16	Objetivos Gerais do Auditor Independente e a Condução da Auditoria em Conformidade com Normas de Auditoria	ISA 200	não há
NBC TA 210 (R1)	DOU 05/09/16	Concordância com os Termos do Trabalho de Auditoria	ISA 210	não há
NBC TA 220(R2)	DOU 05/09/16	Controle de Qualidade da Auditoria de Demonstrações Contábeis	ISA 220	não há
NBC TA 230 (R1)	DOU 05/09/16	Documentação de Auditoria	ISA 230	não há
NBC TA 240 (R1)	DOU 05/09/16	Responsabilidade do Auditor em Relação a Fraude, no Contexto da Auditoria de Demonstrações Contábeis	ISA 240	não há
NBC TA 250	DOU 14/02/19	Consideração de Leis e Regulamentos na Auditoria de Demonstrações Contábeis	ISA 250	não há
NBC TA 260(R2)	DOU 04/07/16	Comunicação com os Responsáveis pela Governança	ISA 260	não há
NBC TA 265	1.210/09	Comunicação de Deficiências de Controle Interno	ISA 265	não há
NBC TA 300 (R1)	DOU 05/09/16	Planejamento da Auditoria de Demonstrações Contábeis	ISA 300	não há
NBC TA 315 (R2)	DOU 19/08/21	Identificação e Avaliação dos Riscos de Distorção Relevante por meio do Entendimento da Entidade e do seu Ambiente	ISA 315	não há
NBC TA 320 (R1)	DOU 05/09/16	Materialidade no Planejamento e na Execução da Auditoria	ISA 320	não há

NBC	Resolução CFC	Nome da Norma	Correlação	
			IFAC	IBRACON
NBC TA 330 (R1)	*DOU* 05/09/16	Resposta do Auditor aos Riscos Avaliados	ISA 330	não há
NBC TA 402	1.215/09	Considerações de Auditoria para a Entidade que Utiliza Organização Prestadora de Serviços	ISA 402	não há
NBC TA 450 (R1)	*DOU* 05/09/16	Avaliação das Distorções Identificadas durante a Auditoria	ISA 450	não há
NBC TA 500 (R1)	*DOU* 05/09/16	Evidência de Auditoria	ISA 500	não há
NBC TA 501	1.218/09	Evidência de Auditoria – Considerações Específicas para Itens Selecionados	ISA 501	não há
NBC TA 505	1.219/09	Confirmações Externas	ISA 505	não há
NBC TA 510 (R1)	*DOU* 05/09/16	Trabalhos Iniciais – Saldos Iniciais	ISA 510	não há
NBC TA 520	1.221/09	Procedimentos Analíticos	ISA 520	não há
NBC TA 530	1.222/09	Amostragem em Auditoria	ISA 530	não há
NBC TA 540 (R2)	*DOU* 28/10/2019	Auditoria de Estimativas Contábeis e Divulgações Relacionadas	ISA 540	não há
NBC TA 550	1.224/09	Partes Relacionadas	ISA 550	não há
NBC TA 560 (R1)	*DOU* 05/09/16	Eventos Subsequentes	ISA 560	não há
NBC TA 570	*DOU* 04/07/16	Continuidade Operacional	ISA 570	não há
NBC TA 580 (R1)	*DOU* 05/09/16	Representações Formais	ISA 580	não há
NBC TA 600 (R1)	*DOU* 05/09/16	Considerações Especiais – Auditorias de Demonstrações Contábeis de Grupos, Incluindo o Trabalho dos Auditores dos Componentes	ISA 600	não há
NBC TA 610	*DOU* 29/01/14	Utilização do Trabalho de Auditoria Interna	ISA 610	não há
NBC TA 620	1.230/09	Utilização do Trabalho de Especialistas	ISA 620	não há

NBC	Resolução CFC	Nome da Norma	Correlação	
			IFAC	IBRACON
NBC TA 700	DOU 04/07/16	Formação da Opinião e Emissão do Relatório do Auditor Independente sobre as Demonstrações Contábeis	ISA 700	não há
NBC TA 701	DOU 04/07/16	Comunicação dos Principais Assuntos de Auditoria no Relatório do Auditor Independente	ISA 701	não há
NBC TA 705	DOU 04/07/16	Modificações na Opinião do Auditor Independente	ISA 705	não há
NBC TA 706	DOU 04/07/16	Parágrafos de Ênfase e Parágrafos de Outros Assuntos no Relatório do Auditor Independente	ISA 706	não há
NBC TA 710 (R1)	DOU 05/09/16	Informações Comparativas – Valores Correspondentes e Demonstrações Contábeis Comparativas	ISA 710	não há
NBC TA 720	DOU 05/09/16	Responsabilidade do Auditor em Relação a Outras Informações	ISA 720	não há
NBC TA 800	DOU 22/02/17	Considerações Especiais – Auditorias de Demonstrações Contábeis Elaboradas de Acordo com Estruturas Conceituais de Contabilidade para Propósitos Especiais	ISA 800	não há
NBC TA 805	DOU 22/02/17	Considerações Especiais – Auditoria de Quadros Isolados das Demonstrações Contábeis e de Elementos, Contas ou Itens Específicos das Demonstrações Contábeis	ISA 805	não há
NBC TA 810	DOU 22/02/17	Trabalhos para a Emissão de Relatório sobre Demonstrações Contábeis Condensadas	ISA 810	não há

Nova Numeração	Resolução CFC	Nome do Comunicado	IFAC	IBRACON
CTA 02	DOU 09/03/15	Emissão do Relatório do Auditor Independente sobre Demonstrações Contábeis Individuais e Consolidadas	não há	CT 04/10 (R2)
CTA 03	1.321/11	Emissão do Relatório do Auditor Independente sobre Demonstrações Contábeis Individuais e Consolidadas de Instituições Financeiras e Demais Instituições Autorizadas a Funcionar pelo Banco Central do Brasil (BCB)	não há	CT 05/10
CTA 04	1.322/11	Emissão do Relatório do Auditor Independente sobre Demonstrações Contábeis Individuais e Consolidadas de Entidades Supervisionadas pela Superintendência de Seguros Privados (SUSEP)	não há	CT 06/10
CTA 05	1.331/11	Emissão do Relatório do Auditor Independente sobre Demonstrações Contábeis de Fundos de Investimento	não há	CT 01/11
CTA 06	1.332/11	Emissão do Relatório do Auditor Independente sobre Demonstrações Contábeis de Companhias Abertas, conforme facultado pela Deliberação CVM no 656/11	não há	CT 02/11
CTA 07	1.333/11	Emissão do Relatório do Auditor Independente sobre Demonstrações Contábeis Individuais e Consolidadas de Entidades Supervisionadas pela ANS	não há	CT 03/11
CTA 08	DOU 31/07/13	Emissão do Relatório do Auditor Independente sobre Demonstrações Contábeis das Entidades Fechadas de Previdência Complementar (EFPC)	não há	CT 02/13
CTA 11	1.338/11	Emissão de Relatórios de Revisão das Informações Trimestrais do ano de 2010	não há	CT 07/11
CTA 12	DOU 29/6/18	Relatório do Auditor Independente sobre as Demonstrações Contábeis de Grupo Econômico	não há	CT 01/12 (R1)

Nova Numeração	Resolução CFC	Nome do Comunicado	IFAC	IBRACON
CTA 13	1.388/12	Emissão do Relatório do Auditor Independente sobre as Demonstrações Contábeis Individuais e Consolidadas de Entidades Supervisionadas pela ANS	não há	CT 02/12
CTA 14	1.393/12	Emissão do Relatório do Auditor Independente sobre Demonstrações Contábeis de Instituições Autorizadas a Funcionar pelo BCB, em decorrência da opção facultada para diferimento do resultado líquido negativo	não há	CT 03/12
CTA 15	1.405/12	Emissão de Relatório de Auditoria sobre as Demonstrações Contábeis Intermediárias Individuais de Entidades Supervisionadas pela SUSEP, referentes ao semestre findo em 30 de junho de 2012	não há	CT 06/12
CTA 16	DOU 18/6/19	Relatório de Auditoria sobre a Base de Contribuições dos Agentes Financeiros ao Fundo de Compensação de Variações Salariais (FCVS)	não há	CT 09/12(R2)
CTA 17	DOU 31/07/13	Emissão do Relatório do Auditor Independente sobre as Demonstrações Contábeis Individuais e Consolidadas em decorrência de alterações introduzidas para o Teste de Adequação de Passivos pela SUSEP	não há	CT 01/13
CTA 18(R1)	DOU 18/12/19	Relatório do Auditor Independente sobre a Reapresentação de Demonstrações Contábeis	não há	CT 03/13(R1)
CTA 19	DOU 25/02/14	Orientação aos auditores independentes sobre o entendimento a respeito dos procedimentos adotados, ou a serem adotados, pela administração das entidades na avaliação dos assuntos contidos na Medida Provisória 627/13	não há	CT 02/14

Nova Numeração	Resolução CFC	Nome do Comunicado	IFAC	IBRACON
CTA 21	DOU 11/06/14	Orientação para emissão de relatório do auditor independente sobre as Demonstrações Contábeis Consolidadas do Conglomerado Prudencial das instituições financeiras e demais instituições autorizadas a funcionar pelo Banco Central do Brasil, exceto cooperativas de crédito, a que se refere a Resolução nº 4.280 do Conselho Monetário Nacional (CMN), de 31 de outubro de 2013 e regulamentações complementares	não há	CT 04/14
CTA 22	DOU 28/01/15	Procedimentos de auditoria a serem considerados para aplicação do CTG 08	não há	CT 05/14
CTA 23	DOU 22/05/15	Dispõe sobre procedimentos que devem ser observados quando o auditor independente for contratado para emitir Carta-Conforto em conexão com processo de oferta de títulos e valores mobiliários	não há	CT 01/15
CTA 24	DOU 28/10/16	Emissão de relatório de auditoria sobre as Demonstrações Contábeis Regulatórias (DCRs), elaboradas de acordo com o Manual de Contabilidade do Setor Elétrico (MCSE)	não há	CT 02/16
CTA 25 (R1)	DOU 15/04/19	Emissão do Novo Modelo de Relatório do Auditor Independente	não há	CT 01/17
CTA 26	DOU 05/12/18	Relatório dos Auditores Independentes sobre o Demonstrativo do Direcionamento dos Recursos de Poupança	não há	CT 05/18
CTA 27	DOU 22/02/19	Relatórios sobre as Demonstrações Contábeis de Entidade de Incorporação Imobiliária	não há	CT 01/19
CTA 28	DOU 18/12/19	Emissão de Relatório de Auditoria de Patrimônio Separado de Securitizadoras	não há	CT 03/19

NORMA DE AUDITORIA INTERNA

NBC	Antiga Numeração	Resolução CFC	Nome da Norma
NBC TI 01	NBC T 12	986/03	Da Auditoria Interna

Fonte: CFC.

6.11 LEI ANTICORRUPÇÃO

Conforme a Controladoria-Geral da União (BRASIL, 201-), a Lei nº 12.846/2013 – também conhecida como Lei Anticorrupção – trouxe grande avanço ao prever a responsabilização objetiva, no âmbito civil e administrativo, de empresas que efetuam atos lesivos contra a administração pública, seja nacional ou estrangeira.

Além de atender a compromissos internacionais assumidos pelo Brasil, a lei fecha uma lacuna no ordenamento jurídico brasileiro ao tratar diretamente da conduta dos corruptores, pois prevê punições como multa administrativa para a empresa (podendo ser de até 20% do faturamento bruto) e o instrumento do acordo de leniência, que possibilita o ressarcimento de danos de forma mais rápida, além da alavancagem investigativa.

O Ministério da Transparência e Controladoria-Geral da União (CGU) é responsável por grande parte dos procedimentos como instauração e julgamento dos processos administrativos de responsabilização e celebração dos acordos de leniência no âmbito do Poder Executivo Federal.

A Lei nº 12.846/2013 tem as seguintes características:

- pode ser aplicada pela União, pelos estados e municípios, tendo efetividade também nas empresas brasileiras que atuam no exterior;
- as empresas podem ser responsabilizadas em casos de corrupção, sem necessidade de comprovação da culpa;
- se uma empresa prestar auxílio nas investigações, ela pode obter uma redução nas penalidades (acordo de leniência);
- com penas rígidas, o valor das multas pode chegar a 20% do faturamento bruto anual ou a 60 milhões de reais, quando não for possível calcular o faturamento bruto. Na esfera judicial, pode-se executar até mesmo a dissolução compulsória da pessoa jurídica.

6.12 CONSIDERAÇÕES FINAIS

As representações formais são evidências de auditoria necessárias, a opinião do auditor não pode ser expressa, e o relatório não pode ser datado, antes da data das representações formais, segundo a NBC TA 580 (R1). Além disso, como o auditor está interessado em eventos que ocorram até a data do seu relatório e que possam exigir ajuste ou divulgação nas demonstrações contábeis, as representações formais são datadas o mais próximo possível da data do seu relatório sobre as demonstrações contábeis, mas não após a data do relatório.

O auditor deve preparar a documentação de auditoria, de modo que um auditor experiente que não tenha tido envolvimento no trabalho específico possa entendê-la e avaliá-la. A documentação de auditoria deve:

- apresentar a natureza, a época e a extensão dos procedimentos de auditoria executados para cumprir com as normas de auditoria e exigências legais e regulamentares aplicáveis;
- apresentar os resultados dos procedimentos de auditoria executados e a evidência de auditoria obtida;
- apresentar assuntos significativos identificados durante a auditoria, as conclusões obtidas a respeito deles e os julgamentos profissionais significativos exercidos para chegar a essas conclusões.

A opinião do auditor quanto ao que constitui evidência de auditoria apropriada e suficiente é influenciada por diversos fatores, como:

- importância da distorção potencial na afirmação e probabilidade de que ela tenha efeito relevante, individualmente ou em conjunto com outras distorções em potencial, nas demonstrações contábeis;
- efetividade das respostas e dos controles da administração para enfrentar os riscos;
- entendimento da entidade e de seu ambiente, incluindo o seu controle interno;
- resultados dos procedimentos de auditoria executados, incluindo se esses procedimentos de auditoria identificaram casos específicos de fraude ou erro;
- persuasividade da evidência de auditoria.

Conforme item 12 da NBC TA 700, o auditor deve avaliar se as demonstrações contábeis são elaboradas, em todos os aspectos relevantes, de acordo com os requisitos da estrutura de relatório financeiro aplicável. Essa avaliação deve incluir a consideração dos aspectos qualitativos das políticas contábeis da entidade, abrangendo indicadores de possível tendenciosidade nos julgamentos da administração. O auditor deve expressar opinião não modificada quando concluir que as demonstrações contábeis são elaboradas, em todos os aspectos relevantes, de acordo com a estrutura de relatório financeiro aplicável.

Segundo a NBC TG (R4) Demonstrações Intermediárias, a entidade deve aplicar as mesmas políticas contábeis nas suas demonstrações contábeis intermediárias que são aplicadas nas demonstrações contábeis anuais, com exceção de alterações de políticas contábeis feitas depois da data da mais recente demonstração contábil anual, as quais serão refletidas nas próximas demonstrações contábeis anuais. O requerimento de que as entidades apliquem, nas suas demonstrações contábeis intermediárias, as mesmas políticas contábeis que são aplicadas nas demonstrações contábeis anuais pode parecer sugerir que as mensurações do período intermediário são feitas como se cada período intermediário se comportasse como se fosse um período de reporte independente.

7

Testes em Auditoria

ENFOQUE

- **NBC TA 210 (R1)** — Concordância com os Termos do Trabalho de Auditoria.
- **NBC TA 320 (R1)** — Materialidade no Planejamento e na Execução da Auditoria.
- **NBC TA 330 (R1)** — Resposta do Auditor aos Riscos Avaliados.
- **NBC TA 402** — Considerações de Auditoria para Entidade que Utiliza Organização Prestadora de Serviço.
- **NBC TA 500 (R1)** — Evidência de Auditoria.
- **NBC TA 501** — Evidência de Auditoria – Considerações Específicas para Itens Selecionados.
- **NBC TA 505** — Confirmações Externas.
- **NBC TA 510 (R1)** — Trabalhos Iniciais – Saldos Iniciais.
- **NBC TA 520** — Procedimentos Analíticos.
- **NBC TA 580 (R1)** — Representações Formais.
- **NBC TA 620** — Utilização do Trabalho de Especialistas.

7.1 INTRODUÇÃO

O objetivo do auditor externo ou independente é emitir opinião sobre as demonstrações financeiras examinadas, cujas peças básicas são as seguintes:

- balanço patrimonial;
- demonstração do resultado do exercício;
- demonstração de lucros ou prejuízos acumulados ou demonstração das mutações do patrimônio líquido;

- demonstração do fluxo de caixa;
- demonstração do valor adicionado;
- notas explicativas.

Para atingir esse objetivo, o auditor independente necessita planejar adequadamente seu trabalho, avaliar o sistema de controle interno relacionado com a parte contábil e proceder à revisão analítica das contas do ativo, passivo, despesa e receita, a fim de estabelecer a natureza, datas e extensão dos procedimentos de auditoria, colher as evidências comprobatórias das informações das demonstrações financeiras e avaliar essas evidências. O auditor tem a obrigação de confirmar a fidedignidade dos documentos, especialmente quando haja indícios de fraude. Em relação às evidências de auditoria, a adequação da suficiência da evidência é a medida da sua qualidade e a suficiência é a medida da sua quantidade. São atributos das evidências: a validade, a confiabilidade, a relevância e a suficiência.

Os testes em auditoria constituem o processo pelo qual o auditor reúne elementos comprobatórios. Podem-se aplicar os testes a todas as transações ou a uma amostra representativa adequada. Por ser a última opção a mais comum, o teste converteu-se em sinônimo de amostragem, procedimento por meio do qual o auditor consegue examinar uma quantidade menor que o total de um conjunto de dados, a fim de emitir uma conclusão sobre o mesmo.

Nesse sentido, o problema fundamental do auditor é a maneira de determinar a natureza e a extensão da verificação necessária: até onde se deve chegar, quanto é preciso investigar, quais são as variáveis a considerar, para se ter a certeza de que as condições testadas referem-se também às que não foram e, com isso, formar uma opinião definitiva sobre as áreas auditadas. A natureza do procedimento de auditoria se refere à sua finalidade (isto é, teste de controle ou procedimento substantivo) e ao seu tipo (isto é, inspeção, observação, indagação, confirmação, recálculo, reexecução ou procedimento analítico). A natureza dos procedimentos de auditoria é de suma importância na resposta aos riscos avaliados, conforme Fontenelle (2016). A época do procedimento de auditoria se refere ao momento em que ele é executado ou ao período ou, ainda, à data em que a evidência de auditoria se aplica, enquanto que a extensão do procedimento de auditoria se refere à quantidade a ser executada, por exemplo, o tamanho da amostra ou a quantidade de observações de uma atividade de controle.

Fonte de informação externa é um indivíduo ou organização externa que fornece informação que foi utilizada pela entidade na elaboração das demonstrações contábeis, ou que foi obtida pelo auditor como evidência de auditoria, quando tal informação é apropriada para utilização por diversos usuários. Quando a informação que foi fornecida por indivíduo ou organização agindo como especialista da administração, prestador de serviço (NBC TA 402, item 8), ou especialista do auditor (NBC TA 620, item 6), o indivíduo ou a organização não é considerado fonte de informação externa em relação àquela informação, segundo a NBC TA 500 (R1).

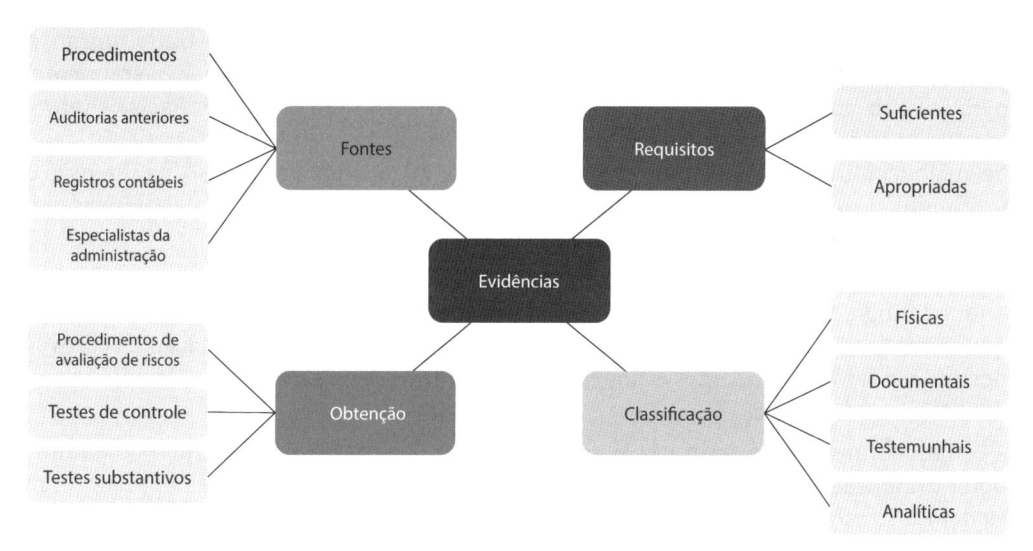

Figura 7.1 *Evidências em auditoria.*

7.2 PROCEDIMENTOS DE AUDITORIA

Os procedimentos de auditoria são técnicas para obtenção de evidências suficientes e adequadas para fundamentação da opinião. Abrangem testes de observância e substantivos. São o conjunto de técnicas que permitem ao auditor obter evidências ou provas suficientes e adequadas para fundamentar sua opinião sobre as demonstrações contábeis auditadas e abrangem os testes de observância e os testes substantivos. De acordo com o Conselho Federal de Contabilidade (CFC), os procedimentos a serem aplicados pelo auditor constituem exames e investigações, incluindo os chamados testes de observância e os testes substantivos, que permitem ao auditor obter subsídios suficientes para fundamentar suas conclusões e recomendações à administração da entidade. Em um processo de auditoria completo, são realizados alguns procedimentos para se chegar ao objetivo final. Dentre os procedimentos que devem ser executados pelos auditores, incluem-se os testes substantivos, que visam à obtenção de evidências quanto a suficiência, exatidão e validade dos dados produzidos pelo sistema contábil ou dos processos da entidade.

Os testes de controle (exame de aderência) visam avaliar a efetividade operacional dos controles internos na prevenção ou detecção e correção de distorções relevantes no nível de afirmações. São aqueles que fornecem evidências nas quais o auditor verifica se os fatos contábeis foram adequadamente registrados. Em determinadas situações, as empresas registram operações fictícias, sem suporte documental, com o objetivo de mascarar determinada evidência ou apresentar uma situação diferente da real.

Os testes substantivos visam detectar distorções relevantes no nível de afirmações, sendo: testes de detalhes e procedimentos analíticos substantivos. Consistem na verificação do comportamento de valores significativos, mediante índices, quocientes, quantidades absolutas ou outros meios, com vistas à identificação de situação ou tendência atípicas. Compreendem um conjunto de índices e indicadores que funcionam como sinal de alerta para o auditor.

O desempenho da atividade de auditoria requer, como em qualquer outra função, a utilização de ferramentas de trabalho que possibilitem formar uma opinião. Geralmente, o objetivo da auditoria é fundamentar seu ponto de vista com fatos, evidências e informações possíveis, necessárias e materiais. Cabe ao auditor identificar e atestar a validade de qualquer afirmação, aplicando os procedimentos adequados a cada caso, na extensão e profundidade que cada caso requer, até a obtenção de provas materiais e persuasivas que comprovem, satisfatoriamente, a afirmação analisada.

A aplicação dos procedimentos de auditoria precisa estar atrelada ao objetivo que se quer atingir. O objetivo é a meta a ser alcançada. Os procedimentos são os caminhos que levam à consecução do objetivo. A atitude no recolhimento e a avaliação das provas necessitam ser independentes e impessoais e o auditor deve agir com critério de forma ilibada e inquestionável.

Procedimentos de auditoria são o conjunto de técnicas que permitem ao auditor obter evidências ou provas suficientes e adequadas para fundamentar sua opinião sobre as demonstrações contábeis auditadas e abrangem os testes de observância e os testes substantivos.

Cabe ao auditor aplicar os procedimentos de auditoria adequados para cada caso, na extensão e profundidade necessárias, até a obtenção de provas materiais ou informações persuasivas que comprovem satisfatoriamente o fato investigado.

A avaliação desses elementos fica a critério do auditor, obedecido o seguinte:

- o simples registro contábil sem outras comprovações não constitui elemento comprobatório;
- na ausência de comprovantes idôneos, colaboram, para a determinação de validade dos registros contábeis, sua objetividade, sua tempestividade e sua correlação com outros registros contábeis ou elementos extracontábeis;
- para ser aceitável, a correlação deve ser legítima e relevante, dependendo das seguintes circunstâncias:
    - quando a correlação puder ser verificada relativamente à fonte externa, ela proporciona maior grau de confiança do que quando verificada na própria empresa;
    - quando as condições do sistema contábil e do controle interno forem satisfatórias, os registros e as demonstrações contábeis proporcionarão maior grau de confiança;
    - o conhecimento direto e pessoal, obtido pelo auditor por meio de verificações físicas, observações, cálculos e inspeções, oferece maior segurança do que as informações colhidas indiretamente;
- desde que praticável e razoável e quando o ativo envolvido for de expressivo valor material em relação à posição patrimonial e financeira e ao resultado das operações, as contas a receber devem ser confirmadas mediante comunicação direta com os devedores e o levantamento físico de inventários deve ser observado pelo auditor;
- como regra geral, existe relação entre o custo da obtenção de uma comprovação e o seu significado para o exame. Contudo, a dificuldade ou o custo não constituem razões suficientes para sua dispensa, quando o auditor a julgue necessária.

A complexidade e o volume das operações fazem com que os procedimentos de auditoria sejam aplicados por meio de provas seletivas, testes e amostragem. Cabe ao auditor, com base no controle interno e nos elementos de juízo de que dispõe, determinar o número de operações a serem examinadas, de forma a obter elementos de convicção que sejam válidos para o todo. A natureza, a extensão e a profundidade dos procedimentos de auditoria a serem empregados dependem da investigação e da qualidade da prova a ser obtida. Para o auditor, a validade da prova está em função do elemento que lhe dá origem. A prova obtida diretamente de fonte externa proporciona maior grau de confiança do que aquela obtida na própria empresa. O conhecimento oriundo da verificação direta e pessoal do auditor apresenta maior validade do que o obtido indiretamente.

Entre as provas obtidas de fonte externa, conforme NBC TA 500 (R1), incluem-se:

- comprovação física e contagens – verificação *in loco*, que deverá fornecer à auditoria a formação de opinião quanto à existência dos objetos ou itens examinados;
- confirmação de terceiros – obtenção de declaração, formal e isenta, de pessoas independentes à companhia;
- exame dos documentos de suporte das operações – exame voltado para a comprovação das transações que por questões legais ou comerciais ou de controle são evidenciadas por documento comprobatório da efetividade dessas transações;
- conferência de cálculos – é o exame de auditoria voltado para a constatação da veracidade das informações contábeis;
- rastreamento de escrituração – utilizado para a constatação da veracidade das informações contábeis;
- análise crítica e minuciosa – nada mais é que o exame em profundidade da matéria auditada que pode ser um documento, uma análise, informação detida;
- inquérito – consiste na formulação de perguntas e na obtenção de respostas satisfatórias;
- exame de registros auxiliares – o auditor deve estar atento à autenticidade e às possibilidades de adulteração deles;
- correlação entre saldos e informações – relacionamento harmonioso do sistema contábil das partidas dobradas;
- observação das atividades – envolve o poder de constatação visual do auditor.

Entende-se por oportunidade ou momento apropriado para serem executados determinados procedimentos de auditoria a época certa em que há conveniência de fazê-lo, levando-se em consideração as circunstâncias peculiares à respectiva realização.

A juízo do auditor, alguns procedimentos de auditoria poderão ser aplicados com maior eficiência anteriormente à data do levantamento das demonstrações contábeis, e outros procedimentos, posteriormente a essa data.

O auditor interno deve obter, analisar, interpretar e documentar as informações físicas, contábeis, financeiras e operacionais para dar suporte aos resultados de seu trabalho. A forma de avaliação dessas informações pelo auditor corresponde à obtenção de informações sobre todos os assuntos relacionados com os objetivos e alcance da auditoria e aplicação dos procedimentos de auditoria interna, incluindo testes e técnicas de amostragem.

A NBC TA 500 (R1) define o que constitui evidência de auditoria na auditoria de demonstrações contábeis e trata da responsabilidade do auditor na definição e execução de procedimentos de auditoria para a obtenção de evidência de auditoria apropriada e suficiente que permita a obtenção de conclusões razoáveis para fundamentar a opinião do auditor. A quantidade necessária da evidência de auditoria é afetada pela avaliação do auditor dos riscos de distorção relevante e, também, pela qualidade da evidência de auditoria. A qualidade de toda evidência de auditoria é afetada pela relevância e confiabilidade das informações em que ela se baseia. A suficiência é a medida da quantidade da evidência de auditoria, enquanto a adequação é a medida da qualidade da evidência de auditoria; isto é, sua relevância e confiabilidade no fornecimento de suporte às conclusões em que se baseia a opinião do auditor. Ela tem natureza cumulativa e é obtida principalmente a partir dos procedimentos de auditoria realizados durante o curso do trabalho.

A suficiência da evidência de auditoria é afetada pela avaliação do auditor dos riscos de distorção relevante e, também, pela qualidade da evidência de auditoria.

De acordo com a NBC TA 330 (R1) – Resposta do Auditor aos Riscos Avaliados, se o auditor obtém evidência de auditoria sobre a efetividade operacional dos controles durante período intermediário, ele deve obter evidência de auditoria das alterações significativas nesses controles após o período intermediário; e determinar a evidência de auditoria adicional a ser obtida para o período remanescente. Todos os procedimentos de auditoria executados, as evidências colhidas e os pontos observados irão convergir para a emissão do relatório final de auditoria. Antes do fechamento desse relatório, o auditor deve apresentar os pontos observados para os gestores responsáveis pelos processos auditados e realizar as ponderações finais junto aos gestores e à alta administração da empresa.

Os procedimentos da auditoria interna constituem exames e investigações, incluindo testes de observância e testes substantivos, que permitem ao auditor interno obter subsídios suficientes para fundamentar suas conclusões e recomendações à administração da entidade. O auditor deve buscar as evidências necessárias para orientar sua conclusão e ter cuidado para não se desviar do foco do trabalho nem coletar grande quantidade de informações que, muitas vezes, são desnecessárias e irrelevantes. A evidência de auditoria compreende as informações utilizadas pelo auditor para chegar às conclusões em que se fundamenta a sua opinião. A evidência de auditoria inclui as informações contidas nos registros contábeis que suportam as demonstrações contábeis e outras informações, conforme a NBC TA 500 (R1).

Executa PROCEDIMENTOS para → conseguir EVIDÊNCIAS que possibilitem → obter CONCLUSÕES para → fundamentar sua OPINIÃO.

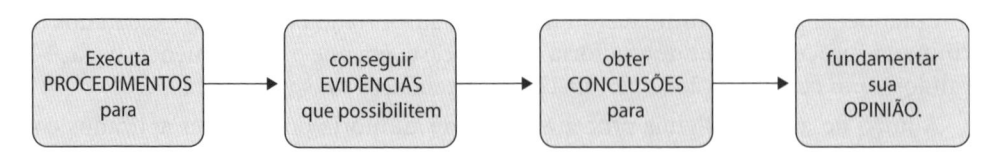

Figura 7.2 *Evidências.*

Fonte: Fontenelle (2016).

A evidência de auditoria compreende as informações utilizadas pelo auditor para chegar às conclusões em que se fundamenta a sua opinião.

A adequação da evidência de auditoria é a medida da qualidade da evidência de auditoria, isto é, a sua relevância e confiabilidade para suportar as conclusões em que se fundamenta a opinião do auditor. A suficiência da evidência de auditoria é a medida da quantidade da evidência de auditoria. A quantidade necessária da evidência de auditoria é afetada pela avaliação do auditor dos riscos de distorção relevante e também pela qualidade da evidência de auditoria.

> É o conjunto de técnicas que permite ao auditor obter evidências ou provas suficientes e adequadas para fundamentar sua opinião sobre as demonstrações contábeis auditadas e abrangem testes de controle e procedimentos substantivos.

Testes de controle (exame de aderência)
Visam avaliar a efetividade operacional dos controles internos na prevenção ou detecção e correção de distorções relevantes no nível de afirmações

Testes substantivos
Visam detectar distorções relevantes no nível de **afirmações**
- Testes de detalhes
- Procedimentos analíticos substantivos

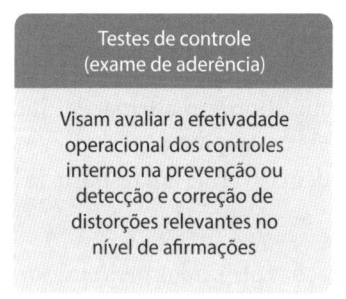

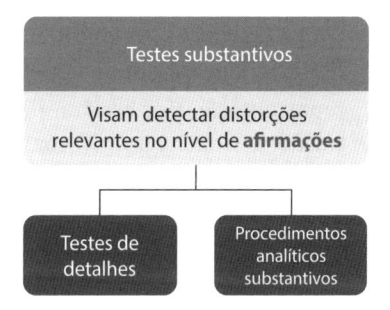

Figura 7.3 *Procedimentos de auditoria.*
Fonte: NBC TA.

7.2.1 Classificação das evidências

A NBC TA 500 (R1) – Evidência de Auditoria define o que constitui evidência de auditoria na auditoria de demonstrações contábeis e trata da responsabilidade do auditor na definição e execução de procedimentos de auditoria para a obtenção de evidência de auditoria apropriada e suficiente que permita a obtenção de conclusões razoáveis para fundamentar a opinião do auditor. É conseguida pela execução de:

- procedimentos de avaliação de riscos;
- procedimentos adicionais de auditoria, que abrangem:
  - testes de controles, quando exigidos pelas normas de auditoria ou quando o auditor assim escolheu;
  - procedimentos substantivos, inclusive testes de detalhes e procedimentos analíticos substantivos.

A NBC TA 501 – Evidência de Auditoria – Considerações Específicas para Itens Selecionados trata das considerações específicas do auditor para obter evidência de auditoria apropriada e suficiente, em conformidade com a NBC TA 330 (R1), a NBC TA 500 (R1) e outras normas relevantes com relação a certos aspectos da conta "Estoque" do ativo, assim como aos litígios e reclamações envolvendo a entidade, e informações por segmentos na auditoria das demonstrações contábeis.

As informações que fundamentam os resultados de auditoria são chamadas de "evidências", que devem ser suficientes, fidedignas, relevantes e úteis, de modo a fornecer base sólida para as conclusões e recomendações à administração da entidade. Portanto, temos os tipos de evidências mencionados a seguir:

- analíticas: comparações com expectativas desenvolvidas com base em experiência anterior, orçamento, dados e conhecimento do auditado;
- documentárias: diversos tipos de documentos em poder do auditado que podem ser inspecionados durante a auditoria;
- eletrônicas: informações produzidas e mantidas em meio eletrônico;
- confirmação: tipo especial de evidência documentária que envolve, por escrito, respostas diretas a solicitações específicas;
- matemática: recálculo, do auditor, de valores utilizados na preparação das demonstrações contábeis;
- física: evidência obtida em exame físico ou inspeções de ativos tangíveis;
- representação por escrito: declarações que abordam afirmações da administração, assinadas por pessoas responsáveis e competentes.
- verbal: o auditor, muitas vezes, recebe evidência verbal em resposta às perguntas dirigidas a executivos e funcionários.

Evidência de auditoria compreende as informações utilizadas pelo auditor para chegar às conclusões em que se fundamenta a sua opinião. A evidência de auditoria inclui as informações contidas nos registros contábeis que suportam as demonstrações contábeis e outras informações. O objetivo do auditor é obter evidência de auditoria apropriada e suficiente sobre:

- se as estimativas contábeis, incluindo as de valor justo, registradas ou divulgadas nas demonstrações contábeis, são razoáveis; e
- se as respectivas divulgações nas demonstrações contábeis são adequadas, no contexto da estrutura de relatório financeiro aplicável.

A estimativa contábil é a aproximação de um valor monetário na ausência de um meio de mensuração preciso. Este termo é usado para um valor mensurado do valor justo quando existe incerteza de estimativa, bem como para outros valores que requerem estimativas. Estimativa pontual ou intervalo é o valor, ou intervalo de valores, respectivamente, derivado de evidências de auditoria para uso na avaliação da estimativa pontual da administração.

A incerteza de estimativa é a suscetibilidade da estimativa contábil e das respectivas divulgações à falta de precisão inerente em sua mensuração. Enquanto que a tendenciosidade da administração é a falta de neutralidade da administração na elaboração e apresentação de informações.

A estimativa pontual da administração é o valor selecionado pela administração para registro ou divulgação nas demonstrações contábeis como estimativa contábil. Assim, o desfecho de estimativa contábil é o valor monetário real resultante da resolução da transação, evento ou condição de que trata a estimativa contábil.

Durante todo o processo de formação de uma opinião independente, o auditor vai recolhendo evidências acerca da fidedignidade das demonstrações contábeis tomadas em conjunto. A suficiência da evidência de auditoria é a medida da quantidade da evidência de auditoria. A quantidade necessária da evidência de auditoria é afetada pela avaliação do auditor dos riscos de distorção relevante e também pela qualidade da evidência de auditoria.

Para melhor conhecer os diferentes tipos de evidências, os auditores classificam-nas inicialmente em dois grupos:

- evidências quanto à finalidade;
- evidências quanto à natureza.

Identificação e avaliação dos riscos de distorção relevante

As afirmações usadas pelo auditor para considerar os diferentes tipos de distorções potenciais que possam ocorrer enquadram-se nas três categorias seguintes e podem assumir as seguintes formas:

- Afirmações sobre classes de transações e eventos para o período sob auditoria

Ocorrência
- Transações e eventos que foram registrados ocorreram e são da entidade.

Integridade
- Todas as transações e eventos que deviam ser registrados foram registrados.

Exatidão
- Valores e outros dados relacionados a transações e eventos registrados foram registrados adequadamente.

Corte
- As transações e eventos foram registrados no período contábil correto.

Classificação
- As transações e eventos foram registrados nas contas corretas.

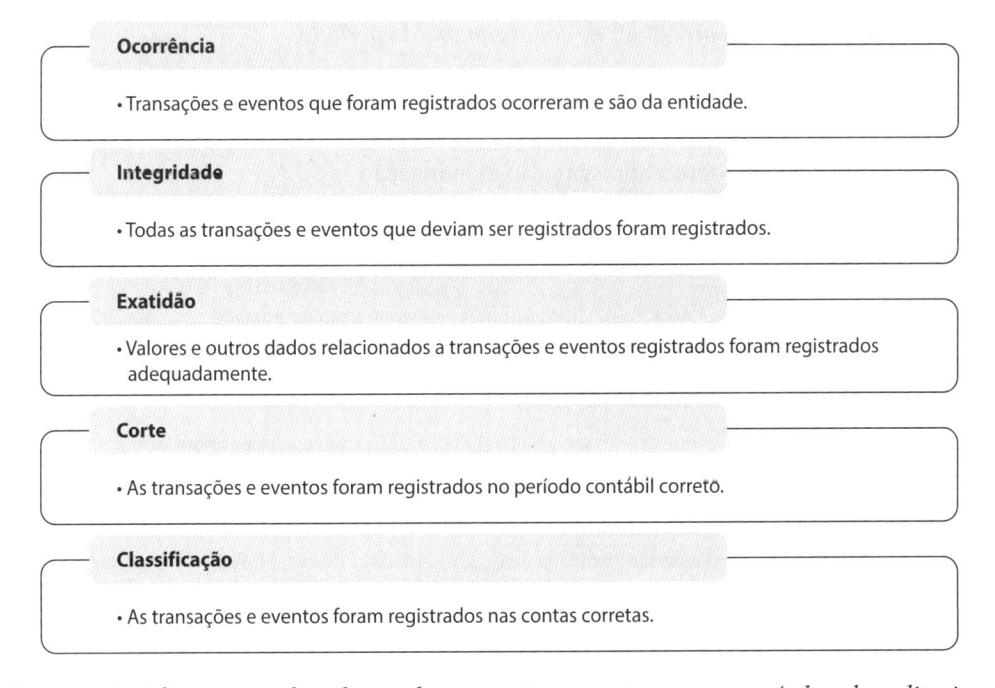

Figura 7.4 *Afirmações sobre classes de transações e eventos para o período sob auditoria.*
Fonte: Fontenelle (2016).

- Afirmações sobre saldos de contas no fim do período

Existência
- Ativos, passivos e elementos do patrimônio líquido existem.

Direitos e obrigações
- A entidade detém ou controla os direitos sobre ativos e os passivos são as obrigações da entidade.

Integridade
- Todos os ativos, passivos e patrimônio líquido que deviam ser registrados foram registrados.

Valorização e alocação
- Ativos, passivos e patrimônio líquido estão incluídos nas demonstrações contábeis nos valores apropriados e quaisquer ajustes resultantes de valorização e alocação estão adequadamente registrados.

Figura 7.5 *Afirmações sobre saldos de contas no fim do período.*
Fonte: Fontenelle (2016).

- Afirmações sobre a apresentação e divulgação

Ocorrência e direitos e obrigações
- Eventos divulgados, transações e outros assuntos ocorreram e são da entidade.

Integridade
- Todas as divulgações que deviam ser incluídas nas demonstrações contábeis foram incluídas.

Classificação e compreensibilidade
- As informações contábeis são adequadamente apresentadas e descritas e as divulgações são claramente expressadas.

Exatidão e valorização
- Informações contábeis e outras informações são divulgadas adequadamente e com os valores apropriados.

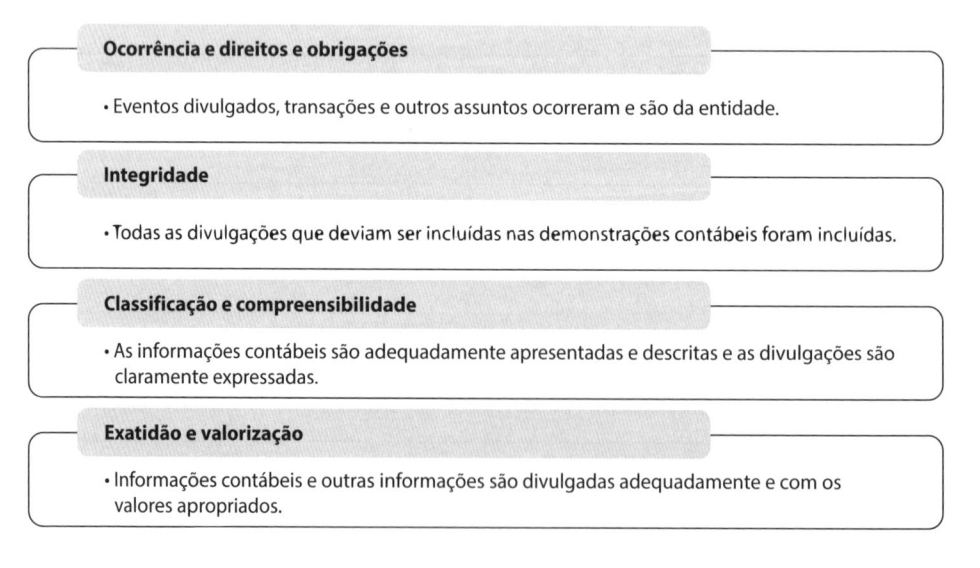

Figura 7.6 *Afirmações sobre a apresentação e divulgação.*
Fonte: Fontenelle (2016).

7.2.1.1 *Evidências quanto à finalidade*

Em razão da finalidade para a qual a evidência é escolhida, esta pode ser de três categorias diferentes:

- evidências sobre a continuidade;
- evidências sobre o sistema de controles internos; e
- evidências básicas.

Evidências sobre a continuidade

A continuidade normal das atividades da entidade deve merecer especial atenção do auditor, quando do planejamento dos seus trabalhos, ao analisar os riscos de auditoria, e deve ser complementada quando da execução de seus exames.

A evidência de normalidade pelo prazo de um ano após a data das demonstrações contábeis é suficiente para a caracterização dessa continuidade. Caso, no decorrer dos trabalhos, se apresentem indícios que ponham em dúvida essa continuidade, deve o auditor aplicar os procedimentos adicionais que julgar necessários para a formação de juízo embasado e conclusivo sobre a matéria. Na hipótese de o auditor concluir que há evidências de riscos na continuidade normal das atividades da entidade, deve avaliar os possíveis efeitos nas demonstrações contábeis, especialmente quanto à realização de ativos. Quando constatar que há evidências de riscos na continuidade normal das atividades da entidade, o auditor deve, em sua opinião, mencionar, em parágrafo de ênfase, os efeitos que tal situação pode determinar na continuidade operacional da entidade, de modo que os usuários tenham adequada informação sobre a mesma.

Embora não exaustivos, pelos menos os seguintes pressupostos devem ser adotados pelo auditor na análise da continuidade da entidade auditada:

a) indicadores financeiros;
b) indicadores de operações;
c) outras indicações.

Quando planejar e executar procedimentos de auditoria, e ao avaliar seus resultados, o auditor deve considerar a propriedade do pressuposto de continuidade operacional subjacente à preparação das demonstrações contábeis.

Na ausência de informações em contrário, a preparação das demonstrações contábeis presume a continuidade da entidade em regime operacional por um período previsível, não menor do que um ano a partir da data-base de encerramento do exercício. Consequentemente, ativos e passivos são registrados com base no fato de que a entidade possa realizar seus ativos e saldar seus passivos no curso normal dos negócios. Se esse pressuposto for injustificado, é possível que a entidade não seja capaz de realizar seus ativos ou liquidar seus passivos pelos valores e vencimentos contratados. Como consequência, é possível que os valores e a classificação de ativos e passivos nas demonstrações contábeis precisem ser ajustados.

O auditor deve considerar o risco de que o pressuposto de continuidade operacional não mais seja apropriado. As indicações de que a continuidade da entidade em regime operacional está em risco podem vir das demonstrações contábeis ou de outras fontes.

Exemplos desses tipos de indicações que devem ser consideradas pelo auditor são apresentados abaixo. Essa lista não é exaustiva e nem sempre a existência de um ou mais desses fatores significa que o pressuposto de continuidade operacional seja questionado:

a) indicações financeiras:
   a.1) passivo a descoberto (Patrimônio Líquido negativo);
   a.2) posição negativa do Capital Circulante (deficiência de Capital Circulante);
   a.3) empréstimos com prazo fixo e vencimentos imediatos sem perspectiva realista de pagamento ou renovação, ou uso excessivo de empréstimos em curto prazo para financiar ativos em longo prazo;
   a.4) principais índices financeiros adversos de forma continuada;
   a.5) prejuízos operacionais substanciais de forma continuada;
   a.6) falta de capacidade financeira dos devedores em saldar seus compromissos com a entidade;
   a.7) atrasos nos pagamentos ou incapacidade financeira de propor e pagar dividendos;
   a.8) incapacidade financeira de pagar credores nos vencimentos;
   a.9) dificuldade de cumprir as condições dos contratos de empréstimo (tais como cumprimento de índices econômico-financeiros contratados, garantias ou fianças);
   a.10) mudança de transações a crédito para pagamento à vista dos fornecedores;
   a.11) incapacidade em obter financiamentos para desenvolvimento de novos negócios de produtos, e inversões para aumento da capacidade produtiva;
b) indicações operacionais:
   b.1) perda de pessoal-chave na administração, sem que haja substituição;
   b.2) perda da licença, franquia, mercado importante, fornecedor essencial ou financiador estratégico;
   b.3) dificuldade de manter mão de obra essencial para a manutenção da atividade ou falta de suprimentos importantes;
c) outras indicações:
   c.1) descumprimento de exigências de capital mínimo ou de outras exigências legais ou regulamentares, inclusive as estatutárias;
   c.2) contingências ou processos legais e administrativos pendentes contra a entidade que resultem em obrigações que não possam ser cumpridas;
   c.3) alterações na legislação ou política governamental que afetem, de forma adversa, a entidade;
   c.4) para as entidades sujeitas a controle de órgãos reguladores governamentais, tais como Comissão de Valores Mobiliários (CVM), Banco Central do Brasil (BACEN), Agência Nacional de Energia Elétrica (ANEEL), Agência Nacional de Telecomunicações (ANATEL), Agência Nacional de Saúde Suplementar (ANS), Superintendência de Seguros Privados (SUSEP), Secretaria de Previdência Complementar (SPC) e outras, devem ser considerados os fatores de riscos inerentes às respectivas atividades.

A importância dessas indicações, muitas vezes, pode ser mitigada por outros fatores. Por exemplo, o efeito numa entidade que não está podendo pagar suas dívidas normais pode ser contrabalançado por planos da administração para manter fluxos de caixa adequados por outros meios, tais como alienação de ativos, reescalonamento de pagamentos de empréstimos ou obtenção de capital adicional. Do mesmo modo, a entidade pode mitigar a perda de um fornecedor importante, se dispuser de outra fonte de fornecimento adequada.

Quando surgir alguma dúvida quanto à propriedade do pressuposto de continuidade operacional, o auditor deve reunir evidência de auditoria suficiente e apropriada para tentar resolver, de uma forma que o satisfaça, a dúvida quanto à capacidade da entidade de continuar em operação em futuro previsível.

Durante a auditoria, o auditor executa procedimentos planejados para obter evidência como base para expressar uma opinião sobre as demonstrações contábeis. Quando surge dúvida quanto ao pressuposto de continuidade operacional da entidade, alguns desses procedimentos podem assumir uma importância adicional, ou talvez seja necessário executar procedimentos adicionais ou atualizar informações obtidas anteriormente.

A NBC TA 580 (R1) – Representações Formais trata da responsabilidade do auditor na obtenção de representações formais (por escrito) da administração e, quando apropriado, dos responsáveis pela governança, na auditoria de demonstrações contábeis.

Evidência de auditoria é a informação usada pelo auditor para chegar às conclusões nas quais se baseia o seu relatório de auditoria (NBC TA 500 (R1) – Evidência de Auditoria, item 5c). As representações formais são informações necessárias que o auditor exige relativamente à auditoria das demonstrações contábeis da entidade. Portanto, similarmente às respostas às indagações, as representações formais são evidências de auditoria. Embora forneçam evidência de auditoria necessária, as representações formais, sozinhas, não fornecem evidência de auditoria apropriada e suficiente a respeito de nenhum dos assuntos dos quais tratam. Além disso, o fato de que a administração forneceu representações formais confiáveis não afeta a natureza ou extensão de outras evidências de auditoria que o auditor obtenha a respeito da responsabilidade da administração ou de afirmações específicas.

Procedimentos pertinentes a este assunto, entre outros, incluem:

a) analisar e discutir com a administração as projeções do fluxo de caixa, resultado e outras pertinentes;
b) revisar eventos subsequentes à data-base para identificar itens que afetem a capacidade da entidade de continuar a operar;
c) analisar e discutir as demonstrações contábeis subsequentes mais recentes da entidade;
d) analisar as condições de títulos emitidos (debêntures, por exemplo) e de contratos de empréstimos e verificar se algumas delas não foram cumpridas;
e) ler as atas de reuniões ou de assembleias de sócios, assim como atas de reuniões de diretoria, do conselho de administração, do conselho fiscal e de outros comitês importantes, em busca de referência às dificuldades financeiras;
f) indagar os advogados da entidade quanto a litígios e reclamações;

g) confirmar a existência, a legalidade e a possibilidade de a entidade exigir, de partes relacionadas e de terceiros, o cumprimento de acordos para proporcionar ou manter suporte financeiro;

h) avaliar a capacidade financeira e o compromisso das partes relacionadas e de terceiros de proporcionarem tais recursos;

i) considerar a posição dos pedidos de clientes em carteira da entidade.

Quando analisa as projeções do fluxo de caixa, do resultado e outras pertinentes, o auditor deve considerar a confiabilidade do sistema de controle interno da entidade que gerou tais informações.

O auditor também deve considerar se os pressupostos que fundamentam as projeções são apropriados nas circunstâncias.

Além disso, o auditor deve comparar os dados prospectivos do período atual (orçamentos) com os resultados atingidos até a data, assim como o comportamento histórico dos resultados efetivos com os orçamentos daqueles períodos.

O auditor deve, também, considerar e discutir com a administração seus planos para o futuro, como, por exemplo, os planos para alienar ativos, captar recursos ou reestruturar dívidas, reduzir ou retardar despesas ou aumentar o capital.

A confiabilidade desses planos, para o auditor, diminui à medida que aumenta o período para a implementação das decisões planejadas e da ocorrência dos eventos previstos.

Deve ser dada ênfase aos planos que possam ter um efeito significativo sobre a solvência da entidade em futuro previsível. Neste caso, o auditor deve obter evidência de auditoria suficiente e apropriada de que esses planos são viáveis, de que podem ser implantados e de que seus resultados proporcionarão melhorias na situação da entidade. O auditor deve obter declaração escrita da administração com respeito a esses planos, mediante carta de responsabilidade da administração. Não possui o objetivo de impedir que o auditor possa ser processado societária ou criminalmente. As declarações e responsabilidades assumidas pela administração oferecem garantia quanto às suas responsabilidades, mas se o auditor agir com negligência, imperícia e/ou imprudência e ocasionar prejuízos a terceiros, ele poderá ser processado, conforme Aragão (2019).

De acordo com a NBC TA 210 (R1), as normas requerem que o auditor solicite que a administração forneça representações formais de que cumpriu determinadas responsabilidades. Quando a administração não reconhecer sua responsabilidade, ou não concordar em fornecer as representações formais, o auditor não consegue obter evidência de auditoria apropriada e suficiente. Nessas circunstâncias, não seria adequado que o auditor aceitasse o trabalho de auditoria, a menos que seja exigido por lei ou regulamento.

Depois que os procedimentos considerados necessários tiverem sido executados, que todas as informações necessárias tiverem sido obtidas, e que o efeito de qualquer plano da administração e outros fatores mitigantes tiverem sido considerados, o auditor deverá decidir se a dúvida que surgiu sobre o pressuposto de continuidade operacional foi resolvida satisfatoriamente.

- Se, no julgamento do auditor, tiver sido obtida evidência de auditoria suficiente e apropriada para dar suporte ao pressuposto de continuidade operacional da entidade, o auditor não deve modificar sua opinião.

- Se, no julgamento do auditor, o pressuposto de continuidade operacional for apropriado devido a fatores mitigantes, particularmente em decorrência dos planos da administração, o auditor deve considerar se tais planos ou outros fatores devem ser divulgados nas demonstrações contábeis. Na hipótese de tal divulgação ter sido considerada necessária e não ter sido feita de forma apropriada, o auditor deve expressar sua opinião com ressalva ou adversa, conforme o caso, em decorrência da falta ou da insuficiência da informação.
- Se, no julgamento do auditor, a dúvida sobre a continuidade operacional da entidade não for resolvida satisfatoriamente, o auditor deve considerar se as demonstrações contábeis evidenciam a situação de incerteza existente quanto à entidade continuar operando, assim como quanto ao fato de que tais demonstrações contábeis não incluem ajustes relacionados com a recuperabilidade dos ativos e os valores e a classificação de ativos e passivos, os quais poderiam ser necessários, caso a entidade não tivesse condições de continuar em regime operacional. Se a divulgação é considerada adequada, o auditor não deve expressar uma opinião com ressalva ou adversa, devendo considerar o procedimento de emitir opinião com ressalva com parágrafo de ênfase. Se a divulgação não for considerada adequada, o auditor deverá emitir opinião com ressalva.

Se a divulgação nas Demonstrações Contábeis for adequada, o auditor deverá emitir uma opinião sem ressalva, adicionando um parágrafo de ênfase que destaque o problema da continuidade operacional da entidade, fazendo referência à nota explicativa nas demonstrações contábeis que divulgue os aspectos relacionados ao assunto. Segue exemplo de parágrafo desse tipo:

Conforme descrito na Nota Explicativa X às Demonstrações Contábeis, a Entidade apresentou prejuízo líquido de XXX durante o exercício findo em 31 de dezembro de XXXI e, naquela data, o passivo circulante da Entidade excedia seu ativo circulante em XXX, e seu passivo total excedia seu ativo total em XXX. Esses fatores, juntamente com outros assuntos apresentados na Nota X, levantam dúvida substancial de que a Entidade tenha condições de manter a continuidade normal de suas atividades. As Demonstrações Contábeis não incluem quaisquer ajustes relativos à realização e à classificação dos valores de ativos ou quanto aos valores de liquidação e à classificação de passivos que seriam requeridos na impossibilidade de a Entidade continuar operando.

Se não for feita divulgação adequada nas demonstrações contábeis, o auditor deverá emitir opinião com ressalva ou adversa, como for apropriado. Segue um exemplo de parágrafos que descrevem a razão da ressalva e da opinião, quando tiver de ser emitida uma opinião com ressalva:

A Entidade não divulgou que não conseguiu renegociar seus empréstimos bancários. Sem esse suporte financeiro, existe dúvida substancial de que a Entidade tenha condições de continuar em regime normal de atividades. Consequentemente, podem ser necessários ajustes relativos à realização e à classificação dos valores de ativos ou quanto aos valores e à classificação dos passivos que seriam requeridos na impossibilidade de a Entidade continuar operando. As Demonstrações Contábeis não incluem esses eventuais ajustes.

> *Em nossa opinião, exceto quanto à omissão das informações incluídas no parágrafo precedente, as Demonstrações Contábeis apresentam, adequadamente, em todos os aspectos relevantes, as posições patrimonial e financeira da Entidade em 31 de dezembro de XXXX, os resultados de suas operações, as mutações de seu patrimônio líquido e as origens e aplicações de seus recursos referentes ao exercício findo naquela data, de acordo com as práticas contábeis adotadas no Brasil.*

Se, com base nos procedimentos adicionais executados e nas informações obtidas, incluindo o efeito de circunstâncias mitigantes, o julgamento do auditor for que a entidade não tem condições de continuar em operação em futuro previsível, ele deverá concluir que o pressuposto de continuidade operacional da entidade usado na preparação das demonstrações contábeis é impróprio. Se o resultado do pressuposto impróprio usado na preparação das demonstrações contábeis for tão relevante e amplo que torne as demonstrações contábeis enganosas, o auditor deve emitir uma opinião adversa.

A propriedade do pressuposto de continuidade operacional, geralmente, não está presente quando se trata de auditoria de uma pessoa jurídica de direito público interno. Entretanto, quando não existirem essas circunstâncias, ou quando o financiamento da entidade pelo Governo puder ser retirado, e a existência da entidade puder estar em risco, esta norma deverá ser adotada.

A responsabilidade do auditor é obter evidência de auditoria suficiente sobre a adequação do uso, pela administração, do pressuposto de continuidade operacional na elaboração e apresentação das demonstrações contábeis e expressar uma conclusão quanto a incerteza significativa sobre a capacidade de continuidade operacional. Essa responsabilidade existe mesmo se a estrutura de relatório financeiro usada na elaboração das demonstrações contábeis não inclui uma exigência explícita para que a administração faça uma avaliação específica da capacidade de continuidade operacional.

Evidências sobre o sistema de controles internos

Os auditores reconhecem que grande parte da fidedignidade das demonstrações contábeis é assegurada pela qualidade do sistema de controles internos em uso. Este mesmo sistema cria as condições para registro de todas as transações, de modo que possam ser identificadas desde sua origem até sua conclusão, formando uma verdadeira trilha ou pista de auditoria. Ao longo dos exames que o auditor realiza sobre o sistema de controles internos, vai colhendo evidências quanto à sua eficiência, ao mesmo tempo em que começa a formar seu grau de confiança acerca da adequabilidade das demonstrações contábeis sobre as quais deverá opinar. As evidências sobre o sistema de controles internos permitem ainda ao auditor estabelecer a quantidade de transações que ele julga necessário examinar para emitir sua opinião sobre o conjunto.

Evidências básicas

As demonstrações contábeis representam uma declaração formal, por parte dos administradores, dos reflexos das transações ocorridas durante um período de tempo sobre a posição patrimonial e situação financeira da empresa. Ao auditor cabe julgar a veracidade dessas afirmações, como essência de seu trabalho. Existem, dessa forma, duas questões capitais. Faz-se mister assegurar-se:

- de que todas as transações realizadas foram, de fato, registradas de acordo com as normas de contabilidade; e
- de que essas transações são legítimas.

Isso para obter evidências, que podem ser de natureza documental, circunstancial ou fruto de sua constatação pessoal. As evidências básicas representam, então, uma comprovação real das afirmações contidas nas demonstrações contábeis.

7.2.1.2 Evidências quanto à natureza

O principal esforço do auditor concentra-se na busca de evidências que possam satisfazê-lo quanto à veracidade das informações que formam o conjunto das demonstrações contábeis que serão o objeto da sua opinião.

Já circunscrevemos os três tipos de evidências quanto às características de cada uma, de modo a facilitar o entendimento da questão e a busca daquelas provas.

Resta, ainda, esclarecer duas questões fundamentais: que tipo de evidências estão realmente disponíveis para o auditor e de que meios ele dispõe para obter evidências hábeis e suficientes a lhe permitir concluir seu exame?

No decorrer do processo de obtenção de evidências, o auditor poderá encontrar os seguintes tipos de provas, que servem para validar os registros contábeis:

- constatação da existência física de bens, pessoalmente, pelo auditor;
- declaração de fontes consultadas, verbal ou formalmente escrita;
- repetição, pelo auditor, dos cálculos que produziram situações ou resultados;
- documentos que comprovem a legitimidade das transações, elaborados internamente, ou preparados por fonte externa à empresa;
- correlacionamento dos dados examinados;
- procedimentos de controle interno;
- acontecimentos posteriores à data das demonstrações contábeis.

Uma leitura atenta da lista acima possibilita concluir pela existência de diferentes graus de dificuldade de obtenção das evidências. Por suas características, o grau de convicção varia de uma evidência a outra. Ao repetir, por exemplo, o cálculo de uma transação, o auditor se satisfaz pela correção aritmética dos dados, mas não obtém, por outro lado, prova de que se trata de uma operação legítima, normal. Assim, uma prova isolada pode não ser conclusiva.

Existência física

Entre as provas mais poderosas postas à disposição do auditor está o exame físico conduzido por ele próprio. Ao ver um equipamento, um prédio ou contar o numerário existente sob a custódia do responsável pela tesouraria, o auditor adquire a certeza de sua existência. Além disso, é uma boa oportunidade para certificar a condição de utilidade do bem, já que isso tem importante reflexo na posição financeira reportada. Este tipo de evidência está limitado, naturalmente, aos bens que possuem alguma forma de representação física, e também não permite identificar claramente a propriedade do bem examinado.

Declaração de fontes consultadas

Outra forma poderosa de convicção consiste em obter declarações independentes acerca de certos fatos. Geralmente, a fonte consultada mantém relação de interesses com a empresa e, por isso, está em posição de prestar uma informação que pode ser confrontada com os registros contábeis. As declarações podem ser tanto verbais como formalmente escritas.

As declarações escritas possuem nítidas vantagens sobre as verbais, uma vez que estas, muitas vezes, não podem ser comprovadas posteriormente. Pode ocorrer, também, que o receptor da mensagem verbal não tenha entendido corretamente o alcance da indagação, e sua resposta pode ser incompleta, ou até mesmo incorreta.

Documentação comprobatória

A prova documental, inegavelmente, é a preferida por todos aqueles em busca da comprovação de um fato. Nas transações comerciais sempre existirá um tipo de documento que lhe explicará as origens, como, por exemplo, cheques, notas fiscais, faturas, recibos e duplicatas. Logo, tendo em vista as características da auditoria, não é difícil concluir que a evidência constituída por documentos é poderosa.

Quanto ao poder de convicção, os documentos podem ser classificados em três categorias:

- documentos externos;
- documentos internos com circulação externa; e
- documentos internos sem circulação externa.

Os documentos externos produzem uma convicção maior justamente por terem sido produzidos por fontes independentes da empresa. Notas fiscais de compras, faturas e duplicatas emitidas por fornecedores estão entre esses documentos comprobatórios, de grande valia para a auditoria. Espera-se, naturalmente, que tais documentos sejam processados internamente de acordo com os procedimentos previstos no sistema de controles internos.

Já os documentos produzidos internamente e que têm circulação externa, como cheques emitidos, atas de reuniões arquivadas na junta comercial, notas fiscais, faturas e duplicatas de vendas, embora não proporcionem o mesmo grau de convicção, também são bem aceitos com base em seu trânsito por fonte localizada externamente à empresa auditada. Tendo a fonte externa acolhido o documento, conferiu-lhe, automaticamente, credibilidade, do ponto de vista de auditoria.

No que concerne aos documentos produzidos internamente e que não transitam fora da empresa, a credibilidade diminui consideravelmente. Seu poder de convencimento, como evidência válida, está na dependência da qualidade do controle interno. E claro que, em uma empresa dotada de controle eficiente, com adequada separação de funções, os documentos de circulação interna deverão servir como evidências, desde que submetidos aos procedimentos previstos, de acordo com sua característica.

Convém notar que as atas das reuniões de diretoria e de conselho, sem registro obrigatório na junta comercial, são consideradas evidências importantes, embora sejam documentos que não têm circulação externa no sentido amplo da expressão.

O auditor também inclui como merecedores de crédito, e, portanto, evidências, o orçamento empresarial, seu acompanhamento pelos órgãos internos, a documentação referente aos programas de computador, manuais de organização, relatórios da auditoria interna e outros que, a seu exclusivo critério, possam colaborar para formar convicção sobre a validade da transação.

Repetição de cálculos

O nome dado pela NBC TA 500 (R1) é recálculo, que consiste na verificação da exatidão matemática de documentos ou registros. Pode ser realizado manual ou eletronicamente.

No transcurso de suas verificações, o auditor se depara com várias situações em que a precisão aritmética é decisiva para legitimar o cálculo; este tipo de evidência traz importante contribuição para o processo de formação da opinião do auditor. Um mero erro de adição afeta, invariavelmente, duas ou mais contas e, não raro, serve para encobrir uma tentativa de fraude nas demonstrações contábeis. A experiência já nos possibilitou constatar vários casos.

A conferência de cálculos é o procedimento de auditoria voltado para a constatação da adequação de operações aritméticas e financeiras. Esse é o procedimento mais simples e completo por si mesmo e é a única forma de verificação das várias operações que envolvam cálculos. Os procedimentos adotados para colher evidências sobre os valores constantes das demonstrações contábeis incluem a conferência de cálculos, no caso de atualização e capitalização do saldo devedor de uma obrigação de longo prazo.

Correlacionamento de dados

Um dado contábil não é um asteroide perdido no universo. Não existem dados isolados em um sistema de contabilidade funcionando correta e honestamente. Os dados fornecidos pela contabilidade de forma coerente, inter-relacionados, podem merecer a confiança do auditor. Por exemplo, deve ser praticável uma conciliação do volume de vendas a prazo com o valor das contas a receber de fregueses. O custo das mercadorias vendidas deve guardar razoável relação com os estoques. O auditor procurará essas relações naturais; não as encontrando, investigará mais profundamente.

Variações periódicas, incremento de um ano para outro, podem justificar a falta de comparabilidade ou o comportamento atípico. Até que o auditor tenha apreciado pormenorizadamente as explicações, o fato em si já é suficiente para despertar-lhe interesse, assim como o comportamento regular e uniforme lhe dá uma boa base para aceitação dos dados gerados pela contabilidade.

Procedimentos de controle interno

Um sistema de controles internos eficiente é uma garantia de que as demonstrações contábeis foram preparadas de forma cuidadosa. O auditor, neste caso, vale-se das evidências que se formam com base na aplicação, pela empresa, dos procedimentos de controle interno, tais como: autorizações, conferências processuais, registros etc.

Para usar os procedimentos de controle interno como evidência, é fundamental que o auditor avalie seu grau de efetividade e se realmente estão funcionando como previsto. Não é incomum o caso de funcionários que tomam atalhos, a título de simplificar o trabalho, deixando de executar tarefas fundamentais para a segurança do sistema.

Acontecimentos posteriores

As demonstrações contábeis apresentam uma posição estática da empresa. Esta posição se modifica ao iniciar-se o novo exercício. Muitos procedimentos de auditoria são conduzidos durante o novo exercício. Dessa forma, o auditor tem a possibilidade de ver o que sucedeu com a posição reportada, à luz dos acontecimentos posteriores. É uma boa oportunidade para constatar se certos créditos foram realizados como estimado pela direção da empresa ou se o valor contabilizado de uma dívida foi de fato aquele pago em seu vencimento.

7.2.2 Técnicas de auditoria

Para colher as evidências que lhe proporcionem atestar a fidedignidade das demonstrações contábeis, o auditor emprega vários métodos, chamados de técnicas de auditoria, ou seja, como fazer.

Técnicas de auditoria são formas ou maneiras de investigações empregadas pelo auditor na aplicação dos procedimentos objetivando a obtenção de diferentes tipos de evidências, ou seja, o que fazer. As técnicas não são provas em si, elas proporcionam a obtenção das provas necessárias para o auditor emitir uma opinião bem fundamentada.

As técnicas de auditoria mais usuais são as seguintes:

- exame e contagem física;
- confirmação;
- conferência de cálculos;
- inspeção dos documentos;
- averiguação; e
- correlação.

A discussão das técnicas de auditoria relaciona-se com o processo de obtenção de evidências, e, portanto, algumas já foram tratadas anteriormente. Agora vamos ressaltar características peculiares e precauções a observar quando de sua aplicação.

Exame e contagem física

Esse procedimento é utilizado para as contas do ativo e consiste em identificar fisicamente o bem declarado nas demonstrações financeiras. A seguir, exemplos de ativos que normalmente são submetidos à contagem física pelo auditor:

- dinheiro em caixa;
- estoques;
- títulos (ações, títulos de aplicações financeiras etc.);
- bem do ativo imobilizado.

O exame físico é a verificação *in loco* do objetivo ou item examinado.

O exame físico realizado pelo auditor deve conter as seguintes características básicas:

- **quantidade**: apuração das quantidades reais existentes fisicamente;
- **existência física**: comprovação, por meio da constatação visual, de que o objeto ou item examinado existe realmente;
- **identificação**: comprovação, por meio do exame visual, do item específico a ser examinado;
- **autenticidade**: poder de discernimento de que o item ou objeto examinado é fidedigno;
- **qualidade**: exame visual de que o objeto examinado permanece em uso, não está deteriorado e merece fé.

O auditor examina pessoalmente o bem, constatando sua existência. Estabelecendo contato visual com o bem, o auditor certifica-se de que este é realmente o que se pretende que seja e que sua existência é efetiva. Subsidiariamente, outras constatações também são possíveis. Ao ver o bem, o auditor avalia sua condição de uso, ou seja: se realmente está produzindo a utilidade prevista e se está bem conservado. Esta técnica permite, igualmente, ao auditor conferir quantidades declaradas.

Dessa forma, o exame físico compreende contagem, identificação, verificação de pleno uso e qualidade do bem. A efetividade de aplicação dessa técnica é limitada a bens corpóreos ou que possam ser objeto de qualquer prova tangível de sua existência. Sua utilidade abrange a coleta de evidências sobre os bens integrantes do ativo permanente, estoques, numerário em mãos, títulos negociáveis e outros valores mobiliários.

Conforme a NBC TA 501, o auditor deve executar procedimentos de auditoria nos registros finais de estoque da entidade para determinar se refletem com precisão os resultados reais da contagem de estoque. Se a contagem física dos estoques for realizada em outra data que não a data das demonstrações contábeis, o auditor deve, além dos procedimentos listados anteriormente, executar procedimentos para obter evidência de auditoria de que as variações no estoque entre a data da contagem e a data das demonstrações contábeis estão adequadamente registradas.

A determinação de materialidade para execução de testes não é um cálculo mecânico simples e envolve o exercício de julgamento profissional. É afetada pelo entendimento que o auditor possui sobre a entidade, atualizado durante a execução dos procedimentos de avaliação de risco, e pela natureza e extensão de distorções identificadas em auditorias anteriores e, dessa maneira, pelas expectativas do auditor em relação a distorções no período corrente. De acordo com a NBC TA 500 (R1), a inspeção de registros e documentos envolve o exame de registros ou documentos, internos ou externos, em forma de papel, em forma eletrônica ou em outras mídias, ou o exame físico de um ativo.

Confirmação

Confirmação, representa uma evidência de auditoria obtida pelo auditor como resposta escrita de terceiro ao auditor, em forma impressa, eletrônica ou em outra mídia. No caso de o terceiro ser externo à entidade auditada, o tipo de confirmação é a confirmação externa, conforme tratado pela NBC TA 505. São exemplos: a autorização do envio de solicitações de confirmação pelo auditor; e as respostas recebidas eletronicamente envolvem riscos relacionados à confiabilidade, podendo ocorrer dificuldades em estabelecer a prova de origem e autoridade da parte que confirma o recebimento e a identificação de alterações. Ao usar procedimentos de confirmação externa, o auditor deve manter o controle sobre tais solicitações, incluindo a determinação das informações a serem confirmadas ou solicitadas; seleção da parte que confirma apropriada para confirmação; definição das solicitações de confirmação, assegurando-se que as solicitações estão devidamente endereçadas e que contenham as informações para retorno das respostas diretamente ao auditor e envio das solicitações, incluindo 2º pedido, quando aplicável, para a parte que confirma.

Os procedimentos de confirmação externa são de extrema importância e são tratados na NBC TA 505 – Confirmações Externas. São os procedimentos de confirmação externa que podem ser usados pelo auditor para obtenção de evidência de auditoria relevante e confiável:

- Confirmação externa é a evidência de auditoria obtida como resposta por escrito direta para o auditor de um terceiro (a parte que confirma), em papel, no formato eletrônico ou outro meio.
- Exceção é a resposta que indica uma diferença entre as informações para as quais se solicitou confirmação ou diferença entre os registros da entidade e as informações fornecidas pela parte que confirma.

Esse procedimento é utilizado pelo auditor para confirmar, por meio de carta, bens de propriedades da empresa em poder de terceiros, direitos a receber e obrigações, conforme exemplificado abaixo:

- dinheiro em conta-corrente bancária;
- contas a receber de clientes;
- estoque em poder de terceiros;
- títulos em poder de terceiros;
- contas a pagar a fornecedores;
- empréstimos a pagar.

Consiste na obtenção, pelo auditor, de uma declaração escrita, junto a fontes externas capacitadas para tanto. O documento com a declaração deve seguir diretamente para o auditor, sem interferência da empresa auditada. O pedido de informações à fonte externa deve ser preparado por um funcionário da empresa, sob atenta supervisão do auditor. Isso se justifica em face do relacionamento da empresa com a fonte externa. Esse tipo de técnica permite reunir evidências sobre a fidedignidade dos saldos das contas a receber e a pagar, saldos bancários, contas de empréstimos, estoques em poder de terceiros, passivos contingentes, coberturas de seguros e credores em geral.

```
Confirmação
├── Negativa — A falta de confirmação por parte da consultada implica que concorda com o que foi perguntado (somente se discordar da informação, vai enviar a resposta para o auditor)
└── Positiva — É necessário que a parte consultada se manifeste para que o auditor tire alguma conclusão (o silêncio, neste caso, nada diz)
    ├── Branca — Quando os valores não são indicados no pedido de confirmação
    └── Preta — Quando os valores são indicados no pedido de confirmação
```

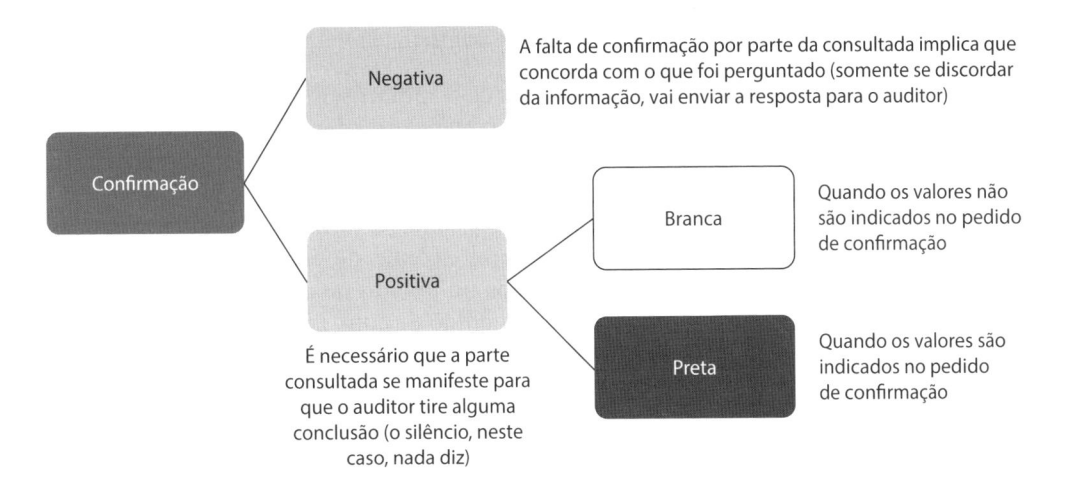

Figura 7.7 *Confirmação externa – como funciona.*

Para assegurar a eficácia da técnica de confirmação, alguns cuidados são necessários:

- o auditor seleciona os saldos sobre os quais ele julga necessário obter confirmação. São usados formulários impressos para os pedidos de confirmação sobre contas a receber, a pagar, saldos bancários e outros saldos comumente circularizados. O cliente prepara as cartas com o pedido de confirmação, assina e as envia ao auditor, para aprovação final. O auditor confere o nome da fonte externa, endereço, valores e outros detalhes, de forma a evitar qualquer problema que possa provocar resposta incorreta;
- o auditor coloca a carta no envelope com os dados do destinatário, tendo o cuidado de indicar seu endereço como remetente, para a eventualidade de devolução por incorreção de endereço ou nome da fonte consultada. O auditor também põe a correspondência no correio, tarefa esta que não pode ser deixada por conta do cliente;
- o auditor deve anexar ao pedido de confirmação um envelope de porte pago, contendo seu nome e endereço, para assegurar que a resposta será enviada diretamente a seu escritório, sem qualquer interceptação;
- ao receber as respostas, o auditor concilia as informações assim obtidas com os registros contábeis do cliente, analisando minuciosamente qualquer discrepância;
- a falta de resposta pode ensejar a repetição do pedido. Persistindo o fato, o auditor, após autorização do cliente, pode dirigir-se pessoalmente à fonte externa, a fim de obter a confirmação desejada;
- as confirmações de contas do ativo indicam sempre o valor do saldo na conta desejada, de acordo com os registros do cliente e sua composição, solicitando-se à fonte externa confirmação para estes dados. As circularizações de contas passivas não devem trazer indicação do valor devido conforme os livros, ou a natureza do débito, solicitando à fonte externa que preste este tipo de informação.

O auditor dispõe de dois tipos diferentes de confirmação:

- **Confirmação positiva** é aquela em que o auditor sempre espera receber uma resposta, confirmando, ou não, o saldo ou posição demonstrada. É empregada nas cartas aos advogados da empresa, indagando sobre eventuais ações em andamento, companhias de seguro, para avaliar a suficiência da cobertura contratada, na coleta de evidências sobre contas do ativo compostas por poucos itens, mas de valor individual relevante, e contas do passivo. Pode ser branca: quando os valores não são indicados no pedido de confirmação; ou, preta: quando os valores são indicados no pedido de confirmação.

O positivo é utilizado quando há necessidade de resposta. Pode ser:

- branco: não se colocam os valores nos pedidos de confirmação;
- preto: quando utilizados saldos ou valores a serem confirmados.

A **confirmação negativa** somente prevê resposta em caso de discordância da fonte externa em relação ao saldo ou posição informada. É utilizada para testar a eficiência do sistema de controles internos na seção de crédito e cobrança e para contas do ativo compostas por muitos itens, mas de pequeno valor individual. A eficácia deste tipo de confirmação depende da qualidade dos serviços locais de correios.

O negativo é utilizado quando a resposta for necessária em caso de discordância da pessoa de quem se quer obter a confirmação.

A resposta não recebida é quando a parte que confirma não responde, ou não responde de maneira completa, a uma solicitação de confirmação positiva, ou à devolução de uma solicitação de confirmação não entregue (devolução pelo correio, por exemplo, para um destinatário não localizado). Exceção é a resposta que indica uma diferença entre as informações para as quais se solicitou confirmação ou diferença entre os registros da entidade e as informações fornecidas pela parte que confirma.

As confirmações negativas fornecem evidência de auditoria menos persuasiva que as confirmações positivas. Consequentemente, o auditor não deve usar solicitações de confirmação negativa como o único procedimento substantivo de auditoria para tratar o risco de distorção relevante avaliado no nível de afirmações, a menos que estejam presentes todos os itens a seguir:

- o auditor avaliou o risco de distorção relevante como baixo e obteve evidência de auditoria apropriada e suficiente em relação à efetividade operacional dos controles relevantes para a afirmação;
- a população de itens sujeitos a procedimentos de confirmação negativa compreende um grande número de saldos contábeis, transações ou condições, homogêneas de pequena magnitude;
- espera-se uma taxa de exceção muito pequena; e
- o auditor não tem conhecimento das circunstâncias ou condições que fariam com que as pessoas que recebem solicitações de confirmação negativa ignorassem essas solicitações.

Os resultados obtidos com o procedimento de confirmação externa de evidência de auditoria deverão ser avaliados, com a possibilidade de as respostas serem consideradas não confiáveis. O item 10 da NBC TA 505 dispõe acerca da possibilidade de **dúvidas sobre a confiabilidade da resposta**. Se o auditor identificar fatores que dão origem a tais dúvidas sobre uma solicitação de confirmação, ele deverá obter evidência adicional de auditoria para solucioná-las.

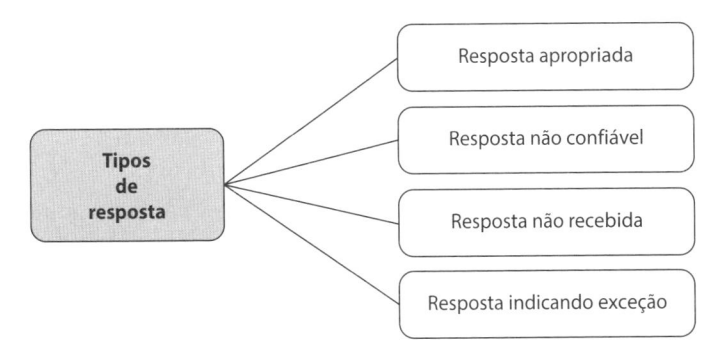

Figura 7.8 *Tipos de resposta para as confirmações.*

Fonte: NBC TA 505.

No caso de a **administração se recusar a permitir que o auditor envie solicitações de confirmação**:

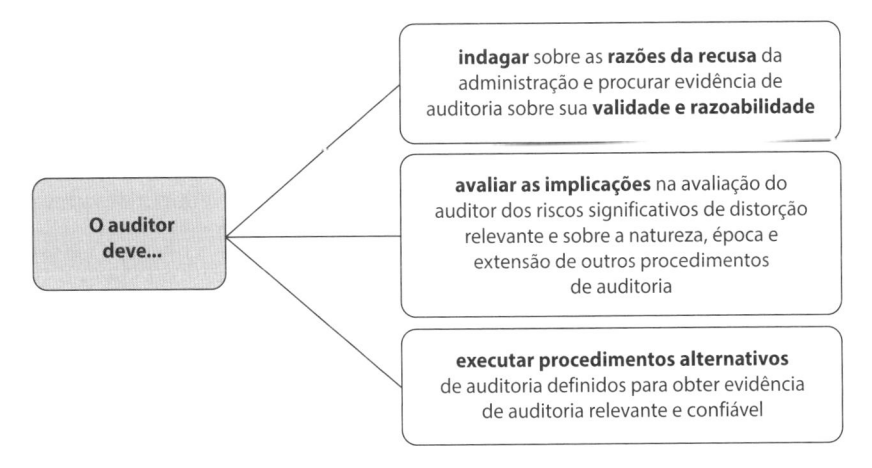

Figura 7.9 *Procedimentos do auditor.*

Fonte: Fontenelle (2016).

Saldos Iniciais

A NBC TA 510 (R1) evidencia que o trabalho de auditoria inicial é um trabalho em que:

- as demonstrações contábeis do período anterior não foram auditadas; ou
- as demonstrações contábeis do período anterior foram auditadas por outro auditor independente.

Na auditoria sobre saldos iniciais, o auditor deve obter evidência sobre se os saldos iniciais contêm distorções que afetam de forma relevante as demonstrações contábeis do período corrente por meio de:

- determinação se os saldos finais do período anterior foram corretamente transferidos para o período corrente;
- determinação se os saldos iniciais refletem a aplicação de políticas contábeis apropriadas; e
- revisão dos papéis de trabalho do auditor independente antecessor para obter evidência com relação aos saldos iniciais.

Nas conclusões e nos relatórios de auditoria, se o auditor não conseguir obter evidência de auditoria apropriada e suficiente com relação aos saldos iniciais, ele deverá expressar a opinião com ressalva ou abstenção de opinião sobre as demonstrações contábeis.

Ao usar procedimentos de confirmação externa, o auditor deve manter o controle sobre tais solicitações, incluindo a determinação das informações a serem confirmadas ou solicitadas; seleção da parte que confirma apropriada para confirmação; definição das solicitações de confirmação, assegurando-se de que as solicitações estejam devidamente endereçadas e que contenham as informações para retorno das respostas diretamente ao auditor e envio das solicitações, incluindo 2º pedido, quando aplicável, para a parte que confirma.

Conferência de cálculos

É o procedimento de auditoria voltado para a constatação da adequação das operações aritméticas. Esta técnica é amplamente utilizada em virtude de a quase totalidade das operações dentro da companhia estar voltada para este processo contábil. As somas dos livros de registro inicial, os saldos das contas do razão, as multiplicações e somas dos inventários, os cálculos de depreciação, correção monetária, devedores duvidosos, assim como muitos outros cálculos semelhantes, exigem verificação.

Muito embora os valores dispostos possam ter sido conferidos pela empresa, é de grande importância que todos os itens sejam conferidos pelo auditor.

Deve-se estar atento, porém, ao fato de que a conferência dos cálculos prova apenas a exatidão matemática. Outros testes são exigidos para determinar a validade dos algarismos componentes.

O contador efetua diversos cálculos em todo o processo de elaboração das demonstrações financeiras. Evidentemente, um erro de cálculo ocasiona informação errônea nessas demonstrações. Portanto, o auditor deve conferir, na base de teste, esses cálculos. As transações para as quais o auditor utiliza esse procedimento de auditoria são:

- cálculos de valores de estoques;
- cálculos de amortização de despesas antecipadas;
- cálculos de depreciações dos bens do ativo imobilizado;
- cálculos dos juros provisionados.

As observações inerentes a esta técnica são aquelas que se referem à evidência caracterizada pela repetição de cálculos.

Inspeção de documentos

É o procedimento de auditoria voltado para a comprovação das transações que por questões legais, comerciais ou de controle são evidenciadas por documentos comprobatórios de efetividade.

Com a devida atenção, o auditor verificará:

- se o documento é legítimo e autêntico;
- se se refere realmente à operação escriturada;
- se essa operação corresponde aos objetivos da empresa;
- se o documento está corretamente preenchido, inclusive quanto a datas, destinatário, cálculos e outros dados intrínsecos;
- se o registro das operações é adequado em função da documentação examinada e se está refletida contabilmente em contas apropriadas.

Nos casos de documentos oficiais, contratos e escrituras, verificará se existe o registro em órgão competente, que lhe dê validade insuspeita.

Existem dois tipos de documentos: os internos e os externos. Os documentos internos são produzidos pela própria empresa; já os externos são fornecidos por terceiros à empresa, normalmente comprovando algum tipo de transação. Esses documentos representam os comprovantes hábeis que suportam os lançamentos contábeis nas contas de ativo, passivo, receita e despesa. O auditor examina esses documentos com o objetivo de constatar a veracidade dos valores registrados.

Inspeção é a técnica de auditoria de que o auditor se utiliza para examinar a comprovação documental das transações. Basicamente, as transações entre as empresas e pessoas envolvem algum tipo de documento, que serve de explicação para os detalhes sobre o que foi feito e que consequências se esperam do fato. Uma transação, em verdade, origina-se quase sempre de um documento. A inspeção compreende a verificação da legitimidade do documento em primeiro lugar, e, consequentemente, da transação. É quando o auditor confirma se a transação foi autorizada, o que pode ser constatado por assinatura ou rubricas da pessoa encarregada, no próprio documento. Por princípio, a documentação comprobatória deve ser genuína, isenta de vícios e processada de acordo com as normas vigentes de controle interno.

Ao empregar essa técnica, o auditor tem por objetivo verificar:

- se a documentação é genuína, adequada às circunstâncias, e se está em nome da empresa;
- a correlação entre a data do documento e a do registro contábil;
- a correta contabilização da transação em contas adequadas;
- se a transação foi autorizada em conformidade com as normas de controle interno em vigor;
- se a transação está enquadrada nas atividades normais da empresa.

Tendo contato íntimo com os documentos, o auditor adquire conhecimento importante sobre os negócios realizados pela empresa, o que lhe permite identificar situações não usuais ou problemáticas, com certa antecipação. Muitos enganos e irregularidades são descobertos durante a aplicação desta importante técnica de coleta de evidências.

O levantamento do sistema de controle interno pode ser realizado pela leitura de manuais internos de organização e procedimentos, pela conversa com funcionários da empresa e também pela inspeção física desde o início da operação em exame (compra, venda, pagamentos etc.) até o registro do razão geral.

Averiguação

Embora o auditor seja um profissional experiente, surgem várias dúvidas a respeito de transações e procedimentos de controle, que ele esclarece por meio da formulação de perguntas aos funcionários da empresa-cliente. Não pode existir qualquer constrangimento por parte do auditor em fazer perguntas, sob a alegação de que está mostrando pouco conhecimento técnico. A técnica de auditoria da averiguação consiste, justamente, em fazer perguntas e obter respostas favoráveis à elucidação de certas questões, que podem conduzir a um incremento na profundidade dos exames ou, em sentido oposto, à não realização de determinado teste de auditoria. É, pois, uma ação válida e recomendável fazer perguntas ao pessoal do cliente sobre quaisquer aspectos ou questões acerca dos quais o auditor tenha dúvida ou queira simplesmente confirmar seu pensamento. A experiência tem indicado que muitas questões importantes são levantadas casualmente, durante uma conversa informal com os principais executivos da empresa. Ao almoçar com o diretor financeiro, por exemplo, o auditor poderá tomar conhecimento sobre a intenção da empresa em associar-se a um grupo ou o desejo de vender a uma coligada, ou ainda sobre o novo sistema de informações gerenciais, com ênfase na utilização de computadores. São assuntos sobre os quais o auditor tem relevante interesse e que podem tranquilamente escapar a seu treinado senso de observação durante os trabalhos normais de auditoria.

Convém notar, entretanto, que as informações obtidas por meio da averiguação não servem, por si sós, como evidências de auditoria. As informações assim obtidas necessitam de confirmação por meio de outras técnicas de auditoria. Diante da falta de resposta para um pedido de confirmação positiva, a auditoria deverá executar procedimentos alternativos para obter evidências de auditoria relevantes e confiáveis. Os resultados obtidos com o procedimento de confirmação externa de evidência de auditoria deverão ser avaliados, podendo existir a possibilidade de as respostas serem consideradas não confiáveis.

Correlação

Esta técnica, que deriva da utilização do método das partidas dobradas para o reconhecimento contábil das transações, já foi suficientemente abordada antes.

A correlação das informações obtidas nada mais é do que o relacionamento harmônico do sistema contábil de partidas dobradas.

A harmonia interna, ou a uniformidade das contas que se relacionam, constitui certamente alguma prova de que elas estão livres de, pelo menos, erros mecânicos.

Durante os trabalhos realizados pelo auditor, certamente este executará serviços que terão relações com outras áreas do balanço ou do resultado do exercício. À medida que for sendo observado o relacionamento entre as áreas, o auditor estará efetuando a correlação das informações obtidas.

Procedimentos analíticos

A NBC TA 520 – Procedimentos Analíticos determina que se os procedimentos analíticos executados identificam flutuações ou relações que são inconsistentes com outras informações relevantes ou que diferem dos valores esperados de maneira significativa, o auditor deve examinar essas diferenças por meio de:

- indagação à administração e obtenção de evidência de auditoria apropriada e relevante para as respostas da administração; e
- aplicação de outros procedimentos de auditoria conforme necessário nas circunstâncias.

Podem ser usados diversos métodos para executar procedimentos analíticos. Esses métodos variam desde a realização de comparações simples até análises complexas usando técnicas estatísticas avançadas.

Quando do planejamento e da execução dos procedimentos analíticos substantivos – isoladamente ou em combinação com testes de detalhes – o auditor deve determinar a adequação de procedimentos analíticos substantivos específicos para determinadas afirmações, considerando os riscos avaliados de distorção relevante e testes de detalhes (se houver) para essas afirmações; deve avaliar a confiabilidade dos dados em que se baseia a expectativa do auditor em relação a valores registrados ou índices, levando em conta a fonte, a comparabilidade, a natureza e a relevância das informações disponíveis, além dos controles sobre a elaboração dos dados. O auditor deve desenvolver uma expectativa de valores registrados ou índices e avaliar se a expectativa é suficientemente precisa para identificar uma distorção que, individualmente ou em conjunto com outras distorções, pode fazer com que as demonstrações contábeis apresentem distorções relevantes.

De acordo com a NBC TA 520 – Procedimentos Analíticos, quando do planejamento e execução dos procedimentos analíticos substantivos, isoladamente ou em combinação com testes de detalhes, o auditor deve determinar a adequação de procedimentos analíticos substantivos específicos para determinadas afirmações, levando em consideração os riscos avaliados de distorção relevante e testes de detalhes, se houver, para essas afirmações; deve avaliar a confiabilidade dos dados em que se baseia a expectativa do auditor em relação a valores registrados ou índices, levando em consideração fonte, comparabilidade, natureza e relevância das informações disponíveis, e os controles sobre a elaboração dos dados; deve desenvolver uma expectativa de valores registrados ou índices e avaliar se a expectativa é suficientemente precisa para identificar uma distorção que, individualmente ou em conjunto com outras distorções, pode fazer com que as demonstrações contábeis apresentem distorções relevantes.

Quando do planejamento e da execução dos procedimentos analíticos substantivos – isoladamente ou em combinação com testes de detalhes – o auditor deve determinar a adequação de procedimentos analíticos substantivos específicos para determinadas afirmações, considerando os riscos avaliados de distorção relevante e testes de detalhes, se houver, para essas afirmações; deve avaliar a confiabilidade dos dados em que a expectativa do auditor se baseia em relação a valores registrados ou índices, levando em conta a fonte, a comparabilidade, a natureza e a relevância das informações disponíveis, não se esquecendo dos controles sobre a elaboração dos dados. O auditor deve desenvolver uma expectativa de valores registrados ou índices e avaliar se a expectativa é precisa o suficiente para identificar uma distorção que, individualmente ou em conjunto com outras distorções, pode fazer com que as demonstrações contábeis apresentem distorções relevantes.

7.3 TESTES DE AUDITORIA

Ao planejar e executar os testes de controle, o auditor obtém evidência de auditoria sobre a efetividade operacional dos controles durante período intermediário, sendo que o auditor deve obter evidência de auditoria das alterações significativas nesses controles após o período intermediário e determinar a evidência de auditoria adicional a ser obtida para o período remanescente, conforme a NBC TA 330 (R1).

Ao definir os testes de controles e os testes de detalhes, o auditor deve determinar meios para selecionar itens a serem testados; eles devem ser eficazes para o cumprimento dos procedimentos de auditoria. Os meios à disposição do auditor para a seleção de itens a serem testados são: (i) seleção de todos os itens (exame de 100%); (ii) seleção de itens específicos; e (iii) amostragem de auditoria.

Na definição do escopo de auditoria, a equipe deve definir a abrangência e o volume dos testes a serem aplicados. Para isso, é preciso que a materialidade dos testes esteja bem definida. O termo "materialidade", em auditoria, consiste na definição de um limite, atrelado a um percentual de contas contábeis, para aceitação de possíveis falhas (*gaps*) encontradas durante os testes de auditoria, garantindo que essas falhas não impactem o patrimônio da empresa.

De acordo com a NBC TA 320 (R1), a determinação de materialidade para execução de testes **não** é um cálculo mecânico simples e envolve o exercício de julgamento profissional. É afetado pelo entendimento que o auditor possui sobre a entidade, atualizado durante a execução dos procedimentos de avaliação de risco e pela natureza e extensão de distorções identificadas em auditorias anteriores e, dessa maneira, pelas expectativas do auditor em relação a distorções no período corrente.

Segundo a NBC TA 330 (R1), o auditor deve executar procedimentos de auditoria para avaliar se a apresentação das demonstrações contábeis como um todo está de acordo com a estrutura de relatórios financeiros. Ao fazer essa avaliação, ele deve considerar se as demonstrações contábeis estão apresentadas de forma a refletir a adequada: (a) classificação e descrição de informações financeiras e de transações, eventos e condições subjacentes; e (b) apresentação, estrutura e conteúdo das demonstrações contábeis.

Durante todas as fases do trabalho de auditoria, o auditor se dedica a obter as evidências necessárias à formulação de sua opinião sobre a fidelidade das demonstrações contábeis sob exame. Assim procede, aplicando certos testes que lhe proporcionam alcançar seus objetivos. Dois são os tipos de testes de auditoria normalmente aplicados:

- testes de observância; e
- testes substantivos.

Para a execução dos testes de auditoria, é necessário que o auditor escolha uma amostra dentro do universo do processo auditado a fim de otimizar o tempo da auditoria, reduzir os custos e produzir o relatório final dentro do prazo determinado. Para a definição da amostragem, o auditor deve definir a população para teste de acordo com sua experiência ou utilizando alguma metodologia predefinida, como *softwares* e planilhas de seleção aleatória.

```
Procedimentos          Testes de          Controles internos estabelecidos pela administração
de auditoria           observância        estão em efetivo funcionamento

                                          Procedimentos considerados: inspeção, observação
                                          e investigação e confirmação

                       Testes              SUFICIÊNCIA          DADOS
                       substantivos                             PRODUZIDOS
                                           EXATIDÃO             PELOS SISTEMAS
                                                                DE INFORMAÇÃO
                                                                DA EMPRESA
                                           VALIDADES
```

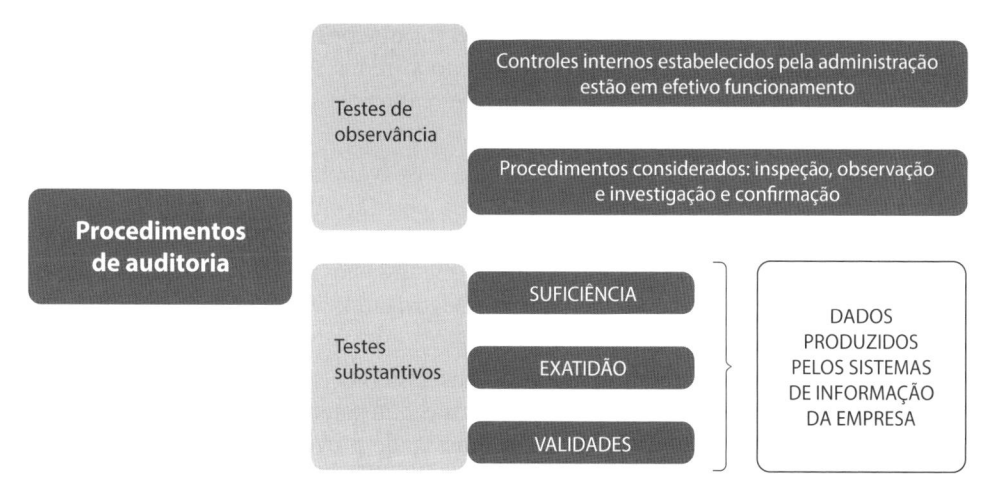

Figura 7.10 *Procedimentos do auditor quanto aos testes de auditoria.*

Testes de observância

Na aplicação dos testes de observância, devem ser considerados os seguintes procedimentos: inspeção, observação, investigação e confirmação. Visam à obtenção de razoável segurança de que os procedimentos de controle interno estabelecidos pela administração estejam em efetivo funcionamento e cumprimento.

Os testes de observância são os procedimentos empregados pelo auditor, a fim de determinar se cumprem corretamente certos procedimentos de controle interno, estabelecidos pelo sistema da empresa. Às vezes chamados "testes de procedimentos", destinam-se a provar a credibilidade dos procedimentos de controle da empresa, e não o registro correto das transações. Por exemplo, o auditor pode verificar que o encarregado de contas a pagar aprovou cada fatura para codificação de contas; esse teste relativo à aprovação constitui um teste de observância e não se levará em conta se a codificação das faturas é uma realidade concreta. O teste de correção da codificação seria um teste substantivo. É a verificação da confiabilidade de um sistema de controles internos e de registros de uma entidade, para realizar a avaliação dos limites do universo de elementos ou fatos a serem examinados em auditoria. São partes integrantes da pré-auditoria, onde há a observação para mensurar a qualidade dos registros e dos controles de uma célula social. Trata-se de um critério adotado para que se possa planejar um trabalho de verificação ou exame, de modo a ter consciência sobre a segurança dos informes e a probabilidade de erros e fraudes.

O objetivo do teste de observância é proporcionar razoável segurança de que os procedimentos de controle interno estejam sendo executados na forma prescrita. A segurança proporcionada por tais testes é essencial se o auditor pretende depender dos procedimentos definidos pelo sistema para determinar a natureza, oportunidade e extensão dos testes substantivos de classes específicas de transações ou de saldos.

Para entender o funcionamento do sistema de controles internos da empresa auditada, o auditor entrevista os funcionários, colhendo informações acerca de como as transações são processadas. Após obter esse entendimento, é necessário: (a) verificar se o sistema funciona consistentemente conforme descrito pelos funcionários da empresa;

e (b) determinar a natureza e a quantidade de erros que possam ter ocorrido na aplicação dos procedimentos de controles previstos no sistema. Ambos os objetivos citados se referem à efetividade do sistema de controles internos, sendo este, então, o escopo dos testes de observância.

Executando a primeira etapa dos testes de observância, o auditor determina se o sistema está funcionando conforme descrito. Isso pode acontecer por meio de uma inspeção de documentos e observação de como certas tarefas são executadas. Por exemplo: os procedimentos de controle podem requerer que todos os pedidos de compras devam ser assinados por determinado funcionário categorizado, antes que o suprimento seja providenciado junto ao fornecedor.

Para ver se esse procedimento está sendo observado corretamente, o auditor poderá testar várias compras durante o período sob exame, constatando se elas foram realizadas mediante a emissão de um pedido de compras assinado previamente pela pessoa autorizada. Por outro lado, certas características do sistema de controles internos não podem ser validadas por meio de uma inspeção, pois parte do sistema de controles pode ser baseada na segregação de certas funções. Por exemplo, os recebimentos por caixa podem ser depositados em banco pelo próprio tesoureiro, enquanto a única responsabilidade do funcionário que controla as contas a receber é atualizar os registros com base em relatórios preparados em outras fontes. Mediante observação e averiguação, o auditor determina se as duas tarefas estão sendo executadas por diferentes pessoas.

Nessa etapa dos testes de observância, o auditor não está preocupado com erros envolvendo valores, mas com erros de adesão aos procedimentos de controle previamente estabelecidos. Erros de valor provocam impacto direto nos saldos constantes das demonstrações contábeis. Erros de adesão, isto é, falta de conformidade, não resultam, necessariamente, em erro de valor nos saldos de balanço.

Uma compra, por exemplo, pode ter sido efetuada sem um pedido previamente assinado, mas o valor lançado na contabilidade pode estar correto. Os erros de adesão alertam o auditor para problemas potenciais, que podem resultar em saldos incorretos nas demonstrações contábeis. Quando esses erros são descobertos, o auditor os avalia, para determinar a natureza, extensão e profundidade dos procedimentos subsequentes de auditoria, pois há uma evidente fraqueza nos procedimentos de controle.

A segunda etapa dos testes de observância refere-se especificamente aos erros de processo que possam afetar as demonstrações contábeis. Agora o auditor está mais preocupado com o funcionamento efetivo do sistema de controles do que, propriamente, com sua estrutura. Por exemplo: o auditor promove testes em busca de erros matemáticos, erros de transcrição, codificação e lançamento. Para tanto, ele seleciona amostras de transações realizadas durante o exercício e realiza uma variedade de testes de transações.

Há uma superposição entre os testes de transações, considerados como parte dos testes de observância, e os testes substantivos. Isso pode ser constatado, por exemplo, quando o auditor decide, durante o teste de transações, selecionar faturas para exame. A fatura pode ser testada quanto à autorização para sua emissão, correção matemática, apropriação contábil adequada etc. Esses procedimentos naturalmente validam parte do saldo de conta que registra as vendas e parte do saldo das contas a receber, se o valor não tiver sido cobrado até o final do exercício. Os procedimentos de auditoria são um conjunto de técnicas utilizadas pelo auditor para colher evidências sobre o processo auditado e emitir uma opinião técnica.

Testes substantivos

Os testes substantivos constituem a verificação contábil de maior profundidade, revestida de tecnologia competente para o exame da essência e da validade das situações informadas e encontradas. Tais testes devem compreender as operações realizadas, as contas e seus saldos, as análises pertinentes e a adoção de procedimentos que permitam ao profissional opinar com segurança por meio do pleno convencimento sobre o objeto examinado. Os testes substantivos exigem que se verifique se realmente existem os elementos patrimoniais indicados, se os elementos de custos e despesas são justificáveis e se estão cobertos por documentação competente e tempestiva, assim como se as normas contábeis e a doutrina são seguidas nos procedimentos tecnológicos empregados para registros e para as apurações e demonstrações. Os testes substantivos visam à obtenção de evidência quanto à suficiência, à exatidão e à validade dos dados produzidos pelo sistema de informação da entidade. Visam à obtenção de evidência quanto à suficiência, exatidão e validade dos dados produzidos pelo sistema contábil da entidade.

Os testes substantivos são aqueles empregados pelo auditor, com a finalidade de obter provas suficientes e convincentes sobre as transações econômico-financeiras, saldo e divulgações nas demonstrações financeiras, em consonância com as Normas de Contabilidade, que lhe proporcionem fundamentação razoável para a emissão do relatório.

O objetivo dos testes substantivos é certificar-se da correção de um ou mais dos seguintes pontos:

- **existência**: se o componente patrimonial existe em certa data;
- **direitos e obrigações**: se efetivamente existentes em certa data;
- **ocorrência**: se a transação de fato ocorreu;
- **abrangência**: se todas as transações estão registradas; e
- **mensuração, apresentação e divulgação**: se os itens estão avaliados, divulgados, classificados e descritos de acordo com as Normas de Contabilidade e as Normas Brasileiras de Contabilidade.

Os testes substantivos, também conhecidos por procedimentos substantivos, são procedimentos de auditoria destinados a obter competente e razoável evidência corroborativa da validade e propriedade do tratamento contábil das transações e saldos ou, contrariamente – e mesmo na ausência de significativa inadequação nos controles internos –, inexistência de indício de erro ou irregularidade material.

Os testes substantivos subdividem-se em:

- testes de transações e saldos; e
- procedimentos de revisão analítica.

A opinião do auditor concentra-se nos valores expressos nas demonstrações contábeis, o que pode sugerir que os procedimentos de auditoria se destinam, exclusivamente, a avaliar tais valores. E neste sentido que o auditor emprega os testes substantivos, cuja principal função, então, é obter as evidências básicas, como anteriormente conceituadas. Por exemplo, o auditor confirma com o banco o saldo disponível ao final do exercício ou inspeciona os documentos que comprovem o total de vendas realizadas durante o ano. O primeiro procedimento refere-se aos dados presentes no balanço patrimonial, e o último, aos saldos da demonstração do resultado do exercício.

Em síntese, os testes substantivos têm por finalidade validar os saldos apresentados nas demonstrações contábeis.

Na aplicação dos testes de observância e substantivos, o auditor deve considerar os seguintes procedimentos básicos:

- inspeção: exame de registros, documentos e de ativos tangíveis;
- observação: acompanhamento de processo ou de procedimento, quando da sua execução;
- investigação e confirmação: obtenção de informações com pessoas ou entidades conhecedoras da transação, dentro ou fora da entidade;
- cálculo: conferência da exatidão aritmética de documentos comprobatórios, registros e demonstrações contábeis e outras circunstâncias; e
- revisão analítica: verificação do comportamento de valores significativos mediante índices, quocientes, quantidades absolutas ou outros meios, com vistas à identificação de situação ou tendências atípicas.

Na aplicação dos testes de observância, o auditor deve verificar a existência, a efetividade e a continuidade dos controles internos.

Na aplicação dos testes substantivos, o auditor deve objetivar as seguintes conclusões:

- existência: se o componente patrimonial existe em certa data;
- direitos e obrigações: se, efetivamente, existem em certa data;
- ocorrência: se a transação de fato ocorreu;
- abrangência: se todas as transações estão registradas; e
- mensuração, apresentação e divulgação: se os itens estão avaliados, divulgados, classificados e descritos de acordo com as Normas de Contabilidade, as Normas Brasileiras de Contabilidade e a legislação específica.

Os procedimentos substantivos compreendem duas categorias: os de detalhes e os procedimentos analíticos substantivos (Quadro 7.1).

Quadro 7.1 *Tipos de afirmação*

Tipos de afirmação	Dimensão
Afirmações sobre classes de transações e eventos para o período sob auditoria	Ocorrência: transações ou eventos que foram registrados ocorreram e são da entidade. Integridade: todas as transações e os eventos que deviam ser registrados foram registrados. Exatidão: valores e outros dados relacionados e transações e eventos registrados foram registrados adequadamente. Corte: as transações e os eventos foram registrados no período contábil correto. Classificação: as transações e os eventos foram registrados nas contas corretas.

Tipos de afirmação	Dimensão
Afirmações sobre saldos de contas no fim do período	Existência: ativos, passivos e elementos do PL existem. Direitos e obrigações: a entidade detém ou controla os direitos sobre os ativos e os passivos são as obrigações da entidade. Integridade: todos os ativos, passivos e PL que deveriam ser registrados foram registrados. Valorização e alocação: ativos, passivos e PL estão incluídos nas demonstrações contábeis nos valores apropriado e quaisquer ajustes resultantes de valorização e alocação estão adequadamente registrados.

De acordo com a **NBC TA 520 – Procedimentos Analíticos**, quando do planejamento e execução dos procedimentos analíticos substantivos, isoladamente ou em combinação com testes de detalhes:

I. O auditor deve determinar a adequação de procedimentos analíticos substantivos específicos para determinadas afirmações, levando em consideração os riscos avaliados de distorção relevante e testes de detalhes, se houver, para essas afirmações.

II. O auditor deve avaliar a confiabilidade dos dados em que se baseia a expectativa do auditor em relação a valores registrados ou índices, levando em consideração a fonte, comparabilidade, natureza e relevância das informações disponíveis, e os controles sobre a elaboração dos dados.

III. O auditor deve desenvolver uma expectativa de valores registrados ou índices e avaliar se a expectativa é suficientemente precisa para identificar uma distorção que, individualmente ou em conjunto com outras distorções, pode fazer com que as demonstrações contábeis apresentem distorções relevantes.

7.3.1 Testes globais

Em alguns casos, o auditor pode convencer-se de que o saldo total é razoável, sem necessidade de testes detalhados. Por exemplo, nas organizações profissionais ou sem fins lucrativos, o auditor, muitas vezes, certifica-se da exatidão dos dados relativos ao ativo imobilizado e amortização, ao fazer cálculos globais; isto é possível porque há poucos tipos desses bens e poucas transações, de modo que basta uma revisão geral. Outro exemplo são os lucros dos títulos de renda fixa, em que o auditor pode calcular uma taxa de lucro média, aplicando-a a toda a carteira, no final do ano, com o objetivo de determinar se os lucros totais são razoáveis; isto é fácil quando o teste envolve poucas transações e a taxa de juros é relativamente estável.

Um terceiro exemplo seria uma folha de pagamento da administração ou dos salários de empregados de uma organização pequena, onde todos recebam salários anuais fixos ou com aumentos fixados semestralmente pelos respectivos sindicatos. O auditor pode revisar a autorização dos salários e calcular o total que deve estar registrado nas demonstrações financeiras. Muitas vezes não terá que se preocupar em revisar os cartões de ponto ou registro de horas, isenções de retenção ou cálculos da folha de pagamento (a menos que tais folhas afetem outras contas, tais como estoques).

Há casos em que o auditor pode se valer das características materiais da atividade para se certificar do saldo total. Por exemplo, em um hospital é possível determinar rapidamente se a receita bruta foi razoável, multiplicando-se o número médio de leitos ocupados pela taxa por leito em vigor, pela quantidade de dias do período e, frequentemente, fazendo-se testes semelhantes no caso de hotéis, imobiliárias e escolas. Cada um desses exemplos caracteriza-se por ser de auditoria "em torno" e não "através" dos registros do cliente. Na verdade, o auditor se convence da adequação das demonstrações financeiras da empresa, empregando um elemento de natureza não contábil e trabalhando independentemente dos registros e do sistema.

Em certos casos, esses testes globais fornecem todas as provas de que o auditor necessita. Em outros, o auditor talvez prefira efetuar alguns testes de detalhes, mas, sempre que possível, devem-se realizar esses tipos de cálculos como parte da coleta de elementos comprobatórios. Mesmo quando os testes detalhados das transações não tenham revelado problema algum, devem-se resolver todas as diferenças potenciais descobertas por meio de testes globais.

7.3.2 Procedimentos de revisão analítica

A NBC TA 520 – Procedimentos Analíticos trata do uso de procedimentos analíticos pelo auditor como procedimentos substantivos (procedimentos analíticos substantivos). Esta Norma também trata da responsabilidade do auditor em realizar procedimentos próximos do final da auditoria que o auxiliem a formar uma conclusão geral sobre as demonstrações contábeis. A NBC TA 315 (R2) – Identificação e Avaliação dos Riscos de Distorção Relevante por meio do Entendimento da Entidade e de seu Ambiente, item 6(b), trata do uso de procedimentos analíticos como procedimentos de avaliação de risco.

A NBC TA 330 (R1) – Resposta do Auditor aos Riscos Avaliados, itens 6 e 18, inclui requisitos e orientação em relação a natureza, época e extensão de procedimentos de auditoria em resposta a riscos avaliados; esses procedimentos de auditoria podem incluir procedimentos analíticos substantivos.

Os procedimentos de revisão analítica correspondem a uma modalidade de testes substantivos de elementos econômico-financeiros por meio de análise e comparação do relacionamento entre eles. É o procedimento de auditoria de verificação do comportamento de valores relevantes, mediante índices, quocientes e outros meios, visando identificar tendências ou situações anormais.

O pressuposto básico que fundamenta os procedimentos de revisão analítica é o relacionamento entre certos elementos econômico-financeiros que o auditor pode razoavelmente presumir e continuem existindo na ausência de condições conhecidas em contrário. A presença desse relacionamento proporciona a evidência corroborativa requerida pelas normas de auditoria relativas ao trabalho de campo.

Se os procedimentos de revisão analítica acusarem variações inesperadas no relacionamento entre os elementos, ou a existência de flutuações que seriam esperadas, ou ainda outras alterações de origem inusitada, suas causas devem ser investigadas se o auditor as julgar como indícios de anormalidades com significativa influência no resultado do seu exame.

Em outras palavras, a execução dos procedimentos de revisão analítica poderá indicar a necessidade de procedimentos adicionais ou, contrariamente, a extensão a que outros poderão ser reduzidos.

A revisão analítica é utilizada pelo auditor para levantar questões sobre as demonstrações financeiras sob exame. Cada uma delas deve ser satisfatoriamente resolvida por meio de outros procedimentos de auditoria, tais como a revisão de documentos comprobatórios, discussões com os funcionários autorizados pelo cliente, confirmação externa das transações não usuais etc. Os resultados da revisão analítica (inclusive as comparações efetuadas, os problemas levantados e sua solução) devem ser documentados nos papéis de trabalho.

A revisão analítica constitui uma forma essencial de teste substantivo. As técnicas empregadas constam de análise de flutuação, de índices financeiros, de tendências e outras análogas. Procura responder, no nível mais simples, à pergunta: "Este item (transação, saldo etc.) é razoável?"

A revisão analítica abrange:

- o objetivo dos procedimentos e o grau de confiabilidade dos resultados alcançáveis;
- a natureza da entidade e o conhecimento adquirido nas auditorias anteriores; e
- a disponibilidade de informações, sua relevância, confiabilidade e comparabilidade.

Pode-se considerar que os procedimentos de revisão analítica possuem três funções distintas e que podem ser realizados em três vezes, separadamente:

- como revisão final das demonstrações financeiras, no final da auditoria;
- como instrumento de planejamento, o qual se emprega antes de ter início a auditoria;
- como elemento de auditoria, durante a mesma.

A revisão analítica é utilizada, muitas vezes, no final da auditoria e, nesse caso, constitui uma verificação conclusiva, para determinar se as demonstrações financeiras estão corretas e, caso não estejam, que perguntas têm de ser respondidas e que informação é necessária para se ter certeza de que o auditor compreende a atividade da empresa e as demonstrações financeiras.

Como instrumento de planejamento, a revisão analítica é usada para ajudar a estabelecer o escopo da auditoria. Na etapa de planejamento, pode mostrar ao auditor se a empresa se encontra em má situação e constitui, portanto, um risco relativo maior de auditoria.

Como alternativa, pode mostrar ao auditor que a empresa é sólida financeiramente, constituindo um risco de auditoria relativamente menor. Ao mesmo tempo, na etapa de planejamento, a revisão analítica pode apontar que departamentos e locais devem ser escolhidos para as visitas de trabalho, principalmente os que pareçam pouco usuais para o ano em curso, baseando-se em fatores ambientais ou tendências históricas. Como exemplo, pode-se citar que o auditor compara os valores constantes no orçamento anual, elaborado pela administração da entidade auditada, com os valores realizados, apresentados nos balancetes analíticos contábeis.

Por último, na auditoria de setores detalhados, os auditores perguntam a si próprios, tipicamente: "Quais foram os resultados do ano anterior, para esse setor?" e

"Qual deve ser a resposta correta?". Fazendo isto, estão aplicando procedimentos de revisão analítica ao setor que lhes foi dado examinar. Por exemplo, o encarregado de examinar as contas a receber normalmente considera, por exemplo, as questões "Como estão os saldos deste ano, em comparação com os do ano passado?" e "Como a situação econômica afeta os saldos de contas a receber?". Os procedimentos de revisão analítica devem fazer parte integrante dos testes importantes de cada um dos setores de auditoria.

Quando o valor envolvido for expressivo em relação à posição patrimonial e financeira e ao resultado das operações, deve o auditor:

- confirmar os valores das contas a receber e a pagar, por meio de comunicação direta com os terceiros envolvidos; e
- acompanhar o inventário físico realizado pela entidade, executando os testes de contagem física e procedimentos complementares aplicáveis.

Os procedimentos analíticos consistem em avaliação das informações feitas por meio de estudo das relações plausíveis entre dados financeiros e não financeiros. Os procedimentos analíticos incluem também a investigação de flutuações e relações identificadas que sejam inconsistentes com outras informações relevantes ou que se desviem significativamente dos valores previstos.

Se o auditor, durante a revisão analítica, não obtiver informações objetivas suficientes para dirimir as questões suscitadas, deverá efetuar verificações adicionais, aplicando novos procedimentos de auditoria até alcançar conclusões satisfatórias.

Quando o valor envolvido for expressivo em relação à posição orçamentária, patrimonial e financeira e ao resultado das operações, o auditor deverá:

- confirmar os valores das contas a receber e a pagar, por meio de comunicação direta com os terceiros envolvidos; e
- avaliar o inventário físico realizado pela entidade (se relevante), executando os testes de contagem física e procedimentos complementares aplicáveis, se for o caso.

Para fins das normas de auditoria, o termo "procedimento analítico" significa avaliações de informações contábeis por meio de análise das relações plausíveis entre dados financeiros e não financeiros. Compreende, também, o exame necessário de flutuações ou relações identificadas que sejam inconsistentes com outras informações relevantes ou que difiram significativamente dos valores esperados. A norma que trata dos procedimentos analíticos aplicados no exame de demonstrações contábeis especifica que, quando planejar e executar procedimentos analíticos substantivos, isoladamente ou em combinação com testes de detalhes, tais como procedimentos substantivos de acordo com as normas aplicáveis, o auditor deve determinar o valor de qualquer diferença entre valores registrados e valores esperados que seja aceitável sem exame adicional, conforme requerido pela norma. O procedimento analítico, tal como a define a NBC TA 500 (R1), consiste na avaliação das informações feitas por meio de estudo das relações plausíveis entre dados financeiros e não financeiros. Esse procedimento básico é a confirmação externa.

7.4 APLICAÇÃO DOS PROCEDIMENTOS DE AUDITORIA

A aplicação dos procedimentos de auditoria deve ser realizada, em razão da complexidade e do volume das operações, por meio de provas seletivas, testes e amostragens, cabendo ao auditor, com base na análise de riscos de auditoria e outros elementos de que dispuser, determinar a amplitude dos exames necessários à obtenção dos elementos de convicção que sejam válidos para o todo. Correspondem ao conjunto de técnicas que permitem ao auditor obter evidências ou provas suficientes e adequadas para fundamentar sua opinião sobre as demonstrações contábeis. As técnicas de auditoria são previstas na NBC TA 500 (R1).

Na aplicação dos testes de observância e substantivos, o auditor deve considerar os seguintes procedimentos técnicos básicos:

- **Inspeção**: exame de registros, documentos e ativos tangíveis, conforme a NBC T-11 – Normas de Auditoria Independente das Demonstrações Contábeis.

  Consiste no exame de registros e documentos (exame documental) e de ativos tangíveis (inspeção física).

  O exame documental busca avaliar se:
  - as transações realizadas estão devidamente documentadas;
  - a documentação que suporta a operação contém indícios de inidoneidade;
  - a transação e a documentação suporte foram autorizadas por pessoas responsáveis;
  - se a operação realizada é adequada em função das atividades do órgão ou entidade.

  A inspeção física consiste na constatação *in loco*, que deverá fornecer ao auditor a certeza da existência ou não do objeto ou item verificado. É representada por:
  - localização de bens (estoques, obras etc.);
  - identificação de funcionários ou firmas fantasmas;
  - identificação de bens danificados.

- **Observação**: acompanhamento de processo ou procedimento quando de sua execução. Consiste em olhar como um determinado processo ou procedimento está sendo executado por outros.

- **Investigação e confirmação**: obtenção de informações de pessoas ou entidades conhecedoras da transação, dentro ou fora da entidade.

- **Recálculo**: conferência da exatidão aritmética de documentos comprobatórios, registros e demonstrações contábeis e outras circunstâncias.

- **Revisão analítica**: procedimento de auditoria que compreende estudo e comparação de relações entre dados e envolve o cálculo e a utilização de índices financeiros. É a verificação do comportamento de valores significativos, mediante índices, quocientes, quantidades absolutas ou outros meios, com vistas à identificação de situação ou tendências atípicas.

- **Reexecução**: execução independente pelo auditor de procedimentos ou controles que foram originalmente realizados como parte do controle interno da entidade.

Na aplicação dos testes de observância, o auditor deve verificar a existência, efetividade e continuidade dos controles internos.

Se o auditor, durante a revisão analítica, não obtiver informações objetivas suficientes para dirimir as questões suscitadas, deverá efetuar verificações adicionais, aplicando novos procedimentos de auditoria, até alcançar conclusões satisfatórias.

Quando o valor envolvido for expressivo em relação à posição patrimonial e financeira e ao resultado das operações, deverá o auditor:

- confirmar os valores das contas a receber e a pagar, por meio de comunicação direta com os terceiros envolvidos; e
- acompanhar o inventário físico realizado pela entidade, executando os testes de contagem física e procedimentos complementares aplicáveis.

Se, em circunstâncias excepcionais, o auditor executar procedimentos novos ou adicionais ou chegar a outras conclusões após a data do relatório, deverá ele documentar as circunstâncias identificadas, os procedimentos novos ou adicionais executados, a evidência de auditoria obtida, as novas conclusões alcançadas e seu efeito sobre o relatório do auditor, assim como quando e por quem as modificações resultantes da documentação de auditoria foram executadas e revisadas.

7.5 COMBINAÇÃO DE TESTES DE OBSERVÂNCIA E SUBSTANTIVOS

O equilíbrio a ser atingido na combinação dos testes de observância com os testes substantivos depende de diversos fatores e circunstâncias. Entretanto, as seguintes generalizações são apropriadas em grande número de circunstâncias:

- se os controles internos são fortes, a combinação dos procedimentos normalmente deve favorecer os testes de observância e os testes substantivos analíticos;
- se os controles internos são fracos, a combinação dos procedimentos deve normalmente favorecer os testes substantivos mais extensos, tanto os analíticos como os de detalhes;
- o tamanho da amostragem de todos os testes normalmente deve ser maior quando os controles internos são fracos.

7.6 DIREÇÃO DOS TESTES

O saldo de uma conta do balanço patrimonial ou da demonstração do resultado do exercício pode estar errado para mais (superavaliado) ou para menos (subavaliado). Devido a esse risco, todas as contas da contabilidade devem ser testadas para superavaliação e subavaliação.

A experiência tem demonstrado que é mais prático dirigir os testes principais de superavaliação para as contas devedoras (normalmente as contas do ativo e despesas) e os de subavaliação para as contas credoras. Devido ao método das partidas dobradas, quando se testam as contas devedoras para superavaliação, as contas credoras também são testadas indiretamente nessa mesma direção. Da mesma forma acontece quando se testam as contas credoras para subavaliação.

7.6.1 Testes para superavaliação

No teste para superavaliação, o auditor parte do valor registrado no razão geral para o documento-suporte da transação.

> **Razão geral → registro final → registro intermediário → registro inicial → documento**

Os procedimentos básicos de auditoria do teste para superavaliação são:

- conferir a soma da conta do razão geral;
- selecionar débito e conferir seu valor com o valor total do registro final;
- conferir a soma do registro final;
- selecionar parcela no registro final e conferir seu valor com o valor total do registro intermediário;
- conferir a soma do registro intermediário;
- selecionar parcela no registro intermediário e conferir seu valor com o valor total do registro inicial;
- conferir a soma do registro inicial;
- selecionar parcela no registro inicial e conferir seu valor com a documentação comprobatória.

O objetivo desses procedimentos é detectar superavaliação de débitos. Essa superavaliação poderia ser feita verificando-se o seguinte:

- falta de documento ou documento não válido;
- soma a maior dos registros ou razão geral;
- transporte a maior do valor do documento para o registro inicial e do valor de um registro para outro ou para o razão geral.

7.6.2 Teste para subavaliação

No teste para subavaliação o auditor parte do documento para o razão geral, agindo de forma contrária à do teste de superavaliação.

Os procedimentos básicos de auditoria do teste para subavaliação são os seguintes:

- selecionar e inspecionar o documento suporte;
- verificar a inclusão do valor do documento no registro inicial;
- conferir a soma do registro inicial;
- verificar a inclusão do valor total do registro inicial no registro intermediário;
- conferir a soma do registro intermediário;
- verificar a inclusão do valor total do registro final no razão geral;
- conferir a soma do razão geral.

O objetivo dos procedimentos relatados é identificar subavaliação de créditos. Os créditos poderiam ser subavaliados das seguintes formas:

- não inclusão do documento no registro inicial;
- soma a menor dos registros ou do razão geral;
- transporte a menor do valor do documento para o registro inicial e do valor de um registro para outro ou para o razão geral.

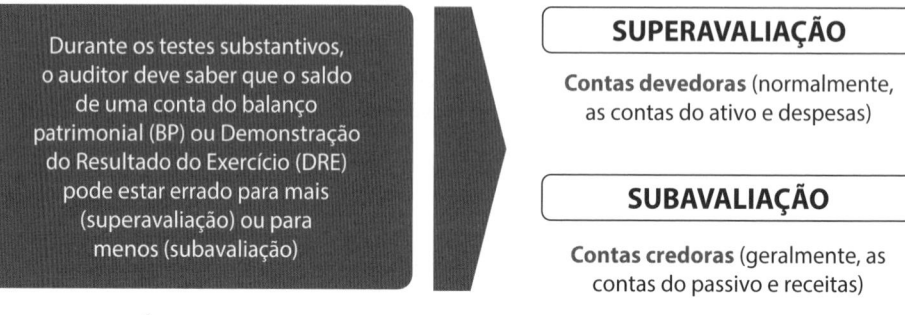

Durante os testes substantivos, o auditor deve saber que o saldo de uma conta do balanço patrimonial (BP) ou Demonstração do Resultado do Exercício (DRE) pode estar errado para mais (superavaliação) ou para menos (subavaliação)

SUPERAVALIAÇÃO

Contas devedoras (normalmente, as contas do ativo e despesas)

SUBAVALIAÇÃO

Contas credoras (geralmente, as contas do passivo e receitas)

É mais prático dirigir os testes principais

Figura 7.11 *Superavaliação e subavaliação.*

Exemplos práticos

A cada conta examinada, serão aplicados os testes cabíveis, como, por exemplo:
Ativo (teste de superavaliação)

- **Caixa**

Será aplicado o teste de contagem física. Verificar a quantidade de numerário em caixa.

- **Bancos**

Conferir se os saldos dos extratos conferem com os do balanço.

- **Clientes**

Aplicar o teste de liquidação-subsequente (verificar se houve quitação na data prevista).

Examinar se as vendas foram contabilizadas pelo regime de competência. Este exame poderá ser feito através do *cut-off* de venda, verificando se as notas fiscais emitidas no mês foram contabilizadas no próprio mês.

No caso de uma empresa de construção civil, a conta clientes poderá ser testada verificando se o seu saldo é igual ao de receita do exercício futuro (para verificar se a receita está sendo apropriada à medida que se recebe).

- **Aplicações financeiras**

Teste da apropriação de rendimento de forma *pro-rata*. Este teste consiste na verificação de que os rendimentos estão sendo contabilizados no próprio mês.

- **Permanente**

Será testado com o cálculo global, ou seja, será pago o valor das contas do permanente e se verificarão os lançamentos das depreciações e correções monetárias cabíveis a cada uma em particular.

Passivo (teste de subavaliação)

- **Fornecedores**

Teste de liquidação subsequente, verificando se estão sendo pagas as dívidas no tempo hábil.

Verificação dos lançamentos de acordo com o regime de competência.

- **Impostos**

Teste de liquidação subsequente (examinar se foi provisionado no mês de competência e pago na data correta).

Teste de cálculo global (pega-se o saldo da conta ou receita a ser tributada no balanço, aplica-se a alíquota e verifica-se se a mesma foi provisionada ou paga de acordo com as leis).

- **Patrimônio líquido**

Teste de cálculo global, correção monetária e exame de documentos verificando se as variações ocorridas estão corretamente demonstradas.

7.7 AMOSTRAGEM EM AUDITORIA

A NBC TA 530 – Amostragem em Auditoria se aplica quando o auditor independente decide usar amostragem na execução de procedimentos de auditoria. Essa Norma trata do uso de amostragem estatística e não estatística na definição e seleção da amostra de auditoria, na execução de testes de controles e de detalhes e na avaliação dos resultados da amostra. Esta Norma complementa a NBC TA 500 (R1) – Evidência de Auditoria, que trata da responsabilidade do auditor na definição e execução de procedimentos de auditoria para obter evidência de auditoria apropriada e suficiente para chegar a conclusões razoáveis que fundamentem sua opinião de auditoria. A NBC TA 500 (R1) fornece orientação sobre os meios disponíveis para o auditor selecionar os itens para teste, entre os quais está a amostragem de auditoria.

O objetivo do auditor, ao usar a amostragem em auditoria, é proporcionar uma base razoável para concluir quanto à população da qual a amostra é selecionada. A esse respeito, de acordo com a Norma Brasileira de Contabilidade NBC TA 530, a amostragem de auditoria permite que o auditor obtenha e avalie a evidência de auditoria em relação a algumas características dos itens selecionados de modo a concluir, ou ajudar a concluir, sobre a população da qual a amostra é retirada.

Quadro 7.2 *Seleção e exame*

Seleção e exame	
Seleção integral (exame de 100%)	Apropriado quando:
	A população contém pequena quantidade de itens de valor alto.
	Existe risco significativo e outros meios não fornecem evidência de auditoria suficiente e apropriada.
	Podem ser usadas técnicas de auditoria assistidas por computador em uma população maior para testar eletronicamente um cálculo repetitivo ou outro processo.
Seleção direcionada (itens específicos)	Apropriado para:
	Itens-chave ou de valor alto que individualmente poderiam resultar em distorção relevante.
	Todos os itens acima de um valor especificado.
	Quaisquer itens não usuais ou sensíveis.
	Quaisquer itens altamente suscetíveis a distorção.
	Itens que fornecerão informações sobre assuntos, tais como a natureza da entidade, a natureza das transações e o controle interno.
Amostragem (amostra representativa de itens da população)	Apropriado para chegar a uma conclusão sobre todo um conjunto de dados (população) por meio da seleção e do exame de uma amostra representativa de itens da população.
	A determinação do tamanho da amostra pode ser feita usando métodos estatísticos ou não estatísticos.

Fonte: Guia de Utilização das Normas de Auditoria – IFAC (volume 2).

Ao determinar a extensão de um teste de auditoria ou método de seleção de itens a testar, o auditor pode empregar técnicas de amostragem.

Amostragem é a utilização de um processo para obtenção de dados aplicáveis a um conjunto, denominado universo ou população, por meio do exame de uma parte deste conjunto denominada amostra.

Amostragem estatística é aquela em que a amostra é selecionada cientificamente com a finalidade de que os resultados obtidos possam ser estendidos ao conjunto de acordo com a teoria da probabilidade ou as regras estatísticas. O emprego de amostragem estatística é recomendável quando os itens da população apresentam características homogêneas.

As Normas de Auditoria Independente das Demonstrações Contábeis – NBC – T – 11 mencionam que "a aplicação dos procedimentos de auditoria deve ser realizada, em razão da complexidade e volume das operações, por meio de provas seletivas, testes e amostragens, cabendo ao auditor, com base na análise de riscos de auditoria e outros elementos de que dispuser, determinar a amplitude dos exames necessários à obtenção dos elementos de convicção que sejam válidos para o todo".

Amostragem não estatística (por julgamento) é aquela em que a amostra é determinada pelo auditor utilizando sua experiência, critério e conhecimento da entidade.

Ao usar métodos de amostragem estatística ou não estatística, o auditor deve planejar e selecionar a amostra de auditoria, aplicar a essa amostra procedimentos de auditoria e avaliar os resultados da amostra, de forma a proporcionar evidência de auditoria suficiente e apropriada.

Amostragem de auditoria é a aplicação de procedimentos de auditoria sobre uma parte da totalidade dos itens que compõem o saldo de uma conta, ou classe de transações, para permitir que o auditor obtenha e avalie a evidência de auditoria sobre algumas características dos itens selecionados, para formar, ou ajudar a formar, uma conclusão sobre a população.

De acordo com a NBC TA 530 – Amostragem em Auditoria, os itens da amostra são selecionados de modo que cada unidade de amostragem tenha uma probabilidade conhecida de ser selecionada. A amostragem de auditoria permite que o auditor obtenha e avalie a evidência de auditoria em relação a algumas características dos itens selecionados de modo a concluir, ou ajudar a concluir, sobre a população da qual a amostra é retirada.

A amostragem de auditoria permite que o auditor obtenha e avalie a evidência de auditoria em relação a algumas características dos itens selecionados, de modo a concluir ou ajudar a concluir sobre a população da qual a amostra é retirada. Ao definir uma amostra de auditoria, o auditor deve considerar os fins específicos a serem alcançados e a combinação de procedimentos de auditoria que devem alcançar esses fins. Ao considerar as características de uma população, para testes de controles, o auditor faz uma avaliação da taxa esperada de desvio com base no entendimento do auditor dos controles relevantes ou no exame de pequena quantidade de itens da população. A amostragem tem como objetivo conhecer as características de interesse de determinada população a partir de uma parcela representativa.

7.7.1 Planejamento da amostra

A amostra selecionada pelo auditor deve ter relação direta com o volume de transações realizadas pela entidade na área ou na transação objeto de exame, como também com os efeitos nas posições patrimonial e financeira da entidade e o resultado por ela obtido no período. Na seleção de amostra, devem ser consideradas: a seleção aleatória ou randômica; a seleção sistemática, observando um intervalo constante entre as transações realizadas; e a seleção casual, a critério do auditor, com base em sua experiência profissional.

Ao planejar e determinar a amostra de auditoria, o auditor deve levar em consideração os seguintes aspectos:

- os objetivos específicos da auditoria;
- a população da qual o auditor deseja extrair a amostra;
- a estratificação da população;
- o tamanho da amostra;
- o risco da amostragem;
- o erro tolerável; e
- o erro esperado.

Amostragem em auditoria é a aplicação de procedimentos de auditoria em menos de 100% dos itens de população relevante para fins de auditoria, de maneira que todas as unidades de amostragem tenham a mesma chance de serem selecionadas para proporcionar uma base razoável que possibilite ao auditor concluir sobre toda a população.

7.7.2 População

A população é a totalidade dos dados da qual o auditor deseja tirar a amostra para chegar a uma conclusão.

O auditor precisa determinar se a população da qual a amostra vai ser extraída é apropriada para o objetivo de auditoria específico. Se o objetivo do auditor for testar a existência de superavaliação de contas a receber, a população poderá ser definida como a listagem de contas a receber. Por outro lado, se o objetivo for testar a existência de subavaliação de contas a pagar, a população não deve ser a listagem de contas a pagar, mas, sim, pagamentos subsequentes, faturas não pagas, extratos de fornecedores, relatórios de recebimentos de mercadorias ou outras populações que forneceriam evidência de auditoria de que as contas a pagar estariam subavaliadas.

7.7.3 Estratificação

Para auxiliar no planejamento eficiente e eficaz da amostra, pode ser apropriado usar estratificação, que é o processo de dividir uma população em subpopulações, cada qual contendo um grupo de unidades de amostragem com características homogêneas ou similares.

Os estratos precisam ser, explicitamente, definidos, de forma que cada unidade de amostragem somente possa pertencer a um estrato.

Este processo reduz a possibilidade de variação dos itens de cada estrato. Portanto, a estratificação permite que o auditor dirija esforços de auditoria para os itens que contenham maior potencial de erro, por exemplo, os itens de maior valor que compõem o saldo de contas a receber, para detectar distorções relevantes por avaliação a maior. Além disso, a estratificação pode resultar em amostra com tamanho menor.

Se o objetivo da auditoria for testar a validade de contas a receber, e dependendo da distribuição dos valores a receber por saldo de devedores, a população poderá ser estratificada, por exemplo, em quatro subconjuntos como segue:

a) saldos superiores a R$ 2.000,00;
b) saldos entre R$ 1.000,00 e R$ 2.000,00;
c) saldos entre R$ 100,00 e R$ 1.000,00; e
d) saldos inferiores a R$ 100,00.

Assim, por exemplo, dependendo da distribuição dos valores a receber, mediante a validação da totalidade dos saldos do subconjunto a; 50% de b; 20% de c; e 5% de d, pode-se, hipoteticamente, encontrar que 80% dos valores de contas a receber são suscetíveis de validação, examinando 20% da população.

7.7.4 Tamanho da amostra

Ao determinar o tamanho da amostra, o auditor deve considerar o risco de amostragem, bem como os erros toleráveis e os esperados.

Adicionalmente, fatores como a avaliação de risco de controle, a redução no risco de detecção devido a outros testes executados relacionados com as mesmas asserções, número de itens da população e valor envolvido, afetam o tamanho da amostra e devem ser levados em consideração pelo auditor.

Para que a conclusão a que chegou o auditor, utilizando uma amostra, seja corretamente planejada para aplicação à população é necessário:

- que a amostra seja representativa da população;
- que todos os itens da população tenham oportunidade idêntica de serem selecionados.

De acordo com a NBC TA 530 – Amostragem em Auditoria, em relação ao efeito de alguns fatores no tamanho da amostra para testes de detalhes, evidencia-se que:

I. Quanto maior for o valor da distorção que o auditor espera encontrar na população, maior deve ser o tamanho da amostra para se fazer uma estimativa razoável do valor real de distorção na população.

II. Quanto menor for a distorção tolerável, maior precisa ser o tamanho da amostra.

Assim (Quadro 7.3):

Quadro 7.3 *Efeito dos fatores no tamanho da amostra*

Fator		Efeito no tamanho da amostra
Aumento no valor da distorção que o auditor espera encontrar na população	Aumento	Quanto maior for o valor da distorção que o auditor espera encontrar na população, maior deve ser o tamanho da amostra para se fazer uma estimativa razoável do valor real de distorção na população. Os fatores relevantes para a consideração do auditor do valor de distorção esperado incluem a extensão na qual os valores dos itens são determinados subjetivamente, os resultados dos procedimentos de avaliação de risco, os resultados dos testes de controle, os resultados de procedimentos de auditoria aplicados em períodos anteriores e os resultados de outros procedimentos substantivos.
Diminuição na distorção tolerável	Redução	Quanto menor for a distorção tolerável, maior o tamanho da amostra precisa ser.

7.7.5 Risco de amostragem

O risco de amostragem surge da possibilidade de que a conclusão do auditor, com base em uma amostra, possa ser diferente da conclusão que seria alcançada se toda a população estivesse sujeita ao mesmo procedimento de auditoria. É o risco de que a conclusão do auditor, com base em amostra, pudesse ser diferente se toda a população fosse sujeita ao mesmo procedimento de auditoria. O risco de amostragem pode levar a dois tipos de conclusões errôneas:

- no caso de teste de controle, em que os controles são considerados mais eficazes do que realmente são, ou no caso de teste de detalhes, em que não seja identificada distorção relevante, quando, na verdade, ela existe. O auditor preocupa-se com esse tipo de conclusão errônea porque ela afeta a eficácia da auditoria e é provável que leve a uma opinião de auditoria não apropriada;
- no caso de teste de controle, em que os controles são considerados menos eficazes do que realmente são, ou no caso de teste de detalhes, em que seja identificada distorção relevante, quando, na verdade, ela não existe. Esse tipo de conclusão errônea afeta a eficiência da auditoria porque ela normalmente leva a um trabalho adicional para estabelecer que as conclusões iniciais estavam incorretas.

O auditor está sujeito ao risco de amostragem nos testes de observância e testes substantivos, sendo:

1. Testes de observância:
    - Risco de subavaliação da confiabilidade: é o risco de que, embora o resultado da aplicação de procedimentos de auditoria sobre a amostra não seja satisfatório, o restante da população possua menor nível de erro do que aquele detectado na amostra.
    - Risco de superavaliação da confiabilidade: é o risco de que, embora o resultado da aplicação de procedimentos de auditoria sobre a amostra seja satisfatório, o restante da população possua maior nível de erro do que aquele detectado na amostra.
2. Testes substantivos:
    - Risco de rejeição incorreta: é o risco de que, embora o resultado da aplicação de procedimentos de auditoria sobre a amostra leve à conclusão de que o saldo de uma conta ou classe de transações registradas está relevantemente distorcido, efetivamente não está.
    - Risco de aceitação incorreta: é o risco de que, embora o resultado da aplicação de procedimentos de auditoria sobre a amostra leve à conclusão de que o saldo de uma conta ou classe de transações registradas não está relevantemente distorcido, efetivamente está.

O risco de subavaliação da confiabilidade e o risco de rejeição incorreta afetam a eficiência da auditoria, visto que, normalmente, conduziriam o auditor a realizar trabalhos adicionais, o que estabeleceria que as conclusões iniciais seriam incorretas. O risco de superavaliação da confiabilidade e o risco de aceitação incorreta afetam a eficácia da auditoria e têm mais probabilidade de conduzir a uma conclusão errônea sobre determinados controles, saldos de contas ou classe de transações do que o risco de subavaliação da confiabilidade ou o risco de rejeição incorreta.

O tamanho da amostra é afetado pelo nível do risco de amostragem que o auditor está disposto a aceitar dos resultados da amostra. Quanto mais baixo o risco que o auditor estiver disposto a aceitar, maior deve ser o tamanho da amostra.

7.7.6 Erro tolerável

Erro tolerável é o erro máximo na população que o auditor está disposto a aceitar e, ainda assim, concluir que o resultado da amostra atingiu o objetivo da auditoria. O erro tolerável é considerado durante o estágio de planejamento e, para os testes substantivos, está relacionado com o julgamento do auditor sobre relevância. Quanto menor o erro tolerável, maior deve ser o tamanho da amostra.

Nos testes de observância, o erro tolerável é a taxa máxima de desvio de um procedimento de controle estabelecido que o auditor está disposto a aceitar, baseado na avaliação preliminar de risco de controle. Nos testes substantivos, o erro tolerável é o erro monetário máximo no saldo de uma conta ou uma classe de transações que o auditor está disposto a aceitar, de forma que, quando os resultados de todos os procedimentos de auditoria forem considerados, o auditor possa concluir, com segurança razoável, que as demonstrações contábeis não contêm distorções relevantes. Segundo a NBC TA 200 (R1), para alcançar segurança razoável, o auditor deve obter evidência de auditoria apropriada e suficiente para reduzir o risco de auditoria a um nível baixo aceitável e, com isso, possibilitar-lhe obter conclusões razoáveis e nelas basear a sua opinião.

7.7.7 Erro esperado

Se o auditor espera que a população contenha erro, é necessário examinar uma amostra maior do que quando não se espera erro, para concluir que o erro real da população não excede o erro tolerável planejado.

Tamanhos menores de amostra justificam-se quando se espera que a população esteja isenta de erros. Ao determinar o erro esperado em uma população, o auditor deve considerar aspectos como, por exemplo, os níveis de erros identificados em auditorias anteriores, mudança nos procedimentos da entidade e evidência obtida na aplicação de outros procedimentos de auditoria.

7.7.8 Seleção da amostra

7.7.8.1 *Aspectos gerais*

O auditor deve selecionar itens de amostra de tal forma que se possa esperar que a mesma seja representativa da população. Este procedimento exige que todos os itens da população tenham a mesma oportunidade de serem selecionados.

Com a finalidade de evidenciar os seus trabalhos, a seleção de amostra deve ser documentada pelo auditor e considerar:

- o grau de confiança depositada sobre o sistema de controles internos das contas, classes de transações ou itens específicos;
- a base de seleção;

- a fonte de seleção; e
- o número de itens selecionados.

Na seleção de amostra, devem ser consideradas:

- a seleção aleatória ou randômica;
- a seleção sistemática, observando um intervalo constante entre as transações realizadas; e
- a seleção casual, a critério do auditor, baseada em sua experiência profissional.

7.7.8.2 Seleção aleatória

Seleção aleatória ou randômica é a que assegura que todos os itens da população ou do estrato fixado tenham idêntica possibilidade de serem escolhidos.

Na seleção aleatória ou randômica, utilizam-se, por exemplo, tabelas de números aleatórios que determinarão quais os números dos itens a serem selecionados dentro do total da população ou dentro de uma sequência de itens da população predeterminada pelo auditor.

7.7.8.3 Seleção sistemática

Seleção sistemática ou por intervalo é aquela em que a seleção de itens é procedida de maneira que haja sempre um intervalo constante entre cada item selecionado, seja a seleção feita diretamente da população a ser testada, ou por estratos dentro da população.

Ao considerar a seleção sistemática, o auditor deve observar as seguintes normas para assegurar uma amostra, realmente, representativa da população:

- que o primeiro item seja escolhido ao acaso;
- que os itens da população não estejam ordenados de modo a prejudicar a casualidade de sua escolha.

Se usar seleção sistemática, o auditor deverá determinar se a população não está estruturada de tal modo que o intervalo de amostragem corresponda a um padrão, em particular, da população. Por exemplo, se em cada população de vendas realizadas por filiais as vendas de uma filial, em particular, ocorrerem somente como cada 100º item e o intervalo de amostragem selecionado for 50, o resultado será que o auditor terá selecionado a totalidade ou nenhuma das vendas da filial em questão.

7.7.8.4 Seleção casual

Seleção casual pode ser uma alternativa aceitável para a seleção, desde que o auditor tente extrair uma amostra representativa da população, sem intenção de incluir ou excluir unidades específicas.

Quando utiliza esse método, o auditor deve evitar a seleção de uma amostra que seja influenciada, por exemplo, com a escolha de itens fáceis de localizar, uma vez que esses itens podem não ser representativos.

7.7.9 Avaliação dos resultados da amostra

Tendo executado, em cada item da amostra, os procedimentos de auditoria apropriados, o auditor deve:

- analisar qualquer erro detectado na amostra;
- extrapolar os erros encontrados na amostra para a população; e
- reavaliar o risco de amostragem.

7.7.9.1 Análise de erros da amostra

Ao analisar os erros detectados na amostra, o auditor deve, inicialmente, determinar se o item em questão é, de fato, um erro, considerados os objetivos específicos planejados. Exemplificando: em um teste substantivo relacionado com o registro de contas a receber, um lançamento feito na conta do cliente errado não afeta o total das contas a receber, razão pela qual talvez seja impróprio considerar tal fato como um erro ao avaliar os resultados da amostra deste procedimento, em particular, ainda que esse fato possa ter efeito sobre as outras áreas da auditoria, como, por exemplo, avaliação de créditos de liquidação duvidosa.

Quando não for possível obter a evidência de auditoria esperada sobre um item de amostra específico, o auditor deverá obter evidência de auditoria suficiente e apropriada por meio da execução de procedimentos alternativos. Exemplificando: se uma confirmação positiva de contas a receber tiver sido solicitada e nenhuma resposta tiver sido recebida, talvez o auditor possa obter evidência de auditoria suficiente e apropriada de que as contas a receber são válidas, revisando os pagamentos subsequentes efetuados pelos clientes.

Se o auditor não puder executar procedimentos alternativos satisfatórios ou se os procedimentos executados não permitirem que o auditor obtenha evidência de auditoria suficiente e apropriada, o item deve ser tratado como um erro. Também deve considerar os aspectos qualitativos dos erros. Esses aspectos incluem a natureza e a causa do erro e o possível efeito do erro sobre outras fases da auditoria.

Ao analisar os erros descobertos, é possível que o auditor observe que muitos têm características comuns, por exemplo, tipo de transação, localização, linha de produtos ou período de tempo. Nessas circunstâncias, o auditor pode decidir identificar todos os itens da população que tenham características comuns, produzindo, deste modo, uma subpopulação, e decidir ampliar os procedimentos de auditoria nessa área. Então, o auditor deve executar análise separada com base nos itens examinados para cada subpopulação.

7.7.9.2 Extrapolação de erros

O auditor deve extrapolar os resultados dos erros da amostra para a população da qual foi selecionada. Existem diversos métodos aceitáveis para extrapolar os resultados de erros. Entretanto, em todos os casos, o método de extrapolação precisa ser consistente com o método usado para selecionar a amostra.

Quando extrapolar resultados de erros, o auditor deverá considerar os aspectos qualitativos dos erros encontrados.

Quando a população tiver sido dividida em subpopulações, a extrapolação de erros será feita separadamente para cada subpopulação e os resultados combinados.

7.7.9.3 *Reavaliação do risco de amostragem*

O auditor deve considerar se os erros projetados pela extrapolação para a população podem exceder o erro tolerável, levando em conta os resultados de outros procedimentos de auditoria.

O erro projetado para a população deve ser considerado em conjunto com os demais erros identificados durante a auditoria.

Quando o erro projetado exceder o erro tolerável, o auditor deverá reconsiderar sua avaliação anterior do risco de amostragem e, se esse risco for inaceitável, considerar a possibilidade de ampliar o procedimento de auditoria ou executar procedimentos de auditoria alternativos.

A eficiência da auditoria na definição e utilização da amostra pode ser melhorada se o auditor diminuir o percentual a ser testado, mas utilizar a seleção não estatística para itens similares.

7.8 CONSIDERAÇÕES FINAIS

A inspeção envolve o exame de registros ou documentos, internos ou externos em papel, de forma eletrônica ou em outras mídias, ou o exame físico de um ativo. A reexecução envolve a execução independente pelo auditor de procedimentos e controles que foram originalmente realizados como parte do controle interno da entidade. A inspeção envolve o exame de registros ou documentos internos ou externos. A observação fornece evidência de auditoria a respeito da execução de processo ou procedimento, mas é limitada ao ponto no tempo em que ocorre. Portanto, não se presta a verificar como ocorrerá um procedimento no futuro. As indagações podem incluir desde indagações escritas formais até indagações orais ou informais.

No que se refere à confirmação, a informação não tem caráter sigiloso e a resposta deve ser recebida formalmente por carta enviada diretamente ao auditor. A evidência obtida mediante a confirmação caracteriza-se por sua objetividade. Evidência provém de fonte independente. A evidência da confirmação é ascendente (focaliza diretamente a realização de testes de transações e de saldos de contas) e é obtida diretamente pelo auditor com uma fonte externa ao cliente. A confirmação atende a solicitações específicas e é considerada de alto custo. A confirmação não depende da concordância do auditado e tem baixo índice de retorno, conforme Aragão (2019).

8

Controle Interno

ENFOQUE

➤	**NBC TA 200 (R1)**	Objetivos do Auditor Independente e a Condução da Auditoria em Conformidade com Normas de Auditoria.
➤	**NBC TA 260 (R2)**	Comunicação com os Responsáveis pela Governança.
➤	**NBC TA 265**	Comunicação de Deficiências de Controle Interno.
➤	**NBC TA 315 (R2)**	Identificação e Avaliação dos Riscos de Distorção Relevante por meio do Entendimento da Entidade e do seu Ambiente.
➤	**NBC TA 330 (R1)**	Resposta do Auditor aos Riscos Avaliados.

8.1 INTRODUÇÃO

Nos países mais desenvolvidos, é dada grande importância aos métodos científicos de administração, pois dessa forma sabe-se que se torna muito mais fácil alcançar os objetivos planejados. É de lá que provêm os termos *Internal Check* e *Internal Control*. Os controles internos podem ser todas as políticas adotadas pelas empresas com o intuito de mitigar riscos e melhorar processos. É o processo planejado, implementado e mantido pelos responsáveis da governança, administração e outros funcionários para fornecer segurança razoável quanto à realização dos objetivos da entidade no que se refere à confiabilidade dos relatórios financeiros, efetividade e eficiência das operações e conformidade com leis e regulamentos aplicáveis, conforme a NBC TA 315 (R2).

Está a cargo dos responsáveis pela **governança**, da **administração** e dos **funcionários** para fornecer segurança RAZOÁVEL quanto à realização dos objetivos no que se refere a: confiabilidade dos relatórios financeiros, efetividade e eficiência das operações e conformidade com leis e regulamentos (*compliance*). Podem ser preventivos (*a priori*) ou detectivos (*a posteriori*). O processo planejado, implementado e mantido pelos responsáveis pela governança e pela administração em geral para fornecer segurança razoável quanto à realização dos objetivos da entidade no que se refere a confiabilidade dos relatórios financeiros, efetividade e eficiência as operações e conformidade com leis e regulamentos aplicáveis é definido, nas normas de auditoria, como controle interno.

Deficiência significativa de controle interno é a deficiência ou a combinação de deficiências de controle interno que, no julgamento profissional do auditor, é de importância suficiente para merecer a atenção dos responsáveis pela governança. De acordo com as NBCs TA, as deficiências significativas devem ser comunicadas aos administradores e aos responsáveis pela governança. O auditor deve determinar se, com base no trabalho de auditoria executado, ele identificou uma ou mais deficiências de controle interno. Se o auditor identificou uma ou mais deficiências de controle interno, deve determinar, com base no trabalho de auditoria executado, se elas constituem, individualmente ou em conjunto, deficiência significativa. O auditor deve comunicar, tempestivamente, por escrito, as deficiências significativas de controle interno, identificadas durante a auditoria, aos responsáveis pela governança.

De acordo com a norma sobre "Comunicação de Deficiências de Controle Interno", uma deficiência de controle interno existe quando o controle é planejado, implementado, operado de tal forma que não consegue prevenir ou detectar e corrigir, tempestivamente, distorções nas demonstrações contábeis. Qualquer processo de controle interno é passível de apresentar deficiência significativa. O auditor deve comunicar, tempestivamente, por escrito, as deficiências significativas de controle interno identificadas durante a auditoria aos responsáveis pela governança.

Os problemas de controle interno encontram-se em todas as áreas das empresas modernas. Como exemplo disso podem-se citar: vendas, fabricação, compras, tesouraria etc. Quando exercido adequadamente sobre cada uma das funções acima, o controle assume fundamental importância, objetivando atingir os resultados mais favoráveis com menores desperdícios.

Os Controles Internos podem ser todas as políticas adotadas pelas empresas com o intuito de mitigar riscos e melhorar processos, segundo a NBCTA 265 – Deficiência de controle interno e NBC TA 315 (R2) – Identificação e avaliação de risco relevante.

A NBC TA 265 apresenta os seguintes exemplos ou indicadores de deficiência significativa do controle interno:

- evidência de aspectos ineficazes do ambiente de controle, como indicações de que transações significativas, nas quais a administração está financeiramente interessada, não estão sendo apropriadamente analisadas pelos responsáveis pela governança e o cometimento de fraude pela administração, relevante ou não, que não foi prevenida pelo controle interno da entidade;
- ausência de processo de avaliação de risco na entidade em que a existência desse processo seria normalmente esperada;
- evidência de processo de avaliação de risco ineficaz, como falha da administração para identificar risco de distorção relevante, que o auditor esperaria que o processo de avaliação de risco tivesse identificado;
- evidência de resposta ineficaz a riscos significativos identificados (por exemplo, ausência de controle sobre esses riscos);
- distorção detectada, pelos procedimentos do auditor, que não foi prevenida ou detectada e corrigida pelo controle interno da entidade;
- reapresentação de demonstrações contábeis emitidas anteriormente para refletir a correção de distorção relevante devido a erro ou fraude;
- evidência da incapacidade da administração de supervisionar a elaboração das demonstrações contábeis.

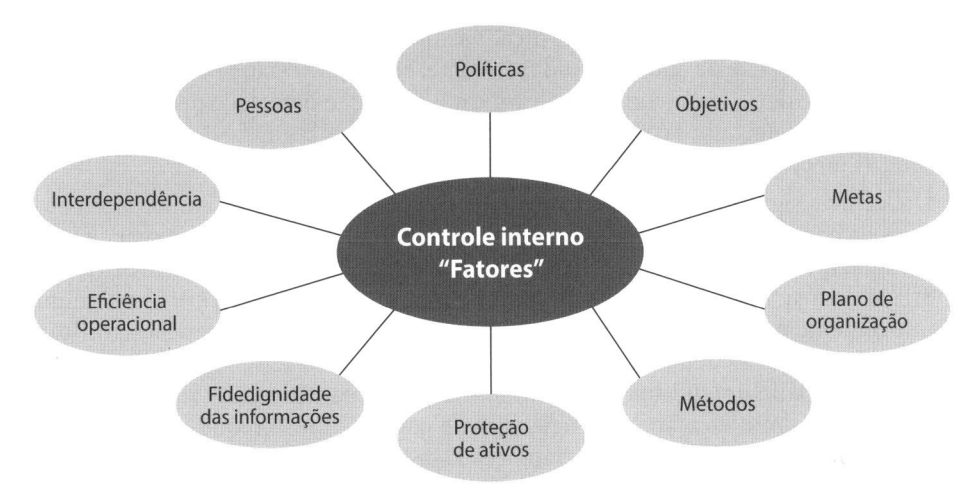

Figura 8.1 *Fatores do controle interno.*

É preciso destacar que o termo **controle interno** não tem o mesmo significado de auditoria interna. A auditoria interna equivale a um trabalho organizado de revisão e apreciação de trabalho, normalmente executado por um departamento especializado, ao passo que controle interno refere-se aos procedimentos e à organização adotados como planos permanentes da empresa.

Antes de elaborar o plano ou programa que guiará o auditor, é necessário observar como se encontram os controles da empresa:

- quanto melhor o controle, mais segurança para o trabalho;
- quanto menor o controle, mais cuidado será exigido na execução das tarefas.

Atualmente, o conceito da avaliação dos controles internos tem-se alargado além das preocupações com a "confiabilidade" dos dados; acrescentou-se a "qualidade" dos mesmos.

O processo que tem por finalidade, entre outras, proporcionar à empresa razoável garantia de promover eficácia em suas operações é denominado sistema contábil e de controle interno. Um fator relevante que deve ser considerado pelo auditor independente no estudo e avaliação dos sistemas contábil e de controle interno é o grau de descentralização de decisão adotado pela administração. O auditor deve estudar o sistema contábil, orçamentário, patrimonial, financeiro e o sistema de controles internos da empresa auditada, em virtude de suas influências nos trabalhos de auditoria. Também, deve comunicar apropriadamente, aos responsáveis pela governança e à administração, as deficiências de controle interno que o auditor identificou durante a auditoria e que, no seu julgamento profissional, sejam de importância suficiente para merecer a atenção deles. O auditor deve obter entendimento do controle interno para planejar os procedimentos de auditoria que são apropriados nas circunstâncias.

Deficiência de controle interno existe quando, segundo a NBC TA 265 – Comunicação de Deficiências de Controle Interno:

- o controle é planejado, implementado ou operado de tal forma que não consegue prevenir, ou detectar e corrigir tempestivamente, distorções nas demonstrações contábeis; ou
- falta um controle necessário para prevenir, ou detectar e corrigir tempestivamente distorções nas demonstrações contábeis.

São exemplos de deficiências significativas nos controles internos e que requerem comunicação por parte da auditoria independente, conforme estabelece a NBC TA 265 – Comunicação de deficiências no controle interno: distorção detectada pela auditoria, que foi prevenida ou detectada e corrigida pelo controle interno, segundo as comunicações de deficiências no controle interno (NBC TA 265).

Deficiência significativa de controle interno é a deficiência ou a combinação de deficiências de controle interno que, no julgamento profissional do auditor, seja de importância suficiente para merecer a atenção dos responsáveis pela governança. Se o auditor identificou uma ou mais deficiências de controle interno, ele deve determinar e comunicar tempestivamente por escrito à administração se elas constituem deficiência significativa, bem como descrever as deficiências e explicação de seus possíveis efeitos. A Norma trata da responsabilidade do auditor de comunicar apropriadamente, aos responsáveis pela governança e à administração, as deficiências de controle interno que foram identificadas na auditoria das demonstrações contábeis. Esta Norma não impõe responsabilidades adicionais ao auditor na obtenção de entendimento do controle interno, assim como no planejamento e na execução de testes de controle além dos requisitos da NBC TA 315 (R2), itens 4 e 12, e da NBC TA 330 (R1). A NBC TA 260 (R2) estabelece requisitos adicionais e fornece orientação sobre a responsabilidade do auditor na comunicação com os responsáveis pela governança em relação à auditoria de demonstrações contábeis.

A NBC TA 260 (R2) está focada na comunicação com os órgãos de governança na auditoria de demonstrações contábeis e, portanto, ela **não** estabelece requisitos relacionados à comunicação do auditor com a administração ou com proprietários da entidade, a menos que eles também sejam responsáveis pela governança. O auditor deve comunicar, aos responsáveis pela governança, as responsabilidades do auditor em relação à auditoria das demonstrações contábeis, considerando que:

a) o auditor é responsável por formar e expressar uma opinião sobre as demonstrações contábeis elaboradas pela administração com a supervisão geral dos responsáveis pela governança; e

b) a auditoria das demonstrações contábeis não isenta a administração ou os responsáveis pela governança de suas responsabilidades.

O auditor deve estudar o sistema contábil, orçamentário, patrimonial, financeiro e o sistema de controles internos da empresa auditada, em virtude de suas influências nos trabalhos de auditoria. Por definição, um dos objetivos do controle interno é incrementar a eficiência operacional. Um exemplo de controle operacional, utilizado com essa finalidade na prevenção de falhas na linha de produção, é o monitoramento e a manutenção periódica de máquinas e equipamentos. Um fator relevante que deve ser considerado no estudo e avaliação do sistema contábil e de controle interno é o grau de descentralização de decisão adotado pela administração. Sistema Contábil e de Controle Interno é o plano de organização e o conjunto integrado de métodos e procedimentos adotados pela entidade para proteger seu patrimônio, promovendo, entre outras, a eficácia de suas operações.

8.1.1 Conceito e observações fundamentais

O Instituto Americano dos Contadores Públicos Certificados define:

> *O Controle Interno compreende o plano de organização e todos os métodos e medidas adotadas na empresa para salvaguardar seus ativos, verificar a exatidão*

e fidelidade dos dados contábeis, desenvolver a eficiência nas operações e estimular o seguimento das políticas administrativas prescritas.

Quando se examinam os controles internos de uma empresa, está-se analisando a "organização dos controles" e também a "execução" deles.

São todos os instrumentos da organização destinados à vigilância, fiscalização e verificação administrativa, que permitam prever, observar, dirigir ou governar os acontecimentos que se verificam dentro da empresa e que produzam reflexos em seu patrimônio.

O *Institut Français des Experts-Comptables* assim define:

> *Controle Interno é formado pelo plano de organização e de todos os métodos e procedimentos adotados internamente pela empresa para proteger seus ativos, controlar a validade dos dados fornecidos pela Contabilidade, ampliar a eficácia e assegurar a boa aplicação das instruções da direção.*

Na prática, o que se quer conhecer é a eficiência da "vigilância" e da "proteção" aos bens, para saber se o que se investe e o que se obtém de recursos efetivamente oferece lucratividade, economicidade ou adequada colimação dos fins procurados ou programados.

Essa proteção inclui todos os meios de segurança, ou seja, aqueles que oferecem coberturas às ocorrências anteriores, atuais e posteriores de um fenômeno patrimonial.

Pode-se inferir que o controle interno representa em uma organização o conjunto de procedimentos, métodos ou rotinas com o objetivo de proteger os ativos, produzir dados contábeis confiáveis e ajudar a administração na condução ordenada dos negócios da empresa. Na avaliação, deve-se ter em mente cada empresa, cada instituição, como um caso peculiar. O que em uma empresa particular comum pode ocorrer apenas com uma ordem verbal, em outra, ligada ao poder público, pode depender de todo um sistema de normas (como, por exemplo, o regime de compras).

Figura 8.2 *Órgãos de auditoria.*

Por ser o conceito de controle interno muito amplo, para compreendê-lo melhor é preciso deter-se em seu real significado. Essa análise, fundamentada nos conceitos da administração, parece plenamente justificável, visto que o referido conceito engloba e enfatiza:

- o plano organizacional (estrutura organizacional);
- os sistemas administrativos;
- políticas administrativas;
- eficiência do pessoal da empresa.

O relatório do Comitê de Organizações Patrocinadoras identifica os cinco componentes do controle interno: ambiente de controle; avaliação de risco; atividade de controle; informação e comunicação; monitoração. A atividade de controle identifica as políticas e procedimentos que permitem assegurar que as diretrizes da administração estejam sendo seguidas. É um processo conduzido por todos os integrantes da empresa, para fornecer segurança razoável de que os objetivos da entidade estão sendo alcançados, com relação às seguintes categorias, segundo Fontenelle (2016):

- eficácia e eficiência das operações;
- confiabilidade dos relatórios financeiros; e
- conformidade com a legislação e regulamentos aplicáveis.

8.1.2 Abrangência

Controle interno sob o enfoque contábil compreende o conjunto de recursos, métodos, procedimentos e processos adotados pela entidade do setor público, com a finalidade de:

a) salvaguardar os ativos e assegurar a veracidade dos componentes patrimoniais;
b) dar conformidade ao registro contábil em relação ao ato correspondente;
c) propiciar a obtenção de informação oportuna e adequada;
d) estimular adesão às normas e às diretrizes fixadas;
e) contribuir para a promoção da eficiência operacional da entidade;
f) auxiliar na prevenção de práticas ineficientes e antieconômicas, erros, fraudes, malversação, abusos, desvios e outras inadequações.

O controle interno deve ser exercido em todos os níveis da entidade do setor público, compreendendo:

a) a preservação do patrimônio público;
b) o controle da execução das ações que integram os programas;
c) a observância às leis, aos regulamentos e às diretrizes estabelecidas.

8.1.3 Classificação

O controle interno é classificado nas seguintes categorias:

a) operacional – relacionado às ações que propiciam o alcance dos objetivos da entidade;

b) contábil – relacionado à veracidade e à fidedignidade dos registros e das demonstrações contábeis;

c) normativo – relacionado à observância da regulamentação pertinente.

8.1.4 Estrutura e componentes

Estrutura de controle interno compreende ambiente de controle; mapeamento e avaliação de riscos; procedimentos de controle; informação e comunicação; e monitoramento.

O ambiente de controle deve demonstrar o grau de comprometimento em todos os níveis da administração com a qualidade do controle interno em seu conjunto.

Mapeamento de riscos é a identificação dos eventos ou das condições que podem afetar a qualidade da informação contábil.

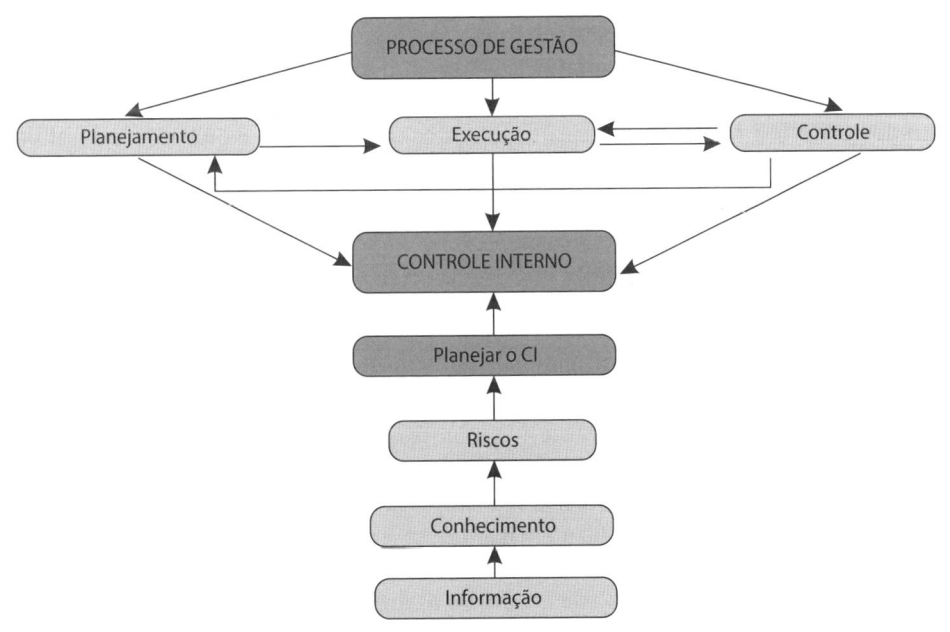

Figura 8.3 *Processo de gestão.*

Avaliação de riscos corresponde à análise da relevância dos riscos identificados, incluindo:

a) a avaliação da probabilidade de sua ocorrência;

b) a forma como serão gerenciados;

c) a definição das ações a serem implementadas para prevenir a sua ocorrência ou minimizar seu potencial; e

d) a resposta ao risco, indicando a decisão gerencial para mitigar os riscos, a partir de uma abordagem geral e estratégica, considerando as hipóteses de eliminação, redução, aceitação ou compartilhamento.

Entendem-se por riscos ocorrências, circunstâncias ou fatos imprevisíveis que possam afetar a qualidade da informação contábil.

Procedimentos de controle são medidas e ações estabelecidas para prevenir ou detectar os riscos inerentes ou potenciais à tempestividade, à fidedignidade e à precisão da informação contábil, classificando-se em:

a) procedimentos de prevenção – medidas que antecedem o processamento de um ato ou um fato, para prevenir a ocorrência de omissões, inadequações e intempestividade da informação contábil;

b) procedimentos de detecção – medidas que visem à identificação, concomitante ou *a posteriori*, de erros, omissões, inadequações e intempestividade da informação contábil.

Monitoramento compreende o acompanhamento dos pressupostos do controle interno, visando assegurar a sua adequação aos objetivos, ao ambiente, aos recursos e aos riscos.

O sistema de informação e comunicação da entidade do setor público deve identificar, armazenar e comunicar toda informação relevante, na forma e no período determinados, a fim de permitir a realização dos procedimentos estabelecidos e outras responsabilidades, orientar a tomada de decisão, permitir o monitoramento de ações e contribuir para a realização de todos os objetivos de controle interno.

8.1.5 Os ganhos com a Sarbanes-Oxley

A lei americana que endureceu os controles internos das empresas trouxe ganhos inesperados para os executivos e acionistas – melhores processos, mais segurança e até mesmo custos menores.

Promulgada em 2002, na esteira dos maiores escândalos empresariais da história americana, a Lei Sarbanes-Oxley (conhecida abreviadamente como SOX) foi concebida como forma de proteger os acionistas das empresas de capital aberto. Na tentativa de evitar novas fraudes, a SOX passou a obrigar que as companhias descrevessem detalhada e claramente cada um de seus processos administrativos e contábeis – assim ficaria fácil atribuir responsabilidade no caso de eventuais deslizes. Os novos processos viraram um pesadelo gerencial para os milhares de corporações obrigadas a seguir a lei – cada um dos incontáveis procedimentos internos tem de ser padronizado e detalhadamente descrito e auditado. No entanto, esse esforço vem mostrando um inesperado lado positivo às empresas. No decorrer do processo, as companhias brasileiras que se adaptaram à SOX perceberam que os procedimentos da nova lei ajudam a melhorar controles, a facilitar a gestão e até a cortar custos.

Esses são os ganhos mais visíveis. Há outros, menos palpáveis, mas igualmente importantes. Um deles é proteger a empresa contra fraudes. Antes da lei não havia uma política clara na companhia sobre quem poderia aprovar compras no sistema integrado de gestão da empresa. Como resultado, muitos dos controles eram informais, o que abria espaço a imprecisões e erros. Com a SOX, é possível controlar muito melhor o que está acontecendo na companhia, não só no Brasil como no mundo. Além disso, a empresa reduziu a possibilidade de uma fraude praticamente a zero.

Outro benefício da SOX é proporcionar aos principais executivos mais visibilidade sobre o que ocorre no negócio.

8.1.6 Visão geral e cultura de controle

O controle interno é responsabilidade do Conselho Fiscal das instituições, de acordo com a Lei Complementar nº 108/2001 em seu art. 14, que determina que o Conselho Fiscal seja o órgão de controle interno da entidade, e com o art. 19 da mesma Lei Complementar, que informa ser a diretoria executiva responsável pela administração da entidade em conformidade com a política de administração traçada pelo Conselho Deliberativo.

8.1.7 Regulamentações – seguros privados

Na Resolução nº 86/2002 do Conselho Nacional de Seguros Privados (CNSP), várias orientações foram dadas a fim de aumentar a eficácia dos controles internos, com uma normatização contábil visando dar maior consistência aos números a serem apresentados pelas sociedades seguradoras, resseguradoras, de capitalização e entidades abertas de previdência privada. A Superintendência de Seguros Privados (SUSEP) ficou encarregada de administrar a implantação deles.

Uma das principais modificações foi a obrigatoriedade de substituição dos auditores independentes depois de decorridos quatro anos no máximo, contados a partir de 1º-1-2003.

Em 20 de fevereiro de 2004, a SUSEP, por meio da Circular 249, dispõe sobre a implantação e implementação de sistema de controles internos nas sociedades seguradoras, de capitalização e nas entidades abertas de previdência complementar. Essa circular vem complementar a Circular SUSEP nº 234, de 28-8-2003 no que diz respeito às responsabilidades dos diretores e dirigentes.

A atividade de auditoria interna deve fazer parte do sistema de controles internos e poderá ser executada por empresa externa, caso não haja, na própria sociedade ou entidade, esse departamento, desde que não seja responsável, também, pela auditoria das demonstrações contábeis. Deve estar ligada diretamente ao conselho de administração ou à diretoria, conforme o caso.

Se a auditoria interna for exercida por um departamento, este deve estar diretamente subordinado ao conselho de administração ou, quando for o caso, à diretoria da entidade.

8.1.8 Atividades de controle e segregação de responsabilidades

Os administradores de entidades de previdência complementar, fechada ou aberta, responderão, civilmente, pelos danos ou prejuízos que causarem, por ação ou omissão, de acordo com a Lei Complementar nº 108/2001 em seu art. 63.

Enquadram-se nesse mesmo artigo administradores dos patrocinadores ou instituidores, atuários, auditores independentes, avaliadores de gestão e outros profissionais que prestam serviços técnicos à entidade, diretamente ou por intermédio de pessoa jurídica contratada.

8.1.9 Reconhecimento e avaliação de risco

A resolução do Banco Central do Brasil (BACEN) nº 3.121/2003 determina que as entidades fechadas de previdência complementar devem analisar o risco sistêmico de crédito e de mercado e a segregação de funções do gestor e do agente custodiante, bem como observar o potencial conflito de interesses e a concentração operacional, com o objetivo de manter equilibrados os aspectos prudenciais e a gestão de custos.

8.1.10 Atividades de monitoração e correção de deficiências

A auditoria das demonstrações financeiras é requisito básico para o controle, conforme resolução BACEN nº 3.121/2003 em seu art. 56, no qual estabelece que as entidades fechadas de previdência complementar devem incumbir da avaliação da pertinência dos procedimentos técnicos, operacionais e de controle de seus investimentos a pessoa jurídica credenciada na Comissão de Valores Mobiliários, contratada para a prestação do serviço de auditoria independente.

A Resolução nº 3/2001 do CGPC estabelece as condições para a realização de auditorias atuariais e de benefícios nessas entidades.

8.1.11 Governança corporativa

A Comissão de Valores Mobiliários (CVM), em julho de 2002, publicou sua "Cartilha de Governança", buscando estimular o desenvolvimento do mercado brasileiro de capitais por meio da divulgação de práticas de boa governança corporativa.

O objetivo dessa Cartilha é orientar nas questões que possam influenciar, significativamente, a relação entre administradores, conselheiros, auditores independentes, acionistas controladores e acionistas minoritários.

Procurou-se, na cartilha da CVM, a adaptação de alguns conceitos de governança corporativa internacional às características próprias da realidade brasileira, notadamente a predominância de companhias com controle definido.

8.2 AVALIAÇÃO DO CONTROLE INTERNO

Os controles internos são de fundamental importância para o trabalho do auditor. Quanto mais precisos eles forem, maior segurança haverá na formação da opinião. Quanto mais imprecisos forem, maiores terão de ser os cuidados do auditor na formação de sua opinião. Sob esse enfoque do controle interno, a segregação de funções cria independência entre a execução operacional, custódia de bens patrimoniais e respectiva contabilização. As normas de auditoria geralmente aceitas, referentes ao trabalho no campo, estabelecem que o auditor deve avaliar o sistema de controle interno da empresa auditada, a fim de determinar a natureza, época e extensão dos procedimentos de auditoria.

A principal finalidade do auditor independente de demonstrações contábeis quando estuda e avalia o sistema contábil e de controle interno da entidade auditada é determinar a natureza, oportunidade e extensão da aplicação dos procedimentos de auditoria.

O auditor independente executa os seguintes passos na avaliação do controle interno:
- levanta o sistema de controle interno;
- verifica se o sistema levantado é o que está sendo seguido na prática;
- avalia a possibilidade de o sistema revelar de imediato erros e irregularidades;
- determina o tipo, data e volume dos procedimentos de auditoria.

O auditor está interessado em valores significativos, referentes a erros ou irregularidades, que afetam as demonstrações financeiras, podendo conduzir os leitores a um entendimento errôneo sobre estas demonstrações. Um bom sistema de controle interno funciona como uma "peneira" na detecção desses erros ou irregularidades. Portanto, o auditor pode reduzir o volume de testes de auditoria na hipótese de a empresa ter um sistema de controle interno forte, caso contrário, o auditor deve aumentá-lo. Na Figura 8.4, é dado um exemplo ilustrativo da relação da avaliação do controle interno com o volume de testes de auditoria. Nessa figura, a nota 0 (zero) representa que não existe controle e a nota 8 (máxima) significa que o controle interno é excelente.

Observe que o auditor sempre executa testes, mesmo no caso de o sistema de controle interno ser excelente.

A auditoria interna e a externa são os instrumentos mais eficazes para evitar irregularidades administrativas nos negócios. O trabalho abrange fatores técnicos e psicológicos, pois trata-se de uma função basicamente normativa e preventiva. Diversas irregularidades nos setores financeiro, administrativo e de compras das organizações passam, na maioria das vezes, despercebidas pelos próprios empresários. Preocupados com a evasão de divisas, eles armam-se contra o problema e mostram-se, cada vez mais, interessados em aprender novas técnicas e procedimentos básicos para evitar situações de fraudes, subornos e desfalques. Além da adoção de rígidos controles internos, o papel da auditoria vem ganhando crescente importância e contribui para a eficácia dos resultados finais em qualquer companhia.

Há três tipos de irregularidades mais comuns nas empresas: o suborno, quando alguém recebe alguma propina ou benefício direto para tomar decisão; a fraude, que se caracteriza pela adulteração de documentação e, consequentemente, proporciona benefício financeiro; e o desfalque, que se define pela simples retirada de dinheiro, o famoso "tomar emprestado".

A fraude acontece com maior frequência. O infrator preocupa-se em fazer com que a documentação interna da companhia deixe de refletir ou esconda a operação feita. Em algumas empresas os controles internos são tão desorganizados que as pessoas não percebem que o dinheiro sumiu. A concentração das funções gerenciais nas mãos de poucos funcionários, em decorrência do processo de enxugamento, facilita situações fraudulentas.

A avaliação dos controles internos foi determinada pelo art. 404 da Lei Sarbanes-Oxley. O Conselho de Supervisão Contábil das Companhias de Capital Aberto (PCAOB, na sigla em inglês) apresentou instruções encorajando os auditores a usar seu próprio critério de julgamento, de forma a examinar apenas os controles que pareçam de importância significativa.

Os auditores sofrem de uma diferença de expectativas no que se refere à responsabilidade para detectar fraudes. As regras de auditoria dizem que os auditores devem obter uma garantia razoável de que as contas estão livres de erros e de fraudes. Os reguladores, no entanto, estudam impor novas responsabilidades aos auditores para detectar fraudes, em parte porque essa garantia razoável não foi definida nas atuais regras.

A finalidade principal do estudo e da avaliação do sistema contábil e de controles internos de uma entidade é determinar a natureza, a oportunidade e a extensão dos procedimentos de auditoria. O relatório com as sugestões para aprimoramento dos controles internos, resultantes do trabalho do auditor independente, denomina-se carta de recomendações ou carta-comentário. A estrutura organizacional da entidade e os métodos de delegação de autoridade e responsabilidade devem ser considerados na avaliação do ambiente de controle. A auditoria interna pode ter responsabilidade específica para revisar controles, avaliar o seu funcionamento e recomendar melhorias a esses controles. Ao fazê-las, a auditoria interna fornece segurança sobre o controle. Por exemplo, a auditoria interna pode planejar e executar testes ou outros procedimentos para fornecer segurança à gerência e aos responsáveis pela governança relativos ao planejamento, implantação e eficácia operacional do controle interno, incluindo os controles que sejam relevantes para a auditoria.

Inspeção, observação, investigação e confirmação são procedimentos de auditoria interna adotados com vistas a determinar se os controles internos estão de fato operando. Esses procedimentos são adotados quando da aplicação dos testes de observância.

8.2.1 Como controlar as áreas de risco?

Os setores de compras, vendas, contas a pagar e receber, folha de pagamento, estoque de mercadorias e financeiro são considerados sujeitos a irregularidades.

No setor de vendas, há facilidades para recebimento de comissões, descontos e consignações indevidas; o setor de compras é um dos mais difíceis de se controlar por meio da auditoria, pois o delito fica registrado fora dos livros contábeis da empresa. O problema é solucionar com a circularização de fornecedores, abertura de novas licitações, além da troca dos funcionários, no momento em que entram em férias.

Os cuidados com o setor de contas a pagar concentram-se nos cheques de serviço, que podem ou não ser fantasmas, e na antecipação de pagamentos, com finalidade de recebimento de propinas. Cabe ao auditor checar se a prática está consumindo dinheiro de investimento das empresas.

Quanto às contas a receber, a tendência, com a crise de caixa na maioria das companhias, é abrir mão de recolher parte do valor financeiro (multas, juros) e receber apenas o montante principal. Pode haver dúvidas se o responsável pelo setor usou o bom senso ou foi propositadamente conivente.

Recomenda-se a verificação regular dos números das contas-correntes dos funcionários, a fim de evitar depósitos em contas fantasmas. Valores residuais de produção de grande volume (matéria-prima) também requerem cuidados extras. A diferença enriquece a pessoa da noite para o dia.

Algumas vezes, o diretor financeiro não admite que as pessoas interfiram e conheçam as operações. É preciso saber se existe conivência relaxada entre o gerente financeiro e o banco. Por meio da análise dos ganhos da empresa, pode-se comprovar sua eficácia gerencial.

8.2.2 Quais os procedimentos mais eficientes?

Para reduzir probabilidades de desvio, destaca-se a importância do sistema de provas surpresas (sistema preventivo) realizado pela auditoria. Esta falta de atitude preventiva de auditoria, mesmo que localizada, tem sido um ônus que as empresas estão pagando caro.

Os controles internos podem ser classificados como preventivos ou detectivos, dependendo do objetivo e do momento em que são aplicados. São exemplos de controles preventivos: segregação de funções, limites e alçadas e autorizações.

Em um sistema de controle interno eficaz, é importante que existam mais controles preventivos do que detectivos. São exemplos de controles detectivos os que encontram falhas ou problemas nos processos, possibilitando a correção futura.

Por causa do processo de enxugamento nas empresas, o papel do auditor restringiu-se à fiscalização contábil. Os auditores externos analisam balanço, dados, mas, efetivamente, não analisam as rotinas da empresa. Deve-se criar um guia de procedimentos e provas departamentais, em cada unidade da organização, realizado pelos próprios funcionários. Entretanto, nada impede que no fim do dia a própria auditoria interna verifique o trabalho. Como a própria surpresa é uma iminência, as provas setoriais acontecem, de fato. Outro fator é que os auditores estejam sendo desviados para resolver problemas imediatos de irregularidades, em vez de cumprirem seu trabalho normativo. Se o auditor faz o trabalho dele, não precisa prender ninguém. Este é um conceito básico de auditoria, pois sua função é preventiva e nunca reativa.

Quando se detecta uma fraude, a auditoria pode participar com autoinstrução e criar outros procedimentos de controle para que novas situações não ocorram mais. O desvio da função do auditor para outras atividades tem sido um erro constante nas empresas. Assim que ela desvia-se para o problema emergente, deixa de verificar todo o resto da organização: produção, estoque, entre outras atividades.

8.3 TIPOS DE CONTROLE: CONTÁBEIS E ADMINISTRATIVOS

Os objetivos do controle interno são: proteger os ativos, produzir dados contábeis confiáveis e ajudar a equipe gestora na condução organizada dos negócios da empresa. Para atingir esses objetivos, torna-se necessária a realização de controles contábeis e de controles administrativos. Ela representa em uma organização os procedimentos, métodos ou rotinas cujos objetivos são proteger os ativos, produzir os dados contábeis confiáveis e ajudar na condução ordenada dos negócios da empresa.

Os controles dos primeiros objetivos representam controles contábeis e os do último, controles administrativos. Os controles contábeis são procedimentos utilizados para salvaguardar o patrimônio e a propriedade dos itens que o compõem. Relacionam-se à veracidade e à fidedignidade dos registros contábeis. Compreendem o plano de organização e todos os métodos e procedimentos utilizados para salvaguardar o patrimônio e a propriedade dos itens que o compõem:

- **segregação de funções:** cria independência entre as funções de execução operacional, custódia dos bens patrimoniais e sua contabilização. Exemplo: segregar as seguintes funções: sistemas de conferência, aprovação, autorização, controle físico sobre ativos;
- **sistema de autorização:** controla as operações por meio de métodos de aprovações, de acordo com as responsabilidades e riscos envolvidos;
- **sistema de registro:** compreende a classificação dos dados dentro de uma estrutura formal de contas, existência de um plano de contas que facilite o registro e preparação das demonstrações contábeis, e a utilização de um manual descritivo para o uso das contas.

Um exemplo de controle interno contábil que é usado para confrontar a mesma informação com dados oriundos de bases diferentes e ajustado para detectar falhas nos procedimentos é a conciliação de registros.

Os controles administrativos compreendem o plano de organização e todos os métodos e procedimentos utilizados para proporcionar eficiência às operações, dar ênfase à política de negócios da empresa, bem como a seus registros financeiros. São procedimentos que visam proporcionar eficiência e efetividade às operações e negócios da empresa. Relacionam-se às ações ligadas ao alcance dos objetivos da entidade.

Eles abrangem:

- normas salutares, que observam práticas saudáveis aos interesses da empresa no cumprimento dos deveres e funções;
- pessoal qualificado, que esteja apto a desenvolver suas atividades, seja bem instruído e supervisionado por seus responsáveis.

Exemplos:

- controle de qualidade;
- treinamento de pessoal;
- análise de lucratividade segmentada;
- desenvolvimento de estudos para aumento de eficiência produtiva.

O plano organizacional é a forma como estão sendo organizados os sistemas. A estrutura organizacional precisa obedecer a uma divisão adequada e balanceada, de forma que sejam estabelecidas as relações de autoridade e responsabilidade entre os vários níveis pelas parcelas de trabalho exigidas para a consecução dos objetivos da empresa, e de maneira que sejam definidas, claramente, as autoridades e responsabilidades de cada um que nela trabalha.

Os métodos e procedimentos a serem adotados estabelecem os caminhos e os meios de comparação e julgamento para se chegar a determinado fim, mesmo que não tenham sido preestabelecidos formalmente.

Ao planejar um sistema, deve-se pensar em torná-lo eficiente, prático, econômico e útil. Uma forma prática de se fazer isso passa pela definição dos procedimentos que promoverão o controle sobre as operações e atividades através de normas constantes em Manuais de Procedimentos.

O objetivo principal do auditor externo ou independente é emitir uma opinião sobre as demonstrações financeiras auditadas. Logo, deve somente avaliar os controles relacionados com estas demonstrações, que são, no caso, os controles contábeis.

Evidentemente, se algum controle administrativo tiver influência nos relatórios da contabilidade, o auditor deverá considerar também a possibilidade de avaliá-lo.

Compreende o plano de organização e todos os métodos e medidas adotadas na empresa para:

- proteger seus ativos contra eventuais roubos, perdas e uso indiscriminado;
- assegurar-se da exatidão e da fidedignidade de seus dados contábeis;
- avaliar e incrementar a eficiência operacional;
- promover o cumprimento às diretrizes administrativas preestabelecidas.

Representação gráfica do sistema de controle interno

A empresa e o ambiente de controle

O sistema de controle interno

- Estrutura organizacional
- Delegação de autoridade
- Instruções escritas
- Ambiente operacional
- Ambiente de T.I.

→ Controles administrativos

- Sistema contábil

→ Controles contábeis

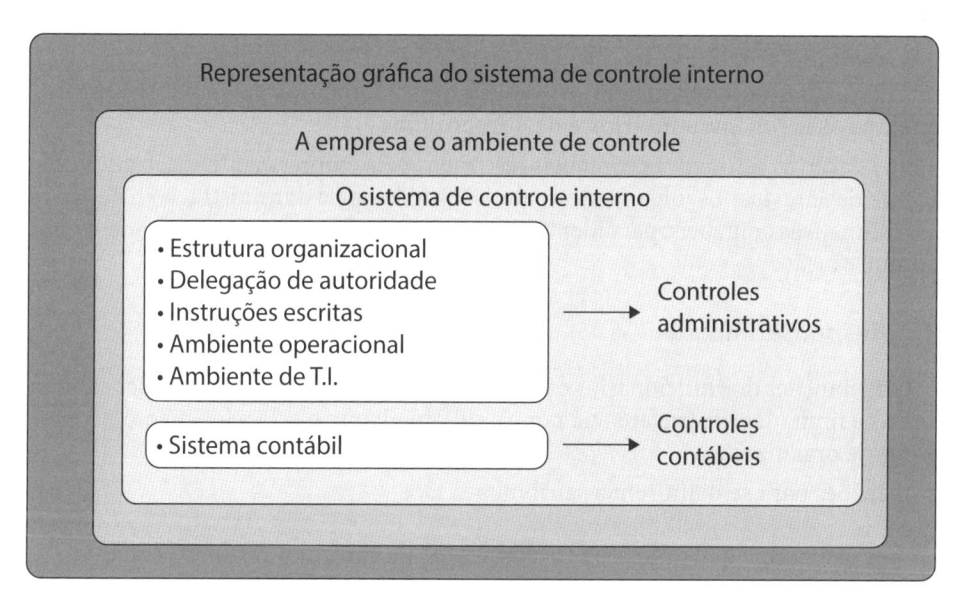

Figura 8.4 *Representação gráfica do sistema de controle interno.*

8.4 IMPORTÂNCIA DO CONTROLE INTERNO

A administração da empresa é responsável pelo estabelecimento do sistema de controle interno, pela verificação de seu cumprimento pelos funcionários e por sua modificação, visando adaptá-lo às novas circunstâncias.

Pode-se entender a importância do controle interno a partir do momento em que se verifica que é ele que pode garantir a continuidade do fluxo de operações com as quais convivem as empresas. Nesse contexto, a contabilidade dos resultados gerados por tal fluxo assume vital importância para os empresários que se utilizam dela para a tomada de suas decisões. Com isso, pode-se entender que toda empresa possui controles internos, sendo que em algumas eles são adequados e em outras não. A diferenciação entre uma e outra pode ser feita ao analisar-se a eficiência dos binômios operações/informações × custos/benefícios.

O controle interno gira em torno dos aspectos administrativos, que têm influência direta sobre os aspectos contábeis. Por isso, é preciso considerá-los, também conjuntamente, para efeito de determinação de um aspecto adequado do sistema de controle interno.

A função da contabilidade como instrumento de controle administrativo é atualmente reconhecida por todos. Um sistema de contabilidade que não esteja apoiado em eficiente controle interno é, até certo ponto, inútil, uma vez que não é possível confiar nas informações contidas em seus relatórios. Informações contábeis distorcidas podem gerar conclusões erradas e danosas para a empresa. Apesar disso, embora pareça absurdo, existem muitas empresas para as quais o controle interno eficiente é desconhecido. Suas direções pensam que, tendo empregado de confiança, estarão cobertas contra qualquer irregularidade. Confiar nos subordinados não deixa de ser correto. Entretanto, é necessário admitir que confiança exagerada pode dar margem a toda espécie de fraudes. Basta dizer que grande parte das irregularidades nos negócios, segundo se tem verificado, deve-se a empregados nos quais mais se confiava. Além disso, quando não existem procedimentos adequados de controle interno, são frequentes os erros involuntários e os desperdícios.

Em relação às estimativas contábeis realizadas pela empresa auditada, o auditor independente deve revisar os julgamentos e decisões feitos pela administração na elaboração destas estimativas contábeis, para identificar se há indicadores de possível tendenciosidade da administração.

8.4.1 Responsabilidade

As atribuições dos funcionários ou setores internos da empresa devem ser claramente definidas e limitadas, de preferência por escrito, mediante o estabelecimento de manuais internos de organização.

As razões para se definirem as atribuições são:

- assegurar que todos os procedimentos de controles sejam executados;
- detectar erros e irregularidades;
- apurar responsabilidades por eventuais omissões na realização das transações da empresa.

Apresentaremos a seguir alguns exemplos de tarefas internas de controle, para as quais precisam ser definidos os empregados responsáveis:

- aprovação de aquisição de bens e serviços;
- execução do processo de aquisição (cotação de preços, seleção do fornecedor e formalização da compra);
- certificação do recebimento de bens ou prestação dos serviços;
- habilitação do documento fiscal do fornecedor para pagamento (confronto da nota fiscal do fornecedor com contrato, ordem de compra etc.);
- programação financeira do pagamento;
- guarda de talonários de cheques em branco;
- preenchimento dos cheques para pagamento;
- assinatura de cheques;
- pagamento ao fornecedor;
- aprovação de venda;
- preparo da nota fiscal de venda, fatura e duplicata;
- controle de cobrança de vendas a prazo;
- programação financeira do recebimento;
- recebimento de numerário;
- preparo do recibo de depósito;
- depósito do numerário em banco;
- controle dos registros de empregados;
- determinação dos valores a pagar aos empregados;
- pagamentos aos empregados;

- controle físico sobre os ativos (dinheiro em caixa, cautelas de títulos, estoques etc.);
- registro contábil das operações da empresa.

8.4.2 Rotinas internas

A empresa deve definir no Manual de Organização todas as suas rotinas internas. Essas rotinas compreendem:

- formulários internos e externos, como, por exemplo:
  - requisição de aquisição de material ou serviços;
  - formulário de cotação de preços (para solicitar preços aos fornecedores);
  - mapa de licitação (para selecionar o fornecedor que ofereceu as melhores condições comerciais);
  - ordem de compra (para formalizar a compra com o fornecedor);
  - aviso de recebimento de material (evidência do recebimento de bens comprados);
  - mapa de controle de programação financeira;
  - fichas de lançamentos contábeis;
  - boletim de fundo fixo (para fins de prestação de contas dos valores pagos por meio do caixa);
  - carta de comunicação com os bancos;
  - formulário de devolução de material;
  - pedido de vendas;
  - adiantamento para viagem;
  - relatório de prestação de contas de adiantamento para viagem;
- instruções para o preenchimento e destinações dos formulários internos e externos;
- evidências das execuções dos procedimentos internos de controle (assinaturas, carimbos etc.);
- procedimentos internos dos diversos setores da empresa, como, por exemplo:
  - compras no país e no exterior;
  - contas a pagar;
  - programação financeira;
  - caixa;
  - controle de faturamento;
  - crédito e cobrança;
  - vendas;
  - fiscal;
  - almoxarifado;
  - controladoria.

8.4.3 Acesso aos ativos

A empresa deve limitar o acesso dos funcionários a seus ativos e estabelecer controles físicos sobre esses. O acesso aos ativos da empresa representa:

- manuseio de numerário recebido antes de ser depositado em conta-corrente bancária;
- emissão de cheque sozinho (única assinatura);
- manuseio de assinados;
- manuseio de envelopes de dinheiro de salários;
- custódia de ativos (dinheiro em caixa, cautelas de títulos, estoques, imobilizado etc.).

São exemplos de controles físicos sobre ativos:

- local fechado para o caixa;
- guarda de títulos em cofre;
- a fábrica estar totalmente cercada e revista na saída dos funcionários ou terceiros com embrulhos e carros (poderiam estar levando indevidamente bens da empresa).

Cabe destacar que o acesso aos ativos pode se dar de forma direta (fisicamente) ou de forma indireta, por meio da preparação de documentos que autorizam sua movimentação.

8.4.4 Segregação de funções

A segregação de funções consiste em estabelecer que uma mesma pessoa não pode ter acesso aos ativos e aos registros contábeis, em virtude de essas funções serem incompatíveis dentro do sistema de controle interno.

Os registros contábeis compreendem o razão geral, os registros inicial, intermediário e final. O acesso a esses registros representa para as pessoas que os preparam ou manuseiam informações que servem de base para sua elaboração, em circunstâncias que lhes permitem modificar os dados desses registros. Por exemplo, caso o funcionário tenha acesso aos ativos e registros contábeis, poderá desviar fisicamente o ativo e baixá-lo contabilmente para despesa, o que ocultaria permanentemente essa transação.

São procedimentos aplicados pelo auditor independente de demonstrações contábeis para avaliar o ambiente de controle as verificações da existência de limites de autoridades e responsabilidades definidos, de segregação de funções, de limites de acesso físico a ativos e registros contábeis.

8.4.5 Confronto dos ativos com os registros

A empresa deve estabelecer procedimentos de forma que os ativos, sob a responsabilidade de alguns funcionários, sejam periodicamente confrontados com os registros da contabilidade. O objetivo desse procedimento é detectar desfalque de bens ou até mesmo registro contábil inadequado de ativos.

São exemplos desse confronto:

- contagem de caixa e comparação com o saldo do razão geral;
- contagem física de títulos e comparação com o saldo da conta de investimentos do razão geral;
- conciliações bancárias (reconciliação, em determinada data-base, do saldo da conta-corrente bancária segundo o razão da contabilidade, com o saldo pelo extrato enviado pelo banco);
- inventário físico dos bens do estoque e do ativo imobilizado, confronto com os registros individuais e comparação do somatório dos saldos desses registros com o saldo da respectiva conta do razão geral.

Se a empresa não adota o procedimento de comparar os ativos com os registros contábeis, fica em aberto a possibilidade de o funcionário custodiante se apoderar indevidamente do ativo sem que esse fato seja descoberto, por muito tempo.

Cumpre ressaltar que esse procedimento de controle deve ser efetuado por funcionários que não tenham acesso aos ativos. Esse fato é evidente, já que o funcionário custodiante poderia desviar o bem e informar à administração da empresa que os ativos existentes concordam com os registros contábeis.

8.4.6 Amarrações do sistema

O sistema de controle interno deve ser conhecido, de maneira que sejam registradas apenas as transações autorizadas, por seus valores corretos e dentro do período de competência. Esse fato exige uma série de providências, tais como:

- conferência independente do registro das transações contábeis, como, por exemplo:
  - transporte dos valores dos documentos para os registros iniciais;
  - transporte dos valores dos registros iniciais para os registros intermediários;
  - transporte dos valores dos registros intermediários para os registros finais;
  - transporte dos valores dos registros finais para o razão geral;
- conferência independente dos cálculos, como, por exemplo:
  - cálculos da valorização das quantidades de estoques transferidas ou baixadas (matéria-prima transferida para produtos em processo, produtos em processo transferidos para produtos acabados e produtos acabados baixados para custo dos produtos vendidos);
  - cálculos das depreciações;
  - cálculos da correção monetária sobre o ativo permanente e o patrimônio líquido;
  - cálculos das provisões (imposto de renda, férias, 13º salário etc.);
  - cálculos de atualização de dívidas em moeda estrangeira;
  - cálculos de elaboração das notas fiscais de vendas;

- conferência da classificação contábil de todos os registros finais (ficha de lançamento ou *voucher*) por um contador experiente;
- estabelecimento de controles sequenciais sobre as compras e vendas, de forma a assegurar que essas transações sejam contabilizadas na época devida. Deve ser centralizado o recebimento e aposta uma numeração sequencial nas notas fiscais de aquisição dos fornecedores. A contabilidade deve exercer um controle sobre a numeração sequencial nas notas fiscais de compras e vendas, observando se elas estão sendo contabilizadas dentro do regime de competência;
- as rotinas internas de controle devem ser determinadas de modo que uma área controle a outra. Por exemplo, em um sistema de compras e pagamentos, a empresa teria as seguintes áreas e rotinas envolvidas:
    - **setor requisitante**: informa ao setor de compras, por meio de um formulário de requisição, que necessita de determinado bem;
    - **setor de compras**: verifica se a requisição do setor requisitante foi aprovada segundo os limites de competência estabelecidos nas normas internas da empresa, seleciona os possíveis fornecedores com base em seu cadastro, faz cotação de preço com estes, seleciona o fornecedor que ofereceu as melhores condições comerciais e efetua a compra;
    - **setor de recepção**: recebe os bens e a nota fiscal do fornecedor e dá o "certifico", indicando as quantidades recebidas e o bom estado dos bens;
    - **setor de contabilidade**: recebe a nota fiscal do setor de recepção, faz o lançamento contábil (débito em estoque e crédito em fornecedores) e envia-o para processamento no setor de computador;
    - **setor de computador**: processa o lançamento contábil e remete os relatórios contábeis para o setor de contabilidade;
    - **setor de compras a pagar**: recebe do setor de contabilidade a nota fiscal, verifica se foi devidamente certificada pelo setor de recepção, confronta-a com o instrumento formalizador da compra (ordem de compra ou contrato), enviado diretamente pelo setor de compras, e habilita-a para pagamento;
    - **setor financeiro**: recebe do setor de contas a pagar a nota fiscal, verifica se foi devidamente habilitada por esse setor e processa o pagamento;
    - **setor de contabilidade**: recebe o processo de pagamento do setor financeiro, verifica se todos os documentos estão em ordem, faz o lançamento contábil (débito em fornecedores e crédito em bancos) e envia para processamento no setor de computador.

Agora, vamos analisar a possibilidade de algum dos setores mencionados colocar um documento falso no sistema, visando beneficiar-se *a posteriori* do produto do pagamento:

- **setor requisitante**: é impossível a esse setor incluir em qualquer fase do sistema um documento falso, já que esse setor não tem acesso à nota fiscal do fornecedor no processo normal de compra e pagamento;
- **setor de compras**: a mesma situação do setor requisitante;
- **setor de recepção**: o setor de contas a pagar detectaria, devido ao fato de que existiria uma nota fiscal sem que o setor de compras tivesse enviado o instrumento formalizador da aquisição;

- **setor de contabilidade**: o mesmo caso do setor de recepção;
- **setor de computador**: a mesma situação do setor requisitante;
- **setor de contas a pagar**: o documento falso poderia até ser pago, entretanto, o setor de contabilidade descobriria essa irregularidade por ocasião da análise da conta de fornecedores, já que não existiria o crédito (registrado pela contabilidade quando do recebimento do bem) para eliminar o débito pelo pagamento;
- **setor financeiro**: a mesma situação do setor de contas a pagar.

8.4.7 Auditoria interna

Não adianta a empresa implantar um excelente sistema de controle interno sem que alguém verifique periodicamente se os funcionários estão cumprindo o que foi determinado no sistema, ou se o sistema não deveria ser adaptado às novas circunstâncias. Os objetivos da auditoria interna são exatamente esses, ou seja:

- verificar se as normas internas estão sendo seguidas;
- avaliar a necessidade de novas normas internas ou de notificação das já existentes.

Os princípios e fundamentos do controle interno podem ser expostos conforme o Quadro 8.1.

Quadro 8.1 *Princípios e fundamentos do controle interno*

CONTROLE INTERNO A SER ADOTADO	MOTIVO
a. Devem ser fixadas as responsabilidades.	Se não existir delimitação extra, o controle será deficiente.
b. A contabilidade e as operações devem estar separadas.	Um empregado não deve ocupar um posto em que tenha controle da contabilidade e, ao mesmo tempo, controle das operações que ocasionam lançamentos.
c. Controles cruzados. Por exemplo, as vendas diárias devem ser acumuladas e confrontadas ao final do período com a soma das etiquetas das mercadorias entregues.	Devem ser utilizadas todas as provas disponíveis para se comprovar a exatidão, visando assegurar que as operações foram registradas corretamente na contabilidade.
d. Nenhuma pessoa individualmente deve ter completamente a seu cargo uma transação comercial.	Qualquer pessoa, deliberadamente ou inadvertidamente, cometerá erros; entretanto, é provável que se descubram os erros se o manejo de uma transação está dividido entre duas ou mais pessoas.
e. Deve-se escolher e treinar cuidadosamente os empregados.	Um treinamento cuidadoso oferece como resultados: melhor rendimento, custos reduzidos e empregados mais atentos e ativos.

CONTROLE INTERNO A SER ADOTADO	MOTIVO
f. Se for possível: • deve haver rotatividade entre os empregados destinados a cada trabalho; • deve ser imposta a obrigação de usufruto de férias para todas as pessoas que ocupam postos de confiança.	Isso reduz as oportunidades de fraude e indica a adaptabilidade do empregado.
g. As instruções de operações para cada cargo devem ser sempre fornecidas por escrito.	Os manuais de procedimentos fomentam a eficiência e evitam erros ou interpretações erradas.

8.5 LIMITAÇÕES DO CONTROLE INTERNO

As limitações do controle interno têm, principalmente, relação com:

- conluio de funcionários na apropriação de bens da empresa;
- instrução inadequada dos funcionários com relação às normas internas;
- negligência dos funcionários na execução de suas tarefas diárias.

Em virtude dos pontos acima relatados, mesmo no caso de a empresa ter um excelente sistema de controle interno, o auditor deve executar procedimentos mínimos de auditoria.

Exemplo: um funcionário (de uma entidade que passou por auditoria), em aliança com o fornecedor de serviços, pagou por trabalhos não prestados. Esse fato estabelece uma limitação inerente dos sistemas de controles internos.

São deficiências significativas de controle interno:

- a probabilidade de as deficiências levarem à distorção relevante nas demonstrações contábeis no futuro;
- a possibilidade de perda ou fraude no ativo ou passivo em questão;
- aspectos ineficazes do controle, tais como:
  - indicações de transações significativas nas quais a administração está financeiramente interessada;
  - identificação de fraude da administração – relevante ou não – que não foi prevenida pelo controle interno da entidade;
  - falha da administração ao não realizar a implantação de medidas corretivas apropriadas para as deficiências significativas comunicadas anteriormente;
- evidências da incapacidade da administração de supervisionar a elaboração das demonstrações contábeis.

8.6 FRAUDES E DESFALQUES NAS EMPRESAS

Os resultados de pesquisas realizadas sobre as fraudes nas empresas apontam que esse é um problema comum e crescente a todas elas, decorrente do enfraquecimento dos valores éticos, morais, sociais e, principalmente, da ineficácia dos sistemas de controles internos. Entretanto, os fatores que motivam as pessoas a cometerem fraude podem ser classificados em três aspectos:

- oportunidade para cometê-la e escondê-la;
- pressão por dificuldades financeiras; e
- racionalização do entendimento sobre a falta cometida.

A maioria dos entrevistados concorda que a melhor maneira para reduzir as fraudes é sua prevenção. Além disso, reconhecem que nas fraudes há sinais de advertência que podem ser percebidos, permitindo evitá-las ou identificá-las.

Bons controles internos apenas previnem contra a fraude e minimizam os riscos de erros e irregularidades, porque, por si só, não bastam para evitá-los. Assim, por exemplo, a segregação de uma operação em fases distintas, dirigidas a diversas pessoas, reduz a chance de ocorrerem irregularidades, porém, não pode impedir que elas ocorram, caso as diversas pessoas que intervêm no processo se ponham de acordo para cometer algum ato fraudulento. Apesar disso, os outros elementos do sistema podem, em alguns casos, atuar como controles independentes a ponto de revelarem a manobra.

A eficiência do sistema de controle interno em sua totalidade deve permitir detectar não somente irregularidades de atos intencionais, como também erros de atos não intencionais. Estes podem ser:

- decorrentes da má aplicação de uma norma ou procedimento;
- de omissão por não aplicar um procedimento prescrito nas normas em vigor; e
- de interpretação, por exemplo, a aplicação errônea das Normas de Contabilidade na contabilização das operações.

Para um funcionário praticar um desfalque, ele tem de ter acesso aos ativos da empresa. Os desfalques podem ser temporários ou permanentes. O desfalque temporário ocorre quando um funcionário se apossa de um bem da empresa e não altera os registros da contabilidade (transferindo o ativo roubado para despesas).

São exemplos de desfalques temporários:

- funcionário apodera-se do dinheiro recebido de clientes, proveniente de vendas a prazo, antes do registro contábil do recebimento. Como consequência, fica em aberto na conta de Duplicatas a Receber um valor já pago pelo cliente. Esse fato seria descoberto pelo confronto das duplicatas ainda não recebidas com a conta de duplicatas a receber da contabilidade ou pela confirmação de saldo com os clientes;
- funcionário assenhoreia-se do dinheiro recebido de clientes, após o registro contábil do recebimento. Consequentemente, foi dado um débito à conta de Bancos no razão geral; entretanto, o dinheiro não foi efetivamente depositado. Esse desfalque seria descoberto por meio da reconciliação bancária;
- funcionário apoderou-se de um ativo da empresa (dinheiro de caixa, cautelas de títulos, estoques, imobilizado etc.). Como resultado, o ativo continua registrado no razão geral; no entanto, o bem não mais existe fisicamente na empresa. Esse desfalque seria descoberto pelo confronto dos ativos existentes fisicamente com os registros contábeis.

O desfalque permanente ocorre quando um funcionário desvia um bem da empresa e modifica os registros contábeis, de forma que os ativos existentes concordem com os valores registrados na contabilidade. Para que suceda esse tipo de desfalque, é necessário que o funcionário tenha acesso aos ativos e aos registros contábeis. O funcionário poderia utilizar os seguintes artifícios para modificar os registros contábeis:

- debitar despesa ou receita e creditar a conta do Ativo correspondente;
- subavaliar os débitos ou superavaliar os créditos na conta do Ativo correspondente e subavaliar os créditos em conta de Receita ou superavaliar os débitos em conta de Despesa ou Provisão:
    - mediante erros de somas ou transporte de valores desde o documento-suporte da transação até o razão geral;
    - mediante erros de somas na apuração do saldo das contas do razão geral.

A seguir, apresentaremos exemplos de desfalques permanentes:

- funcionário responsável pelos recebimentos de clientes e pelo preparo dos registros contábeis de vendas e recebimentos desvia um recebimento de vendas a prazo e baixa a duplicata correspondente contra vendas (débito em Devolução de Vendas e crédito em Duplicatas a Receber);
- funcionário responsável pelas matérias-primas e pela elaboração de lançamentos contábeis rouba uma matéria-prima e baixa o bem correspondente para despesa (débito em Despesas Diversas e crédito em Matéria-prima);
- funcionário responsável pelos recebimentos de vendas a prazo e pelo registro contábil das vendas desvia recebimento de $ 1.000 e registra as vendas do mês (débito em Duplicatas a Receber e crédito em Vendas) deduzidas desse valor (erros de soma ou de transporte de valores);
- funcionário responsável pelos recebimentos e pela baixa das duplicatas incobráveis desvia recebimentos de $ 5.000 e registra as duplicatas incobráveis baixadas (débito em Provisão para Devedores Duvidosos e crédito em Duplicatas a Receber) acrescidas desse valor (erros de soma ou de transporte de valores);
- funcionário que manuseia recebimentos de vendas à vista para fins de depósito bancário, após o registro contábil inicial, e é responsável pela escrituração do razão geral desvia recebimentos de $ 10.000, reduz o saldo da conta de Bancos (de forma a concordar com o saldo real na conta Corrente Bancária e o saldo de uma conta-corrente bancária) e o saldo de uma conta de Receita ou aumenta o saldo de uma conta de Despesa. Cabe destacar que essa alteração nos registros contábeis é feita mediante apuração errônea dos saldos das contas do razão geral (débito – crédito = saldo).

8.6.1 Responsabilidade pela prevenção e detecção da fraude

A principal responsabilidade pela prevenção e detecção da fraude é dos responsáveis pela governança da entidade e da sua administração. É importante que a administração, com a supervisão geral dos responsáveis pela governança, enfatize a prevenção da fraude, o que pode reduzir as oportunidades de sua ocorrência, e a dissuasão da fraude, o que pode persuadir os indivíduos a não perpetrar fraude por causa da probabilidade de detecção e punição. Isso envolve compromisso de criar uma cultura de honestidade e comportamento ético, que pode ser reforçado por supervisão ativa dos responsáveis pela governança. A supervisão geral por parte dos responsáveis pela governança inclui a consideração do potencial de burlar controles ou de outra influência indevida sobre o processo de elaboração de informações contábeis, tais como tentativas da administração de gerenciar os resultados para que influenciem a percepção dos analistas quanto à rentabilidade e desempenho da entidade.

A implantação de um sistema efetivo de controles percorre várias etapas, como, por exemplo, levantamento de processos, controles envolvidos, riscos, planejamento, execução e monitoramento. Os responsáveis pelo sistema de controles internos de uma organização (considerando todas as etapas) são os diretores, os gerentes, os auditores e demais colaboradores.

8.6.2 Responsabilidade do auditor

O auditor que realiza auditoria de acordo com as normas de auditoria é responsável por obter segurança razoável de que as demonstrações contábeis, como um todo, não contenham distorções relevantes, causadas por fraude ou erro. Conforme descrito na NBC TA 200 (R1), devido às limitações inerentes da auditoria, há um risco inevitável de que algumas distorções relevantes das demonstrações contábeis possam não ser detectadas, apesar de a auditoria ser devidamente planejada e realizada de acordo com as normas de auditoria.

8.7 LEVANTAMENTO DO SISTEMA DE CONTROLE INTERNO

As informações sobre o sistema de controle interno são obtidas das seguintes formas:

- leitura dos manuais internos de organização e procedimentos;
- conversa com funcionários da empresa;
- inspeção física desde o início da operação (compra, venda, pagamentos etc.) até o registro no razão geral.

As informações obtidas sobre o controle interno são registradas pelo auditor independente sob uma ou sob o conjunto de duas ou três das formas exemplificadas a seguir:

- memorandos narrativos;
- questionários padronizados;
- fluxogramas.

Normalmente, as empresas de auditoria preparam questionários-padrões de controle interno para serem preenchidos pelos auditores. Esses questionários funcionam como um guia, a fim de evitar que o auditor omita a avaliação de uma parte importante das operações da empresa, e também servem para padronizar a forma de descrição do sistema.

8.8 AVALIAÇÃO DO SISTEMA DE CONTROLE INTERNO E DETERMINAÇÃO DOS PROCEDIMENTOS DE AUDITORIA

Uma abordagem conceituadamente lógica à avaliação do controle interno pelo auditor consiste em aplicar medidas significativas na consideração de transações relevantes e ativos correlatos envolvidos na auditoria, tendo como finalidade principal detectar erros e irregularidades materiais nas demonstrações financeiras. Na sequência, citamos as medidas que devem ser observadas:

- considerar os tipos de erros e irregularidades que poderiam ocorrer;
- determinar os procedimentos de controle contábil que devam prevenir ou detectar esses erros e irregularidades;
- determinar se os procedimentos necessários são estabelecidos e estão sendo seguidos satisfatoriamente;
- avaliar quaisquer falhas, isto é, tipos de erros e irregularidades potenciais não cobertos pelo procedimento de controle existente para determinar seu efeito sobre a natureza, caráter oportuno ou extensão dos procedimentos de auditoria a serem aplicados, e sugestões a serem feitas ao cliente.

O interesse do auditor no controle interno é analítico, objetivando determinar até onde seu programa de auditoria deve ser reduzido ou estendido, em virtude da eficiência dos controles usados pela empresa (extensão dos exames).

A avaliação dos controles internos tem como escopo principal determinar a natureza, a profundidade e a extensão dos exames finais de balanço e, como escopo secundário, sugerir aprimoramento em relatório específico.

A avaliação do sistema de controle interno compreende:

- determinar os erros ou irregularidades que poderiam acontecer;
- verificar se o sistema atual de controles detectaria de imediato esses erros ou irregularidades;
- analisar as fraquezas ou falta de controle que possibilitem a existência de erros ou irregularidades, a fim de determinar a natureza, data e extensão dos procedimentos de auditoria;
- emitir relatório-comentário dando sugestões para o aprimoramento do sistema de controle interno da empresa.

O processo de avaliação do controle interno consta de três etapas, a saber:

- o realce do sistema;
- a avaliação propriamente dita do sistema;
- a realização de testes de cumprimento de normas internas.

Ao planejar e executar os testes de controle, é correto afirmar que o auditor obtém evidência de auditoria sobre a efetividade operacional dos controles durante período intermediário, sendo que o auditor deve obter evidência de auditoria das alterações significativas nesses controles após o período intermediário e determinar a evidência de auditoria adicional a ser obtida para o período remanescente.

8.8.1 Realce do sistema

Efetua-se durante a etapa de planejamento do exame.

Seu objetivo é obter informação se supõe que o sistema funcione e que se possa alcançá-lo mediante discussão com as pessoas responsáveis pelo controle interno. Essas discussões, apenas com o pessoal de alto nível hierárquico da organização, em geral produzem evidência menos confiável que aquelas feitas com pessoas encarregadas dos procedimentos.

Depois de obter evidências mediante discussões diretas com os envolvidos, a qualidade dessa evidência pode ser melhorada se uma segunda pessoa, igualmente bem informada, corroborar o que a primeira disser.

As confirmações são, em geral, melhores quando provêm de um nível de supervisão, geralmente do superior imediato do funcionário encarregado do procedimento de controle.

Uma significativa evidência persuasiva pode ser obtida mediante a própria documentação de controle interno da área, por exemplo, manuais, descrições de tarefas e fluxogramas. Essa documentação oferece evidência de como as pessoas envolvidas encaram os procedimentos de controle.

Pode-se também obter evidência de controle visitando os locais de trabalho e observando o que fazem os empregados para controlar as operações. A qualidade desse tipo de evidência melhora se não somente se observam, mas também se comentam com os empregados suas tarefas.

Em uma primeira auditoria, por possuir-se pouco conhecimento do sistema, sua análise se fará mais profundamente. Já nos exames posteriores, a menos que tenha havido modificações importantes no sistema, normalmente limitar-se-á a confirmar o conhecimento obtido em exames anteriores.

Referir-se-á agora à situação mais comum, ou seja, à análise do sistema em uma auditoria recorrente. Nesse caso, o ponto de partida é o conhecimento obtido durante exame anterior. O primeiro passo é discutir com os funcionários a situação atual do sistema, as mudanças nele introduzidas, as melhorias e/ou problemas surgidos no decorrer do ano.

Há alguns aspectos a considerar, quando se entrevista o pessoal da área auditada:

- deve-se entrevistar a pessoa indicada, pois qualquer outra, não suficientemente informada, pode fornecer dados errados ou incompletos;
- não convém fazer a entrevista de forma rotineira, evitando perguntas diretas sobre determinado aspecto. Um "interrogatório" conduzido de forma inteligente pode trazer à luz informações que não seriam fornecidas, caso a entrevista fosse feita rotineiramente.

O passo seguinte na análise do sistema de controle interno é confirmar o conhecimento, executar procedimentos de reconstituição ou recapitulação dos controles de fluxo de documentação.

Exemplo: suponha-se que se queira confirmar o conhecimento do sistema de controle interno no setor de contratos de financiamento. O que se faz é selecionar duas ou três transações, que se acompanham por meio do sistema. Começar-se-á com o pedido feito pelo cliente, passando-se à emissão da solicitação do gerente da agência, à atualização dos registros cadastrais, à aprovação do crédito e o lançamento na conta do cliente, até o fechamento do ciclo. Em cada etapa falar-se-á com os funcionários que se ocupam do processamento de transação, pedindo-lhes que informem como e o que fizeram, ou seja, como lidam com os documentos, executam os controles, atualizam os registros etc.

O número de transações selecionadas deve ser suficiente para que se tenha um atendimento perfeito de como elas são processadas e controladas. Normalmente, convém selecionar transações que estejam sendo processadas no momento ou que o tenham sido recentemente. É importante não confundir este procedimento com um teste de cumprimento de normas internas.

O terceiro passo que, na realidade, se cumpre simultaneamente com os dois já vistos é documentar a análise do controle interno nos papéis de trabalho.

8.8.2 Avaliação

Tendo documentado o sistema de controle interno, deve-se proceder a sua avaliação crítica para determinar sua eficácia e os pontos passíveis de melhoria. Muitas vezes, nesta etapa, conclui-se que o sistema não é eficaz; sendo assim, não se executarão os testes de cumprimento, pois ainda que o resultado seja satisfatório, não se atingirão os objetivos.

Durante a fase de avaliação, um aspecto de grande importância é a identificação dos controles-chave do sistema.

O controle-chave é aquele que:

- assegura que um sistema administrativo produza informação fidedigna; e
- serve de base para satisfação dos objetivos de auditoria.

Enquanto a administração está interessada em todos os aspectos do sistema de controle interno, o auditor volta-se para os controles relevantes à consecução de seus objetivos (controles-chave). Os controles-chave de um sistema variam em função dos objetivos de auditoria, assim como os objetivos de auditoria variam de acordo com as necessidades da administração.

Não se devem confundir objetivos de controle com objetivos de auditoria. Os objetivos de controle de administração são, em geral, mais amplos que os de auditoria. A administração certamente terá muitos objetivos de controle relacionados com a maneira correta de dirigir os negócios, os quais, não obstante, podem em alguns casos não ter importância para o objetivo do trabalho de auditoria que está sendo realizado.

8.8.3 Testes de cumprimento de normas internas

A terceira etapa do processo de revisão e avaliação do sistema de controle interno é a realização dos testes de cumprimento. Não basta formar-se uma opinião sobre a eficácia do sistema, baseando-se em representações verbais ou escritas, feitas por funcionários. Cumpre constatar que o sistema funciona realmente como foi descrito, pois, a bem da verdade, pode haver diferenças substanciais entre o que foi relatado e o que foi fielmente aplicado. Um teste de cumprimento realiza-se em diversas etapas:

a) determinar os objetivos do teste: em termos gerais, procura-se confirmar que os controles previamente identificados como "controles-chave" funcionaram durante todo o período submetido a exame;

b) definir o universo: o universo é o conjunto de transações homogêneas submetidas ao sistema de controle e registro que se testa. Por exemplo, se se estiver realizando um teste de desembolso poder-se-á definir o universo como "todos os desembolsos feitos, exceto salários".

8.9 QUESTIONÁRIO DE AVALIAÇÃO DO CONTROLE INTERNO

Esse questionário tem como finalidade auxiliar a avaliação da eficiência ou adequação dos controles internos (operacionais e contábeis) do cliente, ou seja:

- se os controles contábeis internos asseguram o correto registro das transações financeiras;
- se os controles internos administrativos proporcionam eficiência operacional e observância da política da empresa e da legislação em vigor;
- se as verificações internas protegem adequadamente os ativos do cliente contra fraudes e outras irregularidades.

Como decorrência da avaliação da eficiência dos controles internos, o auditor deverá:

- selecionar os procedimentos de auditoria e determinar a extensão de sua aplicação (reduzir ou ampliar o tempo a ser aplicado nos futuros testes de auditoria, em função da maior ou menor eficiência dos controles internos);
- propor ao cliente sugestões úteis para a melhoria dos controles.

Os questionários são divididos em seções, em função da natureza de cada atividade ou operação. Além das questões, a maior parte das seções contém uma lista dos controles internos que deverão ser confrontados com as respostas dadas às questões durante os trabalhos de avaliação dos controles.

Em relação às atividades e operações abordadas em cada seção, deverão ser registrados os sistemas adotados pelo cliente usando a **técnica de fluxogramas**. O fluxograma não substitui o questionário simplificado para avaliar os controles internos e, portanto, é obrigatório. O fluxograma deve ser feito sempre que houver alterações significativas, enquanto que, no caso de pequenas modificações, elas deverão ser anotadas à margem.

8.9.1 Forma de aplicação

As questões devem ser formuladas de modo que uma resposta afirmativa implique numa condição satisfatória. Uma resposta negativa indica um ponto fraco com relação àquele item em particular.

Em cada seção do questionário de avaliação do controle interno deverá existir sempre um espaço para o auditor indicar procedimentos de controles alternativos usados pelos clientes mas não abrangidos pelo questionário. O efeito de respostas negativas pode eventualmente ser compensado pelo procedimento de controles alternativos.

8.9.2 Levantamento e descrição da rotina

Os auditores devem levantar e descrever rotinas objetivando:

- identificar pontos críticos que facilitem a definição da extensão dos exames finais;
- fornecer dados para simplificar os trabalhos de auditoria e/ou possíveis consultorias futuras.

Os levantamentos devem ser feitos de forma simples, clara, lógica, concisa e padronizada, garantindo que os objetivos descritos possam ser atingidos.

8.9.2.1 O que fazer?

O escopo, a extensão e a profundidade dos levantamentos devem ser claramente definidos pelo supervisor do trabalho. Assim sendo, tanto o encarregado como o executor do levantamento devem estar conscientes de:

- O que fazer?
- Por quê?
- Qual a extensão do levantamento?
- Qual a profundidade do levantamento?
- Qual(is) técnica(s) deve(m) ser utilizada(s) para a descrição da rotina?
- Qual o tempo para o levantamento?

O auditor, antes de iniciar seus trabalhos, precisa saber o que está procurando, e por quê. É fundamental que ele tenha uma ideia concreta de como deve ser a rotina ideal. Como pode um auditor analisar a rotina real sem compará-la com a rotina ideal?

O auditor não pode sair a campo sem clara noção da rotina ideal. Assim sendo, cabe ao supervisor/encarregado dar todas as instruções necessárias antes do início dos trabalhos. Cabe ao auditor a obrigação de fazer todas as perguntas necessárias para formar uma visão bem clara da rotina ideal.

Sem um parâmetro claramente definido, fica difícil detectar as possíveis falhas, pois o auditor dirige seu trabalho à procura de pontos críticos, sem saber o que são pontos críticos e onde encontrá-los.

Evidentemente, um bom entendimento sobre **o que fazer** depende de:

- uma instrução objetiva por parte do supervisor/encarregado;
- interesse e vontade de compreender, por parte do auditor.

8.9.2.2 Como fazer?

O ato de entrevistar é essencialmente um processo formal em que um indivíduo (o entrevistador) visa obter informações ou dados de outra pessoa integrante da estrutura (o entrevistado). O entrevistador faz perguntas para colher as informações de que necessita por meio de respostas. Ao receber uma resposta, o entrevistador dever interpretá-la de várias maneiras, ou seja:

- A pergunta foi entendida pelo entrevistado?
- O entrevistado está respondendo aquilo que lhe foi perguntado?
- O que significa a resposta?

A seguir, relatamos alguns pontos básicos para orientar o auditor na forma de conduzir a conversa:

- verificar se a empresa tem um departamento de Organização e Métodos e, em caso afirmativo, procurar obter a descrição da rotina que se pretende levantar, transformando o trabalho de levantamento em uma simples atualização e conferência da rotina;

- antes do início da entrevista, definir com o entrevistado:
  - qual é o objeto da entrevista;
  - o que o auditor deseja saber;
  - qual o tempo de que ambos dispõem;
  - quaisquer outras informações pertinentes.

De forma a se evitar antecipadamente interpretações duvidosas que normalmente dificultam e prolongam o tempo de conversa, o auditor deverá atentar aos seguintes aspectos:

- entrevistar a pessoa certa;
- não intimidar o entrevistado;
- conduzir a entrevista, não permitindo que o entrevistado a direcione para fatos irrelevantes;
- levantar exclusivamente aquilo que lhe foi pedido;
- sempre apurar fatos e não opiniões;
- testar a veracidade das informações obtidas;
- esclarecer dúvidas sempre que necessário.

8.9.2.3 Descrição da rotina

A rotina pode ser descrita por meio de uma narrativa, ou então pela elaboração de um fluxograma.

Narrativa

A narrativa inclui uma descrição da rotina passo a passo de maneira lógica, clara e concisa, evidenciando o fluxo de documentos de um ou mais departamentos desde sua origem até sua disposição final.

Embora esse tipo de descrição não permita uma visualização global da rotina, é muito usado, pois sua compreensão é bastante simples.

Exemplo:

Arquivar a 3ª via da Nota Fiscal até o pagamento da última parcela, quando então esta via é remetida à contabilidade para fins de conferência e arquivo.

A frase acima é longa e confusa, devendo ser subdividida em algumas frases curtas, tal como demonstramos:

- Arquivar a 3ª via da nota fiscal até o pagamento da última parcela.
- Após a quitação total, remeter a 3ª via da nota fiscal à contabilidade.
- Contabilidade confere e arquiva os documentos recebidos.

Fluxogramas

O fluxograma constitui uma técnica analítica, que utiliza símbolos para descrever uma rotina passo a passo em um ou mais departamentos, evidenciando o movimento de documentos desde sua origem até sua disposição final.

O fluxograma apresenta inúmeras vantagens em relação à narrativa, tais como:

- fácil visualização de todo o sistema;
- facilidade de atualização;
- facilidade de ser integrado a outro fluxograma.

Contudo, como o fluxograma exige conhecimento de símbolos e descreve passos de forma abreviada, pode proporcionar dificuldades de interpretação, especialmente se esta for feita em datas futuras; objetivando minimizar este efeito devido a isto, é melhor para os serviços de auditoria a combinação de uma descrição narrativa e um fluxograma.

Contas a pagar

NF3

D

Após a liquidação

NF3

D

Contabilidade

Arquivar a 3ª via da "Nota Fiscal" até o pagamento da última parcela.

Após a quitação total, remeter a 3ª via da "Nota Fiscal" à Contabilidade.

Contabilidade confere e arquiva os documentos recebidos.

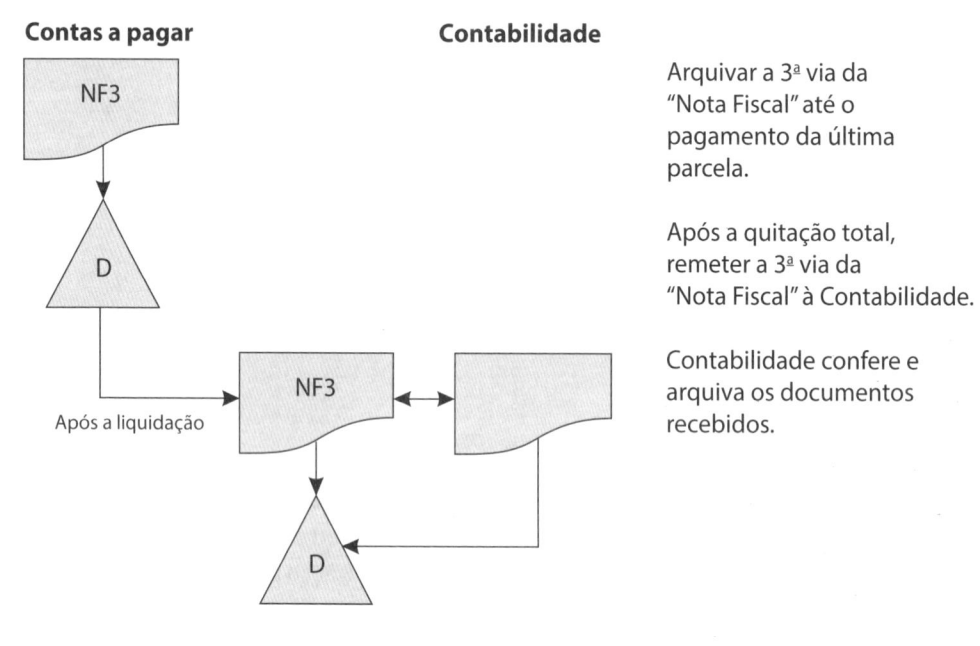

Figura 8.5 *Exemplo de fluxograma.*

8.10 CARACTERÍSTICAS DE UM SISTEMA EFICIENTE DE CONTROLE INTERNO

Sabe-se que o controle interno está dividido em controles contábeis e controles administrativos. Sabe-se também que, além do controle orçamentário, custos-padrão, relatórios operacionais periódicos, análises estatísticas, programas de treinamento de pessoal e, inclusive, auditoria interna, um forte sistema de controle interno pode abranger também estudo de tempos e movimentos e controle de qualidade dos produtos vendidos e serviços prestados.

As delimitações que indicam se certos planos especiais de organização e determinados métodos e procedimentos podem ser classificados como controles contábeis ou administrativos variam, naturalmente, de acordo com circunstâncias específicas.

As características de um eficiente sistema de controle interno compreendem:

a) Plano de organização que proporcione apropriada segregação de funções e correta divisão das responsabilidades funcionais.

Embora um plano de organização apropriado varie com o tipo de empresa, geralmente um plano satisfatório deve ser simples e flexível, devendo prestar-se ao estabelecimento de linhas claras de autoridade e responsabilidade. Um elemento importante em qualquer plano de organização é a independência estrutural das funções de operação, custódia, contabilidade e auditoria interna. Tal independência requer separação de funções, de tal forma que os registros existentes fora de cada departamento sirvam como controles das atividades dentro do departamento.

Apesar de a independência estrutural requerer a separação, o trabalho de todos os departamentos deve ser integrado e coordenado, a fim de possibilitar o fluxo suave de serviço e eficiência total das operações.

Deve-se, com esse plano de organização, estabelecer também níveis distintos de responsabilidades e de autoridades para que tais responsabilidades sejam cumpridas.

A responsabilidade e a correspondente delegação de autoridade devem ser definidas de forma clara e colocadas em organogramas e manuais de procedimentos.

b) Observação de práticas salutares no cumprimento dos deveres e funções de cada um dos departamentos da organização.

O esmero nas práticas observadas na execução das tarefas e nas funções atribuídas a cada um dos departamentos da empresa determinará a eficiência do controle interno e das contas que dele fazem parte.

As práticas salutares devem prover os meios para assegurar a integridade das autorizações, registros e custódias.

c) Sistema de autorização e procedimentos de escrituração adequados, que proporcionem controle eficiente sobre o ativo, passivo, receitas, custos e despesas.

Tal sistema deve incluir meios de controle sobre:

- operações e transações por meio de métodos de aprovações, de acordo com as responsabilidades e riscos envolvidos em cada uma de suas partes,
- registros das operações e transações por meio dos documentos originais e segundo o fluxo normal delas; e
- classificação dos documentos dentro de uma estrutura formal de contas (Plano de Contas).

Para que uma operação ou transação concretize-se de maneira eficaz, é necessário que haja aprovação em cada uma das etapas ou nos pontos de equilíbrio, para o cumprimento do programa de administração, segundo as responsabilidades determinadas. Um Plano de Contas bem elaborado facilita a contabilização e o consequente controle contábil das operações.

Os meios de controle extracontábil das operações são criados por meio do planejamento lógico do fluxo dos procedimentos relativos à escrituração e das normas de aprovação nos setores aos quais elas ocorrem. Os formulários, as instruções relativas ao fluxo dos procedimentos de escrituração e as normas de aprovação são, frequentemente, incorporados aos Manuais de Procedimentos.

> d) Pessoal com adequada qualificação técnica e profissional, para a execução de suas atribuições.

Um sistema de controle interno que funcione corretamente não depende apenas do planejamento efetivo da empresa e da eficiência dos procedimentos e práticas instituídas. Ele depende também da competência de todo o pessoal envolvido em levar adiante, de forma eficiente e econômica, os procedimentos que devem ser adotados.

8.11 CATEGORIAS DE CONTROLES INTERNOS

Não existe terminologia universal para descrever as categorias de controles internos, entretanto pode-se classificá-los segundo suas finalidades, e neste caso seriam desdobrados em:

> a) controles organizacionais, inclusive segregação de funções;
> b) controles de sistemas de informação;
> c) controles de procedimentos.

8.11.1 Controles organizacionais

Controles organizacionais referem-se ao controle obtido por meio da maneira de designar responsabilidades e delegar autoridade.

A magnitude de muitas empresas faz com que a gerência veja-se impossibilitada de administrar ou supervisionar pessoalmente as operações. Em tais circunstâncias, é imprescindível estabelecer uma estrutura organizacional adequada.

Essa estrutura é um marco no qual se realizam as atividades de planejamento, execução e controle das operações da entidade e cuja eficácia dependerá de considerações tais como:

- atribuição de responsabilidades e delegação de autoridade claramente definidas;
- segregação de funções incompatíveis para evitar que sejam controladas por qualquer indivíduo ou departamento da organização;
- fornecimento de recursos, inclusive pessoal competente, em quantidade suficiente para o cumprimento das responsabilidades atribuídas;
- existência de sistemas de medição e avaliação do desempenho.

No que tange à organização de funções e delegação de autoridade, é conveniente documentar a definição de linhas e instrumentos de operação mediante manuais de organização, organogramas e descrições de cargos.

Em virtude da diversidade de tamanho, objetivos, tipos de funções etc., entre as empresas não existe uma estrutura organizacional típica que possa ser utilizada como meio de comparação para determinar os pontos fortes ou fracos de uma estrutura completa.

8.11.2 Controles do sistema de informação

Os controles de sistema de informação referem-se ao controle obtido mediante a prestação de informações aos níveis adequados da administração.

Em todas as empresas, o planejamento e o controle das operações dependem do conhecimento que a administração tem das atividades e operações passadas, presentes e futuras. E, salvo nas pequenas, esse conhecimento dependerá, em maior ou menor grau, do sistema de informação.

A direção executiva não pode estar presente para observar todas as operações nem inteirar-se de todas as decisões tomadas nos diferentes níveis da organização. O sistema de informação equivale aos "olhos e ouvidos" da administração, e uma das características que distinguem as empresas mais bem-sucedidas é, muitas vezes, a qualidade de informação de que dispõem os responsáveis pela tomada de decisão.

Os sistemas de informação variam consideravelmente de uma empresa para outra e, em decorrência disso, torna-se impossível projetar um sistema de informação típico, capaz de ser utilizado como meio de comparação para determinar os pontos fortes e os pontos fracos de determinado sistema. Não obstante, algumas características que um bom sistema não deve omitir são as seguintes:

- a informação deve ser suficientemente detalhada para permitir identificação das operações "fora de linha" ou possíveis problemas;
- os relatórios devem conter informação relevante para os usuários;
- a forma de apresentação deve destacar a informação de maior importância;
- a informação deve ser distribuída conforme as responsabilidades atribuídas;
- a informação deve ser usada pelos que tenham competência e tempo necessários para compreender seu significado e adotar medidas corretivas, se necessárias.

Com relação a este último aspecto, é importante ressaltar que o controle não existe mediante o simples fornecimento de informação e, sim, com o uso que a administração faz desta.

8.11.3 Controles de procedimentos

Controles de procedimentos referem-se ao controle obtido mediante a observação de políticas e procedimentos dentro da organização.

Elaborado o plano de organização, é de importância vital que o pessoal compreenda claramente suas funções e responsabilidades, sendo conveniente, para tanto, que existam normas de procedimentos devidamente documentadas.

Os procedimentos existentes em uma organização são implementados para que se alcance eficiência operacional e se atinjam os objetivos empresariais.

Algumas das características desejáveis nos controles de procedimento são as seguintes:

- que sejam adequados à estrutura organizacional;
- que sejam bem definidos e documentados;
- que se mostrem fáceis de interpretar e aplicar.

Há dois tipos de controles de procedimentos, a saber:

1. Procedimentos do fluxo de documentação. São incorporados no sistema de processamento de transações.

   Exemplos:
   - revisão de cálculos e somas em contratos de financiamentos;
   - endosso restritivo de cheques de administrativos.

2. Procedimentos de controle independentes. São aqueles estabelecidos pela administração, independentemente das rotinas de processamento de transações.

   Exemplos:
   - conciliações de saldos bancários (correspondente do país no exterior), auditoria interna;
   - controle dos saldos segundo os razões subsidiários, para verificar se coincidem com aqueles segundo as contas de controle do razão geral;
   - proteção física.

8.11.4 Documentação de procedimentos

Os procedimentos contábeis e de operação devem ser documentados em manuais (de contabilidade e de procedimentos) e fluxogramas de modo que as políticas e instruções da empresa possam ser conhecidas de maneira explícita e uniformemente aplicadas. Transmitindo procedimentos, instruções e designações de funções por escrito, evita-se duplicação de trabalho, sobreposição de funções, omissão de funções importantes, mal-entendidos e outras situações capazes de redundar em enfraquecimento dos controles internos. Outro aspecto de controle que geralmente se encontra escrito em tais manuais é o plano de contas.

Um manual de contas facilita a aplicação de políticas contábeis, o registro de transações e a elaboração de demonstrações financeiras. Um bom manual de contas deveria conter descrições exatas e concisas dos lançamentos a serem feitos em cada conta.

8.11.5 Autorização e aprovação

Autorização é a decisão da gerência de utilizar determinados bens para um fim específico, sob determinadas condições. A autorização pode ser geral, quando se refere a todas as transações que satisfazem determinadas condições (por exemplo, a determinação de limites de crédito para clientes), ou específica, quando se refere a uma transação em particular (por exemplo, compra de ativo).

A aprovação, ao contrário, consiste em reconhecer que as condições estabelecidas na autorização foram cumpridas para uma das diversas etapas que constituem uma transação.

Exemplo: uma compra de mercadorias consta de uma série de etapas, a saber: requisição, emissão da ordem de compra, recebimento das mercadorias e pagamento ao fornecedor. A autorização refere-se à transação tomada em conjunto (ou seja, autoriza-se a compra); haverá uma aprovação para cada um dos passos enunciados (por exemplo, se a condição para se fazer a requisição é os estoques estarem no ponto de renovação de pedido; a aprovação dessa medida implica o cumprimento da condição).

Resumindo, deve existir um sistema de autorização em vários níveis e um de aprovações que assegure que o pessoal atue no âmbito dessa autorização. Embora pareça redundante, as aprovações devem ser feitas por pessoal autorizado.

8.11.6 Registros e formulários

Não se pode dar uma definição única a respeito do número e características dos registros contábeis, pois isso depende, entre outros fatores, do volume de operações da empresa, das necessidades de informação da gerência, do grau de descentralização da função contábil e, inclusive, de dispositivos legais. E com os formulários sucede algo semelhante.

Não obstante, o controle interno pode melhorar mediante o projeto e a utilização de formulários que exijam observância dos procedimentos estabelecidos. Por exemplo, o emprego de formulários que contenham espaços para documentar, mediante carimbos, iniciais ou assinaturas, a realização de determinados procedimentos (controles ou autorizações), que facilitem a detecção de qualquer omissão nesse sentido (já que faltará a evidência mencionada de que o procedimento em questão foi cumprido). Entre outros requisitos a serem observados quando da elaboração de formulários, citam-se a simplicidade, as informações completas, a emissão de um número suficiente deles (suficiente, não excessivo), a numeração impressa e facilidade de interpretação.

8.11.7 Acesso aos ativos

A custódia dos bens da empresa é uma das principais responsabilidades de uma administração. Evidentemente, um sistema contábil bem estruturado, sólido e que conte com pessoal suficiente é um meio eficaz de proteger os bens da empresa. Ao mesmo tempo, existem outros tipos de proteção que aumentarão a eficácia do controle interno, quais sejam as medidas físicas e intrínsecas de proteção.

8.11.7.1 Medidas físicas de proteção

Os bens devem ser protegidos mediante o uso de dispositivos de custódia. Alguns deles são:

- cercas e portas;
- vigilantes;
- caixas-fortes;
- sistemas de ferrolhos;
- sistemas de alarmes;
- caixas registradoras;
- dispositivos contra incêndio;
- máquinas registradoras;
- circuito fechado de televisão;
- sistemas de alarme contra incêndio;
- crachás de identificação de empregados.

8.11.7.2 Medidas de proteção intrínsecas

Certas medidas, por sua própria natureza, ajudam a administração a desincumbir-se da responsabilidade de proteger os bens da empresa. O melhor exemplo desse tipo de proteção é uma cobertura de seguro adequada.

Entre os tipos de seguro que protegem os bens da empresa, citam-se:

- contra incêndio;
- de responsabilidade civil;
- contra roubo;
- seguro-fidelidade;
- contra lucros cessantes;
- de vida dos funcionários que ocupam posições-chave;
- contra acidentes de viagem;
- contra acidentes de trabalho.

8.11.8 Limitações inerentes aos sistemas de controle interno

Na aplicação da maioria dos procedimentos de controle, podem ocorrer falhas resultantes de entendimento precário das instruções, erros de juízo, descuidos ou outros fatores humanos.

Os procedimentos de controle cuja eficácia depende da divisão de funções, podem ser burlados mediante conivência.

Os procedimentos de controle referentes à execução e ao registro das operações podem mostrar-se ineficazes em face dos erros ou irregularidades cometidos pela administração e em face das estimativas e juízos inadequados da administração na elaboração das demonstrações financeiras, dos orçamentos e fluxos de caixa.

Qualquer projeção de uma avaliação atual do controle interno para períodos futuros corre o risco de ter os procedimentos defasados em virtude das mudanças de condições e pelo fato de haver-se deteriorado o grau de observância dos procedimentos.

Espera-se que um sistema de controle interno proporcione razoável certeza da consecução de seus objetivos. O conceito de certeza razoável leva em conta que o custo do controle interno não deve superar os benefícios esperados do mesmo. Esses benefícios consistem na redução das perdas decorrentes da não consecução dos objetivos gerais implícitos na definição de controle contábil.

Após avaliar o sistema de controle e identificar aspectos administrativos/operacionais passíveis de melhorias, o auditor pode emitir, se assim for o desejo dos administradores da entidade auditada, um documento denominado carta-comentário.

O relatório com as sugestões para aprimoramento dos controles internos, resultantes do trabalho do auditor independente, denomina-se carta de recomendações.

8.12 CONSIDERAÇÕES FINAIS

O sistema de controle interno é estabelecido pela direção de uma entidade como parte de seus objetivos corporativos para ajudar a realizar as operações da entidade auditada de forma regular, econômica, eficiente, eficaz e efetiva; permitir a observância às políticas administrativas; salvaguardar os bens e recursos públicos; assegurar a exatidão e a completude dos registros contábeis; e produzir informação financeira e gerencial oportuna e confiável.

O controle interno superou seus parâmetros iniciais de servir como ferramenta administrativa para o monitoramento das atividades empresariais e de provedora de informação para a tomada de decisão. Transformou-se em um elo vital entre a empresa e suas contrapartes, como acionistas, governos, credores, clientes, empregados, sindicatos, sociedade civil e tantos quantos se relacionarem com a atividade, direta ou indiretamente. Está a cargo dos responsáveis pela governança, da administração e dos funcionários para fornecer segurança razoável quanto à realização dos objetivos no que se refere a: confiabilidade dos relatórios financeiros, efetividade e eficiência das operações e conformidade com leis e regulamentos (*compliance*), conforme as NBC´s.

Um aspecto importante no tocante à confiabilidade da informação contábil é o da qualidade dos controles internos da entidade. Um sistema de controles internos é um elemento importante para a qualidade da informação contábil. Essa qualidade depende de aspectos técnicos e, também, do ambiente ético da alta administração da entidade.

A empresa é formada por vários processos operacionais. Esses processos fazem com que a empresa funcione adequadamente, desde que os objetivos desses processos sejam alcançados. Contudo, há riscos relativos aos processos que podem impedir que esses objetivos sejam alcançados. Sendo assim, a função do controle interno é mitigar os riscos em um grau razoável de segurança, para que os objetivos finais dos processos operacionais venham a ser alcançados.

A identificação e a avaliação dos riscos de distorção estão previstas na NBC TA 315 (R2). Essa norma evidencia que o risco de negócio resulta de condições, eventos, circunstâncias, ações ou da falta de ações que possam afetar a capacidade da entidade de alcançar seus objetivos e executar suas estratégias. Quanto mais efetivos forem os controles internos, menor o número e a profundidade de testes que serão aplicados ao objeto de auditoria.

A Lei nº 13.709/2018 – Lei Geral de Proteção de Dados Pessoais é uma legislação que foi criada sob os moldes da legislação europeia de proteção de dados, referência em todo mundo. Objetiva conseguir definir as principais diretrizes relacionadas com obtenção, tratamento, proteção e análise dos dados pessoais, principalmente nos meios digitais. Protege os dados dos indivíduos, sejam eles pessoas naturais ou jurídicas, de direito privado ou público. Estabelece quais são os direitos e deveres de todos os atores envolvidos no processo de geração e obtenção de dados pessoais no meio digital, bem como as sanções que serão aplicadas em caso de descumprimento aos dispositivos estabelecidos em lei.

ESTUDO DE CASO 1
CONTROLES INTERNOS – CONTAS A RECEBER – CLIENTES

Detalhes do problema

O auditor independente está examinando as demonstrações financeiras da Empresa Varginha, que recentemente instalou uma rede de computadores.

Os comentários que se seguem foram extraídos dos comentários de auditor:

"Para facilitar as operações, a empresa Varginha aperfeiçoou seu sistema de tecnologia da informação, adquirindo uma rede de computadores. A companhia que instalou os computadores providenciou adequada assistência na implantação do sistema e treinou o pessoal que iria trabalhar na área do centro de tecnologia da informação, em programação, análise e operação do sistema.

Não treinou o pessoal do Contas a Receber.

Cada aplicativo é operado por determinado funcionário, que é responsável por sua manutenção, por seu processamento e por dar explicações sobre o programa. Neste procedimento não está incluída a prática de se fazer *backup* das movimentações diárias, e cada funcionário é responsável por seus próprios aplicativos.

Pelo menos um funcionário do centro de tecnologia da informação permanece neste setor durante o horário de expediente, e somente os funcionários da TI têm acesso às chaves. O sistema de documentação consiste no material fornecido pela companhia que instalou o computador, sendo composto por um apêndice de formatos de registro e uma lista de programas. Essa documentação e os relatórios diários são mantidos em um canto da sala da TI.

Os produtos da companhia são enviados diretamente dos almoxarifados, os quais enviam relatórios de saída para a contabilidade geral. Lá, um auxiliar de faturamento registra os preços dos itens e registra a sequência numérica dos relatórios de saída de cada almoxarifado. O auxiliar também confere diariamente os relatórios com as unidades vendidas e com os preços unitários. Os relatórios de saída e os relatórios de venda são enviados para o CPD para conferência e processamento. Após o processamento são emitidas as notas fiscais em seis vias, e um registro diário de vendas mostra os totais das unidades vendidas e os respectivos preços unitários, os quais são comparados pelo operador do computador com os relatórios de vendas.

Todas as cópias das notas fiscais são devolvidas ao auxiliar de faturamento. O auxiliar envia três cópias para o cliente, uma cópia para o almoxarifado, mantém uma cópia em um arquivo pela sequência numérica e retém uma cópia em um arquivo corrente para um registro detalhado das contas a receber."

Sua tarefa: descreva eventuais falhas de controle interno e indique o que você recomendaria para saná-las.

Solução:

A empresa possui uma deficiência de controle interno que seria necessário para prevenir, ou detectar e corrigir tempestividade. As principais falhas desse controle interno são: a falta de treinamento, capacitação e qualificação do contas a receber; a empresa não possui o hábito de fazer *backup* das informações que deveriam ser armazenadas em várias mídias (física e virtuais) e nem um arquivo adequado para armazenamento dos documentos físicos. O arquivamento é de vital importância para o gerenciamento de informações e pode dar às empresas maior controle sobre seus processos de informações. À medida que a empresa cresce, ela cria mais dados – dados que precisam ser meticulosamente gerenciados e monitorados para serem utilizados adequadamente.

A empresa também não tem um plano organizacional, pois cada aplicativo é controlado por um único funcionário, limitando, dessa forma, o funcionamento da empresa caso algum desses funcionários não esteja presente na organização. Falta uma equipe com mais funcionários para prestar devido suporte.

Somente funcionários de TI têm acesso às chaves: individualização da informação que seria importante a outros setores.

ESTUDO DE CASO 2
COMPRAS – DEFICIÊNCIAS DE CONTROLES INTERNOS

Descrição do problema

Você foi designado pelo gerente do trabalho da Promissão S.A. para efetuar a revisão dos controles internos sobre compras, recepção, armazenagem e entrega de matérias-primas. Você preparou os comentários a seguir, os quais descrevem os procedimentos da empresa.

As matérias-primas, que se constituem basicamente de componentes eletrônicos de escuta, são mantidas em um armazém fechado. O pessoal do armazém inclui um supervisor e quatro assistentes. Todos são bem treinados, competentes e adequadamente aparelhados. As matérias-primas são removidas do almoxarifado somente por meio de requisições escritas e autorizadas por um dos gerentes de produção.

Não há registros permanentes de estoques e, por isso, os auxiliares do almoxarifado não mantêm registros dos bens recebidos. Para compensar a falta de registros permanentes, um inventário físico é efetuado mensalmente pelos auxiliares do almoxarifado, que são supervisionados pelo supervisor. Os procedimentos para a tomada dos inventários são adequados.

Após a contagem física, o supervisor do almoxarifado compara as quantias inventariadas com os níveis de estoque predeterminados. Se a contagem indica que os estoques estão em um nível abaixo do mínimo, o supervisor insere o item em uma lista de materiais a serem adquiridos e a envia ao funcionário de contas a pagar. Esse funcionário prepara a ordem de compra com a quantidade que falta para atingir o mínimo estabelecido pelas normas e pelos procedimentos e envia essa ordem de compra para o último fornecedor do material.

Quando os materiais pedidos chegam à Promissão S.A., eles são recebidos pelos auxiliares do almoxarifado. Estes conferem a quantidade recebida com as notas fiscais do fornecedor. As notas fiscais são carimbadas, datadas e arquivadas no almoxarifado em ordem cronológica, para servir como arquivo de consulta e como documentação do recebimento.

Sua tarefa: indique quais são, em sua opinião, os pontos fracos de controle interno e os procedimentos contábeis no sistema descrito. Procure justificá-los e recomendar procedimentos de controle.

9

Documentação de Auditoria: Papéis de Trabalho

ENFOQUE

> **NBC TA 230 (R1)**   Documentação de Auditoria.

> **NBC TA 580 (R1)**   Representações Formais.

9.1 INTRODUÇÃO

O auditor tem por objetivo emitir relatório com opinião acerca da adequação das demonstrações contábeis de uma entidade. Para a emissão da sua opinião, ele deverá fundamentar-se nos denominados papéis de trabalho, que atendem às normas de auditoria e acumulam provas necessárias para suportar sua opinião. São os documentos que têm por finalidade o registro das informações e fatos verificados durante a auditoria e que servem de suporte para conclusões, ações e recomendações. Deve colher elementos comprobatórios suficientes a fim de apoiar sua opinião sobre as demonstrações financeiras examinadas. Com a finalidade de atender a essa norma, os auditores elaboram papéis de trabalho, que representam o registro de todas as evidências obtidas ao longo da execução do serviço de auditoria. Cabe informar que os papéis de trabalho podem ser elaborados manualmente ou por computador, conforme a NBC TA 230 (R1). O auditor deve documentar as questões que foram consideradas importantes para proporcionar evidência, visando fundamentar sua opinião da auditoria e comprovar que a auditoria foi executada de acordo com as Normas de Auditoria Independente das Demonstrações Contábeis. De acordo com uma das normas de auditoria, o auditor deve elaborar papéis de trabalho que suportem sua opinião para emissão da opinião final. Representam o registro de todas as evidências obtidas ao longo da execução da auditoria. Constituem a documentação preparada pelo auditor ou fornecida a este na execução da auditoria. Eles integram um processo organizado de registro de evidências da auditoria, por intermédio de informações em papel, meios eletrônicos ou outros que assegurem o objetivo a que se destinam.

A NBC TA 230 (R1) define a documentação de auditoria como sendo o registro dos procedimentos de auditoria executados, da evidência de auditoria relevante obtida e conclusões alcançadas pelo auditor. Para fins das normas de auditoria, os seguintes termos possuem os significados atribuídos:

- documentação de auditoria é o registro dos procedimentos de auditoria executados, da evidência de auditoria relevante obtida e conclusões alcançadas pelo auditor (usualmente também é utilizada a expressão "papéis de trabalho");

- arquivo de auditoria compreende uma ou mais pastas ou outras formas de armazenamento, em forma física ou eletrônica que contêm os registros que constituem a documentação de trabalho específico;
- auditor experiente é um indivíduo (interno ou externo à firma de auditoria) que possui experiência prática de auditoria e conhecimento razoável de:
  - processos de auditoria;
  - normas de auditoria e exigências legais e regulamentares aplicáveis;
  - ambiente de negócios em que opera a entidade; e
  - assuntos de auditoria e de relatório financeiro relevantes ao setor de atividade da entidade.

A NBC TA 230 (R1) apresenta três requisitos:

- elaboração tempestiva da documentação de auditoria;
- documentação dos procedimentos de auditoria executados e da evidência de auditoria obtida;
- montagem do arquivo final de auditoria.

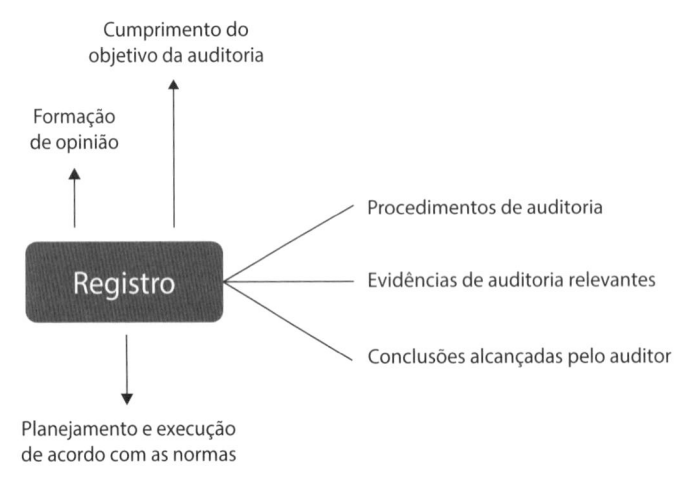

Figura 9.1 *Documentação de auditoria – NBC TA 230 (R1).*

No contexto dos procedimentos e métodos de auditoria, os papéis de trabalho são registros de procedimentos de auditoria executados, de evidências relevantes obtidas e de conclusões alcançadas pelo auditor que se destinam a:

- ajudar, pela análise dos documentos de auditorias anteriores ou pelos coligidos quando da contratação de uma primeira auditoria, no planejamento e na execução da auditoria;
- facilitar a revisão do trabalho de auditoria; e
- registrar as evidências do trabalho executado, para fundamentar a opinião do auditor independente.

São objetivos dos papéis de trabalho do auditor representar na justiça as evidências do trabalho executado, acumular provas necessárias para suportar a opinião do auditor. Os documentos que têm por finalidade o registro das informações e fatos verificados durante a auditoria e que servem de suporte para conclusões, ações e recomendações denominam-se documentação de auditoria ou papéis de trabalho. Os papéis de trabalho são de prioridade do auditor, sendo constituídos da documentação elaborada em todas as fases da execução de uma auditoria (planejamento, execução e formação de opinião/ comunicação de resultados).

Conforme o Código de Ética Profissional do Contador, no que se refere à disponibilização dos papéis de trabalho, relatórios e outros documentos, que deram origem e orientaram a execução do seu trabalho, para fins de fiscalização pelo Conselho Regional de Contabilidade, o auditor independente está obrigado a atender e a apresentar toda a documentação da auditoria.

Ao conduzir um trabalho de auditoria inicial, o objetivo do auditor com relação a saldos iniciais é obter evidência de auditoria apropriada e suficiente sobre se:

- os saldos iniciais contêm distorções que afetam de forma relevante as demonstrações contábeis do período corrente; e
- as políticas contábeis apropriadas refletidas nos saldos iniciais foram aplicadas de maneira uniforme nas demonstrações contábeis do período corrente, ou as mudanças nessas políticas contábeis estão devidamente registradas e adequadamente apresentadas e divulgadas de acordo com a estrutura de relatório financeiro aplicável.

O trabalho de auditoria inicial atesta que:

- as demonstrações contábeis do período anterior não foram auditadas; ou
- as demonstrações contábeis do período anterior foram auditadas por auditor independente antecessor.

Os saldos iniciais são os saldos contábeis existentes no início do período. Os saldos iniciais baseiam-se nos saldos finais do período anterior e refletem os efeitos de transações e eventos de períodos anteriores e políticas contábeis aplicadas no período anterior. Os saldos iniciais incluem, também, assuntos existentes no início do período, que precisam ser divulgados, tais como contingências e compromissos. Auditor independente antecessor é o auditor anterior (pessoa física ou jurídica diferente), que auditou as demonstrações contábeis de uma entidade no período anterior e foi substituído pelo auditor atual.

A natureza e finalidade da documentação de auditoria, conforme a NBC TA 230 (R1), fornece:

- evidências de que o auditor manifeste uma conclusão quanto ao cumprimento do objetivo global da auditoria; e
- evidência de que a auditoria foi planejada e executada em conformidade com as normas de auditoria e exigências legais e regulamentares aplicáveis.

```
Documentação de auditoria
├── Principais finalidades
│   • Evidência da base do auditor para uma conclusão quanto ao cumprimento do **objeto global** do auditor.
│   • Evidência de que a auditoria foi **planejada** e **executada** em conformidade com as normas de auditoria e exigências legais e regulamentares aplicáveis.
└── Finalidades adicionais
    • **Assistir a equipe de trabalho** do planejamento e execução da auditoria.
    • Assistir os membros da equipe de trabalho responsáveis pela direção e supervisão do trabalho de auditoria e no cumprimento de suas responsabilidades.
    • Permitir que a equipe de trabalho possa ser **responsabilizada** por seu trabalho.
    • Manter um registro de assuntos de importância recorrente para auditorias futura.
    • Permitir a condução de revisões e inspeções de controle de qualidade.
    • Permitir a condução de inspeções externas.
```

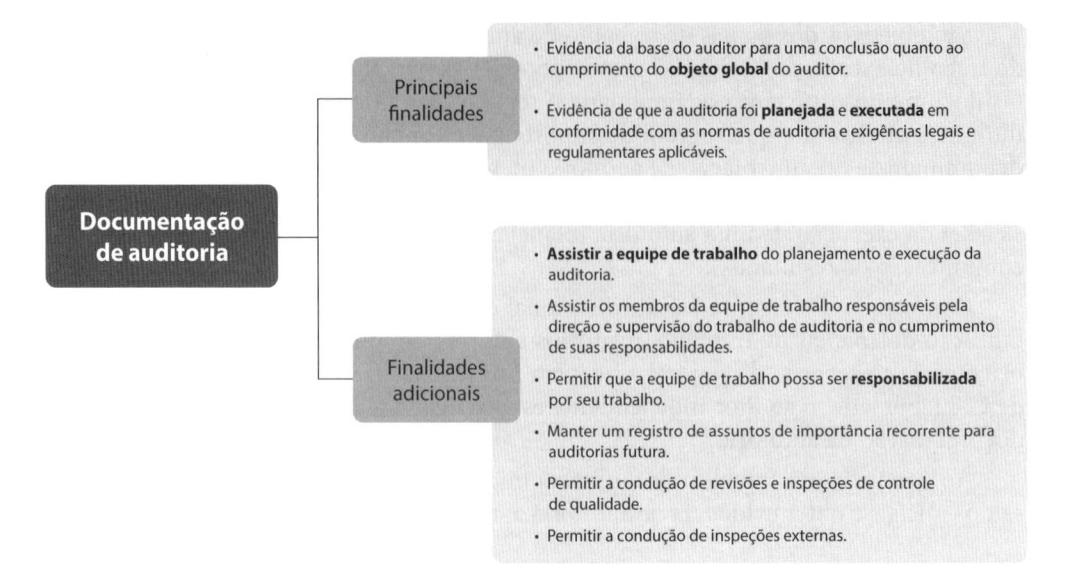

Figura 9.2 *Finalidades da documentação de auditoria.*

A documentação de auditoria, ou papéis de trabalho, é o registro dos procedimentos de auditoria executados, da evidência de auditoria relevante obtida e das conclusões alcançadas pelo auditor, sendo ferramenta valiosa para utilizar durante a execução do processo de auditoria, pois são os documentos que evidenciam e suportam a conclusão do auditor, além de representarem a garantia quanto à integridade, à exatidão e à qualidade dos procedimentos realizados, além dos resultados gerados.

Deve ser suficiente que um auditor entenda:

- a natureza, época e extensão dos procedimentos de auditoria executados;
- assuntos significativos identificados durante a auditoria e as conclusões obtidas a respeito.

O auditor deve documentar a natureza, a época e a extensão dos procedimentos de auditoria executados, de forma a registrar os itens ou assuntos testados, quem executou o trabalho de auditoria e a data em que foi concluído, quem revisou e a data e a extensão da revisão. A NBC TA 230 (R1) define a documentação de auditoria como sendo o registro dos procedimentos de auditoria executados, da evidência de auditoria relevante obtida e conclusões alcançadas pelo auditor. O auditor deve preparar tempestivamente a documentação de auditoria; e a documentação de auditoria pode ser registrada em papel, em formatos eletrônicos ou outros. O prazo de guarda ou retenção da documentação de auditoria (papéis de trabalho) é de, pelo menos, cinco anos, contados da data do relatório/opinião do auditor ou, se superior, da data do relatório do auditor independente do grupo. Conforme a NBC TA 230 (R1) – Documentação da Auditoria, no caso específico de trabalho de auditoria, o período de retenção da documentação deve ser estabelecido em políticas internas das firmas de auditoria, mas o recomendável é que esse período não seja inferior a cinco anos, a partir da data do relatório do auditor independente ou, se superior, da data do relatório do auditor independente do grupo.

Essa documentação pode ser registrada em papel, em formatos eletrônicos ou outros. Exemplos: programas de auditoria; análises; memorandos de assuntos do trabalho; resumos de assuntos significativos; cartas de confirmação e representação; listas de verificações; correspondências (inclusive correio eletrônico) referentes a assuntos significativos.

A documentação de auditoria possibilita que a equipe de trabalho seja responsabilizada por suas atividades. Ainda, pode-se relacionar várias finalidades adicionais da documentação de auditoria, que incluem: assistir a equipe de trabalho no planejamento e execução da auditoria; assistir os membros da equipe responsáveis pela direção, supervisão e revisão, com vistas ao controle de qualidade da auditoria; permitir a responsabilização da equipe de trabalho; manter o registro de assuntos recorrentes para auditorias futuras; permitir a condução de inspeções externas, consoante Brito (2015).

A documentação de auditoria serve para finalidades adicionais, que incluem:

- assistir os membros da equipe de trabalho responsáveis pela direção e supervisão do trabalho de auditoria e no cumprimento de suas responsabilidades de revisão;
- manter um registro de assuntos de importância recorrente para auditorias futuras;
- permitir a condução de revisões e inspeções de controle de qualidade para firmas (pessoas jurídicas e físicas) de auditores independentes que executam exames de auditoria e revisões de informação financeira histórica, e outros trabalhos de asseguração e de serviços correlatos;
- permitir a condução de inspeções externas em conformidade com as exigências legais, regulamentares e outras exigências aplicáveis.

Segundo a NBC TA 230 (R1), o objetivo do auditor é preparar documentação que forneça:

- registro suficiente e apropriado do embasamento do relatório do auditor; e
- evidências de que a auditoria foi planejada e executada em conformidade com as normas e as exigências legais e regulamentares aplicáveis.

Conforme o Código de Ética Profissional do Contador – NBC PG 01 – aprovado pela Resolução nº 803/96, no que se refere à disponibilização dos papéis de trabalho, relatórios e outros documentos, que deram origem e orientaram a execução do seu trabalho, para fins de fiscalização pelo CRC, o Auditor Independente está obrigado a atender e a apresentar toda a documentação da Auditoria.

9.2 FORMA E CONTEÚDO DOS PAPÉIS DE TRABALHO

O auditor deve registrar nos papéis de trabalho informação relativa ao planejamento de auditoria, à natureza, à oportunidade e à extensão dos procedimentos aplicados, os resultados obtidos e as suas conclusões da evidência da auditoria. Os papéis de trabalho devem incluir o juízo do auditor acerca de todas as questões significativas, juntamente com a conclusão a que chegou, inclusive nas áreas que envolvem questões de difícil julgamento. São os elementos utilizados pelo auditor no registro de todas as evidências, mediante observação, inspeção, indagação e investigação, obtidas ao longo da execução do serviço de auditoria.

A extensão dos papéis de trabalho é assunto de julgamento profissional, visto que não é necessário nem prático documentar todas as questões de que o auditor trata. Entretanto, qualquer matéria que, por ser relevante, possa influir sobre a sua opinião deve gerar papéis de trabalho que apresentem as indagações e as conclusões do auditor. Ao avaliar a extensão dos papéis de trabalho, o auditor deve considerar o que seria necessário para proporcionar a outro auditor, sem experiência anterior com aquela auditoria, o entendimento do trabalho executado e a base para as principais decisões tomadas, sem adentrar os aspectos detalhados da auditoria.

O Conselho Federal de Contabilidade estabelece que o conteúdo do papel de trabalho deve ater-se ao registro do planejamento da auditoria, à natureza, à oportunidade, à extensão dos procedimentos aplicados, aos resultados obtidos e às conclusões da evidência da auditoria, devendo ainda incluir o juízo do auditor acerca de todas as questões significativas, juntamente com a conclusão a que chegou, inclusive nas áreas que envolvem questões de difícil julgamento.

A forma e o conteúdo dos papéis de trabalho podem ser afetados por questões como:

- natureza do trabalho;
- natureza e complexidade da atividade da entidade;
- natureza e condição dos sistemas contábeis e de controle interno da entidade;
- direção, supervisão e revisão do trabalho executado pela equipe técnica;
- metodologia e tecnologia utilizadas no curso dos trabalhos.

A forma, o conteúdo e a extensão da documentação de auditoria dependem de fatores como: (a) tamanho e complexidade da entidade; (b) natureza dos procedimentos de auditoria a serem executados; (c) riscos identificados de distorção relevante; (d) importância da evidência de auditoria obtida; (e) natureza e extensão das exceções identificadas; (f) necessidade de documentar a conclusão a partir da documentação do trabalho executado ou da evidência de auditoria obtida; e (g) metodologia e as ferramentas de auditoria usadas, segundo Aragão (2019).

Os papéis de trabalho são elaborados, estruturados e organizados para atender às circunstâncias do trabalho e satisfazer às necessidades do auditor para cada auditoria.

Os papéis de trabalho padronizados podem melhorar a eficácia dos trabalhos, e sua utilização facilita a delegação de tarefas, proporcionando meio adicional de controle de qualidade. Entre os papéis de trabalho padronizados, encontram-se, além de outros: listas de verificação de procedimentos, cartas de confirmação de saldos, termos de inspeções físicas de caixa, de estoques e de outros ativos.

O auditor pode usar quaisquer documentos e demonstrações preparados ou fornecidos pela entidade, desde que avalie sua consistência e se satisfaça com sua forma e conteúdo.

Os papéis de trabalho, além de outros itens mais específicos, incluem:

- informações sobre a estrutura organizacional e legal da entidade;
- cópias ou excertos de documentos legais, contratos e atas;
- informações sobre o setor de atividades, ambiente econômico e legal em que a entidade opera;
- evidências do processo de planejamento, incluindo programas de auditoria e quaisquer mudanças nesses programas;
- evidências do entendimento, por parte do auditor, do sistema contábil e do controle interno, e sua concordância quanto a eficácia e adequação;
- evidências de avaliação dos riscos de auditoria;
- evidências de avaliação e conclusões do auditor e revisão sobre o trabalho da auditoria interna;
- análises de transações, movimentação e saldos de contas;
- análises de tendências, coeficientes, quocientes, índices e outros indicadores significativos;
- registro da natureza, oportunidade e extensão dos procedimentos de auditoria e seus resultados;
- evidências de que o trabalho executado pela equipe técnica foi supervisionado e revisado;
- indicação de quem executou e revisou os procedimentos de auditoria e de quando o fez;
- detalhes dos procedimentos relativos às demonstrações contábeis auditadas por outro auditor;
- cópias de comunicações com outros auditores, peritos, especialistas e terceiros;
- cópias de comunicações à administração da entidade, e suas respostas, em relação aos trabalhos, às condições de contratação e às deficiências constatadas, inclusive no controle interno;
- cartas de responsabilidade da administração;
- conclusões do auditor acerca de aspectos significativos, incluindo o modo como foram resolvidas ou tratadas questões não usuais;
- cópias das demonstrações contábeis, assinadas pela administração da entidade e pelo contador responsável, e da opinião e dos relatórios do auditor.

No caso de auditorias realizadas em vários períodos consecutivos, alguns papéis de trabalho, desde que sejam atualizados, podem ser reutilizados, diferentemente daqueles que contêm informações sobre a auditoria de um único período.

As explicações verbais do auditor não representam documentação adequada para o trabalho executado ou para as conclusões obtidas, mas podem ser utilizadas para explicar ou esclarecer informações contidas na documentação de auditoria, conforme a NBC TA 580 (R1).

```
Documentação          Fatores (forma,
de auditoria    →     conteúdo e
                      extensão)
```
a) Tamanho e complexidade da empresa
b) Natureza dos procedimentos de auditoria a serem executados
c) Riscos identificados de distorção relevante
d) Importância da evidência de auditoria obtida
e) Natureza e extensão das exceções identificadas
f) Necessidade de documentar a conclusão ou a base da conclusão
g) Metodologia e as ferramentas de auditoria usadas

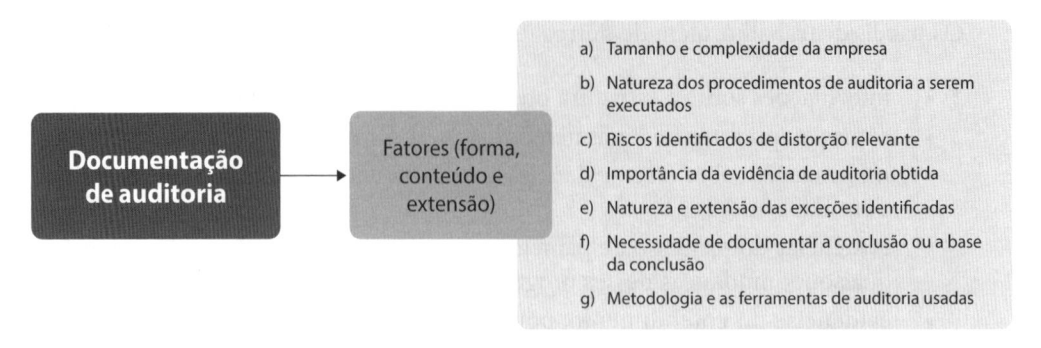

Figura 9.3 *Forma, conteúdo e extensão da documentação de auditoria.*

9.3 CONFIDENCIALIDADE, CUSTÓDIA E PROPRIEDADE DOS PAPÉIS DE TRABALHO

O auditor deve adotar procedimentos apropriados para manter a custódia dos papéis de trabalho pelo prazo de cinco anos, a partir da data de emissão da sua opinião. A confidencialidade dos papéis de trabalho é dever permanente do auditor.

Conforme a NBC TA 230 (R1) – Documentação da Auditoria, no caso específico de trabalho de auditoria, o período de retenção da documentação deve ser estabelecido em políticas internas das firmas de auditoria, mas o recomendável é que esse período não seja inferior a cinco anos, a partir da data do relatório do auditor independente ou, se superior, da data do relatório do auditor independente do grupo.

Os papéis de trabalho são de propriedade exclusiva do auditor. Partes ou excertos destes podem, a critério do auditor, ser postos à disposição da entidade. Quando solicitados por terceiros, somente podem ser disponibilizados após autorização formal da entidade auditada.

9.4 PREPARAÇÃO DE UM PAPEL DE TRABALHO

A habilidade técnica e a competência profissional dos auditores estão refletidas no papel de trabalho que eles preparam. Um auditor eficiente é capaz de realizar seu trabalho de acordo com as normas usuais de auditoria, empregando o melhor de seus esforços na criação de papéis de trabalho de auditoria de máxima utilidade.

Para conseguir esse objetivo, ele deve:

- fazer trabalho completo sobre os dados necessários;
- organizar e arquivar os papéis de maneira que seja facilitada a referenciação dos mesmos para uma rápida identificação por aqueles que deles necessitem (diretores e gerentes de auditoria).

Os papéis de trabalho são completos quando refletem claramente todas as informações referentes à composição dos dados significativos dos registros, juntamente com os métodos e técnicas de verificação empregados e outras evidências necessárias à preparação do relatório.

Cada sumário e cada figura do relatório devem estar devidamente explicados no papel de trabalho.

Conforme o prosseguimento dos trabalhos, o auditor deve pensar adiante sobre o problema do relatório e incluir nos papéis de trabalho comentários e explicações que mais tarde venham a fazer parte do relatório.

Os papéis de trabalho não estão limitados a dados quantitativos; eles devem incluir notas e explicações que indiquem claramente o que foi feito pelo auditor, suas razões para seguir certos procedimentos, suas reações e opiniões sobre a qualidade dos dados examinados, a adequação dos controles internos em uso e a competência das pessoas responsáveis pelas operações ou registro sob revisão. Além da possibilidade de os papéis de trabalho serem examinados por terceiros, eles são revisados por *seniores*, supervisores ou gerentes de auditoria, para determinar a adequação e eficiência do trabalho, devendo ser autoexplicativos, estar completos, legíveis e sistematicamente arquivados, para evitar que o auditor que os preparou seja solicitado a fornecer explicações adicionais durante a revisão e finalização da auditoria, uma vez que, em muitos casos, os relatórios são escritos por um supervisor ou gerente de auditoria e não pelo auditor que executou o trabalho de verificação.

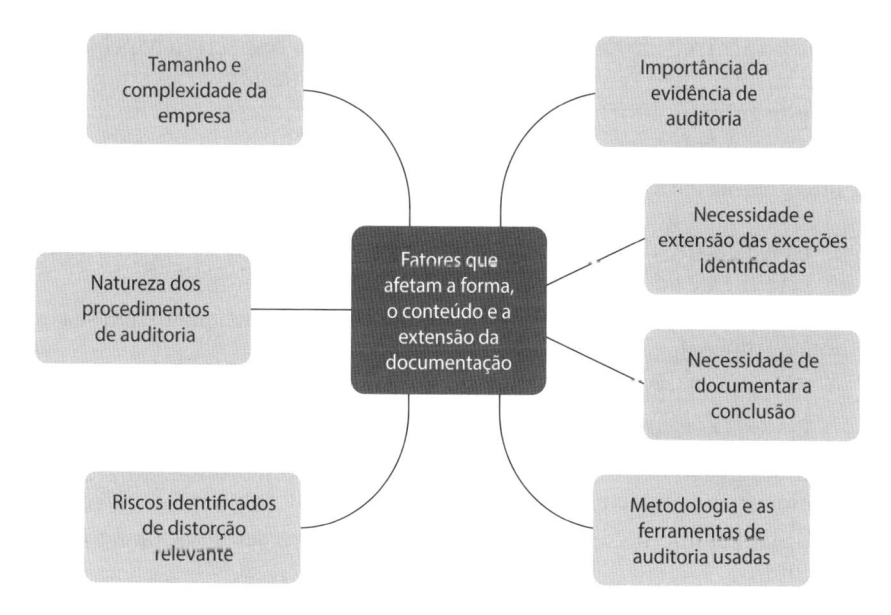

Figura 9.4 *Fatores que afetam a documentação de auditoria.*

9.5 PONTOS ESSENCIAIS DOS PAPÉIS DE TRABALHO

Quando da elaboração dos papéis de trabalho, o auditor deve levar em consideração:

- **concisão**: os papéis de trabalho devem ser concisos, de forma que todos entendam sem a necessidade de explicações da pessoa que os elaborou;

- **objetividade**: os papéis de trabalho devem ser objetivos, de forma que se entenda aonde o auditor pretende chegar;
- **limpeza**: os papéis de trabalho devem estar limpos, de forma a não prejudicar seu entendimento;
- **lógica**: os papéis de trabalho devem ser elaborados de forma lógica de raciocínio, na sequência natural do objetivo a ser atingido;
- **completude**: os papéis de trabalho devem ser completos por si só.

Para que os papéis de trabalho estejam completos, há a necessidade de observar os pontos essenciais que neles deverão estar demonstrados.

9.6 NORMAS GERAIS PARA PREENCHIMENTO DOS PAPÉIS DE TRABALHO

A elaboração dos papéis de trabalho deve seguir um padrão definido e claro. Todos os procedimentos efetuados devem estar mencionados, demonstrando a profundidade dos testes em relação a cada montante. Os resultados obtidos serão evidenciados de forma que indiquem se o alcance foi satisfatório.

O auditor encarregado de um exame, ao preencher o respectivo papel de trabalho, deve ter em mente que o seu trabalho há de ter condições de ser examinado e compreendido por outro auditor, sem deixar dúvidas e sem necessitar de esclarecimentos adicionais.

Algumas regras básicas devem ser observadas para alcançar bons resultados:

- os papéis de trabalho devem evidenciar a obediência às normas de auditoria geralmente adotadas;
- os procedimentos de auditoria adotados ficarão evidenciados, em sua extensão e profundidade;
- devem incluir todos os dados e informações pertinentes;
- devem ser limpos, claros e corretos;
- devem conter todos os elementos e informações que amparem o que se mencionar na opinião e nos relatórios;
- devem conter todas as informações que possam ser úteis, ou necessárias, no futuro;
- devem incluir os dados para fácil identificação da data em que foram elaborados, quem foi o encarregado e quem fez a revisão, assim como terão títulos e códigos que esclareçam a natureza do exame;
- na data do término da auditoria, os papéis de trabalho devem estar prontos e em condições de serem arquivados.

A não observância dessas regras determinará a existência de falhas nos papéis de trabalho, falhas essas que, na realidade, constituem-se em falhas da própria auditoria realizada.

9.7 DESCRIÇÃO DOS PAPÉIS DE TRABALHO

1. Compilação de informações que incluem:
   - mapas preparados pelos departamentos de contabilidade, financeiro e fiscal, ou pelo auditor;
   - memorandos;
   - confirmações;
   - outros tipos de documentação preparada ou reunida durante o exame.

2. Arquivamento dos papéis de trabalho

   Os papéis de trabalho devem ser organizados conforme sua finalidade. A forma mais prática é mantê-los em pastas apropriadas de acordo com o assunto a que se referem, como, por exemplo:

   I – Pasta Permanente;
   II – Pasta de Assuntos da Auditoria;
   III – Pasta de Análise das Contas;
   IV – Pasta de Correspondência.

   A discriminação dos assuntos e a quantidade de pastas são definidos em função do volume de papéis de trabalho. É prática comum separá-los em pelo menos dois grupos:

   I – Pasta Permanente – inclui todos os papéis que são de importância diária e contínua, ano após ano para consulta, por conterem dados sobre o sistema, área ou objeto de auditoria.

   Exs.: assuntos de valor e interesse contínuo; organograma; histórico da empresa: estatuto e suas alterações, análises da composição e evolução do capital social; descrição do sistema de escrituração contábil; referências sobre preparo e apresentação das demonstrações contábeis; controles do sistema operacional e do fluxo de informações; âmbito de ação da empresa e sua participação no mercado etc.

   II – Pasta Corrente – é composta de todos os papéis do exercício em curso. Exemplo: planejamento do trabalho, balancetes e outras demonstrações contábeis, análise das diversas contas etc.

   Esta pasta pode conter a Pasta de Correspondências, que contém toda a correspondência enviada à administração ou dela recebida; seu uso é restrito ao gerente de auditoria ou a certos elementos do departamento; não deve daí sair.

3. Organização dos papéis de trabalho:
   - os papéis de trabalho são geralmente padronizados para facilitar seu uso;
   - as células mestras detalham as contas do razão por área do balanço ou da conta sintética examinada;
   - as células mestras são comprovadas pelas células detalhadas (programas, células-suporte, testes e mapas), que demonstram todo o trabalho efetuado e a compilação de sua evidência.

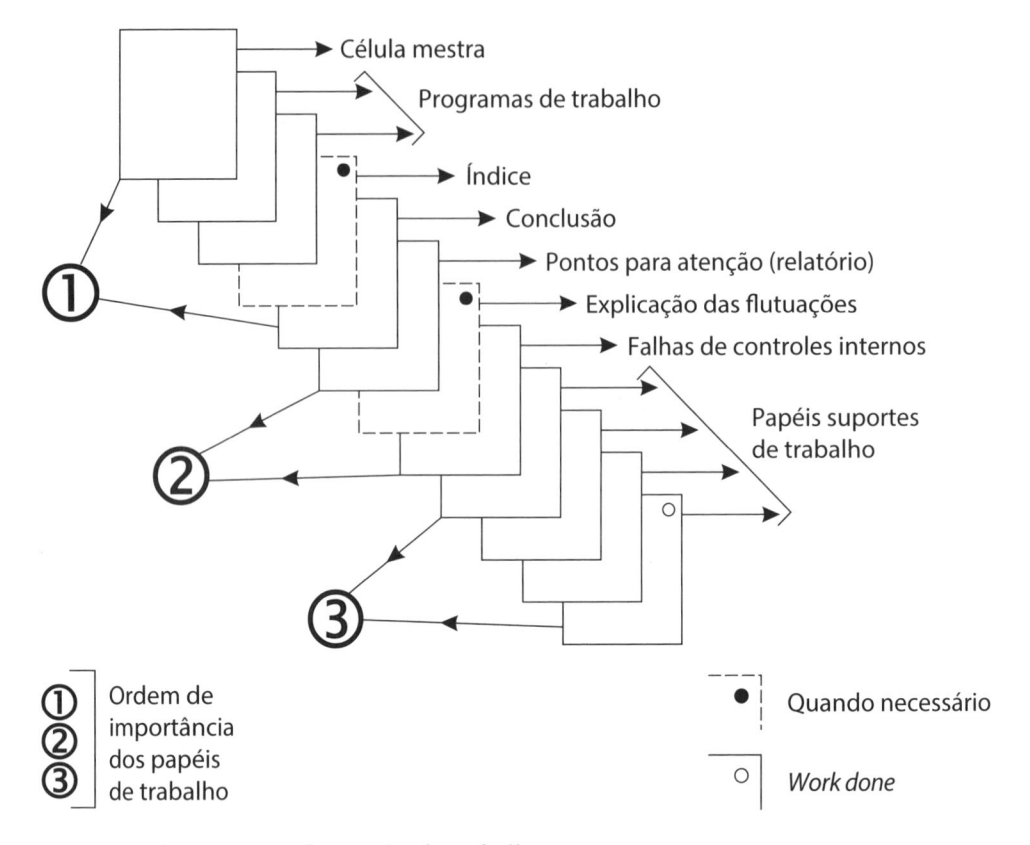

Figura 9.5 *Organização dos papéis de trabalho.*

9.8 TIPOS DE PAPÉIS DE TRABALHO

Se os papéis de trabalho devem ser os meios pelos quais a prova é obtida, segue-se que eles devem assumir ampla variedade de formas e modelos.

Um papel de trabalho é qualquer registro que o auditor faz de seu trabalho, ou de material que ele encontra, a fim de consubstanciar sua opinião. A carta de responsabilidade da administração é um documento que compõe os papéis de auditoria. Dessa forma, objetiva:

- delimitar as responsabilidades do auditor independente e da administração;
- dar maior credibilidade às informações verbais recebidas durante a auditoria;
- dar garantia ao auditor independente quanto às suas responsabilidades, após a publicação das demonstrações;
- atender as normas de auditoria independente.

Sempre que não possa ter expectativa razoável quanto à existência de outra evidência de auditoria pertinente, deve o auditor obter declarações por escrito da administração, sobre os assuntos significativos para as Demonstrações Contábeis, por meio da Carta de Responsabilidade da Administração.

Embora haja grandes diferenças entre os papéis de trabalho, existem certos tipos comuns que, em geral, são usados em todos os trabalhos. São, entre outros:

- análises de contas;
- lançamentos de acertos;
- conciliações;
- balancetes;
- pontos para recomendações;
- programas de auditoria.

A maioria dos papéis de trabalho enquadra-se em um desses tipos, embora deva ser reconhecido que as necessidades específicas de cada caso determinam os tipos e quantidades de papéis de trabalho exigidos em determinada situação.

O auditor constantemente enfrenta novos problemas, que exigem a elaboração de outros modelos de papel de trabalho, ou a ampliação dos antigos. Uma das características do bom auditor é sua capacidade de idealizar formulários de papel de trabalho de acordo com as necessidades que o problema apresenta.

Os aspectos relativos à custódia dos papéis de trabalho são de propriedade e de uso exclusivo do departamento da auditoria e:

- não devem ser entregues a terceiros ou com estes discutidos, sem a autorização do gerente de auditoria;
- não devem ser discutidos com o pessoal dos setores envolvidos sem a autorização expressa do gerente de auditoria; as informações constantes nos papéis de trabalho nunca devem ser discutidas fora do departamento de auditoria;
- durante os trabalhos, devem ficar sob controle constante dos auditores. Durante o horário do almoço e depois do expediente devem ficar em local seguro, de preferência fechados a chave;
- o local de arquivo dos papéis de trabalho é no departamento de auditoria e não na casa de cada um de seus membros.

Na revisão dos papéis de trabalho deve-se admitir que:

- os papéis estão sujeitos à revisão do sênior que prepara uma folha de "pontos pendentes";
- representa um comentário crítico do sênior sobre o trabalho do assistente;
- a eliminação das pendências deve ser evidenciada nos papéis de trabalho e não na folha de pendências. Nessa folha apenas deve ser indicado que o ponto foi eliminado;
- a revisão dos papéis de trabalho pelo sênior é provavelmente o fator mais importante em sua avaliação do desempenho do assistente;
- os papéis estão sujeitos à revisão do gerente de auditoria.

9.9 FORMA E CONTEÚDO DOS PAPÉIS DE TRABALHO

1. Informação básica em todos os papéis de trabalho:
   - referência do papel de trabalho – um número de índice alfanumérico feito em vermelho no ângulo superior direito;
   - título da célula – natureza e objetivo da célula;

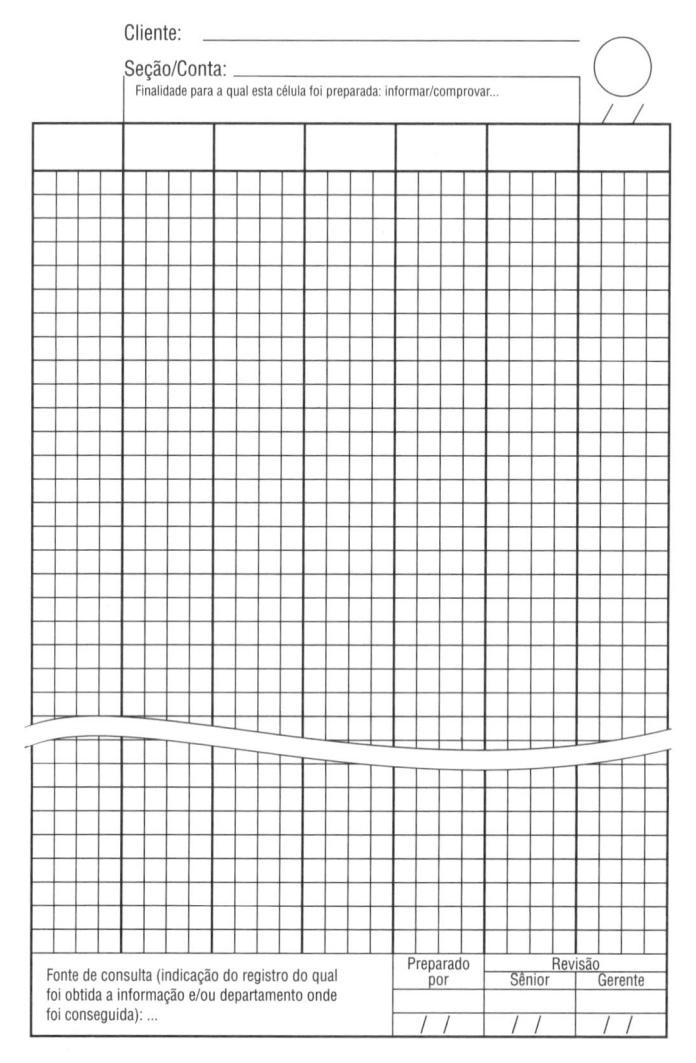

Figura 9.6 *Modelo de 7 colunas.*

- células mestras – o título é o nome do grupo ou subgrupo de contas do balanço;
- células analíticas – o título mostra o tipo de análise ou o procedimento que foi aplicado e deve fazer referência ao item do programa de auditoria que se aplica;

- data – indicar a data a que se refere o trabalho. Se os trabalhos de auditoria interna foram conjugados com os de auditoria independente, deverá constar, também, a data das demonstrações financeiras a que se referem;

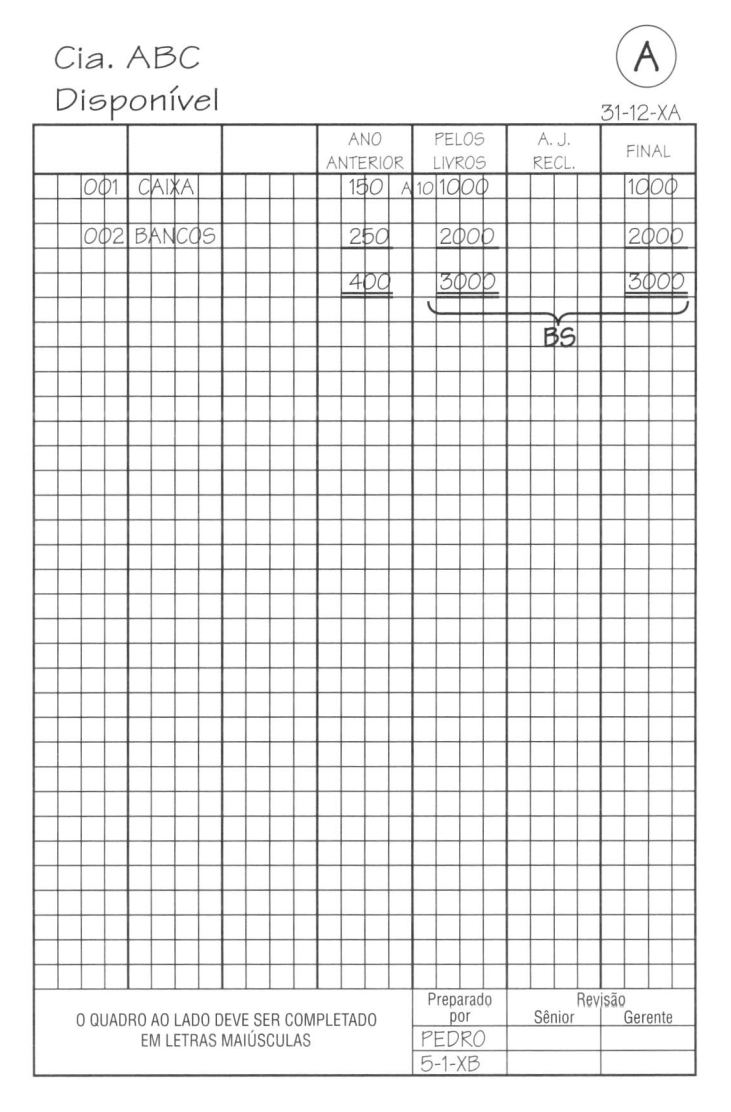

```
Cia. ABC                                                    (A)
Disponível                                              31-12-XA
```

			ANO ANTERIOR	PELOS LIVROS	A. J. RECL.	FINAL
001	CAIXA		150	A 10 1000		1000
002	BANCOS		250	2000		2000
			400	3000		3000
				BS		

O QUADRO AO LADO DEVE SER COMPLETADO EM LETRAS MAIÚSCULAS

Preparado por: PEDRO — 5-1-XB
Revisão Sênior / Gerente

Figura 9.7 *Modelo de uma célula-mestra.*

- o nome de quem prepara a célula e a data no canto inferior direito:
    - as iniciais de quem a prepara indicam a responsabilidade por seu preenchimento;
    - a frase "preparado pela auditoria interna" deve ser inserida nas células quando o trabalho for conjugado com a auditoria independente.

2. As células-mestras para trabalhos conjugados com a auditoria independente contêm:
   - o nome do grupo e subgrupo de contas do balanço patrimonial ou do resultado do exercício;
   - colunas com:
     - saldos do exercício anterior;
     - saldos do exercício corrente;
     - ajustes e reclassificações;
     - saldo final ou após os ajustes e reclassificações.
3. Células-suportes. Duas grandes categorias:
   a) Programas de auditoria:
      - a elaboração dos programas de auditoria é a principal responsabilidade do sênior e do gerente;
      - o programa da auditoria: resume as perguntas, os procedimentos e as etapas, contém perguntas adequadas sobre o controle interno contábil, seguidas dos passos do programa elaborado para comprovar os controles existentes:
        - o trabalho a realizar é descrito sequencialmente;
        - a sequência das etapas fundamenta de forma lógica os objetivos de auditoria;
        - deve-se ler todo o programa, de maneira tal que se possa combinar e coordenar o trabalho;
      - a coluna "feito por" contém:
        - espaço para as iniciais de quem efetua o trabalho: colocar as iniciais numa etapa significa assumir a responsabilidade pela realização de tudo que ali se encontra;
        - todas as etapas devem ser assinadas;
        - espaço para referenciar as células comprobatórias e as células com comentários explicativos.
   b) Papéis de Trabalho comprobatórios:
      - elaboram-se com informações específicas:
        - análises preparadas para fins de auditoria interna ou auditoria independente;
        - folhas contendo exceções e/ou recomendações sobre o controle interno;
        - confirmação de terceiros;
        - qualquer outra evidência escrita relacionada com o exame.
      - características gerais:
        - contêm os mesmos elementos básicos de informação encontrados em outros papéis de trabalho;

- o objetivo da célula deve ser expresso claramente, isto é, referenciado à etapa específica do programa ou explicado por escrito;
- a fonte de informação deve ser claramente indicada;
- deve-se indicar de modo claro o método seguido quando a informação foi obtida por meio de testes; os papéis devem denotar esmero, eliminando cálculos e rabiscos;
- a informação deve ser clara para o leitor (pouca informação em cada célula) e deve aparecer de modo conciso, lógico, preciso e completo;
- devem ser preparados a lápis (a tinta, fica difícil alterar ou corrigir);
- as cifras devem ser colocadas de forma adequada e esmerada, nos espaços previstos;
- os papéis de trabalho-suporte são arquivados após os programas de auditoria;
- a ordem dos papéis de trabalho é a seguinte:
  - primeiro os papéis sintetizados ou resumos;
  - depois os papéis detalhados.

Deve-se seguir a sequência do programa de trabalho como guia para a disposição das células analíticas.

9.10 CARACTERÍSTICAS BÁSICAS DOS PAPÉIS DE TRABALHO

Os papéis de trabalho devem ser completos, isto é, cada folha de trabalho, ou grupo de folhas, no caso de uma não ser suficiente para determinado fim, deverá ter sua própria utilidade. Essas folhas devem ser esclarecedoras por si mesmas e conter todas as informações pertinentes, quer sejam relacionadas com a preparação da demonstração contábil, quer com a verificação dos dados.

Um conjunto ou grupo de papéis de trabalho deve ser também cuidadosamente controlado por referências cruzadas. A natureza da contabilidade é tal que uma informação constante de um ponto nos papéis de trabalho é frequentemente relacionada com uma informação contida em outro. Sempre que uma folha de trabalho contenha alguma informação que apoie ou se baseie em outra folha de trabalho, é prática habitual indicar o fato em ambos os papéis.

Outras exigências dos papéis de trabalho individuais são as de que cada folha tenha um cabeçalho completo, contendo o nome da empresa sob exame, o nome da conta analisada, ou a descrição dos testes de auditoria que ela registra, bem como a data do exame.

Cada folha de trabalho deve também ser rubricada ou assinada pelos auditores que, individualmente, tenham contribuído para seu preparo. Normalmente, a data em que o trabalho foi completado é registrada juntamente com as iniciais, para o caso de surgir qualquer dúvida quanto à sequência ou duração de determinadas medidas de verificação.

Para ser útil, a folha de trabalho não deve ser apenas completa, mas também legível. Não há dúvida de que uma folha de trabalho cuidadosamente elaborada e preparada com esmero é mais fácil de revisar e causa melhor impressão como prova.

Há também a possibilidade de que os hábitos de trabalho negligentes possam também conduzir a raciocínio negligente e, portanto, a verificação inadequada.

A NBC PA 01 requer que as firmas de auditoria estabeleçam políticas e procedimentos para a conclusão tempestiva da montagem dos arquivos de auditoria. Um limite de tempo apropriado para concluir a montagem do arquivo final de auditoria geralmente não ultrapassa 60 dias após a data do relatório do auditor.

De acordo com a NBC TA 230 (R1), a conclusão da montagem do arquivo final de auditoria após a data do relatório do auditor é um processo administrativo que não envolve a execução de novos procedimentos de auditoria nem novas conclusões. Contudo, novas modificações podem ser feitas na documentação de auditoria durante o processo final de montagem se essas forem de natureza administrativa.

Exemplos de tais modificações incluem:

a) apagar ou descartar documentação superada;
b) selecionar, conferir e acrescentar referências cruzadas aos documentos de trabalho;
c) conferir itens das listas de verificação evidenciando ter cumprido os passos relativos ao processo de montagem do arquivo;
d) documentar evidência de auditoria que o auditor obteve, discutiu e com a qual concordou junto aos membros relevantes da equipe de trabalho antes da data do relatório de auditoria.

9.11 CODIFICAÇÃO E ARQUIVO DOS PAPÉIS DE TRABALHO

A fim de que os papéis desejados possam ser facilmente encontrados, é essencial a elaboração de um sistema de codificação. Cada folha no arquivo deve ter uma letra ou número de identificação, ou uma combinação de ambos, para distingui-la de todas as outras. Este índice identifica, então, a folha específica, indicando onde ela pode ser encontrada no arquivo.

Terminada a auditoria, emitida a opinião e elaborados os relatórios, os papéis de trabalho devem ser arquivados em lugar seguro, mas de fácil acesso, pois estão sujeitos a verificações constantes, para atender a consultas do cliente, sendo certo que serão utilizados pela equipe escalada para a auditoria do ano seguinte, a qual abrirá os novos papéis consultando os anteriores.

Os papéis de anos anteriores, que estarão sujeitos a manuseio somente em casos esporádicos, serão levados para outro arquivo, chamado "arquivo morto".

Os arquivos devem ser organizados de maneira tal que permitam localizar os papéis com segurança e facilidade.

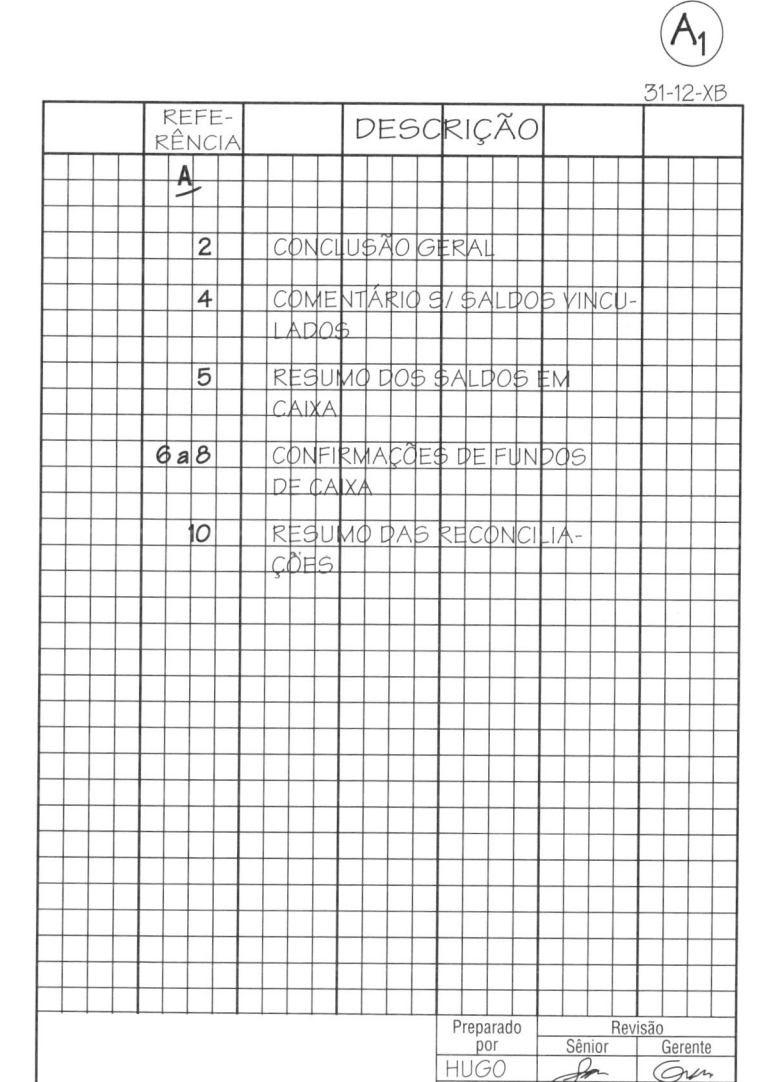

	REFE-RÊNCIA	DESCRIÇÃO		
	A			
	2	CONCLUSÃO GERAL		
	4	COMENTÁRIO S/ SALDOS VINCULADOS		
	5	RESUMO DOS SALDOS EM CAIXA		
	6 a 8	CONFIRMAÇÕES DE FUNDOS DE CAIXA		
	10	RESUMO DAS RECONCILIAÇÕES		

A_1
31-12-XB

Preparado por: HUGO 7-4-XC
Revisão Sênior: 4-XC
Gerente: 4-XC

Figura 9.8 *Cia. ABC – disponibilidades – índice.*

9.12 MÉTODO PARA REFERENCIAR E CRUZAR REFERÊNCIAS – "AMARRAÇÃO" DAS CÉLULAS INDIVIDUAIS

1. Números de referência:
   a) são necessários para referenciar a informação entre as células;
   b) compõem-se de uma letra e um número:
      – a letra representa o título de um grupo ou subgrupo de contas do balanço patrimonial ou seção dos papéis de trabalho;

- a parte numérica representa a ordem seguida pelas células analíticas dentro da seção;
c) designação de referências para as células mestras:
- os ativos são designados com uma letra em sequência alfabética de acordo com a ordem seguida pelos grupos ou subgrupos de contas do balanço patrimonial;
- o passivo e o patrimônio líquido são designados com duas letras iguais em ordem alfabética;
- a célula mestra que representa a demonstração do resultado do exercício tem a denominação DR.

A designação das seções pode ser feita como segue:

A	Disponibilidades
B	Contas a Receber
C	Demais Contas a Receber
D	Estoques
E	Despesas do Exercício Seguinte
F	Controladora, Controladas e Coligadas
G	Demais Contas a Receber – Longo Prazo
H	Investimentos
I	Imobilizado
AA	Fornecedores
BB	Salários e Contribuições
CC	Impostos
DD	Distribuições Estatutárias
EE	Demais Contas a Pagar
GG	Financiamento
HH	Debêntures
II	Controladora, Controladas e Coligadas
JJ	Demais Contas a Pagar – Longo Prazo
MM	Patrimônio Líquido
DR	Demonstração do Resultado

As seções referentes às letras F, I, K, FF e LL não têm denominação específica, oferecendo, dessa forma, maiores possibilidades de adaptação às contas das empresas;

d) referências para as células comprobatórias:
- deve-se usar a mesma letra da célula mestra que está comprovando;
- deve-se designar um número de acordo com a ordem em que aparece a célula-suporte dentro da seção;

e) ordem das células comprobatórias:
- os programas de auditoria precedem as células que contêm detalhes;

f) hiatos que possam surgir na sequência numérica como consequência da designação prévia de referência:
- quando existir um hiato na numeração dos papéis de trabalho, este deve ser explicado imediatamente depois (por exemplo: "B8 a B18 não usadas");
- o último papel de trabalho de cada seção deve ser indicado, no canto superior direito;
- seguindo as recomendações, pode-se controlar toda a sequência numérica.

2. Uso de referências durante o trabalho de auditoria, isto é, cruzamento de referências:

Regras básicas para cruzar referências:
- somente cruzar cifras idênticas:
  - quando se tratar de grupos de números, antes de serem cruzados devem ser somados;
  - se existir uma diferença pequena, deve ser acrescentada, e o novo total, ser referenciado;
- todo o cruzamento da referência deve ser feito em lápis vermelho;
- todo o cruzamento deve ser feito em ambas as direções;
- a posição da referência com relação ao número referenciado indica sua direção, a saber:
  - a referência de um número que "vai de ... para ..." é colocada do lado direito ou abaixo do número;
  - a referência de um número que "vem de ..." é colocada do lado esquerdo.

9.13 ORDENAÇÃO DOS PAPÉIS DE TRABALHO

1. BT – Balanço de Trabalho

Utilizamos o resumo das células mestras BT – Balanço de Trabalho como um balancete das seções.

Esse resumo contém:

- o nome das seções (grupos ou subgrupos de contas), coincidentes com os anotados nas células mestras;
- a referência da seção, também coincidente, obviamente, com a de cada célula mestra;
- os totais das células mestras ainda não auditados do exercício, examinados tais como foram entregues pela contabilidade;

- espaço para resumir os eventuais ajustes e reclassificação de auditoria;
- os saldos auditados do exercício examinado, que correspondem às demonstrações financeiras da empresa.

Este Papel de Trabalho deve apresentar, abaixo do nome da empresa, os dizeres "Balanço de Trabalho" ou outros que tenham o mesmo objetivo.

2. Células mestras

As células mestras contêm:
- título dos grupos ou subgrupos de contas das demonstrações financeiras;
- os saldos finais do exercício anterior;
- os saldos não auditados do período submetido a exame;
- espaço para ajustes e reclassificações;
- os saldos auditados do período submetido a exame referenciados no resumo das células mestras (BT).

3. Células de suporte ou detalhadas

São os papéis de trabalho elaborados para cada seção, que têm o objetivo de documentar os trabalhos que efetuamos para suportar cada saldo apresentado na célula mestra.

As células de suporte ou detalhadas devem apresentar abaixo o nome da empresa, o título da seção e, abaixo deste, o nome do teste específico ou de qualquer outra finalidade da célula.

O critério para elaboração e arquivo destas células também respeita tudo o que já vimos até aqui, partindo, portanto, do geral para o específico, o que significa, neste caso, arquivar, pela ordem, os seguintes papéis de trabalho ou células:

a) Os programas de auditoria

Esses programas, que devem ser específicos para as principais áreas da empresa, devem ser aplicados durante as diversas etapas do trabalho, de forma a terem sido completamente utilizados até a visita final.

Geralmente, são referenciados com a letra da seção seguida das iniciais PA (Programas de Auditoria) ou PT (Programas de Trabalho) e o número de ordem sequencial. Exemplo: a PTA significa que esta é a primeira célula do programa de trabalho da Seção A – Disponível.

Os programas de auditoria recebem esta referência específica porque podem ser utilizados em mais de um exercício e, quando isto ocorre, são transferidos da pasta do exercício anterior para a pasta do exercício corrente. Neste caso, teremos colunas "Feito por" e "Referência" para cada exercício.

b) O índice da seção

Quando o volume de células ou uma seção for grande, normalmente preparamos e arquivamos, logo após os programas de auditoria, um índice que indica os aspectos de maior interesse contidos na seção.

c) A conclusão geral da seção

Nesta célula, vamos reproduzir de modo conciso e claro um resumo do que foi feito e dos resultados obtidos na seção. A redação das conclusões de auditoria dá oportunidade de se demonstrar conhecimentos dos objetivos do trabalho de auditoria. Embora o teor das conclusões possa variar, deve constar, no mínimo, opinião sobre os seguintes tópicos:

- adequação dos procedimentos de controle interno estabelecidos pela empresa;
- adequação do escopo do trabalho de auditoria;
- apresentação razoável das contas examinadas de acordo com as normas de contabilidade e aplicação uniforme desses princípios;
- considerações sobre as características intrínsecas dos saldos contidos na seção, tais como: são direitos efetivos do cliente; estão vinculados a alguma operação; o numerário está efetivamente disponível; as obrigações estão corretamente classificadas em curto e longo prazos; são despesas compatíveis com as operações da empresa etc.

A elaboração da conclusão, embora tenha por base o serviço já efetuado, exige bastante atenção do auditor e irá refletir o grau de entendimento deste sobre o que representam os valores contidos na seção e sobre o modo como foram auditados.

4. Células de comentários sobre assuntos relevantes:
    - pontos para atenção (relatórios);
    - explicação de flutuações relevantes;
    - falhas de controle interno e exceções.

Caso haja assuntos relevantes que se deseja abordar de modo resumido, mas com mais detalhes do que aqueles apresentados na conclusão, abordar-se-ão em CÉLULAS específicas para tais comentários.

Como ocorre em todos os demais casos, a redação dos comentários deve ser clara, concisa e completa, indicando onde se pode encontrar o teste no qual foi levantado o assunto-objeto do comentário.

Naturalmente, cada assunto deverá ser abordado individualmente e, para facilitar a ordenação deste, eles poderão ser numerados, de forma que saber-se-á onde começa e termina cada um dos comentários.

5. Células específicas da visita final (auditoria de balanço).
6. Células específicas das visitas preliminares (avaliação do controle interno).

É difícil prever todos os tipos de células específicas que serão elaboradas em cada visita. Em geral, tais células estarão ligadas com a execução de testes específicos.

9.14 *TICKS* OU MARCAS QUE INDICAM OS TRABALHOS EFETUADOS DURANTE O EXAME

Boa parte do trabalho do auditor é baseado na inspeção de documentos, revisão ou conferências de folhas de cálculos, análise de relações etc. O auditor deve evidenciar em seus papéis de trabalho que verificou, analisou e inspecionou etc. os documentos que fundamentam seu trabalho; entretanto, seria impraticável, antieconômico e por vezes até irracional arquivar cópia de tais evidências em seus papéis de trabalho. Assim, convencionou-se usar os *ticks*, que são sinais ou símbolos que declaram, após uma descrição adequada, qual o trabalho efetuado.

Apesar de bastante simples, entende-se que, a princípio, é difícil compreender o modo de utilização desses *ticks*, razão pela qual o assunto está sendo abordado a título de exemplificação prática. Não obstante o exposto, como este procedimento deve ser utilizado para consultas, julga-se oportuno registrar as vantagens da utilização dos *ticks* e as regras básicas para seu uso.

Vantagens:

- podem ser escritos rapidamente nos papéis de trabalho;
- eliminam a necessidade de repetir explicações;
- facilitam a revisão rápida e eficiente dos papéis de trabalho.

Regras básicas:

- devem ser feitos em vermelho para evitar confusões com letras, símbolos e números;
- devem ser simples, claros e diferentes entre si quando servirem para registro de fatos diferentes;
- quando possível, devem ser padronizados nos papéis de trabalho (por exemplo: *tick* de soma e de conferido com o razão);
- não se deve encher de *ticks* os papéis de trabalho, de modo que se torne impossível acompanhar o desenvolvimento do trabalho feito;

As explicações devem estar, na medida do possível, na folha em que o *tick* foi feito. Quando o mesmo *tick* é utilizado em folhas diferentes, deve-se usar uma folha de 14 colunas para resumir os *ticks* usados. Essa folha deve ser arquivada depois de todas as folhas nas quais esses *ticks* foram empregados. Entretanto, não é conveniente a utilização de uma única folha de 14 colunas para mostrar todos os *ticks* utilizados numa seção de trabalho de auditoria, pois esse sistema dificulta o entendimento e a revisão dos trabalhos efetuados.

- as explicações devem ser precisas;
- quando se usa um *tick*, este deve ser explicado imediatamente;
- toda explicação de *ticks* deve conter o nome da pessoa que efetuou o trabalho;
- *ticks* diferentes devem ser utilizados quando o trabalho é feito por mais de uma pessoa;
- devem-se usar *ticks* diferentes para testes diferentes.

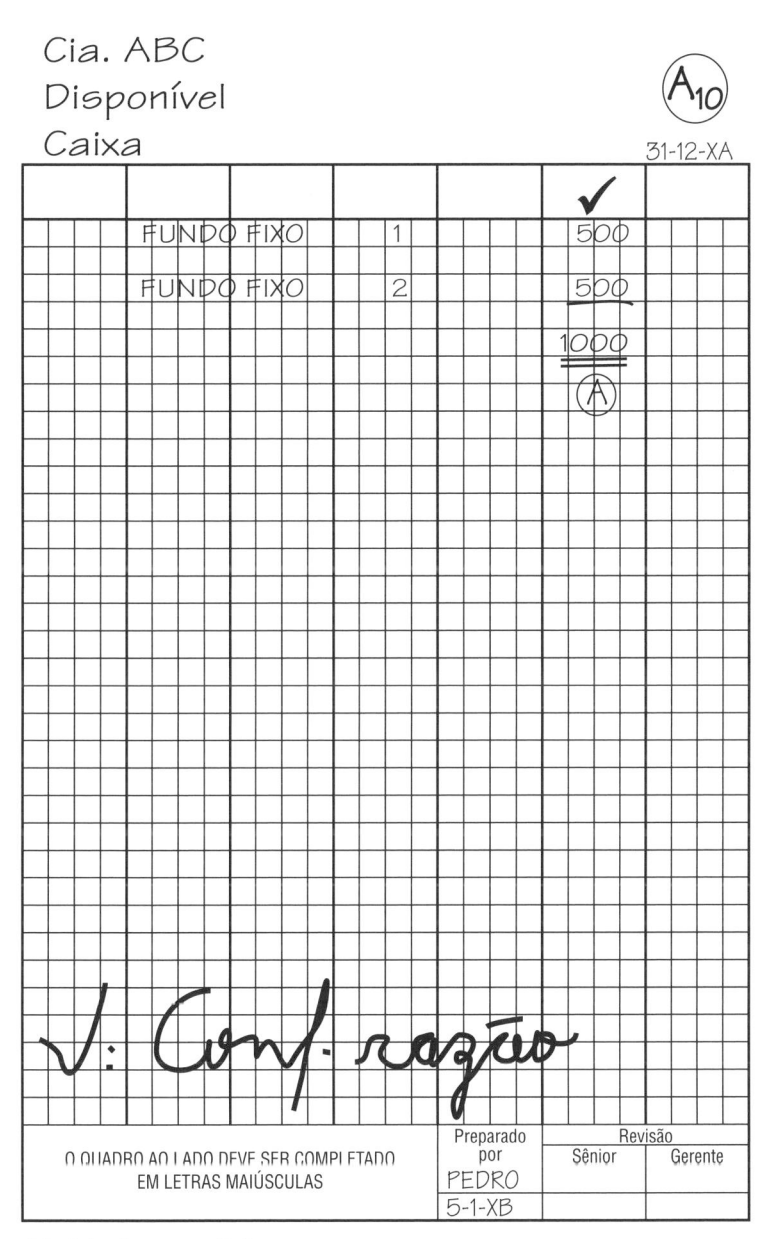

Figura 9.9 *Modelo de uma célula-suporte.*

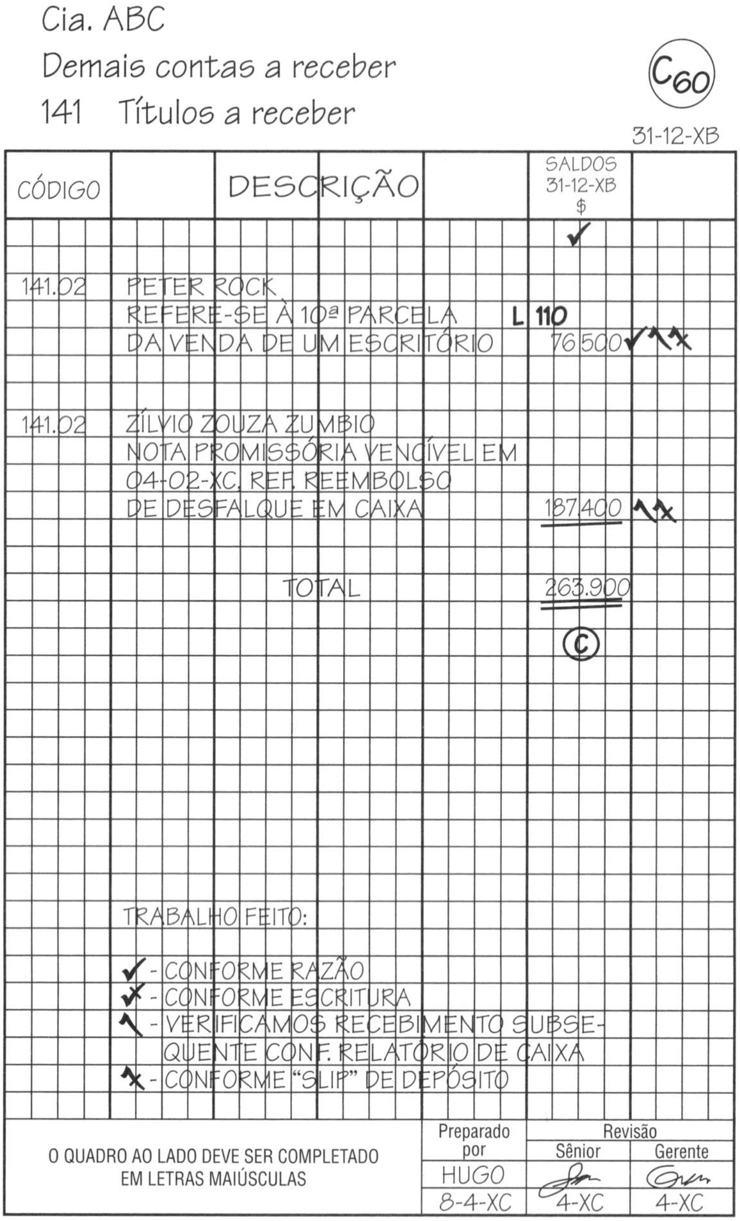

Cia. ABC
Demais contas a receber
141 Títulos a receber

C60
31-12-XB

CÓDIGO	DESCRIÇÃO	SALDOS 31-12-XB $	
		✓	
141.02	PETER ROCK REFERE-SE À 10ª PARCELA DA VENDA DE UM ESCRITÓRIO	L 110 76.500 ✓ ↑✗	
141.02	ZÍLVIO ZOUZA ZUMBIO NOTA PROMISSÓRIA VENCÍVEL EM 04-02-XC, REF. REEMBOLSO DE DESFALQUE EM CAIXA	187.400 ↑✗	
	TOTAL	263.900 Ⓒ	

TRABALHO FEITO:

✓ - CONFORME RAZÃO
✗ - CONFORME ESCRITURA
↑ - VERIFICAMOS RECEBIMENTO SUBSE-
QUENTE CONF. RELATÓRIO DE CAIXA
✗ - CONFORME "SLIP" DE DEPÓSITO

O QUADRO AO LADO DEVE SER COMPLETADO EM LETRAS MAIÚSCULAS	Preparado por	Revisão	
		Sênior	Gerente
	HUGO 8-4-XC	4-XC	4-XC

Figura 9.10 *Modelo de uma célula-suporte.*

Cia. ABC
Demonstrações de resultados
Teste da folha de pagamentos

DR 130

31-12-XB

	BASE DE SELEÇÃO	
	CONSIDERANDO O RESULTADO DA AVALIAÇÃO DOS CONTROLES INTERNOS NA ÁREA (CONCLUSÃO EM DR 125), E SEGUINDO O ENFOQUE DO MEMO DE PLANEJAMENTO (CÉD. 2), ADOTAMOS A SEGUINTE BASE DE SELEÇÃO:	
	PERÍODO:	
	– TESTAREMOS A FOLHA DE PAGAMENTO DE AGOSTO/XB, VISANDO CONJUGAR ESTE TESTE COM O TESTE DE CUSTOS.	
	CRITÉRIO: • • •	
	• • •	
	• • •	

O QUADRO AO LADO DEVE SER COMPLETADO EM LETRAS MAIÚSCULAS	Preparado por	Revisão	
		Sênior	Gerente
	HUGO		
	30-9-XB	8-XB	9-XB

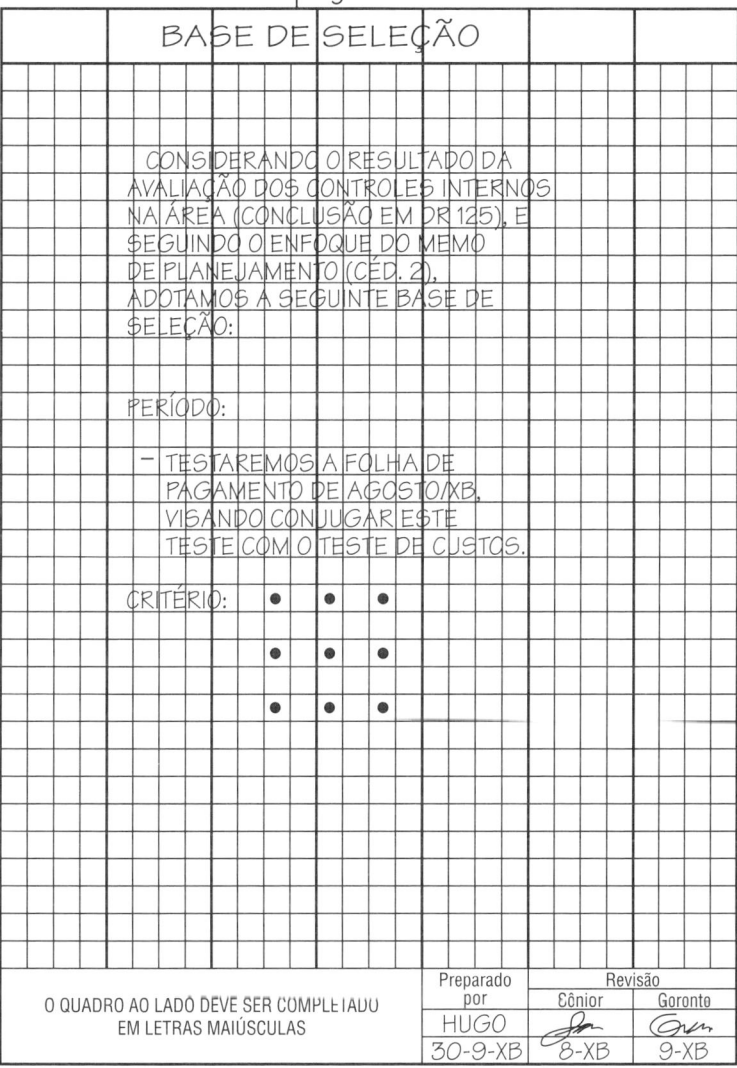

Figura 9.11 *Modelo de uma célula-suporte.*

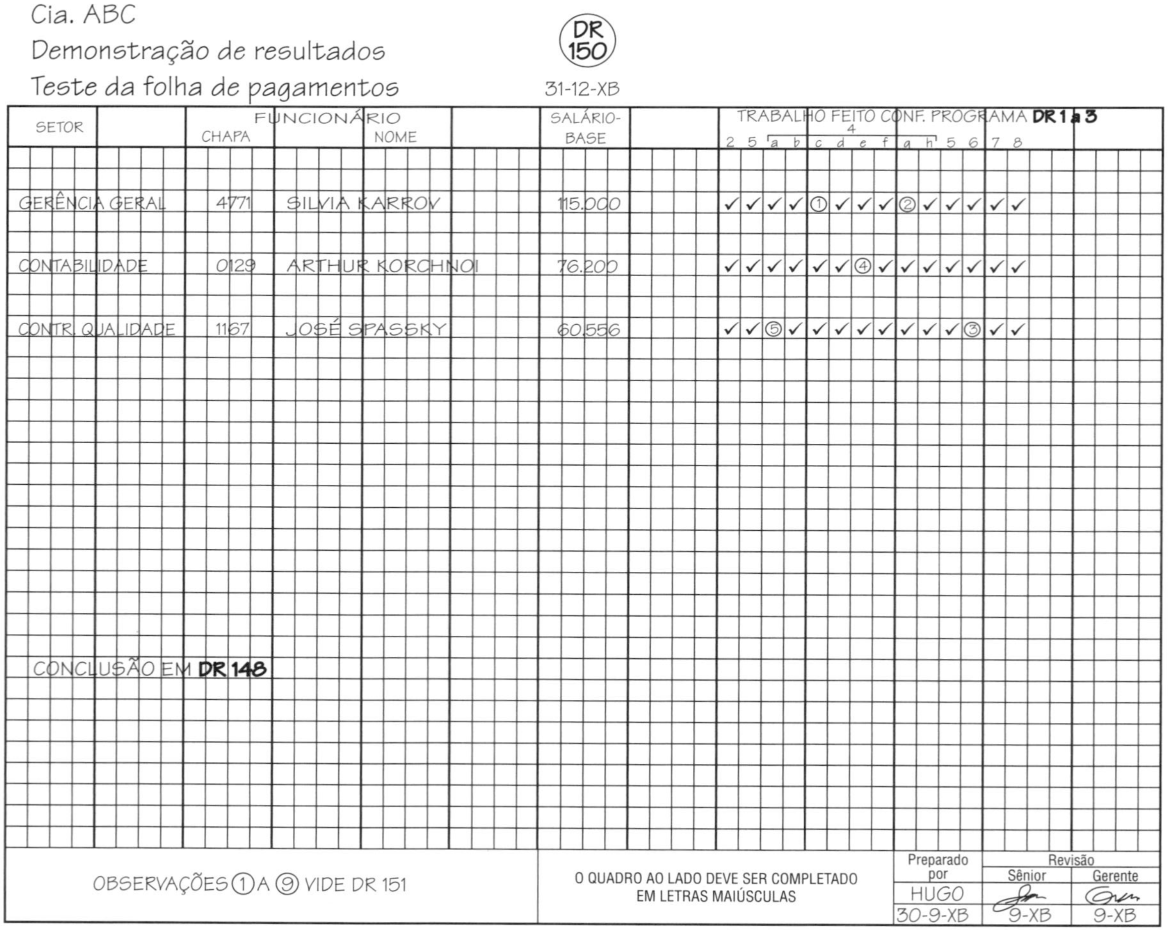

Cia. ABC
Demonstração de resultados
Teste da folha de pagamentos

(DR 150)

31-12-XB

SETOR	FUNCIONÁRIO		SALÁRIO-BASE	TRABALHO FEITO CONF. PROGRAMA DR 1 a 3
	CHAPA	NOME		2 5 a b c d e f g h 5 6 7 8
GERÊNCIA GERAL	4771	SILVIA KARROV	115.000	✓✓✓✓①✓✓✓②✓✓✓
CONTABILIDADE	0129	ARTHUR KORCHNOI	76.200	✓✓✓✓④✓✓✓✓✓✓✓
CONTR. QUALIDADE	1167	JOSÉ SPASSKY	60.556	✓✓⑥✓✓✓✓✓✓✓⑨✓✓

CONCLUSÃO EM **DR 148**

O QUADRO AO LADO DEVE SER COMPLETADO EM LETRAS MAIÚSCULAS

OBSERVAÇÕES ① A ⑨ VIDE DR 151

	Preparado por	Revisão	
		Sênior	Gerente
	HUGO		
	30-9-XB	9-XB	9-XB

Figura 9.12 *Modelo de uma célula-suporte.*

Cia. ABC
Despesas do exercício seguinte
Conclusão geral

E_2
31-12-XB

COM BASE NOS TRABALHOS QUE EFETUAMOS, FUNDAMENTADOS NO MEMO DE PLANEJAMENTO E NO PROGRAMA ARQUIVADO EM E_{20} A E_{35}, SOMOS DE OPINIÃO QUE:

OS SALDOS DEMONSTRADOS APRESENTAM ADEQUADAMENTE AS DESPESAS DO EXERCÍCIO SEGUINTE DA CIA. ABC EM 31 DE DEZEMBRO DE 19XB.

O QUADRO AO LADO DEVE SER COMPLETADO EM LETRAS MAIÚSCULAS

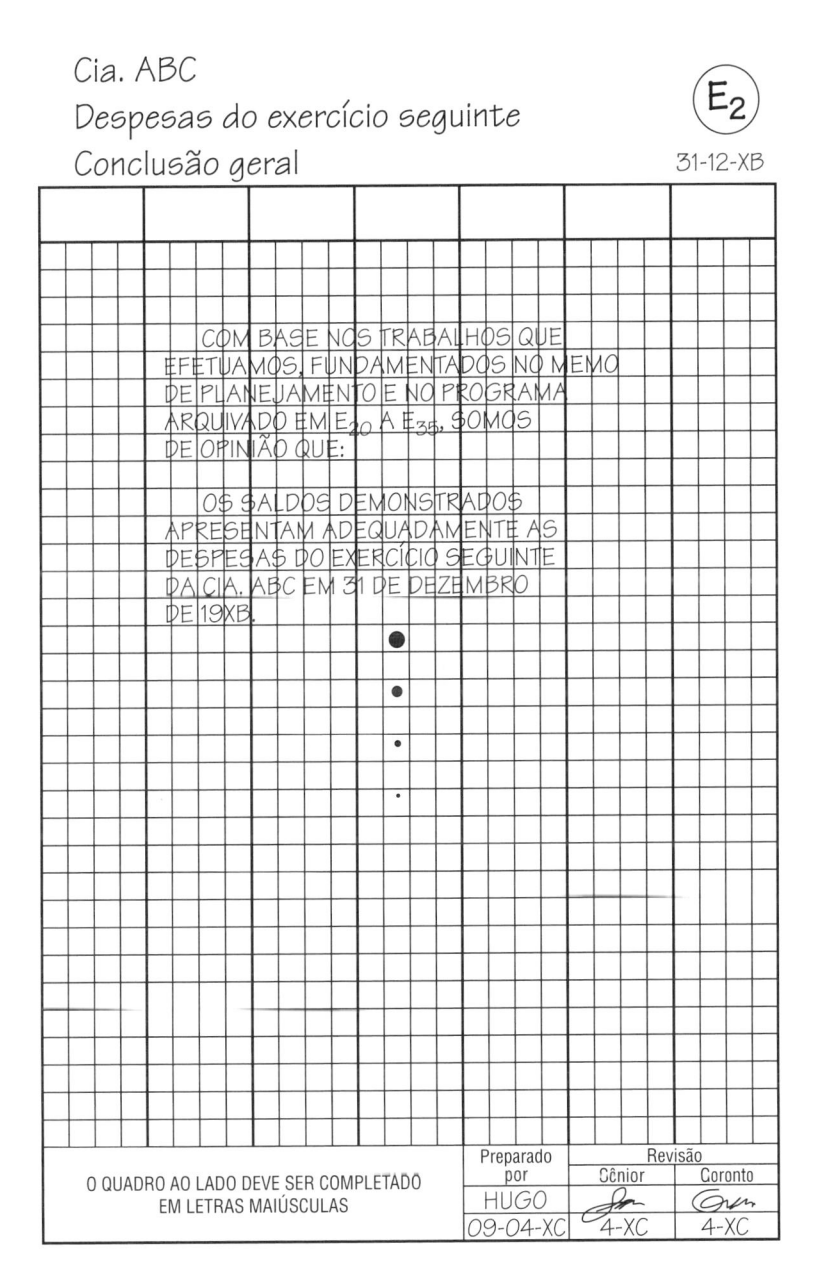

Preparado por: HUGO — 09-04-XC
Revisão — Cênior: 4-XC — Coronto: 4-XC

Figura 9.13 *Modelo de uma célula-suporte.*

Cia. ABC
Estoques
Inventário físico 31-12-XB – contagens

(D/170)

31-12-XB

ETIQUETA	CÓDIGO	MATERIAL DESCRIÇÃO	UNIDADE	QUANT. KARDEX	DIFER.	QUANT. FÍSICA	CUSTO UNITÁRIO $	CUSTO TOTAL $
				✗		✓✓✓	✗✓	✓
0615	1715-04	TIJOLO REFRAT. 55 × 90	PÇ	7.500	(100) ①	7.400	180,60	1.336.440
1160	2080-00	CHAPA DE AÇO SAE 1020 DE 1½"	KG	3.700	-0-	3.700	103,45	382.765
1820	2040-07	TARUGO DE COBRE 10" ∅	KG	760	(20) ①	780	265,00	206.700

Certificamo-nos de que essas diferenças referem-se a ...

✓ – CONFORME NOSSA CONTAGEM
✓ – CONFORME ETIQUETA DE CONTAGEM
✗ – CONFORME FICHAS KARDEX
① – CONFORME LISTA DE INVENTÁRIO

	O QUADRO AO LADO DEVE SER COMPLETADO EM LETRAS MAIÚSCULAS	Preparado por	Revisão Sênior	Gerente
		HUGO/HUGO		
		31-12-XB 3-1-XC	4-XC	4-XC

Figura 9.14 *Modelo de uma célula-suporte.*

DR 303

Cia. ABC
Demonstração de resultados
Teste de vendas   31-12-XB

NOTA FISCAL Nº	DATA	NOME DO CLIENTE	DESCRIÇÃO	UNID.	QUANT.	CUSTO UNIT. $	SUBTOTAL	IPI $	VALOR TOTAL DA NOTA FISCAL $	ICM $	TRABALHO FEITO CONF. PROGRAMA EM DR 304 (2, 5a, 5b, 5c, 4, 5, 6a, 6b)	BAIXA DOS ESTOQUES — CUSTO MÉDIO UNITÁRIO	CUSTO TOTAL
14123	5/4	DEF S.A.	Pastas verdes	1	100	20,00	2000	100	2100	330	✓① ✓ ✓ ✓ ✓ ✓ ✓	11,00	1100,-
14352	0/5	Cia. GHI	Grampeadores	Cx 1	50	400,00	20000	1000	21000	3300	✓ ✓ ✓ ② ✓ ✓ ✓	180,00	9.000,-
			Fita dátilog.	Cx 1	20	40,00	8000	400	8400	1320	✓ ✓ ✓ ✓ ✓ ✓ ✓	44,00	880,-
			Fita corretiva	Cx 1	10	30,00	3000	150	3150	495	✓ ✓ ✓ ③ ✓ ✓ ✓	16,00	160,-
							31000	550	32550	5115			
16114	3/7	J.K.L. & Cia.	Borrachas "K"	Cx 10	10	100,00	1000	50	1050	165	✓ ✓ ✓ ✓ ✓ ✓ ✓	70,00	700,-
			• • • • •				• • • • •						

VIDE RESUMO DE VENDAS E DE CONTABILIZAÇÃO EM DR 305
COMENTÁRIOS ① A ④ EM DR 302
CONCLUSÃO EM DR 301

O QUADRO AO LADO DEVE SER COMPLETADO EM LETRAS MAIÚSCULAS

Preparado por	Revisão Sênior	Gerente
PEDRÃO	(ass.)	(ass.)
10-9-XB	12-9-XB	11-9-XB

Figura 9.15 *Modelo de uma célula-suporte.*

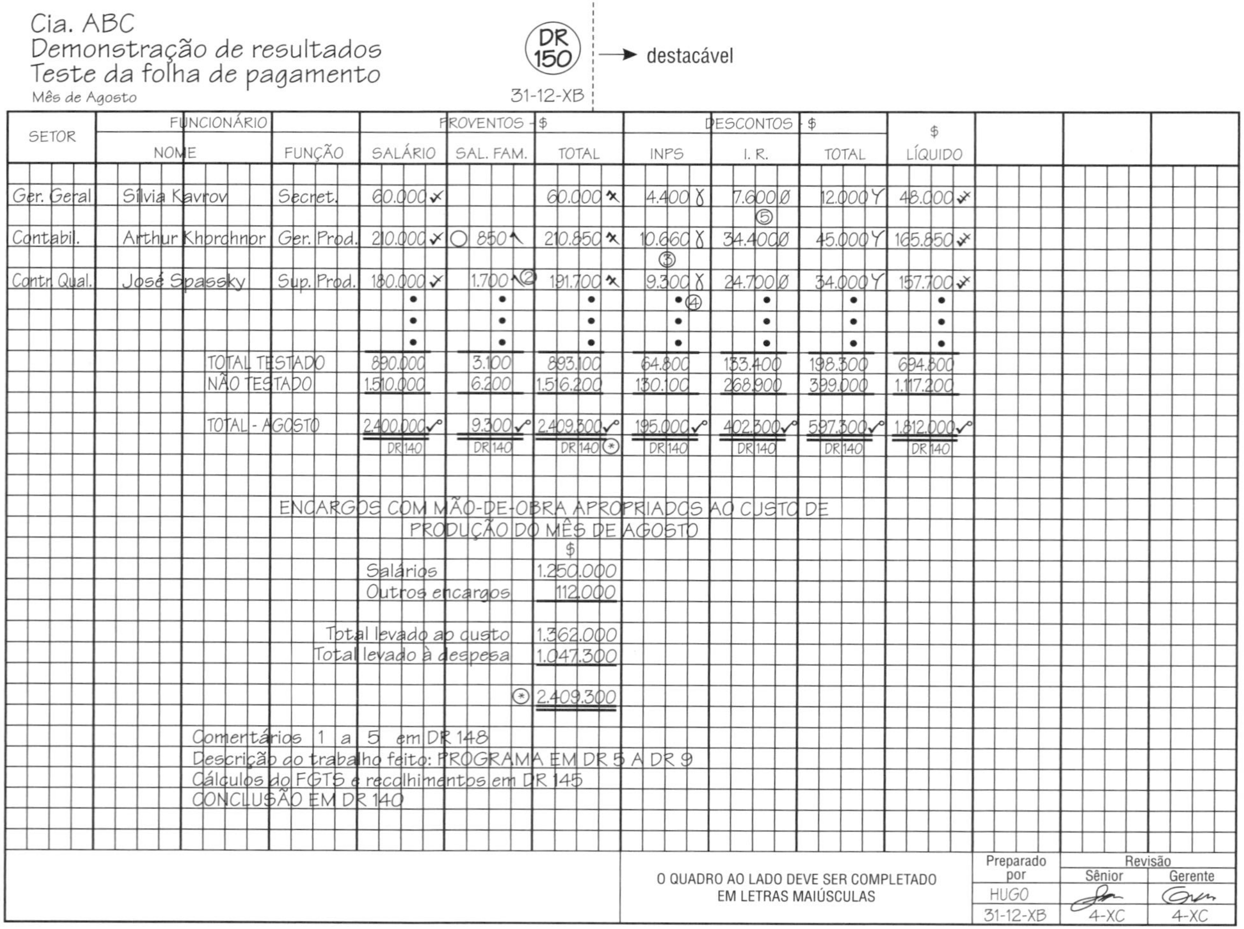

Cia. ABC
Demonstração de resultados
Teste da folha de pagamento
Mês de Agosto

→ destacável

(DR) 150
31-12-XB

SETOR	FUNCIONÁRIO		PROVENTOS - $			DESCONTOS $			LÍQUIDO
	NOME	FUNÇÃO	SALÁRIO	SAL. FAM.	TOTAL	INPS	I.R.	TOTAL	
Ger. Geral	Silvia Kavrov	Secret.	60.000 ✗		60.000 ✗	4.400 ✗	7.600 ∅	12.000 Y	48.000 ∂✱
Contábil.	Arthur Khorchnor	Ger. Prod.	210.000 ✓	ⓞ 850 ✓	210.850 ✗	10.666 ✗	34.400 ∅ ⑤	45.000 Y	165.850 ∂✱
Contr. Qual.	José Spasaky	Sup. Prod.	180.000 ✗	1.700 ⓞ	181.700 ✗	9.300 ✗ ④	24.700 ∅	34.000 Y	157.700 ∂✱
			• • •	• • •	• • •	• • •	• • •	• • •	• • •
	TOTAL TESTADO		890.000	3.100	893.100	64.800	133.400	198.300	694.800
	NÃO TESTADO		1.510.000	6.200	1.516.200	130.100	268.900	399.000	1.117.200
	TOTAL - AGOSTO		2.400.000 ✓∂	9.300 ✓∂	2.409.300 ✓∂ ⓒ	195.000 ✓∂	402.600 ✓∂	597.300 ✓∂	1.812.000 ✓∂
			DR140	DR140	DR140	DR140	DR140	DR140	DR140

ENCARGOS COM MÃO-DE-OBRA APROPRIADOS AO CUSTO DE
PRODUÇÃO DO MÊS DE AGOSTO

$
Salários   1.250.000
Outros encargos   112.000
                            ─────────
Total levado ao custo   1.362.000
Total levado à despesa   1.047.300
                            ─────────
                          ⓒ 2.409.300

Comentários 1 a 5 em DR 148
Descrição do trabalho feito: PROGRAMA EM DR 5 A DR 9
Cálculos do FGTS e recolhimentos em DR 145
CONCLUSÃO EM DR 140

O QUADRO AO LADO DEVE SER COMPLETADO
EM LETRAS MAIÚSCULAS

Preparado por	Revisão		Gerente
	Sênior		
HUGO			
31-12-XB	4-XC	4-XC	4-XC

Figura 9.16 *Modelo de uma célula-suporte.*

9.15 NORMAS DE ORGANIZAÇÃO E INDEXAÇÃO DOS PAPÉIS DE TRABALHO

AVALIAÇÃO DE RISCOS E PLANEJAMENTO
COMENTÁRIOS EXPLICATIVOS

As séries de índices-padrão foram estabelecidas para organizar a documentação que poderia ser acumulada como suporte do processo na avaliação de risco e planejamento. Isso não significa que a documentação seja requerida para todas, ou para algumas das seções, se ela não é essencial para esse processo. Também não significa que a informação, geralmente documentada no Memorando da Análise Geral de Risco, deve ser agora desdobrada em memorandos separados. As seções servem apenas para organizar as informações usadas na avaliação do risco e planejamento de auditoria dentro de funções distintas.

9.15.1 Trabalhos de outros

COMENTÁRIOS EXPLICATIVOS

O termo "Trabalho de Outros"

Coordenação, controle e integração do trabalho de auditores internos, outros auditores, especialistas e outros escritórios, incluem elementos de planejamento, administração do trabalho e testes substantivos. A complexidade dessas tarefas pode variar significativamente de um trabalho para outro, exigindo grande flexibilidade nos índices designados a sua organização. Em adição, o uso dessa documentação não é tão distinto como outros aspectos do planejamento, administração e testes substantivos. Frequentemente, é necessário consultar a proposta de serviços durante o acompanhamento e revisão do produto final. Assim sendo, considera-se mais eficiente estabelecer uma seção separada para esse trabalho, em vez de dividi-lo em componentes separados ou mesclá-lo com outros papéis de trabalho de auditoria não relacionados.

Trabalho de Auditores Internos

Documentação relativa à nossa revisão do trabalho dos auditores internos executado de modo independente aos trabalhos da auditoria externa será arquivada nesta seção. O trabalho executado pelos auditores internos, sob a nossa supervisão, que em essência é a de execução de um passo do programa, é arquivado com o programa de trabalho de aderência ou substantivo apropriado na seção correspondente de papéis de trabalho de auditoria.

Trabalho de Especialistas

Relatórios de especialistas continuarão a ser arquivados com os testes substantivos a que se referem.

O Formulário para Documentar Procedimentos Executados em Conexão com o Uso do Trabalho de Especialistas, juntamente com qualquer correspondência a ele relacionada, foi incluído nesta seção, de modo que o revisor dos papéis de trabalho possa observar o grau de confiança depositado no trabalho de outros. Todavia, se o sócio encarregado preferir revisar o Formulário com o correspondente relatório do especialista, é aceitável arquivar esse formulário com os papéis de trabalho relativos ao teste substantivo.

9.15.2 Relatórios financeiros

COMENTÁRIOS EXPLICATIVOS

Unidades de Auditoria Individual e Consolidações/Combinações

Para a documentação preparada no ciclo de relatórios financeiros sobre os resultados da auditoria de uma unidade de auditoria individual (que poderia incluir qualquer trabalho executado nas contas da companhia ou matriz), foram designados índices da seção F. Para a documentação similar preparada na consolidação ou combinação de unidades de auditoria, foram designados índices paralelos na seção CF.

Memorandos Relacionados a Assuntos de Relatórios Financeiros

Em virtude de sua importância para a revisão da documentação arquivada nesta seção, a mesma inclui os memorandos preliminar e final do trabalho, bem como a documentação de suporte de investigações realizadas e análises de variações. Muitos revisores utilizam esses memorandos como referência, enquanto revisam as demonstrações financeiras e os respectivos suportes.

Não é necessário arquivar uma cópia do Memorando da Análise Geral de Riscos nesta seção, uma vez que os outros memorandos resumirão qualquer resultado de auditoria pertinente; todavia, tal prática é aceitável.

Lançamento de Diário

Vários índices foram estabelecidos para documentar os lançamentos de diário, os quais são diferenciados como segue:

Lançamentos de ajustes propostos: os lançamentos de ajustes propostos pela equipe de trabalho são registrados originalmente nesta seção. Posteriormente, será incluído um comentário indicando os lançamentos que o cliente concordou em registrar e os que serão "passados" (não serão registrados). Conforme descrito nos **Objetivos e Procedimentos de Auditoria**, o efeito dos ajustes "passados" deverá ser resumido neste demonstrativo e uma conclusão deverá ser registrada quanto a sua materialidade. Não é necessário transcrever os lançamentos que o cliente concordou em registrar em outro demonstrativo de lançamentos de ajustes propostos.

Lançamentos de reclassificação propostos: os lançamentos de reclassificação são tratados da mesma maneira que os lançamentos de ajustes descritos.

Lançamentos do cliente: muitos clientes efetuam mais de um fechamento contábil. Cópias de quaisquer lançamentos registrados pelo cliente após terem sido preparados o balanço preliminar e as folhas mestras são aqui arquivados. Isso pode, mas não necessariamente deve, incluir os lançamentos de ajuste propostos pela equipe de auditoria, que o cliente registrou utilizando seus próprios formulários de lançamento de diário.

Lançamentos de ajustes propostos: estes índices são usados apenas para registrar os últimos lançamentos de ajustes, que são propostos pela primeira vez em nível de consolidação ou combinação. Não incluem lançamentos de ajustes relacionados com a auditoria da companhia matriz, uma vez que tais lançamentos seriam registrados na seção correspondente da unidade individual de auditoria.

Resumo de ajustes e reclassificações propostos que foram "passados" em todas as unidades individuais de auditoria: este demonstrativo resume todos os lançamentos "passados" em todas as unidades de auditoria da entidade consolidada/combinada, cujo efeito será avaliado em relação às demonstrações financeiras consolidadas/combinadas.

Lucro por Ação

O cálculo do lucro por ação é incluído nesta seção, uma vez que é geralmente efetuado, ou pelo menos finalizado, quando se preparam as demonstrações financeiras.

9.15.3 Ciclos de processamento de transações

COMENTÁRIOS EXPLICATIVOS

Esta seção contém qualquer informação global dos ciclos, revisões do fluxo de transações, testes de aderência dos controles de processamento de transações e conclusões relacionadas aos testes de aderência. O memorando documentando a revisão do sistema de controles contábeis internos entre a execução do trabalho preliminar de auditoria e o trabalho final também deve ser arquivado nesta seção. O trabalho desta seção é arquivado separadamente da documentação preparada em conjunto com a execução dos trabalhos substantivos de auditoria. Geralmente, não serão preparadas folhas-mestras por ciclo e memorandos de resumo de cada ciclo.

Memorando Documentando os Resultados dos Testes de Aderência do Ciclo de Processamento de Transações e Conclusões Obtidas

Este memorando documenta uma parte da informação previamente incluída no memorando-resumo do ciclo. Especificamente, este memorando inclui o seguinte:

- resumo dos resultados dos testes de aderência dos controles de processamento de transações;
- conclusão sobre se os controles contábeis internos testados estavam operando como descritos; e
- descrição de quaisquer alterações necessárias nos testes substantivos planejados para fazer frente aos riscos criados pelo fato de os controles não estarem operando conforme descrito.

Memorando Documentando a Revisão do Sistema de Controles Contábeis Internos entre a Execução do Trabalho Preliminar de Auditoria e o Trabalho Final

No encerramento do exercício, a equipe de auditoria deve avaliar se houve mudança no sistema de controles contábeis internos que poderiam invalidar ou, de outro modo, ter qualquer impacto sobre os resultados dos testes de aderência, executados no preliminar. Exemplos podem incluir mudanças nos procedimentos ou no pessoal.

Em muitas ocasiões, essas questões poderão ser resolvidas por meio de discussões com o pessoal de supervisão, sem a necessidade de testes detalhados adicionais das técnicas de controle. Caso tenham ocorrido mudanças com impacto nos resultados dos nossos testes preliminares, a equipe de auditoria deverá analisar a necessidade de testes adicionais.

9.15.4 Folhas-mestras e trabalho substantivo

COMENTÁRIOS EXPLICATIVOS

Folhas Mestras e Trabalho Substantivo

As folhas-mestras são preparadas por títulos das demonstrações financeiras ou contas, de modo a poderem ser confrontadas diretamente com os saldos do balancete. Ao designar os índices das folhas-mestras, foram evitadas as letras já usadas nas seções Avaliação de Riscos e Planejamento, Administração do Trabalho, Trabalho de Outros, Relatórios Financeiros e Ciclos de Processamento de Transações. O trabalho substantivo de suporte é indexado, sequencialmente, atrás das folhas-mestras. Todo o trabalho substantivo é arquivado separadamente das outras seções do trabalho, na sequência indicada mais à frente.

Dentro desta seção, as normas seguintes são aplicáveis a um ambiente manual de auditoria:

- um índice alfabético de letras simples indica um título do ativo das demonstrações financeiras;
- um índice alfabético de letras duplas indica um título do passivo ou patrimônio das demonstrações financeiras;
- um índice numérico indica um título da demonstração de resultados.

Folhas-Mestras em Pequenos Trabalhos

Em algumas situações, o uso de folhas-mestras pode ser desnecessário, tais como em clientes muito pequenos, ou em outras circunstâncias nas quais poderá ser mais eficiente preparar apenas um balancete de trabalho (ou incluir uma cópia do balancete do cliente) que lista todas as contas do razão geral. Nesses casos, o trabalho substantivo poderia ser organizado nas seções indicadas mais à frente, fazendo-se referência cruzada do trabalho de comprovação dos saldos do razão geral, diretamente, para o balancete.

Conclusões sobre os Saldos Finais de Contas ou Títulos das Demonstrações Financeiras

As conclusões consideradas apropriadas sobre o trabalho substantivo devem cobrir os objetivos específicos do trabalho de auditoria executado num saldo de conta em particular ou título da demonstração financeira. Tal conclusão, geralmente, é escrita no programa de auditoria correspondente, ou na folha-mestra. Conclusões nos saldos finais de contas ou títulos das demonstrações financeiras em adição a (mas que não substituem):

- conclusões que são suportadas pelos resultados da aplicação de procedimentos específicos de auditoria (por exemplo, conclusões sobre a execução de testes de aderência e testes substantivos de detalhes); e
- conclusões sobre problemas significativos de auditoria, contabilidade, apresentação das demonstrações financeiras e relatório, encontrados durante a auditoria.

Testes Substantivos de Suporte

Em virtude da diversidade de requisitos dos demonstrativos de auditoria por tipo de cliente e diferentes indústrias, não é praticável a padronização do trabalho substantivo de suporte.

9.15.5 Objetivos de auditoria e correspondentes conclusões

EXEMPLO: CONTAS A RECEBER

Objetivos de Auditoria para Contas a Receber

Os principais objetivos a alcançar na auditoria das Contas a Receber são para determinar que:

- as Contas a Receber são direitos válidos da companhia e estão devidamente registradas na data do balanço;
- as Contas a Receber incluem todos os valores devidos à companhia na data do balanço;
- a provisão para contas duvidosas é adequada, mas não excessiva;
- as Contas a Receber estão devidamente descritas nas demonstrações financeiras e todas as divulgações (notas) pertinentes (incluindo divulgações dos valores de contas caucionadas, descontadas ou de qualquer outra forma dadas em garantia ou vendidas) foram efetuadas.

Toda(s) (as) conclusão(ões) sobre Contas a Receber deve(m) responder a esses objetivos.

Um exemplo de conclusão apropriada sobre Contas a Receber, uma vez que o nosso trabalho de auditoria tenha sido completado, é o seguinte:

Em minha opinião:

- o saldo de Contas a Receber em _____ de _____ de _____ representa direitos válidos da companhia, que estão devidamente registrados, e inclui todos os valores devidos à companhia;
- a provisão para contas duvidosas é adequada, mas não excessiva;
- as contas a receber estão devidamente descritas e classificadas nas demonstrações financeiras e todas as divulgações adequadas foram efetuadas.

Preparo de Conclusões sobre Saldos Finais

Em situações em que o sócio e/ou gerente encarregado indique a necessidade de conclusão sobre os saldos finais, poderão ser preparadas uma ou mais conclusões que cubram todos os procedimentos de auditoria. Isso pode ser conseguido preparando-se (a) uma conclusão global ou (b) conclusões separadas que, em conjunto, cubram todos os objetivos de auditoria.

9.15.6 Estratégia de implementação

Época de Implementação

As normas de organização e indexação dos papéis de trabalho, descritas neste manual, devem ser implementadas em todos os trabalhos.

Considerações sobre a Implementação

No ano da conversão, os papéis de trabalho, folhas-mestras, estimativas de honorários e controle de horas devem ser reformatados.

Cada trabalho deverá ser avaliado separadamente para determinar-se a época mais apropriada para a implementação e como deverão ser tratados os custos de implementação. Essa avaliação deve, também, levar em conta qualquer eficiência que a mudança possa gerar. A implementação deve ser planejada para ser efetuada durante o período não crítico (fora do *peak*) e, se for o caso, coordenada em detalhe com o pessoal do cliente.

Suporte para a Implementação

Atualmente, estão sendo desenvolvidos vários trabalhos para servirem de suporte à utilização do novo sistema de organização e indexação.

As seguintes seções dos **Objetivos e Procedimentos de Auditoria** estão sendo revisadas para publicações em 20X7:

- os capítulos que tratam da organização e indexação dos papéis de trabalho e redação das conclusões;
- o volume 4, que trata dos testes substantivos;
- prioridades estão sendo designadas para outros cursos e *softwares* de treinamento que tenham sido afetados;
- as Equipes de Indústria estão revisando as modificações para determinar quais adaptações, se algumas, são necessárias.

Normas Gerais para Preenchimento dos Papéis de Trabalho

A elaboração dos papéis de trabalho deve seguir um padrão definido e claro. Todos os procedimentos efetuados devem estar mencionados, demonstrando a profundidade dos testes em relação a cada montante. Os resultados obtidos serão evidenciados de forma que indiquem se o alcance foi satisfatório.

O auditor encarregado de um exame, ao preencher o respectivo papel de trabalho, deve ter em mente que seu trabalho há de ter condições de ser examinado e compreendido por outro auditor, sem deixar dúvidas e sem necessitar de esclarecimentos adicionais, verbais ou escritos. Se não alcançar esse estágio, o papel de trabalho não estará corretamente elaborado.

Algumas regras básicas devem ser observadas para alcançar bons resultados, regras essas de caráter geral, nunca particular:

1. Os papéis de trabalho devem evidenciar a obediência às normas de auditoria geralmente adotadas.
2. As conclusões do exame de cada carta ou área guardarão conformidade com as normas de contabilidade.
3. Os procedimentos de auditoria adotados ficarão evidenciados, em sua extensão e profundidade.
4. Devem incluir todos os dados e informações pertinentes, excluídos e irrelevantes.
5. Devem ser limpos, claros e corretos, sem erros de natureza matemática.
6. Devem conter todos os elementos e informações que amparem o que se mencionar na opinião e nos relatórios.
7. Devem conter todas as informações que possam ser úteis, ou necessárias, no futuro.
8. Devem incluir os dados para fácil identificação da data em que foram elaborados, quem foi o encarregado e quem fez a revisão, assim como terão título e código que esclareçam a natureza do exame.
9. Deve-se levar em conta que as recomendações para a próxima auditoria são mais importantes do que os comentários sobre as ocorrências do exercício anterior.
10. Na data do término da auditoria os papéis de trabalho devem estar prontos e em condições de serem arquivados.

A não observância dessas regras determinará a existência de falhas nos papéis de trabalho, falhas essas que, na realidade, constituem-se em falhas da própria auditoria realizada. Expomos, a seguir, breve elenco das falhas mais comuns que, se evitadas, concorrerão para a perfeição do trabalho:

1. A falta de evidência de criteriosa avaliação dos controles internos para justificar se foram considerados adequados ou inadequados.
2. Deixar de anotar quando se esclarecem os problemas surgidos no decorrer da auditoria.
3. Deixar de conciliar e esclarecer as diferenças surgidas com as respostas aos pedidos de confirmação direta.
4. Deixar de verificar, e evidenciar, o atendimento e os ajustes propostos no exercício anterior.
5. Não ter providenciado a obtenção de cartas do cliente certificando a inexistência de passivos não contabilizados, de compromissos futuros e, ainda, quanto aos inventários dos estoques.
6. Deixar de assimilar os procedimentos de auditoria executados.
7. Não segregar convenientemente, no saldo de caixa, a parte que representa existências efetivas daquela representar despesas ou adiantamento para despesas.
8. Não obter suporte suficiente para as conclusões da auditoria.
9. Deixar de analisar e evidenciar as correções monetárias do imobilizado, dos investimentos e do patrimônio líquido.
10. Deixar de assinalar o significado dos símbolos e sinais usados.

9.16 CONSIDERAÇÕES FINAIS

A documentação de auditoria, preparada pelo auditor, também é denominada papéis de trabalho. O auditor somente deve registrar aquilo que for relevante nos papéis de trabalho e, consequentemente, em seu relatório. Os papéis de trabalho são os registros de procedimentos de auditoria executados, de evidências relevantes obtidas e de conclusões alcançadas pelo auditor, podendo assumir a forma física ou eletrônica, conforme o método utilizado pelo auditor ao aplicar os procedimentos de auditoria.

De acordo com a **NBC TA 230 (R1) – Documentação de Auditoria**, o auditor deve preparar documentação suficiente para que um auditor experiente, sem nenhum envolvimento anterior com a auditoria, entenda:

I. a natureza, época e extensão dos procedimentos de auditoria executados para cumprir com as normas de auditoria e exigências legais e regulamentares aplicáveis;

II. os resultados dos procedimentos de auditoria executados e a evidência de auditoria obtida;

III. os assuntos significativos identificados durante a auditoria, as conclusões obtidas a respeito deles e os julgamentos profissionais significativos exercidos para chegar a essas conclusões.

Se, em circunstâncias excepcionais, o auditor julgar necessário não atender um requisito relevante de uma norma, ele deve documentar como os procedimentos alternativos de auditoria executados cumprem a finalidade desse requisito, e as razões para o não atendimento. Ao executar procedimentos novos ou adicionais ou chegar a outras conclusões após a data do relatório, o auditor deve documentar: (a) as circunstâncias identificadas; (b) os procedimentos novos ou adicionais executados, a evidência de auditoria obtida e as novas conclusões alcançadas, e seu efeito sobre o relatório do auditor; e (c) quando e por quem as modificações resultantes da documentação de auditoria foram executadas e revisadas. Se o auditor identificou informações referentes a um assunto significativo que são inconsistentes com a sua conclusão final, ele deve documentar como tratou essa inconsistência.

A documentação de auditoria compreende o registro de procedimentos de auditoria executados, da evidência de auditoria relevante obtida e conclusões alcançadas pelo auditor. Arquivo de auditoria compreende uma ou mais pastas ou outras formas de armazenamento, em forma física ou eletrônica, que contêm os registros que constituem a documentação de trabalho específico. O auditor pode incluir resumos ou cópias de registros da entidade (por exemplo, contratos e acordos significativos e específicos) como parte da documentação de auditoria. A documentação de auditoria, porém, não substitui os registros contábeis da entidade, conforme Aragão (2019).

A NBC TA 230 (R1) prevê que, excepcionalmente, procedimentos podem ser executados mesmo depois da conclusão do relatório de auditoria, desde que sejam devidamente documentados. Esse é o caso de procedimentos para revelar eventos subsequentes.

Segundo as Normas de Auditoria – NBC PA 01 e TA 230 (R1), um limite de tempo apropriado para concluir a montagem do arquivo final de auditoria não pode ultrapassar 60 dias após a data do relatório do auditor.

10

Planejamento da Auditoria

ENFOQUE

- **NBC TA 200 (R1)** — Objetivos gerais do Auditor Independente e a Condução da Auditoria em Conformidade com Normas de Auditoria.
- **NBC TA 210 (R1)** — Concordância com os Termos do Trabalho de Auditoria.
- **NBC TA 230 (R1)** — Documentação de Auditoria.
- **NBC TA 240 (R1)** — Responsabilidade do Auditor em Relação a Fraude no Contexto da Auditoria de Demonstrações Contábeis.
- **NBC TA 300 (R1)** — Planejamento de Auditoria de Demonstrações Contábeis.
- **NBC TA 315 (R2)** — Identificação e Avaliação dos Riscos de Distorção Relevante por meio do Entendimento da Entidade e do seu Ambiente.
- **NBC TA 320 (R1)** — Materialidade no Planejamento e na Execução da Auditoria.
- **NBC TA 330 (R1)** — Resposta do Auditor aos Riscos Avaliados.
- **NBC TA 450 (R1)** — Avaliação das Distorções Identificadas durante a Auditoria.
- **NBC TA 510 (R1)** — Trabalhos Iniciais – Saldos Iniciais.
- **NBC TA 580 (R1)** — Representações Formais.
- **NBC TA 610** — Utilização do Trabalho de Auditoria Interna.
- **NBC TA 710 (R1)** — Informações Comparativas – Valores Correspondentes e Demonstrações Contábeis Comparativas.

10.1 INTRODUÇÃO

A NBC TA 510 (R1) trata da responsabilidade do auditor independente em relação aos saldos iniciais em um trabalho de auditoria inicial. Além dos valores das demonstrações contábeis, saldos iniciais, incluem-se assuntos que precisam ser divulgados e que existem no início do período, tais como contingências e compromissos. O auditor levará em consideração, em relação aos saldos iniciais, a busca de evidências de auditoria que mostrem se:

- os saldos iniciais contêm distorções que afetam de forma relevante as demonstrações contábeis do período corrente; e
- as adequadas políticas contábeis refletidas nos saldos iniciais foram aplicadas de maneira uniforme nas demonstrações contábeis do período, ou se as mudanças nessas políticas contábeis estão devidamente registradas, adequadamente apresentadas e divulgadas.

Um conceito ou aspecto fundamental do planejamento de auditoria é a relevância, mediante o qual o auditor define as áreas e processos mais relevantes e direciona maior extensão de testes e procedimentos para essas áreas.

O Planejamento da Auditoria é a etapa do trabalho na qual o auditor independente: estabelece a estratégia geral dos trabalhos a executar na entidade a ser auditada. De acordo com a NBC TA 300 (R1), o planejamento da auditoria não é uma fase isolada da auditoria, mas um processo contínuo e iterativo que, muitas vezes, começa logo após (ou em conexão com) a conclusão da auditoria anterior, continuando até a conclusão do trabalho de auditoria atual.

O programa de auditoria deve ser detalhado de forma a servir como guia e meio de controle do progresso dos trabalhos. Pressupõe adequado nível de conhecimento sobre o ramo de atividade, negócios e práticas operacionais da entidade. O auditor deve documentar seu planejamento geral e preparar programa de trabalho por escrito, detalhando o que for necessário à compreensão dos procedimentos que serão aplicados. O planejamento da auditoria, quando incluir a designação de equipe técnica, deve prever a orientação e supervisão do auditor, que assumirá total responsabilidade pelos trabalhos executados, conforme a NBC TA 315 (R2).

Os procedimentos de avaliação de riscos são os procedimentos de auditoria aplicados para a obtenção do entendimento da entidade e do seu ambiente, incluindo o controle interno da entidade, para a identificação e avaliação dos riscos de distorção relevante nos níveis das demonstrações contábeis e das afirmações, segundo Aragão (2019), representados por:

- indagações à administração;
- procedimentos analíticos;
- observação e inspeção.

O auditor deve planejar e executar a auditoria com ceticismo profissional, reconhecendo que podem existir circunstâncias que causam distorções relevantes nas demonstrações contábeis. O ceticismo profissional inclui:

- evidências de auditoria que contradigam outras evidências obtidas;
- informações que coloquem em dúvida a confiabilidade dos documentos e respostas a indagações a serem usadas como evidências de auditoria;
- condições que possam indicar possível fraude;
- circunstâncias que sugiram a necessidade de procedimentos de auditoria além dos exigidos pelas NBCs TA.

Finalidades do planejamento

- Auxiliar o auditor a dedicar atenção apropriada às áreas importantes da auditoria
- Auxiliar o auditor a identificar e resolver tempestivamente problemas potenciais
- Auxiliar o auditor a organizar adequadamente o trabalho de auditoria para que seja realizado de forma eficaz e eficiente
- Auxiliar na seleção dos membros da equipe de trabalho com níveis apropriados de capacidade e competência para responderem aos riscos esperados e na alocação apropriada de tarefas
- Facilitar a direção e a supervisão dos membros da equipe de trabalho e a revisão do seu trabalho
- Auxiliar, se for o caso, na coordenação do trabalho realizado por outros auditores e especialistas

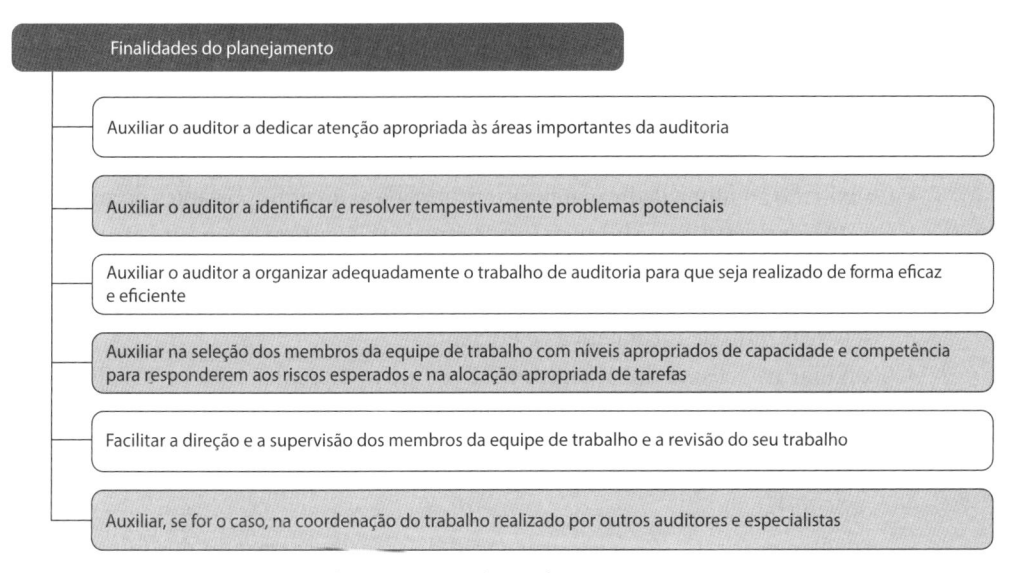

Figura 10.1 *Finalidades do planejamento da auditoria.*

Fonte: *Guilherme Sant Anna, Tonyvan de Carvalho Oliveira, Estratégia.*

Planejar é pensar o modo de se realizar a auditoria, de acordo com os meios disponíveis, tempo, pessoal, recursos financeiros, a fim de se alcançarem os objetivos definidos para o trabalho.

Ao planejar a auditoria, o auditor independente deve indagar à administração da entidade a ser auditada sobre a existência de fraude e/ou erro de conhecimento da administração.

Planejamento da auditoria

Avaliação de riscos → Resposta aos riscos → Relatório →

Estratégia global de auditoria
- Características do trabalho
- Objetivos da apresentação de relatório
- Fatores significativos e experiência (materialidade, fatores de risco etc.)
- Natureza, época e extensão dos recursos necessários

Atualização contínua e mudança dos planos de auditoria conforme necessário

Plano de auditoria detalhado
- Natureza, época e extensão dos procedimentos planejados
- Procedimentos de avaliação de risco
- Procedimentos adicionais de auditoria

Comunicação com a administração e os responsáveis pela governança

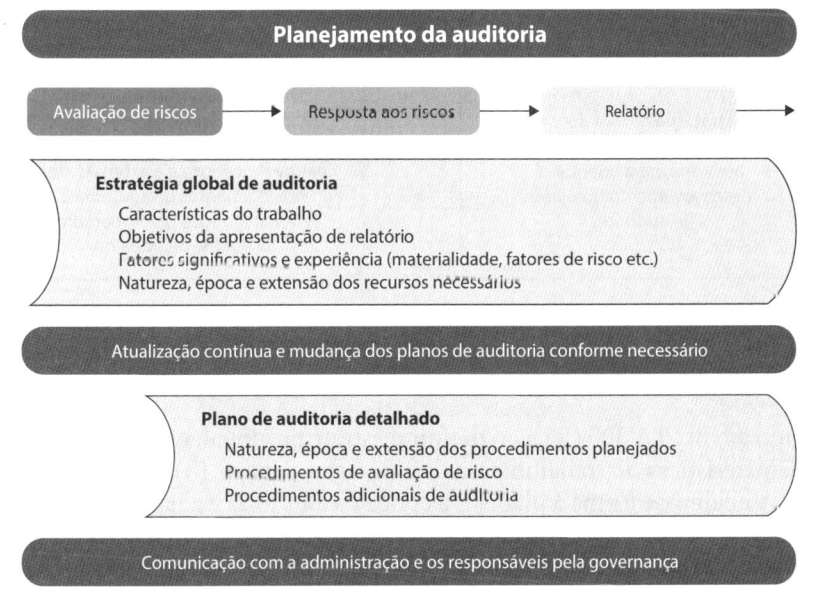

Figura 10.2 *Etapas do planejamento da auditoria.*

Fonte: *Guia de Utilização das Normas de Auditoria de Entidades de Pequeno Porte e Médio Portes da Federação Internacional de Contadores (IFAC).*

O planejamento da auditoria envolve a definição de estratégia global para o trabalho e o desenvolvimento de plano de auditoria, conforme a BNC TA 300. Um planejamento adequado é benéfico para a auditoria das demonstrações contábeis de várias maneiras, inclusive para:

- auxiliar o auditor a dedicar atenção apropriada às áreas importantes da auditoria;
- auxiliar o auditor a identificar e resolver tempestivamente problemas potenciais;
- auxiliar o auditor a organizar adequadamente o trabalho de auditoria para que seja realizado de forma eficaz e eficiente;
- auxiliar na seleção dos membros da equipe de trabalho com níveis apropriados de capacidade e competência para responderem aos riscos esperados e na alocação apropriada de tarefas;
- facilitar a direção e a supervisão dos membros da equipe de trabalho e a revisão do seu trabalho;
- auxiliar, se for o caso, na coordenação do trabalho realizado por outros auditores e especialistas.

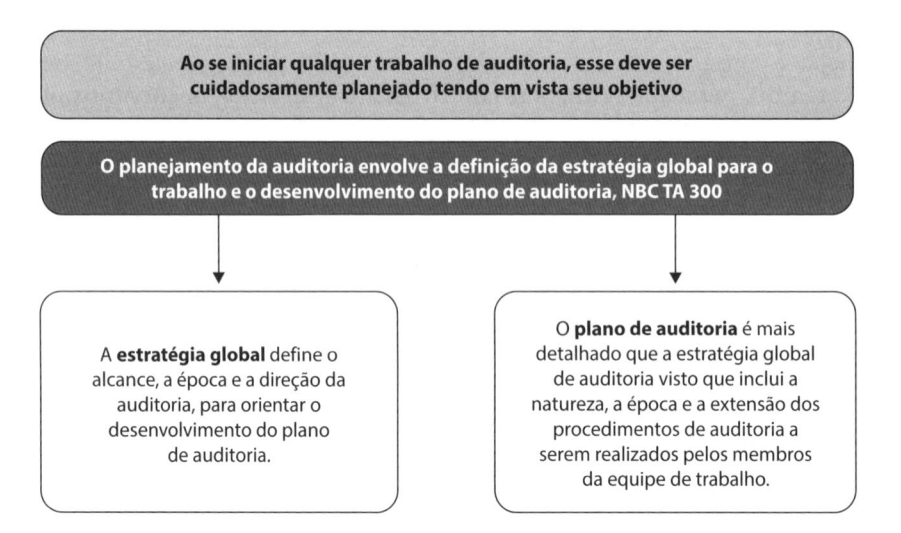

```
┌─────────────────────────────────────────────────────────────┐
│  Ao se iniciar qualquer trabalho de auditoria, esse deve ser │
│  cuidadosamente planejado tendo em vista seu objetivo        │
└─────────────────────────────────────────────────────────────┘
                              │
┌─────────────────────────────────────────────────────────────┐
│  O planejamento da auditoria envolve a definição da estratégia global para o │
│  trabalho e o desenvolvimento do plano de auditoria, NBC TA 300              │
└─────────────────────────────────────────────────────────────┘
              │                                    │
┌──────────────────────────┐         ┌──────────────────────────────┐
│  A estratégia global     │         │  O plano de auditoria é mais │
│  define o alcance, a     │         │  detalhado que a estratégia  │
│  época e a direção da    │         │  global de auditoria visto   │
│  auditoria, para orientar│         │  que inclui a natureza, a    │
│  o desenvolvimento do    │         │  época e a extensão dos      │
│  plano de auditoria.     │         │  procedimentos de auditoria  │
│                          │         │  a serem realizados pelos    │
│                          │         │  membros da equipe de        │
│                          │         │  trabalho.                   │
└──────────────────────────┘         └──────────────────────────────┘
```

Figura 10.3 *Estratégia e plano de auditoria.*

Fonte: Brito e Fontenelle (2015).

Segundo a NBC TA 300 (R1), ao definir a estratégia global, o auditor deve: (a) identificar as características do trabalho para definir o seu alcance; (b) definir os objetivos do relatório do trabalho de forma a planejar a época da auditoria e a natureza das comunicações requeridas; (c) considerar os fatores que no julgamento profissional do auditor são significativos para orientar os esforços da equipe do trabalho; (d) considerar os resultados das atividades preliminares do trabalho de auditoria e, quando aplicável, se é relevante o conhecimento obtido em outros trabalhos realizados pelo sócio do trabalho para a entidade; e (e) determinar a natureza, a época e a extensão dos recursos necessários para realizar o trabalho.

Planejamento de auditoria

Estratégia global — **Amplo**
- Identificar as características do trabalho para definir o seu alcance.
- Definir os objetivos do relatório do trabalho.
- Considerar os fatores significativos para orientar os esforços da equipe de trabalho.
- Considerar os resultados das atividades preliminares do trabalho de auditoria.
- Determinar a natureza, a época e a extensão dos recursos necessários para realizar o trabalho.

Plano de auditoria — **Restrito**
- A natureza, a época e a extensão dos procedimentos planejados de avaliação de risco.
- A natureza, a época e a extensão dos procedimentos adicionais de auditoria planejados no nível de afirmação.
- Outros procedimentos de auditoria planejados.

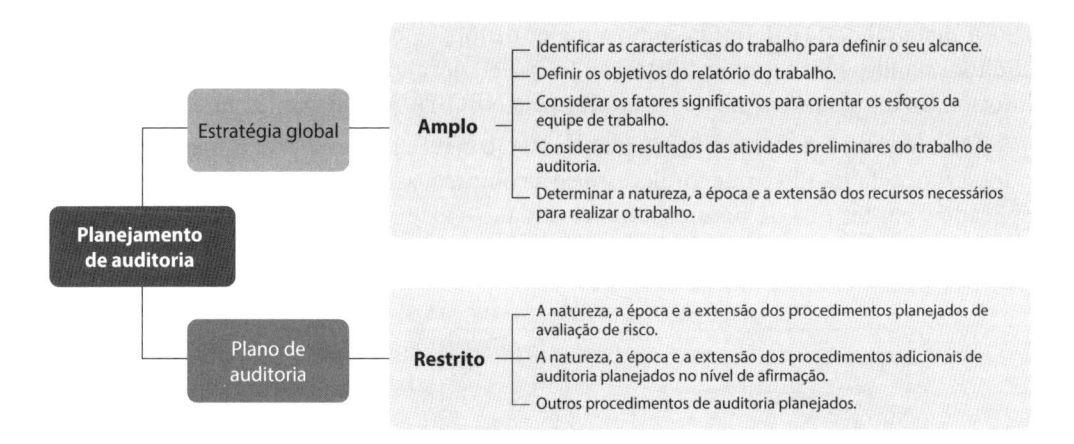

Figura 10.4 *Planejamento da auditoria: estratégia global e plano de auditoria.*

O auditor deve planejar seu trabalho consoante as Normas Profissionais de Auditor Independente, NBC TA 240 (R1), NBC TA 300 (R1), NBC TA 320 (R1) e NBC TI 01, de acordo com os prazos e os demais compromissos contratualmente assumidos com a entidade. O planejamento pressupõe adequado nível de conhecimento sobre as atividades, os fatores econômicos, a legislação aplicável e as práticas operacionais da entidade e o nível geral de competência de sua administração.

O planejamento deve considerar todos os fatores relevantes na execução dos trabalhos, especialmente os seguintes:

a) o conhecimento detalhado das práticas contábeis adotadas pela entidade e as alterações procedidas em relação ao exercício anterior;
b) o conhecimento detalhado do sistema contábil e de controles internos da entidade e seu grau de confiabilidade;
c) os riscos de auditoria e identificação das áreas importantes da entidade, quer pelo volume de transações, quer pela complexidade de suas atividades;
d) a natureza, a oportunidade e a extensão dos procedimentos de auditoria a serem aplicados;
e) a existência de entidades associadas, filiais e partes relacionadas;
f) o uso dos trabalhos de outros auditores independentes, especialistas e auditores internos;
g) a natureza, o conteúdo e a oportunidade dos pareceres, relatórios e outros informes a serem entregues à entidade; e
h) a necessidade de atender a prazos estabelecidos por entidades reguladoras ou fiscalizadoras e para a entidade prestar informações aos demais usuários externos.

A realização de atividades preliminares inclui a avaliação da continuidade de relacionamento com o cliente e a análise e conclusão sobre o cumprimento dos requisitos éticos, inclusive de independência, assim como o entendimento dos termos do trabalho, conforme exigido pela NBC TA 210 (R1).

A materialidade é definida como a maior distorção, dentro de uma população que o auditor está disposto a aceitar (distorção tolerável), levando em conta as necessidades de informação dos usuários previstos, conforme a NBC TA 320 (R1).

O auditor deve documentar seu planejamento geral e preparar programas de trabalho por escrito, detalhando o que for necessário à compreensão dos procedimentos que serão aplicados, em termos de natureza, oportunidade e extensão. Devem ser detalhados de forma a servir como guia e meio de controle de sua execução.

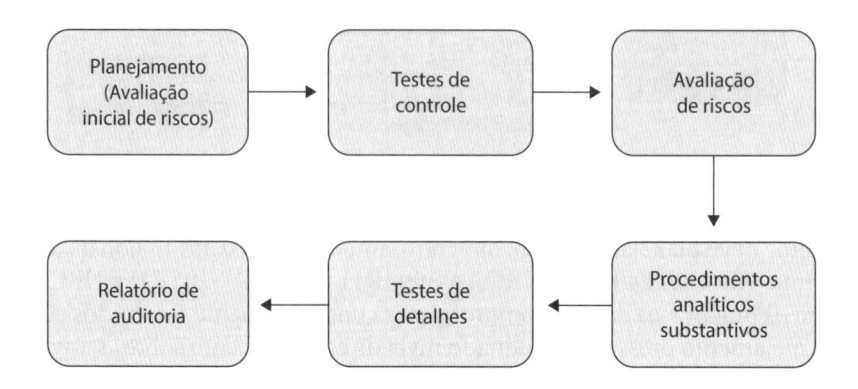

Figura 10.5 *Fluxo de auditoria.*

Fonte: Brito e Fontenelle (2015).

O planejamento da auditoria, quando incluir a designação de equipe técnica, deve prever a orientação e a supervisão do auditor, que assumirá total responsabilidade pelos trabalhos executados. A utilização de equipe técnica deve ser prevista de maneira a fornecer razoável segurança de que o trabalho venha a ser executado por pessoa com capacitação profissional, independência e treinamentos requeridos nas circunstâncias.

O planejamento e os programas de trabalho devem ser revisados e atualizados sempre que novos fatos o recomendarem. Sempre que novos fatos recomendarem, o planejamento e os programas de trabalho devem ser revisados e atualizados.

Quando for realizada uma auditoria, pela primeira vez, na entidade, ou quando as demonstrações contábeis do exercício anterior tenham sido examinadas por outro auditor, o planejamento deve contemplar, também, os seguintes procedimentos:

   a) obtenção de evidências suficientes de que os saldos de abertura do exercício não contenham representações errôneas ou inconsistentes que, de alguma maneira, distorçam as demonstrações contábeis do exercício atual;
   b) exame da adequação dos saldos de encerramento do exercício anterior com os saldos de abertura do exercício atual;
   c) verificação se as práticas contábeis adotadas no atual exercício são uniformes com as adotadas no exercício anterior;

d) identificação de fatos relevantes que possam afetar as atividades da entidade e sua situação patrimonial e financeira; e
e) identificação de relevantes eventos subsequentes ao exercício anterior, revelados ou não revelados.

A NBC TA 510 (R1) – Trabalhos Iniciais – Saldos Iniciais trata da responsabilidade do auditor independente em relação aos saldos iniciais em um trabalho de auditoria inicial (primeira auditoria). Além dos valores das demonstrações contábeis, saldos iniciais incluem assuntos que precisam ser divulgados e que existiam no início do período, tais como contingências e compromissos. Quando as demonstrações contábeis incluem informações comparativas, as exigências e orientações da NBC TA 710 (R1) se aplicam. A NBC TA 300 (R1) inclui exigências e orientações adicionais referentes a atividades antes de começar uma auditoria inicial. Planejamento não é uma fase isolada da auditoria, mas um processo contínuo e iterativo, que muitas vezes começa logo após (ou em conexão com) a conclusão da auditoria anterior, continuando até a conclusão do trabalho de auditoria atual. Conforme estabelece a NBC TA 300 (R1), os principais objetivos do Planejamento da Auditoria são: propiciar o cumprimento dos serviços contratados com a entidade dentro dos prazos e compromissos, previamente, estabelecidos; identificar os problemas potenciais da entidade; estabelecer a natureza, a oportunidade e a extensão dos exames a serem efetuados, em consonância com os termos constantes na sua proposta de serviços para a realização do trabalho.

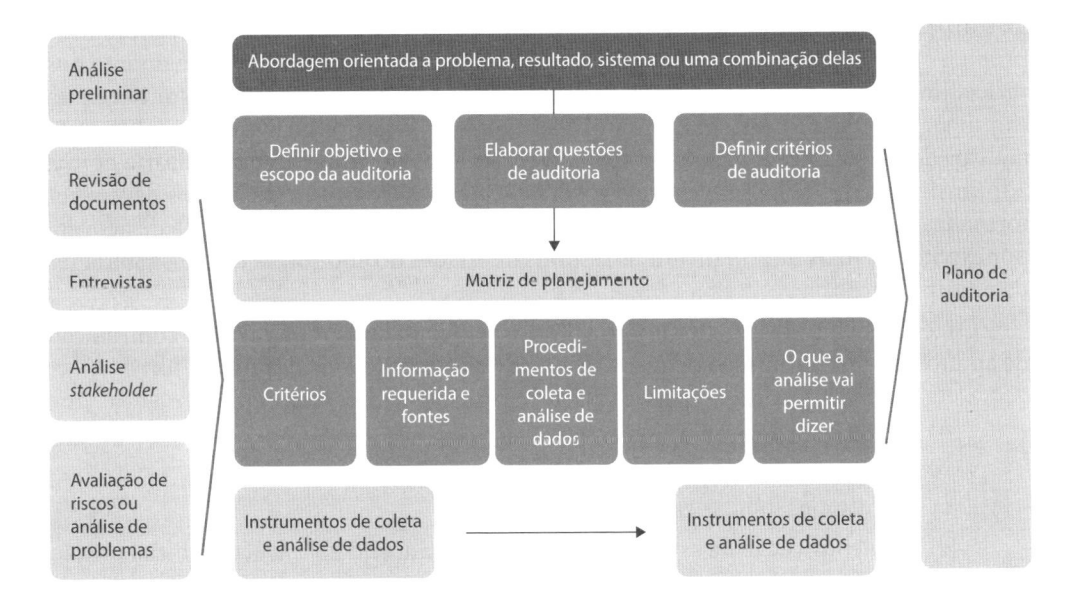

Figura 10.6 *Objetivos do planejamento da auditoria.*

É a etapa do trabalho na qual o auditor independente estabelece a estratégia geral dos trabalhos a executar na entidade a ser auditada, elaborando-o a partir da contratação dos serviços, estabelecendo a natureza, a oportunidade e a extensão dos exames, de modo que possa desempenhar uma auditoria eficaz. É, muitas vezes, denominado Plano de Auditoria, ou Programa de Auditoria, conceitos que, nesta norma, são considerados partes do Planejamento da Auditoria.

As informações obtidas quando da avaliação dos serviços, conforme previsto nas Normas Profissionais de Auditor Independente aprovadas pelo Conselho Federal de Contabilidade, devem servir de base, também, para a elaboração do Planejamento da Auditoria, sendo esta uma etapa subsequente àquela.

O auditor independente deve ter em conta que o Planejamento da Auditoria é um processo que se inicia na fase de avaliação para a contratação dos serviços. Nesta etapa, devem ser levantadas as informações necessárias para conhecer o tipo de atividade da entidade, a sua complexidade, a legislação aplicável, os relatórios, a opinião e os outros informes a serem emitidos, para, assim, determinar a natureza do trabalho a ser executado. A conclusão do Planejamento da Auditoria só se dará quando o auditor independente completar os trabalhos preliminares.

As informações obtidas, preliminarmente, para fins de elaboração da proposta de serviços, juntamente com as levantadas para fins do Planejamento da Auditoria, devem compor a documentação comprobatória de que o auditor executou estas etapas de acordo com as Normas de Auditoria Independente das Demonstrações Contábeis. Muitas informações que compõem o planejamento definitivo para determinado período são confirmadas durante os trabalhos de campo, o que implica a necessidade de o auditor independente revisá-lo e ajustá-lo à medida que for executando os trabalhos.

O programa de auditoria deve ser preparado por escrito ou por outro meio de registro, para facilitar o entendimento dos procedimentos de auditoria a serem adotados e propiciar uma orientação mais adequada para a divisão do trabalho. O detalhamento dos procedimentos de auditoria a serem adotados deve esclarecer o que o auditor necessita examinar com base no sistema contábil e de controles internos da entidade auditada. O auditor deve estabelecer como apropriados os termos do trabalho de auditoria com a administração e os responsáveis pela governança. Esses termos estabelecidos devem ser formalizados na carta de contratação de auditoria ou outra forma adequada de acordo, por escrito. Os itens devem incluir as responsabilidades do auditor, as responsabilidades da administração.

Os termos do trabalho de auditoria devem ser formalizados na carta de contratação de auditoria ou outra forma adequada de acordo por escrito, que devem incluir:

a) O objetivo e o alcance da auditoria.
b) As responsabilidades do auditor.
c) As responsabilidades da administração.
d) A identificação da estrutura de relatório financeiro aplicável para a elaboração das demonstrações contábeis.
e) Referência à forma e ao conteúdo esperados dos relatórios do auditor e declaração de que podem ter forma e conteúdo diferentes do esperado.

No programa de auditoria, devem ficar claras as diversas épocas para a aplicação dos procedimentos e a extensão com que os exames serão efetuados. Além de servir como guia e instrumento de controle para a execução do trabalho, deve abranger todas as áreas a serem examinadas pelo auditor independente. Deverá ser estruturado de forma que possa ser:

- específico: um plano para cada trabalho;
- padronizado: destinado à aplicação em trabalhos locais ou em épocas diferentes.

A carta-proposta é o documento no qual o auditor formaliza as condições do trabalho a ser executado. O trabalho de auditoria segue um encadeamento lógico que é considerado como ponto de partida para que se obtenham evidências com qualidade e dentro de um tempo adequado para as entidades, envolvendo as seguintes etapas:

- avaliação do controle interno;
- planejamento dos trabalhos;
- elaboração do programa de trabalho;
- elaboração das folhas-mestre e analíticas;
- elaboração do relatório;
- emissão da opinião.

O auditor independente, ao utilizar o trabalho específico dos auditores internos, deve incluir, na documentação de auditoria, as conclusões atingidas relacionadas com a avaliação da adequação do trabalho dos auditores internos e os procedimentos de auditoria por ele executados sobre a conformidade dos trabalhos. O planejamento não é uma fase isolada da auditoria, mas um processo contínuo e iterativo, que muitas vezes começa logo após (ou em conexão com) a conclusão da auditoria anterior, continuando até a conclusão do trabalho de auditoria atual. Entretanto, o planejamento inclui a consideração da época de certas atividades e procedimentos de auditoria que devem ser concluídos antes da realização de procedimentos adicionais de auditoria. Por exemplo, o planejamento inclui a necessidade de considerar, antes da identificação e avaliação pelo auditor dos riscos de distorções relevantes, a obtenção de entendimento global da estrutura jurídica e do ambiente regulatório aplicável à entidade e como a entidade cumpre com os requerimentos dessa estrutura. Documentação de auditoria é o registro dos procedimentos de auditoria, das evidências de auditoria e conclusões alcançadas. Acerca desse assunto, abordado pela Norma Brasileira de Contabilidade NBC TA 230 (R1), o auditor deve preparar tempestivamente a documentação de auditoria, a fim de que seja suficiente para permitir que um auditor experiente, sem nenhum envolvimento anterior com a auditoria, entenda:

I. a natureza, a época e a extensão dos procedimentos de auditoria executados para cumprir com as normas de auditoria e exigências legais e regulamentares aplicáveis.

II. os resultados dos procedimentos de auditoria executados e a evidência de auditoria obtida.

III. os assuntos significativos identificados durante a auditoria, as conclusões obtidas a respeito deles e os julgamentos profissionais significativos exercidos para chegar a essas conclusões.

A NBC TA 320 (R1) trata da responsabilidade do auditor independente de aplicar o conceito de materialidade no planejamento e na execução de auditoria de demonstrações contábeis. A materialidade é uma questão de julgamento profissional e deve ser aplicada pelo auditor no planejamento e na execução da auditoria, e na avaliação do efeito de distorções sobre as demonstrações contábeis e na formação da opinião do relatório do auditor independente. Segundo a NBC TA 320 (R1), que trata da Materialidade no Planejamento e na Execução da Auditoria, "A determinação de materialidade pelo auditor é uma questão de julgamento profissional e é afetada pela percepção do auditor das necessidades de informações financeiras dos usuários das demonstrações contábeis". Os fatores que podem afetar a identificação de referencial apropriado incluem: os itens que tendem a inibir a atenção dos usuários das demonstrações contábeis da entidade específica.

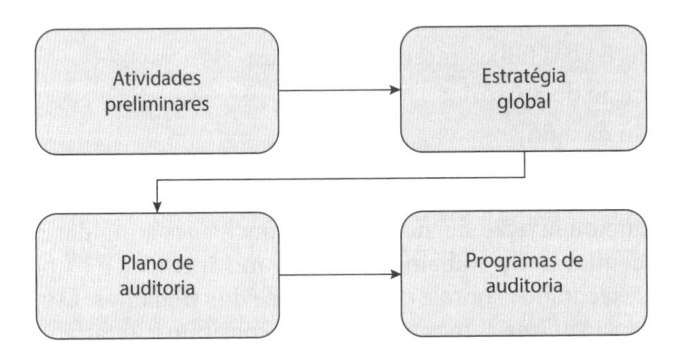

Figura 10.7 *Fluxo do planejamento da auditoria independente – NBC TA 300 (R1).*

Fonte: Brito (2015).

A principal norma de auditoria que trata do planejamento é a NBC TA 300 (R1), que dispõe que a natureza e a extensão das atividades de planejamento variam conforme o porte e a complexidade da entidade, a experiência anterior dos membros-chave da equipe de trabalho com a entidade e as mudanças nas circunstâncias que ocorrem durante o trabalho de auditoria, segundo Brito (2015).

De acordo com a NBC TA 300 (R1), o planejamento não é uma fase isolada da auditoria, mas um processo contínuo e iterativo, que muitas vezes começa logo após (ou em conexão com) a conclusão da auditoria anterior, continuando até a conclusão do trabalho de auditoria atual.

Materialidade no contexto de auditoria

Materialidade para execução da auditoria significa o valor ou valores fixados pelo auditor, inferiores ao considerado relevante para as demonstrações contábeis como um todo, para reduzir a um nível baixo a probabilidade de que as distorções não corrigidas e não detectadas em conjunto excedam a materialidade para as demonstrações contábeis como um todo, conforme a NBC TA 320 (R1).

A estrutura de relatórios financeiros frequentemente discute o conceito de materialidade no contexto da elaboração e apresentação de demonstrações contábeis. Embora a estrutura de relatórios financeiros discuta materialidade em termos diferentes, ela em geral explica que:

- distorções, incluindo omissões, são consideradas relevantes quando for razoavelmente esperado que essas possam, individualmente ou em conjunto, influenciar as decisões econômicas de usuários tomadas com base nas demonstrações contábeis;
- julgamentos sobre materialidade são feitos à luz das circunstâncias envolvidas, e são afetados pela magnitude e natureza das distorções, ou a combinação de ambos; e
- julgamentos sobre quais assuntos são relevantes para usuários das demonstrações contábeis são baseados em considerações sobre as necessidades de informações financeiras comuns a usuários como um grupo. Não é considerado o possível efeito de distorções sobre usuários individuais específicos, cujas necessidades podem variar significativamente.

Segundo a Resolução CFC nº 1.213/2009, o auditor deve considerar que: planejar a auditoria somente para detectar distorção individualmente relevante negligencia o fato de que as distorções individualmente irrelevantes em conjunto podem levar à distorção relevante das demonstrações contábeis e não deixa margem para possíveis distorções não detectadas; a materialidade para execução da auditoria é fixada para reduzir – a um nível adequadamente baixo – a probabilidade de que as distorções não corrigidas e não detectadas em conjunto nas demonstrações contábeis excedam a materialidade para as demonstrações contábeis como um todo; a materialidade para execução da auditoria relacionada a um nível de materialidade determinado para classe específica de transações, saldos contábeis ou divulgação é fixada para reduzir, a um nível adequadamente baixo, a probabilidade de que as distorções não corrigidas e não detectadas em conjunto nessa classe específica de transações, saldos contábeis ou divulgação excedam o nível de materialidade para essa classe específica de transações, saldos contábeis ou divulgação; e que a determinação de materialidade para execução de testes não é um cálculo mecânico simples – já que envolve o exercício de julgamento profissional.

A Resposta do Auditor aos Riscos Avaliados está prevista na NBC TA 330 (R1), na qual define-se que o procedimento substantivo é o procedimento planejado para detectar distorções relevantes. Ela inclui testes de classes de transações, de saldos de contas e de divulgações e procedimentos analíticos substantivos. O teste de controle é o procedimento planejado para avaliar a efetividade dos controles na prevenção ou detecção e correção de distorções relevantes.

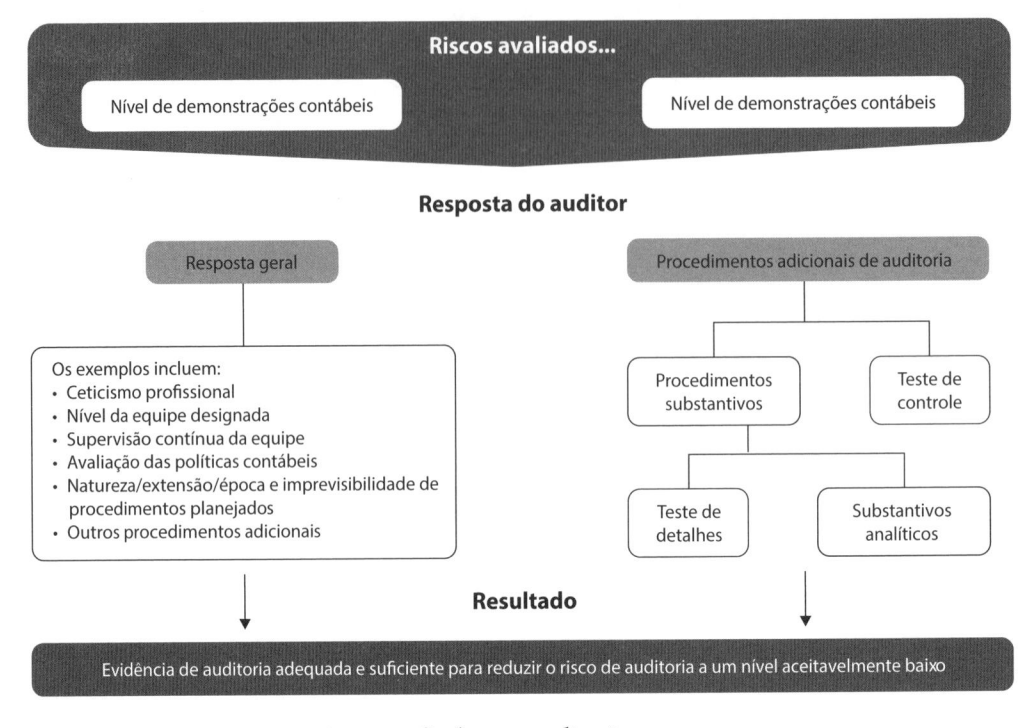

Figura 10.8 *Resposta aos riscos avaliados na auditoria.*

Fonte: *Guia de Utilização de Normas em Auditoria de Auditorias de Entidades de Pequeno e Médio Portes da Federação Internacional de Contadores (IFAC).*

Ao planejar e executar os testes de controle, o auditor deve:

- executar procedimentos de auditoria, incluindo: o modo como os controles foram aplicados ao longo do período; a consistência como eles foram aplicados; por quem ou por quais meios eles foram aplicados;
- determinar se os controles a serem testados dependem de outros controles.

O auditor deve testar os controles para uma data específica ou ao longo do período no qual pretende confiar nesses controles.

O procedimento substantivo deve estar relacionado ao processo de encerramento das demonstrações contábeis:

- confrontar ou conciliar as demonstrações contábeis com os registros contábeis que as suportam; e
- examinar lançamentos relevantes de diário e outros ajustes efetuados durante a elaboração das demonstrações contábeis.

As respostas específicas são aplicadas no nível de afirmações (saldos de conta, divulgação) e envolvem a definição, conforme NBC TA 330 (R1):

- natureza: teste de controle e/ou substantivos;
- época em que se aplica o procedimento: durante ou no final do exercício;
- extensão: quantidade de operações examinadas/tamanho da amostra.

Teste de controle é o procedimento de auditoria planejado para avaliar a efetividade dos controles na prevenção ou detecção e correção de distorções relevantes no nível de afirmações. O procedimento substantivo é o procedimento de auditoria planejado para detectar distorções relevantes no nível de afirmações. Incluem testes de detalhes (de classe de transações, de saldos de contas e de divulgações), e procedimentos analíticos substantivos.

Com base nos procedimentos executados e na evidência de auditoria obtida e avaliação da suficiência e adequação da evidência de auditoria, o auditor deve avaliar, antes da conclusão da auditoria, se as avaliações de riscos de distorção relevante no nível de afirmações continuam apropriadas. O auditor deve concluir que foi obtida evidência de auditoria apropriada e suficiente.

A distorção, segundo a NBC TA 450 (R1), é a diferença entre o valor, a classificação, a apresentação ou a divulgação de um item das demonstrações contábeis e o valor, classificação, apresentação ou divulgação requeridos para que o item esteja de acordo com a estrutura de relatório financeiro aplicável. A distorção pode ser decorrente de erro ou fraude.

Nas distorções identificadas na auditoria, o auditor deve determinar se a estratégia global e o plano de auditoria precisam ser revisados se:

- a natureza das distorções identificadas e as circunstâncias em que elas ocorreram indicarem que podem existir outras distorções que, em conjunto com as distorções detectadas durante a auditoria, poderiam ser relevantes; ou
- o conjunto das distorções detectadas se aproxima da materialidade determinada pelo auditor.

Segundo a NBC TA 450 (R1), uma distorção claramente trivial é uma distorção não relevante ou claramente sem consequências, seja ela tomada individualmente ou em conjunto.

- distorção factual é aquela que não deixa dúvida;
- distorções de julgamento são aquelas decorrentes de julgamento da administração sobre estimativas contábeis que o auditor não considera razoáveis, ou a seleção ou aplicação de políticas contábeis que considera inadequadas;
- distorção projetada é a melhor estimativa do auditor de distorções em populações, envolvendo a projeção de distorções identificadas em amostras de auditoria para populações inteiras das quais foram extraídas as amostras.

Quando há alguma incerteza sobre se um ou mais itens são claramente triviais, o assunto é considerado como não sendo claramente trivial, ou seja, de efeito relevante. De acordo com o item 6 da NBC TA 450 (R1), o auditor deve determinar se a estratégia global e o plano de auditoria precisam ser revisados caso a natureza das distorções identificadas e as circunstâncias em que elas ocorreram indiquem a existência de outras distorções que, em conjunto com as que foram detectadas durante a auditoria, poderiam ser relevantes.

Se a administração se recusar a corrigir algumas das distorções reportadas pelo auditor, este deve entender as razões pelas quais a administração decidiu por não as efetuar e deve considerar esse entendimento ao avaliar se as demonstrações contábeis como um todo estão livres de distorções relevantes.

O auditor deve determinar se as distorções não corrigidas são relevantes, individualmente ou em conjunto. Assim, deverá incluir na documentação de auditoria:

- o valor abaixo do qual as distorções seriam consideradas irrelevantes;
- as distorções detectadas durante a auditoria e se elas foram corrigidas; e
- a conclusão do auditor sobre se as distorções não corrigidas são relevantes, individualmente ou em conjunto, e a base para essa conclusão.

As circunstâncias relacionadas a algumas distorções podem levar o auditor a avaliá-las como relevantes, posto que elas podem:

- afetar o cumprimento de requerimentos regulatórios;
- afetar o cumprimento de cláusulas contratuais de dívidas;
- referir-se à seleção ou à aplicação incorreta de política contábil que tem efeito não relevante sobre as demonstrações contábeis do período corrente, mas tem provável efeito relevante sobre as demonstrações contábeis de períodos futuros;
- encobrir mudança nos resultados;
- afetar índices que avaliem a posição patrimonial e financeira, os resultados das operações ou fluxos de caixa da entidade;
- ter o efeito de aumentar a remuneração da administração, possibilitando que sejam satisfeitos os requerimentos para terem direito a bônus ou outros incentivos.

10.2 OBJETIVOS

O auditor precisará ter conhecimento das atividades da entidade, para identificar eventos e transações relevantes que afetem as demonstrações contábeis. Os principais objetivos do Planejamento da Auditoria são:

a) obter conhecimento das atividades da entidade, para identificar eventos e transações relevantes que afetem as demonstrações contábeis;

b) propiciar o cumprimento dos serviços contratados com a entidade dentro dos prazos e compromissos previamente estabelecidos;

c) assegurar que as áreas importantes da entidade e os valores relevantes contidos em suas demonstrações contábeis recebam a atenção requerida;

d) identificar os problemas potenciais da entidade;

e) identificar a legislação aplicável à entidade;

f) estabelecer a natureza, a oportunidade e a extensão dos exames a serem efetuados, em consonância com os termos constantes na sua proposta de serviços para a realização do trabalho;

g) definir a forma de divisão das tarefas entre os membros da equipe de trabalho, quando houver;

h) facilitar a supervisão dos serviços executados, especialmente quando forem realizados por uma equipe de profissionais;

i) propiciar a coordenação do trabalho a ser efetuado por outros auditores independentes e especialistas;

j) buscar a coordenação do trabalho a ser efetuado por auditores internos;
k) identificar os prazos para entrega de relatórios, opiniões e outros informes decorrentes do trabalho contratado com a entidade.

Segundo a NBC TA 300 (R1), o planejamento da auditoria implica a definição de estratégia global para o trabalho e o desenvolvimento de plano de auditoria. Um planejamento adequado traz benefícios para a auditoria das demonstrações contábeis de várias maneiras, como: auxiliar o auditor a dedicar a atenção devida às áreas importantes da auditoria; auxiliar o auditor a identificar e resolver apropriadamente os problemas potenciais; auxiliar o auditor a organizar adequadamente o trabalho de auditoria para que seja realizado de forma eficaz e eficiente. Não é uma fase isolada da auditoria, mas um processo contínuo e interativo, que, muitas vezes, começa logo após (ou em conexão com) a conclusão da auditoria anterior, continuando até a conclusão do trabalho de auditoria atual. Entretanto, o planejamento deve levar em conta a época de certas atividades e procedimentos de auditoria que devem ser finalizados antes da realização de procedimentos adicionais de auditoria. O auditor pode escolher fazer a discussão desses elementos do planejamento com a administração da entidade, facilitando a condução e o gerenciamento do trabalho de auditoria – por exemplo, coordenar alguns dos procedimentos de auditoria planejados com o trabalho da entidade. Apesar de, normalmente, essas discussões ocorrerem, a estratégia global de auditoria e o plano de auditoria continuam sendo de responsabilidade do auditor. Na discussão de temas adicionados na estratégia global de auditoria ou no plano de auditoria, é necessário não comprometer a eficácia da auditoria.

Deverá adquirir conhecimento sobre a natureza das operações, dos negócios e da forma de organização da empresa. Não se excluem outros objetivos que possam ser fixados, segundo as circunstâncias de cada trabalho, especialmente quando houver o envolvimento com partes relacionadas e auditoria de demonstrações contábeis consolidadas.

De acordo com a NBC TA 200 (R1) – Objetivos Gerais do Auditor Independente e a Condução da Auditoria em Conformidade com Normas de Auditoria, para atingir os objetivos gerais do auditor, ele deve utilizar os procedimentos estabelecidos nas NBCs TA relevantes ao planejar e executar a auditoria. Se um objetivo em uma NBC TA relevante não pode ser cumprido, o auditor deve avaliar se isso o impede de cumprir os objetivos gerais de auditoria e se isso exige que ele, em conformidade com as NBCs TA, modifique sua opinião ou renuncie ao trabalho.

Para fins das normas de auditoria, **condições prévias a um trabalho de auditoria** correspondem ao uso, pela administração, de uma estrutura de relatório financeiro aceitável na elaboração das demonstrações contábeis e a concordância da administração e, quando apropriado, dos responsáveis pela governança em relação ao pressuposto em que a auditoria é conduzida.

10.3 INFORMAÇÕES E CONDIÇÕES PARA ELABORAR O PLANEJAMENTO DE AUDITORIA

O Planejamento da Auditoria deve ser realizado de tal maneira que duas áreas sejam examinadas em primeiro lugar, para que se determinem a natureza, a extensão e as datas dos testes detalhados ou procedimentos de auditoria para as diversas contas do balanço patrimonial e da demonstração do resultado do exercício. Tais áreas são controle interno e revisão analítica.

A seguir, destacam-se os aspectos a serem considerados no Planejamento da Auditoria. Tais elementos não excluem outros que se revelarem necessários, conforme o tipo de atividade da entidade, seu tamanho, qualidade de seu sistema contábil e de controles internos e a competência de sua administração.

Conhecimento das atividades da entidade

O planejamento pressupõe adequado nível de conhecimento das atividades, os fatores econômicos, a legislação aplicável, as práticas operacionais da entidade e o nível geral de competência de sua administração.

Fatores econômicos

Para o auditor independente completar o conhecimento do negócio da entidade a ser auditada, deve avaliar os fatores econômicos desta, abrangendo:

a) o nível geral da atividade econômica na área de atuação da entidade e fatores que podem influenciar seu desempenho, tais como níveis de inflação, crescimento, recessão, deflação, desemprego, situação política, entre outros;

b) as taxas de juros e as condições de financiamento;

c) as políticas governamentais, tais como monetária, fiscal, cambial e tarifas para importação e exportação; e

d) o controle sobre capitais externos.

A análise preliminar desses fatores é a base para identificar riscos que possam afetar a continuidade operacional da entidade, a existência de contingências fiscais, legais, trabalhistas, previdenciárias, comerciais, ambientais, obsolescência de estoques e imobilizações e outros aspectos do negócio com impacto potencial nas demonstrações contábeis.

É recomendável que tais circunstâncias, se constatadas, sejam discutidas, previamente, entre o auditor independente e a administração da entidade a ser auditada.

Legislação aplicável

O conhecimento prévio da legislação que afeta a entidade a ser auditada é fundamental para a avaliação, pelo auditor, dos impactos que a inobservância das normas pertinentes pode ter nas demonstrações contábeis. Neste sentido, o auditor deve considerar os seguintes aspectos:

a) os impostos, as taxas e as contribuições a que a entidade está sujeita;

b) as contribuições sociais a que a entidade está sujeita;

c) a regulamentação própria do setor de atividade; e

d) as informações que a entidade deve fornecer a terceiros em função de suas atividades, como, por exemplo, bancos, companhias abertas, seguradoras, fundos de pensão etc.

Práticas operacionais da entidade

Uma entidade tem sua dinâmica nas transações regulares que se propõe no seu objeto social. Dentro do conceito de continuidade, devem ser considerados, entre outros, os seguintes aspectos da entidade:

a) a natureza das atividades e o tipo de operações que ela realiza;
b) a localização das instalações e o grau de integração entre elas;
c) os produtos que fabrica, comercializa, ou os serviços que executa;
d) os mercados de atuação e sua participação neles;
e) sistemas de controle interno das principais atividades: vendas, compras, produção, pessoal, estocagem, tesouraria etc.;
f) as margens de resultado operacional bruto, de contribuição e de resultado líquido;
g) as políticas de vendas e marketing, compras, estocagem, produção, manutenção e conservação de bens e de recursos humanos;
h) as políticas de importação e exportação e de formação de preços, as tendências, a qualidade dos produtos e a garantia dos produtos pós-venda;
i) a identificação de clientes e fornecedores estratégicos ou importantes e a forma de relacionamento com eles;
j) as modalidades de inventários;
k) as franquias, licenças, marcas e patentes;
l) a pesquisa e o desenvolvimento de novos produtos ou serviços;
m) os sistemas de informações sobre as operações;
n) o uso de manuais operacionais;
o) o grau de interferência da administração e dos controladores nas operações da entidade;
p) os controles gerenciais.

O conhecimento das atividades da entidade e as suas características operacionais são fundamentais para a identificação dos riscos da auditoria.

Competência da administração

Uma entidade é gerida por uma administração, que tem a responsabilidade pelo registro, controle, análise e aprovação das transações. O conhecimento da competência da administração é fundamental para que o auditor tenha uma percepção razoável da organização da entidade e dos reflexos que uma gestão não confiável pode determinar nas demonstrações contábeis. Para isso, tem de considerar itens como os que seguem:

a) a estrutura corporativa e o grau de relacionamento com os controladores;
b) as formas de relacionamento com partes relacionadas;
c) as formas de eleições e designações da administração;
d) a composição e a propriedade do capital social e suas modificações em relação ao exercício anterior;

e) a estrutura organizacional, os limites de alçada e as definições de linhas de responsabilidade;

f) os objetivos e o plano estratégico da administração;

g) as aquisições, as fusões, as incorporações ou as cisões efetuadas no período, ou os efeitos decorrentes dessas operações realizadas em períodos anteriores, e suas influências na administração;

h) a independência da administração para a tomada de decisões;

i) a frequência das reuniões da administração e o grau de decisões tomadas.

A administração e, quando apropriado, os responsáveis pela governança possuem algumas responsabilidades na execução dos trabalhos de auditoria, devendo permitir acesso a todas as informações de que tenham conhecimento e que sejam relevantes para a elaboração e apresentação das demonstrações contábeis, tais como registros, documentação e outros assuntos.

No planejamento de auditoria, o auditor independente pode utilizar-se da técnica de rotação de ênfase, a qual consiste em determinação das unidades a serem auditadas para obtenção de evidência de auditoria.

Práticas contábeis adotadas

O planejamento de auditoria deve abranger o conhecimento detalhado das práticas contábeis adotadas pela entidade, para propiciar uma adequada avaliação da consistência das demonstrações contábeis, considerando os seus efeitos sobre o programa de auditoria em face das novas normas de contabilidade que passarem a ser aplicáveis à entidade.

A alteração das práticas contábeis pode determinar modificações na comparabilidade das demonstrações contábeis. Daí a necessidade de:

a) comparar as práticas contábeis adotadas no exercício com as adotadas no exercício anterior;

b) dimensionar seus efeitos na posição patrimonial e financeira e no resultado da entidade.

Sistema contábil e de controles internos

O conhecimento do sistema contábil e de controles internos é fundamental para o planejamento de auditoria e necessário para determinar a natureza, a extensão e a oportunidade dos procedimentos de auditoria, devendo o auditor:

a) ter conhecimento do sistema de contabilidade adotado pela entidade e de sua integração com os sistemas de controles internos;

b) avaliar o grau de confiabilidade das informações geradas pelo sistema contábil, sua tempestividade e sua utilização pela administração; e

c) avaliar o grau de confiabilidade dos controles internos adotados pela entidade, mediante a aplicação de provas de procedimentos de controle.

Áreas importantes da entidade

A identificação das áreas importantes depende do tipo de negócio da entidade. Uma indústria difere de uma entidade que atua somente no comércio ou daquelas que atuam nas atividades rurais, de mineração ou de serviços.

Existem muitos tipos de entidades industriais, comerciais e de serviços, dos mais variados portes e atuando em diferentes mercados. Portanto, o auditor independente deve iniciar pela análise da natureza do negócio da entidade e, a partir daí, definir um tipo de planejamento para o trabalho de auditoria.

O conhecimento do negócio passa pela identificação da espécie de produtos e serviços, mercado de atuação, tipo e perfil dos clientes e fornecedores, formas de comercialização, nível de dependência da entidade em relação a clientes e fornecedores, níveis de custos de pessoal, impostos, matéria-prima, financeiros e outros no custo total da entidade.

A identificação das áreas importantes de uma entidade deve abranger o que se segue:

a) a verificação dos casos em que elas têm efeitos relevantes sobre as transações da entidade e se refletem nas demonstrações contábeis;

b) a localização das unidades operacionais em que a entidade realiza suas transações;

c) a estrutura de recursos humanos, a política de pessoal adotada, a existência de fundo de pensão, os compromissos com sindicatos, os níveis salariais e os tipos de benefícios indiretos;

d) a identificação de clientes importantes, a participação no mercado, as políticas de preços, as margens de lucro, a qualidade e a reputação dos produtos e serviços, as estratégias mercadológicas, garantia dos produtos e outros fatores comerciais;

e) a identificação de fornecedores importantes de bens e serviços, a avaliação da qualidade dos produtos e serviços, as garantias de entrega, os contratos de longo prazo, as importações, formas de pagamento e os métodos de entrega dos produtos;

f) os inventários, com identificação de locais, quantidades, tipos de armazenamento, pessoal envolvido e outros fatores;

g) as franquias, as licenças, as marcas e as patentes quanto a contratos e registros existentes;

h) os investimentos em pesquisa e desenvolvimento;

i) os ativos, os passivos e as transações em moeda estrangeira;

j) a legislação, as normas e os regulamentos que afetam a entidade;

k) a estrutura do passivo e os níveis de endividamento;

l) a qualidade e a consistência dos níveis de informação gerencial para a tomada de decisões;

m) os índices e as estatísticas de desempenho físico e financeiro;

n) a análise da tendência da entidade.

No planejamento de auditoria, o auditor independente pode utilizar-se da técnica de determinação das unidades a serem auditadas para obtenção de evidências de auditoria. Essa técnica denomina-se rotação de ênfase.

Volume de transações

A avaliação do volume de transações deve ser feita para que o auditor independente tenha:

a) o conhecimento e o dimensionamento mais adequados dos testes a serem aplicados e dos períodos em que tais volumes são mais significativos;
b) a identificação de como as normas internas são seguidas, as suas diversas fases, as pessoas envolvidas e os controles internos adotados sobre elas; e
c) a definição das amostras a serem selecionadas e a noção da existência de grande volume de transações de pequeno valor ou de um volume pequeno de transações, mas com valor individual significativo.

Complexidade das transações

A complexidade das transações de uma entidade é fator determinante do grau de dificuldade que o auditor independente pode encontrar para realizar seu trabalho. Desse modo, deve levar em conta que:

a) a complexidade das transações de uma entidade pode significar a necessidade de planejar a execução dos trabalhos com profissionais mais experientes ou de haver uma supervisão mais direta durante sua realização;
b) as operações complexas podem ser passíveis de erro e fraude, com maior frequência, se não possuírem controles que atendam às exigências e riscos das operações;
c) as transações complexas podem determinar um ciclo mais longo para a realização do negócio e margens de lucros não uniformes para um mesmo tipo de operação, visto existir, muitas vezes, o fator oportunidade;
d) uma entidade com operações complexas exige maior grau de especialização e experiência da administração.

Entidades associadas, filiais e partes relacionadas

Para definir a abrangência de seu trabalho, o auditor independente deve considerar, no seu planejamento, a existência de entidades controladas, coligadas, filiais e unidades operacionais. Para tanto, é necessário:

a) definir se os exames são extensivos às partes relacionadas, como controladas e coligadas, e se abrangem as filiais e as unidades operacionais da entidade;
b) definir a natureza, a extensão e a oportunidade dos procedimentos de auditoria a serem adotados em relação às partes relacionadas, podendo ocorrer, inclusive, a necessidade de elaboração de um programa de auditoria específico, porém, coordenado com o planejamento global para o grupo de entidades;
c) entender a natureza das operações com as partes relacionadas e seu impacto nas demonstrações contábeis;

d) ter em conta que situação semelhante pode ocorrer com o planejamento nas filiais e unidades operacionais, pois estas podem ter, além das atividades próprias, outras decorrentes de uma política de descentralização determinada pela matriz. Cabe observar que, em muitas entidades, as unidades operacionais têm muita autonomia, como se fossem outras entidades, cabendo ao auditor independente avaliar esses aspectos para definir um planejamento adequado.

Trabalho de outros auditores independentes, especialistas e auditores internos

O planejamento deve considerar a participação de auditores internos e de especialistas na execução do trabalho na entidade auditada e a possibilidade de as controladas e coligadas serem examinadas por outros auditores independentes. Nestas circunstâncias, o auditor independente deve levar em conta as seguintes questões:

a) a necessidade do uso do trabalho de outros auditores ocorre quando estes realizam trabalhos para partes relacionadas, em especial quando os investimentos da entidade são relevantes, ou se faz necessário consolidar as demonstrações contábeis. No planejamento de auditoria, este aspecto é muito importante, pois deve haver uma coordenação entre os auditores independentes, de forma que sejam cumpridos as normas profissionais e os prazos estabelecidos com as entidades auditadas;

b) dependendo das circunstâncias, pode ocorrer a necessidade de revisão dos papéis de trabalho do outro auditor independente;

c) quando o auditor de uma entidade investidora não examina as demonstrações contábeis das entidades investidas e se os ativos destas representam parte relevante dos ativos totais daquela, deve considerar se pode assumir a incumbência;

d) o uso do trabalho dos auditores internos deve ser avaliado quando da contratação dos serviços, e, ao elaborar o seu planejamento, o auditor independente deve ter noção clara do envolvimento com a auditoria interna da entidade a ser auditada, do nível de coordenação e colaboração a ser adotado e do tipo de trabalho que a auditoria interna vai realizar como suporte ao auditor independente; e

e) o uso de especialistas permite duas situações: a primeira, quando o profissional é contratado pelo auditor independente, respondendo este pelo trabalho efetuado por aquele. Nessa circunstância, o planejamento dos trabalhos é facilitado, já que existe maior entrosamento e vinculação entre o especialista e o auditor independente. A segunda ocorre quando o especialista é contratado pela entidade a ser auditada, sem vínculo empregatício, para executar serviços que tenham efeitos relevantes nas demonstrações contábeis.

O auditor independente, ao utilizar o trabalho específico dos auditores internos, deve incluir, na documentação de auditoria, as conclusões atingidas relacionadas com a avaliação da adequação do trabalho dos auditores internos e os procedimentos de auditoria por ele executados sobre a conformidade dos trabalhos.

É permitido que o auditor independente faça uso de trabalhos realizados por auditores internos, pois não há proibições de tal prática nas NBCs. Com relação à responsabilidade pela opinião expressa pelo auditor independente em seu relatório, em nenhum cenário a responsabilidade do profissional será minimizada em função de apoio de auditores internos. A utilização de trabalhos de auditores internos na obtenção de evidências de auditoria é uma prerrogativa assegurada ao auditor independente. Contudo, é recomendável ao auditor independente avaliar a posição hierárquica dos auditores internos e as práticas por eles adotadas, de modo que os trabalhos por eles produzidos sejam aceitos como prova razoável para formação da opinião final do auditor.

O auditor não deve fazer referência ao trabalho do especialista componente da equipe de auditoria em seu relatório que contenha opinião não modificada. Entretanto, se essa referência for relevante para o entendimento de ressalva ou outra modificação na sua opinião, poderá haver referência. Caso o auditor faça referência ao trabalho de especialista no seu relatório, deverá indicar no relatório que essa citação não reduz a sua responsabilidade por essa opinião.

Não devem ser utilizados trabalhos dos auditores internos na execução de procedimentos relacionados com riscos de distorção relevante avaliados como significativos, em que o julgamento exigido na execução dos procedimentos aplicáveis de auditoria ou na avaliação da evidência de auditoria obtida é mais do que limitado.

A NBC TA 610 – Utilização do Trabalho da Auditoria Interna apresenta uma série de afirmações referentes à representatividade da auditoria interna em uma empresa. A utilização do trabalho da auditoria interna pode afetar a natureza e a época ou reduzir a extensão dos procedimentos de auditoria a serem executados pelo próprio auditor independente.

O auditor independente precisa determinar se, e em que proporção, os trabalhos da auditoria interna podem ser utilizados para os fins do seu exame das demonstrações contábeis. Com essa finalidade, o auditor independente deve considerar o seguinte: a extensão na qual a posição hierárquica da auditoria interna na organização e suas políticas e procedimentos propiciam objetividade dos auditores internos.

Natureza, conteúdo e oportunidade das opiniões e relatórios

Quando da contratação dos serviços de auditoria, o auditor independente deve identificar com a administração da entidade as opiniões e os relatórios a serem por ele emitidos, os prazos para sua apresentação e os conteúdos dos relatórios.

Os relatórios e as opiniões a serem emitidos devem obedecer aos prazos previamente estabelecidos.

Exigências e prazos estabelecidos por órgãos reguladores

Conforme a NBC TA 300 (R1) – Planejamento da Auditoria de Demonstrações Contábeis, o auditor deve estabelecer uma estratégia global que defina o alcance, a época e a direção do trabalho, para orientar o desenvolvimento do plano de auditoria. Ao definir a estratégia global, o auditor deve considerar os resultados das atividades preliminares do trabalho de auditoria e, quando aplicável, se é relevante o conhecimento obtido em outros trabalhos realizados pelo sócio responsável pelo trabalho para a entidade. Muitas atividades têm normas estabelecidas por órgãos reguladores, que têm de ser cumpridas pela entidade. O auditor deve verificar o nível de cumprimento dessas normas e, também, emitir relatórios específicos sobre elas. Assim, ao efetuar o seu planejamento, o auditor independente deve considerar as seguintes situações:

a) determinadas atividades estão sujeitas ao controle e à regulamentação por organismos oficiais, como as áreas de mercado de capitais, mercado financeiro, mercado segurador e outras. As entidades que exercem atividades reguladas por estes organismos têm de submeter-se às exigências por eles estabelecidas, que, muitas vezes, fixam prazos para a entrega de documentações contábeis, relatórios e opiniões de auditor independente e informações periódicas sobre dados contábeis, financeiros, econômicos e físicos, visando informar terceiros interessados sobre o desempenho da entidade. O auditor independente, ao executar seu planejamento, deve observar o enquadramento da entidade auditada em tais exigências, de modo que cumpra as responsabilidades com ela assumidas;

b) a identificação de tais exigências também deve ser feita quando da avaliação dos trabalhos a serem oferecidos à entidade auditada, conforme estabelece a NBC P 1 – Normas Profissionais de Auditor Independente;

c) o auditor deve estar suficientemente esclarecido quanto às penalidades a que está sujeito pelo não cumprimento de prazos para a entrega dos trabalhos sob sua responsabilidade; e

d) sempre que a entidade auditada estabelecer limitações para que o auditor possa cumprir os prazos a que estiver sujeito por força de compromissos contratuais, deve formalizar tais circunstâncias à administração, destacando os efeitos pecuniários respectivos.

10.4 CONTEÚDO DO PLANEJAMENTO

Cronograma

O planejamento deve evidenciar as etapas e as épocas em que serão executados os trabalhos, de acordo com o teor da proposta de prestação de serviços e sua aceitação pela entidade auditada.

No cronograma de trabalho, devem ficar evidenciadas as áreas, as unidades e as partes relacionadas que serão atingidas pela auditoria, para comprovar que todos os compromissos assumidos com a entidade auditada foram cumpridos.

Procedimentos de auditoria

O planejamento deve documentar todos os procedimentos de auditoria programados, bem como sua extensão e oportunidade de aplicação, objetivando comprovar que todos os pontos da entidade considerados relevantes foram cobertos pelo auditor independente. Pode utilizar-se da técnica de determinação das unidades a serem auditadas para a obtenção de evidência de auditoria denominada rotação de empresa.

Relevância e planejamento

O auditor independente deve, no planejamento da auditoria, considerar a ocorrência de fatos relevantes que possam afetar a entidade e a sua opinião sobre as demonstrações contábeis.

Riscos de auditoria

O auditor independente deve, na fase de planejamento, efetuar a avaliação dos riscos de auditoria para que os trabalhos sejam programados adequadamente, evitando a apresentação de informações errôneas nas demonstrações contábeis.

Pessoal designado

Quando incluir a designação de equipe técnica, o planejamento deve prever a orientação e a supervisão do auditor, que assumirá total responsabilidade pelos trabalhos a serem executados.

A responsabilidade pelo planejamento e pela execução dos trabalhos realizados é do auditor independente, inclusive quando participarem da equipe técnica especialistas designados por ele.

Épocas oportunas dos trabalhos

Para definir as épocas oportunas de realização dos trabalhos de auditoria, o auditor independente deve considerar em seu planejamento:

a) o conteúdo da proposta de trabalho aprovada pela entidade;
b) a existência de épocas cíclicas nos negócios da entidade;
c) as épocas em que a presença física do auditor é recomendável para efetuar avaliações sobre as transações da entidade;
d) as épocas adequadas para a inspeção física dos estoques e de outros ativos;
e) o momento adequado para solicitar confirmações de saldos e informações de terceiros, como advogados, por exemplo;
f) a necessidade de cumprimento de prazos fixados pela própria administração da entidade ou por órgãos reguladores;
g) fatores econômicos que afetem a entidade, tais como avaliação de efeitos de mudanças de política econômica pelo governo ou aprovação de legislação ou normas regulamentadoras que influenciem de forma significativa os negócios da entidade;
h) a possibilidade de utilizar trabalhos de auditores internos e de especialistas que sirvam de subsídio ao seu trabalho, de modo que estejam terminados e revisados de forma coordenada com o cronograma de trabalho definido no planejamento;
i) a existência de fato relevante que possa afetar a continuidade normal dos negócios da entidade, caso em que pode ser requerida uma modificação no planejamento, para avaliação dos efeitos sobre a entidade;
j) os prazos para a emissão de opiniões e relatórios dos trabalhos realizados.

Com relação às horas estimadas para a execução dos trabalhos, ao elaborar sua proposta de trabalho, o auditor independente deve apresentar uma estimativa de honorários e horas ao cliente – conforme determinam as Normas Profissionais de Auditoria Independente – na qual preveja o cumprimento de todas as etapas do trabalho a ser realizado. No planejamento, devem constar as horas distribuídas entre as várias etapas do trabalho e entre os integrantes da equipe técnica.

Supervisão e revisão

A supervisão e a revisão devem ser planejadas para cobrirem desde a etapa inicial dos trabalhos, abrangendo o próprio planejamento, até o término do trabalho contratado com a entidade.

Indagações à administração para concluir o planejamento

Embora a proposta de trabalho de auditoria elaborada pelo auditor independente e aceita pela administração da entidade a ser auditada forneça base para o processo de preparação do planejamento da auditoria, deve ser discutida com a administração da entidade, para confirmar as informações obtidas e possibilitar sua utilização na condução dos trabalhos a serem realizados.

Revisões e atualizações no planejamento e nos programas de auditoria

O planejamento e os programas de auditoria devem ser revisados permanentemente, como forma de o auditor independente avaliar as modificações nas circunstâncias e os seus reflexos na extensão, na oportunidade e na natureza dos procedimentos de auditoria a serem aplicados.

As atualizações no planejamento e nos programas de auditoria têm de ser documentadas nos papéis de trabalho correspondentes, devendo ficar evidenciados, também, os motivos das modificações a que se procedeu.

Exemplo:

FASES	APLICAÇÃO À EMPRESA CREPALDI
1. Pré-planejamento	
Aceitação de novo cliente e continuidade	A Empresa Crepaldi é um cliente em continuação. Nenhuma circunstância foi identificada em nossa revisão que indicasse descontinuidade.
Identificar as razões do cliente para a contratação da auditoria	A legislação societária obriga a contratação de auditoria independente por se tratar de uma empresa de capital aberto.
Estruturar um grupo de auditoria para um trabalho no cliente	Designados sócios, Solange, Gerente Sênior, Cynthia, Guilherme e Assistente, Silvia, além de três *trainees*.
Obter o contrato de prestação de serviço de auditoria	O modelo real segue o formato de um contrato de prestação de serviços.

FASES	APLICAÇÃO À EMPRESA CREPALDI
2. Informações básicas	
Obter conhecimento do negócio do cliente	A Sra. Solange (sócia) discutiu o assunto com a Sra. Cynthia e atualizou os arquivos permanentes de auditoria.
Visitar as operações e a administração	Guilherme e Silvia visitaram a operação da empresa.
Revisar as políticas do cliente	Guilherme revisou as informações do arquivo permanente e discutiu com a gerente de contabilidade as principais mudanças.
Identificar as partes relacionadas	Guilherme revisou as informações do arquivo permanente e discutiu com o gerente de contabilidade as principais mudanças.
Avaliar as necessidades de especialistas externos	Não requerido.
3. Obrigações legais	
Contrato social e estatutos	A Sra. Solange discutiu com o gerente de contabilidade e o sócio da empresa para verificar se houve alterações contratuais.
Atas de reuniões	Todas as atas foram lidas pela equipe de auditoria.
Contratos	Todos os contratos foram revisados.

Etapas do planejamento de auditoria

O auditor deve desenvolver o planejamento de auditoria, incluindo a descrição de natureza, época e extensão dos procedimentos planejados de avaliação de risco; natureza, época e extensão dos procedimentos adicionais de auditoria planejados no nível de afirmação; outros procedimentos planejados e necessários para que o trabalho esteja em conformidade com as normas de auditoria, consoante Brito (2015).

Ao definir a estratégia global, o auditor deve identificar as características do trabalho para definir o seu alcance; definir os objetivos do relatório do trabalho de forma a planejar a época da auditoria e a natureza das comunicações requeridas; considerar os fatores que, no julgamento profissional do auditor, sejam significativos para orientar os esforços da equipe de trabalho; considerar os resultados das atividades preliminares do trabalho de auditoria e, quando aplicável, definir a relevância do conhecimento obtido em outros trabalhos realizados; determinar a natureza, época e extensão dos recursos necessários para realizar o trabalho, conforme Fontenelle (2016).

O auditor deve estabelecer uma estratégia global de auditoria que defina o alcance, a época e a direção da auditoria, para orientar o desenvolvimento do plano de auditoria.

Uma vez definida a estratégia global de auditoria, pode ser desenvolvido um plano de auditoria para tratar dos diversos temas identificados na estratégia global de auditoria, levando-se em conta a necessidade de atingir os objetivos da auditoria por meio do uso eficiente dos recursos do auditor.

Benefícios do planejamento

Os benefícios do planejamento de auditoria são:

- auxiliar o auditor a dedicar atenção apropriada às áreas importantes da auditoria;
- auxiliar o auditor a identificar e resolver tempestivamente problemas potenciais;
- auxiliar o auditor a organizar adequadamente o trabalho de auditoria para que ele seja realizado de forma eficaz e eficiente;
- auxiliar na seleção dos membros da equipe de trabalho com níveis apropriados de capacidade e competência para responderem aos riscos esperados e na alocação apropriada de tarefas;
- facilitar a direção e a supervisão dos membros da equipe de trabalho e a revisão de seu trabalho;
- auxiliar, se for o caso, na coordenação do trabalho realizado por outros auditores e especialistas.

10.5 PLANEJAMENTO DA PRIMEIRA AUDITORIA

A realização de uma primeira auditoria numa entidade requer alguns cuidados especiais da parte do auditor independente, podendo ocorrer três situações básicas:

a) quando a entidade nunca foi auditada, situação que requer atenção do auditor independente, visto que ela não tem experiência anterior de um trabalho de auditoria;
b) quando a entidade foi auditada no período imediatamente anterior, por auditor independente, situação que permite uma orientação sobre aquilo que é requerido pelo auditor independente; e
c) quando a entidade não foi auditada no período imediatamente anterior, situação que requer atenção do auditor independente, porquanto as demonstrações contábeis que servirão como base de comparação não foram auditadas.

Assim sendo, nessas circunstâncias, o auditor independente deve incluir no planejamento de auditoria: análise dos saldos de abertura, procedimentos contábeis adotados, uniformidade dos procedimentos contábeis, identificação de relevantes eventos subsequentes ao exercício anterior e revisão dos papéis de trabalho do auditor anterior.

Quando uma auditoria for realizada pela primeira vez ou quando as demonstrações contábeis do exercício anterior tenham sido examinadas por outro auditor, a norma recomenda outros procedimentos além dos normalmente aplicados. Um desses procedimentos é a obtenção de evidências suficientes de que os saldos de abertura do exercício não contenham representações errôneas ou inconsistentes que, de alguma maneira, distorçam as demonstrações contábeis do exercício atual. Deverá verificar os procedimentos contábeis adotados, a uniformidade dos procedimentos contábeis, a identificação de relevantes eventos subsequentes ao exercício anterior e à revisão dos papéis de trabalho do auditor anterior.

```
Trabalho de auditoria inicial
├── (a) As demonstrações contábeis do período anterior não foram auditadas; ou
└── (b) As demonstrações contábeis do período anterior foram auditadas por auditor independente antecessor.
```

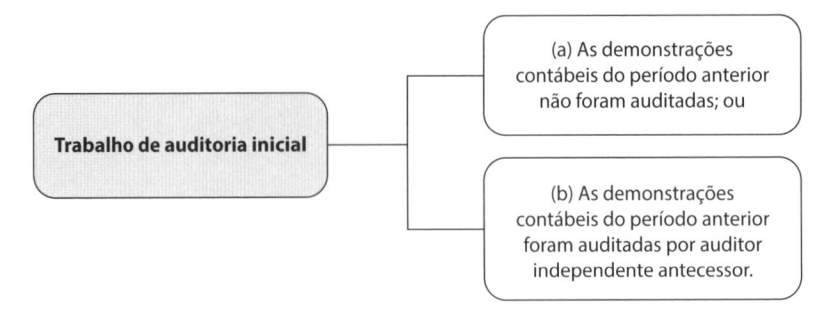

Figura 10.9 *Considerações adicionais em auditoria inicial.*
Fonte: Brito e Fontenelle (2015).

10.6 SALDOS DE ABERTURA

O auditor deve examinar e confrontar os saldos de abertura com os registros contábeis dos saldos das contas de ativo, passivo e patrimônio líquido, e examinar a sua consistência.

Quando os trabalhos de auditoria do exercício anterior tiverem sido efetuados por outro auditor, o exame da consistência dos saldos iniciais pode ser feito mediante a revisão dos papéis de trabalho do auditor anterior, complementado por trabalhos adicionais, se necessário.

10.7 PROCEDIMENTOS CONTÁBEIS ADOTADOS

Com vistas a avaliar a observância das Normas de Contabilidade e das Normas Brasileiras de Contabilidade, o auditor independente deve proceder à revisão dos procedimentos contábeis adotados pela entidade no exercício anterior e naquele a ser auditado.

Quanto ao exercício anterior, essa revisão resulta da necessidade da comparabilidade com os procedimentos do exercício a ser auditado.

Para se certificar dos procedimentos contábeis adotados no exercício anterior, cabe ao auditor proceder a um exame sumário daqueles adotados pela entidade, inclusive pelo que consta nas respectivas demonstrações contábeis. Se o exercício anterior foi examinado por outro auditor independente, devem ser analisados a opinião dos auditores e o conteúdo das demonstrações contábeis, inclusive as notas explicativas, como fonte de informação para uma avaliação, pela auditoria, do exercício a ser auditado.

10.8 UNIFORMIDADE DOS PROCEDIMENTOS CONTÁBEIS

A comparabilidade das demonstrações contábeis de dois exercícios depende dos procedimentos contábeis uniformes adotados.

No planejamento de uma primeira auditoria, o exame dos procedimentos contábeis adotados no exercício, comparativamente com os adotados no exercício anterior, é fator relevante para a formação de uma opinião sobre as demonstrações contábeis do exercício.

A adoção de procedimentos contábeis que não atendam às Normas de Contabilidade e às Normas Brasileiras de Contabilidade deve ser objeto de discussão antecipada entre o auditor e a administração da entidade, uma vez que pode caracterizar-se a necessidade da emissão de opinião com ressalva ou adversa às demonstrações contábeis sob análise.

10.9 EVENTOS RELEVANTES SUBSEQUENTES AO EXERCÍCIO ANTERIOR

Quando o auditor independente estiver realizando uma primeira auditoria numa entidade e constatar situações que caracterizem como relevantes eventos subsequentes ao exercício anterior, deve, imediatamente, discuti-las com a administração da entidade e, quando as demonstrações contábeis daquele exercício tenham sido examinadas por outros auditores independentes, discuti-las com estes, inteirando-se, se for o caso, dos fatos que sejam de seu conhecimento com respeito aos eventos subsequentes.

10.10 REVISÃO DOS PAPÉIS DE TRABALHO DO AUDITOR ANTERIOR

No planejamento da primeira auditoria, o auditor independente deve avaliar a necessidade de revisão dos papéis de trabalho e dos relatórios emitidos pelo seu antecessor.

10.11 PLANOS DE AUDITORIA

O plano de auditoria consiste numa série de notas que abrange o objetivo geral e a maneira de conduzir os trabalhos. Na estratégia global, define-se a natureza, época e extensão dos recursos necessários para a auditoria. Já no plano de auditoria define-se a natureza, época e extensão dos procedimentos de auditoria a serem aplicados.

Na fase de planejamento, ao definir seu plano de auditoria, o auditor independente deve estabelecer um nível de relevância aceitável para permitir detecção de distorções relevantes. Pode utilizar-se da rotação de ênfase, que é a técnica de determinação das unidades a serem auditadas para obtenção de evidência.

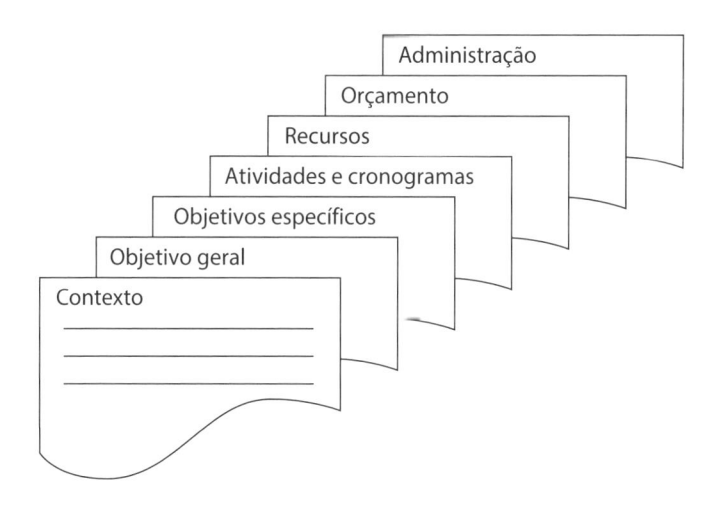

Figura 10.10 *Plano de auditoria.*

O planejamento da auditoria é a etapa do trabalho na qual o auditor independente estabelece a estratégia geral dos trabalhos a executar na entidade a ser executada. Entre os fatores a serem considerados no planejamento é possível destacar:

- o grau de conhecimento da atividade da auditada;
- a existência da auditoria interna;

- a natureza (o que fazer, quais procedimentos aplicar), oportunidade (quando) e extensão (até onde, o percentual) dos procedimentos a serem aplicados;
- os relatórios a serem entregues;
- a equipe técnica.

```
┌─────────────────────────────────────────────────────────────────────────────┐
│   SÓCIO E/OU          QUESTIONÁRIO                                          │
│    GERENTE              BÁSICO         ISOLAMENTO DE INDÍCIOS DE FATOS ALEATÓRIOS │
│  (A) ENTREVISTAS    ELEMENTOS  (B)         ANÁLISE INDICIÁRIA    (C)        │
│                      PRÉVIOS                                                │
│  OBJETIVO           ESTATUTO           NÚMEROS/ÍNDICES                      │
│  FINALIDADE         ORGANOGRAMA        QUOCIENTES                           │
│  CIRCUNSTÂNCIAS     BALANÇOS           MATRIZES                             │
│                     REGIMENTOS         COMPARAÇÕES                          │
│                     ATOS               TENDÊNCIAS                           │
│   SÍNTESE DE UM     MANUAIS            CONCLUSÕES                           │
│   TRABALHO DE       RELATÓRIOS                                              │
│    AUDITORIA        FILIAIS            A ANÁLISE PODE CONDUZIR MUITOS INDÍCIOS │
│    PLANEJADO        CONTRATOS          ORIENTADORES DO DESEMPENHO:          │
│                     PLANO DE CONTAS    DESPESA > VENDAS < APLICAÇÕES NA PRODUÇÃO │
│                                        COMISSÕES > VENDAS                   │
│                                        ↙ ROTAÇÕES DE ESTOQUES LENTAS        │
│                              (A)       ↙ ROTAÇÕES DE CRÉDITO > VENDAS       │
│   AVALIAÇÃO DOS CONTROLES    (B)                                            │
│        INTERNOS              (C)       ↙ DEPRECIAÇÕES > PRODUÇÃO            │
│                                        ↳ GASTOS FINANCEIROS > DISPONIBILIDADES │
├─────────────────────────────────────────────────────────────────────────────┤
│   LEGENDA       MAIOR OU MAIS >        MENOR OU MENOS <                     │
│                                                              SEQUÊNCIA  →   │
│   RESULTADOS:        ALTOS . . . . . .      BAIXOS                          │
└─────────────────────────────────────────────────────────────────────────────┘
```

ORGANIZAÇÃO CONTÁBIL – SUPORTES

A IMPORTÂNCIA RELATIVA DE CADA COMPONENTE DA PRÉ-ORGANIZAÇÃO DE UMA EMPRESA PODE SER ASSIM FIGURADA:

DIREÇÃO DA EMPRESA → CONTROLE INTERNO
PLANO ORGANIZACIONAL
PLANO CONTÁBIL
PLANO DE CONTAS
ELENCO DAS CONTAS
FUNDAÇÃO DAS CONTAS

PIRÂMIDE INVERTIDA

CONTROLE ESCRITURAL (PODEMOS CHAMÁ-LO ASSIM PARA MELHOR COMPREENSÃO):

FATOS OU DOCUMENTOS → COMPROVANTES → REGISTROS ANALÍTICOS

HIERARQUIA E AUTORIDADE NA GRANDE EMPRESA

ASSEMBLEIA > CONSELHO > DIRETORIA > SUPERINTENDÊNCIA > CORPO SOCIAL

AS AUTORIDADES CONTROLAM O PESSOAL, MAS A RECÍPROCA É VERDADEIRA: TAMBÉM SÃO CONTROLADAS PELO PESSOAL

Figura 10.11 *Plano de auditoria.*

A seguir, apresentamos MODELOS e CARTA-PROPOSTA de prestação de serviços de auditoria, baseados em padrões de algumas firmas e por nós adaptados para fins didáticos.

(MODELO 1)

ORÇAMENTO DE HORAS

Cliente: _____

	VISITAS		
Classificação do Trabalho	Durante o ano	Final	Total
	S G S A T	S G S A T	S G S A T
Contatos, Orçamento e Proposta			
Relatórios e Recomendações ao Cliente			
Pastas Permanentes			
Contagem de Caixa			
Reconciliações Bancárias			
Confirmações de Saldos Bancários			
Teste de Vendas e Custo dos Produtos Vendidos			
Confirmações de Saldos de Clientes			
Exame do Balancete de Clientes			
Exame de Pagamentos Subsequentes			
Exame da Provisão para Devedores Duvidosos			
Exame de Adiantamentos a Terceiros			
Exame de Impostos a Recuperar			
Teste de Compras			
Inventários Físicos			
Exame Final dos Estoques			
Despesas Pré-pagas (Prêmios de Seguro)			
Adições e Baixas do Ativo Imobilizado			
Depreciação			
Correção Monetária			
Exame do Balancete de Fornecedores			
Exame de Pagamentos Subsequentes			
Exame de Despesas a Pagar (Impostos etc.)			
Exame de Capital, Reservas e Lucros			
Exame de Folha de Pagamento			
Exame de Receitas e Despesas			
TOTAL			

LEGENDA: S = Sócio; G = Gerente; S = Sênior;
A = Assistente; T = Total.

Figura 10.12 *Modelo 1.*

(MODELO 2)

TAXAS HORÁRIAS

Em vigor a partir de 01/01/X

Sócio ————————————————→
Gerente ————————————————→
Sênior ————————————————→
Assistente ——————————————→

Figura 10.13 *Modelo 2.*

(MODELO 3)

ORÇAMENTO EM MOEDA

Cliente: _____

① CATEGORIAS DO PESSOAL	② TOTAL DE HORAS	x ③ TAXA HORÁRIA	= ④ TOTAL
Sócio			
Gerente			
Sênior			
Assistente			
TOTAL			
Escritório (10% do total)	—	—	
PREÇO FINAL		—	

NOTAS
1. Outras categorias de pessoal: treinando (*trainee*), júnior, semijúnior, supervisor, encarregado, especialista em tributos, semipleno, pleno.
2. Os modelos citados são usados por auditorias sob a forma de sociedade empresária. Tratando-se de auditor independente, a modalidade de contrato é diferente.
3. Tanto em um caso como no outro, duas condições são indispensáveis: (a) a forma e o prazo de pagamento devem ficar previamente estabelecidos; (b) a ética profissional e as tabelas de honorários devem ser respeitadas.

Figura 10.14 *Modelo 3.*

(MODELO 1)

Cliente: _____

ORÇAMENTO DE HORAS

LEGENDA: S = Sócio, G = Gerente, S = Sênior, A = Assistente, T = Total

Classificação do Trabalho ①

	Classificação do Trabalho	Durante o ano ② S G S A T	Final ③ S G S A T	Total ④ S G S A T
Preliminar a Receber	1 Contatos, Orçamento e Proposta	7 8 15		7 8 15
	2 Relatórios e Recomendações ao Cliente	3 7 10	20 20	3 7 20 30
	3 Pastas Permanentes		5 5	5 5
	4 Contagem de Caixa	5 10 15		5 10 15
	5 Reconciliações Bancárias	5 5	5 5 10	5 10 15
	6 Confirmações de Saldos Bancários	5 5	5 5	10 10
	7 Teste de Vendas e Custo dos Produtos Vendidos	5 5	5 5	10 10
	8 Confirmações de Saldos de Clientes	15 15	5 5 10	5 25 25
	9 Exame do Balancete de Clientes	10 10	10 10	20 20
	10 Exame de Pagamentos Subsequentes	5 5	5 5	10 10
	11 Contatos, Orçamento e Proposta		5 5	5 5
	12 Exame de Adiantamentos a Terceiros	5 5	5 5	10 10
	13 Exame de Impostos a Recuperar		10 10	10 10
Passivo	14 Teste de Compras	5 10 15		5 10 15
Estoques	15 Inventários Físicos		5 10 15	5 10 15
	16 Exame Final dos Estoques		10 10	10 10
Ativo Circulante	17 Despesas Pagas Antecipadamente		5 5	5 5
Imobilizado a Pagar	18 Adições e Baixas do Ativo Imobilizado	5 5		5 5
	19 Depreciação		5 5	10 10
	20 Correção Monetária		5 5	5 5
	21 Exame do Balancete de Fornecedores	5 5	10 10	15 15
	22 Exame de Pagamentos Subsequentes		10 10	10 10
	23 Exame de Despesas a Pagar (Impostos etc.)	5 10 15	5 10 15	10 20 30
Patrimônio Líquido	24 Exame de Capital, Reservas e Lucros		5 5	10 10
Revisão Analítica	25 Exame de Folha de Pagamento	5 5	5 5 10	10 5 15
	26 Exame de Receitas e Despesas	10 10	5 5 10	15 5 20
	TOTAL	10 25 55 70 160	80 110 190	10 25 135 180 350

Figura 10.15 *Modelo 1.*

(MODELO 2)

Ⓐ	Ⓐ	① ⟶ ②	=	③ ⟶ ④
TAXAS HORÁRIAS EM VIGOR A PARTIR DE 01/01/X	CATEGORIAS DE PESSOAL	SALÁRIO MENSAL	PREÇO/ HORA	+ 60% ENCARGOS
ANO 365 DIAS × 8 HORAS = 2.920 HORAS (–)				
960 HORAS (52 SEMANAS × 2 DIAS: SÁB. e DOM.	SÓCIO	3.000	= 20	32,0
= 104 DIAS + 16 FERIADOS (104 + 16 = 120	GERENTE	2.400	= 16	25,6
× 8 HORAS) = 1.960 HORAS (–) 160 HORAS (20	SÊNIOR	1.950	= 13	20,8
DIAS DE FÉRIAS × 8 HORAS) = 1.800 HORAS ÷	ASSISTENTE	900	= 6	9,6
12 MESES = 150 HORAS/MÊS	–	÷150	= +	=

Figura 10.16 *Modelo 2.*

(MODELO 3)

Cliente:_____

ORÇAMENTO EM MOEDA

① CATEGORIAS DE PESSOAL	② TOTAL DE HORAS	x ③ TAXA HORÁRIA	= ④ TOTAL
SÓCIO	10	32,00	320,00
GERENTE	25	25,60	640,00
SÊNIOR	135	20,80	2.808,00
ASSISTENTE	180	9,60	1.728,00
T O T A L	350	–	5.496,00
ESCRITÓRIO (10% DO TOTAL)			549,60
PREÇO FINAL (CUSTO) ⟶			6.045,60
MARGEM (LUCRO, *OVER-HEAD* – 20%) ⟶			1.209,12
PREÇO TOTAL DO SERVIÇO DE AUDITORIA ⟶			7.254,72

Figura 10.17 *Modelo 3.*

A não emissão da carta-proposta pelo auditor é considerada pelo Código de Ética uma infração. A carta-proposta é o documento no qual o auditor formaliza as condições do trabalho a ser executado.

10.11.1 Modelo de carta-proposta

Ao representante apropriado da administração ou aos responsáveis pela governança da empresa ABC:

Objetivo e alcance da auditoria

Fomos solicitados por V. Sas. a examinar as demonstrações contábeis da Empresa ABC, que compreendem o balanço patrimonial de 31 de dezembro de 20X1, e as respectivas demonstrações do resultado, das mutações do patrimônio líquido e dos fluxos de caixa para o exercício findo em 31 de dezembro de 20X1, incluindo as respectivas notas explicativas.

Temos o prazer de confirmar nossa aceitação e nosso entendimento desse trabalho de auditoria por meio desta carta. Nosso exame será conduzido com o objetivo de expressar nossa opinião sobre as demonstrações contábeis.

Responsabilidade do auditor

Nosso exame será conduzido de acordo com as normas profissionais e éticas relativas à auditoria independente, emitidas pelo Conselho Federal de Contabilidade. Essas normas requerem o cumprimento das exigências éticas e que a auditoria seja planejada e executada com o objetivo de obter segurança razoável de que as demonstrações contábeis estão livres de distorção relevante. Uma auditoria envolve a realização de procedimentos para obtenção de evidência de auditoria a respeito dos valores e divulgações nas demonstrações contábeis. Os procedimentos selecionados dependem do julgamento do auditor, incluindo a avaliação dos riscos de distorção relevante das demonstrações contábeis, independentemente se causada por fraude ou erro.

Uma auditoria inclui, também, a avaliação da adequação das práticas contábeis usadas e a razoabilidade das estimativas contábeis feitas pela administração, bem como a avaliação da apresentação geral das demonstrações contábeis.

Devido às limitações inerentes de auditoria, juntamente com as limitações inerentes de controle interno, há risco inevitável de algumas distorções relevantes não serem detectadas, mesmo que a auditoria seja adequadamente planejada e executada de acordo com as normas de auditoria.

Em nossa avaliação de risco, o auditor considera o controle interno relevante para a elaboração das demonstrações contábeis da entidade, para planejar procedimentos de auditoria que são apropriados nas circunstâncias, mas não para fins de expressar uma opinião sobre a eficácia do controle interno da entidade. Entretanto, comunicaremos por escrito quaisquer deficiências significativas no controle interno relevantes para a auditoria das demonstrações contábeis que identificarmos durante a auditoria.

Responsabilidade da administração e identificação da estrutura de relatório financeiro aplicável

Nosso exame será conduzido com base no fato de que a administração reconhece e entende que é responsável:

- pela elaboração e adequada apresentação das demonstrações contábeis de acordo com as práticas contábeis adotadas no Brasil;
- pelo controle interno que a administração determinar ser necessário;
- para permitir a elaboração de demonstrações contábeis livres de distorção relevante, independentemente se causada por fraude ou erro; e

- por nos fornecer:
    - acesso a todas as informações relevantes de que a administração tem conhecimento para a elaboração das demonstrações contábeis, como registros, documentação e outros assuntos;
    - informações adicionais que o auditor pode solicitar da administração para fins da auditoria; e
    - acesso irrestrito às pessoas dentro da entidade que o auditor determinar como necessário para obter evidência de auditoria.

Como parte de nosso processo de auditoria, solicitaremos da administração confirmação por escrito sobre declarações feitas a nós em relação à auditoria.

Esperamos contar com a total cooperação de sua equipe durante nossa auditoria.

Outras informações relevantes:

Inserir outras informações, como acordos de honorários, faturamento e outros termos específicos, conforme apropriado.

Relatório a ser emitido.

Inserir a devida referência para a forma e o conteúdo esperados do relatório de auditoria independente.

A forma e o conteúdo do nosso relatório podem precisar ser alterados considerando nossas constatações decorrentes da auditoria.

Favor assinar e nos devolver a cópia desta carta anexada, indicando seu reconhecimento e concordância com os termos para realização da nossa auditoria das demonstrações contábeis, e sua concordância com eles, incluindo nossas respectivas responsabilidades.

Firma de auditoria

Crepaldi Auditores Independentes

Assinatura e "de acordo" em nome da Empresa ABC

....

Nome e Cargo

Data

De acordo com a NBC TA 210 (R1), as normas requerem que o auditor solicite que a administração forneça representações formais de que cumpriu determinadas responsabilidades. Quando a administração não reconhecer sua responsabilidade, ou não concordar em fornecer as representações formais, o auditor não consegue obter evidência de auditoria apropriada e suficiente. Nessas circunstâncias, não seria adequado que o auditor aceitasse o trabalho de auditoria, a menos que seja exigido por lei ou regulamento.

10.11.2 Finalidades dos planos de auditoria

A preparação de um plano de auditoria para um serviço contratado tem em vista a primeira norma de execução do trabalho de campo, conforme está descrita no boletim do Instituto Americano de Contadores Públicos Certificados (AICPA), e que reza: "O trabalho deve ser adequadamente planejado e os assistentes, se existirem, devem ser adequadamente supervisionados."

Ainda que no passado sempre tenhamos planejado nosso trabalho, aquele tipo de planejamento costumava ser um tanto informal e raramente constava de um documento escrito. Quanto a este ponto, vale dizer que nos últimos anos tem havido muita discussão sobre a falta de elementos comprobatórios nos papéis de trabalho e folhas de anotações escritas sobre um plano de auditoria adequado, o que tem embaraçado muitos auditores. Por meio da preparação de um plano de auditoria estamos seguindo as normas de auditoria geralmente aceitas e, ao mesmo tempo, produzimos uma prova escrita de que normas foram efetivamente observadas.

10.11.3 Responsabilidade pela preparação do plano de auditoria

Ainda que a redação do plano de auditoria fique a cargo de qualquer outra pessoa, a responsabilidade básica por sua preparação cabe ao gerente encarregado do trabalho ou ao sócio, se não houver gerente designado. Geralmente, o gerente e o sênior trabalham em conjunto na preparação do plano.

Em benefício da eficiência e do treinamento de auditores, o sênior deve ser estimulado a dar toda a sua contribuição para a preparação do plano e, salvo em casos excepcionais, o gerente nunca deve preparar o plano sozinho. Quando o sênior é chamado a preparar a maior parte do plano, isto quer dizer que ele assume determinadas responsabilidades e, ao mesmo tempo, está exercitando seu treinamento. O plano que é preparado dentro destas regras exige do sênior cuidadosa planificação, pois ele encontra-se na melhor posição para obter todas as informações necessárias. Posteriormente, a aprovação do plano pelo gerente constitui verdadeira revisão do trabalho do sênior.

Se bem que seja relativamente simples emitir instruções sobre a observância de novos conceitos, não estamos totalmente seguros de que essas instruções foram observadas. E mesmo que tenham sido seguidas, ainda resta apurar se foram entendidas e executadas de acordo com o conceito original. Se cabe ao sênior preparar a maior parte do plano, o gerente deve explicar-lhe quais os objetivos do plano e o seu valor na condução da auditoria. É óbvio que o gerente deve estar convencido deste fato. O sênior não deve pensar que o plano precisa ser preparado apenas porque consta do Manual de auditoria ou porque foi preparado no ano anterior. As referências-mestres e a precedente são a maneira mais fraca de justificar instruções. Ao contrário, a pessoa que recebe instruções deve estar convencida de sua utilidade. Deve ser sempre lembrado ao sênior que a preparação do plano o ajudará a metodizar seu raciocínio e dar-lhe-á os elementos comprobatórios de que foram observadas as normas de auditoria geralmente aceitas, além de uma ideia geral sobre a maneira de conduzir os trabalhos, e possibilitará melhor coordenação do trabalho entre ele e seu supervisor. O plano aprovado constitui uma série de instruções nas quais ele pode confiar.

10.11.4 Ocasiões em que o plano deve ser preparado

A maneira mais fácil de preparar um plano de auditoria é escrevê-lo no término dos trabalhos. Nessa ocasião, todos os fatos e números são definitivos e não haverá quaisquer dúvidas sobre os detalhes do plano que foi seguido. Este procedimento, todavia, é altamente indesejável, pois anula a finalidade de preparar um plano de auditoria. O plano deve ser preparado antes, e não depois, de terminados os trabalhos.

O momento mais conveniente para a preparação de um plano deveria ocorrer dentro desta sequência de fatos:

- conferência preliminar com o cliente, quando são discutidos os prazos de encerramento das contas, os problemas especiais e outros fatos correlatos;
- preparação do plano preliminar de auditoria que deve cobrir, pelo menos, o trabalho na área do controle interno;
- na época em que foi completada a avaliação do controle interno, em que todas as falhas e os pontos fortes foram listados;
- revisão do plano preliminar de auditoria para efeito de localizar problemas de controle interno;
- na época em que são preparados os programas detalhados de auditoria;
- à medida que progride o trabalho, o plano de auditoria e o programa de auditoria originais deverão ser revisados, segundo as necessidades.

Na prática, é possível que não seja observada essa sequência de fatos, em virtude da urgência para dar início à auditoria, a fim de manter os auditores permanentemente ocupados e para obter imediatamente certas informações, tais como as respostas de circularizações. Nesses casos, o trabalho de auditoria deve acontecer apenas quando forem realizados todos os esforços para formalizar um plano de auditoria no início dos trabalhos. Dar início aos trabalhos antes de preparar o plano não constitui desculpa para atrasar sua preparação ou adiá-lo para o final.

Para que a auditoria programada obtenha sucesso, a equipe de auditores deve cumprir algumas etapas ou fases essenciais durante o processo de planejamento da auditoria anual. Portanto, para que os trabalhos de auditoria definidos para o ano sejam efetuados dentro do período proposto, é vital o cumprimento da fase de definição prévia do prazo de realização de cada trabalho.

10.11.5 Maneira de preparar os planos de auditoria

Os planos de auditoria não devem ser estereotipados. Devem ser preparados especificamente para cada auditoria e devem ser o mais informativos possível. Normalmente, eles se desenvolvem como consequência de reuniões do sênior com o cliente, gerente principal ou sócio, seguido depois por uma observação preliminar das operações do cliente e da avaliação do controle interno. Um dos métodos recomendáveis é o de o gerente preparar com o sênior o esquema básico do plano e depois encarregá-lo de completar os detalhes. Daí em diante, o gerente revisa o plano completo e devolve ao sênior as partes reescritas, se for o caso.

Uma vez que o plano foi preparado, é necessário evitar que o serviço planejado permaneça inacabado. Sob o aspecto legal, o auditor poderá encontrar-se em situação muito embaraçosa se for comprovado que ele tinha consciência de que deveria ter feito certo trabalho e, no entanto, deixou de aplicar os procedimentos exigidos.

Por outro lado, poucos são os planos antecipadamente preparados que são seguidos em toda a sua extensão. Podem ocorrer alterações em virtude de fatos encontrados durante o trabalho, podem ser descobertas falhas adicionais no controle interno, ou podem surgir novos problemas de ordem técnica. É possível, também, que o cliente modifique o plano de encerramento das contas ou que ocorram muitos outros fatos que provoquem alterações no plano original. Assim, à medida que vai-se desenvolvendo a auditoria, o plano deve ser revisado de acordo com as circunstâncias e devem ser tomadas as providências necessárias para que todo o trabalho planejado seja efetivamente executado. Se algumas partes do plano ficarem superadas, o plano deverá indicar claramente as razões para a mudança ou essas partes deverão ser destruídas.

No planejamento de auditoria, o auditor independente pode utilizar-se da técnica de determinação das unidades a serem auditadas para obtenção de evidência de auditoria. Esta técnica denomina-se rotação de ênfase.

10.11.6 Conteúdo dos planos de auditoria

Geralmente, nenhum plano de auditoria deve conter tantos detalhes que possa ser considerado um programa de auditoria. Nas auditorias pequenas, é preparado um plano para cada cliente. Algumas vezes, pode ser preparado para um grande cliente um plano-piloto, em formato adaptado para um sistema de índices de referências e abrangendo os aspectos gerais da auditoria, com planos separados para cada uma das empresas subsidiárias e divisões.

De qualquer forma, os planos de auditoria devem abranger comumente os seguintes pontos:

- objetivos;
- problemas especiais;
- previsões de horas e esquema de trabalho;
- documentações e informações complementares.

Objetivos: o menos que se pode esperar de quem planeja uma auditoria é a definição clara do alcance do trabalho. Essa definição inclui o tipo de opinião a ser dada, as demonstrações contábeis que serão examinadas, as declarações de rendimentos que serão preparadas e se há possibilidade de serem utilizados os serviços de revisão do departamento de consultoria. Todavia, ainda, devem ser dadas as datas máximas para o término de cada serviço. A maior parte dessas informações será fornecida pelo gerente ou sócio; se ele espera que o sênior ajude-o na preparação do plano, cumpre dar-lhe todos os dados.

Problemas especiais: devem ser escritos com detalhes todos os problemas especiais que poderão ser encontrados numa auditoria. Geralmente, apenas devem constar do plano os problemas de natureza técnica, tais como procedimentos de inventários não usuais, implicações decorrentes de nova legislação ou expectativa de alterações na aplicação dos preceitos de contabilidade. Problemas mecânicos, tais como a forma de executar um procedimento de auditoria, devem ser reservados para o programa de auditoria. Todavia, o plano de auditoria deverá especificar as falhas e os controles fortes não usuais, assim como os procedimentos de auditoria destinados a cobrir as áreas fracas ou as áreas que foram eliminadas porque indicaram estar sob rígidos controles.

Previsão de horas e esquema de trabalho: a previsão de horas constitui parte essencial do plano de auditoria e deve ser usada como instrumento de controle na condução dos trabalhos. Nas auditorias de curta duração, a previsão de horas pode limitar-se a informação do número total de horas. Entretanto, esse procedimento não é muito recomendável, ainda que seja utilizado em larga escala.

A previsão de horas deve ser preparada com suficientes detalhes, a fim de que as variações possam ser notadas durante o curso do trabalho e não após o seu término. Se não pudermos notar imediatamente essas variações, ficaremos incapacitados para observar as ineficiências, os efeitos de instruções inadequadas e de situações previsíveis. Pode-se dar o caso de perdermos a oportunidade de informar ao cliente, no momento oportuno, que o custo da auditoria será mais elevado do que originalmente calculado.

Se, entretanto, notamos que a previsão de horas está crescendo excessivamente numa determinada área, poderemos solicitar ao cliente que nos forneça assistentes para ajudar-nos na preparação de quadros demonstrativos e análises ou para realizar tarefas rotineiras de escritório. Outra vantagem na preparação da previsão de horas com detalhes é podermos determinar se estamos gastando tempo demais em áreas de menor importância para a auditoria, tais como caixa e despesas pré-pagas.

Os esquemas de trabalho são sempre apreciados como elementos de apoio a previsão de horas. Esses esquemas podem consistir numa série de notas indicando quem deve fazer o que ou colocando o nome do auditor junto à seção do programa de auditoria pelo qual ele será responsável. Nas grandes auditorias, talvez seja conveniente refazer o cronograma para mostrar, semanalmente, o total de horas previstas, segundo as categorias gerais de procedimentos de auditoria.

Documentações e informações complementares: o plano deve conter também uma lista de todas as instruções especiais emitidas pelo cliente, uma relação dos serviços distribuídos para outros escritórios, o plano de encerramento de contas preparado pelo cliente, listas das análises a serem fornecidas pelo cliente e outras notas de utilidade na condução da auditoria.

A NBC TA 610 – Utilização do Trabalho de Auditoria Interna possibilita que, quando a entidade tiver auditoria interna e o auditor independente pretender utilizar de seus serviços, ele deverá:

- determinar se e em que extensão utilizar um trabalho dos auditores internos; e
- determinar se aquele trabalho é adequado para os fins da auditoria.

10.11.7 Utilidade dos planos de auditoria

Temos consciência da utilidade dos planos de auditoria, ainda que uma vez por outra tenhamos encarado a preparação de planos escritos como uma tarefa desagradável, com benefícios de valor diminuto. Ao escrevermos os planos de auditoria, verificamos que eles certamente contribuíram para coordenar nossos pensamentos, para evitar que passe por cima de certos procedimentos de auditoria necessários e para eliminar trabalhos inúteis que eram feitos em épocas anteriores. Devemos concordar que os planos são úteis como elementos comprobatórios de nosso método de planejamento.

Além do *staff* da auditoria, os consultores do Departamento Fiscal são de opinião que eles também deveriam receber a correlação do trabalho entre os dois departamentos, e, além disso, beneficiarem-se das informações coligadas a respeito do trabalho.

Para a auditoria, é vantajoso que o Departamento de Consultoria também revise as seções do plano que tratam dos controles internos, servindo-se deles para orientar os assistentes.

10.12 MEIOS DE PROVA E PLANEJAMENTO DA AUDITORIA

As normas de auditoria geralmente aceitas exigem que o trabalho de auditoria seja adequadamente planejado. Planejar significa estabelecer metas para que o serviço de auditoria seja de excelente qualidade e a um menor custo possível. Os principais objetivos a serem atingidos são os seguintes:

- adquirir conhecimento sobre a natureza das operações, dos negócios e forma de organização da empresa;
- planejar maior volume de horas nas auditorias preliminares;
- obter maior cooperação do pessoal da empresa;
- determinar natureza, amplitude e datas dos testes de auditoria;
- identificar previamente problemas relacionados com contabilidade, auditoria e impostos.

10.12.1 Como adquirir conhecimentos sobre a empresa auditada

O auditor externo deve adquirir ou restabelecer conhecimentos sobre a empresa para que possa planejar e efetuar seu exame de acordo com as normas de auditoria geralmente aceitas. Para obter esse conhecimento, deve estudar, principalmente, as seguintes áreas da empresa:

10.12.1.1 *Financeira*

- comportamento do fluxo de caixa;
- se as operações da empresa estão gerando recursos suficientes para sustentá-la financeiramente;
- principais credores bancários, encargos financeiros e formas de pagamento;
- possíveis problemas de liquidez;
- se os fornecedores estão sendo pagos em dia;
- principais fornecedores e suas condições financeiras;
- se existem contas de clientes em atraso;
- principais clientes e suas condições financeiras;
- principais investimentos feitos ao longo do ano e a situação econômico-financeira das empresas investidas.

10.12.1.2 Contábil

- princípios contábeis adotados na elaboração das demonstrações contábeis;
- uniformidade, de um exercício social para outro, na aplicação desses princípios;
- quando as demonstrações contábeis estarão prontas;
- se as análises das contas estão sendo preparadas regularmente ao longo do ano;
- se foram ou estão sendo tomadas providências para corrigir as irregularidades ou erros identificados nas análises das contas.

10.12.1.3 Orçamentária

- situação atual do orçado em comparação com o incorrido;
- explicações para as variações significativas entre o orçado e o real;
- projeções até o fim do exercício social.

10.12.1.4 Pessoal

- políticas de admissões;
- políticas de treinamento;
- políticas de avaliação;
- políticas de aumentos salariais;
- estrutura organizacional da empresa;
- saída de funcionários importantes.

10.12.1.5 Fiscal e legal

- situação atual de processos envolvendo o nome da empresa;
- livros fiscais e legais e sua escrituração;
- resultado das investigações realizadas pelas autoridades fiscais;
- mudanças no contrato social ou estatuto.

10.12.1.6 Operações

- principais aquisições de bens do Ativo Imobilizado;
- principais baixas de bens do Ativo Imobilizado;
- máquinas paradas, obsoletas etc.;
- estoques obsoletos ou de lento movimento;
- novos produtos;
- planejamento do inventário físico anual.

10.12.1.7 Vendas

- situação da empresa no mercado em comparação com os concorrentes;
- política de propaganda;
- causas das devoluções de vendas;
- política de garantia dos produtos.

10.12.1.8 Suprimentos

- limites de aprovação de compras;
- sistema de compras (informação da necessidade de compra, pesquisa de possíveis fornecedores, seleção da melhor proposta e a compra);
- problemas potenciais de compra (único fornecedor, dificuldade de importação, crescimento muito elevado dos preços das matérias-primas etc.).

10.12.2 Como planejar maior volume de horas nas auditorias preliminares

No Brasil, e em vários países, as empresas encerram seu exercício social em dezembro de cada ano. Esse fato ocasiona acúmulo de serviços nas firmas de auditoria externa nos três meses seguintes a dezembro, enquanto nos outros meses do ano (abril a dezembro) essas firmas têm certa ociosidade. Para contornar esse problema, os auditores externos executam, sempre que possível, maior volume de serviços de auditoria nas visitas preliminares.

Cabe destacar que existem outros motivos para maior concentração de serviços nas visitas preliminares, conforme exemplificado abaixo:

- detectar problemas de imediato;
- evitar esforço físico e mental muito grande dos auditores nos meses de janeiro a março;
- evitar horas extras nos meses de janeiro a março;
- dar mais atenção à empresa auditada;
- emitir a opinião dentro de um prazo razoável de tempo, após a empresa ter levantado as demonstrações financeiras.

A seguir, exemplificaremos algumas áreas para as quais o auditor externo poderia efetuar serviços de auditoria na visita preliminar:

- levantamento e avaliação do sistema de controle interno;
- revisão analítica das demonstrações contábeis intermediárias;
- teste das receitas acumuladas até a data da visita preliminar;
- teste das compras (matérias-primas, bens do imobilizado etc.) efetuadas até a data da visita preliminar;
- teste das depreciações, amortizações e exaustões registradas no período;
- teste da correção monetária sobre o ativo permanente e patrimônio líquido, contabilizada no período;
- resumo das atas;
- atualização da pasta permanente.

Cumpre ressaltar que, por ocasião da visita preliminar, o auditor externo pode executar também auditoria sobre o saldo das contas do balanço patrimonial. Entretanto, esse fato dependerá do grau de confiança que ele possa depositar no sistema de controle interno da empresa.

10.12.3 Como obter maior cooperação do pessoal da empresa

A firma de auditoria tem custo elevado com seus funcionários, por serem eles de formação superior, e, também, a necessidade de um alto investimento em treinamento, em virtude do fato desse tipo de serviço exigir um grau de conhecimento técnico muito grande.

Como consequência, o preço de um serviço de auditoria para uma empresa não é barato. Portanto o auditor externo deve, sempre que possível, utilizar o pessoal da empresa para que seu serviço saia por um valor razoável.

Exemplificando, o auditor externo poderia utilizar o pessoal da empresa nos seguintes serviços:

- apanhar documentos nos arquivos da empresa;
- preencher os papéis de trabalho de movimentação de contas de investimentos, Ativo Imobilizado e Patrimônio Líquido;
- preparar análise compondo os saldos das contas do Balanço Patrimonial;
- reconciliar as cartas de confirmações de saldos de clientes e fornecedores com os registros da empresa;
- preparar os mapas de revisão analítica.

O auditor externo deve fazer alguns testes para certificar-se de que esses serviços, feitos pelo pessoal da empresa, estão adequados.

De acordo com a NBC TA 580 (R1) – Representações Formais, para Fins das Normas de Auditoria, representação formal é uma declaração escrita pela administração, fornecida ao auditor, para confirmar certos assuntos ou suportar outra evidência de auditoria e, neste contexto, não se incluem as demonstrações contábeis, as afirmações nelas contidas ou os livros e registros comprobatórios. A data das representações formais deve ser tão próxima quanto praticável, mas não posterior à data do relatório do auditor sobre as demonstrações contábeis.

Conforme a NBC TA 580 (R1) – Representações Formais, os objetivos do auditor independente são: obter representações formais da administração e, quando apropriado, dos responsáveis pela governança, de que eles cumpriram com suas responsabilidades pela elaboração das demonstrações contábeis e pela integridade das informações fornecidas ao auditor; dar suporte a outras evidências de auditoria relevantes para as demonstrações contábeis ou para afirmações específicas nas demonstrações contábeis por meio de representações formais, se o auditor determinar que estas são necessárias ou se forem exigidas por outras normas de auditoria; e reagir apropriadamente às representações formais fornecidas pela administração (e, quando apropriado, pelos responsáveis pela governança) ou se a administração (e, quando apropriado, os responsáveis pela governança) não fornecer as representações solicitadas pelo auditor.

As representações formais são evidências de auditoria necessárias, a opinião do auditor não pode ser expressa, e o relatório não pode ser datado, antes da data das representações formais. Além disso, como o auditor está interessado em eventos que ocorram até a data do seu relatório e que possam exigir ajuste ou divulgação nas demonstrações contábeis, as representações formais são datadas o mais próximo possível da data do seu relatório sobre as demonstrações contábeis, mas não após a data do relatório.

10.12.4 Como determinar os testes detalhados de auditoria

O auditor externo deve planejar seu trabalho de modo que as áreas de controle interno e revisão analítica sejam executadas em primeiro lugar, para que ele possa determinar a natureza, extensão e datas dos testes detalhados ou procedimentos de auditoria para as diversas contas do Balanço Patrimonial e da Demonstração do Resultado do Exercício.

O grau de segurança de que as possíveis irregularidades ou erros serão detectados pela própria empresa é evidenciado pelo levantamento e avaliação do sistema de controle interno.

A revisão analítica constitui uma análise gerencial das contas do Ativo e do Passivo e de Receitas e Despesas. Seu objetivo análise é determinar o relacionamento entre as diversas contas (como, por exemplo, estoques e custos das vendas; contas a receber e vendas etc.) e averiguar as causas das flutuações anormais, tendências etc.

Por conseguinte, a revisão analítica indica ao auditor externo as áreas com possíveis problemas e aquelas onde podem ser reduzidos os testes detalhados.

Logo, naquelas áreas onde o controle interno é fraco e existem flutuações anormais ou tendências incomuns, o auditor externo executa maior volume de teste, já que existe maior risco de que um erro ou irregularidade tenha ocorrido sem que a empresa o tenha detectado.

O auditor externo, por meio do sistema de controle interno e da revisão analítica, obtém conhecimento de como os dados contábeis são compilados até serem levantadas as demonstrações contábeis e também da natureza dos valores registrados nas diversas contas. Informações essas que o ajudam na determinação dos procedimentos de auditoria e das datas mais adequadas para executá-los.

10.12.5 Identificação prévia de problemas

A auditoria deve ser planejada de modo que os problemas sejam evidenciados com antecedência, para que a administração da empresa tenha tempo de solucioná-los sem que haja atraso na divulgação das demonstrações financeiras anuais.

Esse fato exige que o auditor execute os testes de auditoria primeiro nas contas com possíveis problemas, contas essas que são evidenciadas pela avaliação do sistema de controle interno e da revisão analítica.

Exemplificaremos, a seguir, os problemas relacionados com contabilidade, auditoria e impostos, que poderiam ser identificados *a priori* pelo auditor externo:

- falta de atendimento de novas normas contábeis emitidas pela CVM ou pelo Instituto Brasileiro de Contadores (IBRACON);
- quebra da uniformidade na aplicação de princípios contábeis, tornando necessária a divulgação em nota explicativa e ressalva na opinião do auditor externo;
- novas transações registradas em desacordo com as normas de contabilidade;
- erros nos procedimentos ou cálculos das depreciações, amortizações, exaustões, correção monetária etc.;
- impostos calculados erroneamente ou não recolhidos dentro do prazo estabelecido;
- provisões aparentemente baixas ou altas;
- ativos registrados como despesas e despesas registradas como ativo;

- transações que estão sendo registradas com regime de caixa;
- falta de atendimento de recentes legislações fiscais.

10.13 PROGRAMA DE AUDITORIA

Antes de iniciar qualquer trabalho de auditoria, convém ter preparado um programa de auditoria, que é um rol de medidas de verificação a serem aplicadas, expostas de forma tal que as inter-relações de um procedimento com outro estejam claramente demonstradas. O julgamento profissional é necessário, em particular, nas decisões sobre os programas de auditoria.

O programa de auditoria consiste em plano de trabalho para exame de área específica. Ele prevê os procedimentos que deverão ser aplicados para que se possa alcançar o resultado desejado. Deve ser elaborado com base nos elementos obtidos na visão geral do objeto, e estabelecer, diante da definição precisa dos objetivos do trabalho, a forma de alcançá-los, e deve evidenciar, conforme Brito e Fontenelle (2015):

- o objetivo e o escopo da auditoria;
- o universo e a amostra a serem examinados;
- os procedimentos e as técnicas a serem utilizadas, os critérios de auditoria, as informações requeridas e suas fontes, as etapas a serem cumpridas com respectivos cronogramas;
- a quantificação dos recursos necessários à execução do trabalho.

Os procedimentos de auditoria são definidos no próprio programa. Nessa ocasião, descreve-se o que deve ser feito e como devem ser realizados os exames. As averiguações e verificações devem permitir que os auditores formem uma opinião que fundamente sua manifestação.

Muito já se foi dito a favor e contra os programas de auditoria, por exemplo, que eles deveriam ser padronizados, que eles limitam a imaginação do auditor e assim por diante. Não pretendemos explorar ou reprisar os mesmos argumentos e, por isso, consideramos o programa como um suplemento dos planos de auditoria. A Comissão de Normas de Contábeis e Procedimentos de Auditoria já levou em consideração esses problemas e expediu recomendações de que deve ser estimulada a preparação de programas de auditoria detalhados que possam ser adotados para muitos outros tipos de serviços além dos rotineiros.

Considerando os seguintes itens:

- quando deve ser preparado o programa;
- quem deve preparar o programa;
- o que deve ser incluído no programa;
- qual a utilidade do programa; e
- qual a vantagem de não se preparar o programa.

O programa de auditoria deverá ser estruturado de forma que possa ser:

- específico: um plano para cada trabalho;
- padronizado: destinado à aplicação em trabalhos locais ou em épocas diferentes, com pequenas alterações.

Ocasião da preparação: um programa de auditoria muito raramente deve ser considerado completo (talvez nunca) antes de ser iniciado o trabalho de campo e de ter sido feita uma investigação sobre os novos problemas que afetam o cliente e a situação atual do controle interno. Qualquer programa que tenha sido preparado ou qualquer procedimento de auditoria que tenha sido aplicado antes de atingida essa fase deve ser considerado como uma tentativa sujeita a revisão. Mesmo tempos depois de terminadas as investigações preliminares de problemas especiais e as verificações de controle interno, o programa deve ser revisado à luz das descobertas que forem sendo feitas nessas áreas. O fato de uma pessoa de responsabilidade na firma ou outro escritório ter preparado o programa não quer dizer que ele deva ser seguido à risca. A menos que já esteja indicado na ocasião, todos os programas de auditoria preparados antes do início do trabalho de campo devem conter indicação de que se trata de um roteiro geral sujeito a revisão em face de circunstâncias posteriores.

Responsabilidade pela preparação: levando-se em conta os fatores ligados a eficiência e treinamento, o programa de auditoria deve ser preparado pelo sênior encarregado da auditoria. O sênior está normalmente familiarizado com os detalhes da auditoria e, por estar em estreito contato com os aspectos do controle interno, sua posição é a melhor possível para recomendar a aplicação de procedimentos de auditoria em certas áreas em que existem fraquezas ou a eliminação de procedimentos nas áreas onde os controles são rígidos, no momento. Ao se exigir do sênior que assuma a responsabilidade pela preparação do programa, tem-se maior certeza de que todos os fatos pertinentes ao trabalho foram considerados, o que não ocorreria se o programa fosse preparado numa instância mais elevada.

Por meio da revisão do rascunho do programa pelo gerente principal ou sócio, estabelece-se uma fiscalização efetiva, à qual se agregam, de forma mais eficiente, os conhecimentos e a experiência do supervisor. Um programa preparado pelo supervisor sem uma investigação no campo representa apenas uma formulação de pontos de vista ideais que tem ou não aplicação nas circunstâncias.

Conteúdo dos programas: se se reconhece que os programas de auditoria devem ser preparados somente depois que foram estudados os problemas especiais dos clientes, chega-se à conclusão de que eles devem ser feitos sob medida para as circunstâncias. E se os programas estão sujeitos à revisão em função de condições existentes, é óbvio concluir que eles nunca se devem reduzir a uma simples lista de verificações. Esses objetivos podem ser atingidos se forem observadas, entre outras, as seguintes condições:

- o programa não deve ser preparado de forma que seja usado de um ano para outro;
- o programa não deve ser cópia do Manual de Auditoria. O Manual serve apenas como guia geral e, portanto, raramente pode ser aplicado, em toda a sua extensão, a situações específicas. Se os programas forem preparados na base de cópia do Manual, eles se transformarão em meras listas de verificação;
- o programa não deve ser uma duplicata do que foi feito no ano anterior. Para melhor eficiência, é conveniente que uma cópia do programa seja preservada como guia para o preparo do programa do ano seguinte;
- o programa deve conter detalhes suficientes para demonstrar claramente que é destinado a um cliente específico e para forçar o auditor a considerar as

alterações desses detalhes. Os aspectos gerais são aplicáveis a muitas situações diferentes, enquanto as situações específicas são difíceis de ser racionalizadas. As mudanças devem ser anotadas.

Assim, os programas de auditoria devem conter procedimentos aplicáveis nas circunstâncias, e as condições prevalecentes num exercício não devem ser tidas como válidas no exercício seguinte. Mais ainda, os programas devem conter descrições dos problemas mecânicos encontrados e uma lista de todas as fontes de referências. Se a fonte de referência não for muito comum, tais como uma relação mecanizada em comparação com registros manuais, deve ser feita uma descrição sobre sua vantagem ou desvantagem para o auditor e, bem assim, qualquer cálculo matemático que possa confundir os iniciantes deve ser bem explicado. Quanto maior a auditoria, mais importantes se tornam as anotações nos programas sobre as pessoas que devem ser consultadas e o local em que se encontram.

Utilidade dos programas de auditoria: pode ser avaliada se fizermos a nós mesmos a seguinte pergunta: Qual a vantagem de não preparar o programa? São recomendáveis os programas detalhados de auditoria em grande número de trabalhos, excluídos os pequenos de natureza rotineira, não devem ser entendidos como uma permissão para não serem mencionados nos papéis de trabalho, os quais não contêm a exigência sobre um programa formal por escrito. Esse fato não constitui desculpa para a falta de anotação dos procedimentos de auditoria aplicados. Assim, a preparação de um programa de auditoria significa sua formalização no papel antecipadamente. Na ausência de programa escrito, o auditor recorre ao que está gravado em sua memória e não num papel, e este aspecto deve ser documentado à medida que o trabalho vai sendo executado ou depois de seu trabalho.

Um programa de auditoria compreensivo que for preparado para cada trabalho será útil como forma de organização do serviço a ser executado, apresentando, claramente, as instruções e constituindo a prova dos procedimentos que foram aplicados.

Se não for preparado nenhum programa, a única vantagem que talvez exista seja a economia do tempo que seria gasto em seu tempo antecipado e a eliminação de qualquer ineficiência resultante do planejamento antecipado num trabalho em que tanto o planejamento como a execução dos procedimentos correm paralelamente.

10.13.1 Técnica para elaboração do programa de auditoria

Ao planejar um programa de auditoria, várias considerações básicas devem ser lembradas e sua importância levada em conta. Entre elas, estão:

- a responsabilidade do auditor na apuração de qualquer erro ou irregularidade que afete os dados sob exame;
- as formas em que o programa de auditoria pode ser modificado, em virtude das variações na eficiência do controle interno.

Responsabilidade pela apuração de irregularidades: a crença popular é a de que o auditor é obrigado a descobrir e revelar qualquer erro ou irregularidade, de qualquer espécie ou importância, nos dados examinados. Tal concepção não é procedente. Três tipos de irregularidades podem ser utilizadas para exemplificar o assunto. Primeiro, há um grande número de irregularidades possíveis que são tão pequenas individualmente, e mesmo no total, que devem ser consideradas como irrelevantes.

Como segunda possibilidade, consideremos o "tipo raro" de erro. Do total das operações efetuadas pela empresa durante o ano, somente uma é deliberadamente desonesta. Qual a probabilidade de que tal irregularidade seja descoberta durante a auditoria?

Somente se todas as operações forem examinadas detalhadamente haverá certeza de que ela será encontrada, e mesmo assim, em virtude da natureza da operação, ela pode passar despercebida. Nesse caso, a auditoria se tornaria tão longa e dispendiosa, que seria considerada inconveniente pela maioria dos empresários.

Finalmente, consideremos a conivência, que é a cooperação de dois ou mais administradores ou empregados para cometer uma irregularidade. Os auditores necessariamente confiam no controle interno, mas a conivência para cometer a irregularidade pode anular mesmo um sistema de controle interno aparentemente bom. Independentemente do volume de tempo e despesa disponíveis para executar a auditoria, a apuração de irregularidades, encobertas por habilidosa atuação conivente por parte do pessoal da empresa, pode constituir uma impossibilidade na prática.

Modificações do programa de auditoria: a maioria dos auditores concorda que não existe um programa-padrão de auditoria, um conjunto uniforme de procedimentos igualmente aplicável a todas as empresas, em todas as condições. Ao mesmo tempo, em todos os casos há certa quantidade mínima de trabalho que deve ser executada, se o auditor deseja ter uma base satisfatória para formar sua opinião. Os procedimentos específicos a serem aplicados podem variar de um exame a outro, ainda que para cada um exista um mínimo.

Há três possibilidades gerais de modificação do programa mínimo. A primeira é na seleção de procedimentos a serem aplicados, incluindo o desenvolvimento ou a criação de novos procedimentos de verificação, se exigidos em uma situação específica.

A segunda possibilidade de modificar um programa mínimo, para adaptá-lo às deficiências no controle interno, reside no tempo de aplicação dos procedimentos selecionados. Em geral, isso exige sua aplicação em época próxima, ou na própria data do balanço.

O aumento na amplitude dos testes é a terceira possibilidade de alteração do programa de auditoria. Ao selecionar o grau de confiança e o limite de precisão que ele exige de sua amostra, o auditor toma decisões de máxima importância. A amostragem estatística força-o a tomar essas decisões importantes conscientemente e, desde que o auditor selecione adequadamente as amostras necessárias, assegura-lhe que elas fornecem a confiança e precisão desejadas.

10.13.2 Elaboração do programa

A elaboração do programa compreende a seleção de procedimentos que se aplicam a certas situações que se apresentam e a fixação da época em que eles devem ser executados, bem como da amplitude de sua aplicação. Todos os procedimentos de auditoria são baseados em uma ou mais das técnicas auditoriais, de forma que o conhecimento perfeito dessas técnicas é primordial na elaboração do programa de auditoria.

Na escolha dos procedimentos específicos de auditoria, deve-se atentar para:

- permanecer dentro do objetivo e limitações do trabalho contratado;
- obter as melhores provas razoavelmente possíveis;

- aplicar somente os testes e procedimentos que sejam úteis para alcançar os objetivos do exame naquela situação específica;
- considerar todas as possibilidades de erro;
- coordenar os procedimentos a serem aplicados aos itens em questão.

10.14 APLICAÇÃO DAS TÉCNICAS DE AUDITORIA

Da conjugação adequada dos procedimentos de auditoria resultará a acumulação das provas necessárias para o subsídio da opinião do auditor.

Após a avaliação do controle interno, o auditor deverá decidir a extensão de seu trabalho, quais os procedimentos de auditoria que serão aplicáveis, a data e o momento de sua aplicação e a combinação das técnicas que fornecerão a prova mais eficiente com o menor tempo necessário.

Durante a execução do trabalho, mediante a utilização das técnicas de auditoria, é recomendável que o auditor mantenha atitude profissional e independente em relação às informações obtidas. Ele não deve formar opinião apressada e sem base fundamentada nem deve permitir que as relações pessoais com o pessoal da empresa interfiram em sua opinião.

Ainda durante a execução do trabalho, o auditor deve estar atento para qual a melhor forma de obtenção das provas necessárias a seu trabalho, captando informações consideradas válidas e satisfatórias e avaliando de imediato todas as provas e informações obtidas no transcorrer de seu trabalho.

10.15 PRINCIPAIS PROCEDIMENTOS DE AUDITORIA

PROVIDÊNCIAS PARA A REUNIÃO COM A GERÊNCIA DA EMPRESA

Entre as providências a serem tomadas, incluem-se as seguintes:

- leia as atas de reunião de acionistas, do conselho de administração, da diretoria e do conselho fiscal;
- leia os relatórios da auditoria interna emitidos durante o exercício social a ser auditado;
- visite a fábrica e os principais departamentos da empresa;
- leia as legislações fiscais e as normas de contabilidade e auditoria emitidas durante o exercício social e aplicáveis à empresa sob exame;
- compare, de forma global e para os principais grupamentos de contas, os números do balanço patrimonial preliminar mais recente com os do fim do exercício social anterior. Compare também os valores da demonstração do resultado preliminar com os do mesmo período do exercício social anterior e com o orçamento. Atente para eventuais flutuações incomuns e significativas, tendências anormais ou qualquer outra situação fora do padrão que lhe chame a atenção;
- no caso de primeira auditoria, visite o auditor externo anterior e leia os seus papéis de trabalho;
- leia a opinião e as demonstrações financeiras do exercício social anterior;
- leia o relatório-comentário do exercício social anterior.

REUNIÃO COM A GERÊNCIA DA EMPRESA

- discuta os pontos levantados no tópico anterior;
- indague se houve ou haverá mudanças na natureza dos negócios, política financeira, práticas contábeis etc.

INFORMAÇÕES A SEREM OBTIDAS DA EMPRESA

- prepare uma carta endereçada à empresa, relacionando as informações necessárias para o serviço de auditoria. Essas informações representam: cópia das demonstrações contábeis; análises de contas; reconciliações bancárias; extratos bancários; cópias de atas; cópias de contratos de empréstimos a longo prazo etc. A carta deve ser elaborada de forma que identifique as principais contas e o tipo de análise ou reconciliação específica que o auditor externo necessita. Essa carta deve ter também, para cada informação, a data prometida (espaço deve ser preenchido pela empresa), a data recebida (espaço deve ser preenchido pelo auditor externo à medida que vai recebendo cada informação) e o funcionário da empresa responsável (espaço deve ser preenchido pela empresa). A carta de pedido de informação é muito importante para possibilitar o auditor externo a planejar mais adequadamente a época de realização dos serviços de auditoria.

PLANEJAMENTO DAS HORAS

Estabeleça a distribuição das horas entre as visitas preliminares e final, por classe de profissional e área de auditoria. Essa distribuição é feita com base nos seguintes dados:

- horas constantes no levantamento que determinou o valor do preço do serviço de auditoria;
- experiência adquirida na execução dos passos anteriores;
- experiência de cada auditor.

10.16 CARTA DE CONTRATAÇÃO PARA REVISÃO DE DEMONSTRAÇÕES CONTÁBEIS

A carta a seguir deve ser usada como orientação e deve ser adaptada de acordo com as exigências e circunstâncias específicas.

Ao Conselho de Administração (ou representante qualificado da administração):

A finalidade desta carta é confirmar nosso entendimento sobre os termos e objetivos da nossa contratação e sobre a natureza e limitações dos serviços a serem prestados.

Serão prestados os seguintes serviços:

Revisaremos o balanço patrimonial da Empresa ABC em 31 de dezembro de 20XX e as respectivas demonstrações do resultado, das mutações do patrimônio líquido e dos fluxos de caixa para o exercício findo em 31 de dezembro de 20XX, em conformidade com as normas brasileiras e internacionais de revisão. Não realizaremos uma auditoria das demonstrações contábeis e, consequentemente, não expressaremos uma opinião sobre essas demonstrações, emitindo um relatório conforme modelo a seguir:

> A administração da entidade é responsável pela elaboração das demonstrações contábeis, com a inserção das divulgações adequadas. Isso inclui a manutenção de registros contábeis e controles internos adequados e a seleção e a aplicação de políticas contábeis.
>
> Como parte do processo de revisão, solicitaremos representações formais (Carta de Representação da Administração) referentes às afirmações feitas em conexão com a revisão.
>
> Nosso trabalho não assegura a descoberta da existência de fraudes, erros ou atos ilegais. Entretanto, informaremos sobre quaisquer assuntos relevantes dos quais tomarmos conhecimento.
>
> Solicitamos que assinem e nos devolvam a cópia anexa a esta carta, indicando sua aprovação com os entendimentos sobre a nossa revisão das demonstrações contábeis.
>
> Crepaldi Auditores Associados
>
> Aceitação em nome da Empresa ABC
>
> (assinatura)
>
> ....
>
> Nome e cargo
>
> Data

O auditor deve estabelecer como apropriados os termos do trabalho de auditoria com a administração e os responsáveis pela governança. Esses termos estabelecidos devem ser formalizados na carta de contratação de auditoria ou outra forma adequada de acordo, por escrito, constando:

- Os itens devem incluir o objetivo e o alcance da auditoria das demonstrações contábeis.
- Os itens devem incluir as responsabilidades do auditor.
- Os itens devem incluir as responsabilidades da administração.
- Os itens devem incluir a identificação da estrutura de relatório financeiro aplicável para a elaboração das demonstrações contábeis.
- Os itens devem incluir referência à forma e ao conteúdo esperados de quaisquer relatórios a serem emitidos pelo auditor e uma declaração de que existem circunstâncias em que um relatório pode ter forma e conteúdo diferente do esperado.

10.16.1 Procedimentos detalhados que podem ser executados em trabalho de revisão de demonstrações contábeis

Os procedimentos de indagação e revisão analítica realizados em uma revisão de demonstrações contábeis são determinados pelo julgamento do auditor independente. A lista de procedimentos abaixo tem finalidade apenas ilustrativa. Não se pretende que todos os procedimentos sugeridos sejam aplicados a todo trabalho de revisão. Este Apêndice não visa servir como programa de trabalho ou lista de verificação na condução da revisão.

Geral

- Discutir os termos e o alcance da revisão com o cliente e a equipe de trabalho.
- Elaborar carta de contratação, estabelecendo os termos e o alcance da revisão.
- Obter entendimento das atividades de negócio da entidade e do sistema utilizado para registro das informações contábeis e elaboração das demonstrações contábeis.
- Indagar se todas as informações financeiras são registradas:
   a) de forma completa;
   b) tempestivamente; e
   c) após a autorização necessária.
- Obter o balancete e verificar se está em conformidade com a razão geral e as demonstrações contábeis.
- Considerar os resultados de auditorias e revisões anteriores, incluindo os ajustes contábeis necessários.
- Indagar se ocorreram mudanças significativas na entidade em relação ao exercício anterior (por exemplo, mudanças no controle da entidade ou na estrutura do capital).
- Indagar sobre as políticas contábeis e verificar se:
   a) estão em conformidade com as práticas contábeis aplicáveis;
   b) foram aplicadas de forma adequada; e
   c) foram aplicadas de maneira uniforme e, caso contrário, considerar se quaisquer alterações nas políticas contábeis foram divulgadas.
- Ler as atas das assembleias de acionistas, das reuniões do conselho de administração e de outros comitês para identificar assuntos que possam ser importantes para a revisão.
- Indagar se as medidas aprovadas em assembleias de acionistas, reuniões de conselho de administração, ou outras reuniões que afetem as demonstrações contábeis estão refletidas de maneira apropriada nas referidas demonstrações contábeis.
- Indagar sobre a existência de transações com partes relacionadas, como elas foram registradas e se essas transações foram divulgadas de forma adequada.
- Indagar sobre contingências e compromissos.
- Indagar sobre os planos para descontinuar ativos relevantes ou segmentos de negócios.
- Obter as demonstrações contábeis e discuti-las com a administração.
- Considerar a adequação das divulgações nas demonstrações contábeis e sua conformidade em relação à classificação e à apresentação.

- Comparar os resultados apresentados nas demonstrações contábeis do período corrente com aqueles apresentados nas demonstrações contábeis de períodos anteriores e, caso estejam disponíveis, com orçamentos e projeções.
- Obter explicações da administração sobre quaisquer variações não usuais ou inconsistências nas demonstrações contábeis.
- Considerar o efeito de quaisquer erros não ajustados, individualmente ou no conjunto. Levar os erros ao conhecimento da administração e determinar como os erros não ajustados terão influência no relatório de revisão.
- Obter Carta de Representação da Administração.

Caixa e equivalentes de caixa

- Obter as conciliações bancárias. Indagar aos empregados do cliente sobre quaisquer itens de conciliação antigos ou não usuais.
- Indagar sobre transferências entre contas no período anterior e posterior à data da revisão.
- Indagar se existe qualquer restrição sobre as contas de caixa ou equivalentes de caixa.

Contas a receber

- Indagar sobre as políticas contábeis para o registro inicial das contas a receber e verificar se é dado algum desconto nessas transações.
- Obter relatório analítico das contas a receber e verificar se o total está em conformidade com o balancete.
- Obter e considerar as explicações sobre as variações significativas nos saldos contábeis em relação aos de períodos anteriores ou estimados.
- Obter análise por vencimento das contas a receber e indagar sobre o motivo de valores altos não usuais, saldos credores ou saldos não usuais e sobre a possibilidade de recebimento das contas a receber.
- Discutir com a administração a classificação das contas a receber, incluindo saldos de longo prazo, saldos credores líquidos e valores devidos pelos acionistas, diretores e outras partes relacionadas nas demonstrações contábeis.
- Indagar sobre o método de identificação das contas com atraso e de estabelecimento da provisão para créditos de liquidação duvidosa, considerando-o para observar a razoabilidade.
- Indagar se as contas a receber foram dadas como garantia, negociadas ou descontadas.
- Indagar sobre os procedimentos aplicados para assegurar que o corte adequado das transações de vendas e devoluções tenha sido efetuado.
- Indagar se as contas representam mercadorias enviadas em consignação e, caso representem, se foram feitos ajustes para reverter essas transações e incluir as mercadorias no estoque.
- Indagar se foram emitidas notas de crédito (reduções) após a data do balanço relacionadas à receita registrada e se foi constituída provisão para esses valores.

Estoques

- Obter a lista do estoque e determinar se:
  a) o total está em conformidade com o saldo do balancete; e
  b) a lista baseia-se na contagem física do estoque.
- Indagar sobre o método para realizar a contagem do estoque.
- Caso a contagem física não tenha sido realizada até a data do balanço, indagar se:
  a) o sistema permanente de estoque é utilizado e se são feitas comparações periódicas com as quantidades reais em estoque; e
  b) o sistema de custo integrado é utilizado e se, historicamente, ele tem disponibilizado informações confiáveis.
- Discutir ajustes realizados resultantes da última contagem física do estoque.
- Indagar sobre os procedimentos aplicados para controlar o corte e quaisquer movimentações no estoque.
- Indagar sobre a base utilizada para avaliar cada categoria do estoque e, em particular, em relação à eliminação de lucros entre entidades do mesmo grupo. Indagar se o estoque é avaliado pelo menor valor entre o custo e o valor líquido de realização.
- Considerar a consistência com a qual os métodos de avaliação de estoque foram aplicados, incluindo fatores, tais como material, mão de obra e gastos gerais.
- Comparar os valores das principais categorias do estoque com os valores dos períodos anteriores e com os que foram previstos para o período corrente. Indagar sobre as principais variações e diferenças.
- Comparar a movimentação do estoque com a dos períodos anteriores.
- Indagar sobre o método utilizado para identificar estoque de giro lento e obsoleto e se esse estoque foi registrado pelo valor líquido de realização.
- Indagar se algum estoque foi consignado à entidade e, caso tenha sido, se foram feitos ajustes para excluir essas mercadorias do estoque da entidade.
- Indagar se algum estoque foi dado como garantia, ou armazenado em outros locais ou foi dado em consignação a outras partes, além de considerar se essas transações foram registradas de forma adequada.

Investimentos (incluindo empresas coligadas e títulos e valores mobiliários)

- Obter a relação dos investimentos na data do balanço e determinar se eles estão em conformidade com o balancete.
- Indagar sobre a política contábil aplicada aos investimentos.
- Indagar à administração sobre os valores contábeis dos investimentos. Considerar se há quaisquer problemas de realização.
- Considerar se houve registro adequado para ganhos, perdas e receitas decorrentes de investimento.
- Indagar sobre a classificação de investimentos de longo e de curto prazos.

Imobilizado e depreciação

- Obter a relação do imobilizado indicando o custo e a depreciação acumulada, além de verificar se está em conformidade com o balancete.
- Indagar sobre a política contábil aplicada com relação à depreciação e à distinção entre itens de capital e de manutenção. Considerar se o imobilizado sofreu redução significativa e permanente no seu valor.
- Discutir com a administração as adições e baixas das contas do imobilizado e o registro de ganhos e perdas com vendas ou baixas. Indagar se todas essas transações foram registradas.
- Indagar sobre a consistência com a qual o método de depreciação e as taxas foram aplicados e comparar as despesas de depreciação com os exercícios anteriores.
- Indagar se algum bem do imobilizado foi dado em garantia.
- Discutir se os contratos de arrendamento mercantil foram adequadamente refletidos nas demonstrações contábeis, de acordo com as normas contábeis vigentes.

Despesas antecipadas, intangíveis e outros ativos

- Obter demonstrativos identificando a natureza dessas contas e discutir com a administração a possibilidade de sua recuperação nas operações da entidade.
- Indagar sobre a base utilizada para registrar essas contas e sobre os métodos de amortização utilizados.
- Comparar os saldos das contas de despesas relacionadas com aqueles de períodos anteriores, além de discutir as variações significativas com a administração.
- Discutir com a administração a classificação entre as contas de longo e de curto prazos.

Empréstimos a pagar

- Obter da administração a lista dos empréstimos a pagar e verificar se o total está em conformidade com o balancete.
- Indagar se há algum empréstimo em que a administração não cumpriu as cláusulas do contrato e, em caso afirmativo, indagar sobre as ações da administração, e se foram feitos ajustes adequados às demonstrações contábeis.
- Considerar a razoabilidade da despesa de juros em relação aos saldos do empréstimo.
- Indagar se os empréstimos a pagar estão garantidos.
- Indagar se os empréstimos a pagar foram classificados em circulante e não circulante.

Contas a pagar

- Indagar sobre as políticas contábeis para o registro inicial de contas a pagar e determinar se a entidade tem direito a algum abatimento sobre as transações.

- Obter e considerar as justificativas sobre as variações significativas dos saldos contábeis em relação aos saldos de períodos anteriores ou que foram estimados.
- Obter a lista das contas a pagar e verificar se o total está em conformidade com o balancete.
- Indagar se os saldos estão conciliados com os extratos fornecidos pelos credores e compará-los com os saldos de períodos anteriores. Comparar a movimentação com os períodos anteriores.
- Considerar a possibilidade de haver passivos relevantes não registrados.
- Indagar se as contas a pagar aos acionistas, aos diretores e a outras partes relacionadas estão divulgadas separadamente.

Provisões e contingências

- Obter demonstrativo das provisões e verificar se o total está em conformidade com o balancete.
- Comparar os principais saldos de contas de despesas relacionadas com essas provisões com aqueles de períodos anteriores.
- Indagar sobre aprovações para essas provisões, prazos de pagamento, cumprimento dos prazos, garantias e classificação.
- Indagar sobre o método para determinar as provisões no correto período de competência.
- Indagar sobre a natureza dos valores provisionados relacionados com passivos contingentes e compromissos.
- Indagar se existe algum passivo que não tenha sido registrado ou contingência (perda possível, mas não provável) que não tenha sido divulgada. Caso exista, discutir com a administração o registro ou a necessária divulgação nas notas explicativas das demonstrações contábeis.

Imposto de Renda e outros impostos

- Indagar aos administradores se houve algum evento, incluindo litígios com autoridades fiscais, que poderia ter efeito significativo nos tributos a pagar pela entidade.
- Considerar a despesa tributária em relação ao lucro da entidade no período.
- Indagar aos administradores sobre a adequação dos passivos tributários, correntes e dos ativos ou passivos diferidos, incluindo as provisões relacionadas aos períodos anteriores.

Eventos subsequentes

- Obter da administração as últimas demonstrações contábeis intermediárias e compará-las com as demonstrações contábeis que estão sendo revisadas ou com aquelas para períodos comparáveis do exercício anterior.

- Indagar sobre os eventos após a data do balanço que possam ter efeito relevante sobre as demonstrações contábeis que estão sendo revisadas e, principalmente, indagar se:
  a) houve algum compromisso significativo ou incerteza após a data do balanço;
  b) ocorreu alguma mudança significativa no capital social, na dívida de longo prazo ou no capital de giro até a data da indagação; e
  c) foram feitos ajustes não usuais durante o período entre a data do balanço e a data da indagação.

Considerar a necessidade de ajustes ou divulgação de informações nas demonstrações contábeis

- Obter e ler as atas das assembleias dos acionistas, das reuniões de conselho de administração e de outros comitês após a data do balanço.

Litígios

- Indagar à administração se a entidade está envolvida em qualquer ameaça de processo ou em processo judicial, pendente ou em andamento. Considerar o efeito desses processos nas demonstrações contábeis.

Patrimônio líquido

- Obter e considerar o demonstrativo das transações nas contas do patrimônio líquido, incluindo novas emissões de ações, cancelamentos e dividendos.
- Indagar se há alguma restrição sobre os lucros acumulados ou sobre outras contas do patrimônio líquido.

Operações

- Comparar os resultados do período corrente com os dos períodos anteriores e com os valores estimados para o período corrente. Discutir as variações significativas com a administração.
- Discutir se as principais receitas e despesas foram reconhecidas nos períodos adequados.
- Considerar itens extraordinários e não usuais.
- Considerar e discutir com a administração a relação entre itens da conta de receita e avaliar a sua razoabilidade no contexto de relações similares nos períodos anteriores e com outras informações disponíveis ao auditor.

10.17 CONSIDERAÇÕES FINAIS

O planejamento da auditoria deve definir a estratégia do trabalho e desenvolver o plano de auditoria. A estratégia global deve definir o alcance, a época e a direção da auditoria, para orientar o desenvolvimento do plano.

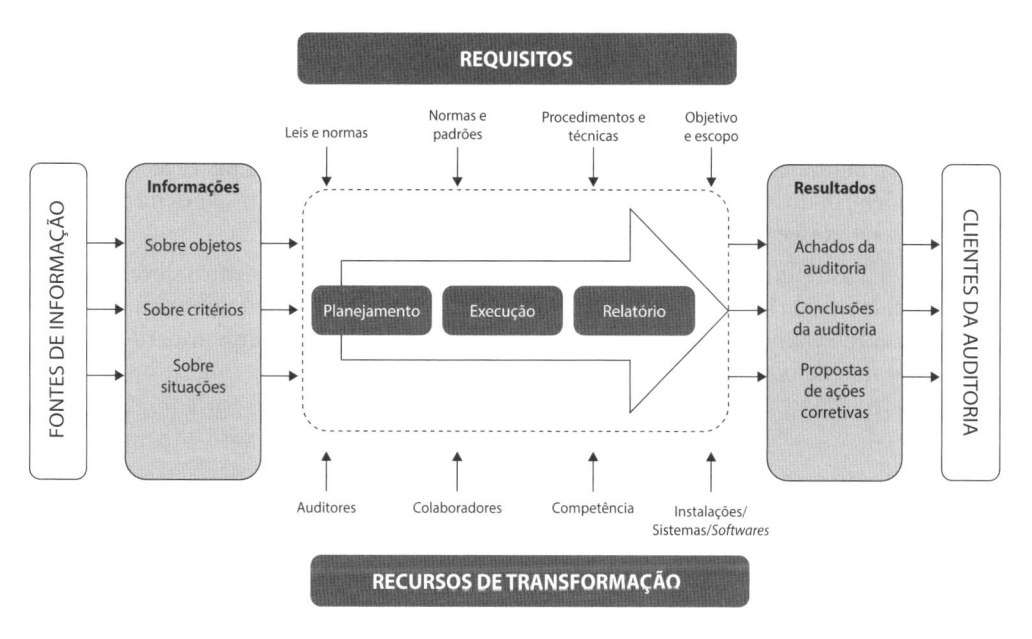

Figura 10.18 *Plano de auditoria e estratégia global do trabalho auditorial.*

Como se divide o trabalho de auditoria? Em basicamente três fases, consoante Brito (2015).

Fase 1: Planejamento

O planejamento inicia-se com a elaboração da carta-proposta. Essa carta é um papel de trabalho, elaborada pelo auditor e endereçada à empresa auditada; ela objetiva formalizar os seguintes aspectos: documentar e confirmar a aceitação do auditor para execução do trabalho, ressaltar o objetivo e o alcance dos serviços, a extensão das responsabilidades e a forma como os relatórios e opinião serão apresentados.

A não emissão da carta proposta pelo auditor é considerada infração, pelo Código de Ética Profissional do Contador.

Ainda nessa fase devem ser levantadas as informações necessárias para conhecer o tipo de atividade da entidade, os fatores econômicos, a legislação aplicável, as práticas operacionais da entidade e o nível geral de competência de sua administração. Devem ser considerados todos os fatores relevantes na execução dos trabalhos.

O auditor precisa documentar seu planejamento geral e preparar programas de trabalho por escrito, que servirão como guia e meio de controle de sua execução.

Fase 2: Execução

A execução dos trabalhos divide-se em: planejamento, avaliação dos sistemas contábeis e controle interno, análise do risco de auditoria e aplicação dos procedimentos de auditoria, a fim de confirmar a exatidão e a veracidade das demonstrações contábeis e coletar evidências para fundamentar sua opinião.

Fase 3: Emissão da opinião

O auditor deverá elaborar a opinião, contendo sua opinião sobre a fidedignidade das demonstrações contábeis e obter da administração da empresa auditada uma carta de responsabilidade. Essa carta evidencia a responsabilidade da administração quanto às informações e dados apresentados, quanto à preparação e apresentação das demonstrações submetidas a exame.

Planejar a auditoria somente para detectar distorção individualmente relevante negligencia o fato de que as distorções individualmente irrelevantes em conjunto podem levar à distorção relevante das demonstrações contábeis e não deixa margem para possíveis distorções não detectadas.

A materialidade para execução da auditoria é fixada para reduzir, a um nível adequadamente baixo, a probabilidade de que as distorções não corrigidas e não detectadas em conjunto nas demonstrações contábeis excedam a materialidade para as demonstrações contábeis como um todo. A materialidade para execução da auditoria relacionada a um nível de materialidade determinado para classe específica de transações, saldos contábeis ou divulgação é fixada para reduzir a um nível adequadamente baixo a probabilidade de que as distorções não corrigidas e não detectadas em conjunto nessa classe específica de transações, saldos contábeis ou divulgação excedam o nível de materialidade para essa classe específica de transações, saldos contábeis ou divulgação.

A determinação de materialidade para colocar testes em prática não é um cálculo mecânico simples; ela demanda o exercício de julgamento profissional.

Quadro 10.1 *Benefícios do planejamento da auditoria*

Benefícios do planejamento da auditoria	• Os membros da equipe aprendem a partir da experiência e das ideias do sócio e de outras pessoas-chave.
	• Permite a determinação do nível de experiência da equipe a ser designada e sua efetiva alocação para atingir os objetivos do trabalho.
	• As áreas que requerem maior atenção são definidas e permitirão ao auditor identificar e resolver problemas potenciais.
	• A experiência obtida de trabalhos de períodos anteriores e outras atribuições é adequadamente utilizada.
	• Permite concluir sobre a necessidade do envolvimento de outros auditores e especialistas externos e a coordenação e supervisão do trabalho desses profissionais.
	• Os membros da equipe obtêm entendimento da estrutura jurídica e operacional da entidade e de seu ambiente regulatório.
	• Permite à equipe determinar os procedimentos analíticos a serem aplicados para avaliação de riscos e os próprios procedimentos de avaliação de risco.

Fonte: Aragão (2019).

11

Programas de Auditoria para Contas do Ativo

ENFOQUE

- **NBC T 7**
- **NBC TG 01**
- **NBC TG 04**
- **NBC TG 10**
- **NBC TG 15**
- **NBC TG 16**
- **NBC TG 20**
- **NBC TG 27**
- **NBC TG 28**
- **NBC TG 31**
- **NBC TG 33**

11.1 INTRODUÇÃO

O programa de auditoria é o plano de trabalho a ser executado em campo. Esse planejamento deve ser elaborado considerando o objetivo da auditoria e as características da empresa a ser auditada. Nele, serão definidos o objetivo do exame na área específica, a extensão e a profundidade do exame, os pontos de controle interno a serem revisados, os procedimentos a serem adotados, a estimativa de tempo gasto, a equipe de trabalho e outros aspectos.

11.2 CONTAS DO ATIVO

Para a elaboração e aplicação dos programas de auditoria para as contas do ativo, deve-se estar sempre atento aos objetivos a serem atingidos. Seguem-se alguns deles:

- determinar se foram utilizadas as normas de contabilidade, em bases uniformes;

- determinar se está corretamente classificado nas demonstrações contábeis e se as divulgações cabíveis foram expostas por notas explicativas;
- apurar se realmente existem todas as disponibilidades mencionadas no balanço;
- assegurar-se de que existem todas as disponibilidades que deveriam existir;
- assegurar-se de que os títulos negociáveis e as inversões financeiras existem realmente e são de propriedade da empresa em exame;
- assegurar-se, ainda, de que todos os rendimentos produzidos foram devidamente recebidos e contabilizados;
- apurar se as contas a receber de cliente são autênticas e se têm origem em transação relacionada com vendas;
- apurar se os valores apresentados são efetivamente realizáveis;
- assegurar-se de que os estoques existem fisicamente e são de propriedade da empresa auditada;
- determinar se os estoques são apropriados para sua finalidade e se têm condições de realização, isto é, verificar se há obsolescências, defeitos, má conservação etc.;
- examinar os critérios de avaliação e a adequação desses critérios, tendo em vista as normas de contabilidade e a correção dos cálculos;
- verificar a existência e propriedade dos procedimentos aplicados a investimentos relevantes;
- constatar a existência, posse e propriedade dos bens imobilizados;
- examinar a adequação de contabilização dos custos, correção e depreciação do imobilizado, sua classificação contábil, consideradas a natureza, vida útil e utilização dos mesmos.

O planejamento de uma auditoria e sua execução são um exercício de como definir, perseguir e realizar objetivos. Na prática desse exercício, os auditores têm de organizar uma tarefa aparentemente nebulosa, de examinar uma empresa de modo que seus objetivos e procedimentos definam-se claramente. Além disso, o trabalho tem de ser planejado de modo que seja feito em diversas tarefas individuais que, uma vez concluídas, se enquadrem na estrutura de um exame abrangente das demonstrações financeiras.

Esse processo de organização subdivide a auditoria de forma tal, que os diversos componentes da equipe possam executar, simultaneamente, diferentes aspectos do trabalho. E mais, isso ajuda o auditor encarregado a se certificar de que não ficou setor nenhum sem ser examinado, nem houve duplicação de esforços. Normalmente, a forma de se organizar um exame de auditoria é a mesma usada para as demonstrações financeiras, embora esta última seja modificada para possibilitar exame coordenado de áreas correlatas de atividade. Os seguintes exemplos de organização de trabalho de auditoria expressam o relacionamento existente entre os diversos aspectos operacionais de determinada empresa:

- a auditoria dos estoques pode ser concatenada com a de compras, contas a pagar e custo de mercadorias vendidas;
- a verificação do ativo imobilizado, normalmente, deve ser conjugada com a análise de depreciação, depreciação acumulada, despesas de reparos e manutenção e exame da receita de aluguéis;

- a auditoria de investimento deve compreender, em geral, a verificação das receitas de investimento e qualquer lucro ou prejuízo realizado com a venda ou troca de investimentos;
- o exame de contas a receber, muitas vezes, se faz em coordenação com a auditoria de vendas e recebimentos de Caixa e Bancos;
- as obrigações e despesas financeiras normalmente são examinadas concomitantemente;
- a auditoria do capital deve ser feita juntamente com a dos dividendos.

Refletindo-se um pouco, é possível ver que a organização cuidadosa do trabalho de auditoria não só aumenta a eficiência de sua realização como também põe em destaque as provas obtidas e as conclusões a que chegar o auditor. Isso ocorre porque qualquer evidência colhida, em um processo de auditoria bem organizado, tende a corroborar ou desautorizar outras evidências. Por exemplo, as obrigações normalmente corroboram as despesas financeiras e estas podem ser usadas como evidências que documentam o passivo registrado. Essa linha de pensamento faz parte do que se chama, frequentemente, abordagem de sistemas à auditoria e se baseia num raciocínio sólido. O auditor tem, nesse tipo de planejamento e execução do exame, uma compreensão mais perfeita das operações do cliente do que teria de qualquer outra forma.

Os contratos vigentes na data de transição e que apresentarem as características de arrendamento mercantil financeiro, em sua forma legal ou em sua essência econômica, considerados os fatos e as circunstâncias existentes nessa data, a entidade arrendatária, para fins de elaboração de suas demonstrações contábeis, deve registrar em conta específica, a obrigação por arrendamento mercantil financeiro pelo valor presente das contraprestações em aberto na data da transição.

11.2.1 Planejamento de auditoria

O objetivo global de um exame de auditoria é dar aos auditores provas suficientes para fundamentar sua opinião sobre as demonstrações financeiras, em sua totalidade. No entanto, os auditores não podem ter para com a auditoria um enfoque que abranja todas as evidências de uma só vez, nem podem examiná-las todas de forma desordenada. Têm de planejar o exame e determinar os procedimentos que empregarão para cada conta ou setor correlato. No planejamento e desenvolvimento dos programas de auditoria, o encarregado do trabalho precisa levar em conta três importantes pontos sobre cada setor do exame, a saber:

- quais são os objetivos da auditoria ao examinar esse setor da empresa? Em outras palavras, o que deve o auditor determinar com relação a essa conta ou contas?
- que procedimentos de auditoria são necessários para que o auditor atinja seus objetivos?
- o que é necessário para que seja eficaz o controle interno nesse setor da empresa e até que ponto o controle interno, atualmente em vigor, funciona?

Depois de respondidas essas questões e avaliadas as respostas, podem-se elaborar programas de auditoria que forneçam orientação minuciosa sobre procedimentos específicos a serem aplicados. Essa sequência de planejamento de auditoria é essencial para um exame bem-feito. O auditor precisa, também, identificar claramente os objetivos visados em cada parte do exame. **Esses objetivos é que irão sugerir, logicamente, os principais procedimentos de auditoria a serem empregados.** As exigências de controle interno e o grau de observância dos sistemas de controle interno contábil, pelo cliente, influem muito nos procedimentos escolhidos e na amplitude dos testes incluídos no programa de auditoria.

11.2.2 Objetivos e procedimentos

Embora os objetivos de auditoria possam variar ligeiramente de um tipo para outro tipo de ativo, eles aplicam-se, de modo geral, a quase todos os tipos. Esses objetivos são abordados a seguir, como também exemplos de sua aplicação a itens específicos de ativo. No decorrer de toda a explicação, deve ser observada a predominância do conceito de determinar os procedimentos adequados à auditoria, tendo em vista os objetivos visados. Alguns objetivos gerais, usualmente relacionados com vários itens de ativo, fazem parte da explicação; mas a abordagem específica de cada procedimento é feita em outra parte, posteriormente.

Existência

A verificação da existência do item do ativo deve ser o objetivo primordial da auditoria desse setor da empresa. E, logicamente, esse objetivo sugere um procedimento, principalmente no caso de ativos tangíveis; o procedimento é o exame do bem pelo auditor, pessoalmente. A confirmação (averiguação por escrito), muitas vezes, fornece provas da existência de um bem, assim como o fazem a averiguação verbal e o exame de documentos. Em certos casos, são necessárias evidências qualitativa e quantitativa, para se estabelecer a existência de um bem.

Nessas circunstâncias, muitas vezes se exigem procedimentos especiais que deem ao auditor a necessária certeza. Esses procedimentos podem envolver a contratação de um especialista para verificar a existência de bens tais como diamantes, produtos químicos exóticos e outros. Os aspectos qualitativos da existência de um bem relacionam-se estreitamente com o objetivo da avaliação.

Avaliação

A determinação do valor de custo ou mercado de um bem é o objetivo primordial da auditoria em muitos casos, embora em outros não seja um objetivo tão importante. Os estoques, contas a receber e investimentos são exemplos de bens que normalmente exigem procedimentos de auditoria, com a finalidade de reunir provas referentes a seu valor. O ativo imobilizado, por exemplo, não exige, normalmente, esse tipo de procedimento. Dentre os que se usam para obter provas do valor de um bem, citam-se: (1) consulta às listas de cotações de mercado no caso de investimentos; (2) exame das listas de preços, catálogos e outros dados correntes sobre custos, no caso de estoque; (3) classificação por vencimento e confirmação, no caso de contas a receber; e (4) avaliação por elemento independente.

Segundo a legislação, as empresas devem identificar a vida útil econômica estimada de seus ativos imobilizados e adotar esse prazo para fins de reconhecimento da depreciação.

Faz-se necessário, ainda, estimar o valor que se espera realizar pela venda do bem ao fim de sua vida útil (valor residual), visando não depreciar esta parcela.

Autorização

O auditor tem de se certificar de que o ativo de uma empresa cliente é constituído de bens adquiridos com autorização. Essa autorização tem de ser expressa em termos gerais, como, por exemplo, a política da empresa que determina que se compre estoque apenas mediante requisição pelo departamento de produção após concorrências para escolha do melhor preço, pelo departamento de compras. A autorização, no tocante a conta a receber, também tem caráter geral, normalmente, pelo fato de política de crédito autorizar vendas a crédito a clientes que preencham determinadas exigências. Em geral, exige-se autorização específica para a aquisição de itens muito importantes e para investimentos em outras empresas. Nesses casos, a diretoria, ou até um comitê de investimentos nomeado pela diretoria, vota para aprovar ou não as referidas aquisições. O auditor deve adotar a prática de examinar os manuais de procedimentos da empresa e outros documentos, para conhecer sua política oficial, e de ler atas de assembleias de diretoria ou de outros grupos para se cientificar das autorizações específicas. Como exemplo de evidências a serem examinadas pelo auditor, para assegurar-se da legitimidade das autorizações, podem-se citar a assinatura de um funcionário devidamente autorizado, num pedido de compra de material de escritório, ou a do supervisor no documento hábil de um adiantamento em dinheiro para um empregado.

Propriedade

O auditor precisa, também, determinar a propriedade dos itens de ativo. Em muitos casos, a posse de um bem, corroborada por uma nota ou fatura de venda, é bastante para comprovar a propriedade, e isso vale, especialmente, no tocante a estoque, títulos, maquinário e muitos itens de propriedade pessoal. A respeito de contas a receber, seus proprietários podem ser apontados por meio de faturas de vendas e os posteriores recibos de Caixa e Bancos. A posse de veículos pode ser também evidenciada por certificados de propriedade, documentos de registro e recibos de impostos. A de um bem imóvel pode ser estabelecida examinando-se contratos, recibos de imposto predial, declarações de encerramento e outros documentos legais. Em certos casos, o auditor pode fazer mais averiguações a respeito da posse de imóveis, por meio de procedimentos tais como verificação do título de posse, para o que recorrerá a advogados, os quais lhe comunicam diretamente os resultados das averiguações.

Restrições

A determinação de posse de um item de ativo é estreitamente ligada a outro objetivo, que é o de ver se há ônus ou restrições de qualquer natureza sobre o bem de que se trata. Se houver, devem ser divulgados nas demonstrações financeiras e, mais, eles exigem, muitas vezes, modificação na apresentação das demonstrações, no tocante a esse bem, em particular. Por isso, é essencial que o auditor se empenhe em descobrir eventuais restrições ou ônus.

Os procedimentos comumente empregados para detectar restrições ao item de ativo compreendem o exame de cláusulas restritivas ou algum acordo com credores, exame de dados públicos oficiais, para verificar se há ônus de qualquer espécie registrado contra a propriedade do cliente e obtenção de representações, por escrito, do cliente, com respeito a bens alienados. No caso de itens como títulos, a propriedade onerada, muitas vezes, está em mãos do credor. Assim, ao se tentar examinar o bem fisicamente, chega-se à conclusão de que ele não existe e, sim, o ônus.

Exatidão de valores

Um objetivo comum no exame de qualquer tipo de ativo é verificar se os valores apresentados são exatos. Esse objetivo está estreitamente ligado à determinação da existência quantitativa do bem, mas concentra-se mais especificamente na exatidão matemática. Entre os procedimentos empregados para atingir esse objetivo, estão a verificação física e/ou externa, como, por exemplo, contagem e confirmação e, também, o exame e verificação dos registros contábeis e documentação hábil do cliente. Não basta apenas confirmar a exatidão da quantia inicialmente registrada, mas, também, estabelecer a razoabilidade e exatidão das quantias posteriormente apropriadas à despesa. O custo original de despesas antecipadas, ativo imobilizado depreciável e intangíveis, normalmente, são apropriados a diversos períodos futuros. O auditor deve julgar razoável o período no qual um custo é apropriado e, entre os procedimentos aplicados, deve constar a determinação da exatidão da quantia apropriada à despesa.

Utilidade

No caso de muitos itens de ativo, o objetivo de auditoria é tirar conclusões a respeito do uso potencial da propriedade. Já se disse antes que no caso de ativo imobilizado os valores de mercado são, na maioria das vezes, os mais relevantes. É um dado muito importante para o auditor a indicação de que um item é obsoleto ou de que é usado na fabricação de um produto que poderá ser tirado de linha. Além disso, os estoques obsoletos ou invendáveis, por qualquer outro motivo, também são pouco úteis. Em casos como esses, a diminuição do grau de utilidade de um bem deve provocar sua baixa ou a divulgação do fato nas demonstrações financeiras. Os procedimentos de auditoria destinados a determinar o grau de utilidade compreendem estudos dos registros de venda de determinada linha de produtos, movimentação de estoques e inspeção física do bem.

Apresentação nas demonstrações

O último, porém crucial, objetivo de auditoria é verificar se os diversos itens de ativo são apresentados corretamente nas demonstrações financeiras. Esse objetivo volta-se, especificamente, para a classificação das demonstrações financeiras e se atinge por meio de análise das características de cada bem e da aplicação judiciosa das regras de classificação que compreendem descrições bem-feitas, métodos de avaliação, divulgação entre parênteses de valores alternativos, referências às notas explicativas e descrições de ônus e restrições.

O auditor deve estar consciente de que um erro de classificação ou descrição inadequada nas demonstrações financeiras pode ser tão grave quanto um erro de valor. Consequentemente, todo exame deve conter procedimentos que assegurem que as demonstrações financeiras são fidedignamente apresentadas.

11.3 AUDITORIA DE CAIXA E BANCOS

Assim como no exame de todas as fases de um negócio, os procedimentos na auditoria de Caixa e Bancos devem ser definidos em função dos objetivos do auditor, para aquele setor. Uma vez que o Caixa é considerado um bem que envolve grande risco e relativamente difícil de ser controlado, os procedimentos de auditoria a ele destinados tendem a ser mais extensos e mais detalhados que as outras áreas. Como em todos os casos, a avaliação que o auditor faz do controle interno contábil do cliente sobre o Caixa e Bancos irá influenciar muito a extensão e a intensidade dos procedimentos de auditoria a serem empregados.

Entre os objetivos específicos de auditoria, relacionados com o Caixa e Bancos, contam-se a verificação da existência, da propriedade, da exatidão dos valores, a descoberta de eventuais restrições e a determinação e apresentação fidedigna nas demonstrações financeiras. Com base em tais objetivos, podem surgir procedimentos adequados de auditoria, para compor o programa de auditoria de Caixa e Bancos. O valor de Caixa e Bancos normalmente apresentado no balanço de uma empresa é formado de dois componentes, encaixe (numerário em mãos) e depósito em bancos. Cada componente possui características próprias e, por isso, consideram-se separadamente os procedimentos de auditoria para cada um.

Encaixe (numerário em mãos)

O encaixe, normalmente, consiste no fundo fixo de Caixa e de recebimentos de clientes, antes de serem depositados. Os principais procedimentos de auditoria usados para ambos os tipos de encaixe são:

- contagem feita pelo auditor;
- conferência posterior dos totais obtidos na contagem com os constantes dos registros contábeis;
- exame de itens tais como cheques de clientes e comprovantes de Caixa pequena, para ver se são corretos e válidos;
- verificação de depósito, dos recebimentos de clientes, nas contas bancárias.

Na contagem de Caixa, o auditor deve controlar todos os componentes desse setor, assim como outros itens de ativo negociáveis, para evitar **substituição**, porém sem nunca se apoderar do Caixa. A substituição é o ato de ocultar qualquer falta de dinheiro, fazendo transporte de fundos de um local para outro ou convertendo em dinheiro outros itens de ativo negociáveis, de modo que um mesmo fundo é contado duas vezes.

O auditor deve ter o máximo cuidado com o caixa, fazendo **verificação simultânea** ou usando outros meios para evitar substituição de fundos. A verificação simultânea faz-se designando pessoal para cada local de atividade da empresa em que se mantenham Caixa e outros ativos negociáveis, de modo que se possa contar o Caixa a um só tempo. Os itens negociáveis, tais como título a receber e títulos negociáveis, devem ser controlados ao mesmo tempo em que se faz o controle de Caixa. Pode-se conseguir isso colocando-os sob a fiscalização do auditor durante a contagem; mas melhor ainda é assegurar-se de que ninguém tenha acesso aos itens. Os títulos negociáveis, por exemplo, podem ficar no cofre de um banco, com instruções para que não seja permitida sua inspeção ou a presença de qualquer pessoa nas dependências do cofre, sem que o auditor também esteja presente.

É importantíssimo que o auditor nunca se apodere de valores em Caixa. Normalmente, o auditor deve ter sempre um empregado do cliente a observá-lo enquanto faz a contagem de Caixa. Muitos auditores preferem que o próprio funcionário do cliente faça a contagem, enquanto ele observa e registra os dados necessários.

O motivo dessa precaução é que, no caso de se revelar falta de dinheiro, o auditor pode ser acusado pelo encarregado de custódia, que alega: "estava tudo aí quando lhe entreguei". Se o auditor fizer sozinho a contagem de Caixa, pode-se pedir ao encarregado da guarda do dinheiro que assine um recibo dando ciência de que o dinheiro foi devolvido intacto, conforme consta na folha de contagem do auditor.

Depois de se ter contado o numerário, os totais de Caixa pequeno devem ser confrontados com o razão geral, e os recebimentos não depositados conferidos com os registros de recebimentos de Caixa. Enquanto se processam as contagens, os detalhes de cheques, saques, comprovantes de desembolso ou outros itens que apresentarem dúvidas, devem ser anotados nos papéis de trabalho. Qualquer dúvida deve ser averiguada e solucionada. Nos papéis de trabalho deve constar anotação sobre a evidência ou uma explicação usada para esclarecer essas dúvidas. Mostremos alguns exemplos de itens que podem suscitar dúvidas: cheques com datas antigas, cheques pessoais de indivíduos encarregados da custódia de Caixa, comprovantes de desembolso de Caixa pequena, sem data ou com data antiga; vales, cheques de empresas coligadas, cheques de transferência e assim por diante. Na data do balanço, não deve haver no fundo de Caixa pequena nenhum pagamento pendente, de modo que o limite esteja totalmente coberto, sem nenhum reembolso a ser feito.

Para concluir a auditoria do dinheiro em mãos, o auditor precisa aplicar procedimentos que lhe assegurem que todos os cheques incluídos nesse montante estão depositados no banco. Isso lhe possibilitará certificar-se da validade desses itens, pois se forem fraudulentos ou sem valor, o banco os devolverá e, na revisão do extrato bancário seguinte, o auditor poderá comprovar a devolução. Se os cheques não forem depositados enquanto o auditor controla o numerário, ele não poderá certificar-se da validade deles, havendo o risco de eles serem colocados entre o numerário, para ocultar uma fraude.

A existência de cheques de transferência da empresa e de cheques de coligadas entre o numerário merece atenção especial. Se no encerramento do exercício houver cheques desse tipo entre o dinheiro em mãos (ou em trânsito para o banco), eles devem ser deduzidos como cheques em circulação, quando da reconciliação da conta contra a qual foram debitados; caso contrário, o Caixa será apresentado a maior pelo valor desses cheques. Essa é, essencialmente, uma forma de desfalque. Nesses casos, cada cheque de empresa coligada ou associada ou cada cheque de transferência, incluído no Caixa, deve ser conferido como itens da lista de cheques em circulação, da respectiva conciliação bancária.

O **elemento surpresa** deve ser considerado em todas as auditorias de Caixa; ao empregá-lo, porém, o auditor enfrenta objetivos conflitantes. Primeiro, se achar que é necessário verificar o Caixa na data do balanço, não haverá esse elemento surpresa. Para garantir que o terá, o auditor não pode fazer contagens de Caixa, ano após ano, na data do encerramento do exercício. Há quem acredite que quando o controle interno funciona bem, pode-se dar prioridade a esse elemento surpresa, deixando-se de fazer a verificação de final. Nos casos de controle interno ineficaz, os auditores insistem nessa verificação, geralmente. A solução mais viável talvez seja a de fazer duas contagens, uma em caráter de surpresa e outra no final do exercício. Às vezes, consegue-se surpresa fazendo duas contagens de Caixa no mesmo fundo, durante uma única visita aos escritórios do cliente.

O encarregado de custodiar os fundos pode ter feito o que se denomina *window dressing*, na primeira contagem, por esperar que ela fosse realmente feita, devolvendo depois ao Caixa os itens fictícios, vales sem aprovação e outros itens forjados. Como não é comum o auditor fazer uma segunda contagem, quando ele decide fazê-la, em caráter de surpresa, evidentemente, revelam-se, às vezes, muitas irregularidades. Então, as duas contagens podem oferecer ao auditor mais segurança, com relação ao manuseio de Caixa na empresa.

Caixa depositado

Ao verificar o Caixa depositado, o auditor lança mão de procedimentos totalmente diferentes dos usados na auditoria do dinheiro em mãos. Ele não trata com dinheiro propriamente dito, mas com documentos que comprovam a existência de dinheiro.

Procedimentos preliminares

Os procedimentos para verificação de Caixa em depósito devem começar por ocasião da contagem de dinheiro em mãos, ou seja, na **data da verificação**. Aí é que se deve proceder à coleta de dados de Caixa, necessários para a verificação do Caixa depositado e que compreendem um registro de todos os recebimentos e desembolsos de Caixa, imediatamente antes da data de verificação. Cabe ao auditor registrar nos papéis de trabalho os totais de recebimentos de Caixa dos últimos dias do período e a data, número e quantia dos últimos cheques emitidos antes da data de verificação.

Procedimentos finais

Os procedimentos finais de auditoria de Caixa depositado (ou seja, os procedimentos aplicados necessariamente algum tempo após a data da verificação) concentram-se nas conciliações bancárias. Deve-se solicitar ao banco uma reconciliação da data da verificação ou, se necessário, deve-se fazer uma. Uma modalidade de reconciliação bancária particularmente útil para fins de auditoria é a "prova de Caixa". Nessa forma mais ampla de reconciliação, analisam-se as transações bancárias do período que precede a verificação e, também, o saldo bancário na data em que é feita essa verificação. A análise de transações durante o período revela qualquer movimentação da conta que não conste dos livros, ou vice-versa. Por exemplo, um saque não autorizado, encoberto por um depósito de compensação não registrado seria detectado pela prova de Caixa. Uma vez obtida a reconciliação, cabe ao auditor verificar todos os itens dela, ou seja, os que explicam a diferença entre o saldo do razão geral e o saldo constante do extrato de conta bancária. O auditor entende que cada item da reconciliação é um veículo potencial para encobrir, pelo menos temporariamente, um desfalque no Caixa. São os seguintes os itens mais comuns de reconciliação e os procedimentos de verificação mais frequentemente usados pelos auditores:

1. **Depósito em trânsito**. Podem-se encobrir temporariamente certas faltas de dinheiro no Caixa, simplesmente apresentando a maior os depósitos em trânsito. Na data da verificação, o auditor deve ter contato e, se necessário, controlado todo dinheiro em Caixa, até este ser depositado no banco. Portanto, todos os

depósitos em trânsito, que constem da reconciliação, devem conferir com os montantes registrados nos papéis de trabalho referentes à contagem de Caixa, feita pelo auditor. O Caixa não será verificado se todos os depósitos em trânsito não forem conferidos pelo auditor. Se descobrir que constam da reconciliação depósitos em trânsitos que não foram vistos pelo auditor na data da verificação, são necessários procedimentos mais extensos, tais como uma segunda contagem, em caráter de surpresa.

2. **Cheques em circulação.** Omitir da lista de cheques em circulação um item qualquer constitui outro meio de ocultar, temporariamente, qualquer falta de dinheiro no Caixa. O extrato bancário é usado pelo auditor para garantir a exatidão da lista de cheques em circulação. Os cheques pagos, devolvidos com o extrato, devem ser comparados aos da referida lista. Qualquer cheque pago, datado do dia da verificação ou antes, e liberado pelo banco após essa data, deve, por definição, estar em circulação; se ele for omitido da lista é preciso explicar por quê.

3. **A existência de cheques antigos**, lançados como em circulação, assim permanecendo por longos períodos, propicia o encobrimento de desfalques. Se um empregado desonesto souber que determinado cheque em circulação dificilmente será descontado, dentro de certo período, ele poderá facilmente omiti-lo da lista de cheques em circulação, ocultando, assim, uma falta do mesmo valor, no Caixa. Muitos auditores recomendam a devolução de cheques em circulação há muito tempo, de modo que o responsável pelo Caixa possa eliminar essa possibilidade de fraude.

4. **Outros itens de reconciliação.** A verificação de outros itens de reconciliação deve ser feita por meio de exame dos documentos comprobatórios desses itens. Muitos deles, tais como cheques devolvidos, cobranças bancárias e despesas de serviços, exigem ajustes da conta de Caixa, para se chegar a uma apresentação correta nas demonstrações financeiras.

Outros procedimentos a serem cumpridos, antes de se concluir a auditoria de Caixa, são os seguintes:

- coordenar todos os dados registrados no extrato bancário, na data da verificação (no caso de dados de recebimento de Caixa) e na lista de cheques em circulação (no caso de dados de desembolso de Caixa);
- verificar se toda a informação bancária confere com a dos registros do cliente e dos papéis de trabalho do auditor;
- determinar, com base no extrato, ou em comunicação direta dos bancos, se necessário, se os itens constantes dos depósitos em trânsito foram devolvidos por insuficiência de fundos ou deixaram de ser descontados, por qualquer outro motivo. Se descobrir que houve devolução dos itens, serão necessários lançamentos de ajuste;
- os cheques que constam da lista dos itens em circulação, mas não devolvidos com o estrato de *cut-off*, podem exigir averiguação, para se comprovar sua validade. Essa averiguação é especialmente importante quando os cheques são de quantias excepcionalmente grandes, destinam-se a empresa coligada, são a favor de alguém que o auditor não conheça ou apresentem outro indício

que ponha em dúvida sua validade. A averiguação pode ser feita por meio de exame da documentação hábil e lançamento tais como faturas pagas, cópias de cheque, lançamento nos registros de desembolso de Caixa, e assim por diante. É possível colher, ainda, mais evidências após o evento, examinando os cheques pagos relacionados, durante o exame seguinte;

- é parte importante da auditoria de Caixa o teste de transações de Caixa durante o ano. Os registros de recebimento de desembolso de Caixa devem ser testados matematicamente, pode-se fazer análise de provas de Caixa de períodos de ínterim e os documentos hábeis devem ser examinados;

- o auditor deve determinar a melhor modalidade de apresentação das demonstrações financeiras. Em muitos casos, é conveniente o cliente fazer constar delas, sob o título Caixa, os saldos conjuntos de Caixa. Os fatores complicados, tais como saques a descoberto, saldos de compensação, depósitos a prazo, certificados de depósito, depósitos no exterior e restrições a retirada, determinam procedimentos especiais de relatório.

11.3.1 Desfalques no caixa

O número de métodos criados para se dar desfalques no Caixa talvez só seja igualado pelo número de pessoas que tentaram até hoje dar desfalques. Por isso, é difícil classificar esses métodos, embora se possa usar um elemento para ajudar a descrever tipos de desfalques: o encobrimento da ação. Desfalques encobertos são normalmente aqueles feitos por meio de um lançamento de compensação nos registros contábeis, de modo que a falta do bem não seja notada. Um exemplo de desfalque encoberto é a subtração de recebimentos de Caixa, seguida de um lançamento a débito de despesas e a crédito de Caixa. Normalmente, o ato de encobrir o desfalque só é possível com um mau controle interno, que permite ao indivíduo desonesto acesso ao Caixa e autoridade para fazer lançamentos no diário. O desfalque não encoberto é aquele que não se faz acompanhar de lançamento contábil em contrapartida. Portanto, as faltas resultantes de desfalques não encobertos podem ser escondidas por algum tempo apenas, ou não podem ser escondidas de forma nenhuma.

Há dois tipos comuns de desfalques não encobertos, que são o *lapping* e o *kiting*.

1. O *lapping* geralmente se faz com cobranças de contas a receber e consiste em desviar os resultados de cobranças, substituindo-se o montante desviado por cobranças posteriores.

2. O *kiting* é um tipo de desfalque de Caixa que envolve os desembolsos aí feitos. É, essencialmente, um sistema de encobrir faltas de dinheiro com transferências, em cheques, não registradas. Por exemplo: a fim de encobrir a falta de dinheiro em conta A, da empresa, um funcionário deposita nessa conta, em 31 de dezembro, uma quantia igual à que faltava, e que foi sacada da conta B, da mesma empresa. Esse cheque de transferência não foi registrado como desembolso de dezembro, na conta B, mas foi lançado em janeiro. Quando se fez a reconciliação das contas, em 31 de dezembro, a falta foi temporariamente ocultada, por causa do tempo necessário para ser liberado o cheque de transferência. Essa demora, geralmente, é conhecida como "flutuante". Os esquemas de *kiting* podem ser muito elaborados, envolvendo várias contas bancárias de diferentes locais.

É mais fácil detectar *kiting* do que *lapping*, pois, com procedimentos adequados de auditoria de Caixa, é possível descobrir essa fraude na data da verificação. Entre esses procedimentos, estão os seguintes:

- coleta de dados de Caixa e conferência posterior dos mesmos com a lista de cheques em circulação;
- exame de recebimentos não depositados na data da verificação, para se certificar de que não há cheques da empresa entre esses recebimentos;
- correto uso do extrato do banco;
- preparação de uma cédula com todas as transferências bancárias ocorridas durante um período razoável, antes e após a data da verificação.

Caixas e Bancos são ativos de maior liquidez, sendo os mais sujeitos à utilização indevida.

Os testes de auditoria são dirigidos para superavaliação e o principal objetivo é verificar a existência do ativo; são representados por: contagem de caixa, confirmação dos saldos bancários, corte de cheques, testes de conciliações bancárias e testes de transferências bancárias.

Quadro 11.1 *Caixa e bancos (disponível): relação de tipos de erros das demonstrações financeiras, objetivos de auditoria e testes substantivos de auditoria*

Tipos de erros das demonstrações financeiras	Objetivos de auditoria	Exemplos de testes substantivos de auditoria para alcançar os objetivos de auditoria
• Existência • Direitos • Integridade	1. Os saldos de Caixa representam todos e somente itens de caixa, em mãos, em trânsito ou em instituições financeiras e estão corretamente registrados.	• Confirmação de saldos bancários. • Testes de reconciliações. • Revisão de transferências interbancos e intrabancos. • Procedimentos analíticos.
• Apresentação e divulgação	2. Os saldos de Caixa estão corretamente descritos e classificados, e as devidas divulgações quanto a fundos restritos ou comprometidos e a saldos não sujeitos a saque imediato estão feitas (exemplo: depósitos a prazo e depósitos em países estrangeiros sujeitos a controle cambial etc.).	• Revisão das demonstrações financeiras e comparação das divulgações feitas com os requisitos das normas de contabilidade. • Pesquisa de restrições sobre disponibilidades. • Confirmação de restrições sobre valores em Caixa e Bancos.

11.4 AUDITORIA DE CONTAS A RECEBER

Por serem de natureza intangível, as contas a receber pedem procedimentos de auditoria diferentes, em vários aspectos, daqueles usados na auditoria de Caixa e Bancos.

As contas a receber representam compromissos assumidos pelos clientes (compradores) de pagar alguma coisa e, assim sendo, apresentam aspectos subjetivos, não existentes no Caixa e Bancos. O auditor, ao fazer a avaliação de contas a receber, tem de aplicar critérios de julgamento quantitativos e qualitativos, usando, na maior parte do tempo, evidências indiretas, em vez de diretas.

Entre os objetivos visados na auditoria de contas a receber, há a verificação da propriedade; existência real e exatidão dos valores; determinação da rentabilidade da cobrança; descoberta de quaisquer ônus referentes às contas a receber; e determinação da melhor forma de apresentação das demonstrações financeiras. Uma vez que as transações que dão origem a contas a receber são as vendas, em geral, vários objetivos da auditoria de vendas podem ser alcançados durante o exame de contas a receber. As transações que reduzem as contas a receber, normalmente, envolvem recebimentos de Caixa e Bancos e certos aspectos das auditorias de recebimentos de Caixa, Bancos e contas a receber podem ser feitos em conjunto. Três procedimentos que se prestam muito a esse tipo de verificação conjunta são os testes de transações, o exame de documentos fundamentais e a verificação de dados.

Os procedimentos de auditoria usados no exame de contas a receber podem-se classificar da seguinte maneira, para fins de exposição:

- coleta e exame de evidências externas;
- exame de evidências internas da firma;
- procedimentos analíticos referentes a saldos de contas a receber e Provisão para Créditos de Liquidação Duvidosa.

11.4.1 Evidências externas – confirmação

Um dos mais importantes procedimentos de auditoria, no tocante a contas a receber, é a confirmação direta do débito com o devedor. A Norma de Auditoria menciona a confirmação de contas a receber como um dos procedimentos de auditoria geralmente aceitos, alertando o auditor para a necessidade, ou mais, a obrigação de justificar a omissão desses procedimentos no exame que fizer de qualquer demonstração financeira sobre a qual emitir opinião. O auditor pode usar um pedido de confirmação positivo ou negativo:

- o positivo pede ao devedor que responda se a informação constante do pedido é correta ou incorreta. Se for incorreta, ele, o devedor, deverá apontar o erro;
- o negativo é para solicitar ao devedor que responda apenas se a informação está errada.

Considera-se de melhor qualidade a evidência obtida por meio dos pedidos de confirmação positivos, porque o auditor não tem meios de determinar se a falta de resposta a um pedido de confirmação negativo significa anuência do devedor com a afirmação feita na carta, se é falta de entrega, ou negligência do devedor. Muitos auditores preferem usar ambos os tipos de pedido de confirmação, simultaneamente.

Ao fazê-lo, o auditor seleciona uma amostra de contas (provavelmente as que apresentarem maiores saldos) para confirmação positiva e um grupo ainda maior (provavelmente todas as restantes) para confirmação negativa. Com esse procedimento, obtém-se evidência de boa qualidade sobre as contas confirmadas positivamente e ampla cobertura das contas a receber por meio de confirmações negativas.

O auditor escolhe as contas para confirmação e supervisiona a elaboração dos pedidos de confirmação. Ele pode utilizar o computador para programar a seleção de contas, segundo vários requisitos, tais como prazo de vencimento, atividades, tamanho, local ou antecedentes de pagamento. O auditor verifica se o valor que consta do pedido de confirmação, se enviado separadamente da demonstração de contas a receber do cliente, confere com os registros deste último. Controla, também, o envio dos pedidos, para se certificar de que não foi enviado nenhum a cliente fictício. Além disso, o endereço para devolução ao auditor aparece no envelope de modo que, se houver algum problema de entrega postal, a confirmação volte diretamente ao auditor. Quando já decorreu um prazo razoável da remessa do primeiro pedido, se não houver chegado a resposta, podem-se enviar o segundo e até o terceiro pedido. É preciso que o auditor examine outras evidências para verificar a validade das contas não confirmadas. A melhor prova de validade é seu pagamento, mas é preciso examinar avisos de remessa e recibos de depósitos, num esforço para assegurar que o cliente realmente fez o pagamento. Os contratos de venda, documentos de embarque e outras provas internas também ajudam a estabelecer a validade das contas a receber.

Quando os clientes discordam dos dados fornecidos no pedido de confirmação, e chamam a atenção do auditor para o fato, deve-se proceder a uma averiguação cuidadosa. Muitas vezes, é necessário enviar nova correspondência ao cliente para esclarecer eventuais discrepâncias. Também acontece de o exame dos registros do cliente revelar erros com respeito à conta. Todo erro deve ser esclarecido satisfatoriamente, fazendo-se os ajustes necessários. Nos casos de *lapping*, a única evidência pode ser a discordância do cliente em relação ao saldo da conta, apresentado no pedido de confirmação.

Evidência interna

Além da evidência externa de existência e exatidão de contas a receber, obtida por meio de confirmação, o auditor deve reunir e examinar evidências internas da empresa. Os procedimentos aplicados para essa parte da auditoria são testes dos registros contábeis e exame da documentação hábil. Deve ser testada a exatidão dos registros contábeis utilizados para escrituração de vendas em conta, recebimentos de Caixa, baixa de contas incobráveis, memorando de crédito e outras que afetam as contas a receber. Nos documentos que fundamentam transações, tais como cópias de faturas, memorandos de crédito, recebimento de Caixa e autorização para baixa de contas incobráveis etc., devem ser examinados, na base de testes, e comparados com os registros contábeis. Esses procedimentos de auditoria são comumente denominados testes de transações.

Procedimentos analíticos

À parte da evidência obtida por meio da confirmação e teste de transações, o auditor pode também se certificar a respeito de contas a receber, aplicando certos procedimentos analíticos. Um deles consiste em analisar, pelos vencimentos, os saldos de conta a receber, o que pode ser feito pelo cliente e conferido pelo auditor, e fornece dados sobre o vencimento de contas a receber.

Cada conta é classificada segundo a idade, numa coluna destinada a esse fim, na análise. Na conclusão, os totais das colunas mostram o vencimento relativo das contas, ajudando o auditor a determinar a possibilidade de serem realizadas na cobrança, uma vez que as vencidas mais antigas, ou uma tendência para a existência dessas, normalmente são indícios de pouca possibilidade de realização. Esse dado relaciona-se diretamente com a avaliação que o auditor faz da adequação da Provisão para Créditos de Liquidação Duvidosa.

Este último é um ponto de crucial importância, se se quer apresentar fidedignamente às contas a receber nas demonstrações financeiras. Podem-se utilizar outros dados para determinar se é adequada a Provisão para Créditos de Liquidação Duvidosa e, entre eles, contam-se:

- antecedentes de percentagens dos saldos a receber, expressos pela Provisão;
- tendências da incidência de dívidas duvidosas;
- alterações na política de concessão de crédito;
- cálculos de movimentação de contas a receber; e
- condições econômicas vigentes no momento.

Controle interno sobre contas a receber

Apresentamos, a seguir, vários procedimentos específicos, indicativos de bom controle interno contábil sobre contas a receber. O controle sobre essas contas, naturalmente, se sobrepõe aos exercícios sobre outros setores como Caixa e Bancos, vendas e devolução de vendas de mercadorias. Com isso, representa-se o conceito de sistema global de atividades e a ideia da dificuldade de se isolar um único setor desse sistema, sem descobrir a interação do mesmo com os outros setores.

Segregação de tarefas: as pessoas que registram detalhes de contas a receber não devem ser incumbidas de tarefas relacionadas com recebimentos de Caixa e Bancos, baixa de contas incobráveis, emissão de memorandos de crédito, estoques ou faturamento. A combinação dessas tarefas pode dar ensejo a que ocultem desfalques no Caixa ou nos estoques, assim como a que façam lançamentos de créditos indevidos em certas contas a receber.

Autorizações: devem existir procedimentos formais para aprovação de baixas de contas incobráveis, devoluções de vendas de mercadorias, emissão de memorando de crédito ou qualquer outra transação (que não os recebimentos rotineiros de caixa) que reduzem as contas a receber. Podem-se dar ou ocultar desfalques por meio de quaisquer métodos de creditar indevidamente contas a receber. O auditor deve-se preocupar, particularmente, em verificar os créditos a contas a receber, que não sejam feitos em dinheiro. Pode-se desviar o dinheiro do pagamento de determinada conta, ocultando-se o desvio com um lançamento a crédito da conta, como se fosse devolução de mercadoria ou uma baixa de conta incobrável. Além disso, as contas criadas para apresentar vendas a clientes fictícios podem ser retiradas dos livros por meio desses créditos que não são feitos em dinheiro. Pode-se confirmar a autorização para a devolução de mercadoria vendida pela inspeção do relatório de recebimento do item devolvido, e a baixa de uma conta incobrável pode ser consubstanciada por meio do exame dos arquivos de correspondência.

Procedimentos de faturamento: em muitos casos, os desfalques encobertos seriam revelados se um cliente recebesse um extrato de conta errado. A prática de *lapping*, por exemplo, retarda o crédito à conta do cliente, causando, assim, uma apresentação a maior do saldo da conta. Para evitar que descubram suas manipulações, o empregado desonesto pode querer suprimir ou interceptar o faturamento de determinadas contas, mas, para evitar que isso aconteça, o controle interno sobre o faturamento deve ser feito de modo que o encarregado dessa tarefa seja alguém alheio ao manuseio de numerário recebido ou que não tenha acesso aos estoques.

Além do mais, o faturamento ou outra cobrança inicial devem ser coordenados com o embarque da mercadoria do estoque. Isso assegura a impossibilidade de ser suprimido o faturamento de certos lotes de mercadorias embarcadas, em certas contas, o que permitiria o envio de mercadoria grátis para clientes escolhidos.

Apresentação de contas a receber nas demonstrações financeiras

As Contas a Receber de Clientes são classificadas como ativo circulante e apresentadas no balanço, líquidas da Provisão para Créditos de Liquidação Duvidosa. As contas a receber de outros, que não clientes, podem ser ativo circulante, mas, normalmente, se enquadram em uma categoria à parte, denominada Outras Contas a Receber. Os saldos credores em contas a receber, se forem materiais, devem ser classificados como ativo circulante. As Contas a Receber a Longo Prazo são apresentadas em uma categoria adequada não circulante, sob denominação descritiva. Os adiantamentos a diretoria e empregados do cliente devem receber uma denominação correta, e é importante que o auditor verifique se os referidos adiantamentos foram devidamente aprovados. As contas entre companhias, geralmente, são não circulantes e exigem descrição apropriada ao balanço.

O estoque em consignação relaciona-se com a apresentação de contas a receber nas demonstrações financeiras, pelo fato de que esses valores devem ser apresentados como estoque, e não como contas a receber. Se um cliente tiver enviado estoque em consignação, o auditor precisará usar procedimentos que lhe garantam que a transação foi devidamente contabilizada. Qualquer ônus pendente sobre contas a receber deve ser divulgado nas demonstrações financeiras ou em notas explicativas às mesmas. Essas divulgações mostrarão a natureza do ônus e qualquer aspecto importante a ele relacionado.

Os principais pontos que o auditor deve cobrir são existência, avaliação e classificação, e deverá testar:

- Confirmação de contas a receber de clientes (circularização) – uma listagem de todos os títulos a receber serve como base para obtenção de confirmação direta do devedor.
- Testes de avaliação das contas a receber – avaliação do valor líquido realizável de cada recebível, representado por inspeção para comparação com os anos anteriores dos mapas de idades e índices de recebimento; e constituição de estimativas de perdas (conhecidas e estimadas).
- Testes de duplicatas descontadas – identificação das duplicatas descontadas por meio de confirmação bancária.

Quadro 11.2   *Contas a receber: relação de tipos de erros das demonstrações financeiras, objetivos de auditoria e testes substantivos de auditoria*

Tipos de erros das demonstrações financeiras	Objetivos de auditoria	Exemplos de testes substantivos de auditoria para alcançar os objetivos de auditoria
• Existência • Direitos • Integridade • Valorização • Apresentação e Divulgação	1. As Contas a Receber representam direitos válidos da companhia e foram corretamente registradas. 2. As Contas a Receber incluem todos os valores devidos à companhia na data do balanço. 3. As provisões para Contas Duvidosas, devoluções, abatimentos e descontos são adequadas, mas não excessivas. 4. As Contas a Receber estão corretamente descritas e classificadas, e as devidas divulgações relativas a esses valores (incluindo divulgações de valores que tenham sido caucionados, descontados, cedidos ou vendidos com direito de regresso, ou então, em poder de partes relacionadas) foram feitas.	• Procedimentos analíticos. • Circularização de contas a receber ou procedimentos alternativos. • Testes de corte de vendas e outras receitas e recebimentos de caixa. • Procedimentos analíticos. • Avaliação de provisões de valorização. • Revisão das demonstrações financeiras e comparação das divulgações feitas com os requisitos das normas de contabilidade. • Confirmação dos principais termos de venda e outros acordos.

11.5 AUDITORIA DE ESTOQUES

Os estoques constituem o principal item de ativo de muitas empresas e, nestas, dedica-se geralmente um tempo considerável à verificação dos estoques. Uma vez que estes constituem itens tangíveis, os auditores têm de se preocupar em determinar quantidades e qualidades desses itens, assim como em conferir a exatidão dos cálculos referentes a seu valor.

11.5.1 Definições

Os seguintes termos são usados nesta Norma, com os significados especificados:

Estoques são ativos:

a) mantidos para venda no curso normal dos negócios;
b) em processo de produção para venda; ou
c) na forma de materiais ou suprimentos a serem consumidos ou transformados no processo de produção ou na prestação de serviços.

De acordo com a NBC TG 16 (R1) – Estoques, os estoques devem ser mensurados pelo valor de custo ou pelo valor realizável líquido, dos dois o menor. Em uma conjuntura de preços decrescentes (desinflação) dos produtos comprados para estoque, o método que apresenta o menor valor do custo do estoque de material apropriado à produção é o Custo de Reposição.

Valor realizável líquido é o preço de venda estimado no curso normal dos negócios deduzido dos custos estimados para sua conclusão e dos gastos estimados necessários para se concretizar a venda.

Valor justo é aquele pelo qual um ativo pode ser trocado ou um passivo liquidado entre partes interessadas, conhecedoras do negócio e independentes entre si, com ausência de fatores que pressionem para a liquidação da transação ou que caracterizem uma transação compulsória.

O valor realizável líquido refere-se à quantia líquida que a entidade espera realizar com a venda do estoque no curso normal dos negócios. O valor justo reflete a quantia pela qual o mesmo estoque pode ser trocado entre compradores e vendedores conhecedores e dispostos a isso. O primeiro é um valor específico para a entidade, ao passo que o segundo já não é. Por isso, o valor realizável líquido dos estoques pode não ser equivalente ao valor justo deduzido dos gastos necessários para a respectiva venda.

Os estoques compreendem bens adquiridos e destinados à venda, incluindo, por exemplo, mercadorias compradas por um varejista para revenda ou terrenos e outros imóveis para revenda. Os estoques também compreendem produtos acabados e produtos em processo de produção pela entidade e incluem matérias-primas e materiais aguardando utilização no processo de produção, tais como: componentes, embalagens e material de consumo. No caso de prestador de serviços, os estoques devem incluir os custos do serviço, para os quais a entidade ainda não tenha reconhecido a respectiva receita.

11.5.2 Objetivos

Os objetivos dos auditores, com respeito ao exame dos estoques, compreendem o seguinte:

- determinação de que há bom controle sobre os estoques;
- verificação de que o cliente é realmente o proprietário do estoque;
- determinação de quantidades de estoque em mão do cliente;
- averiguação e certeza de que o cliente atribui preço adequado a seu estoque;
- determinação se há ônus sobre o estoque;
- determinação da possibilidade de venda do estoque existente, atentando para indícios, tais como mercadoria danificada, itens obsoletos etc.;
- determinação da forma correta de apresentação do estoque nas demonstrações financeiras.

11.5.3 Observação do estoque

Um procedimento que as Normas de Auditoria dão como norma de auditoria geralmente aceita é a observação dos estoques. Esse procedimento ajuda os auditores a atingirem vários objetivos, inclusive aqueles relativos a propriedade, quantidades, existência real e possibilidade de venda.

Uma observação bem-feita do estoque deve dar ao auditor a certeza com relação às características físicas, qualitativas e quantitativas dos estoques. A seguir, descrevemos os procedimentos de contagem física aplicados pelo cliente, assim como as atividades primordiais de um auditor numa típica observação de estoque. A explicação da observação vem sob a forma de enumeração de procedimentos, em ordem cronológica adequada, mas não imutável.

11.5.4 Procedimentos do cliente

Antes de iniciar a contagem física dos estoques, propriamente dita, o cliente deve dar instruções específicas a todos os empregados sobre o que fazer durante a contagem. Deve-se providenciar a interrupção da produção durante a contagem, se possível, e a separação e colocação em uma lista de toda mercadoria que entrar e sair durante o trabalho de contagem. O auditor deve rever os planos de levantamento físico do cliente, antes da data da contagem, projetando seus procedimentos de auditoria de acordo com esses planos.

Se, na data de contagem, descobre que os planos não são bons, pode ser tarde demais para as providências que garantam uma contagem exata do estoque. Para um trabalho bem controlado de contagem, o cliente deve distribuir etiquetas pré-numeradas aos empregados, para serem usadas no registro das contagens e descrições. Essas etiquetas podem ser de vários formatos, sendo mais comuns as de duas ou três partes. Os números das etiquetas emitidas devem ser controlados, assim como o recolhimento de cada uma das etiquetas das peças.

Um bom meio de fazer levantamento físico é organizando-se equipes de contagem e efetuando-se segundas contagens, também chamadas **cegas**. Cada equipe é geralmente formada por duas pessoas, uma do departamento que controla os itens (e, por conseguinte, está familiarizada com sua localização e descrição) e outra de um departamento alheio ao de estoques (para reforçar a exatidão da contagem).

Os procedimentos preveem que a primeira equipe vá para o local do inventário, conte os itens, preencha e destaque a terceira parte da etiqueta. Uma segunda equipe, então, agindo independentemente, conta o estoque, preenche e destaca a segunda parte da etiqueta. Essas duas partes, segunda e terceira, são comparadas em seguida, reconciliando-se as eventuais discrepâncias, conforme modelo a seguir.

Nos estoques muito numerosos, as etiquetas podem ser na forma de cartões de computador, e a comparação entre a primeira e a segunda contagem, assim como os resumos e somas do levantamento podem ser feitos no equipamento de TI.

Não cabe ao auditor contar (fazer levantamento) enquanto observa uma contagem de estoque e, sim, verificá-la, na base de teste e determinar, em geral, as providências para que os resultados sejam exatos. Se o auditor encontrar erros na contagem, deve informar aos componentes da equipe responsável, a fim de que esta possa tomar as medidas necessárias para saná-los. As contagens de teste registradas pelo auditor devem conter alguma dessas correções para posterior verificação, se as mudanças foram feitas corretamente.

MODELO DE ETIQUETAS

	Nº 003816
Material: Código: Local:	
3ª Contagem	**Nº 003816**
Material: Código: Local:	
Quantidade contada_____unidade_____	
Visto do Inventariante_____	
Visto do Supervisor_____	
2ª Contagem	**Nº 003816**
Material: Código: Local:	
Quantidade contada_____unidade_____	
Visto do Inventariante_____	
Visto do Supervisor_____	
1ª Contagem	**Nº 003816**
Material: Código: Local:	
Quantidade contada_____unidade_____	
Visto do Inventariante_____	
Visto do Supervisor_____	

Figura 11.1 *Modelos de etiquetas.*

11.5.5 Responsabilidades pelas etiquetas

Logo no início de seu trabalho de observação, cabe ao auditor estabelecer responsabilidades pelas etiquetas pré-numeradas de estoque, registrando o número das etiquetas usadas, das emitidas e não usadas e das não emitidas. Assim fazendo, o auditor conta com um elemento que o ajuda a evitar apresentação do estoque a maior, pelo preenchimento de etiquetas, não usadas, após o inventário físico. Além de registrar os números das etiquetas, o auditor deve pesquisar no local do levantamento, a fim de se certificar de que não só foram etiquetados todos os itens, como todas as etiquetas emitidas foram distribuídas, não restando nenhuma que possa ser usada para fins escusos.

Durante a observação do levantamento, o auditor deve registrar informações relativas a recebimentos e embarques ocorridos imediatamente antes da data do mesmo, pois assim se consegue coordenação do registro de compras, vendas e estoques em mãos. Posteriormente, podem-se confrontar esses dados com as últimas vendas e compras registradas no período.

11.5.6 Movimento

Estreitamente relacionado com a coleta de dados está o procedimento que visa assegurar ao auditor dados sobre o movimento de mercadorias durante a contagem de estoque. Qualquer descontrole nesse movimento de mercadorias para a área em que se efetua o levantamento, dentro dela ou para fora, pode levar a contagens errôneas. Durante todo o período de observação, o auditor precisa estar atento para os movimentos de estoque e se assegurar de que os mesmos sejam devidamente registrados.

11.5.7 Contagem de teste

Enquanto observa a realização do levantamento físico, o auditor deve fazer várias contagens de teste para verificar a exatidão do trabalho dos empregados do cliente. Nos papéis de trabalho devem constar várias contagens de teste, para posterior comparação com os resumos do levantamento. Cabe ao auditor aplicar seus critérios de julgamento para decidir sobre a necessidade de abrir caixas, pacotes etc., a fim de ter certeza de que as quantidades declaradas são as realmente existentes. Em geral, o auditor concentra os testes nas categorias de mais alto valor monetário. Ele pode usar um programa de computador para identificar essas categorias ou outras que preencham determinadas especificações. Um programa de computador pode ser feito de modo que identifique os itens de pouca movimentação, os que tenham um saldo atual maior em relação ao período anterior, ou talvez aqueles cujos saldos excedam à quantidade normal de pedido, em determinada percentagem. Nesses pontos, o auditor, então, pode empregar seu tempo para obter a certeza que julga necessária.

O subsistema de inventário de estoques e custo implica a adoção de controles internos necessários para a gestão eficiente desses itens. Os procedimentos que devem ser considerados na revisão desse subsistema pela auditoria interna incluem:

- o exame dos registros físicos e financeiros dos estoques, os quais devem estar contabilizados com base nas normas de contabilidade;
- a comprovação física dos estoques, que pode ser realizada por meio de testes estatísticos, utilizando critérios estabelecidos para definição de amostragem e de extensão dos testes a serem realizados;
- a circularização dos valores constantes nos saldos dos relatórios internos, destacando as quantidades em estoque, especificações completas, bem como as solicitações de certificados de depósitos em consignação ou de ônus.

11.5.8 Avaliação do inventário físico

Enquanto observam a realização do inventário físico, muitos auditores gostam de registrar nos papéis de trabalho os comentários sobre os procedimentos empregados pelos clientes no levantamento, as condições em que se faz este, e suas próprias impressões sobre as contagens. Esses comentários constituem evidência muito útil, para se formar uma opinião a respeito de estoques e para se fazerem sugestões construtivas ao cliente.

Muitas vezes, nesses casos de observação de levantamentos físicos, o auditor tem de aguçar seus sentidos e lançar mão de toda a sua argúcia para se certificar da exatidão das quantidades observadas.

Os tipos de estoque a seguir apresentados podem apresentar problemas:

- grandes pilhas de material do tipo de carvão;
- líquidos em tanques (principalmente os de forma horizontal ou cilíndrica);
- grandes quantidades de peças pequenas;
- trabalho em processo; e
- toras de madeira no rio.

Nos outros casos, pode ser difícil determinar a natureza qualitativa do estoque. Por exemplo: pode-se dizer que certo material é produto químico de determinada espécie, ou que certa joia tem valor específico, o que o auditor não pode nem negar. Embora não se espere que ele seja perito na avaliação, podem surgir casos em que ele não confia inteiramente em seus conhecimentos. Em tais casos, o melhor é contratar um especialista que possa dar a certeza a respeito da natureza do item de estoque.

11.5.9 Procedimentos que se seguem à observação

A certa altura, após a observação, o cliente fará a enumeração dos itens, dará seu preço e seu volume numa listagem de estoque. A fim de concluir o trabalho de verificação nos estoques, o auditor deve obter uma cópia dessa listagem para exame, aplicando à mesma e a outros registros de estoque os seguintes procedimentos:

- conferir as contagens de teste registradas nos papéis de trabalho com a listagem;
- examinar faturas de compra de estoques recentes para verificar preços e proprietários;
- verificar totais e subtotais, na base de teste;
- conferir os dados para determinar se as vendas e compras, próximas da data do inventário físico, foram registradas e devidamente incluídas no levantamento;
- reportar-se às listas de preços, catálogos ou faturas atuais, para determinar o custo de reposição de estoque, verificando, assim, se há necessidade de uma baixa de preços até o nível do mercado;
- verificar os itens marcados durante a observação do inventário, como danificados ou obsoletos, se foram incluídos com valor menor ou omitidos;
- rever os cálculos do fluxo de custo empregado, como, por exemplo, identificação específica, média mensal ou PEPS e rever os cálculos de qualquer método especializado de avaliação de estoque, tal como o de varejo;

- nas empresas manufatureiras, revisar o sistema de custeio, para estabelecer a validade dos custos apresentados;
- conferir os totais de estoque, pela listagem, com os registros contábeis, fazendo as recomendações para qualquer ajuste necessário.

O auditor tem de empregar, também, outros objetivos de auditoria. Para se certificar da existência de eventuais ônus, ele deve examinar os contratos de empréstimos, fazer averiguações e, se necessário, examinar os registros oficiais, para ter certeza de que não consta nada relativo a penhor ou garantia prestado por seu cliente. Embora as faturas de compra e a posse indiquem propriedade, o auditor precisa estar alerta para a possibilidade de os estoques estarem na empresa em consignação. Se após o exame ele tiver dúvidas quanto à possibilidade de venda dos itens de estoque, cabe-lhe discutir o assunto com o cliente, fazer cálculos estatísticos de movimentação de estoque e examinar a situação dos pedidos em carteira.

Para ter certeza da exatidão dos dados contábeis relativos a estoques, o auditor tem de testar as transações registradas no sistema de estoque. Esses testes, geralmente, repetem os que foram feitos pelo auditor nas áreas de vendas, contas a receber, custo de mercadoria vendida e contas a pagar. Pode-se, em geral, tornar uma auditoria mais eficaz, se houver integração entre os testes dessas áreas correlatas. As transações básicas a serem testadas com relação a estoques são recebimentos e remessas. Os procedimentos devem constar de escolha de documentos-fonte que corroboram os recebimentos e os despachos, conferência dos lançamentos desses documentos nos registros contábeis, e determinação de que essas transações têm coordenação com as compras e vendas autorizadas.

A representação por escrito a respeito de estoques, comumente chamada de **certificado de estoque**, deve ser obtida de um dirigente autorizado do cliente. Esse certificado serve para ressaltar a responsabilidade primordial do cliente para com a fidedignidade e exatidão das demonstrações financeiras, e é parte das evidências colhidas pelo auditor para corroborar seu parecer sobre os estoques.

Normalmente, as informações contidas no certificado de estoque consistem de:

- um resumo das espécies de itens, bases da avaliação e valor em dinheiro, do estoque em mãos;
- uma declaração sobre até que ponto as quantidades de estoque foram determinadas pela contagem física;
- certeza de que houve divulgação de eventuais ônus sobre os estoques;
- certeza de que todas as quantias incluídas foram devidamente lançadas nos registros como passivo;
- uma declaração de que o estoque foi valorizado de forma consistente com a do ano anterior;
- certeza de que não há, no estoque, mercadorias invendáveis;
- declaração de que foram feitos corretamente, no encerramento do exercício, os dados de compras e vendas; e
- qualquer outra observação necessária.

11.5.10 Controle interno sobre estoques

O controle interno sobre os estoques compreende controles contábeis e físicos. O bom controle contábil sobre estoques revela-se por meio de um sistema em que as tarefas de empregados sejam segregadas, de modo a não permitir que os encarregados de controlar os estoques sejam os mesmos responsáveis pelo faturamento de vendas ou lançamentos de compras. O sistema contábil deve ser projetado de maneira tal, que o fluxo de dados contábeis se faça paralelamente ao fluxo físico do estoque. Esse não deve ser despachado antes de serem aprovadas as vendas e autorizado o embarque. As faturas de compra não devem ser lançadas nem aprovadas para pagamento até que se verifique se os relatórios de recebimento conferem com os itens faturados. Os inventários são indícios de bom controle, assim como o são os procedimentos bem definidos para tratamento das transações não rotineiras, tais como venda de sucata ou de circunstâncias tais como falta de estoque.

O objetivo do auditor é verificar se: os estoques existem; existem ônus sobre os estoques; há obsolescência, defeitos e má conservação; e se os critérios de avaliação são adequados. Deverá ser avaliado por:

- Verificação da existência física – inspeções físicas acompanhadas de contagens para assegurar a real existência dos estoques.
- Acompanhamento do inventário físico – acompanhamento da contagem física dos bens e confronto dos resultados com os registros contábeis.
- Cortes – definição do momento em que os registros contábeis refletem o inventário (definir uma data-limite para interromper a contabilização de novas transações).
- Testes de avaliação dos estoques – revisão do sistema de alocação de custos aos estoques (UEPS e PEPS) e conferência dos cálculos.

Exemplo:

A empresa Simões Crepaldi S.A. realizou a contagem de seus estoques (inventário físico), em 31 de outubro de 20X6. O auditor foi contratado para realizar a auditoria das Demonstrações Contábeis de 31 de dezembro de 20X6. Em relação ao inventário, deve o auditor executar procedimentos para obter evidência de auditoria de que as variações no estoque, entre 31 de outubro de 20X6 e 31 de dezembro de 20X6, estão adequadamente registradas.

Quadro 11.3 *Estoques: relação de tipos de erros das demonstrações financeiras, objetivos de auditoria e testes substantivos de auditoria*

Tipos de erros das demonstrações financeiras	Objetivos de auditoria	Exemplos de testes substantivos de auditoria para alcançar os objetivos de auditoria
• Existência • Direitos • Integridade	1. Os saldos de estoque representam todos e somente itens que existem fisicamente e são mantidos para venda dentro do ciclo normal de operações e estão corretamente registrados.	• Observação de contagens físicas de estoque. • Confirmação de estoques em poder de terceiros. • Procedimentos analíticos.

Tipos de erros das demonstrações financeiras	Objetivos de auditoria	Exemplos de testes substantivos de auditoria para alcançar os objetivos de auditoria
• Integridade	2. As listagens de inventário incluem todos os itens de estoque que são de propriedade da entidade, estão corretamente compiladas, e os totais estão corretamente incluídos nas contas de estoque.	• Confronto de contagens físicas de estoque com as listagens de inventário. • Testes de somas e cálculos das listagens de inventário. • Anotações de corte de inventário, feitas durante as contagens físicas de estoque, são confrontadas com os registros contábeis para determinar o devido corte. • Controle de todas as etiquetas de inventário e das folhas de contagem usadas no inventário físico.
• Valorização	3. O inventário final foi determinado, no que se refere a quantidades, preços, cálculos, materiais em excesso etc., em uma base consistente.	• Revisão dos métodos usados para determinar o inventário final, no que se refere à consistência de aplicação.
• Valorização	4. O estoque está demonstrado ao valor de custo ou mercado, dos dois o menor, e itens excessivos, obsoletos e de movimentação morosa foram reduzidos aos valores líquidos realizáveis, em bases consistentes.	• Testes de custos registrados e comparação com os valores de mercado. • Procedimentos analíticos.
• Apresentação e divulgação	5. O estoque está corretamente descrito e classificado, e as devidas divulgações (incluindo divulgação de valores que tenham sido caucionados e compromissos de compra) relativas a esses valores foram feitas.	• Revisão das demonstrações financeiras e comparação das divulgações feitas com os requisitos das normas de contabilidade. • Confirmação de estoques caucionados e compromissos de compra (cláusulas contratuais). • Pesquisa de estoques caucionados e compromissos de compra. • Revisão de contratos de empréstimo.

11.5.11 Apresentação de estoques nas demonstrações financeiras

Os estoques são apresentados como ativo circulante no balanço, divulgando-se, também, a base usada para sua avaliação. As bases aceitas são as de preço de custo ou de mercado, o que for mais baixo. Se o auditor verificar que o custo de mercado (custo de reposição ajustado) for menor que o custo histórico dos estoques, ele normalmente insiste para que o estoque seja apresentado pelo preço de mercado. Os itens obsoletos ou de pouca movimentação podem ser lançados pelo valor nominal. Frequentemente, se divulgam os totais de valor de custo e de mercado dos estoques, assim como qualquer outra informação pertinente sobre o valor ou potencialidade de venda. A descrição dos estoques também deve conter indicação do método usado para custeio.

11.6 AUDITORIA DO IMOBILIZADO

11.6.1 Objetivos

A auditoria do imobilizado tem os seguintes objetivos:

- determinar sua existência física e a permanência em uso;
- determinar se pertence à empresa;
- determinar se foram utilizadas as normas de contabilidade, em bases uniformes;
- determinar se o imobilizado não contém despesas capitalizadas e, por outro lado, as despesas não contêm itens capitalizáveis;
- determinar se os bens do imobilizado foram adequadamente depreciados monetariamente em bases aceitáveis;
- determinar a existência de imobilizado penhorado, dado em garantia ou com restrição de uso;
- determinar se está corretamente classificado nas demonstrações financeiras e se as divulgações cabíveis foram expostas por notas explicativas;
- estudar e avaliar o controle interno existente para os bens do imobilizado.

11.6.2 Campo de exame

O campo de exame do imobilizado compreende os direitos que tenham por objeto bens destinados à manutenção das atividades da empresa, ou exercidos com essa finalidade, inclusive os de propriedade industrial ou comercial, conforme a Lei Societária. Nesse conceito legal estão incluídos, exemplificativamente: Terrenos, Prédios, Construções, Instalações, Máquinas, Benfeitorias ou Melhoramentos, Equipamentos, Ferramentas, Veículos, Móveis e Utensílios, Embarcações, Aeronaves, Jazidas Minerais ou Direitos de Exploração, Florestamento e Reflorestamento, Construções em Andamento (de bens do Imobilizado), Bens Intangíveis (Marcas, Patentes, Direitos de Uso), Benfeitorias em Imóveis de Terceiros.

Também os que contenham peças ou equipamentos que se destinem à aplicação nas imobilizações e que tenham vida útil tão longa que justifique o tratamento.

Estão igualmente incluídas no campo de exame as contas retificadoras do ativo imobilizado (contas credoras) que digam respeito às depreciações, amortizações e exaustões.

11.6.3 Revisão do controle interno

A revisão do controle interno tem a finalidade de determinar ao auditor qual a confiabilidade depositada no controle interno, para a definição dos procedimentos de auditoria, a extensão dos trabalhos e o momento da aplicação.

Muito embora o controle interno seja variável de empresa para empresa, é recomendável que a administração estabeleça pontos fortes de controle que lhe concedam segurança.

A título de exemplo, seguem abaixo alguns pontos de controle interno que podem ser comumente encontrados na área do imobilizado:

- contagens físicas periódicas;
- balancete periódico entre as fichas individuais do imobilizado com os registros contábeis;

- sistema de autorização para aquisições e vendas de bens do imobilizado;
- sistema de comunicação para os casos de transferências, obsolescência ou baixas de bens do imobilizado;
- limites de capitalização quanto a valores e tempo de vida útil; e
- segregação de funções entre o setor de compras e a recepção dos bens do imobilizado.

Há de se ter em mente que os controles supracitados não são os únicos existentes e, quando o auditor realizar a avaliação do controle interno, deverá identificar se realmente os controles existentes funcionam, medir as possíveis deficiências para determinação dos riscos envolvidos e quais os procedimentos de auditoria a praticar para formação de opinião adequada.

11.6.4 Procedimentos de auditoria

Coerentemente com os objetivos dos exames nesta área, os procedimentos de auditoria deverão estar voltados para:

- a avaliação dos bens, inclusive quanto à correção monetária;
- a existência, propriedade e posse;
- eventual existência de ônus;
- os critérios e a extensão das depreciações ou amortizações.

Tratando-se de primeira auditoria, o trabalho nesta área deverá abranger todo o imobilizado e checagem do controle paralelo e contábil. Depois, pode-se fazer por amostragem.

É norma geral, para efeito de controle, que, por ocasião do inventário anual, as verificações incluam os bens do imobilizado para testar sua existência, localização, utilização e estado de conservação.

Para sua maior eficiência, o exame deverá ser acompanhado de listagem detalhada de todos os bens ou de fichas individuais corretamente elaboradas, que permitam a fácil identificação e contenham os demais dados indispensáveis ao objetivo do exame:

- natureza;
- data de aquisição;
- custo original;
- correção monetária;
- depreciações ou amortizações.

Tal como faz para os inventários dos estoques, o auditor deverá acompanhar este exame, fazendo suas observações e anotações.

Terminada essa parte, o auditor selecionará os itens relevantes e, sobre esses, fará as verificações necessárias, de acordo com os objetivos do exame. Os procedimentos de auditoria mais indicados, para essa fase, constam detalhadamente do programa de auditoria.

Como dissemos, tratando-se de primeira auditoria, os exames e verificações deverão ser bastante extensos e profundos.

No item de veículos, deverão ser examinados os certificados de propriedade emitidos pelo Departamento Oficial de Trânsito. Esse documento contém todos os dados necessários, mesmo os que se refiram a restrições de propriedade (Alienação Fiduciária em Garantia).

Para imóveis, será necessário verificar as respectivas escrituras de compra e as certidões do Registro de Imóveis. Devem-se obter, também, certidões atualizadas do Registro de Imóveis, para verificar a continuação da legitimidade da propriedade e a existência, ou não, de ônus (hipoteca ou penhor) pesando sobre os imóveis. Além dessas certidões, convém obter certidões negativas de débitos fiscais.

Na primeira auditoria, o exame dessa documentação deve ser muito cuidadoso. Além de sua própria verificação, o auditor pode recorrer ao auxílio de especialistas. Em qualquer caso, o auditor deve obter, por intermédio da empresa/cliente, carta do advogado da mesma, esclarecendo e confirmando as condições de propriedade do imóvel e a eventual existência de ônus ou qualquer outra restrição a essa propriedade.

Nas auditorias dos anos subsequentes, para os mesmos imóveis já examinados, bastará a obtenção das certidões atualizadas (Registro de Imóveis e de Impostos) e a carta dos advogados.

Não se tratando da primeira auditoria, o auditor deverá concentrar suas verificações, com mais empenho, nos lançamentos de **adições** ao imobilizado durante o exercício, isto é, nos acréscimos de bens. Tendo sido feita, no exercício anterior, a auditoria dos bens existentes, não há necessidade de exames mais profundos.

O auditor, portanto, deverá analisar as respectivas contas, fazendo suas verificações sobre os débitos lançados no exercício, recorrendo, posteriormente, ao exame da documentação de suporte aos lançamentos. Facilitará o trabalho elaborar um quadro demonstrativo em que se evidencie a movimentação das contas no exercício.

A verificação dos débitos e da respectiva documentação objetiva assegurar que os lançamentos correspondam realmente a acréscimo do imobilizado, apropriados corretamente.

Nessa verificação, o auditor atentará para a possibilidade da existência de lançamentos indevidos, carregando no ativo imobilizado o que deveria ser lançado a despesas, ou vice-versa.

Poderá ser feito, concomitantemente, o exame das baixas, isto é, de bens inservíveis ou obsoletos, que tenham sido vendidos ou inutilizados, ou que possam ter saído como sucata. Haverá a possibilidade de não ter sido feito o crédito na respectiva conta.

A verificação mais eficiente será a de recorrer às fichas individuais de que falamos antes, fazendo testes para aqueles bens que ofereçam maior possibilidade de ter sido baixados.

Para as ferramentas de pequeno porte, mas de valor razoável e que tenham duração superior à de um exercício, o auditor deverá, antes, verificar qual o controle sobre elas e adotar procedimentos de auditoria, em forma de testes, coerentes com aqueles controles. A maior, ou menor, extensão dos testes ficará adstrita à relevância da conta.

Para efeito ilustrativo, seguem alguns procedimentos que poderão ser utilizados durante a execução dos trabalhos de auditoria:

a) Exame físico:
- inspeção física dos bens do imobilizado;
- inspeção física das obras em andamento;
- inspeção física do imobilizado fora de uso.

b) Confirmação:
- confirmação dos cartórios para as escrituras;
- confirmação dos fornecedores quanto a bens adquiridos a prazo;
- confirmação de advogados sobre processos em andamento.

c) Documentos originais:
- exame documental das compras realizadas de imobilizado;
- exame documental das vendas realizadas de imobilizado;
- exame das atas de assembleias;
- exame dos contratos de empréstimos;
- exame dos certificados de propriedade de veículos;
- exame de escrituras de bens imóveis.

d) Cálculo:
- cálculo da depreciação do exercício;
- soma das fichas individuais dos bens do imobilizado;
- cálculo do lucro ou prejuízo da venda de imobilizado.

e) Escrituração:
- exame da conta de razão do imobilizado;
- exame da conta de correção de reparos e manutenção;
- exame da contabilização no período de competência.

f) Investigação:
- exame minucioso de documentação de compras;
- exame minucioso de documentação de vendas;
- exame minucioso das aprovações e autorizações;
- exame minucioso das escrituras de imóveis;
- exame minucioso das contas de manutenção e reparos;
- exame minucioso das documentações de veículos e se as multas estão sendo cobradas dos motoristas.

Os objetivos básicos do exame do imobilizado são: constatar a existência, posse e propriedade dos bens; existência de ônus; possível superavaliação dos bens; e constatar possível subavaliação da depreciação. São realizados por meio de:

- Verificação da existência física do bem – inspeção física para avaliar se os bens realmente existem e o seu estado de conservação.
- Verificação da propriedade e da existência de ônus – exame documental dos certificados de propriedade de veículos e certidões atualizadas dos registros de imóveis.
- Testes das despesas de manutenção e reparo – averiguar se estão sendo tratadas como despesas do ano.
- Testes das depreciações – exames documentais e de registros contábeis, bem como conferência dos cálculos, com o intuito de verificar a vida útil dos bens e as taxas de depreciação utilizadas.

Quadro 11.4 *Ativo imobilizado: relação de tipos de erros das demonstrações financeiras, objetivos de auditoria e testes substantivos de auditoria*

Tipos de erros das demonstrações financeiras	Objetivos de auditoria	Exemplos de testes substantivos de auditoria para alcançar os objetivos de auditoria
• Existência • Direitos • Integridade	1. O ativo imobilizado representa todos os ativos tangíveis possuídos, usados nas operações da entidade e/ou em construção, e está corretamente registrado ao custo (mais correção monetária) em uma base consistente.	• Revisar as normas e procedimentos da entidade relativos ao ativo imobilizado, e as correspondentes transações. • Procedimentos analíticos. • Testes de existência e propriedade. • Teste global de correção monetária.
• Integridade	2. As adições ao ativo imobilizado durante o período auditado são itens apropriadamente capitalizáveis e representam itens fisicamente instalados ou em construção.	• Análises de contas. • Procedimentos analíticos. • Testes de existência e propriedade.
• Integridade	3. Os custos e respectivas depreciação, exaustão e amortização, aplicáveis a todos os itens retirados, abandonados, fora de uso e vendidos, foram corretamente removidos das contas.	• Análises de contas. • Procedimentos analíticos.
• Valorização	4. As contas de depreciação, exaustão e amortização acumuladas são razoáveis, considerando-se a expectativa de vida útil dos bens e expectativa de seus valores líquidos de realização ao final do período de vida útil.	• Análises das contas de depreciação acumulada e exaustão. • Procedimentos analíticos.
• Valorização	5. A expectativa de recuperação do investimento líquido registrado no ativo imobilizado é razoável.	• Pesquisa quanto a mudanças em condições econômicas ou outros fatores que possam ter impacto na realização, ou recuperação do investimento líquido registrado no ativo imobilizado.
• Apresentação e Divulgação	6. O ativo imobilizado e respectivas contas de depreciação, exaustão e amortização acumuladas estão corretamente descritos e classificados e as devidas divulgações (incluindo divulgações quanto a hipotecas e outros ônus) relativas a esses valores foram feitas.	• Revisão das demonstrações financeiras e comparação das divulgações feitas com os requisitos das normas de contabilidade. • Confirmação dos termos de contratos de hipotecas e outros ônus. • Pesquisas relacionadas a hipotecas e outros ônus.

Quadro 11.5 *Baixas, depreciação, exaustão e amortização: relação de tipos de erros das demonstrações financeiras, objetivos de auditoria e testes substantivos de auditoria*

Tipos de erros das demonstrações financeiras	Objetivos de auditoria	Exemplos de testes substantivos de auditoria para alcançar os objetivos de auditoria
• Ocorrência • Integridade • Alocação	1. A despesa de depreciação, exaustão e amortização do ativo imobilizado foram corretamente registradas em uma base consistente.	• Recálculo ou testes preditivos da despesa de depreciação, exaustão e amortização.
• Integridade • Alocação	2. Ganhos ou perdas relacionados com a baixa de ativo imobilizado foram corretamente registrados.	• Análises de contas. • Procedimentos analíticos.
• Apresentação e Divulgação	3. A despesa de depreciação, exaustão e amortização e os ganhos ou perdas originados de baixas de ativo fixo estão corretamente descritos e classificados, e as devidas divulgações relativas a esses valores foram feitas.	• Revisão das demonstrações financeiras e comparação das divulgações feitas com os requisitos dos princípios fundamentais de contabilidade.

g) Inquérito:
- inquisição sobre variação do saldo do imobilizado, se é adequado;
- inquisição sobre a existência de obsoletos;
- inquisição sobre tendências de expansão ou remodelação.

h) Registros auxiliares:
- exame das fichas individuais dos bens do imobilizado;
- exame dos mapas de cálculos de depreciação;
- exame do razão analítico do imobilizado.

i) Correlação:
- relacionamento da depreciação com o resultado, se o valor da despesa foi lançado corretamente;
- relacionamento das contas de manutenção e reparos com o imobilizado.

j) Observação:
- aplicação correta das normas de contabilidade;
- classificação adequada das contas;
- observação da existência de bens do imobilizado fora de uso;
- existência de adiantamentos para imobilizações;
- contabilização correta de consórcio e *leasing*.

11.7 AUDITORIA DE INVESTIMENTOS

Para muitas empresas, os investimentos representam uma parcela substancial do ativo; para outras, são apenas bens temporários ou meros reflexos de aspectos incidentais da atividade em geral. Para o auditor, os investimentos são bens que envolvem riscos muito grandes, por serem atraentes e por sua negociabilidade potencial.

A **NBC TG 28 – Propriedade para Investimento**, mais precisamente em seu item 62, diz o seguinte:

> 62. Até a data em que o imóvel ocupado pelo proprietário se torne propriedade para investimento escriturada pelo valor justo, a entidade deprecia a propriedade e reconhece quaisquer perdas por redução no valor recuperável (*impairment*) que tenham ocorrido. A entidade trata qualquer diferença nessa data entre o valor contábil da propriedade de acordo com a Norma NBC TG 27 e o seu valor justo da seguinte forma:
>
> a) qualquer diminuição resultante no valor contábil da propriedade é reconhecida no resultado. Porém, até o ponto em que a quantia esteja incluída em reavaliação anteriormente procedida nessa propriedade, a diminuição é debitada contra esse excedente de reavaliação;
>
> b) qualquer aumento resultante no valor contábil é tratado como se segue:
>
> - **até o ponto em que o aumento reverta perda anterior por *impairment* dessa propriedade, o aumento é reconhecido no resultado.** A quantia reconhecida no resultado não pode exceder a quantia necessária para repor o valor contábil para o valor contábil que teria sido determinado (líquido de depreciação) caso nenhuma perda por *impairment* tivesse sido reconhecida;
>
> - **qualquer parte remanescente do aumento é creditada diretamente no patrimônio líquido, em ajustes de avaliação patrimonial, como parte dos outros resultados abrangentes.** Na alienação subsequente da propriedade para investimento, eventual excedente de reavaliação incluído no patrimônio líquido deve ser transferido para lucros ou prejuízos acumulados, e a transferência do saldo remanescente excedente de avaliação também se faz diretamente para lucros ou prejuízos acumulados, e não por via da demonstração do resultado.

De acordo a NBC T 19.37 – Investimento em Coligada e em Controlada, o investimento é contabilizado pelo método de equivalência patrimonial a partir da data em que a investida se torna coligada ou controlada. Na aquisição do investimento, quaisquer diferenças entre o custo do investimento e a parte do investidor no valor justo dos ativos e passivos líquidos, identificáveis da investida, devem ser contabilizadas. O ágio fundamentado em rentabilidade futura (*goodwill*) relativo a uma coligada ou controlada (neste caso, no balanço individual da controladora) deve ser incluído no valor contábil do investimento e sua amortização não é permitida.

De acordo com a NBC T 7 – Efeitos das Mudanças nas Taxas de Câmbio e Conversão de Demonstrações Contábeis, na data de cada balanço, os itens monetários em moeda estrangeira devem ser convertidos usando-se a taxa de fechamento; e os itens não monetários que são mensurados ao custo histórico em uma moeda estrangeira devem ser convertidos, usando-se a taxa cambial da data da transação.

11.7.1 Objetivos

Os objetivos visados pelo auditor, no exame dos investimentos, compreendem o seguinte:

- determinação da existência de um sistema adequado de controle interno sobre investimentos e lucros deles decorrentes;
- determinação de que os investimentos apresentados nos registros do cliente realmente existem e são de propriedade dele;
- determinação de avaliação adequada para os investimentos e de apresentação correta deles nas demonstrações financeiras;
- descoberta e divulgação de eventuais ônus sobre os investimentos;
- determinação de registro adequado de resultados e de receitas com investimentos.

Muitos procedimentos de auditoria, usados para consecução dos objetivos citados, são semelhantes, conceitualmente, aos usados na verificação de vários dos outros ativos. Alguns aspectos da auditoria de investimentos, contudo, são peculiares a esse tipo de ativo, principalmente no tocante à avaliação e verificação do lucro auferido com eles.

11.7.2 Exame e confirmação

Os procedimentos usados pelo auditor para atingir o objetivo referente à existência e propriedade dos investimentos, normalmente, compreendem exame ou confirmação. Quando há títulos envolvidos, considera-se boa prática o auditor examiná-los e confrontá-los com a contagem feita pelo cliente. Se esse procedimento for impraticável, uma alternativa pode ser a confirmação com o encarregado externo da custódia dos bens. Antes de se fundamentar em uma confirmação dessa natureza, o auditor deve ponderar sobre as implicações e o risco de aceitar uma tal evidência e avaliar a reputação e os antecedentes financeiros de quem faz a confirmação.

Ao fazer uma contagem dos títulos, o auditor deve proceder de modo que possa detectar eventuais substituições de títulos. Primeiro, a verificação deve ser feita simultaneamente com a de outros ativos. **Simultaneamente**, aqui, significa de modo que impeça alguém desonesto de usar os títulos temporariamente para encobrir falta de dinheiro em alguma outra conta. Por exemplo, se não faz a verificação simultânea, o auditor pode não descobrir "empréstimo" de título negociável para ser dado como garantia de um financiamento, cujo produto será usado para repor um desfalque em alguma conta de Caixa.

Depois de o auditor ter verificado o Caixa, mas antes de verificar os investimentos, o título pode ser resgatado e substituído sem que se perceba algo. A verificação dos investimentos simultaneamente com os outros ativos deve possibilitar a descoberta de eventuais manipulações desse tipo. A simultaneidade consegue-se verificando todos os bens de ativo ao mesmo tempo ou usando-se criteriosamente os dispositivos de controle, para se ter certeza de que não houve acesso aos bens de ativo durante o período de verificação.

Durante as contagens de títulos, o auditor deve registrar a numeração em série destes. Comparando-se essa numeração dos títulos em mãos no encerramento do exercício com os números em série registrados, dos títulos em mão um ano antes, pode-se detectar qualquer alteração nos certificados e, talvez, o uso indevido dos títulos no decorrer do ano, com sua substituição no encerramento do exercício. Podem-se, também, comparar esses números com os avisos dos corretores, que documentam a compra de títulos a fim de se assegurar que os certificados contados são realmente os que o cliente possui. No caso de títulos registrados, isso é dispensável, uma vez que os certificados são emitidos em nome do proprietário.

Normalmente, não se procura confirmação com o emissor dos investimentos, quando estes são em forma de ações ou debêntures, porque as outras evidências disponíveis são muito boas. No entanto, quando o investimento assume a forma de um título ou adiantamento a uma empresa correlata, por exemplo, é necessária a confirmação. Se se tratar de investimentos garantidos por caução, o programa de auditoria deve conter disposições que previam inspeção e avaliação dessas garantias.

Procedimentos de avaliação

Os investimentos, em geral, são apresentados nas demonstrações financeiras pelo custo ou pelo preço de mercado, o que for mais baixo. Nos casos em que o investidor exerce algum controle sobre a investida, recomenda-se o método da participação proporcional no patrimônio líquido e quando se trata de empresas submetidas a regulamentação especial, os investimentos são apresentados pelo valor de mercado. Em praticamente toda auditoria que envolva investimentos, o auditor tem de tomar como ponto de referência alguma medida do valor corrente de mercado do investimento, para certificar-se de que o bem é devidamente avaliado.

As técnicas de determinação de valor de investimentos variam segundo o tipo destes. No caso de títulos cotados em bolsa, em geral se conseguem informações sobre o valor corrente em jornais e outras publicações. Muitas vezes, surgem situações em que um título é cotado em bolsa mas pouco negociado e, então, é relevante qualquer dado sobre as mais recentes transações com o mesmo. Se for uma debênture, os preços correntes de outras similares podem fornecer uma medida adequada do valor daquela em questão.

Quando os investimentos submetidos a exame consistem de títulos de uma empresa limitada, o exame das demonstrações financeiras da investida podem fornecer os melhores indícios do valor do investimento. Quando esse tem garantias, como no caso de hipoteca ou caução de outro bem, podem servir como evidências para a auditoria e corroborar o valor calculado, as avaliações de real existência, a possibilidade de transferência e o valor do bem garantido.

Quando o cliente usa o método de participação proporcional no patrimônio líquido, para contabilização dos investimentos em subsidiárias ou investidas, é necessário incluir uma parcela do lucro ou prejuízo da outra empresa na demonstração de lucros e perdas de sua própria companhia, fazendo as alterações correspondentes na conta de investimento. O auditor deve-se certificar da exatidão desse valor incluído e, para tanto, ele pode valer-se das demonstrações financeiras auditadas apresentadas pela outra empresa; todavia, em certos casos, deve insistir em examinar pessoalmente as demonstrações e a documentação hábil correspondente.

Verificação de aquisições, disposições, lucros e prejuízos

No período submetido a exame, o cliente pode ter feito transações de investimento que o auditor precisa examinar. Normalmente, um comitê para assuntos de investimento é que autoriza esse tipo de transações, ou, em casos de elas envolverem grandes quantias, a autorização é dada pela diretoria; as atas de assembleia desses dois órgãos dirigentes também fornecem evidência de autorização. No caso de títulos, os avisos enviados pelos corretores podem ser usados para documentar as transações. Esses avisos demonstram data e quantias das várias transações, assim como descrevem e identificam, pelos números, os títulos negociados. Se o auditor desejar ir mais além, pode solicitar diretamente ao corretor do cliente confirmação das transações.

Outros tipos de transações de investimento normalmente são documentados por transferência de títulos, que serve de evidência para a auditoria, na verificação dos registros da transação. Os lucros e prejuízos decorrentes de transações com investimentos podem ser verificados por meio de consulta aos mesmos documentos usados, para determinar o custo e o preço de venda do investimento. Se a evidência de que dispõe o auditor para as transações de investimento não for suficiente, ele não deve hesitar em procurá-la em fonte externa.

Nesses casos, são adequados os seguintes procedimentos:

- pedidos de confirmação de terceiros para a transação;
- consulta aos advogados representantes do cliente na transação e referência a registros públicos, se a transação tiver sido registrada neles.

Verificação do lucro de investimentos

Ao verificar o lucro decorrente de investimentos, o auditor tem de examinar evidências que lhe garantam serem os valores registrados corretamente, sem excesso nem faltas. Uma vez que o lucro de investimento, em muitos casos, é recebido de maneira irregular, tanto em frequência quanto em valor, é difícil controlá-lo. Esses recebimentos não programados podem não ser depositados nem registrados, durante muitos dias, constituindo uma ótima oportunidade para empregados desonestos que eventualmente tenham acesso a eles. Nos casos de investimentos em ações de empresas cotadas em bolsa, o auditor pode comparar o dividendo registrado com os dados publicados sobre dividendos. Os lucros provenientes de investimento em debêntures podem ser calculados com base no valor do par e na taxa nominal de juros. A incidência de juros e amortização de ágio e desconto pode ser verificada, também, por meio do cálculo.

O lucro de aluguel é examinado por meio de verificação dos contratos correspondentes. E para verificar os de publicação, o auditor pode solicitar confirmação ao pagador.

Controle interno sobre investimentos

Os sistemas de controle interno relativos a investimentos devem propiciar controle físico e contábil sobre os bens. O controle físico deve-se fazer sentir para garantir custódia segura aos investimentos, a fim de evitar perda, roubo ou uso indevido. O controle de que se trata consegue-se, no caso de títulos, colocando-os em custódia fora da empresa, por exemplo, em um banco. Se a própria empresa desejar manter custódia desses títulos, eles devem ser depositados em um local adequado como cofre ou caixa-forte.

O objetivo do exame nessa área é verificar o comportamento dos investimentos realizados pela empresa auditada. Corresponde a:

- Exame documental de títulos de investimentos – verificar os documentos comprobatórios da existência dos investimentos, como cautela de ações, certificados e contratos sociais.
- Verificação da contabilização do investimento – conferir cálculos, levando em consideração as aquisições e variações dos investimentos, confrontando com os registros contábeis e com a carta de responsabilidade da administração.
- Avaliação dos investimentos em controladas e coligadas – avaliar a aplicação do método da equivalência patrimonial, verificando:
    - descrição dos investimentos (companhia, natureza da ação, participação etc.);
    - aquisições e baixas de ações e quotas no período;
    - ajustes de equivalência patrimonial (ágios, deságios etc.).

Deve-se providenciar para que o acesso aos títulos seja controlado por duas pessoas, de modo que uma delas, agindo por si mesma, não possa apoderar-se dos títulos.

Os controles contábeis sobre investimentos e o lucro proveniente desses últimos devem exigir prestação de contas de investimentos individuais. Os registros contábeis de investimentos devem ser feitos por pessoa ou pessoas que não tenham acesso aos investimentos ou registros contábeis correspondentes. Devem-se desenvolver procedimentos sistemáticos para verificação da guarda do lucro de investimentos; pode-se, quase sempre, fazer uma programação do lucro que se espera obter com o investimento em determinado período, comparando-o, posteriormente, com o valor realmente obtido. O produto de vendas de investimentos deve ser protegido e as vendas, compras, lucros e prejuízos devem ser sistematicamente contabilizados por meio de procedimentos adequados.

Quadro 11.6   *Investimentos e outros ativos: relação de tipos de erros das demonstrações financeiras, objetivos de auditoria e testes substantivos de auditoria*

Tipos de erros das demonstrações financeiras	Objetivos de auditoria	Exemplos de testes substantivos de auditoria para alcançar os objetivos de auditoria
• Existência • Direitos • Valorização • Integridade	1. Os investimentos e outros ativos representam débitos apropriados ou valores cuja realização possa ser razoavelmente esperada através de operações ou de outro modo, e estão corretamente registrados.	• Análise de contas. • Contagem física de investimentos. • Confirmação da propriedade de investimentos em poder de Terceiros. • Revisão de contratos relacionados. • Procedimentos analíticos. • Avaliação de ajustes ao valor de mercado ou para registro da equivalência patrimonial.

Tipos de erros das demonstrações financeiras	Objetivos de auditoria	Exemplos de testes substantivos de auditoria para alcançar os objetivos de auditoria
• Valorização	2. A amortização acumulada reflete o total da amortização debitada a Resultados do Exercício, aplicada em uma base consistente.	• Revisão da razoabilidade das contas de amortização. • Análise de contas.
• Alocação	3. A amortização de outros ativos foi corretamente registrada.	• Recálculo da amortização.
• Ocorrência • Integridade	4. Receitas, despesas e ganhos e perdas associados com investimentos foram contabilizados corretamente em uma base consistente.	• Análise de contas. • Revisão de informações financeiras das empresas investidas.
• Valorização • Alocação	5. Qualquer diminuição não temporária no valor de investimentos e outros ativos foi reconhecida como um débito a Resultados do Exercício.	• Pesquisa sobre mudanças em condições econômicas ou outros fatores que são atribuíveis à diminuição de valor.
• Apresentação e Divulgação	6. Os investimentos e outros ativos estão corretamente descritos e classificados, e as devidas divulgações (incluindo valores caucionados) relativas a esses valores foram feitas.	• Revisão das demonstrações financeiras e comparação das divulgações feitas com os requisitos das normas de contabilidade.

Apresentação de investimentos nas demonstrações financeiras

Os investimentos geralmente são apresentados nas demonstrações financeiras pelo custo ou preço de mercado, o que for mais baixo, e é comum divulgar-se o custo e o valor de mercado da carteira de investimentos. Se o investimento resultar no controle significativo da investida, recomenda-se o método da participação proporcional no patrimônio líquido, para apresentação nas demonstrações financeiras. Se os investimentos estiverem caucionados ou sujeitos a qualquer outra modalidade de ônus, o fato deve ser divulgado nas demonstrações financeiras. Se houve alguma garantia para o investimento, é preciso divulgar também esse aspecto.

Da natureza do investimento e do objetivo da administração com relação ao mesmo vai depender sua classificação em ativo circulante a longo prazo ou investimento permanente. Para ser considerado como ativo circulante, o investimento deve ser realizável a curto prazo e a administração deve ter a pretensão de transformá-lo em disponibilidade, no período seguinte. Os investimentos que fazem parte de um fundo e, consequentemente, destinam-se a um fim específico devem ser identificados como tal.

11.8 ATIVO INTANGÍVEL

O ativo intangível é um ativo não monetário identificável sem substância física, conforme a NBC TG 04 – Ativo Intangível. Segundo essa norma, "a entidade controla um ativo quando detém o poder de obter benefícios econômicos futuros gerados pelo recurso subjacente e de restringir o acesso de terceiros a esses benefícios".

Ainda conforme a NBC TG 04:

> a entidade pode possuir uma carteira de clientes ou ter participação de mercado e esperar que, em virtude dos seus esforços para criar relacionamentos e fidelizar clientes, estes continuarão a negociar com a entidade. No entanto, a ausência de direitos legais de proteção ou de outro tipo de controle sobre as relações com os clientes ou a sua fidelidade faz com que a entidade normalmente não tenha controle suficiente sobre os benefícios econômicos previstos, gerados do relacionamento com os clientes e de sua fidelidade, para considerar que tais itens (por exemplo, carteira de clientes, participação de mercado, relacionamento e fidelidade dos clientes) se enquadrem na definição de ativo intangível. Entretanto, na ausência de direitos legais de proteção do relacionamento com clientes, a capacidade de realizar operações com esses clientes ou similares por meio de relações não contratuais (que não sejam as advindas de uma combinação de negócios) fornece evidências de que a entidade é, mesmo assim, capaz de controlar os eventuais benefícios econômicos futuros gerados pelas relações com clientes. Uma vez que tais operações também fornecem evidências de que esse relacionamento com clientes é separável, ele pode ser definido como ativo intangível.

Os termos a seguir são utilizados, conforme a NBC TG 04 – Ativo Intangível, com os seguintes significados:

- **Mercado ativo** é um mercado no qual se verificam todas as seguintes condições:
    - os itens transacionados no mercado são homogêneos;
        - compradores e vendedores dispostos a negociar podem ser encontrados a qualquer momento; e
    - os preços estão disponíveis para o público.
- **Combinação de negócios** é uma operação ou outro evento por meio do qual a adquirente obtém o controle de um ou mais negócios, independentemente da forma jurídica da operação.
- **Data de aquisição** de uma combinação de negócios é a data em que a adquirente obtém efetivamente o controle sobre a adquirida.
- **Amortização** é a alocação sistemática do valor amortizável de ativo intangível ao longo da sua vida útil.
- **Ativo** é um recurso:
    - controlado pela entidade como resultado de eventos passados; e
    - do qual se espera que resultem benefícios econômicos futuros para a entidade.
- **Valor contábil** é o valor pelo qual um ativo é reconhecido no balanço patrimonial após a dedução da amortização acumulada e da perda por desvalorização.

- **Custo** é o montante de caixa ou equivalente de caixa pago ou o valor justo de qualquer outra contraprestação dada para adquirir um ativo na data da sua aquisição ou construção, ou ainda, se for o caso, o valor atribuído ao ativo quando inicialmente reconhecido de acordo com as disposições específicas de outra norma como, por exemplo, a NBC TG 10 – Pagamento Baseado em Ações.
- **Valor amortizável** é o custo de um ativo ou outro valor que substitua o custo, menos o seu valor residual.
- **Desenvolvimento** é a aplicação dos resultados da pesquisa ou de outros conhecimentos em um plano ou projeto visando à produção de materiais, dispositivos, produtos, processos, sistemas ou serviços novos ou substancialmente aprimorados, antes do início da sua produção comercial ou do seu uso.
- **Valor específico para a entidade** é o valor presente dos fluxos de caixa que uma entidade espera (i) obter com o uso contínuo de um ativo e com a alienação ao final da sua vida útil ou (ii) incorrer para a liquidação de um passivo.
- **Valor justo de um ativo** é o valor pelo qual um ativo pode ser negociado entre partes interessadas, conhecedoras do negócio e independentes entre si, com ausência de fatores que pressionem para a liquidação da transação ou que caracterizem uma transação compulsória.
- **Perda por desvalorização** é o valor pelo qual o valor contábil de um ativo ou de uma unidade geradora de caixa excede seu valor recuperável (NBC TG 01 – Redução ao Valor Recuperável de Ativos).
- **Ativo intangível** é um ativo não monetário identificável sem substância física.
- **Ativo monetário** é aquele representado por dinheiro ou por direitos a serem recebidos em uma quantia fixa ou determinável de dinheiro.
- **Pesquisa** é a investigação original e planejada realizada com a expectativa de adquirir novo conhecimento e entendimento científico ou técnico.
- **Valor residual** de um ativo intangível é o valor estimado que uma entidade obteria com a venda do ativo, após deduzir as despesas estimadas de venda, caso o ativo já tivesse a idade e a condição esperadas para o fim de sua vida útil.
- **Vida útil** é:
  - o período de tempo no qual a entidade espera utilizar um ativo; ou
  - o número de unidades de produção ou de unidades semelhantes que a entidade espera obter pela utilização do ativo.

As entidades frequentemente despendem recursos ou contraem obrigações com a aquisição, o desenvolvimento, a manutenção ou o aprimoramento de recursos intangíveis como conhecimento científico ou técnico, projeto e implantação de novos processos ou sistemas, licenças, propriedade intelectual, conhecimento mercadológico, nome, reputação, imagem e marcas registradas (incluindo nomes comerciais e títulos de publicações). Exemplos de itens que se enquadram nessas categorias amplas são: *softwares*, patentes, direitos autorais, direitos sobre filmes cinematográficos, listas de clientes, direitos sobre hipotecas, licenças de pesca, quotas de importação, franquias, relacionamentos com clientes ou fornecedores, fidelidade de clientes, participação no mercado e direitos de comercialização.

Nem todos os itens que foram descritos se enquadram na definição de ativo intangível, ou seja, são identificáveis, controlados e geradores de benefícios econômicos futuros. Caso um item não atenda à definição de ativo intangível, o gasto incorrido na sua aquisição ou geração interna deve ser reconhecido como despesa quando incorrido. No entanto, se o item for adquirido em uma combinação de negócios, passa a fazer parte do ágio derivado da expectativa de rentabilidade futura (*goodwill*) reconhecido na data da aquisição.

11.8.1 Identificação

A definição de ativo intangível requer que ele seja identificável, para diferenciá-lo do ágio derivado da expectativa de rentabilidade futura (*goodwill*). O ágio derivado da expectativa de rentabilidade futura (*goodwill*) reconhecido em uma combinação de negócios é um ativo que representa benefícios econômicos futuros gerados por outros ativos adquiridos em uma combinação de negócios, que não são identificados individualmente e reconhecidos separadamente. Tais benefícios econômicos futuros podem advir da sinergia entre os ativos identificáveis adquiridos ou de ativos que, individualmente, não se qualificam para reconhecimento em separado nas demonstrações contábeis.

Um ativo irá satisfazer o critério de identificação, em termos de definição de um ativo intangível, quando:

- for separável, ou seja, puder ser separado da entidade e vendido, transferido, licenciado, alugado ou trocado, individualmente ou junto com um contrato, ativo ou passivo relacionado, independentemente da intenção de uso pela entidade; ou
- resultar de direitos contratuais ou outros direitos legais, independentemente de tais direitos serem transferíveis ou separáveis da entidade ou de outros direitos e obrigações.

11.8.2 Controle

A entidade controla um ativo quando detém o poder de obter benefícios econômicos futuros gerados pelo recurso subjacente e de restringir o acesso de terceiros a esses benefícios. Normalmente, a capacidade da entidade de controlar os benefícios econômicos futuros de ativo intangível advém de direitos legais que possam ser exercidos num tribunal. A ausência de direitos legais dificulta a comprovação do controle. No entanto, a imposição legal de um direito não é uma condição imprescindível para o controle, visto que a entidade pode controlar benefícios econômicos futuros de outra forma.

O conhecimento de mercado e o técnico podem gerar benefícios econômicos futuros. A entidade controla esses benefícios se, por exemplo, o conhecimento for protegido por direitos legais, tais como direitos autorais, uma limitação de um acordo comercial (se permitida) ou o dever legal dos empregados de manterem a confidencialidade.

A entidade pode dispor de equipe de pessoal especializado e ser capaz de identificar habilidades adicionais que gerarão benefícios econômicos futuros a partir do treinamento. A entidade pode, também, esperar que esse pessoal continue a disponibilizar as suas habilidades. Entretanto, o controle da entidade sobre os eventuais benefícios econômicos futuros gerados pelo pessoal especializado e pelo treinamento é insuficiente para que esses itens se enquadrem na definição de ativo intangível. Por razão semelhante, raramente um talento gerencial ou técnico específico atende à definição de ativo intangível, a não ser que esteja protegido por direitos legais sobre a sua utilização e obtenção dos benefícios econômicos futuros, além de se enquadrar nos outros aspectos da definição.

A entidade pode ter uma carteira de clientes ou participação de mercado e esperar que, em virtude dos seus esforços para criar relacionamentos e fidelizar clientes, estes continuarão a negociar com a entidade. No entanto, a ausência de direitos legais de proteção ou de outro tipo de controle sobre as relações com os clientes ou a sua fidelidade faz com que a entidade normalmente não tenha controle suficiente sobre os benefícios econômicos previstos, gerados do relacionamento com os clientes e de sua fidelidade, para considerar que tais itens (por exemplo, carteira de clientes, participação de mercado, relacionamento e fidelidade dos clientes) se enquadrem na definição de ativo intangível. Entretanto, na ausência de direitos legais de proteção do relacionamento com clientes, a capacidade de realizar operações com esses clientes ou similares por meio de relações não contratuais (que não sejam as advindas de uma combinação de negócios) fornece evidências de que a entidade é, mesmo assim, capaz de controlar os eventuais benefícios econômicos futuros gerados pelas relações com clientes. Uma vez que tais operações também fornecem evidências de que esse relacionamento com clientes é separável, ele pode ser definido como ativo intangível.

11.8.3 Benefício econômico futuro

Os benefícios econômicos futuros gerados por ativo intangível podem incluir a receita da venda de produtos ou serviços, redução de custos ou outros benefícios resultantes do uso do ativo pela entidade. Por exemplo, o uso da propriedade intelectual em um processo de produção pode reduzir os custos de produção futuros em vez de aumentar as receitas futuras.

11.8.4 Reconhecimento e mensuração

O reconhecimento de um item como ativo intangível exige que a entidade demonstre que ele atende:

- a definição de ativo intangível; e
- os critérios de reconhecimento.

Este requerimento é aplicável a custos incorridos inicialmente para adquirir ou gerar internamente um ativo intangível e aos custos incorridos posteriormente para acrescentar algo, substituir parte ou recolocá-lo em condições de uso.

A natureza dos ativos intangíveis implica, em muitos casos, não haver o que ser adicionado ao ativo nem se poder substituir parte dele. Por conseguinte, a maioria dos gastos subsequentes provavelmente são efetuados para manter a expectativa de benefícios econômicos futuros incorporados ao ativo intangível existente, e não atendem à definição de ativo intangível, tampouco aos critérios de reconhecimento da presente Norma. Além disso, dificilmente gastos subsequentes são atribuídos diretamente a determinado ativo intangível em vez da entidade como um todo. Portanto, somente em raras ocasiões os gastos subsequentes (incorridos após o reconhecimento inicial de ativo intangível adquirido ou a conclusão de item gerado internamente) devem ser reconhecidos no valor contábil de um ativo. Em conformidade com o item 63, gastos subsequentes com marcas, títulos de publicações, logomarcas, listas de clientes e itens de natureza similar (quer sejam eles adquiridos externamente ou gerados internamente) sempre devem ser reconhecidos no resultado, quando incorridos, uma vez que não se consegue separá-los de outros gastos incorridos no desenvolvimento do negócio como um todo.

Um ativo intangível deve ser reconhecido apenas se:

- for provável que os benefícios econômicos futuros esperados atribuíveis ao ativo serão gerados em favor da entidade; e
- o custo do ativo possa ser mensurado com confiabilidade.

A entidade deve avaliar a probabilidade de geração de benefícios econômicos futuros utilizando premissas razoáveis e comprováveis que representem a melhor estimativa da administração em relação ao conjunto de condições econômicas que existirão durante a vida útil do ativo.

A entidade deve utilizar seu julgamento para avaliar o grau de certeza relacionado ao fluxo de benefícios econômicos futuros atribuíveis ao uso do ativo, com base nas evidências disponíveis no momento do reconhecimento inicial, dando maior peso às evidências externas.

Um ativo intangível deve ser reconhecido inicialmente ao custo.

11.8.5 Aquisição separada

Normalmente, o preço que a entidade paga para adquirir separadamente um ativo intangível reflete sua expectativa sobre a probabilidade de os benefícios econômicos futuros esperados, incorporados no ativo, serem gerados a seu favor. Em outras palavras, a entidade espera que haja benefícios econômicos a seu favor, mesmo com incertezas em relação à época e ao valor desses benefícios econômicos.

Além disso, o custo de ativo intangível adquirido em separado pode normalmente ser mensurado com confiabilidade, sobretudo quando o valor é pago em dinheiro ou com outros ativos monetários.

O custo de ativo intangível adquirido separadamente inclui:

- seu preço de compra, acrescido de impostos de importação e impostos não recuperáveis sobre a compra, depois de deduzidos os descontos comerciais e abatimentos; e
- qualquer custo diretamente atribuível à preparação do ativo para a finalidade proposta.

Exemplos de custos diretamente atribuíveis são:

- custos de benefícios aos empregados (conforme definido na NBC TG 33 – Benefícios a Empregados) incorridos diretamente para que o ativo fique em condições operacionais (de uso ou funcionamento);
- honorários profissionais diretamente relacionados para que o ativo fique em condições operacionais; e
- custos com testes para verificar se o ativo está funcionando adequadamente.

Exemplos de gastos que não fazem parte do custo de ativo intangível:

- custos incorridos na introdução de novo produto ou serviço (incluindo propaganda e atividades promocionais);

- custos da transferência das atividades para novo local ou para nova categoria de clientes (incluindo custos de treinamento); e
- custos administrativos e outros custos indiretos.

O reconhecimento dos custos no valor contábil de ativo intangível cessa quando esse ativo está nas condições operacionais pretendidas pela administração. Portanto, os custos incorridos no uso ou na transferência ou reinstalação de ativo intangível não devem ser incluídos no seu valor contábil, como, por exemplo, os seguintes custos:

- custos incorridos durante o período em que um ativo capaz de operar nas condições operacionais pretendidas pela administração não é utilizado; e
- prejuízos operacionais iniciais, tais como os incorridos enquanto a demanda pelos produtos do ativo é estabelecida.

Algumas operações realizadas em conexão com o desenvolvimento de ativo intangível não são necessárias para deixá-lo em condições operacionais pretendidas pela administração. Essas atividades eventuais podem ocorrer antes ou durante as atividades de desenvolvimento. Como essas atividades não são necessárias para que um ativo fique em condições de funcionar da maneira pretendida pela administração, as receitas e as despesas relacionadas devem ser reconhecidas imediatamente no resultado e incluídas nas suas respectivas classificações de receita e despesa.

Se o prazo de pagamento de ativo intangível excede os prazos normais de crédito, seu custo deve ser o equivalente ao preço à vista. A diferença entre esse valor e o total dos pagamentos deve ser reconhecida como despesa com juros, durante o período, a menos que seja passível de capitalização, como custo financeiro diretamente identificável de ativo, durante o período em que esteja sendo preparado para o uso pretendido pela administração (quando se tratar de ativo que leva necessariamente um período substancial de tempo para ficar pronto para o seu uso). Nesse último caso, o custo financeiro deve ser capitalizado no valor do ativo de acordo com a NBC TG 20 – Custos de Empréstimos.

11.8.6 Aquisição como parte de combinação de negócios

De acordo com a NBC TG 15 – Combinação de Negócios, se um ativo intangível for adquirido em uma combinação de negócios, o seu custo deve ser o valor justo na data de aquisição, o qual reflete as expectativas sobre a probabilidade de que os benefícios econômicos futuros incorporados no ativo serão gerados em favor da entidade. Em outras palavras, a entidade espera que haja benefícios econômicos em seu favor, mesmo com incerteza em relação à época e ao valor desses benefícios econômicos. Portanto, a condição de probabilidade a que se refere o item 21(a) é sempre considerada atendida para ativos intangíveis adquiridos em uma combinação de negócios. Se um ativo adquirido em uma combinação de negócios for separável ou resultar de direitos contratuais ou outros direitos legais, considera-se que exista informação suficiente para mensurar com confiabilidade o seu valor justo. Portanto, o critério de mensuração previsto no item 21(b) é sempre considerado atendido para ativos intangíveis adquiridos em uma combinação de negócios.

De acordo com a NBC TG 15 – Combinação de Negócios, o adquirente deve reconhecer na data da aquisição, separadamente do ágio derivado da expectativa de rentabilidade futura (*goodwill*) apurado em uma combinação de negócios, um ativo intangível da adquirida, independentemente de o ativo ter sido reconhecido pela adquirida antes da aquisição da empresa. Isso significa que a adquirente reconhece como ativo, separadamente do ágio derivado da expectativa de rentabilidade futura (*goodwill*), um projeto de pesquisa e desenvolvimento em andamento da adquirida se o projeto atender à definição de ativo intangível. Um projeto de pesquisa e desenvolvimento em andamento da adquirida atende à definição de ativo intangível quando:

- corresponde à definição de ativo; e
- é identificável, ou seja, é separável ou resulta de direitos contratuais ou outros direitos legais.

11.8.7 Mensuração do valor justo de ativo intangível adquirido em combinação de negócios

Se um ativo intangível adquirido em uma combinação de negócios for separável ou resultar de direitos contratuais ou outros direitos legais, considera-se que o seu valor justo pode ser mensurado com confiabilidade. Quando, para as estimativas utilizadas na avaliação do valor justo de ativo intangível, existir uma gama de resultados possíveis, com diferentes probabilidades, a incerteza passa a fazer parte da determinação do valor justo. Se um ativo intangível adquirido em uma combinação de negócios tiver vida útil definida, haverá a presunção de que o valor justo possa ser estimado com segurança.

Um ativo intangível adquirido em combinação de negócios pode ser separável, mas apenas em conjunto com um contrato a ele relacionado, ativo ou passivo identificável. Nesses casos, a adquirente deve reconhecer o ativo intangível separadamente do ágio derivado da expectativa de rentabilidade futura (*goodwill*), mas em conjunto com o item relacionado.

O adquirente pode reconhecer um grupo de ativos intangíveis complementares como um único ativo desde que os ativos individuais no grupo tenham vida útil semelhante. Por exemplo, as expressões "marca" e "nome comercial" são muitas vezes utilizadas como sinônimos de marcas registradas. No entanto, as primeiras são nomes comerciais genéricos que são usados para se referir a um grupo de ativos complementares, como marca comercial (ou marca de serviço) e os seus respectivos nome comercial, fórmulas, receitas e especialização técnica.

Os preços de mercado cotados em mercado ativo oferecem uma estimativa confiável do valor justo de ativo intangível. O preço de mercado adequado costuma ser o preço corrente de oferta de compra. Se não estiver disponível, o preço da operação similar mais recente pode oferecer uma base de estimativa do valor justo, desde que não tenha ocorrido nenhuma mudança econômica significativa entre a data da operação e a data em que o valor justo do ativo é estimado.

Se não existir mercado ativo para um ativo intangível, o seu valor justo será o valor que a entidade teria pago por ele, na data de aquisição, em operação sem favorecimento entre partes conhecedoras do assunto e dispostas a negociar com base na melhor informação disponível. Na apuração desse valor, a entidade deve considerar o resultado de operações recentes com ativos similares. Por exemplo, a entidade pode aplicar múltiplos que reflitam transações correntes de mercado para indicadores que ajudam a determinar a rentabilidade do ativo (como receita, lucro operacional ou lucro antes de participações, impostos, depreciação e amortização).

As entidades envolvidas na compra e venda de ativos intangíveis podem desenvolver técnicas para mensurar indiretamente os seus valores justos. Essas técnicas podem ser utilizadas para a mensuração inicial de ativo intangível adquirido em combinação de negócios se o seu objetivo for estimar o valor justo e se refletirem operações e práticas correntes no setor a que esses ativos pertencem. Essas técnicas incluem, conforme o caso:

- desconto de fluxos de caixa futuros líquidos do ativo;
- estimativa dos custos que a entidade evita por possuir o ativo intangível e por não necessitar de:
    - licença de outra parte em transação em base usual de mercado sem favorecimento (como na abordagem de dispensa de *royalty*, no uso de fluxo de caixa líquido descontado); ou
    - recriá-la ou substituí-la (como na abordagem de custo).

11.8.8 Gastos subsequentes em projeto de pesquisa e desenvolvimento em andamento adquirido

Gastos de pesquisa ou desenvolvimento:

- relativos a projeto de pesquisa e desenvolvimento em andamento, adquirido em separado ou em combinação de negócios e reconhecido como ativo intangível; e
- incorridos após a aquisição desse projeto, devem ser contabilizados de acordo com os itens 54 a 62 da Resolução CFC nº 1.303/2010.

A aplicação das disposições dos itens 54 a 62 significa que os gastos subsequentes de projeto de pesquisa e desenvolvimento em andamento, adquirido separadamente ou em uma combinação de negócios e reconhecido como ativo intangível, devem ser reconhecidos da seguinte maneira:

- gastos de pesquisa – como despesa quando incorridos;
- gastos de desenvolvimento que não atendem aos critérios de reconhecimento como ativo intangível, previstos no item 57 – como despesa quando incorridos; e
- gastos de desenvolvimento em conformidade com referidos critérios de reconhecimento do item 57 – adicionados ao valor contábil do projeto de pesquisa ou desenvolvimento em andamento adquirido.

11.8.9 Aquisição por meio de subvenção ou assistência governamentais

Em alguns casos, um ativo intangível pode ser adquirido sem custo ou por valor nominal, por meio de subvenção ou assistência governamentais. Isso pode ocorrer quando um governo transfere ou destina a uma entidade ativos intangíveis, como direito de aterrissagem em aeroporto, licenças para operação de estações de rádio ou de televisão, licenças de importação ou quotas ou direitos de acesso a outros recursos restritos. Uma entidade tem a faculdade de reconhecer inicialmente ao valor justo tanto o ativo intangível quanto a concessão governamental. Se uma entidade optar por não reconhecer inicialmente ao valor justo o ativo, ela deve reconhecer o ativo inicialmente ao valor nominal acrescido de quaisquer gastos que sejam diretamente atribuídos à preparação do ativo para o uso pretendido.

11.8.10 Permuta de ativos

Um ou mais ativos intangíveis podem ser adquiridos por meio de permuta por ativo ou ativos não monetários, ou conjunto de ativos monetários e não monetários. O ativo ou ativos objeto de permuta podem ser de mesma natureza ou de naturezas diferentes. O texto a seguir refere-se apenas à permuta de ativo não monetário por outro; todavia, o mesmo conceito pode ser aplicado a todas as permutas descritas anteriormente. O custo de ativo intangível é mensurado pelo valor justo a não ser que (a) a operação de permuta não tenha natureza comercial ou (b) o valor justo do ativo recebido e do ativo cedido não possa ser mensurado com confiabilidade. O ativo adquirido deve ser mensurado dessa forma mesmo que a entidade não consiga dar baixa imediata ao ativo cedido. Se o ativo adquirido não for mensurável ao valor justo, seu custo deve ser determinado pelo valor contábil do ativo cedido.

A entidade deve determinar se a operação de permuta tem natureza comercial considerando até que ponto os seus fluxos de caixa futuros serão modificados em virtude da operação. A operação de permuta terá natureza comercial se:

a) a configuração (ou seja, risco, oportunidade e valor) dos fluxos de caixa do ativo recebido for diferente da configuração dos fluxos de caixa do ativo cedido; ou

b) o valor específico para a entidade de parcela das suas atividades for afetado pelas mudanças resultantes da permuta; e

c) a diferença em (a) ou (b) for significativa em relação ao valor justo dos ativos permutados.

Para determinar se uma operação de permuta tem natureza comercial, o valor específico para a entidade da parcela das suas atividades afetado pela operação deve estar refletido nos fluxos de caixa após os efeitos da sua tributação. O resultado dessas análises pode ficar claro sem que a entidade realize cálculos detalhados.

Uma das condições de reconhecimento de ativo intangível é a mensuração do seu custo com confiabilidade. O valor justo de ativo intangível para o qual não existem transações comparáveis só poderá ser mensurado com confiabilidade: (a) se a variabilidade da faixa de estimativas de valor justo razoável não for significativa ou (b) se as probabilidades de várias estimativas, dentro dessa faixa, puderem ser razoavelmente avaliadas e utilizadas na mensuração do valor justo. Caso a entidade seja capaz de mensurar com confiabilidade tanto o valor justo do ativo recebido como do ativo cedido, então o valor justo do segundo deve ser usado para determinar o custo, a não ser que o valor justo do primeiro seja mais evidente.

11.8.11 Ágio derivado da expectativa de rentabilidade futura (*goodwill*) gerado internamente

O ágio derivado da expectativa de rentabilidade futura (*goodwill*) gerado internamente não deve ser reconhecido como ativo.

Em alguns casos, incorre-se em gastos para gerar benefícios econômicos futuros, mas que não resultam na criação de ativo intangível que se enquadre nos critérios de reconhecimento estabelecidos na presente Norma. Esses gastos costumam ser descritos como contribuições para o ágio derivado da expectativa de rentabilidade futura (*goodwill*) gerado internamente, o qual não é reconhecido como ativo porque não é um recurso identificável (ou seja, não é separável nem advém de direitos contratuais ou outros direitos legais) controlado pela entidade que pode ser mensurado com confiabilidade ao custo.

As diferenças entre valor de mercado da entidade e o valor contábil de seu patrimônio líquido, a qualquer momento, podem incluir uma série de fatores que afetam o valor da entidade. No entanto, essas diferenças não representam o custo dos ativos intangíveis controlados pela entidade.

11.8.12 Ativo intangível gerado internamente

Por vezes, é difícil avaliar se um ativo intangível gerado internamente se qualifica para o reconhecimento, devido às dificuldades para:

- identificar se, e quando, existe um ativo identificável que gerará benefícios econômicos futuros esperados; e
- determinar com confiabilidade o custo do ativo. Em alguns casos, não é possível separar o custo incorrido com a geração interna de ativo intangível do custo da manutenção ou melhoria do ágio derivado da expectativa de rentabilidade futura (*goodwill*) gerado internamente ou com as operações regulares (do dia a dia) da entidade.

Portanto, além de atender às exigências gerais de reconhecimento e mensuração inicial de ativo intangível, a entidade deve aplicar os requerimentos e orientações a seguir, em todos os ativos intangíveis gerados.

Para avaliar se um ativo intangível gerado internamente atende aos critérios de reconhecimento, a entidade deve classificar a geração do ativo:

- na fase de pesquisa; e/ou
- na fase de desenvolvimento.

Embora os termos "pesquisa" e "desenvolvimento" estejam definidos, as expressões "fase de pesquisa" e "fase de desenvolvimento" têm significado mais amplo.

Caso a entidade não consiga diferenciar a fase de pesquisa da fase de desenvolvimento de projeto interno de criação de ativo intangível, o gasto com o projeto deverá ser tratado como incorrido apenas na fase de pesquisa.

11.8.12.1 *Fase de pesquisa*

Nenhum ativo intangível resultante de pesquisa (ou da fase de pesquisa de projeto interno) deve ser reconhecido. Os gastos com pesquisa (ou da fase de pesquisa de projeto interno) devem ser reconhecidos como despesa quando incorridos.

Durante a fase de pesquisa de projeto interno, a entidade não está apta a demonstrar a existência de ativo intangível que gerará prováveis benefícios econômicos futuros. Portanto, tais gastos devem ser reconhecidos como despesa quando incorridos.

São exemplos de atividades de pesquisa:

- atividades destinadas à obtenção de novo conhecimento;
- busca, avaliação e seleção final das aplicações dos resultados de pesquisa ou outros conhecimentos;
- busca de alternativas para materiais, dispositivos, produtos, processos, sistemas ou serviços; e
- formulação, projeto, avaliação e seleção final de alternativas possíveis para materiais, dispositivos, produtos, processos, sistemas ou serviços novos ou aperfeiçoados.

11.8.12.2 Fase de desenvolvimento

Um ativo intangível resultante de desenvolvimento (ou da fase de desenvolvimento de projeto interno) deve ser reconhecido somente se a entidade puder demonstrar todos os aspectos a seguir:

- viabilidade técnica para concluir o ativo intangível de forma que ele seja disponibilizado para uso ou venda;
- intenção de concluir o ativo intangível e de usá-lo ou vendê-lo;
- capacidade para usar ou vender o ativo intangível;
- forma como o ativo intangível deve gerar benefícios econômicos futuros. Entre outros aspectos, a entidade deve demonstrar a existência de mercado para os produtos do ativo intangível ou para o próprio ativo intangível ou, caso este se destine ao uso interno, a sua utilidade;
- disponibilidade de recursos técnicos, financeiros e outros recursos adequados para concluir seu desenvolvimento e usar ou vender o ativo intangível; e
- capacidade de mensurar com confiabilidade os gastos atribuíveis ao ativo intangível durante seu desenvolvimento.

Na fase de desenvolvimento de projeto interno, a entidade pode, em alguns casos, identificar um ativo intangível e demonstrar que este gerará prováveis benefícios econômicos futuros, uma vez que a fase de desenvolvimento de um projeto é mais avançada do que a fase de pesquisa.

São exemplos de atividades de desenvolvimento:

- projeto, construção e teste de protótipos e modelos pré-produção ou pré-utilização;
- projeto de ferramentas, gabaritos, moldes e matrizes que envolvam nova tecnologia;
- projeto, construção e operação de fábrica-piloto, desde que já não esteja em escala economicamente viável para produção comercial; e
- projeto, construção e teste da alternativa escolhida de materiais, dispositivos, produtos, processos, sistemas e serviços novos ou aperfeiçoados.

Para demonstrar como um ativo intangível gerará prováveis benefícios econômicos futuros, a entidade deve avaliar os benefícios econômicos a serem obtidos por meio desse ativo. Se o ativo gera benefícios econômicos somente em conjunto com outros ativos, deve ser considerado o conceito de unidades geradoras de caixa.

A disponibilidade de recursos para concluir, usar e obter os benefícios gerados por um ativo intangível pode ser evidenciada, por exemplo, por um plano de negócios que demonstre os recursos técnicos, financeiros e outros recursos necessários, e a capacidade da entidade de garantir esses recursos. Em alguns casos, a entidade demonstra a disponibilidade de recursos externos ao conseguir, junto a um financiador, indicação de que ele está disposto a financiar o plano.

Os sistemas de custeio de uma entidade podem muitas vezes mensurar com confiabilidade o custo da geração interna de ativo intangível e outros gastos incorridos para obter direitos autorais, licenças ou para desenvolver *software* de computadores.

Marcas, títulos de publicações, listas de clientes e outros itens similares, gerados internamente, não devem ser reconhecidos como ativos intangíveis.

Os gastos incorridos com marcas, títulos de publicações, listas de clientes e outros itens similares não podem ser separados dos custos relacionados ao desenvolvimento do negócio como um todo. Dessa forma, esses itens não devem ser reconhecidos como ativos intangíveis.

11.8.13 Custo de ativo intangível gerado internamente

O custo de um ativo intangível gerado internamente que se qualifica para o reconhecimento contábil se limita à soma dos gastos incorridos a partir do momento em que o ativo intangível atende aos critérios de reconhecimento. Não permite a reintegração de gastos anteriormente reconhecidos como despesa.

O custo de ativo intangível gerado internamente inclui todos os gastos diretamente atribuíveis, necessários a criação, produção e preparação do ativo para ser capaz de funcionar da forma pretendida pela administração. Exemplos de custos diretamente atribuíveis:

- gastos com materiais e serviços consumidos ou utilizados na geraçao do ativo intangível;
- custos de benefícios a empregados relacionados à geração do ativo intangível;
- taxas de registro de direito legal; e
- amortização de patentes e licenças utilizadas na geração do ativo intangível.

A NBC TG 20 – Custos de Empréstimos especifica critérios para o reconhecimento dos juros como um elemento do custo de um ativo intangível gerado internamente.

Os seguintes itens não são componentes do custo de ativo intangível gerado internamente:

- gastos com vendas, administrativos e outros gastos indiretos, exceto se tais gastos puderem ser atribuídos diretamente à preparação do ativo para uso;
- ineficiências identificadas e prejuízos operacionais iniciais incorridos antes de o ativo atingir o desempenho planejado; e
- gastos com o treinamento de pessoal para operar o ativo.

11.8.14 Reconhecimento de despesa

Os gastos com um item intangível devem ser reconhecidos como despesa quando incorridos, exceto:

- se fizerem parte do custo de ativo intangível que atenda aos critérios de reconhecimento; ou
- se o item é adquirido em uma combinação de negócios e não pode ser reconhecido como ativo intangível. Nesse caso, esse gasto (incluído no custo da combinação de negócios) deve fazer parte do valor atribuível ao ágio derivado da expectativa de rentabilidade futura (*goodwill*) na data de aquisição.

Em alguns casos são incorridos gastos para gerar benefícios econômicos futuros à entidade, sem a aquisição ou criação de ativo intangível ou outros ativos passíveis de serem reconhecidos. No caso do fornecimento de produtos, a entidade deve reconhecer esse gasto como despesa quando tiver o direito de acessar aqueles produtos. No caso do fornecimento de serviços, a entidade deve reconhecer o gasto como despesa quando receber os serviços. Por exemplo, gastos com pesquisa devem ser reconhecidos como despesa quando incorridos, exceto quando forem adquiridos como parte de uma combinação de negócios. Exemplos de outros gastos a serem reconhecidos como despesa quando incorridos:

- gastos com atividades pré-operacionais destinadas a constituir a empresa (ou seja, custo do início das operações), exceto se estiverem incluídas no custo de um item do ativo imobilizado. O custo do início das operações pode incluir custos de estabelecimento, tais como custos jurídicos e de secretaria, incorridos para constituir a pessoa jurídica, gastos para abrir novas instalações ou negócio (ou seja, custos pré-abertura) ou gastos com o início de novas unidades operacionais ou o lançamento de novos produtos ou processos;
- gastos com treinamento;
- gastos com publicidade e atividades promocionais (incluindo envio de catálogos); e
- gastos com remanejamento ou reorganização, total ou parcial, da entidade.

A entidade tem o direito de acessar os produtos quando estes passam a ser de sua propriedade. Da mesma forma, ela tem o direito de acessar produtos que tenham sido desenvolvidos por um fornecedor, de acordo com os termos de contrato de fornecimento e cuja entrega possa ser exigida pela entidade em troca do pagamento efetuado. Serviços são recebidos quando são prestados por um fornecedor de acordo com contrato de prestação de serviços e não quando a entidade usa os mesmos para prestar outros serviços, como, por exemplo, para enviar material de publicidade aos clientes.

Não há impedimento para que a entidade reconheça o pagamento antecipado como ativo, quando bens tenham sido pagos antes de a entidade obter o direito de acessar aqueles bens. De forma similar, o item 68 não impede que a entidade reconheça o pagamento antecipado como ativo, quando serviços tiverem sido pagos antes de a entidade receber esses serviços.

11.8.15 Despesa anterior não reconhecida como ativo

Gastos com um item intangível reconhecidos inicialmente como despesa não devem ser reconhecidos como parte do custo de ativo intangível em data subsequente.

11.8.16 Mensuração após reconhecimento

A entidade pode, em determinadas circunstâncias, optar pelo método de custo ou pelo método de reavaliação para a sua política contábil. Quando a opção pelo método de reavaliação não estiver restringida por lei ou norma legal regularmente estabelecida, a entidade deverá optar em reconhecer um ativo intangível pelo método de custo ou pelo método de reavaliação. Caso um ativo intangível seja contabilizado com base no método de reavaliação, todos os ativos restantes da sua classe devem ser registrados utilizando o mesmo método, exceto quando não existir mercado ativo para tais itens.

Uma classe de ativos intangíveis é um grupo de ativos com natureza e uso semelhante, dentro das operações da entidade. Os itens de uma classe de ativos intangíveis devem ser reavaliados simultaneamente para evitar a reavaliação de apenas alguns ativos e a apresentação de valores de outros ativos nas demonstrações contábeis, representando uma mistura de custos e valores em datas diferentes.

11.8.16.1 *Método de custo*

Após o seu reconhecimento inicial, um ativo intangível deve ser apresentado ao custo, menos a eventual amortização acumulada e a perda acumulada.

11.8.16.2 *Método de reavaliação*

Após o seu reconhecimento inicial, se permitido legalmente, um ativo intangível pode ser apresentado pelo seu valor reavaliado, correspondente ao seu valor justo à data da reavaliação. Para efeitos de reavaliação, o valor justo deve ser apurado em relação a um mercado ativo. A reavaliação deve ser realizada regularmente para que, na data do balanço, o valor contábil do ativo não apresente divergências relevantes em relação ao seu valor justo.

O método de reavaliação não permite:

- a reavaliação de ativos intangíveis que não tenham sido previamente reconhecidos como ativos; nem
- o reconhecimento inicial de ativos intangíveis a valores diferentes do custo.

O método de reavaliação deve ser aplicado após um ativo ter sido inicialmente reconhecido pelo custo. No entanto, se apenas parte do custo de um ativo intangível é reconhecido como ativo porque ele não atendia aos critérios de reconhecimento até determinado ponto do processo, o método de reavaliação pode ser aplicado a todo o ativo. Além disso, o método de reavaliação pode ser aplicado a ativo intangível recebido por subvenção ou assistência governamental e reconhecido pelo valor nominal. É raro existir mercado ativo para um ativo intangível, mas pode acontecer. Por exemplo, em alguns locais, pode haver mercado ativo para licenças de táxi, licenças de pesca ou cotas de produção transferíveis livremente. No entanto, pode não haver mercado ativo para marcas, títulos de publicações, direitos de edição de músicas e filmes, patentes ou marcas registradas porque esse tipo de ativo é único. Além do mais, apesar de ativos intangíveis serem comprados e vendidos, contratos são negociados entre compradores e vendedores individuais e transações são relativamente raras. Por essa razão, o preço pago por um ativo pode não constituir evidência suficiente do valor justo de outro. Ademais, os preços muitas vezes não estão disponíveis para o público.

A frequência das reavaliações depende da volatilidade do valor justo de ativos intangíveis que estão sendo reavaliados. Se o valor justo do ativo reavaliado diferir significativamente do seu valor contábil, será necessário realizar outra reavaliação. O valor justo de alguns ativos intangíveis pode variar significativamente, exigindo, por isso, reavaliação anual. Reavaliações frequentes são desnecessárias no caso de ativos intangíveis sem variações significativas do seu valor justo.

Se um ativo intangível for reavaliado, a amortização acumulada na data da reavaliação deverá ser:

- atualizada proporcionalmente à variação no valor contábil bruto do ativo, para que esse valor, após a reavaliação, seja igual ao valor reavaliado do ativo; ou
- eliminada contra o valor contábil bruto do ativo, atualizando-se o valor líquido pelo valor reavaliado do ativo.

Caso um ativo intangível em uma classe de ativos intangíveis reavaliados não possa ser reavaliado porque não existe mercado ativo para ele, deve ser reconhecido pelo custo menos a amortização acumulada e a perda por desvalorização.

Se o valor justo de ativo intangível reavaliado deixar de poder ser apurado em relação a um mercado ativo, o seu valor contábil deverá ser o valor reavaliado na data da última reavaliação em relação ao mercado ativo, menos a eventual amortização acumulada e a perda por desvalorização. O fato de já não existir mercado ativo para o ativo intangível reavaliado pode indicar que ele pode ter perdido valor. Se o valor justo do ativo puder ser determinado em relação a um mercado ativo na data de avaliação posterior, o método de reavaliação deverá ser aplicado a partir dessa data.

Se o valor contábil de ativo intangível aumentar em virtude de reavaliação, esse aumento deverá ser creditado diretamente à conta própria de outros resultados abrangentes no patrimônio líquido. No entanto, o aumento deve ser reconhecido no resultado quando se trata da reversão de decréscimo de reavaliação do mesmo ativo anteriormente reconhecido no resultado.

Se o valor contábil de ativo intangível diminuir em virtude de reavaliação, essa diminuição deverá ser reconhecida no resultado. No entanto, a diminuição do ativo intangível deve ser debitada diretamente ao patrimônio líquido, contra a conta de reserva de reavaliação, até o seu limite.

O saldo acumulado relativo à reavaliação acumulada do ativo intangível incluída no patrimônio líquido somente pode ser transferida para lucros acumulados quando for realizada. O valor total pode ser realizado com a baixa ou a alienação do ativo. Entretanto, uma parte da reavaliação pode ser realizada enquanto o ativo é usado pela entidade; nesse caso, o valor realizado será a diferença entre a amortização baseada no valor contábil do ativo e a amortização que teria sido reconhecida com base no custo histórico do ativo. A transferência para lucros acumulados não deve transitar pelo resultado.

11.8.16.3 *Vida útil*

A entidade deve avaliar se a vida útil de ativo intangível é definida ou indefinida e, no primeiro caso, a duração ou o volume de produção ou unidades semelhantes que formam essa vida útil. A entidade deve atribuir vida útil indefinida a um ativo intangível quando, com base na análise de todos os fatores relevantes, não existe limite previsível para o período durante o qual o ativo deverá gerar fluxos de caixa líquidos positivos para a entidade.

A contabilização de ativo intangível baseia-se na sua vida útil. Um ativo intangível com vida útil definida deve ser amortizado, enquanto a de um ativo intangível com vida útil indefinida não deve ser amortizado.

Muitos fatores devem ser considerados na determinação da vida útil de ativo intangível, inclusive:

- a utilização prevista de um ativo pela entidade e se o ativo pode ser gerenciado eficientemente por outra equipe de administração;
- os ciclos de vida típicos dos produtos do ativo e as informações públicas sobre estimativas de vida útil de ativos semelhantes, utilizados de maneira semelhante;
- obsolescência técnica, tecnológica, comercial ou de outro tipo;
- a estabilidade do setor em que o ativo opera e as mudanças na demanda de mercado para produtos ou serviços gerados pelo ativo;
- medidas esperadas da concorrência ou de potenciais concorrentes;
- o nível dos gastos de manutenção requerido para obter os benefícios econômicos futuros do ativo e a capacidade e a intenção da entidade para atingir tal nível;
- o período de controle sobre o ativo e os limites legais ou similares para a sua utilização, tais como datas de vencimento dos arrendamentos/locações relacionados; e
- se a vida útil do ativo depende da vida útil de outros ativos da entidade.

O termo "indefinida" não significa "infinita". A vida útil de ativo intangível deve levar em consideração apenas a manutenção futura exigida para mantê-lo no nível de desempenho avaliado no momento da estimativa da sua vida útil e capacidade e intenção da entidade para atingir tal nível. A conclusão de que a vida útil de ativo intangível é indefinida não deve estar fundamentada em uma previsão de gastos futuros superiores ao necessário para mantê-lo nesse nível de desempenho.

Considerando o histórico de rápidas alterações na tecnologia, os *softwares* e muitos outros ativos intangíveis são suscetíveis à obsolescência tecnológica. Portanto, é provável que sua vida útil seja curta.

A vida útil de ativo intangível pode ser muito longa ou até indefinida. A incerteza justifica a prudência na estimativa da sua vida útil, mas isso não justifica escolher um prazo tão curto que seja irreal.

A vida útil de ativo intangível resultante de direitos contratuais ou outros direitos legais não deve exceder a vigência desses direitos, podendo ser menor dependendo do período durante o qual a entidade espera utilizar o ativo. Caso os direitos contratuais ou outros direitos legais sejam outorgados por um prazo limitado renovável, a vida útil do ativo intangível só deverá incluir o prazo de renovação, se existirem evidências que suportem a renovação pela entidade sem custo significativo. A vida útil de um direito readquirido reconhecido como ativo intangível em uma combinação de negócios é o período contratual remanescente do contrato em que o direito foi concedido e não incluirá períodos de renovação.

Podem existir tanto fatores econômicos como legais influenciando a vida útil de ativo intangível. Os fatores econômicos determinam o período durante o qual a entidade receberá benefícios econômicos futuros, enquanto os fatores legais podem restringir o período durante o qual a entidade controla o acesso a esses benefícios. A vida útil a ser considerada deve ser o menor dos períodos determinados por esses fatores.

A existência dos fatores a seguir, entre outros, indica que a entidade está apta a renovar os direitos contratuais ou outros direitos legais sem custo significativo:

- existem evidências, possivelmente com base na experiência, de que os direitos contratuais ou outros direitos legais serão renovados. Se a renovação depende de autorização de terceiros, devem ser incluídas evidências de que essa autorização será concedida;
- existem evidências de que quaisquer condições necessárias para obter a renovação serão cumpridas; e
- o custo de renovação para a entidade não é significativo se comparado aos benefícios econômicos futuros que se espera fluam para a entidade a partir dessa renovação.

Caso esse custo seja significativo, quando comparado aos benefícios econômicos futuros esperados, o custo de "renovação" deve representar, em essência, o custo de aquisição de um novo ativo intangível na data da renovação.

11.8.16.4 Ativo intangível com vida útil definida

11.8.16.4.1 Período e método de amortização

O valor amortizável de ativo intangível com vida útil definida deve ser apropriado de forma sistemática ao longo da sua vida útil estimada. A amortização deve ser iniciada a partir do momento em que o ativo estiver disponível para uso, ou seja, quando se encontrar no local e nas condições necessários para que possa funcionar da maneira pretendida pela administração. A amortização deve cessar na data em que o ativo é classificado como mantido para venda ou incluído em um grupo de ativos classificado como mantido para venda, ou, ainda, na data em que ele é baixado, o que ocorrer primeiro. O método de amortização utilizado reflete o padrão de consumo pela entidade dos benefícios econômicos futuros. Se não for possível determinar esse padrão com confiabilidade, deverá ser utilizado o método linear. A despesa de amortização para cada período deve ser reconhecida no resultado, a não ser que outra norma contábil permita ou exija a sua inclusão no valor contábil de outro ativo.

Podem ser utilizados vários métodos de amortização para apropriar de forma sistemática o valor amortizável de um ativo ao longo da sua vida útil. Tais métodos incluem o método linear, também conhecido como método de linha reta, o método dos saldos decrescentes e o método de unidades produzidas. A seleção do método deve obedecer ao padrão de consumo dos benefícios econômicos futuros esperados, incorporados ao ativo, e aplicada consistentemente entre períodos, a não ser que exista alteração nesse padrão.

A amortização deve normalmente ser reconhecida no resultado. No entanto, por vezes os benefícios econômicos futuros incorporados no ativo são absorvidos para a produção de outros ativos. Nesses casos, a amortização faz parte do custo de outro ativo, devendo ser incluída no seu valor contábil. Por exemplo, a amortização de ativos intangíveis utilizados em processo de produção faz parte do valor contábil dos estoques.

11.8.16.4.2 Valor residual

Deve-se presumir que o valor residual de ativo intangível com vida útil definida é zero, a não ser que:

- haja compromisso de terceiros para comprar o ativo ao final da sua vida útil; ou
- exista mercado ativo para ele e:
    - o valor residual possa ser determinado em relação a esse mercado; e
    - seja provável que esse mercado continuará a existir ao final da vida útil do ativo.

O valor amortizável de ativo com vida útil definida deve ser determinado após a dedução de seu valor residual. O valor residual diferente de zero implica que a entidade espera a alienação do ativo intangível antes do final de sua vida econômica.

A estimativa do valor residual baseia-se no valor recuperável pela alienação, utilizando os preços em vigor na data da estimativa para a venda de ativo similar que tenha atingido o final de sua vida útil e que tenha sido operado em condições semelhantes àquelas em que o ativo será utilizado. O valor residual deve ser revisado pelo menos ao final de cada exercício. Uma alteração no valor residual deve ser contabilizada como mudança na estimativa contábil.

O valor residual de ativo intangível pode ser aumentado. A despesa de amortização de ativo intangível será zero enquanto o valor residual subsequente for igual ou superior ao seu valor contábil.

11.8.17 Revisão do período e do método de amortização

O período e o método de amortização de ativo intangível com vida útil definida devem ser revisados pelo menos ao final de cada exercício. Caso a vida útil prevista do ativo seja diferente de estimativas anteriores, o prazo de amortização deve ser devidamente alterado. Se houver alteração no padrão de consumo previsto, o método de amortização deverá ser alterado para refletir essa mudança. Tais mudanças devem ser registradas como mudanças nas estimativas contábeis.

Ao longo da vida de ativo intangível, pode ficar evidente que a estimativa de sua vida útil é inadequada. Por exemplo, o reconhecimento de prejuízo por perda de valor pode indicar que o prazo de amortização deve ser alterado.

Com o decorrer do tempo, o padrão dos benefícios econômicos futuros gerados pelo ativo intangível que se espera ingressem na entidade pode mudar. Por exemplo, pode ficar evidente que o método dos saldos decrescentes é mais adequado que o método linear. Outro exemplo é o caso da utilização de direitos de licença que depende de medidas pendentes em relação a outros componentes do plano de negócios. Nesse caso, os benefícios econômicos gerados pelo ativo talvez só sejam auferidos em períodos posteriores.

11.8.18 Ativo intangível com vida útil indefinida

Ativo intangível com vida útil indefinida não deve ser amortizado.

A entidade deve testar a perda de valor dos ativos intangíveis com vida útil indefinida, comparando o seu valor recuperável com o seu valor contábil:

- anualmente; e
- sempre que existam indícios de que o ativo intangível pode ter perdido valor.

11.8.18.1 Revisão da vida útil

A vida útil de ativo intangível que não é amortizado deve ser revisada periodicamente para determinar se eventos e circunstâncias continuam a consubstanciar a avaliação de vida útil indefinida. Caso contrário, a mudança na avaliação de vida útil de indefinida para definida deve ser contabilizada como mudança de estimativa contábil.

A revisão da vida útil de ativo intangível de indefinida para definida é um indicador de que o ativo pode já não ter valor. Assim, a entidade deve testar a perda de valor do ativo em relação ao seu valor recuperável, de acordo com a referida Norma, reconhecendo a eventual desvalorização como perda.

11.8.19 Recuperação do valor contábil – perda por redução ao valor recuperável de ativos

Para determinar se um ativo intangível já não tem valor, a entidade determina quando e como deve-se revisar o valor contábil de seus ativos, como determinar o seu valor recuperável e quando reconhecer ou reverter perda por desvalorização.

11.8.19.1 Baixa e alienação

O ativo intangível deve ser baixado:

- por ocasião de sua alienação; ou
- quando não são esperados benefícios econômicos futuros com a sua utilização ou alienação.

Os ganhos ou perdas decorrentes da baixa de ativo intangível devem ser determinados pela diferença entre o valor líquido da alienação, se houver, e o valor contábil do ativo. Esses ganhos ou perdas devem ser reconhecidos no resultado quando o ativo é baixado, mas os ganhos não devem ser classificados como receitas de venda.

Existem várias formas de alienação de ativo intangível (por exemplo, venda, arrendamento financeiro ou doação). Para determinar a data da alienação de ativo, a entidade deve aplicar o critério de Reconhecimento da Receita de Venda de Produtos. Se, de acordo com o princípio de reconhecimento de ativo intangível, a entidade reconhecer no valor contábil de ativo o custo de substituição de parte de ativo intangível, deve baixar o valor contábil da parcela substituída. Se a apuração desse valor contábil não for praticável para a entidade, esta pode utilizar o custo de substituição como indicador do custo da parcela substituída na época em que foi adquirida ou gerada internamente.

No caso de reaquisição de direitos por meio de uma combinação de negócios, se esses direitos forem subsequentemente revendidos a um terceiro, o correspondente valor contábil, se existir, deverá ser utilizado para determinar o ganho ou a perda na revenda.

A importância a receber pela alienação de ativo intangível deve ser reconhecida inicialmente pelo seu valor justo. Se esse pagamento for a prazo, o valor recebido deverá ser reconhecido inicialmente pelo valor presente. A diferença entre o valor nominal da remuneração e seu valor presente deve ser reconhecida como receita de juros pela fluência do prazo.

A amortização de ativo intangível com vida útil definida não termina quando ele deixa de ser utilizado, a não ser que esteja completamente amortizado ou classificado como mantido para venda.

11.8.20 Divulgação

11.8.20.1 *Geral*

A entidade deve divulgar as seguintes informações para cada classe de ativos intangíveis, fazendo a distinção entre ativos intangíveis gerados internamente e outros ativos intangíveis:

- com vida útil indefinida ou definida e, se definida, os prazos de vida útil ou as taxas de amortização utilizados;
- os métodos de amortização utilizados para ativos intangíveis com vida útil definida;
- o valor contábil bruto e eventual amortização acumulada (mais as perdas acumuladas no valor recuperável) no início e no final do período;
- a rubrica da demonstração do resultado em que qualquer amortização de ativo intangível for incluída;
- a conciliação do valor contábil no início e no final do período, demonstrando:
  - adições, indicando separadamente as que foram geradas por desenvolvimento interno e as adquiridas, bem como as adquiridas por meio de uma combinação de negócios;
  - ativos classificados como mantidos para venda ou incluídos em grupo de ativos classificados como mantidos para venda, nos moldes da NBC TG 31 – Ativo Não Circulante Mantido para Venda e Operação Descontinuada e outras baixas;
  - aumentos ou reduções durante o período, decorrentes de reavaliações e perda por desvalorização de ativos reconhecida ou revertida diretamente no patrimônio líquido;
  - provisões para perdas de ativos, reconhecidas no resultado do período;
  - reversão de perda por desvalorização de ativos, apropriada ao resultado do período;
  - qualquer amortização reconhecida no período;
  - variações cambiais líquidas geradas pela conversão das demonstrações contábeis para a moeda de apresentação e de operações no exterior para a moeda de apresentação da entidade; e
  - outras alterações no valor contábil durante o período.

Uma classe de ativos intangíveis é um grupo de ativos de natureza e com utilização similar nas atividades da entidade. Entre os exemplos de classes distintas, temos:

- marcas;
- títulos de periódicos;
- *softwares*;
- licenças e franquias;
- direitos autorais, patentes e outros direitos de propriedade industrial, de serviços e operacionais;
- receitas, fórmulas, modelos, projetos e protótipos; e
- ativos intangíveis em desenvolvimento.

As classes acima mencionadas devem ser separadas (agregadas) em classes menores (maiores) se isso resultar em informação mais relevante para os usuários das demonstrações contábeis.

A entidade deve divulgar informações sobre ativos intangíveis que perderam o seu valor e, também, a natureza e o valor das variações nas estimativas contábeis com impacto relevante no período corrente ou em períodos subsequentes. Essa divulgação pode resultar de alterações:

- na avaliação da vida útil de ativo intangível:
- no método de amortização; ou
- nos valores residuais.

A entidade também deve divulgar:

- em relação a ativos intangíveis avaliados como tendo vida útil indefinida, o seu valor contábil e os motivos que fundamentam essa avaliação. Ao apresentar essas razões, a entidade deve descrever os fatores mais importantes que levaram à definição de vida útil indefinida do ativo;
- uma descrição, o valor contábil e o prazo de amortização remanescente de qualquer ativo intangível individual relevante para as demonstrações contábeis da entidade;
- em relação a ativos intangíveis adquiridos por meio de subvenção ou assistência governamentais e inicialmente reconhecidos ao valor justo:
    - o valor justo inicialmente reconhecido dos ativos;
    - o seu valor contábil; e
    - se são mensurados, após o reconhecimento, pelo método de custo ou de reavaliação;
- a existência e os valores contábeis de ativos intangíveis cuja titularidade é restrita e os valores contábeis de ativos intangíveis oferecidos como garantia de obrigações; e
- o valor dos compromissos contratuais advindos da aquisição de ativos intangíveis, quando a entidade descrever os fatores mais importantes que levaram à definição de que a vida útil do ativo é indefinida.

11.8.20.2 Ativo intangível mensurado após o reconhecimento utilizando o método de reavaliação

Caso os ativos intangíveis sejam contabilizados a valores reavaliados, a entidade deve divulgar o seguinte:

- por classe de ativos intangíveis:
    - a data efetiva da reavaliação;
    - o valor contábil dos ativos intangíveis reavaliados; e
    - o diferencial entre o valor contábil dos ativos intangíveis reavaliados e o valor desses mesmos ativos se utilizado o método de custo;
- o saldo da reavaliação, relacionada aos ativos intangíveis, no início e no final do período, indicando as variações ocorridas no período e eventuais restrições à distribuição do saldo aos acionistas; e
- os métodos e premissas significativos aplicados à estimativa do valor justo dos ativos.

Pode ser necessário agrupar as classes de ativo reavaliadas em classes maiores para efeitos de divulgação. No entanto, elas não serão agrupadas se isso provocar a apresentação de uma classe de ativos intangíveis que inclua valores mensurados pelos métodos de custo e de reavaliação.

11.8.20.3 Gastos com pesquisa e desenvolvimento

A entidade deve divulgar o total de gastos com pesquisa e desenvolvimento reconhecidos como despesas no período.

Os gastos com pesquisa e desenvolvimento devem incluir todos os gastos diretamente atribuíveis às atividades de pesquisa ou de desenvolvimento.

11.8.20.4 Outras informações

É recomendável, mas não obrigatório, que a entidade divulgue as seguintes informações:

- descrição de qualquer ativo intangível totalmente amortizado que ainda esteja em operação; e
- breve descrição de ativos intangíveis significativos, controlados pela entidade, mas que não são reconhecidos como ativos porque não atendem aos critérios de reconhecimento, ou porque foram adquiridos ou gerados antes de sua entrada em vigor.

11.8.21 Disposições diversas

A entidade deve adotar:

- a contabilização de um ativo intangível adquirido em uma combinação de negócios; e
- a contabilização de todos os outros ativos intangíveis prospectivamente a partir do início do primeiro período anual. Desse modo, quando um ativo intangível

existe, tendo sido esse custo anteriormente reconhecido como ativo, a entidade não deve ajustar o valor contábil dos ativos intangíveis reconhecidos nessa data. Entretanto, nessa data, a entidade deve reavaliar as vidas úteis desses ativos intangíveis. Se, como resultado dessa reavaliação, a entidade mudar sua avaliação da vida útil de um ativo, essa mudança deverá ser contabilizada como mudança em uma estimativa contábil.

11.8.22 Exemplos ilustrativos

11.8.22.1 *Avaliação da vida útil de ativo intangível*

A seguinte orientação proporciona exemplos sobre a determinação da vida útil de ativo intangível.

Cada um dos exemplos seguintes descreve um ativo intangível adquirido, os fatos e as circunstâncias que envolvem a determinação da sua vida útil e o reconhecimento subsequente baseado nessa determinação.

Exemplo 1 – lista de clientes adquirida

Uma entidade de marketing adquire uma lista de clientes e espera ser capaz de obter benefícios da informação contida na lista por pelo menos durante um ano, mas não mais do que três anos.

A lista de clientes deveria ser amortizada durante a melhor estimativa da administração em relação à sua vida útil econômica, por exemplo: 18 meses. Embora a entidade possa ter intenção de adicionar nomes de clientes e/ou outra informação à lista no futuro, os benefícios esperados da lista de clientes adquirida relacionam-se apenas com os clientes nessa lista na data em que foi adquirida. A lista de clientes também seria analisada quanto à necessidade de reconhecimento de perda por desvalorização, ao avaliar se há qualquer indicação de que a lista de clientes possa estar sujeita a uma perda.

Exemplo 2 – patente adquirida que expira após 15 anos

Espera-se que um produto protegido pela tecnologia patenteada seja fonte de geração de fluxos de caixa líquidos em benefício da entidade durante, pelo menos, 15 anos. A entidade tem o compromisso de um terceiro para comprar essa patente em cinco anos por 60% do valor justo da patente na data em que foi adquirida, e a entidade pretende vender a patente em cinco anos.

A patente seria amortizada durante os cinco anos de vida útil para a entidade, com um valor residual igual ao valor presente de 60% do valor justo da patente na data em que foi adquirida. A patente também seria analisada quanto à necessidade de reconhecimento de perda por desvalorização.

Exemplo 3 – *copyright* adquirido que tem vida legal remanescente de 50 anos

A análise dos hábitos dos consumidores e das tendências do mercado proporciona evidência de que o material com *copyright* irá gerar fluxos de caixa líquidos em benefício da entidade durante apenas mais 30 anos.

O *copyright* deve ser amortizado durante a sua vida útil estimada de 30 anos. O *copyright* também seria analisado quanto à necessidade de reconhecimento de perda por desvalorização.

Exemplo 4 – licença de transmissão (*broadcasting*) adquirida que expira após cinco anos

A licença de transmissão (*broadcasting*) é renovável a cada dez anos se a entidade proporciona pelo menos um nível médio de serviço aos seus clientes e cumpre os requisitos legislativos relevantes. A licença pode ser renovada indefinidamente a baixo custo e foi renovada duas vezes antes da aquisição mais recente. A entidade adquirente pretende renovar a licença indefinidamente e as evidências existentes suportam a sua capacidade para fazê-lo. Historicamente, não tem havido qualquer contestação quanto à renovação da licença. Não se espera que a tecnologia usada na transmissão seja substituída por outra tecnologia em futuro previsível. Portanto, espera-se que a licença contribua para os fluxos de caixa líquidos em benefício da entidade indefinidamente.

A licença de transmissão seria tratada como tendo vida útil indefinida porque se espera que contribua para os fluxos de caixa líquidos em benefício da entidade indefinidamente. Portanto, a licença não seria amortizada enquanto a sua vida útil não fosse determinada como definida. A licença deve ser testada quanto à necessidade de reconhecimento de perda por desvalorização.

Exemplo 5 – licença de transmissão do exemplo 4

A autoridade licenciadora subsequentemente decide que vai deixar de renovar as licenças de transmissão e, em vez disso, vai leiloar essas licenças. No momento em que a autoridade licenciadora toma essa decisão, a licença de transmissão da entidade tem três anos até expirar. A entidade espera que a licença continue a contribuir para os fluxos de caixa líquidos em favor da entidade até expirar.

Dado que a licença de transmissão já não pode ser renovada, a sua vida útil deixou de ser indefinida. Assim, a licença adquirida seria amortizada durante os três anos de vida útil que faltam e imediatamente testada quanto à necessidade de reconhecimento de perda por desvalorização.

Exemplo 6 – autorização de rota de linhas aéreas adquiridas entre duas cidades que expira após três anos

A autorização de rota pode ser renovada a cada cinco anos, e a entidade adquirente pretende cumprir as regras e os regulamentos aplicáveis que envolvem a renovação. As renovações de autorizações de rota são rotineiramente concedidas a um custo mínimo e historicamente têm sido renovadas quando a linha aérea cumpre as regras e regulamentos aplicáveis. A entidade adquirente espera utilizar a rota entre as duas cidades indefinidamente a partir dos seus aeroportos centrais e espera que a infraestrutura de suporte relacionada (utilização de portões de aeroporto, *slots* e locações de instalações de terminais) continue a funcionar nesses aeroportos enquanto tiver a autorização de rota. Análises da procura e dos fluxos de caixa suportam esses pressupostos.

Dado que os fatos e as circunstâncias suportam a capacidade da entidade adquirente para continuar a fornecer serviços aéreos indefinidamente entre as duas cidades, o ativo intangível relacionado com a autorização de rota é tratado como tendo vida útil indefinida. Portanto, a autorização de rota não seria amortizada enquanto a sua vida útil não fosse determinada como definida. Seria testada quanto à necessidade de reconhecimento de perda por desvalorização.

Exemplo 7 – marca comercial adquirida usada para identificar e distinguir um produto de consumo que tem sido líder de mercado nos últimos oito anos

A marca comercial tem vida legal restante de cinco anos, mas é renovável a cada dez anos a baixo custo. A entidade adquirente pretende renovar a marca comercial continuamente e a evidência suporta a sua capacidade para fazê-lo. Uma análise de (1) estudos sobre o ciclo de vida do produto, (2) tendências de mercado, competitivas e ambientais, e (3) oportunidades de extensão da marca proporcionam evidência de que o produto com marca comercial irá gerar fluxos de caixa líquidos para a entidade adquirente durante um período indefinido.

A marca comercial seria tratada com tendo vida útil indefinida, porque se espera que contribua para fluxos de caixa líquidos para a entidade indefinidamente. Portanto, a marca comercial não seria amortizada enquanto a sua vida útil não fosse determinada como definida. Seria testada quanto à necessidade de reconhecimento de perda por desvalorização.

Exemplo 8 – marca comercial adquirida há dez anos que distingue um produto de consumo líder

A marca comercial era considerada como tendo vida útil indefinida quando foi adquirida porque se esperava que o produto com a marca comercial gerasse fluxos de caixa líquidos para a entidade indefinidamente. Contudo, uma marca concorrente inesperada entrou recentemente no mercado e vai reduzir as futuras vendas do produto. A administração estima que os fluxos de caixa líquidos gerados pelo produto serão 20% inferiores no futuro previsível. Contudo, a administração espera que o produto continue a gerar fluxos de caixa líquidos para a entidade indefinidamente, mesmo que por valores reduzidos.

Como resultado do decréscimo projetado nos futuros fluxos de caixa líquidos, a entidade determina que o valor recuperável estimado da marca comercial é inferior ao valor contábil, sendo reconhecida a perda por desvalorização. Dado que ainda é considerada como tendo vida útil indefinida, a marca comercial não seria amortizada, mas continuaria sujeita ao teste quanto à necessidade de reconhecimento de perda por desvalorização.

Exemplo 9 – marca comercial para uma linha de produtos que foi adquirida há vários anos em combinação de negócios

No momento da combinação de negócios, a adquirida produzia a linha de produtos há 35 anos com muitos novos modelos desenvolvidos segundo a marca comercial. Na data de aquisição, a adquirente esperava continuar a produção da linha, e uma análise de vários fatores econômicos indicou que não havia limite para o período durante o qual a marca comercial iria contribuir para os fluxos de caixa líquidos da adquirente. Consequentemente, a marca comercial não foi amortizada pela adquirente. Contudo, a administração decidiu recentemente que a produção da linha de produtos será descontinuada em um prazo previsto de quatro anos.

Dado que a vida útil da marca comercial adquirida já não é mais considerada como indefinida, o valor contábil da marca comercial deve ser testado quanto à necessidade de reconhecimento de perda por desvalorização e amortizado durante os quatro anos de vida útil remanescentes.

11.8.23 Interpretação técnica

11.8.23.1 Ativo Intangível – Custo com Sítio para Internet (Website Costs)

Uma entidade pode incorrer em gastos internos com o desenvolvimento e funcionamento do seu próprio sítio para Internet (*website*) para acesso interno ou externo. Um *website* concebido para acesso externo pode ser utilizado para várias finalidades, tais como promover e anunciar produtos e serviços de uma entidade, proporcionar serviços eletrônicos e vender produtos e serviços. Um *website* concebido para acesso interno pode ser utilizado para armazenar políticas da entidade e dados dos clientes, bem como para pesquisar informações relevantes.

As fases de desenvolvimento de um *website* podem ser descritas como segue:

- Planejamento – inclui a realização de estudos de viabilidade, definindo objetivos e especificações, avaliando alternativas e escolhendo preferências.
- Desenvolvimento de aplicativos e da infraestrutura – inclui a obtenção de um nome de domínio, a compra e desenvolvimento de *hardware* e *software* operativo, a instalação de aplicativos desenvolvidos e testes.
- Desenvolvimento da concepção gráfica – inclui o desenho do aspecto gráfico das páginas *web*.
- Desenvolvimento de conteúdos – inclui a criação, compra, preparação e transferência de informação, seja de natureza textual ou gráfica, no *website*, antes da conclusão do desenvolvimento do *website*. Essa informação pode ser armazenada em bases de dados individuais integradas no (ou acessadas a partir do) *website* ou diretamente codificada nas páginas *web*.

Uma vez concluído o desenvolvimento de um *website*, começa a fase de funcionamento. Durante essa fase, a entidade mantém e aperfeiçoa aplicativos, infraestrutura, concepção gráfica e conteúdo do *website*.

Ao se contabilizarem os gastos internos com o desenvolvimento e funcionamento do *website* da entidade para acesso interno ou externo, as questões a serem levadas em consideração são as seguintes:

- se o *website* se constitui em um ativo intangível gerado internamente e que está sujeito aos requerimentos da NBC; e
- o tratamento contábil apropriado para tais gastos.

Essa Interpretação não se aplica aos gastos com aquisição, desenvolvimento e operação de *hardware* (por exemplo, servidores de sítio na Internet, servidores de teste, servidores de produção e conexões à Internet) de um sítio na Internet. Gastos dessa natureza devem ser contabilizados. Além disso, quando uma entidade incorre em gastos com um fornecedor de serviços da Internet, o qual realiza a hospedagem do sítio da entidade, o gasto deve ser reconhecido como uma despesa, quando os serviços são recebidos.

Não se aplica a ativos intangíveis mantidos por uma entidade para venda no curso normal dos negócios, nem a arrendamentos. Consequentemente, essa interpretação não deve ser aplicada aos gastos com o desenvolvimento ou a operação de um sítio na Internet (ou *software* de sítio na Internet) para venda a outra entidade. Quando um sítio na Internet é obtido por meio de arrendamento (*leasing*) operacional, o arrendador deve aplicar essa Interpretação. Quando um sítio na Internet é arrendado nos termos de arrendamento (*leasing*) financeiro, o arrendatário deve aplicar essa Interpretação após o reconhecimento inicial do ativo arrendado.

11.8.23.2 Aplicação prática

O *website* de uma entidade que decorra da fase de desenvolvimento e se destine ao acesso interno ou externo constitui um ativo intangível gerado internamente.

Um *website* resultante de desenvolvimento deve ser reconhecido como ativo intangível apenas para reconhecimento e mensuração inicial. Em particular, a entidade pode ter capacidade para satisfazer o requisito de demonstrar de que forma o seu *website* irá gerar prováveis benefícios econômicos futuros quando, por exemplo, o *website* tiver capacidade para gerar receitas, incluindo receitas diretas decorrentes da disponibilização de um serviço de encomendas. A entidade não pode demonstrar de que forma um *website*, desenvolvido exclusiva e basicamente para promoção e publicidade dos seus produtos e serviços, irá gerar prováveis benefícios econômicos futuros e, assim, todos os gastos com o desenvolvimento de tal *website* devem ser reconhecidos como despesa no momento em que forem incorridos.

Qualquer gasto interno com o desenvolvimento e funcionamento do *website* de uma entidade deve ser contabilizado. A natureza de cada atividade que tenha gerado gasto (por exemplo, formação de empregados e manutenção do *website*) e a fase de desenvolvimento ou pós-desenvolvimento do *website* devem ser avaliadas para determinar o tratamento contábil apropriado.

Por exemplo:

a) a fase do planejamento é semelhante em natureza à fase da pesquisa. O gasto incorrido nessa fase deve ser reconhecido como despesa no momento em que for incorrido;

b) a fase do desenvolvimento de aplicações e da infraestrutura, a fase do desenho gráfico e a fase do desenvolvimento de conteúdos, na medida em que o conteúdo seja desenvolvido para efeitos que não sejam a publicidade e a promoção dos produtos e serviços de uma entidade, são semelhantes em natureza à fase de desenvolvimento. O gasto incorrido nessas fases deve ser incluído no custo de um *website* reconhecido como ativo intangível, em conformidade com o item 8 desta Interpretação, quando o gasto puder ser diretamente atribuído e for necessário para a criação, produção ou preparação do *website* para que este seja capaz de funcionar da forma prevista pela administração. Por exemplo, o dispêndio com a aquisição ou criação de conteúdos (que não anunciem nem promovam os produtos e serviços de uma entidade) especificamente destinados a um *website*, ou o dispêndio incorrido para permitir a utilização dos conteúdos (por exemplo, uma taxa para adquirir uma licença de reprodução) no *website*, devem ser incluídos no custo de desenvolvimento quando essa condição for satisfeita. Porém, o gasto com um item do intangível que inicialmente tenha sido reconhecido como despesa nas demonstrações contábeis anteriores não deve ser reconhecido como parte do custo de ativo intangível em data posterior (por exemplo, se os custos de direitos autorais – *copyright* – estiverem totalmente amortizados e o conteúdo for posteriormente disponibilizado num *website*);

c) o gasto incorrido na fase de desenvolvimento de conteúdos, na medida em que o conteúdo seja desenvolvido para anunciar e promover os produtos e serviços de uma entidade (por exemplo, fotografias digitais dos produtos), deve ser reconhecido como despesa quando incorrido. Por exemplo, ao contabilizar o gasto com serviços profissionais prestados para tirar fotografias digitais dos produtos de uma entidade e aperfeiçoar a respectiva apresentação, o gasto deve ser reconhecido como despesa à medida que os serviços profissionais vão sendo prestados durante o processo e não quando as fotografias digitais forem apresentadas no *website*;

d) a fase de funcionamento começa quando o desenvolvimento de um *website* estiver concluído. O gasto incorrido nessa fase deve ser reconhecido como despesa quando incorrido.

11.9 TESTES DE RECUPERABILIDADE DE ATIVOS

Os testes de recuperabilidade de ativos, trazidos pela Lei nº 11.638/2007, alterando a redação do artigo 183, § 3º, da Lei nº 6.404/76, seguem uma tendência mundial de não manter os ativos registrados por valores superiores àqueles pelos quais possam ser recuperados mediante venda no mercado ou utilização pela empresa.

Apesar de a Lei das S.A., em seu artigo 183, § 3º, falar em tais testes apenas para o imobilizado e o intangível, o Pronunciamento CPC 01, que trata do assunto, fala em recuperabilidade de ativos, aplicando tais testes, via de regra, a todo o ativo.

A companhia deverá verificar, no mínimo anualmente, se existem evidências de que um ativo tenha sofrido desvalorização.

Presentes essas tais evidências, os bens devem ter seus custos comparados ao seu valor recuperável. Vale dizer, o maior valor entre o seu valor justo líquido das despesas de venda (valor de mercado deduzido das despesas inerentes à venda) e seu valor em uso (valor presente dos fluxos de caixa estimados que resultam do uso de bem).

Caso seu valor contábil exceda seu valor recuperável, tal bem restará desvalorizado e deverá ter seu valor reduzido. Essas reduções são efetuadas mediante reconhecimento de **estimativa de perdas por desvalorização de ativos** com reconhecimento de despesa no resultado. Os cálculos de depreciação devem ser revisados, haja vista o novo valor do bem.

Caso a companhia conclua pela recuperação no valor do bem após ter efetuado uma perda por desvalorização, ela poderá reverter tal perda, reduzindo o valor da provisão por débito, creditando diretamente o resultado em reversão de provisões. E, neste caso, a depreciação deverá ser revista.

11.10 CONSIDERAÇÕES FINAIS

De acordo com as disposições da legislação societária, entre os critérios para mensuração dos ativos, considera-se valor justo dos bens ou direitos destinados à venda, o preço líquido de realização mediante venda no mercado, deduzidos os impostos e demais despesas necessárias para a venda, e a margem de **lucro**.

Os ativos contingentes surgem normalmente de evento não planejado ou de outros não esperados que dão origem à possibilidade de entrada de benefícios econômicos para a entidade e não devem ser reconhecidos.

Em relação à mensuração no reconhecimento inicial da propriedade para investimento, o custo de uma propriedade para investimento comprada compreende o seu preço de compra e os respectivos dispêndios atribuíveis, tais como as remunerações profissionais de serviços legais, impostos de transferência de propriedade e outros custos de transação. Se o pagamento de uma propriedade para investimento for a prazo, o seu custo é o equivalente ao valor à vista. A diferença entre esta quantia e os pagamentos totais é reconhecida como despesa financeira durante o período do crédito, conforme CPC.

12

Programa de Auditoria para Contas do Passivo

ENFOQUE

> **NBC T 19.7**

As obrigações representam fontes de recursos e reivindicações de terceiros contra os ativos da empresa. O auditor estabelece a importância das contas passivas a serem testadas, verificando se todas as dívidas da empresa foram devidamente registradas na contabilidade.

Contabilmente, as obrigações são classificadas no Balanço Patrimonial nos grupos do Passivo Circulante ou Passivo Não Circulante.

As obrigações da empresa compreendem normalmente os seguintes grupos de contas:

- empréstimos a pagar;
- fornecedores de mercadorias;
- impostos a recolher;
- salários a pagar;
- outras obrigações;
- provisões.

O passivo circulante apresenta os valores que explicam a origem dos investimentos e de vencimento a curto prazo. O exame de auditoria do passivo visa averiguar a exatidão e correta classificação das contas.

Os principais erros no passivo circulante decorrem de subavaliação, valores fictícios, omissões, acréscimos falsos e simulações. Esses erros também são destinados a verificar fins diversos, tais como: falências, desvios de numerário, entre outros.

A seguir, será feita análise sobre esses erros no passivo circulante, os fins visados para se proceder de tal forma e os efeitos na situação financeira da empresa.

Os principais erros são:

1. Subavaliação do passivo

    Objetivo: esconder situação de dificuldade financeira, fraudar o fisco, ludibriar credores e sócios.

    Efeitos falso quociente de liquidez, melhora a aparência da empresa junto a credores.

2. Superavaliação do passivo

   Objetivo: aumentar o capital de terceiros visando prejudicar credores e sócios com intenção pseudorruinosa.

   Efeito: aparecimento de juros falsos em virtude de falsas dívidas.

3. Valores fictícios

   São valores hipotéticos sem qualquer substância; são dívidas inexistentes.

   Objetivo: aumentar o volume das obrigações a fim de iludir credores e sócios ou para justificar sonegações fiscais.

   Efeitos: falso quociente de liquidez, interfere no cálculo do Imposto de Renda.

4. Valores ocultos

   Objetivo: beneficiar a situação financeira, visa também omitir compras realizadas e por conseguinte atingir o grupo de resultados, afetando o cálculo do Imposto de Renda.

   Efeito: afeta o Imposto de Renda.

5. Simulação

   Classificação errada das dívidas a curto prazo como sendo de longo prazo.

   Objetivo: influenciar no quociente de liquidez a curto prazo, dando melhor aparência à empresa para credores.

   Efeitos falso quociente de liquidez.

A seguir, apresentamos um programa de auditoria para o passivo circulante, em suas principais contas, com os principais procedimentos, a fim de encontrar os erros citados.

Quadro 12.1 *Grupo de contas, objetivos e procedimentos de auditoria*

Grupo	Objetivos	Procedimentos
Fornecedores	Verificar se todas as aquisições a prazo foram contabilizadas.	Obter relação de fornecedores, notas fiscais e duplicatas, em seu grupo.
	Verificar se as obrigações foram reconhecidas mediante a passagem de propriedade do bem, ou seja, em seu recebimento.	Obter confirmação de saldo dos fornecedores por meio de circularização.
	Verificar se todas as dívidas com fornecedores foram registradas em sua integridade.	Verificar se o valor da Nota Fiscal confere com o valor do pedido.
	Verificar as contas do razão e comparar com a data do reconhecimento da obrigação.	
Imposto de Renda	Verificar se a despesa com o IR foi contabilizada no exercício social em que a empresa gerou lucro.	Preparar um papel de trabalho com o saldo do Imposto de Renda no início do período e no fim e comparar o saldo com os papéis de trabalho do ano anterior.

Grupo	Objetivos	Procedimentos
	Verificar se o percentual de destinação do imposto de renda para fins fiscais está de acordo com a legislação vigente.	Conferir os saldos do razão geral com as demonstrações financeiras.
Outros	Verificar se outros impostos: ICMS, IPI, impostos que não são acumulativos, assim foram calculados, ou seja, se a empresa tem pagado apenas sobre razão; a diferença entre o preço de custo de aquisição da matéria-prima e o preço de venda.	Analisar a composição dos saldos das contas. Conferir a análise com o saldo do razão. Confrontar os valores a pagar com os livros fiscais.
Salários a pagar	Verificar se no grupo Salários a Pagar estão registrados apenas os rendimentos líquidos a pagar aos empregados.	Analisar o saldo das contas. Conferir a análise dos saldos das contas com o razão geral da contabilidade.
Descontos e encargos	Verificar se no grupo Descontos estão registradas as quantias que são deduzidas dos rendimentos brutos dos funcionários. Verificar se no grupo Encargos Sociais foram contabilizadas todas as obrigações trabalhistas que incidam sobre os rendimentos dos funcionários como INSS, FGTS e Imposto de Renda. Verificar se os descontos e encargos sociais foram registrados no mês em que o funcionário trabalhou.	Confrontar os valores das folhas de registro de empregados.
Outras obrigações	Verificar se as outras contas registradas no passivo circulante realmente devem estar ali registradas e não em outro grupo, e não como Passivo Não Circulante.	Verificar a exatidão dos saldos do razão e confrontar com a análise que deve ser feita nessas contas.
Provisões	Verificar se as provisões foram feitas de acordo com a legislação vigente.	Conferir o cálculo para construir cada provisão.
	Verificar se as provisões foram debitadas quando da liquidação da dívida e, por conseguinte, se se deve fechá-las.	Conferir a natureza destas. Cruzar os saldos do razão com a apuração do resultado do exercício. Inspecionar a documentação com os pagamentos efetuados.

12.1 AUDITORIA PARA FORNECEDORES E CONTAS A PAGAR

O auditor tem como objetivo assegurar-se de que as obrigações passivas relativas aos fornecedores estão contabilizadas e não realmente devidas. São representadas por:

- Listagem de fornecedores – identificar os fornecedores por meio de uma listagem analítica de todos os passivos da empresa em determinada data.
- Verificação dos valores de contas a pagar – conferências de cálculos e exames documentais para conciliar as notas e faturas com as contas contábeis.
- Confirmação direta como fornecedores – a circularização dos passivos sempre se revela mais eficiente que a circularização dos ativos e mostra o meio mais adequado para detectar passivos ocultos.

12.2 AUDITORIA PARA OBRIGAÇÕES SOCIAIS E OUTRAS OBRIGAÇÕES

O objetivo deste programa é determinar que:

- o grau de confiabilidade dos registros e saldos contábeis das obrigações sociais e fiscais é adequado;
- as obrigações abrangem custos e despesas relativos ao período;
- todas contingências e despesas futuras estimadas foram provisionadas, classificadas e descritas de acordo com as normas de contabilidade, consistentemente aplicados.

12.3 AUDITORIA DAS CONTAS DO PASSIVO NÃO CIRCULANTE

O exame de auditoria das contas do não circulante requer, sob vários aspectos, uma filosofia diferente por parte dos auditores. Na auditoria do ativo, os auditores tentam comprovar a existência e valor de bens tangíveis e intangíveis. Normalmente, podem fundamentar-se em dados de observação pessoal ou em confirmação direta para se assegurarem da existência do ativo. Essa evidência concreta, contudo, não se pode obter prontamente na verificação das contas do exigível, porque uma vez que estas contas são de natureza intangível, observá-las é irrelevante. Outro motivo, no que concerne aos exigíveis, envolve as expectativas dos auditores com relação a eventuais manipulações deliberadamente feitas, com o fito de melhorar o quadro da posição financeira de uma empresa ou de encobrir desfalque ou qualquer outra fraude. Sucintamente falando, há a preocupação de que o ativo possa ser apresentado por um valor maior que o real e o passivo por um valor menor que o real.

Preocupando-se com esses fatos, os auditores conseguem reunir provas satisfatórias de que o ativo não foi apresentado por valor maior que o real, por meio dos procedimentos de observação e confirmação. No entanto, não há trabalho de verificação do passivo registrado, por maior que seja, que dê ao auditor a certeza de que todo o passivo realmente existente foi registrado. Por isso, ele pode empregar certos procedimentos extensos e considerações de ordem subjetiva, para ter mais segurança de que as contas do passivo são corretamente registradas e apresentadas.

Os auditores têm de reconhecer que na auditoria do Passivo Não Circulante, de muitas maneiras, o grau de objetividade das provas pode ser inferior ao de outras áreas de exame. Essa circunstância põe mais em evidência o motivo por que os auditores não devem prestar serviços a empresas que considerem indignas de confiança. Há auditores que sentem que certas seções das demonstrações financeiras podem ser, deliberadamente, alteradas por um cliente inescrupuloso, e talvez sem que a fraude seja descoberta. A seção de exigível constitui uma área de grande risco, como a que descrevemos. Devido a esse risco, é conveniente que o auditor investigue cuidadosamente os antecedentes e a reputação de clientes em perspectiva, negando-se a aceitar compromissos, se pairar alguma dúvida sobre a integridade deles.

12.3.1 Objetivos

Os objetivos do auditor, ao verificar o Passivo Não Circulante, compreendem o seguinte:

- verificar se existe controle interno satisfatório sobre o não circulante;
- determinar a razoabilidade e a propriedade do passivo registrado;
- certificar-se de que todo o passivo foi registrado, ou seja, de que não há item algum do passivo sem registro;
- determinar se os itens do passivo são corretamente apresentados nas demonstrações financeiras.

12.3.2 Programa de auditoria

Este programa aplica-se ao exame dos "exigíveis a longo prazo" representados por compromissos assumidos pela utilização de recursos fornecidos por terceiros, no presente, para liquidação no futuro, em prazo superior ao do exercício social ou do correspondente ciclo operacional se este for maior. O programa cobre, portanto, o exame dos empréstimos e financiamentos, as obrigações por emissão de debêntures, os empréstimos e adiantamentos de associadas não resgatáveis a curto prazo, além de outros passivos normalmente classificáveis neste agrupamento, como, por exemplo, o "Imposto de Renda diferido".

12.4 AUDITORIA PARA EMPRÉSTIMOS E FINANCIAMENTOS CIRCULANTE E NÃO CIRCULANTE

12.4.1 Objetivos

O objetivo deste programa é determinar que:

- as obrigações foram devidamente autorizadas e apropriadamente classificadas e descritas nas demonstrações financeiras;
- passivos são registrados corretamente;
- os respectivos encargos são contabilizados de acordo com as normas de contabilidade;
- a contabilização dos encargos é consistentemente efetuada;
- as demonstrações financeiras incluem informações adequadas sobre cláusulas restritivas, em encargos, ativos caucionados etc.

Quadro 12.2 *Contas a pagar: relação de tipos de erros das demonstrações financeiras, objetivos de auditoria e testes substantivos de auditoria*

Tipos de erros das demonstrações financeiras	Objetivos de auditoria	Exemplos de testes substantivos de auditoria para alcançar os objetivos de auditoria
• Existência • Obrigações	1. As contas a pagar representam passivos relacionados à aquisição de materiais e serviços, são obrigações válidas da entidade e foram corretamente registradas.	• Circularização de fornecedores. • Análises de contas.
• Integridade	2. As contas a pagar incluem todas as importâncias a pagar correntemente pela entidade pela aquisição de materiais e serviços, na data do balanço.	• Circularização de fornecedores. • Análises de contas. • Testes de corte (*cut-off*) de compras. • Testes de desembolsos subsequentes.
• Apresentação e divulgação	3. As contas a pagar estão corretamente descritas e classificadas, e as devidas divulgações relativas a esses valores foram feitas.	• Revisão das demonstrações financeiras e comparação das divulgações feitas com os requisitos das normas de contabilidade.

Quadro 12.3 *Passivos acumulados: relação de tipos de erros das demonstrações financeiras, objetivos de auditoria e testes substantivos de auditoria*

Tipos de erros das demonstrações financeiras	Objetivos de auditoria	Exemplos de testes substantivos de auditoria para alcançar os objetivos de auditoria
• Existência • Obrigações	1. Os passivos acumulados representam obrigações por recursos e serviços adquiridos até a data do balanço, e foram corretamente registrados.	• Procedimentos analíticos. • Análises de contas.
• Integridade • Valorização	2. Os passivos acumulados incluem todas as importâncias devidas pela entidade, por recursos e serviços adquiridos na data do balanço.	• Procedimentos analíticos. • Análise de contas. • Recálculos e testes de exatidão aritmética. • Testes de desembolsos subsequentes.
• Apresentação e divulgação	3. Os passivos acumulados estão corretamente descritos e classificados, e as devidas divulgações relativas a esses valores foram feitas.	• Revisão das demonstrações financeiras e comparação das divulgações feitas com os requisitos das normas de contabilidade.

Quadro 12.4 *Empréstimos e outras dívidas: relação de tipos de erros das demonstrações financeiras, objetivos de auditoria e testes substantivos de auditoria*

Tipos de erros das demonstrações financeiras	Objetivos de auditoria	Exemplos de testes substantivos de auditoria para alcançar os objetivos de auditoria
• Existência • Obrigações	1. Os empréstimos e outras dívidas representam passivos válidos da entidade e foram corretamente registrados.	• Confirmação de importâncias devidas. • Análises de contas.
• Integridade	2. Todas as importâncias devidas por empréstimos e outras dívidas estão incluídas nas contas, na data do balanço.	• Confirmação de importâncias devidas. • Análises de contas.
• Existência • Integridade	3. Todas as cláusulas contratuais e obrigações "extrabalanço" foram identificadas e consideradas (por exemplo: índice de lucro operacional, índice de capital de giro, índice de dívida *versus* patrimônio, exigibilidade imediata, nível de cobertura de seguro).	• Revisão de cláusulas contratuais ou acordos. • Confirmação de cláusulas contratuais e acordos.
• Apresentação e divulgação	4. Os empréstimos e outras dívidas estão corretamente descritos e classificados, e as devidas divulgações (incluindo divulgações relacionadas a garantias de obrigações contratuais e condições de pagamento) relativas a esses valores e divulgações relativas a obrigações "extrabalanço" foram feitas.	• Revisão das demonstrações financeiras e comparação das divulgações feitas com os requisitos das normas de contabilidade. • Confirmação das principais cláusulas contratuais e outros acordos. • Revisão para determinar o cumprimento das obrigações contratuais.

Quadro 12.5 *Imposto de Renda: relação de tipos de erros das demonstrações financeiras, objetivos de auditoria e testes substantivos de auditoria*

Tipos de erros das demonstrações financeiras	Objetivos de auditoria	Exemplos de testes substantivos de auditoria para alcançar os objetivos de auditoria
• Existência • Direitos e obrigações • Valorização	1. As obrigações (ativos) registradas, relativas a Imposto de Renda representam impostos a pagar (pagos antecipadamente ou a recuperar), e foram corretamente registradas.	• Procedimentos analíticos. • Teste de comparação do passivo (ou ativo) registrado com uma estimativa da provável obrigação (ou crédito). • Análises de contas.

Tipos de erros das demonstrações financeiras	Objetivos de auditoria	Exemplos de testes substantivos de auditoria para alcançar os objetivos de auditoria
• Integridade	2. Imposto de Renda inclui todos os impostos a pagar (pagos antecipadamente ou a recuperar) na data do balanço.	• Teste de comparação do passivo (ou ativo) registrado com uma estimativa da provável obrigação (ou crédito). • Recálculo e teste para determinar exatidão aritmética.
• Ocorrência • Valorização	3. A provisão (crédito) para Imposto de Renda relativa a impostos pagos correntemente ou a pagar (ou a recuperar) é adequada, mas não excessiva.	• Teste preditivo da taxa efetiva de imposto. • Teste preditivo dos passivos corrente e diferido. • Procedimentos analíticos. • Análise de contas.
• Integridade • Valorização	4. A alocação de imposto entre períodos, se necessária, foi corretamente registrada na data do balanço.	• Teste preditivo do Imposto de Renda diferido acumulado.
• Apresentação e divulgação	5. As importâncias relativas a Imposto de Renda estão corretamente descritas e classificadas nas demonstrações financeiras, e as devidas divulgações relativas a esses valores foram feitas.	• Revisão das demonstrações financeiras e comparação das divulgações feitas com os requisitos das normas de contabilidade. • Procedimentos analíticos.

12.5 CONTINGÊNCIAS

12.5.1 Considerações gerais

O auditor independente deve considerar os procedimentos mínimos na realização de um exame, de acordo com as normas de auditoria para identificar passivos não registrados e contingências ativas ou passivas relacionados a litígios, pedidos de indenização ou questões tributárias, e assegurar-se de sua adequada contabilização e/ou divulgação nas demonstrações contábeis examinadas.

A administração da entidade é a responsável pela adoção de políticas e procedimentos para identificar, avaliar, contabilizar e/ou divulgar, adequadamente, os passivos não registrados e as contingências. Quando da execução de procedimentos de auditoria para a identificação de passivos não registrados e contingências, o auditor Independente deve obter evidências para os seguintes assuntos, desde que relevantes:

a) a existência de uma condição ou uma situação circunstancial ocorrida, indicando uma incerteza com possibilidade de perdas ou ganhos para a entidade;
b) o período em que foram gerados;

c) o grau de probabilidade de um resultado favorável ou desfavorável; e
d) o valor ou a extensão de perda ou ganho potencial.

Conforme a NBC T 19.7 – Provisões, Passivos Contingentes e Ativos Contingentes, as provisões podem ser distintas de outros passivos, tais como contas a pagar e passivos derivados de apropriações por competência (*accruals*) porque há incerteza sobre o prazo ou o valor do desembolso futuro necessário para a sua liquidação. Os passivos derivados de apropriações por competência (*accruals*) são passivos a pagar por bens ou serviços fornecidos ou recebidos, mas que não tenham sido pagos, faturados ou formalmente acordados com o fornecedor, incluindo valores devidos a empregados (por exemplo, valores relacionados com pagamento de férias). Embora algumas vezes seja necessário estimar o valor ou o prazo desses passivos, a incerteza é geralmente muito menor do que nas provisões.

12.5.2 Procedimentos de auditoria

Os eventos ou as condições que devem ser considerados na identificação da existência de passivos não registrados e de contingências para a avaliação de sua adequada apresentação nas demonstrações contábeis são questões de direto conhecimento e, frequentemente, objeto de controle da administração da entidade e, portanto, seus administradores constituem-se em fonte primária de informação sobre esses eventos ou essas condições. Dessa forma, os seguintes procedimentos devem ser executados pelo auditor independente com respeito aos passivos não registrados e às contingências:

a) indagar e discutir com a administração a respeito das políticas e dos procedimentos adotados para identificar, avaliar e contabilizar e/ou divulgar os passivos não registrados e as contingências;
b) obter, formalmente, da administração uma descrição das contingências na data de encerramento das demonstrações contábeis e para o período que abrange essa data e a data de emissão da opinião de auditoria sobre essas demonstrações, incluindo a identificação dos assuntos sob os cuidados profissionais de consultores jurídicos;
c) examinar os documentos em poder do cliente vinculados aos passivos não registrados e às contingências, incluindo correspondências e faturas de consultores jurídicos;
d) obter representação formal da administração, contendo a lista de consultores ou assessores jurídicos que cuidam do assunto e representação de que todas as contingências potenciais ou ainda não formalizadas, relevantes, foram divulgadas nas demonstrações contábeis.

O auditor deve pedir à administração do cliente para preparar carta de solicitação de confirmação de dados (circularização) aos consultores jurídicos encarregados dos processos e litígios em andamento, para que o auditor a encaminhe a esses como forma de obter e evidenciar o julgamento desses profissionais acerca do grau da probabilidade de um resultado favorável ou desfavorável e do montante envolvido. Caso considere necessário, o auditor, baseado nas informações obtidas dos consultores jurídicos, tendo em vista eventuais incertezas e relevância do assunto, deve solicitar à administração a opinião de outro consultor jurídico independente.

Um exame de auditoria inclui outros procedimentos executados para propósitos diferentes que também possam fornecer informações sobre passivos não registrados e contingências. Exemplos de tais procedimentos são:

a) leitura de atas de reuniões de acionistas ou quotistas, de diretores e dos conselhos e dos comitês ocorridas durante e subsequentemente ao período examinado;
b) leitura de contratos, acordos de empréstimos, contratos de arrendamentos e correspondências recebidas de autoridades fiscais ou de agências reguladoras e documentos similares;
c) obtenção de informações relativas a garantias de empréstimos ou financiamentos provenientes das circularizações de bancos; revisão da conta "Honorários Advocatícios", "serviços prestados por terceiros" ou título similar, objetivando confirmar para quais advogados serão enviadas as cartas de circularização, além daqueles formalmente comunicados pela administração;
d) leitura do livro fiscal Termo de Ocorrências ou equivalente;
e) leitura ou exame de qualquer outro documento que inclua possíveis garantias dadas pelo cliente.

12.5.3 Circularização dos consultores jurídicos

A circularização dos consultores jurídicos é uma forma de o auditor obter confirmação independente das informações fornecidas pela administração referentes a situações relacionadas a litígios, pedidos de indenização ou questões tributárias. As respostas recebidas do departamento jurídico da entidade, ou de seus consultores internos, quando estes não forem os patronos das causas, mas as acompanham, servem de evidência para o auditor avaliar se a administração adotou os procedimentos adequados para a contabilização e/ou divulgação dos passivos não registrados e/ou das contingências (ativas ou passivas). No entanto, essas respostas não devem ser consideradas como evidências definitivas ou substitutas, no caso da recusa dos consultores jurídicos externos em responder ao pedido, principalmente se formalizadas. Quando advogados internos (ou o departamento competente) forem os patronos da causa, todavia, é adequado que respondam às cartas.

A extensão da seleção dos consultores jurídicos a serem circularizados depende do julgamento do auditor, que deve levar em consideração sua avaliação da estrutura de controles internos mantida pela entidade auditada para identificar, avaliar, contabilizar e/ou divulgar questões relativas a contingências, bem como a natureza e a relevância dos assuntos envolvidos. Por exemplo, o auditor pode aplicar técnicas de amostragem (incluindo estratificação) na seleção dos consultores a serem circularizados que estejam envolvidos com grande volume de questões, de natureza similar e de pequeno valor individual.

Os assuntos que devem ser abordados em uma carta de circularização de consultores jurídicos, conforme modelos sugeridos nos anexos a esta norma, incluem, mas não se limitam ao seguinte:

a) identificação da entidade, inclusive controladas, quando aplicável, e a data das demonstrações contábeis sob auditoria;
b) pedido da administração para que o consultor jurídico prepare a relação das questões em andamento com as quais o consultor jurídico esteve ou está envolvido, contendo as seguintes informações:

I. descrição da natureza do assunto, o progresso do caso até a data da resposta e, conforme aplicável, as ações que se pretende adotar para o caso;

II. avaliação da probabilidade de perda da questão, classificada entre provável, possível ou remota e uma estimativa, caso seja praticável efetuar, do valor e outras eventuais consequências da perda potencial, incluindo uma estimativa dos honorários profissionais a serem cobrados pelo consultor jurídico;

III. identificação da natureza e das razões para qualquer limitação na sua resposta;

c) em circunstâncias especiais, o auditor pode complementar a resposta para assuntos cobertos na carta de circularização em reunião que ofereça oportunidade para discussões e explicações mais detalhadas que uma resposta escrita. Uma reunião pode ser apropriada quando a avaliação da necessidade de contabilização de provisão ou divulgação de uma contingência envolva interpretações da legislação, existência de informações divergentes ou outros fatos de julgamento complexo. O auditor deve documentar as conclusões alcançadas relativas à necessidade de contabilização de provisão ou divulgação de contingências e considerar a solicitação da concordância dos consultores jurídicos para as conclusões.

O auditor revisa eventos passíveis de potencial ajuste ou divulgação nas demonstrações contábeis ocorridas até a data de seu relatório. Portanto, a última data do período coberto pela resposta do advogado (data da carta) deve se aproximar, ao máximo possível, da conclusão do trabalho de campo.

12.5.4 Limitações na extensão da resposta do consultor jurídico

O consultor jurídico pode fazer remissão na sua resposta a assuntos por ele já informados anteriormente, validando-os. Esse procedimento não representa uma limitação na extensão da auditoria.

A recusa de um consultor jurídico em fornecer a informação solicitada, por meio de circularização ou em reunião, ou a ausência de opinião de outro consultor jurídico independente nas condições consideradas necessárias, é uma limitação na extensão da auditoria suficiente para impedir a emissão de uma opinião sem ressalvas, conforme definido na norma sobre Opinião dos Auditores Independentes sobre as Demonstrações Contábeis.

A recusa do consultor jurídico em responder deve ser distinguida de outras limitações na resposta de um consultor jurídico discutidas no item 11.15.5 desta Norma. Em tais circunstâncias, o auditor deve exercer seu julgamento profissional para determinar se procedimentos alternativos adequados podem ser aplicados para atender aos requerimentos desta Norma.

12.5.5 Outras limitações na resposta de um consultor jurídico

Um consultor jurídico pode não concluir quanto à probabilidade de resultado desfavorável de uma contingência ou quanto ao valor e outras eventuais consequências da perda potencial, por causa de incertezas inerentes.

Fatores que influenciam a probabilidade de um resultado desfavorável, às vezes, podem não ser da competência ou do conhecimento do consultor jurídico, por exemplo:

a) a experiência da entidade em contingência semelhante;
b) as experiências de outras entidades podem não ser aplicáveis ou não estarem disponíveis;
c) o valor e as outras eventuais consequências da possível perda, frequentemente, podem variar amplamente em fases diferentes de um processo, impedindo o consultor jurídico de concluir sobre esse valor ou sobre outras eventuais consequências da perda;
d) a inexistência de jurisprudência sobre o assunto.

Em tais circunstâncias, o auditor pode concluir que as demonstrações contábeis estão afetadas por incerteza relativa ao resultado de um evento futuro que não é suscetível de ser, razoavelmente, estimado.

12.5.6 Julgamento do auditor

O auditor deve avaliar todas as circunstâncias e as evidências obtidas durante a aplicação de seus procedimentos de auditoria para passivos não registrados e contingências para formar o seu julgamento quanto à adequação às práticas contábeis adotadas na elaboração e na apresentação das demonstrações contábeis sob exame.

Uma inadequação relevante na elaboração ou na divulgação das demonstrações contábeis, bem como a existência de incertezas relevantes, impede que o auditor emita uma opinião sem ressalvas. Nessas situações, o auditor deve avaliar a extensão do problema em relação às demonstrações contábeis consideradas em seu conjunto, para concluir sobre a emissão de opinião com ressalva, adversa ou com parágrafo de ênfase quanto a uma possível incerteza.

A existência de limitação relevante na execução dos procedimentos previstos nesta Norma deve levar o auditor a avaliar a necessidade de emitir opinião com ressalva relacionada a essa limitação ou, ainda, emitir opinião com abstenção de consideração sobre as demonstrações contábeis tomadas em conjunto.

Modelo

Senhores Advogados

data

Prezados Senhores:

Em conexão com o exame das demonstrações contábeis do exercício a findar (findo em *(data-base das demonstrações contábeis)* da Companhia ABC, solicitamos que Vossas Senhorias forneçam diretamente aos nossos *Auditores Independentes, endereço*, uma posição sobre as questões das áreas cível, trabalhista e/ou tributária sob seus cuidados, em *(data-base das demonstrações contábeis)*, a favor ou contra a Companhia ABC, bem como os eventuais desfechos ou as novas questões surgidas entre essa data-base e a data da elaboração da informação.

Ao fornecer essas posições, solicitamos que Vossas Senhorias informem, além de uma breve descrição da questão e sua evolução no período: (i) se existe depósito judicial (e seu valor, caso disponível); (ii) o valor atual, efetivamente, discutido em cada causa, independentemente do valor atribuído ao feito para fins meramente processuais, ou uma estimativa do valor e/ou indicação da inclusão, ou não, de juros, multas e correção; (iii) valor estimado dos honorários de êxitos, quando aplicável; (iv) um **prognóstico** quanto à possibilidade de perda no desfecho das questões, classificando-a como provável, possível ou remota.

O prognóstico quanto ao **desfecho** das causas é a base para que observemos a necessidade de registro contábil (provisionamento da potencial perda como uma obrigação no passivo) e/ou de divulgações das questões em notas explicativas às demonstrações contábeis. Os significados dos termos utilizados entre os profissionais de contabilidade, para fins da classificação solicitada, estão descritos a seguir.

O termo *provável* em relação a *possível* indica que há maior probabilidade de o fato ocorrer. Geralmente, em um processo, cujo prognóstico é *provável* perda, há elementos, dados ou outros indicativos que possibilitam tal classificação, como, por exemplo, a tendência jurisprudencial dos tribunais ou a tese já apreciada em tribunais superiores para questões que envolvam matéria de direito, e a produção ou a facilidade de se dispor de provas (documental, testemunhal – principalmente em questões trabalhistas – ou periciais) para questões que envolvam matéria de fato.

Por sua vez, se o prognóstico for *possível* perda, esta pode acontecer; todavia, esse prognóstico não foi, necessariamente, fundamentado em elementos ou dados que permitam tal informação. Ou, ainda, em um prognóstico possível, os elementos disponíveis não são suficientes ou claros de tal forma que permitam concluir que a tendência será perda ou ganho no processo.

Adicionalmente, é importante notar que as decisões judiciais favoráveis de primeiro ou de segundo grau podem não ser tão importantes quando há **desfecho** (julgamento final) desfavorável em tribunal superior ou de última instância. Também, a menos que do ponto de vista processual já exista problema que possa acarretar determinado desfecho, no prognóstico não devem ser levadas em conta essas eventuais circunstâncias, tais como eventuais perdas de prazos etc. a que estão sujeitos quaisquer processos.

Por fim, a perda classificada como *remota*, como o próprio nome diz, remotamente trará perdas ou prejuízos para a entidade, ou são insignificantes as chances de que existam perdas.

Caso Vossas Senhorias entendam haver alguma limitação em sua resposta, solicitamos que sejam citadas as devidas razões.

Aguardamos e agradecemos suas providências e colocamo-nos à disposição para esclarecimentos julgados necessários.

Atenciosamente,
Representante da Companhia ABC.

12.6 CONSIDERAÇÕES FINAIS

Seguindo as disposições da norma sobre impostos sobre o lucro, um passivo fiscal diferido deve ser reconhecido quando cumpre algumas condições. Um passivo fiscal diferido deve ser reconhecido para todas as diferenças temporárias tributáveis, exceto o passivo fiscal diferido que advenha de reconhecimento inicial de ágio derivado da expectativa de rentabilidade futura (*goodwill*) ou reconhecimento inicial de ativo ou passivo em transação que (i) não é combinação de negócios, e (ii) no momento da transação, não afeta o lucro contábil, o lucro tributável ou prejuízo fiscal.

13

Programa de Auditoria para Contas do Patrimônio Líquido

O Patrimônio Líquido representa a parcela dos Ativos financiada pelos acionistas. Ele é composto dos seguintes grupos de contas:

- Capital social;
- Reserva de capital;
- Ajustes de avaliação patrimonial;
- Reservas de lucro.

A auditoria das contas do Patrimônio Líquido consiste em o auditor checar as transações que ocorreram durante o período auditado, observando se foram atendidas as disposições societárias e estatutárias. Nas empresas de capital aberto, é uma das mais importantes auditorias, pois envolve muitos aspectos de grande valia para os investidores, como distribuição de dividendos.

Os aspectos mais importantes a verificar, na área, são os de observância dos formalismos legais e estatutários:

- determinar se as ações ou o título de propriedade do capital social foram adequadamente autorizados e emitidos;
- determinar se todas as normas descritas nos estatutos sociais, as obrigações sociais e legais foram cumpridas;
- assegurar-se da organização e atualização dos livros societários, atas de assembleias gerais e de reuniões da diretoria e/ou do Conselho de Administração;
- determinar se o Patrimônio Líquido foi corretamente contabilizado e classificado nas demonstrações contábeis.

Com o advento da Lei nº 10.303/2001 e, principalmente, da Lei nº 11.638/2007, eliminou-se a prática comum entre as sociedades anônimas de a conta usualmente denominada "lucros acumulados" por anos ser ferramenta utilizada para retenção de lucros pelas companhias.

A Lei nº 10.303, ao inserir o § 6º no art. 202 da Lei das Sociedades Anônimas (LSA), determinou que "os lucros não destinados" conforme os parâmetros legais deverão ser necessariamente distribuídos como dividendos.

A Lei nº 11.638, avançando ainda mais na matéria, modificou o art. 178 da LSA para excluir do patrimônio líquido a menção aos "lucros acumulados", gerando reflexos na destinação dos lucros das sociedades anônimas, e mesmo das sociedades limitadas de grande porte, que, pela lei, estão obrigadas a adotar as disposições da LSA quanto à escrituração e elaboração de demonstrações financeiras.

A Lei nº 10.303 trouxe duas faculdades importantes: a primeira, contida no § 2º do art. 202 da LSA, permite às companhias deliberar a distribuição de dividendo "inferior ao obrigatório", e mesmo de "todo o lucro líquido", desde que "não haja oposição de qualquer acionista presente" na assembleia.

E a segunda, contida no parágrafo seguinte do mesmo artigo, prevê a não obrigatoriedade da distribuição do dividendo obrigatório "no exercício social em que os órgãos da administração informarem à assembleia geral ordinária ser ele incompatível com a situação financeira da companhia".

Tudo isso a demonstrar, pois, que, embora seja inegável que a partir da vigência das Leis nº 10.303 e nº 11.638 não mais se poderá destinar legalmente os resultados do exercício para a conta de lucros acumulados por período além do término do exercício social, momento no qual essa conta deverá ser zerada, a verdade é que diversas são, ainda, as ferramentas de que as companhias poderão dispor para evitar a distribuição da integralidade dos resultados do exercício.

13.1 OBJETIVOS ESPECÍFICOS

Os objetivos da auditoria das Contas de Patrimônio Líquido consistem nas seguintes finalidades:

- determinar a quantidade de ações ou títulos de propriedade do capital, bem como se tais foram adequadamente autorizados ou emitidos;
- determinar se todas as normas descritas nos estatutos sociais, as obrigações sociais e legais foram cumpridas, tal como for entendido pelo auditor;
- determinar se foram utilizadas as normas de contabilidade em bases uniformes;
- determinar a existência de restrições de uso das contas patrimoniais;
- determinar se o Patrimônio Líquido está corretamente classificado nas demonstrações financeiras, se as divulgações cabíveis foram expostas por notas explicativas;
- estabelecer se o tratamento das contas do PL nos casos de reorganização tem sido adequado;
- verificar a disponibilidade do PL quanto a sua distribuição aos acionistas, quotistas ou proprietários;
- verificar a segurança dos comprovantes de requisição de propriedade dos títulos emitidos, entre outras.

13.2 PROCEDIMENTOS DE AUDITORIA

Os procedimentos de auditoria a serem utilizados dependem da avaliação do controle interno e da materialidade envolvida, podendo ser descritos separadamente, sem que isto encubra o relacionamento existente entre as diversas contas patrimoniais.

AÇÕES DE CAPITAL

O interesse primordial volta-se para o número de ações registradas em circulação e sua avaliação. As grandes empresas que são representadas pelas S.A., por exemplo, um banco.

As empresas menores e de propriedade de um pequeno número de pessoas, muitas vezes, se encarregam elas próprias dos registros de suas ações. Nesses casos, o auditor deve conseguir certificar-se de sua validade. Comumente, eles consistem em um livro de registro de ações e do razão dos acionistas. O primeiro contém as informações a respeito de todos os certificados não emitidos individualmente, em um canhoto semelhante ao do talão de cheques, e também a respeito de todos os certificados não emitidos. O razão traz informações sobre os detentores das ações, individualmente. Esses registros funcionam em conjunto para registrar todas as transações de capital da empresa.

Os testes feitos pelo auditor compõem-se de:

- soma do número de ações registradas e conferência dos totais com o razão geral;
- teste de informação detalhada dos dois registros, para ver se se confirmam;
- exame de certificados cancelados, para verificar se realmente se fez o cancelamento; e
- exame de certificados não emitidos, para assegurar que não houve emissão sem autorização.

DIVIDENDOS

Examinando os dividendos, o auditor pode certificar-se da correção das contas de capital. Todas as declarações devem ser conferidas com as atas de Assembleia de Acionistas. Os pagamentos podem ser verificados aritmeticamente, multiplicando-se o montante por ação pelo número de ações registradas em circulação, podendo o auditor conseguir uma lista de pagamentos de dividendos aos acionistas, individualmente, como de cheques pagos. Esses pagamentos podem ser confrontados com os dados do razão, na base de teste, para se assegurar do pagamento na proporção correta do número de ações que cada acionista, reconhecidamente, possui.

A autorização para dividendos em ações consta também das atas de Assembleias de Acionistas. O montante capitalizado pode ser pelo valor de mercado ou nominal, dependendo dos planos da diretoria e do montante de dividendos. O auditor deve verificar se o montante capitalizado é adequado, segundo as normas de contabilidade e, também, se o montante apropriado ao capital e à conta de capital a integralizar é correto.

CAPITAL INTEGRALIZADO

A principal técnica é o exame de transação que deu origem aos valores registrados. Os lançamentos usados para registro dessas transações devem ser conferidos por meio dos registros contábeis e comparados com quaisquer outros elementos de prova disponíveis. Quando associados com emissões de novas ações, deve-se correlacionar a averiguação de ambos os itens.

13.3 DOCUMENTAÇÃO

Inclui, mas não se limita a:

- descrição dos procedimentos adotados;
- memorando sobre as conclusões;
- observações com respeito ao cumprimento da escritura de constituição, de estatutos, de atas de assembleias, de planos de alteração do capital, de contratos sociais, de leis e regulamentos fiscais e comerciais, de leis regionais e de outros requisitos legais; e
- cálculos de restrições sobre distribuições do Patrimônio Líquido, impostas por regulamentos, contratos de empréstimos sociais ou outros instrumentos e regulamentos.

13.4 ORIENTAÇÃO

O exame de auditoria efetuado na área do Patrimônio Líquido tem por finalidade atingir os objetivos previamente determinados. Dessa forma, o programa de auditoria deve ser elaborado com o intuito de evitar trabalhos desnecessários.

A seleção e a data de aplicação dos procedimentos de auditoria devem ser definidas visando à efetividade do controle interno e à materialidade envolvida.

Os exames de auditoria voltados à área do Patrimônio Líquido, particularmente nas S.A. e, em menor extensão, às outras sociedades registradas por contratos sociais, levam o auditor a entrar em contato com normas ou regulamentos oficiais ou estatutos societários. Em quaisquer casos de dúvidas ou interpretações, o auditor deve recorrer à opinião dos consultores jurídicos do cliente sobre tais matérias. Em geral, será necessário nos casos de alterações ocorridas durante o período sob exame.

Ao examinar as demonstrações financeiras de uma companhia, o auditor deve adquirir conhecimentos antecipados sobre contratos ou estatutos sociais, de forma que lhe sejam úteis quanto a possíveis bases de participação nos lucros, serviços e atividades desenvolvidas, os níveis sob os quais o capital deverá ser mantido, a base de realização de empréstimo aos sócios e as condições de desligamento. Não existindo tal, o auditor deverá considerar quais as medidas alternativas necessárias para conseguir tais informações.

Outro ponto para o qual o auditor, no Brasil, deve estar alerta é o fato de não estar emitindo uma opinião para o exterior. Isso porque o tratamento contábil do Patrimônio Líquido é diferente nos outros países. Apenas para ilustração, cabe lembrar as situações concretas encontradas nos casos das reservas para aumento de capital proveniente da correção monetária do ativo fixo e atualização do capital de giro.

Dessa forma, quando proceder ao exame das contas do Patrimônio Líquido de clientes, cujas demonstrações tenham que seguir os princípios contábeis geralmente aceitos nos Estados Unidos, deve-se restringir aos conceitos contábeis usuais daquele país.

Geralmente, na auditoria das demonstrações contábeis de sociedades individuais, o auditor não irá encontrar documentos formais estabelecendo as bases para alterações no capital da firma, devendo ser a principal preocupação a apresentação nas contas de capital, de forma que o leitor possa entender facilmente o que aconteceu.

13.5 CONTROLE INTERNO SOBRE O PATRIMÔNIO LÍQUIDO

Uma das principais funções de um sistema de controle interno bem planejado para as contas do Patrimônio Líquido é assegurar que todas as transações de patrimônio sejam devidamente autorizadas. Os certificados de ações não emitidos, o livro de certificado de ações e o razão dos acionistas devem ser controlados a fim de evitar eventual emissão, ou transferência fraudulenta das ações. Geralmente, por meio dos serviços de um intermediário e de um encarregado de registro, independentes, mantém-se um controle satisfatório sobre as contas do capital. Caso essas funções sejam cumpridas dentro da própria empresa, convém instituir-se um sistema de autorização e segregação de tarefas, a fim de propiciar controles.

13.6 APRESENTAÇÃO DAS CONTAS DE PATRIMÔNIO LÍQUIDO NAS DEMONSTRAÇÕES FINANCEIRAS

O auditor deve certificar-se de que a seção de Patrimônio Líquido do balanço seja apresentada corretamente e se faça acompanhar de divulgação apropriada. Certas regras básicas de divulgação a serem seguidas são:

- devem se separar os valores realizados e os a integralizar;
- o capital deve ser apresentado por um valor adequado a sua natureza;
- em geral, deve-se divulgar a fonte dos diversos componentes do capital integralizado;
- as restrições aplicáveis aos pagamentos de dividendos devem ser divulgadas.

Cabe ao auditor certificar-se da propriedade dos valores e divulgações referentes a itens, tais como ações readquiridas pelo próprio emitente, ações autorizadas, emitidas, em circulação, dividendos preferenciais em atraso e outros assuntos.

13.7 PROGRAMA DE AUDITORIA

O exame de auditoria efetuado na área do Patrimônio Líquido tem por finalidade atingir os objetivos previamente determinados.

Uma vez definido o programa de auditoria, durante a execução do trabalho, o auditor deve estar alerta para evitar possíveis trabalhos desnecessários ou deixar de realizar trabalhos não programados, porém importantes. Caso isso venha a ocorrer, o programa original deverá ser modificado com a introdução de eventuais itens não programados.

Quadro 13.1 *Capital e outros itens patrimoniais: relação de tipos de erros das demonstrações financeiras, objetivos de auditoria e testes substantivos de auditoria*

Tipos de erros das demonstrações financeiras	Objetivos de auditoria	Exemplos de testes substantivos de auditoria para alcançar os objetivos de auditoria
• Existência • Direitos e obrigações • Integridade	1. O capital e outros itens patrimoniais representam valores pagos na subscrição de ações ordinárias e/ou preferenciais, valores pagos como prêmio (ágio) na subscrição de ações, lucros não distribuídos, inclusive reservas e valores pagos pela sociedade pela compra de suas próprias ações.	• Confirmação do capital social com Atas da Assembleia Geral dos Acionistas, registro de acionistas e agente fiduciário, se for o caso. • Confirmação do prêmio (ágio) de subscrição com Atas da Assembleia Geral dos Acionistas. • Análises de contas.
• Existência • Direitos e obrigações	2. As importâncias das contas de capital e outros itens patrimoniais estão de acordo com requisitos dos estatutos da sociedade, resoluções dos acionistas e disposições legais aplicáveis, e estão corretamente registrados.	• Confirmação das ações emitidas com os registros de controle da sociedade ou com o agente fiduciário, se for o caso. • Análises de contas. • Revisão quanto ao atendimento às disposições legais.
• Integridade • Valorização	3. Todas as transações nas contas de capital e outros itens patrimoniais durante o período auditado estão devidamente autorizadas e corretamente registradas.	• Confirmação de ações emitidas com o agente fiduciário, se for o caso. • Exame dos registros de acionistas. • Leitura de Atas de Assembleias Gerais dos Acionistas. • Confirmação dos dividendos pagos com a instituição bancária autorizada ou com os registros da sociedade. • Procedimentos analíticos. • Análises de contas.
• Apresentação e divulgação	4. O capital e outros itens patrimoniais estão corretamente descritos e classificados nas demonstrações financeiras, e as devidas divulgações relativas a esses valores foram feitas.	• Revisão das demonstrações financeiras e comparação das divulgações feitas com os requisitos das normas de contabilidade.

A seleção e a data de aplicação dos procedimentos de auditoria devem ser definidas visando à efetividade do controle interno e à materialidade envolvida. Quando o controle interno tiver sido julgado como adequado, os exames de auditoria poderão ser realizados em data intermediária à do encerramento, bastando que o auditor execute procedimentos alternativos entre a data auditada e a data de encerramento, para atestar a fidedignidade deste último. Em caso contrário, a preferência deve recair na data de encerramento.

Os exames de auditoria voltados à área do Patrimônio Líquido, particularmente às sociedades anônimas e, em menor extensão, às outras sociedades regidas por contratos sociais, levam o auditor a entrar em contato com normas ou regulamentos oficiais e estatutos societários. Nem sempre o auditor dispõe de experiência suficiente para o completo entendimento das implicações legais e fiscais impostas por estas normas, regulamentos e estatutos. Em quaisquer casos de dúvidas ou interpretações, o auditor deve recorrer a fontes externas, tais como advogados, para melhor consubstanciar sua opinião ou reformular conceitos.

Ao examinar as demonstrações financeiras de uma companhia, o auditor deve adquirir conhecimentos antecipados sobre contratos ou estatutos sociais, de forma que lhe sejam úteis quanto a possíveis bases de participação nos lucros, serviços e atividades desenvolvidos pela companhia, nível de participação acionária, entre outros.

13.8 CONSIDERAÇÕES FINAIS

Os principais objetivos da auditoria do PL são: determinar se as ações ou o título de propriedade do capital social foram adequadamente autorizados e emitidos; determinar se todas as normas descritas nos estatutos sociais, as obrigações sociais e legais foram cumpridas; determinar se foram utilizadas as normas de auditoria.

14

Programa de Auditoria para as Contas de Resultado

14.1 INTRODUÇÃO

O exame desta área demanda dedicação e paciência por parte do auditor. Normalmente, o volume de lançamentos é muito grande, assim como o de comprovantes, e a possibilidade de erros, intencionais ou não, é infinita. Logo, ao iniciar seu exame, será desejável que o auditor não esteja demasiadamente premido pela necessidade de concluir outras tarefas.

Assim, a época mais indicada para efetuar esse trabalho é o da visita anterior ao encerramento do exercício. Nessa oportunidade, um ou dois meses antes do fechamento do exercício, a maior parte das despesas terá sido realizada, podendo ser analisada com mais tranquilidade.

Depois de levantado o balanço, antes do fechamento dos trabalhos de auditoria, faz-se exame complementar dos meses não abrangidos, para testar a normalidade dos lançamentos.

Uma forma bastante recomendável de exame é a comparabilidade dos valores ao longo dos meses, seja do próprio exercício, seja do exercício anterior. O auditor deverá munir-se dos balancetes dos dois períodos citados, transcrever os totais, mês a mês, conta por conta, num papel de trabalho, e analisar as variações. Havendo flutuações mais profundas, investigar as causas para assegurar-se de sua correção. Para essa análise, é conveniente estabelecer parâmetro de comparação. Um dos mais adequados é o comportamento das vendas; aceita-se que as despesas possam crescer em razão do crescimento das vendas (ou da produção). Haverá, entretanto, despesas fixas ou pouco influenciáveis, e esse fato deve ser levado em conta, quando as vendas (ou a produção) declinarem.

Outro parâmetro, mais ligado com o anterior, é o volume de salários. Supondo-se um quadro estável de pessoal e sabendo-se que há épocas certas para os ajustes salariais, faz-se a análise para encontrar o percentual em relação às receitas (ou vendas, ou produção), observando a sua constância e regularidade. Da mesma forma, se houver épocas certas para aumento de preços das mercadorias ou produtos, esse fator deve ser considerado. Ao analisarem-se os salários, devem ser incluídos todos os encargos decorrentes, tais como férias, 13º salário, previdência, FGTS etc.

Caso típico de comparabilidade é o das comissões sobre vendas, se houver. Assim, a flutuação dessa conta estará em função da flutuação das vendas. Entretanto, pode acontecer o caso de maior incidência de comissão em determinados produtos; esse fato deverá ser considerado na análise.

14.2 CAMPO DE EXAME

As contas de receitas (vendas à vista) e despesas têm influência direta nas contas de disponibilidades (Caixa e Bancos). Por esse motivo, estão mais sujeitas à tentação de fraude. Todavia, não é só a esse campo que o exame ficará limitado. Estende-se, também, às provisões, seja para depreciação e amortização, seja para devedores duvidosos, ou para despesas financeiras vencidas e não pagas. Assim, todas as contas que interferem no resultado do exercício fazem parte da área do exame.

As provisões terão sido verificadas simultaneamente com as contas patrimoniais que as originaram. Contudo, ali o exame teve em mira a adequada expressão das contas patrimoniais no balanço.

Agora, o problema é o reflexo no resultado do exercício que será inevitavelmente influenciado pela constituição daquelas provisões.

14.3 OBJETIVOS

A auditoria nas contas de resultado tem como objetivos:

- determinar se todas as receitas, custos e despesas atribuídos ao período estão devidamente comprovados e contabilizados;
- determinar se todas as receitas, custos e despesas não atribuídos ao período ou que beneficiem exercícios futuros estão corretamente diferidos;
- determinar se as receitas, custos e despesas estão contabilizados de acordo com as normas de contabilidade, em bases uniformes; e
- determinar se receitas, custos e despesas estão corretamente classificados nas demonstrações contábeis, e se as divulgações cabíveis foram expostas por notas explicativas.

O objetivo maior do exame auditorial nessas contas é a busca de indícios, ou a própria detecção de fraudes, desvios, sonegação, apropriação, ou outros tipos de delitos praticados contra o patrimônio da empresa, intencionalmente ou por falhas do controle, praticados pelos administradores ou por empregados desleais.

O relatório do auditor sobre o resultado desses exames é dos que maior interesse despertam na administração da empresa auditada, pela repercussão que pode ter, positiva ou negativa, nos métodos de direção e administração e pelas modificações que poderá ensejar no quadro do pessoal ou no quadro diretivo.

A auditoria das contas de resultado deve possibilitar ao auditor concluir que as receitas, despesas e custos:

- são pertinentes às atividades da empresa e estão suportadas por documentação hábil e que as operações tenham sido adequadamente autorizadas;
- foram contabilizadas corretamente de acordo com as normas de contabilidade e normas regulamentares, aplicados uniformemente em relação ao exercício anterior;
- estão corretamente classificadas nas demonstrações financeiras e divulgadas consoante as normas de contabilidade e normas da CVM, quando se referirem a

operações com partes relacionadas, e se as observações cabíveis foram expostas por notas explicativas;
- não atribuídos ao período ou que beneficiem exercícios futuros estão corretamente diferidos; e
- determinar se os custos e despesas estão corretamente contrapostos às receitas devidas.

14.4 CONTROLES INTERNOS

O sistema de controle interno deve ter por base a competente autorização para as despesas e o acompanhamento de seu registro final, de forma a evitar que a mesma despesa possa ser objeto de mais de um pagamento. O sistema de vendas à vista deve ter sua maior preocupação em evitar o subfaturamento das vendas, além de assegurar que todas as notas emitidas sejam efetivamente registradas no caixa.

A auditoria interna seria de extrema utilidade nessa área. Ainda que não haja auditoria interna específica, deve existir modalidade rotineira de controle, pelos próprios diretores, gerentes, ou pessoal de outras áreas, que possam fazer verificações de surpresa no caixa, no faturamento e em outros pontos-chave.

As funções colidentes devem ser evitadas. O caixa não pode autorizar despesas, fazer faturamento, registrar cheques etc. Assim, várias outras funções que podem propiciar alcances e desvios, sem o controle imediato de outra pessoa, devem ter sua acumulação evitada, para dificultar a ocorrência.

O auditor externo deverá estudar os controles internos existentes, atentando para seus pontos mais vulneráveis, para aí ampliar e aprofundar seus exames.

14.5 PROCEDIMENTOS DE AUDITORIA

Algumas contas devem ser analisadas mais profundamente, outras podem sê-lo por meio de testes e amostragens.

No primeiro caso, estão as contas referentes às operações internas, isto é, aquelas referentes a movimentação de valores com o pessoal interno: diretores, gerentes, encarregados de serviços ou da contabilidade etc. Aqui, convém que o exame seja bastante profundo ou, se possível, integral. Também as contas que envolvam descontos concedidos, abatimentos, juros recebidos ou pagos, prêmios e outras da mesma natureza devem ser objetos de maiores cuidados, análises minuciosas, devendo o auditor recorrer, sempre que possível, ao documento autêntico ou, em sua falta, à confirmação por pessoa insuspeita que tenha conhecimento direto do fato.

Outras contas permitem o exame por testes ou amostragem. Nesses casos, o auditor deve sempre levar em consideração o conceito de relevância. Não convém perder tempo à procura de explicações para pequenos erros, ou diferenças, salvo se a acuidade do auditor indicar que esse erro, ainda que irrelevante, possa conduzir a uma série de erros praticados com constância e continuidade.

A amostragem é feita com base na seleção de várias despesas, de diversos meses, de determinado número de contas. Feita a seleção, o auditor se aprofundará no exame desses casos, procurando verificar documentos e comprovantes, sua autenticidade e autorização, sua aplicabilidade, adequação e necessidade em relação às operações da empresa.

As contas relacionadas com salários, honorários (dos diretores, pessoal interno e de terceiros), encargos daí decorrentes, devem sempre ser incluídas nos testes de amostragem. O auditor escolherá alguns meses típicos, ou atípicos, e fará as análises, sempre cuidadosas, recorrendo, inclusive, aos registros trabalhistas para confirmar as quantias pagas ou creditadas.

As contas relacionadas com impostos (IPI, ICMS) entram na mesma categoria, fazendo-se a conferência com os registros fiscais próprios e com as contas do razão, além da inspeção das próprias guias de recolhimento dos tributos.

As despesas incomuns, ou atípicas, devem ser sempre verificadas. Não basta que o comprovante seja hábil e o pagamento tenha sido autorizado, é necessário investigar se essa despesa se justifica em face das operações, dos negócios, da empresa e, ainda assim, se seu montante corresponde ao vulto dessas operações ou negócios.

Igualmente, devem ser investigados os lançamentos a crédito, nas contas tipicamente devedoras, assim como os lançamentos a débito nas contas tipicamente credoras. Pode tratar-se de estornos, ou correções, por erros ou outros fatores justificáveis. Mas pode, também, tratar-se de ajustes intencionais dos saldos para adequá-los ao que se considera normal, lançando-se a diferença em contas menos suspeitas a exames e investigações.

Nas contas selecionadas para exames, a verificação deve estender-se à conferência das somas, seja do próprio razão, seja em demonstrações separadas que tenham servido de base para lançamentos contábeis.

As contas que tenham reflexo direto nos estoques (vendas, custos, ou semelhantes) devem ser analisadas, não só quanto aos débitos, ou créditos, na conta de resultados, mas também nas contrapartidas em Estoques e no confronto com os registros auxiliares, se houver, e registros da escrita fiscal, conforme o caso.

Os lançamentos provenientes de baixas de títulos incobráveis, seja diretamente ou com passagem pela provisão para créditos de liquidação duvidosa, devem ser analisados um a um para verificar sua regularidade, inclusive quanto à autorização hábil para a baixa.

Para testar a eventual sonegação de recebimentos, seja de vendas à vista, seja de receitas diversas, tais como dividendos, *royalties,* venda de sucata e outras do gênero, deve-se recorrer a elementos subsidiários que possam ser encontrados: contratos, atas e avisos de terceiros, relatórios, correspondências e outros registros. Para as vendas à vista, costuma haver talonários especiais. Recorrer aos mesmos e fazer testes de diversos dias, em diferentes meses.

14.6 SELEÇÃO DE CONTAS PARA EXAME

Ao selecionar as contas de receitas e despesas a serem analisadas mais profundamente, o auditor deve avaliar os seguintes pontos:

- a natureza das operações incluídas na conta. Operações entre a empresa e seus administradores, diretores ou empregados-chave, operações de natureza incomum e aquelas que têm importância significativa para a situação patrimonial e os resultados das operações estarão sujeitos a receber atenção especial;

- a extensão do controle interno sobre operações;
- algumas operações incomuns podem ser submetidas a menor controle interno do que outras operações mais comuns e numerosas;
- a importância relativa das operações. A relevância é sempre um assunto importante em auditoria. Quanto mais relevantes as operações registradas em determinada conta, mais atenção ela está sujeita a receber;
- a extensão em que outros testes forneceram, indiferentemente, comprovação para o saldo da conta. Se grande número de comprovantes foi examinado quando da auditoria nas contas patrimoniais, número relativamente menor de despesas afins a essas contas necessitará de atenção.

Quando o auditor tiver sido renovadamente contratado, para vários exercícios continuados, poderá programar exames alternativos das contas de despesas, de forma que, em poucos exercícios, ele poderá ter alcançado a análise de todas as contas. Entretanto, aquelas contas-chave devem ser analisadas sempre, em todos os exercícios.

14.7 ANÁLISE E VERIFICAÇÃO DAS CONTAS DE RECEITAS E DESPESAS

Ao examinar tais contas, o auditor geralmente prepara uma análise de conta, retroagindo da conta do razão para os documentos originais de registro. Para cada lançamento, ele procura resposta a estas perguntas:

1. Foi a operação autorizada?
2. Parece ela ser uma operação razoável para a empresa sob exame?
3. Foi ela registrada de acordo com sólidas normas de contabilidade e com a praxe contábil da empresa?

A fim de responder a essas perguntas, ele deve examinar os documentos representativos da operação que o lançamento objetiva registrar.

Algumas contas devem ser analisadas com mais profundidade, outras podem sê-lo por meio de testes e amostragens.

14.8 DESPESAS

O termo "despesas" corresponde aos decréscimos nos ativos ou acréscimos nos passivos, reconhecidos e medidos em conformidade com as normas de contabilidade, resultantes dos diversos tipos de atividades, e que possam alterar o patrimônio líquido.

O objetivo é o de fornecer uma orientação quanto às divulgações a serem feitas nos procedimentos de auditoria das contas de resultado, especialmente nas contas de despesa. Mostramos em síntese o que deve ser utilizado como procedimentos de auditoria nas despesas.

14.8.1 Procedimentos

Procedimentos ou técnicas de auditoria são as investigações técnicas que, tomadas em conjunto, permitem a formação fundamentada da opinião do auditor sobre as demonstrações financeiras ou sobre o trabalho realizado.

Os procedimentos gerais referentes às contas de despesa são:

- verificação de que os registros subsidiários coincidem com os saldos do balanço e de que se constituem em base adequada para a execução dos testes de auditoria;
- revisão das principais práticas contábeis quanto a sua adequação e uniformidade de sua aplicação;
- exame de transações com partes relacionadas.

Revisão dos critérios adotados na remuneração de serviços comuns entre as empresas do conglomerado e referência aos exames e papéis de trabalho das sociedades envolvidas:

Revisão analítica

I – Custo dos produtos vendidos

Obtenha o demonstrativo comparativo do custo dos produtos vendidos e execute as seguintes atividades:

- confira os saldos do exercício com os papéis do ano anterior;
- confira os saldos do exercício com o razão;
- some integralmente;
- confronte o custo das vendas por produto com o mapa de apropriação dos produtos vendidos;
- efetue as referências aplicáveis às folhas subsidiárias, à área de estoques e à folha mestra.

Referencie os trabalhos realizados na área de estoques e no estudo e avaliação dos controles internos do ciclo de compras e folha.

II – Custo não absorvido na produção

Obtenha a composição dos custos não absorvidos na produção e execute as seguintes atividades:

- some integralmente;
- confronte os saldos com o razão;
- referencie com as folhas de trabalho aplicáveis ao resultado e às contas patrimoniais;
- determine a correta apuração do custo das vendas.

Examine a razoabilidade da mão de obra direta apropriada aos estoques e a custos das vendas. Determine a razoabilidade das despesas gerais de fabricação apropriadas ao exercício.

III – Distribuição da folha de pagamento

Obtenha a distribuição da folha de pagamento mensal entre salários e encargos sociais e execute as seguintes atividades:

- some integralmente;
- confronte com a distribuição contábil da folha de pagamento;
- confira os honorários da diretoria com a ata de reunião da diretoria;
- calcule os encargos sociais incidentes sobre os salários e ordenados conforme legislação vigente;
- efetue as referências aplicáveis.

Discuta qualquer variação que lhe pareça anormal na distribuição da folha de pagamento.

Relacione os trabalhos realizados no estudo e avaliação dos controles internos do ciclo da folha.

IV – Despesas de vendas

Obtenha o demonstrativo comparativo das despesas de vendas e execute as seguintes atividades:

- confira os saldos do exercício com os papéis de trabalho do ano anterior;
- confira os saldos do exercício com o razão;
- some integralmente;
- efetue as referências aplicáveis às contas patrimoniais examinadas e à folha mestra.

Efetue o cálculo das comissões sobre as vendas realizadas no exercício.

Para as contas não examinadas, percorra visualmente as fichas do razão e determine a necessidade de exame documental.

V – Despesas administrativas

Obtenha o demonstrativo comparativo das despesas administrativas e execute as seguintes atividades:

- confira os saldos do exercício com os papéis de trabalho do ano anterior;
- confira os saldos do exercício com o razão;
- some integralmente;
- efetue as referências aplicáveis às contas examinadas e à folha mestra.

Efetue o cálculo das despesas de PIS e COFINS com base nas vendas do ano.

Para as contas não examinadas percorra visualmente as fichas do razão e determine a necessidade de exame documental.

VI – Provisão para créditos de liquidação duvidosa

Obtenha a movimentação da provisão para créditos de liquidação duvidosa no período e execute as seguintes atividades:

- some;
- referencie com a composição das contas a receber;
- referencie o complemento da provisão com o resultado.

Determine que a provisão para créditos de liquidação duvidosa tenha sido calculada pela empresa de forma consistente com a do ano anterior.

Com relação a quaisquer baixas ocorridas contra a provisão, constate se as aprovações foram dadas por pessoal adequado.

Quadro 14.1 *Vendas e outras receitas e provisões relacionadas: relação de tipos de erros das demonstrações financeiras, objetivos de auditoria e testes substantivos de auditoria*

Tipos de erros das demonstrações financeiras	Objetivos de auditoria	Exemplos de testes substantivos de auditoria para alcançar os objetivos de auditoria
• Ocorrência • Integridade	1. As vendas e outras receitas representam todas e somente transações (produtos despachados ou serviços prestados) que ocorreram durante o período e foram corretamente registradas.	• Circularização de contas a receber ou procedimentos alternativos. • Procedimentos analíticos. • Testes de corte (*cut-off*) de vendas e outras receitas. • Testes de reconhecimento da receita.
• Valorização	2. As provisões para contas duvidosas, devoluções, abatimentos e descontos foram alocadas no devido período.	• Procedimentos analíticos. • Avaliação de provisões de valorização.
• Apresentação e divulgação	3. As receitas e as provisões para contas duvidosas, devoluções, abatimentos e descontos estão corretamente descritas e classificadas, e as devidas divulgações relativas a esses valores foram feitas.	• Revisão das demonstrações financeiras e comparação das divulgações feitas com os requisitos das normas de contabilidade.

Quadro 14.2   *Custo das vendas: relação de tipos de erros das demonstrações financeiras, objetivos de auditoria e testes substantivos de auditoria*

Tipos de erros das demonstrações financeiras	Objetivos de auditoria	Exemplos de testes substantivos de auditoria para alcançar os objetivos de auditoria
• Ocorrência • Integridade	1. O custo das vendas representa todas e somente transações relativas a produtos despachados ou serviços prestados durante o ano e está corretamente registrado.	• Testes de corte (*cut-off*) do custo das vendas. • Procedimentos analíticos. • Análises de contas.
• Apresentação e divulgação	2. O custo das vendas está corretamente descrito e classificado nas demonstrações financeiras, e devidas divulgações relativas a esses valores foram feitas.	• Revisão das demonstrações financeiras e comparação das divulgações feitas com os requisitos das normas de contabilidade.

Quadro 14.3   *Despesas com juros: relação de tipos de erros das demonstrações financeiras, objetivos de auditoria e testes substantivos de auditoria*

Tipos de erros das demonstrações financeiras	Objetivos de auditoria	Exemplos de testes substantivos de auditoria para alcançar os objetivos de auditoria
• Ocorrência • Integridade • Alocação	1. As despesas com juros (incluindo as amortizações de despesas pagas antecipadamente) representam todos e somente os juros incorridos durante o período e foram corretamente registradas.	• Confirmação das principais cláusulas de contratos de empréstimo com os credores. • Teste preditivo de despesas com juros. • Análises de contas. • Recálculo de amortização de despesas.
• Apresentação e divulgação	2. As despesas com juros estão corretamente descritas e classificadas e as devidas divulgações relativas a esses valores foram feitas.	• Procedimentos analíticos. • Revisão das demonstrações financeiras e comparação das divulgações feitas com os requisitos das normas fundamentais de contabilidade. • Confirmação das principais cláusulas de contratos de empréstimos com os credores.

Quadro 14.4   *Despesas operacionais: relação de tipos de erros das demonstrações financeiras, objetivos de auditoria e testes substantivos de auditoria*

Tipos de erros das demonstrações financeiras	Objetivos de auditoria	Exemplos de testes substantivos de auditoria para alcançar os objetivos de auditoria
• Ocorrência • Integridade • Alocação	1. As despesas operacionais representam todos e somente valores incorridos pela companhia com tipos de gastos do período em suas operações e estão corretamente registradas.	• Procedimentos analíticos. • Análises de contas. • Testes de corte (*cut-off*) de importâncias registradas.
• Apresentação e divulgação	2. As despesas operacionais estão corretamente descritas e classificadas, e as devidas divulgações relativas a esses valores foram feitas.	• Revisão das demonstrações financeiras e comparação das divulgações feitas com os requisitos das normas de contabilidade.

Quadro 14.5   *Outras receitas e despesas: relação de tipos de erros das demonstrações financeiras, objetivos de auditoria e testes substantivos de auditoria*

Tipos de erros das demonstrações financeiras	Objetivos de auditoria	Exemplos de testes substantivos de auditoria para alcançar os objetivos de auditoria
• Ocorrência • Integridade	1. Outras receitas e despesas representam todas e somente transações de natureza não operacional ou extraordinárias que ocorreram durante o período e estão corretamente registradas.	• Procedimentos analíticos. • Análises de contas. • Testes de corte (*cut-off*) de importâncias registradas.
• Apresentação e divulgação	2. Os valores de outras receitas e despesas estão corretamente descritos e classificados, e as devidas divulgações relativas a esses valores foram feitas.	• Revisão das demonstrações financeiras e comparação das divulgações feitas com os requisitos das normas de contabilidade.

Quadro 14.6 *Títulos negociáveis (aplicações financeiras): relação de tipos de erros das demonstrações financeiras, objetivos de auditoria e testes substantivos de auditoria*

Tipos de erros das demonstrações financeiras	Objetivos de auditoria	Exemplos de testes substantivos de auditoria para alcançar os objetivos de auditoria
• Existência • Direitos • Integridade	1. Títulos negociáveis representam todos e somente títulos negociáveis que são possuídos e estão em carteira ou depositados em custódia com terceiros por conta da entidade e estão corretamente registrados.	• Contagem física de títulos em carteira. • Confirmação de títulos depositados com terceiros. • Análises de contas.
• Valorização	2. Os títulos negociáveis estão corretamente registrados na data do balanço e as bases nas quais estão registrados refletem, se for o caso, os ajustes ao valor de mercado.	• Análise dos ajustes ao valor de mercado. • Procedimentos analíticos.
• Apresentação e divulgação	3. Os títulos negociáveis estão corretamente descritos e classificados, e as devidas divulgações (incluindo divulgações quanto a valores caucionados) relativas a esses valores foram corretamente efetuadas.	• Revisão das demonstrações financeiras e comparação das divulgações feitas com os requisitos das normas de contabilidade. • Pesquisa de títulos negociáveis caucionados. • Confirmação de títulos negociáveis caucionados.

Quadro 14.7 *Renda oriunda de caixa e títulos negociáveis: relação de tipos de erros das demonstrações financeiras, objetivos de auditoria e testes substantivos de auditoria*

Tipos de erros das demonstrações financeiras	Objetivos de auditoria	Exemplos de testes substantivos de auditoria para alcançar os objetivos de auditoria
• Ocorrência • Integridade	1. A receita e os ganhos/perdas realizados, oriundos de aplicações de caixa e títulos negociáveis, representam toda renda recebida ou auferida pela posse de caixa e títulos negociáveis, e foram corretamente registrados.	• Análises de contas. • Procedimentos analíticos. • Recálculo de ganhos/perdas.
• Valorização	2. O valor de perdas não realizadas (ou recuperações de baixas do valor de mercado), relacionados a títulos negociáveis, foi corretamente registrado.	• Análise dos ajustes ao valor de mercado. • Procedimentos analíticos.
• Apresentação e divulgação	3. A renda, os ganhos e perdas realizados, e as provisões de valorização para ganhos e perdas não realizados estão corretamente descritos e classificados, e as divulgações relativas a esses valores foram devidamente efetuadas.	• Revisão das demonstrações financeiras e comparação das divulgações feitas com os requisitos das normas de contabilidade.

VII – Depreciações

Efetue o cálculo global da depreciação contabilizada no exercício e referencie a contabilização da depreciação no exercício.

Para a conta de máquinas e equipamentos, efetue o cálculo detalhado da depreciação contabilizada no resultado.

VIII – Despesas financeiras

Obtenha o demonstrativo comparativo das despesas financeiras e execute as seguintes atividades:

- confira os saldos do exercício com os papéis de trabalho do ano anterior;
- confira os saldos do exercício com o razão;

- some integralmente;
- efetue as referências aplicáveis às contas patrimoniais examinadas e à folha mestra.

Para as contas não examinadas, percorra visualmente as fichas de razão e determine a necessidade de exame documental.

14.9 CONSIDERAÇÕES FINAIS

Com base na norma sobre receita de contrato com cliente (anteriormente, reconhecimento de receitas), a empresa deve fazer uma série de passos até chegar ao reconhecimento e mensuração da receita. O primeiro desses passos é a identificação do contrato; neste passo, a entidade deve contabilizar os efeitos de um contrato com um cliente que esteja dentro do alcance desta norma somente quando uma série de critérios forem atendidos. Um dos requisitos/critérios elencados pela norma é quando o contrato possuir substância comercial (ou seja, espera-se que o risco, a época ou o valor dos fluxos de caixa futuros da entidade se modifiquem como resultado do contrato).

15

Programa de Auditoria para Verificação Complementar

15.1 OBJETIVO

O objetivo deste programa é verificar aquelas contas, sejam patrimoniais ou de resultados, que não tenham sido abrangidas nos exames feitos por meio dos outros programas. Com essa verificação, fica completo o quadro, alcançando todas as contas registradas na contabilidade da empresa.

15.2 CAMPO DO EXAME

O campo do exame deve incluir não só as contas referidas, mas também aquelas que tenham sido encerradas durante o exercício, isto é, antes do final do exercício.

15.3 PROCEDIMENTOS DE AUDITORIA

Inicialmente, deve-se verificar se tais contas guardam certa uniformidade em relação ao exercício anterior. Ao fazê-lo, deve-se ter em mente os efeitos da inflação e, naturalmente, as flutuações dos negócios da empresa. Outro teste é o da razoabilidade do montante da conta em relação a sua finalidade e às necessidades operacionais da empresa. Caso haja orçamentos prévios, estimativas ou previsões:

- deve-se fazer a comparação, para verificar a irregularidade;
- deve-se inspecionar o movimento das contas, em busca de flutuações acentuadas, lançamentos inusitados, contrapartidas incomuns e outros fatores anormais;
- pesquisar e analisar para assegurar-se de sua razoabilidade;
- verificar o crescimento/decréscimo das vendas e sua relação com o custo dos produtos vendidos, o lucro bruto e qualquer outra conta diretamente ligada às flutuações operacionais. A comparação é feita com o exercício anterior, desde que nenhum dos dois seja exercício atípico.

15.4 CONSIDERAÇÕES FINAIS

O objetivo global de um exame de auditoria é dar aos auditores provas suficientes para fundamentar sua opinião sobre as demonstrações financeiras, em sua totalidade.

16

Programa de Auditoria para Eventos Subsequentes

ENFOQUE

- **NBC T 11.18**
- **NBC T 19.7**
- **NBC TA 560 (R1)**
- **NBC TA 580**
- **NBC TA 700**
- **NBC TG 24**

16.1 INTRODUÇÃO

A NBC TA 560 (R1) – Eventos Subsequentes trata da responsabilidade do auditor independente em relação a eventos subsequentes na auditoria de demonstrações contábeis. As demonstrações contábeis podem ser afetadas por certos eventos que ocorrem após a data das demonstrações contábeis. Muitas estruturas de relatórios financeiros referem-se especificamente a esses eventos.

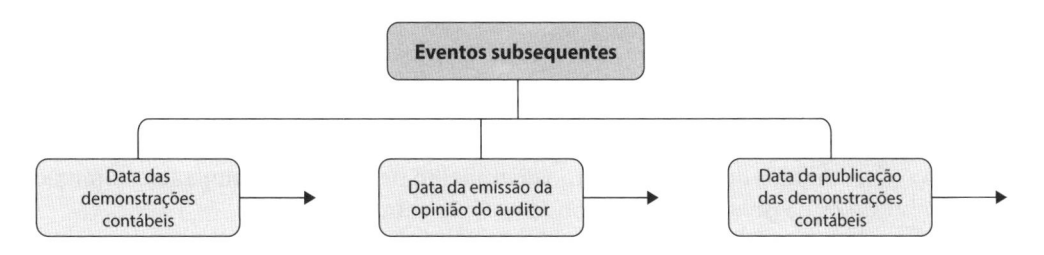

Figura 16.1 *Eventos subsequentes.*
Fonte: *Guilherme Sant Anna, Tonyvan de Carvalho Oliveira (Estratégia).*

Eventos subsequentes são eventos ocorridos entre a data das demonstrações contábeis e a data do relatório do auditor independente e fatos que chegaram ao conhecimento do auditor independente após a data do seu relatório.

Segundo a NBC TA 560 (R1):

- data das demonstrações contábeis é a data de encerramento do último período coberto pelas demonstrações contábeis;
- data de aprovação das demonstrações contábeis é a data em que todos os quadros que compõem as demonstrações contábeis foram elaborados e que aqueles com autoridade reconhecida afirmam que assumem a responsabilidade por essas demonstrações contábeis;
- data do relatório do auditor independente é a data do relatório do auditor independente sobre as demonstrações contábeis de acordo com a NBC TA 700;
- data de divulgação das demonstrações contábeis é a data em que o relatório do auditor independente e as demonstrações contábeis auditadas são disponibilizados para terceiros.

A NBC TG 24 – Evento Subsequente analisa o tratamento nas demonstrações contábeis de eventos, favoráveis ou não, ocorridos entre a data das demonstrações contábeis e a data na qual é autorizada a conclusão da elaboração das demonstrações contábeis.

Essas estruturas costumam identificar dois tipos de eventos:

- os que fornecem evidência de condições existentes na data das demonstrações contábeis; e
- os que fornecem evidência de condições que surgiram após a data das demonstrações contábeis.

A NBC TA 700 – Formação da Opinião e Emissão do Relatório do Auditor Independente sobre as Demonstrações Contábeis, item 38, explica que a data do Relatório do Auditor Independente informa ao leitor que o auditor considerou o efeito dos eventos e transações dos quais o auditor se tornou ciente e que ocorreram até aquela data.

As demonstrações contábeis podem ser afetadas por certos eventos que ocorrem após a data das demonstrações contábeis. Muitas estruturas de relatórios financeiros referem-se especificamente a esses eventos. O auditor deve considerar em sua opinião os efeitos decorrentes de transações e eventos subsequentes relevantes ao exame das demonstrações contábeis, mencionando-os como ressalva ou em parágrafo de ênfase, quando não ajustadas ou reveladas adequadamente.

O auditor deve considerar três situações de eventos subsequentes:

a) os ocorridos entre a data do término do exercício social e a data da emissão da opinião;
b) os ocorridos depois do término do trabalho de campo e da emissão da opinião e antes da divulgação das demonstrações contábeis; e
c) os conhecidos após a divulgação das demonstrações contábeis.

Para ter condições de formar opinião sobre as demonstrações contábeis, considerando os efeitos relevantes das transações e eventos subsequentes ao encerramento do exercício social, o auditor deve considerar:

a) os procedimentos da administração para que os eventos sejam divulgados;
b) os atos e fatos administrativos registrados em atas de reuniões de acionistas, administradores e outros órgãos estatutários;

c) os informes de qualquer espécie divulgados pela entidade;
d) a situação de contingências conhecidas e reveladas pela administração e pelos advogados da entidade; e
e) a existência de eventos não revelados pela administração nas demonstrações contábeis e que tenham efeitos relevantes sobre as mesmas.

Transações e eventos subsequentes que proporcionam evidência adicional de condições que existiam no fim do período auditado e requerem julgamento profissional e conhecimento dos fatos e circunstâncias:

a) perda em contas a receber decorrente da falência do devedor; e
b) pagamento ou sentença judicial.

Transações e eventos subsequentes havidos entre a data de término do exercício social e a data da divulgação das demonstrações contábeis são:

a) aporte de recursos, inclusive como aumento de capital;
b) compra de nova subsidiária ou de participação adicional relevante em investimento anterior;
c) destruição de estoques ou estabelecimento em decorrência de sinistro;
d) alteração do controle societário.

Os objetivos do auditor são:

a) obter evidência de auditoria apropriada e suficiente sobre se os eventos ocorridos entre a data das demonstrações contábeis e a data do relatório do auditor independente que precisam ser ajustados ou divulgados nas demonstrações contábeis estão adequadamente refletidos nessas demonstrações contábeis; e
b) responder adequadamente aos fatos que chegaram ao conhecimento do auditor independente após a data de seu relatório, que, se fossem do seu conhecimento naquela data (do relatório), poderiam ter levado o auditor a alterar seu relatório.

16.2 DEFINIÇÕES

Eventos subsequentes à data do balanço são aqueles, sejam eles favoráveis ou desfavoráveis, que ocorrem entre a data do balanço e a data na qual é autorizada a conclusão da elaboração das demonstrações contábeis. Dois tipos de eventos podem ser identificados, conforme NBC TA 560 (R1):

a) os que evidenciam condições que já existiam na data do balanço (eventos subsequentes à data do balanço que originam ajustes); e
b) os que são indicadores de condições que surgiram subsequentemente à data do balanço (eventos subsequentes à data do balanço que não originam ajustes).

O processo envolvido na autorização da conclusão da elaboração das demonstrações contábeis poderá variar dependendo da estrutura da administração, das exigências legais, estatutárias e dos procedimentos seguidos na preparação e na finalização das demonstrações contábeis.

Em algumas circunstâncias, como no caso das sociedades por ações, as entidades têm que submeter as demonstrações contábeis à aprovação de seus acionistas, sócios, associados e outros, depois de estas demonstrações já terem sido aprovadas pela administração e, talvez, publicadas. Em tais casos, a autorização para conclusão das demonstrações contábeis reflete a data da aprovação pelo órgão da administração previsto no estatuto social ou contrato social, se não for sociedade por ações, e não a data em que os acionistas ou sócios aprovam as demonstrações contábeis.

Em alguns casos, exige-se que a diretoria de uma entidade submeta suas demonstrações contábeis à aprovação de um conselho de administração, de cuja composição façam parte membros sem cargos executivos. Em tais casos, a autorização para a conclusão da elaboração das demonstrações contábeis é concedida após estas demonstrações serem submetidas à apreciação desse conselho, do conselho fiscal ou do comitê de auditoria, se houver.

Eventos subsequentes à data do balanço incluem todos os ocorridos até a data em que é concedida a autorização para a conclusão da elaboração das demonstrações contábeis.

Espera-se que o período de tempo entre a data da conclusão da elaboração e a data da divulgação das demonstrações contábeis seja breve. Caso o processo de divulgação se prolongue demasiadamente, por razões operacionais ou qualquer outra razão, a administração deverá observar o surgimento de novos eventos subsequentes, nesse período, que possam originar ajustes ou divulgações às demonstrações contábeis, nos termos desta norma, e, se relevantes, deverá atualizar as demonstrações contábeis.

O auditor independente que tomou conhecimento de um fato relevante ocorrido após a data de encerramento do trabalho de campo e antes da entrega formal da opinião de auditoria a uma Companhia de Capital Aberto deverá, neste caso, adotar o procedimento de estender os trabalhos até a data do novo evento, de modo a emitir a opinião com data mais atual ou dupla data.

16.3 RECONHECIMENTO E MENSURAÇÃO

16.3.1 Eventos subsequentes à data do balanço que originam ajustes

A entidade deve ajustar os valores reconhecidos em suas demonstrações contábeis para que reflitam eventos subsequentes à data do balanço que venham a confirmar as condições existentes até aquela data.

Para exemplificar, são apresentados a seguir alguns tipos de eventos subsequentes à data do balanço que exigem que a entidade ajuste os valores reconhecidos em suas demonstrações contábeis ou reconheça itens que não tenham sido previamente reconhecidos:

a) o pagamento ou a divulgação de uma decisão definitiva relacionado a um processo judicial, confirmando que a entidade já tinha uma obrigação presente na data do balanço. A entidade deve ajustar qualquer provisão relacionada ao processo ou registrar uma nova provisão, de acordo com as disposições contidas na norma sobre Provisões, Passivos, Contingências Passivas e Contingências Ativas;

b) a obtenção de informação indicando que um ativo estava deteriorado na data do balanço ou que o montante de um prejuízo por deterioração previamente reconhecido em relação àquele ativo precisa ser ajustado. Como, por exemplo:

  b.1) a falência ou a recuperação judicial de um cliente normalmente confirma que já existia potencialmente um prejuízo em uma conta a receber na data do balanço, e que a entidade precisa ajustar o valor contábil da conta a receber;

  b.2) a venda de estoques com prejuízo pode proporcionar evidência sobre o valor de realização líquido desses estoques na data do balanço;

c) a determinação do custo de ativos comprados ou do valor de ativos recebidos em troca de ativos vendidos antes da data do balanço;

d) a determinação do valor referente ao pagamento de participação nos lucros ou referente a gratificações, no caso de a entidade ter, na data do balanço, uma obrigação presente legal não formalizada de fazer tais pagamentos em decorrência de eventos ocorridos antes daquela data; e

e) a descoberta de fraude ou erros mostra que as demonstrações contábeis estavam incorretas.

16.3.2 Eventos subsequentes à data do balanço que não originam ajustes

A entidade não deve ajustar os valores reconhecidos em suas demonstrações contábeis por eventos subsequentes à data do balanço que reflitam circunstâncias que surgiram após aquela data.

Um exemplo de evento subsequente que não origina ajustes é o declínio do valor de mercado de investimentos ocorrido no período entre a data do balanço e a data de autorização de conclusão da elaboração das demonstrações contábeis. O declínio do valor de mercado não se relaciona normalmente à condição do investimento na data do balanço, mas reflete circunstâncias que surgiram no período seguinte. Portanto, uma entidade não ajusta os valores reconhecidos para o investimento em suas demonstrações contábeis. Igualmente, a entidade não atualiza os valores divulgados para os investimentos na data do balanço, embora possa precisar efetuar uma divulgação adicional.

Os que evidenciam condições que já existiam na data do balanço → Eventos subsequentes que originam ajustes

Os que são indicadores de condições que surgiram subsequentemente à data do balanço → Eventos subsequentes que **não** originam ajustes

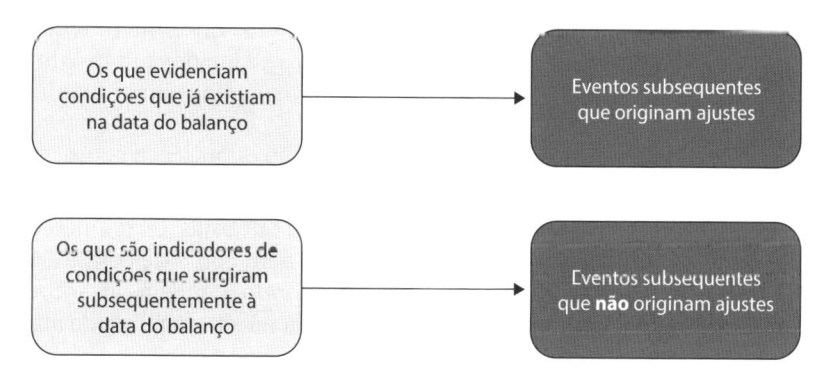

Figura 16.2 *Ajustes para eventos subsequentes.*

16.3.3 Dividendos

Juntamente com as demonstrações contábeis do exercício, os órgãos da administração da entidade devem apresentar proposta, conforme legislação vigente, sobre a destinação a ser dada ao lucro líquido do exercício, o que inclui a distribuição de dividendos. Essa proposição deve atender pelo menos aos requisitos mínimos estabelecidos na legislação em vigor e nos estatutos da entidade. Após formalizada essa proposição, que pode, inclusive, ser superior aos referidos requisitos mínimos, em atendimento à obrigação legal e/ou estatutária existente na data do balanço, ela deve ser reconhecida. Posteriormente, se a distribuição de dividendos for aprovada de forma diferente da proposta pelos órgãos da administração, esse evento deve ser reconhecido no exercício em que essa aprovação ocorrer.

Se forem declarados dividendos adicionais relacionados a lucros de exercícios anteriores ao balanço em elaboração, mas antes da data da autorização de conclusão da elaboração das demonstrações contábeis, esses dividendos adicionais não devem ser reconhecidos como passivo na data do balanço, pelo fato de não se enquadrarem na definição de obrigação presente da NBC T 19.7 – Provisões, Passivos, Contingências Passivas e Contingências Ativas. Os dividendos adicionais são divulgados nas notas explicativas às demonstrações contábeis.

16.4 PROCEDIMENTOS DE AUDITORIA SOBRE TRANSAÇÕES E EVENTOS OCORRIDOS ENTRE O TÉRMINO DO EXERCÍCIO SOCIAL E A EMISSÃO DA OPINIÃO

O período entre a data do término do exercício social e a de emissão da opinião é denominado período subsequente, e o auditor deve considerá-lo parte normal da auditoria. O auditor deve planejar e executar procedimentos para obter evidência de auditoria suficiente e apropriada de que todas as transações e os eventos ocorridos no período, e que podem requerer ajuste nas demonstrações contábeis e suas notas explicativas, foram identificados. Esses procedimentos são adicionais àqueles, normalmente, aplicados a transações específicas ocorridas após o fim do período, com o objetivo de obter evidência de auditoria quanto a saldos de contas no fim dele, como, por exemplo, o teste do corte de estoques e pagamentos a credores. Entretanto, não se exige que o auditor proceda a uma revisão contínua de todos os assuntos que foram objeto de procedimentos anteriores.

Os procedimentos para identificar transações e eventos que podem requerer ajuste ou divulgação nas demonstrações contábeis devem ser executados tão próximo da data da opinião do auditor quanto for praticável, e, normalmente, incluem o seguinte:

a) revisão dos procedimentos que a administração estabeleceu para assegurar que eventos subsequentes sejam identificados;

b) leitura de atas de assembleia de acionistas ou quotistas, de reunião dos conselhos de administração e fiscal, da diretoria, bem como de comitês executivos e de auditoria, realizadas após o fim do período, e indagação sobre assuntos discutidos nas reuniões e para os quais ainda não se dispõem de atas;

c) leitura das demonstrações contábeis intermediárias posteriores àquelas auditadas e, à medida que for considerado necessário e apropriado, dos orçamentos, das previsões de fluxo de caixa e de outros relatórios contábeis; comparação dessas informações com as constantes nas demonstrações contábeis auditadas, na extensão considerada necessária nas circunstâncias. Neste caso, o auditor deve indagar da administração se as informações mais recentes foram elaboradas nas mesmas bases utilizadas nas demonstrações contábeis auditadas;

d) indagação ou ampliação das indagações anteriores, escritas ou verbais, aos advogados da entidade a respeito de litígios e reclamações; e

e) indagação à administração sobre se ocorreu qualquer evento subsequente que possa afetar as demonstrações contábeis e obtenção de carta de responsabilidade, com a mesma data da opinião do auditor. Exemplos de assuntos a serem indagados incluem:

    I. situação atual de itens contabilizados com base em dados preliminares ou não conclusivos;

    II. assunção de novos compromissos, empréstimos ou garantias concedidas;

    III. vendas de ativos;

    IV. emissão de debêntures ou ações novas ou acordo de fusão, incorporação, cisão ou liquidação de atividades, ainda que parcialmente;

    V. destruição de ativos, por exemplo, por fogo ou inundação;

    VI. desapropriação por parte do Governo;

    VII. evolução subsequente de contingências e assuntos de maior risco de auditoria;

    VIII. ajustes contábeis inusitados; e

    IX. ocorrência ou probabilidade de ocorrência de eventos que ponham em dúvida a adequação das práticas contábeis usadas nas demonstrações contábeis, como na hipótese de dúvida sobre a continuidade normal das atividades da entidade.

As Representações Formais (Carta de Responsabilidade) são tratadas na NBC TA 560 (R1) – Eventos Subsequentes: "O auditor independente deve solicitar à administração e, quando apropriado, aos responsáveis pela governança, uma representação formal de acordo com a NBC TA 580 – Representações Formais, de que todos os eventos subsequentes à data das demonstrações contábeis e que, segundo a estrutura de relatório financeiro aplicável, requerem ajuste ou divulgação, foram ajustados ou divulgados".

Quando uma controlada ou coligada, ou mesmo uma divisão ou filial, for auditada por outro auditor, o auditor da entidade principal deve considerar os procedimentos do outro auditor sobre eventos após o fim do período e a necessidade de informá-lo sobre a data planejada de emissão de sua opinião.

Quando tomar conhecimento de eventos que afetam de maneira relevante as demonstrações contábeis, o auditor deve verificar se eles foram apropriadamente contabilizados e adequadamente divulgados nas demonstrações contábeis. Quando tais eventos não receberem tratamento adequado nas demonstrações contábeis, o auditor deve discutir com a administração a adoção das providências necessárias para corrigir tal situação. Caso a administração decida não tomar as providências necessárias, o auditor deve emitir sua opinião com ressalva ou adversa.

Conforme a norma "Eventos Subsequentes", o auditor não tem obrigação de executar procedimentos de auditoria em relação às demonstrações contábeis após a data de emissão do relatório dos auditores independentes. Entretanto, após a data do seu relatório, mas antes da data de divulgação das demonstrações contábeis, se o auditor tomar conhecimento de algum fato que, se chegasse ao seu conhecimento até a data do relatório, deverá adotar procedimentos específicos e, eventualmente, alterar o seu relatório. Ele deve discutir o assunto com a administração, e, quando apropriado, com os responsáveis pela governança; determinar se as demonstrações contábeis precisam ser alteradas e, caso afirmativo, indagar de que forma a administração pretende tratar o assunto nas demonstrações contábeis. Caso a administração altere as demonstrações contábeis, o auditor independente deve aplicar os procedimentos de auditoria necessários nas circunstâncias.

16.5 TRANSAÇÕES E EVENTOS OCORRIDOS APÓS EMISSÃO DA OPINIÃO E A DIVULGAÇÃO DAS DEMONSTRAÇÕES CONTÁBEIS

O auditor não é responsável pela execução de procedimentos ou indagações sobre as demonstrações contábeis após a data da sua opinião. Durante o período entre as datas da opinião do auditor e a de divulgação das demonstrações contábeis, a administração é responsável por informar ao auditor fatos que possam afetar as demonstrações contábeis.

Quando, após a data da opinião do auditor, mas antes da divulgação das demonstrações contábeis, o auditor tomar conhecimento de fato que possa afetar de maneira relevante as demonstrações contábeis, ele deve decidir se elas devem ser ajustadas, discutir o assunto com a administração e tomar as medidas apropriadas às circunstâncias.

Quando a administração alterar as demonstrações contábeis, o auditor deve executar os procedimentos necessários nas circunstâncias e fornecer a ela nova opinião sobre as demonstrações contábeis ajustadas. A data da nova opinião do auditor não deve ser anterior àquela em que as demonstrações ajustadas foram assinadas ou aprovadas pela administração, e, consequentemente, os procedimentos mencionados nos itens anteriores devem ser estendidos até a data da nova opinião do auditor. Contudo, o auditor pode decidir por emitir sua opinião com dupla data, como definido na NBC T 11.18 – Parecer dos Auditores Independentes.

Quando a administração não alterar as demonstrações contábeis nos casos em que o auditor decidir pela necessidade de sua alteração e a sua opinião não tiver sido liberada para a entidade, ele deve revisá-la e, se for o caso, expressar opinião com ressalva ou adversa.

Quando a opinião do auditor tiver sido entregue à administração, o auditor deve solicitar a esta que não divulgue as demonstrações contábeis e a respectiva opinião. Se as Demonstrações Contábeis forem, posteriormente, divulgadas, o auditor deve avaliar a adoção de medidas a serem tomadas em função dos seus direitos e das suas obrigações legais. Entre essas medidas, inclui-se, como mínimo, comunicação formal à administração no sentido de que a opinião, anteriormente emitida, não mais deve ser associada às demonstrações contábeis não retificadas; a necessidade de comunicação aos órgãos reguladores depende das normas aplicáveis em cada caso.

16.6 TRANSAÇÕES E EVENTOS CONHECIDOS APÓS A DIVULGAÇÃO DAS DEMONSTRAÇÕES CONTÁBEIS

Após a divulgação das demonstrações contábeis, o auditor não tem responsabilidade de fazer qualquer indagação sobre essas demonstrações.

Quando, após a divulgação das demonstrações contábeis, o auditor tomar conhecimento de fato anterior à data da sua opinião e que, se fosse conhecido naquela data, poderia tê-lo levado a emitir o documento com conteúdo diverso do que foi emitido, o auditor deve decidir se as demonstrações contábeis precisam de revisão, discutir o assunto com a administração e tomar as medidas apropriadas às circunstâncias.

Quando a administração alterar as demonstrações contábeis divulgadas, o auditor deve:

a) executar os procedimentos de auditoria necessários às circunstâncias;

b) revisar as medidas tomadas pela administração para assegurar que qualquer pessoa que tenha recebido as demonstrações contábeis, anteriormente emitidas, juntamente com a respectiva opinião do auditor, seja informada da situação; e

c) emitir uma nova opinião sobre as demonstrações contábeis alteradas, indicando em parágrafo, após o de opinião, os motivos da reemissão dessa opinião com referência à nota das demonstrações contábeis que esclarece a alteração efetuada nas demonstrações contábeis. Contudo, o auditor pode decidir por emitir sua opinião com dupla data, como definido na NBC T 11.18 – Parecer dos Auditores Independentes.

Quando a administração não tomar as medidas necessárias para assegurar que qualquer pessoa que tenha recebido as demonstrações contábeis, anteriormente divulgadas, juntamente com a correspondente opinião do auditor, seja informada da situação, e quando a administração não alterar as demonstrações contábeis nas circunstâncias em que o auditor considera necessária sua alteração, ele deverá informar à administração que poderá tomar medidas para impedir que sua opinião seja utilizada por terceiros, resguardando, assim, seus direitos e obrigações legais. Entre essas medidas, inclui-se, como mínimo, comunicação formal à administração de que o parecer, anteriormente emitido, não mais deve ser associado às demonstrações contábeis não retificadas. A necessidade de comunicação aos órgãos reguladores depende das normas aplicáveis em cada caso.

Em certas situações, o auditor pode julgar desnecessária a alteração das demonstrações contábeis e a emissão de nova opinião, como, por exemplo, quando estiver iminente a emissão das demonstrações contábeis relativas ao período seguinte, desde que elas contemplem os necessários ajustes e/ou contenham as informações normalmente divulgadas.

16.7 OFERTA DE VALORES MOBILIÁRIOS AO PÚBLICO

Nos casos de oferta de valores mobiliários ao público, o auditor deve considerar qualquer exigência legal e atinente a ele aplicável em todas as jurisdições em que os valores mobiliários estiverem sendo oferecidos. Por exemplo, o auditor pode ser obrigado a executar procedimentos de auditoria adicionais até a data do documento de oferta final, que, normalmente, devem incluir a execução dos procedimentos mencionados no item 17.2 até a data, ou próximo da data efetiva, do documento final de oferta. Também devem incluir a leitura do documento de oferta para avaliar se outras informações nele contidas se harmonizam com as informações contábeis com que o auditor estiver relacionado.

16.8 CONTINUIDADE OPERACIONAL

A entidade não deve preparar suas demonstrações contábeis com base no pressuposto de continuidade operacional se sua administração determinar, subsequentemente à data do balanço, que pretende liquidar a entidade, ou deixar de operar, ou que não tem alternativa realista para deixar de fazer isso.

A deterioração dos resultados operacionais e da situação financeira após a data do balanço pode indicar a necessidade de a entidade considerar se o pressuposto da continuidade operacional ainda é apropriado. Se não o for, o efeito será tão difuso que esta norma requererá uma alteração fundamental nos critérios contábeis adotados, em vez de apenas um ajuste dos valores reconhecidos pelos critérios originais.

As demonstrações contábeis exigem certas divulgações quando:

a) as demonstrações contábeis não são elaboradas com base no pressuposto de continuidade operacional; ou
b) a administração está ciente de incertezas significativas relacionadas a eventos ou condições que possam criar dúvidas significativas sobre a capacidade de a sociedade continuar em operação. Os eventos e as condições que requerem divulgação podem surgir subsequentemente à data do balanço.

16.9 DIVULGAÇÃO

16.9.1 Data da autorização para conclusão da elaboração do balanço

A entidade deve divulgar a data em que foi concedida a autorização para a conclusão da elaboração das demonstrações contábeis e quem forneceu tal autorização.

É importante que os usuários saibam quando foi autorizada a conclusão da elaboração das demonstrações contábeis, já que estas não refletem eventos posteriores a essa data.

16.9.2 Atualização das divulgações sobre condições existentes na data do balanço

Se a entidade, após a data do balanço, receber informações sobre condições que existiam até aquela data, deverá atualizar as divulgações que se relacionam a essas condições, à luz das novas informações.

Em alguns casos, a entidade precisa atualizar as divulgações de suas demonstrações contábeis de modo que reflitam as informações recebidas após a data do balanço, mesmo quando as informações não afetam os valores reconhecidos nas demonstrações contábeis.

Um exemplo da necessidade de atualização de divulgações é quando fica disponível, após a data do balanço, alguma evidência de uma contingência passiva que existia na data do balanço. Além de considerar se deve reconhecer ou modificar uma provisão, a entidade deve atualizar suas divulgações sobre a contingência passiva à luz daquela evidência.

16.9.3 Eventos subsequentes à data do balanço que não originam ajustes

Quando eventos subsequentes são significativos, mas não originam ajustes, sua não divulgação pode influenciar as decisões econômicas a serem tomadas por usuários com base nas demonstrações contábeis. Destarte, a entidade deverá divulgar as informações seguintes para cada categoria significativa de eventos subsequentes à data do balanço que não originam ajustes:

a) a natureza do evento; e
b) a estimativa de seu efeito financeiro ou uma declaração de que tal estimativa não pôde ser feita e as razões da impossibilidade.

Para exemplificar, estão relacionados a seguir alguns tipos de eventos subsequentes à data do balanço que não originam ajustes, os quais normalmente resultam em divulgação:

a) reorganizações societárias, aquisição e venda de entidades;
b) anúncio de um plano para descontinuar uma operação, vender ativos ou liquidar passivos atribuídos a operações em descontinuidade ou à participação em acordos vinculantes para vender tais ativos ou liquidar tais passivos;
c) compra e venda de ativos importantes ou desapropriações de ativos de vulto pelo Governo;
d) destruição por incêndio, ou por qualquer outro acontecimento natural, de uma instalação de produção importante, e o valor da cobertura do seguro existente;
e) anúncio ou início de uma reestruturação importante;
f) transações importantes, efetivas e potenciais, envolvendo ações ordinárias ou preferenciais;
g) mudanças anormais (grandes e incomuns) nos preços dos ativos ou nas taxas de câmbio;
h) mudanças nas alíquotas de impostos ou na legislação tributária, promulgadas ou anunciadas, que tenham efeito significativo sobre os ativos e passivos fiscais correntes e diferidos;
i) assunção de compromissos ou de contingência passiva significativa, por exemplo, por meio da concessão de garantias significativas; e
j) início de litígio significativo, proveniente exclusivamente de eventos que aconteceram após a data do balanço.

Exemplo:

A administração da empresa Simões Crepaldi S.A. restringiu a alteração das demonstrações contábeis aos efeitos do evento subsequente que causou a alteração. A legislação vigente, à qual a empresa está subordinada, não proíbe a empresa de proceder desta forma. Nessa situação, o auditor deve alterar o relatório de auditoria para incluir data adicional restrita a essa alteração que indique que os procedimentos do auditor independente, sobre os eventos subsequentes, estão restritos unicamente às alterações das demonstrações contábeis descritas na respectiva nota explicativa.

Os eventos descritos nos itens a seguir, ocorridos após a data-base das demonstrações contábeis, são exemplos de eventos subsequentes, os quais não originam ajustes, mas resultam em divulgação:

I. Combinação de negócios importantes após o período contábil a que se referem as demonstrações contábeis.

II. Alienação de uma subsidiária importante.
III. Compras importantes de ativos.
IV. Classificação de ativos mantidos para a venda.

16.10 PROGRAMA DE AUDITORIA

Apresentamos um programa de auditoria aplicável a esta área. Como os demais programas, este também pode ser ampliado ou reduzido, a critério do auditor.

PROGRAMA DE AUDITORIA

EVENTOS SUBSEQUENTES

REVISADO POR: _____

CLIENTE: _____

DATA DO BALANÇO: _____

NOTAS

I – OBJETIVO

O objetivo do programa é a verificação da possível ocorrência de eventos subsequentes à data das demonstrações contábeis, que possam exigir ajustes ou divulgações nessas demonstrações. Como exemplos de eventos subsequentes podemos citar: decisão desfavorável de uma questão fiscal; perda de contas a receber pela ocorrência de algum fato que levará o devedor à falência; compra de outra empresa; fusões ou incorporações; encerramento das atividades de alguma fábrica ou divisão da própria empresa etc.

Esse exame não deve ser confundido com os procedimentos usuais de auditoria que cobrem a verificação de transações subsequentes à data das demonstrações contábeis, tais como: recebimentos posteriores de contas a receber; verificação de passivos omitidos; testes de caixa, pagamentos etc.

II – PERÍODO COBERTO PELO EXAME

Este exame deverá cobrir o período compreendido entre a data de encerramento do exercício social e a data da emissão da opinião formal de auditoria.

III – PAPÉIS DE TRABALHO

De preferência, as anotações devem ser feitas nas colunas de "observações" dos papéis de trabalho correspondentes a outros programas de auditoria. Só em casos especiais abrir papéis de trabalho próprios para este programa.

16.11 CONSIDERAÇÕES FINAIS

A data do relatório do auditor independente informa ao leitor que o auditor considerou o efeito dos eventos e transações dos quais se tornou ciente e que ocorreram até aquela data.

Um exemplo de evento subsequente que origina ajustes é o declínio do valor de mercado de investimentos ocorrido no período entre a data do balanço e a data de autorização de conclusão da elaboração das demonstrações contábeis. O declínio do valor de mercado não se relaciona normalmente à condição do investimento na data do balanço, mas reflete circunstâncias que surgiram no período seguinte. Portanto, uma entidade não ajusta os valores reconhecidos para o investimento em suas demonstrações contábeis. Igualmente, a entidade não atualiza os valores divulgados para os investimentos na data do balanço, embora possa precisar efetuar uma divulgação adicional. Somente deve ser divulgado se influenciar as decisões econômicas a serem tomadas pelos usuários das demonstrações contábeis. Devem ser divulgadas a natureza e uma estimativa do efeito financeiro do evento subsequente, se possível estimar.

De acordo com o que estabelece a NBC TA 560 (R1) – Eventos Subsequentes, a data de aprovação das demonstrações contábeis é a data em que todos os quadros que compõem as demonstrações contábeis foram elaborados e que aqueles com autoridade reconhecida afirmam que assumem a responsabilidade por essas demonstrações contábeis. A situação que melhor representa a data da autorização para conclusão das demonstrações financeiras é quando a administração examina as demonstrações e autoriza a sua emissão em forma final. Se após a data do seu relatório, mas antes da data de divulgação das demonstrações contábeis, o auditor tomar conhecimento de fato que, se fosse do seu conhecimento na data do relatório, poderia ter levado o auditor a alterar seu relatório, ele deve (a) discutir o assunto com a administração e, quando apropriado, com os responsáveis pela governança; (b) determinar se as demonstrações contábeis precisam ser alteradas e, caso afirmativo; (c) indagar como a administração pretende tratar o assunto nas demonstrações contábeis.

Caso a administração altere as demonstrações contábeis, o auditor independente deve aplicar os procedimentos de auditoria necessários nas circunstâncias da alteração, estender os procedimentos de auditoria até a data do novo relatório do auditor independente e fornecer novo relatório de auditoria sobre as demonstrações contábeis alteradas. O novo relatório do auditor independente não deve ter data anterior à data de aprovação das demonstrações contábeis alteradas.

Se a legislação não proíbe a administração de restringir a alteração das demonstrações contábeis aos efeitos do evento ou eventos subsequentes que causaram essa alteração e em que os responsáveis pela aprovação das demonstrações contábeis não estão proibidos de restringir a aprovação a essa alteração, o auditor pode limitar os procedimentos de auditoria aos eventos subsequentes a essa alteração.

Nesses casos, o auditor independente deve alterar o relatório para incluir data adicional restrita a essa alteração que indique que os procedimentos do auditor independente sobre os eventos subsequentes estão restritos unicamente às alterações das demonstrações contábeis descritas na respectiva nota explicativa. Essa data adicional configura o que se denomina relatório dupla data.

17

Programa de Auditoria para Revisão Final

17.1 OBJETIVO

O trabalho no campo, aquele realizado nas dependências do estabelecimento do cliente, chegou ao fim. Resta a tarefa final, talvez a mais importante, aquela de verificar se tudo o que devia ser feito o foi. E se nisso foi aplicada a diligência requerida, se nada ficou negligenciado.

Considerando que todo o trabalho realizado ficou consubstanciado nos papéis de trabalho do auditor, que todas as informações necessárias para formar sua opinião e emitir seus relatórios ali estão contidas, fica evidente que são esses papéis de trabalho que devem, agora, ser atentamente revisados, desde a primeira até a última folha.

Essa revisão deve ser feita ainda no campo, isto é, antes de sair dos escritórios do cliente. É claro que assim seja, pois os elementos básicos ali se encontram e, na eventualidade de dúvidas, ou na necessidade de complementações, será mais fácil recorrer a esses elementos básicos, como também obter informações e esclarecimentos das pessoas encarregadas.

Os "papéis de trabalho" constituem a prova de que a auditoria foi efetivamente realizada, que o foi adequadamente e que obedeceu às normas de auditoria geralmente adotadas, aplicadas nas circunstâncias.

17.2 PROCEDIMENTOS

A revisão abrange todas as folhas dos papéis de trabalho e alcança os documentos neles anexados. Deve-se verificar não só a parte meramente formal do preenchimento dos papéis – títulos corretos, colunas apropriadas, vistos, sinais, cruzamentos, indicações, índices de capa, arquivamento na pasta indicada e outros detalhes – mas também o mérito intrínseco do que está neles contido:

- a abrangência dos programas;
- as análises das contas;
- os ajustes propostos;
- as conclusões anotadas;
- os procedimentos executados.

À primeira vista, parece tarefa imensa ou repetição de todo o exame já feito; mas não é. Se os papéis tiverem sido usados dentro de ordenamento sistemático, obedecendo aos formalismos estabelecidos, símbolos adequados, cada coisa em seu lugar, fica tudo facilitado, chegando-se a bom resultado sem despender muito do tempo.

A atenção, porém, é indispensável. A revisão deve ser procedida atentamente e sem pressa. O auditor deve saber o que está fazendo, conhecer seu ofício, para aproveitar o máximo de eficiência no tempo empregado.

17.3 PROGRAMA

O programa dá as indicações básicas necessárias aos procedimentos da revisão. Também incluiu os procedimentos decorrentes da revisão final, visando às conclusões da auditoria, à formação da opinião do auditor, à emissão da opinião formal e à elaboração dos relatórios complementares para o cliente.

Tudo isso já deve estar contido nos papéis de trabalho. A tarefa resume-se em verificar se, de fato, está. E, estando, se obedeceu aos padrões estabelecidos, às normas indicadas e aplicáveis.

17.4 REVISÃO COM O CLIENTE

Para ultimar a revisão, depois de executado todo o programa, é recomendável que o auditor se reúna com as pessoas responsáveis do cliente e confronte com as mesmas suas conclusões, as discrepâncias, os ajustes e outros pontos em que a auditoria não concordou inteiramente com os registros e demonstrações que lhes foram submetidas.

Dessa argumentação, desse entendimento, resultará o teste conclusivo do trabalho do auditor. Se ele não abordou algum ponto acertadamente, terá a contestação por parte do cliente; assim, poderá elucidar e corrigir. Por outro lado, o cliente ficará ciente e consciente dos resultados da auditoria. Os ajustes propostos que não tiverem sido atacados voltarão a debate, para se encontrar a solução. Se forem aceitos, as demonstrações serão corrigidas; se não o forem, o auditor decidirá quanto à ressalva em sua opinião (desde que a diferença seja relevante e decorra de infringência a princípio contábil), ou a referência em seu relatório, ou outra atitude que julgar mais apropriada com as normas profissionais.

17.5 CARTA DE RESPONSABILIDADE DA ADMINISTRAÇÃO

A Carta de Responsabilidade da Administração é o documento que deve ser emitido pelos administradores da entidade, cujas demonstrações contábeis estão sendo auditadas. Essa carta é endereçada ao auditor independente, confirmando as informações e os dados a ele fornecidos, assim como as bases de preparação, apresentação e divulgação das demonstrações contábeis submetidas a exame de acordo com as Normas de Auditoria Independente das Demonstrações Contábeis, a Lei nº 10.406/2002 (Código Civil) e a Resolução nº 1.457/2013 do CFC. Deverá ser obtida pelo profissional da Contabilidade, anualmente, a Carta de Responsabilidade da Administração para o encerramento do exercício contábil. Consiste em uma declaração escrita pela administração – fornecida pelo auditor – para confirmar certos assuntos ou suportar outra evidência de auditoria contendo:

- Reconhecimento por parte da administração de sua responsabilidade pelas demonstrações contábeis.

O auditor deve possuir evidência de que a administração tem ciência de sua responsabilidade pela preparação e apresentação adequada, assim como pela aprovação das demonstrações contábeis de acordo com as práticas contábeis adotadas no Brasil ou outro conjunto de normas contábeis que sejam aplicáveis às circunstâncias. Dessa forma, reconhece sua responsabilidade pela elaboração e implementação de controles internos para prevenir e identificar erros e acredita que os efeitos agregados de distorções não ajustadas são irrelevantes, individualmente ou em conjunto, para as demonstrações contábeis como um todo.

- Declaração por escrito sobre assuntos significativos sempre que não exista outra evidência de auditoria pertinente.

No decorrer da auditoria, a administração da entidade auditada faz declarações ao auditor de forma espontânea ou em resposta sobre indagações específicas. Quando essas declarações são referentes a assuntos que sejam relevantes para as demonstrações contábeis, o auditor deve: buscar evidência com base em fontes dentro e fora da entidade; avaliar se as declarações feitas pela administração são razoáveis e consistentes com outras evidências obtidas, incluindo outras declarações; analisar se as pessoas que fazem as declarações podem ser consideradas bem informadas acerca dos assuntos específicos sobre os quais emitiram suas declarações.

Os objetivos do auditor na obtenção da carta de responsabilidade da administração são:

- obter evidência auditorial por escrito;
- delimitar as responsabilidades do auditor e da administração;
- dar maior confiabilidade às informações verbais obtidas.

Deve ser emitida na mesma data da opinião de auditoria. É um instrumento legal que o administrador ou representante legal da empresa será obrigado a apresentar e visa evidenciar e assegurar a responsabilidade da administração da empresa:

- de que os controles internos adotados pela empresa são de responsabilidade da administração e estão adequados ao tipo de atividade e volume de transações;
- de que não realizou nenhum tipo de operação que possa ser considerada ilegal, frente à legislação vigente;
- de que todos os documentos e/ou informações que foram gerados e recebidos dos fornecedores, encaminhados para a elaboração da escrituração contábil e demais serviços contratados, estão revestidos de total idoneidade;
- de que os estoques registrados em conta própria foram contados e levantados fisicamente e avaliados de acordo com a política de mensuração de estoque determinada pela empresa e perfazem a realidade do período encerrado;
- de que as informações registradas no sistema de gestão e controle interno são controladas e validadas com documentação suporte adequada, sendo de sua inteira responsabilidade todo o conteúdo do banco de dados e arquivos eletrônicos gerados.

Também atestar que não houve:

- fraude envolvendo a administração ou empregados em cargos de responsabilidade ou confiança;
- fraude envolvendo terceiros que poderiam ter efeito material nas demonstrações contábeis;
- violação de leis, normas ou regulamentos cujos efeitos deveriam ser considerados para divulgação das demonstrações contábeis, ou mesmo dar origem ao registro de provisão para contingências passivas.

Evidências de assuntos significativos

Declaração por escrito sobre assuntos significativos sempre que não exista outra evidência, espontaneamente, de auditoria pertinente.

Em certos casos, uma declaração da administração pode ser a única evidência de auditoria que, normalmente, está disponível:

- como intenção da administração de manter um investimento específico a longo prazo;
- para afirmar não ter conhecimento de qualquer fraude ou suspeita de fraude que possa ter efeito relevante nas demonstrações contábeis;
- para confirmar que não existe nenhum fato conhecido que possa impedir a continuidade normal das atividades da empresa;
- para confirmar que não existem planos ou intenções que possam afetar, substancialmente, o valor ou a classificação de ativos ou passivos.

Sempre que não se possa ter expectativa quanto à existência de outra evidência de auditoria pertinente, o auditor deve conseguir declarações por escrito da administração sobre assuntos significativos para as demonstrações contábeis.

A recusa da administração em fornecer – parcial ou totalmente – as representações formais constitui uma limitação de escopo. Poderá acarretar uma opinião com ressalva ou abstenção de opinião. No caso de declaração parcial, o auditor dever reavaliar a confiança depositada em outras declarações feitas pela administração no decorrer da auditoria.

Algumas formalidades importantes:

- deve ser endereçada ao auditor independente;
- a data das representações formais deve ser tão próxima quanto praticável, mas não posterior à data do relatório do auditor sobre as demonstrações contábeis;
- deve ser assinada pelos membros da administração que sejam os principais responsáveis pela entidade e sua movimentação financeira, assim como pelo contador responsável.

17.5.1 Reconhecimento por parte da administração de sua responsabilidade pelas demonstrações contábeis

O auditor deve obter evidência de que a administração reconhece sua responsabilidade pela preparação e apresentação adequada, assim como pela aprovação das demonstrações contábeis de acordo com as práticas contábeis adotadas no Brasil ou outro conjunto de normas contábeis que sejam aplicáveis nas circunstâncias.

17.5.2 Declarações da administração como evidência de auditoria

O auditor deve obter declarações por escrito da administração sobre assuntos significativos para as demonstrações contábeis sempre que não se possa ter expectativa razoável quanto à existência de outra evidência de auditoria pertinente. A possibilidade de mal-entendidos entre o auditor e a administração é reduzida quando declarações verbais são confirmadas por escrito pela administração. Assuntos que devem ser incluídos em uma carta da administração.

As declarações por escrito solicitadas da administração podem estar limitadas a assuntos considerados, individual ou coletivamente, como significativos para as demonstrações contábeis. Com relação a certos itens, pode ser necessário que o auditor independente esclareça à administração da entidade auditada o seu entendimento acerca de significância ou relevância desses itens em relação às demonstrações contábeis tomadas em conjunto.

O auditor deve obter declaração por escrito da administração de que:

a) reconhece sua responsabilidade pela elaboração e implementação de controles internos para prevenir e identificar erros; e

b) acredita que os efeitos agregados de distorções não ajustadas são irrelevantes, individualmente ou em conjunto, para as demonstrações contábeis como um todo. Resumo de tais itens deve ser incluído ou anexado à Carta de Responsabilidade da Administração.

No decorrer da auditoria, a administração da entidade auditada faz declarações ao auditor, espontaneamente ou em resposta a indagações específicas. Quando essas declarações estão relacionadas com assuntos que sejam significativos para as demonstrações contábeis, o auditor deve:

a) buscar evidência comprobatória de auditoria com base em fontes dentro e fora da entidade;

b) avaliar se as declarações feitas pela administração são razoáveis e consistentes com outras evidências de auditoria obtidas, incluindo outras declarações; e

c) analisar se as pessoas que fazem as declarações podem ser consideradas bem informadas sobre assuntos específicos sobre os quais emitiram suas declarações.

As declarações da administração não substituem outras evidências de auditoria que o auditor independente deve obter. Por exemplo, uma declaração da administração sobre o custo de um ativo não deve substituir a evidência de auditoria desse custo, que o auditor, normalmente, esperaria obter. Se não for praticável ao auditor obter evidência de auditoria adequada e suficiente com relação a um assunto que tenha, ou possa ter efeito significativo sobre as demonstrações contábeis e seja esperado que essa evidência esteja disponível, isso constituirá limitação de escopo da auditoria, mesmo que uma declaração da administração sobre esse assunto tenha sido recebida.

Em certos casos, uma declaração da administração pode ser a única evidência de auditoria que, normalmente, está disponível, como, por exemplo, para corroborar a intenção da administração de manter um investimento específico a longo prazo.

Devido à natureza das fraudes e das dificuldades inerentes em detectá-las, o auditor deve obter declarações formais da administração de que ela reconhece sua responsabilidade na elaboração e na implementação de controles para prevenir e detectar fraudes e que não tem conhecimento de qualquer fraude ou suspeita de fraude que possa ter efeito relevante nas demonstrações contábeis.

Caso a declaração da administração seja conflitante com outra evidência de auditoria, o auditor deve investigar as circunstâncias e, se necessário, reconsiderar a confiabilidade de outras declarações feitas pela administração.

17.5.3 Documentação das declarações da administração

Uma declaração por escrito é uma evidência de auditoria melhor do que uma declaração verbal e pode assumir, por exemplo, as seguintes formas:

a) carta com as declarações de responsabilidade da administração;

b) carta do auditor descrevendo, resumidamente, seu entendimento das declarações da administração, devidamente reconhecidas e confirmadas pela administração; ou

c) atas de reuniões do conselho de administração, dos sócios ou de órgão da administração com função semelhante.

17.5.4 Elementos básicos da carta com as declarações de responsabilidade da administração

A Carta de Responsabilidade da Administração com as suas declarações deve ser endereçada aos auditores independentes e deve conter, no mínimo, as seguintes informações específicas, sempre que, a juízo destes, essas informações sejam significativas para formar opinião sobre as demonstrações contábeis que estão auditando, a saber:

a) fazer referência às demonstrações contábeis cobertas pela opinião de auditoria, incluindo seus principais valores (ativo total, passivos, patrimônio líquido, lucro líquido ou outros julgados importantes para a identificação);

b) mencionar que a administração está ciente de sua responsabilidade pela adequada preparação e apresentação das demonstrações contábeis de acordo com as práticas contábeis adotadas no Brasil (ou outro conjunto de normas que seja aplicável), divulgando as principais bases de avaliação dos ativos e dos passivos e de reconhecimento de receitas e despesas;

c) mencionar que a administração cumpriu com as normas e os regulamentos a que a entidade está sujeita;

d) mencionar que o sistema contábil e de controle interno adotado pela entidade auditada é de responsabilidade da administração e adequado ao seu tipo de atividade e volume de transações;

e) confirmar que todas as transações efetuadas no período coberto pelas demonstrações contábeis foram devidamente registradas nos livros contábeis;

f) confirmar que as estimativas contábeis foram efetuadas sob responsabilidade da administração, com base em dados consistentes e que os riscos e incertezas existentes foram divulgados nas demonstrações contábeis;

g) confirmar que não existem contingências ambientais, fiscais, trabalhistas, previdenciárias ou de outras naturezas que possam afetar, substancialmente, a situação patrimonial e financeira da entidade auditada além daquelas que foram divulgadas nas demonstrações contábeis;

h) confirmar a relação de todos os consultores jurídicos externos que representaram ou patrocinaram causas envolvendo a entidade auditada até a data da carta;

i) confirmar que não existe nenhum fato conhecido que possa impedir a continuidade normal das atividades da entidade;

j) confirmar que todos os livros contábeis e os registros auxiliares, inclusive atas de reuniões de acionistas ou sócios, diretores ou conselheiros e outros documentos comprobatórios, foram colocados à disposição dos auditores, e que não existem outros além daqueles disponibilizados. Quanto mais específica for a carta, melhor será a sua utilidade. Portanto, o auditor independente deve considerar a hipótese de serem listados as atas e os outros documentos que a seu julgamento sejam importantes;

k) confirmar que a administração tem responsabilidade em manter controles que permitam identificar os saldos e as transações com partes relacionadas, e que as demonstrações contábeis incluem todas as divulgações requeridas para essas transações;

l) confirmar que:
    – a entidade auditada é proprietária dos ativos apresentados nas demonstrações contábeis;
    – não existem quaisquer outros ativos que não tenham sido apresentados nessas demonstrações;
    – a administração tem responsabilidade em manter controles que permitam identificar os compromissos de compra e venda, os acordos para a recompra de ativos anteriormente vendidos ou a revenda de ativos anteriormente comprados;
    – as garantias prestadas a terceiros, os ônus ou outros gravames existentes sobre os ativos foram, adequadamente, divulgados;
    – as transações envolvendo instrumentos financeiros derivativos que possam não estar registrados em contas patrimoniais foram, adequadamente, divulgadas nas demonstrações contábeis;

m) confirmar que não existem planos ou intenções que possam afetar, substancialmente, o valor ou a classificação de ativos ou passivos constantes das demonstrações contábeis;

n) confirmar que não existem irregularidades, envolvendo a administração ou os empregados, que possam ter efeito significativo sobre as demonstrações contábeis;

o) confirmar que a administração está ciente de sua responsabilidade quanto à elaboração e à implementação de controles para prevenir e detectar fraudes, e que não tem conhecimento de qualquer fraude ou suspeita de fraude que possa ter efeito significativo nas demonstrações contábeis;

p) confirmar que não são de conhecimento da administração quaisquer questões pendentes perante os órgãos reguladores e fiscalizadores que possam ter efeito significativo sobre as demonstrações contábeis;

q) confirmar que os seguros efetuados foram contratados de acordo com as necessidades operacionais da entidade auditada;

r) confirmar que não são conhecidos conflitos de interesse envolvendo a administração ou os seus empregados graduados;

s) confirmar que a administração não tem conhecimento de eventos ou circunstâncias ocorridos ou esperados que levem a crer que os ativos, em particular o ativo imobilizado, possam estar apresentados nas demonstrações contábeis por valores superiores ao seu valor de recuperação;

t) declarar que as eventuais distorções contábeis (ajustes) não reconhecidas nas demonstrações contábeis são irrelevantes, tanto individualmente quanto em agregado, em relação a essas demonstrações contábeis tomadas em conjunto (a própria carta ou seu anexo, devidamente rubricado pela administração, deve listar tais distorções);

u) confirmar que a administração é responsável pela destinação do lucro de acordo com o estatuto social ou seu instrumento legal e pela observância da legislação societária que trata do assunto e que foi dado cumprimento ao estabelecido;

v) informar os planos de pensão formais ou não formais, detalhando os compromissos assumidos pela entidade auditada;

w) confirmar que não existe qualquer evento subsequente que possa afetar de forma significativa a posição patrimonial e financeira ou o resultado do período coberto pelas demonstrações contábeis.

Uma carta com as declarações de responsabilidade da administração da entidade, cujas demonstrações contábeis estão sendo auditadas, deve ter a mesma data da opinião dos auditores independentes sobre essas demonstrações contábeis, uma vez que um dos itens cobertos nessa carta diz respeito aos eventos subsequentes ocorridos entre a data das demonstrações contábeis e a data da opinião dos auditores independentes. No entanto, em determinadas circunstâncias, uma carta contendo declarações sobre certas transações ou outros eventos específicos também pode ser obtida no decorrer da auditoria ou em data posterior àquela da opinião dos auditores, por exemplo, na data de uma oferta pública.

A Carta de Responsabilidade da Administração deve ser assinada pelos membros da administração que sejam os principais responsáveis pela entidade e sua movimentação financeira (geralmente, o principal diretor executivo e o principal executivo financeiro), assim como pelo contador responsável pelas demonstrações contábeis, de forma a cobrir os aspectos contábeis com base no melhor entendimento e juízo desses executivos.

Em determinadas circunstâncias, o auditor pode considerar necessário obter cartas com declarações de responsabilidade de outros membros da administração. Por exemplo, o auditor pode requerer uma declaração por escrito de que todas as atas das assembleias dos acionistas, do conselho de administração e dos comitês relevantes lhe foram disponibilizadas.

17.5.5 Ação a ser adotada caso a administração se recuse a prestar declarações

A recusa da administração em fornecer parcial ou totalmente a carta de responsabilidade constitui-se numa limitação de escopo, e o auditor deve expressar opinião com ressalva ou com abstenção de opinião. No caso de declaração parcial, o auditor deve reavaliar a confiança depositada em outras declarações feitas pela administração no decorrer da auditoria.

EXEMPLO DE CARTA DE RESPONSABILIDADE DA ADMINISTRAÇÃO

Local e data (a data deve ser igual à da opinião dos auditores independentes)
À
(NOME DA FIRMA DE AUDITORES INDEPENDENTES OU DO AUDITOR PESSOA FISICA) (A)[1]
Endereço do escritório que está emitindo a opinião.

Prezados Senhores:

Com referência ao seu exame (B) das Demonstrações Contábeis da CIA ABCD (C), relativas aos exercícios findos em XX de YY de ZZ e ZZ1, (D), reconhecemos que a apresentação desta carta de responsabilidade constitui-se num procedimento de auditoria requerido pelas normas de auditoria aplicáveis no Brasil, para permitir-lhes formar opinião sobre se as Demonstrações Contábeis retromencionadas e a seguir identificadas refletem, com adequação, em todos os aspectos relevantes, a posição patrimonial e financeira em (D), os resultados das operações, as mutações do patrimônio líquido e as origens e aplicações de recursos da (C) nos exercícios findos em (D) de acordo com as práticas contábeis adotadas no Brasil (ou outro conjunto de normas que tenha sido aplicável) (E).

Para fins de identificação, as Demonstrações Contábeis examinadas por Vossas Senhorias apresentam os seguintes valores básicos:

XX/YY/ZZ   XX/YY/ZZ1
Total do ativo
Total das exigibilidades e dos resultados de Exercícios futuros (   ) (   )
Patrimônio Líquido
Lucro líquido exercício findo em ___/___/___

Essas contas estão de acordo com os livros da empresa e das Demonstrações Contábeis transcritas no Livro Diário (L) e também concordarão com quaisquer publicações ou divulgações para outros fins. Atenção: se as Demonstrações Contábeis não estiverem transcritas no Livro Diário, deve ser usado o parágrafo indicado em (L). Avaliar a necessidade de incluir parágrafos relacionados com as questões descritas nos comentários (O e P).

---
[1] A até Q = Ver explicações após a carta.

Com base em nossos conhecimentos e opinião, como administradores da empresa, confirmamos as seguintes informações transmitidas a Vossas Senhorias durante seu exame (B) das Demonstrações Contábeis da (C) dos exercícios sociais (ou períodos) findos em (D).

Na qualidade de administradores da empresa, estamos cientes de nossa responsabilidade sobre o conjunto das Demonstrações Contábeis e das notas explicativas por nós apresentadas para o exame (B) de Vossas Senhorias. Assim, na preparação do referido conjunto, atentamos para o fato de que deve apresentar, adequadamente, a posição patrimonial e financeira, o resultado das operações, as mutações do patrimônio líquido, as origens e as aplicações de recursos e todas as divulgações necessárias, segundo as práticas contábeis adotadas no Brasil (E), aplicados de maneira uniforme e em cumprimento à legislação pertinente. Além disso, colocamos à disposição de Vossas Senhorias todos os livros contábeis e financeiros, bem como os de atas de reuniões de acionistas, do conselho de administração e da diretoria (F). Adicionalmente, todas as atas de reuniões de acionistas, do conselho de administração e da diretoria (F) celebradas até esta data encontram-se incluídas nos respectivos registros, exceto (G). Essas atas refletem a totalidade das decisões aprovadas.

As Demonstrações Contábeis e/ou suas notas explicativas:

I Indicam ou registram:
   1. Bases de avaliações dos ativos e ajustes dessas avaliações mediante provisões adequadas, quando necessárias, para refletir valores de realização ou outros valores previstos pelas práticas contábeis adotadas no Brasil (E)......, exceto (G) ou (O) (este item abrange todos os ativos, portanto, eventuais exceções devem ser incluídas aqui).
   2. Todas as obrigações e os passivos, bem como as informações pertinentes quanto a prazos, amortizações e encargos, exceto (G).
   3. Todos os compromissos firmados e informações pertinentes, exceto (G).
   4. Todos os prejuízos esperados em razão de circunstâncias já conhecidas, exceto (G).

II Pressupõem que:
   1. Todos os ativos são de propriedade da empresa e estão livres e desembaraçados de quaisquer ônus ou gravames, exceto (G).
   2. Não há acordos para manutenção de limites mínimos de saldos em bancos ou outras vinculações, estando esses saldos disponíveis, exceto (G).
   3. As contas estão adequadamente classificadas, considerando prazos e natureza dos ativos e passivos, exceto (G).
   4. Todos os acordos ou operações estão adequadamente refletidos nas Demonstrações Contábeis, exceto (G).
   5. O sistema contábil e de controle interno adotado pela entidade é de responsabilidade da administração e adequado ao seu tipo de atividade e volume de transações, assim como adequado para a prevenção e/ou detecção de eventuais fraudes e erros.
   6. Todas as garantias dadas estão, adequadamente, divulgadas nas Demonstrações Contábeis.

Confirmamos a seguir o nome de todos os consultores jurídicos que cuidam de litígios, impostos, ações trabalhistas e quaisquer outros processos, a favor ou contra a empresa, bem como de qualquer outro fato que possa ser considerado como contingência. (I)

Além disso, não temos conhecimento:
1. De que membros da administração não tenham cumprido todas as leis, as normas e os regulamentos a que a empresa está sujeita. Também não temos conhecimento de que houve, durante o exercício, operações ou transações que possam ser reconhecidas como irregulares ou ilegais e/ou que não tenham sido realizadas no melhor interesse da empresa, exceto (G).
2. De outras partes relacionadas, além daquelas pelas quais se apresentam informações nas respectivas notas explicativas às Demonstrações Contábeis, exceto (G).
3. De que diretores ou funcionários em cargos de responsabilidade ou confiança tenham participado ou participem da administração ou tenham interesses em sociedades com as quais a empresa manteve transações, exceto (G) e (H).
4. De quaisquer fatos ocorridos desde (D) que possam afetar as Demonstrações Contábeis e as notas explicativas naquela data ou que as afetam até a data desta carta ou, ainda, que possam afetar a continuidade das operações da empresa, exceto (G).
5. De eventos e circunstâncias ocorridos ou esperados que possam nos levar a crer que o ativo imobilizado possa estar registrado por valores superiores ao seu respectivo valor de recuperação (O).
6. De efeitos relevantes nas Demonstrações Contábeis acima referidas e identificadas, decorrentes das seguintes situações:
    a) ações ou reclamações relevantes contra a empresa, exceto (G);
    b) acordos ou operações estranhos aos negócios normais ou quaisquer outros acordos, exceto (G);
    c) inadimplências contratuais que possam resultar em prejuízos para a empresa, exceto (G);
    d) existência de contingências (ativas ou passivas), além daquelas que estejam descritas nas notas explicativas e daquelas reconhecidas ou aprovisionadas, exceto (G);
    e) existência de comunicação, por parte das autoridades normativas, sobre inobservância de normas ou aplicação de procedimentos contábeis etc., exceto (G).

Também confirmamos que:

A política de cobertura de seguros dos ativos e das operações da entidade é adequada às necessidades.

Não houve:
a) fraude envolvendo administração ou funcionários em cargos de responsabilidades ou confiança;

b) fraude envolvendo terceiros que poderiam ter efeito relevante nas Demonstrações Contábeis;

c) violação ou possíveis violações de leis, normas ou regulamentos cujos efeitos deveriam ser considerados para divulgação nas Demonstrações Contábeis ou, mesmo, dar origem ao registro de provisão para contingências passivas.

Os efeitos de distorções não reconhecidas nas Demonstrações Contábeis e sumariadas no Anexo I são irrelevantes, tanto individualmente quanto em agregado, para as Demonstrações Contábeis em seu conjunto. Além disso, não temos conhecimento de quaisquer outras distorções que não tenham sido ajustadas nas Demonstrações Contábeis.

Obs.: incluir detalhes dos ajustes e reclassificações propostos pelos auditores independentes e não contabilizados pela entidade auditada, que seriam necessários para eliminar as distorções (N).

Todas as transações efetuadas no período foram devidamente registradas no sistema contábil de acordo com a legislação vigente. Especificamente, com relação aos instrumentos financeiros derivativos, a empresa celebrou contratos de (indicar as operações com instrumentos financeiros derivativos). Tais contratos em (D) estão adequadamente documentados e contabilizados nos registros contábeis e adequadamente divulgados nas Demonstrações Contábeis. Não temos conhecimento da existência de outros contratos com estas características, ou similares, que possam ser considerados como instrumentos financeiros derivativos que não tenham sido reportados a Vossas Senhorias (J).

Atenciosamente,

(NOME DA ENTIDADE AUDITADA)

(M) _____   (M) _____   (M) _____

EXPLICAÇÕES SOBRE OS ITENS INDICADOS NO EXEMPLO DA CARTA DE RESPONSABILIDADE DA ADMINISTRAÇÃO

A) Endereçar à empresa que está emitindo a opinião.

B) Quando não for efetuada auditoria completa (exame), mencionar o tipo de trabalho (revisão limitada etc.).

C) Nome completo da entidade auditada.

D) Datas de encerramento dos exercícios sociais ou dos períodos cobertos pela opinião dos auditores independentes.

E) Descrever as práticas contábeis (práticas contábeis adotadas no Brasil, princípios contábeis norte-americanos, práticas contábeis definidas pela matriz etc.).

F) Caso a empresa não seja S.A., substituir por "atas de reunião de diretoria e alterações contratuais". É recomendável incluir a data de cada uma das últimas atas que foram disponibilizadas, principalmente quando os registros das atas estão desatualizados.

G) Incluir neste ou em parágrafo separado as circunstâncias especiais que requerem confirmação por escrito das eventuais exceções. Essas devem ser descritas objetivamente.

H) Especialmente no caso de um grupo, é comum que diretores de algumas empresas desse grupo sejam também diretores em outras empresas do grupo. Nesse caso, essa exceção deve ser mencionada. O principal aspecto aqui é quando a outra empresa não é controlada/controladora e, portanto, operações podem não, necessariamente, ser feitas no interesse geral do Grupo.

I) Relacionar o nome dos consultores jurídicos confirmados. Em alguns casos, essa afirmação é obtida, formalmente, do responsável pelo departamento jurídico da empresa. Nesse caso, a inclusão dessa informação na Carta de Responsabilidade da Administração pode ser, eventualmente, suprimida.

J) No caso de não terem sido celebrados contratos desta natureza, o parágrafo deverá ser assim redigido: "Durante o presente exercício, a empresa não celebrou contratos que possam ser considerados como instrumentos financeiros derivativos."

K) As contas a serem mencionadas dependerão de cada caso, conforme seu significado. Em certos casos, poderá ser conveniente indicar o total de contas a receber, ou o saldo dos fornecedores, ou os saldos com entidades controladoras, controladas ou coligadas.

L) As demonstrações contábeis devem ser transcritas no livro diário e devidamente assinadas pelos administradores contratuais ou estatutários e por contador legalmente habilitado. Nada impedirá a transcrição das notas explicativas se a empresa assim desejar. Se as demonstrações contábeis ainda não estiverem transcritas no livro diário, poderá ser utilizado o seguinte parágrafo na Carta de Responsabilidade da Administração, que trata do assunto:

"Os montantes acima consignados concordarão com os livros da empresa após o fechamento das contas do exercício, quando as Demonstrações Contábeis serão transcritas no Livro Diário em até um mês antes da data marcada para a realização da assembleia de acionistas que examinará as contas e, excetuando-se qualquer alteração na classificação das contas, também concordarão com quaisquer publicações ou divulgações para outros fins."

M) A carta deve ser assinada, em nome da empresa, pelo presidente e pelo diretor (ou pelos diretores), que tenha (ou tenham) responsabilidades estatutárias na área administrativo-financeira, incluindo, impreterivelmente, o Diretor de Relações com o Mercado, no caso de empresa listada em bolsa, e pelo contador responsável pelas demonstrações contábeis.

N) Antes de incluir o anexo, contendo os detalhes dos ajustes e as reclassificações propostos pelos auditores independentes e não contabilizados pela entidade auditada deve ser considerado o seguinte:

- O total dos efeitos (*i. e.*, os efeitos em agregado) não pode ultrapassar o nível de relevância aceitável estabelecido e documentado. Esse nível de relevância deve considerar, inclusive, a melhor estimativa de outras distorções que não possam ser, especificamente, identificadas e quantificadas, ou seja, estimativas de erros.
- Quando esse anexo de efeitos tiver itens com os quais a administração não concorda, o seguinte parágrafo deverá ser inserido no anexo: *"Nós não concordamos*

que os itens tal e tal sejam desvios de práticas contábeis, e, assim, não os ajustamos, porque [descrever as razões da discordância]."
- Se não existem distorções no anexo de efeitos, o primeiro período do parágrafo deve ser suprimido e o último deverá ser modificado como se segue: "*Não temos conhecimento de quaisquer distorções que não tenham sido ajustadas nas demonstrações contábeis.*"
- O anexo contendo os ajustes e as reclassificações não contabilizados pela entidade auditada deverá ser discutido e divulgado a todos os níveis apropriados da empresa, incluindo conselhos de administração, fiscal e de auditoria.

    O) Quando houver eventos e circunstâncias, ocorridos ou esperados, que possam levar a administração a crer que o ativo imobilizado possa estar registrado por valores não superiores ao seu respectivo valor de recuperação, informar que este último valor foi determinado com base no fluxo de recursos que será gerado por tais ativos e considera todos os eventos e circunstâncias esperados no curso normal dos negócios.

    P) Relacionamos a seguir exemplos de situações que devem ser considerados para inclusão na Carta de Responsabilidade da Administração:
- Quando a situação da empresa revelar incerteza quanto à continuidade das operações, devem ser explicadas na Carta de Responsabilidade da Administração as medidas que serão tomadas pela administração da empresa, inclusive quanto ao aporte dos recursos necessários.
- Quando ocorrer mudança de prática contábil relevante, a administração deverá fornecer a justificativa apropriada.
- Quando existe a possibilidade de redução significativa no valor de propriedades e há incerteza de recuperação dos seus custos.
- Quando a confirmação da administração é considerada necessária quanto à intenção de manter ou de vender investimentos.
- Se há intenção da administração de vender ou abandonar instalações. Indicar a estimativa da administração dos efeitos da descontinuação de certas operações.
- Quando há considerações não usuais envolvidas na determinação da aplicação da equivalência patrimonial. Exemplo: percentagem de participação e possibilidade de exercer controle efetivo.
- Quando gastos significativos (exemplo: despesas de implantação ou outras) estão sendo diferidos para amortização em exercícios futuros.
- Justificativa para a base de amortização de ágio/deságio.
- Quando a redução no valor de ações cotadas em bolsa de certos investimentos mantidos pela empresa é considerada temporária.
- Quando considerações não usuais estão envolvidas na determinação da adequação das garantias recebidas com respeito a contas a receber.
- Quando a administração pretende reescalonar financiamentos em situações problemáticas e isso tem impacto na avaliação sobre a continuidade da empresa.
- Uma explicação quanto aos princípios usados para reconhecer vendas e correspondentes custos em base de percentagem de conclusão de obra ou de contrato quando afetam de maneira significativa a apuração dos resultados.

- Cumprimento de cláusulas restritivas *default* estabelecidas por contratos de empréstimos, financiamentos ou outros acordos.
- Quando houver reconhecimento de ativos diferidos de impostos cuja contabilização foi fundamentada pela razoável expectativa de lucros tributáveis futuros.

17.6 MATERIAL

Ao retirar-se dos escritórios do cliente, o auditor verificará se está levando todos os papéis, documentos e material que lhe pertencem.

Devolverá ao cliente os elementos que tenha usado em seu trabalho, cuidando para que sejam entregues à pessoa responsável e que não haja dúvidas quanto à devolução integral.

17.7 RESUMO DE TEMPO

Nos boletins, devem ser anotadas todas as horas despendidas, mesmo na preparação do trabalho, nas discussões em reunião com o cliente, em viagem etc. Esse boletim servirá de rateio para o cálculo do custo da auditoria realizada, além de ser elemento de controle. Servirá, também, para comprovar, se necessário, que o trabalho foi executado, informando os dias e as horas despendidos, tal como se fosse uma agenda. Além disso, é elemento indispensável para o cálculo dos honorários para a auditoria do próximo exercício.

17.8 CONSIDERAÇÕES FINAIS

A revisão contábil ou revisão limitada das demonstrações financeiras é um procedimento de auditoria, o qual compreende o exame de documentos, registros e demonstrações contábeis, sob os aspectos técnico e aritmético, para proporcionar um exame e afirmar uma opinião com base nos procedimentos de revisão executados.

Referências

ALMEIDA, M. C. *Auditoria*: um curso moderno e completo. 9. ed. São Paulo: Atlas, 2017.

ARAGÃO, Marcelo. *Apostila de auditoria para concursos*. São Paulo: Gran Cursos, 2019.

ATTIE, W. *Auditoria*: conceitos e aplicações. São Paulo: Atlas, 1984.

ATTIE, W. *Auditoria interna*. 6. ed. São Paulo: Atlas, 2011.

BRASIL. Controladoria-Geral da União. *Lei Anticorrupção*. [201-]. Disponível em: https://www.cgu.gov.br/assuntos/responsabilizacao-de-empresas/lei-anticorrupcao. Acesso em: 29 maio 2019.

BRITO, Claudenir; FONTENELLE, Rodrigo. *Auditoria privada e governamental*: teoria de forma objetiva e mais de 500 questões comentadas. 3. ed. Niterói: Impetus, 2015.

BULLA, Waldemir. A função estratégica da auditoria interna. *Tempo, Caderno Gestão*, Belo Horizonte, ago. 2002.

CONSELHO FEDERAL DE CONTABILIDADE. *Normas e procedimentos de auditoria*. 3. ed. Rio de Janeiro: CFC, 1991.

CONSELHO REGIONAL DE CONTABILIDADE/SÃO PAULO. *Curso básico de auditoria I*: normas e procedimentos. São Paulo: Atlas, 1988.

CONSENZA, J. P.; GRATEROM, I. R. G. A auditoria da contabilidade criativa. *Revista Brasileira de Contabilidade*, Brasília, n. 43, p. 43-61, set./out. 2003.

COOK, J. W.; WINKLE, F. M. *Auditoria*: filosofia e técnica. São Paulo: Saraiva, 1979.

CREPALDI, Silvio Aparecido. *Curso básico de contabilidade*. 7. ed. São Paulo: Atlas, 2012.

FERNANDES, Antonio Miguel. *Auditoria das demonstrações contábeis*. 2. ed. Rio de Janeiro: FGV, 2011.

FRANCO, H.; MARRA, E. *Auditoria contábil*. São Paulo: Atlas, 1985.

FONTENELLE, Rodrigo. *Curso de Auditoria para RFB*. Brasília: Estratégia Concursos, 2016.

IBRACON. *Princípios contábeis*: normas e procedimentos de auditoria. São Paulo: Atlas, 1988.

JUND, Sérgio. *Auditoria*. 9. ed. Rio de Janeiro: Impetus/Campus, 2007.

JUND FILHO, Sérgio Lopes. *Auditoria*: conceitos, normas, técnicas e procedimentos. 6. ed. Rio de Janeiro: Impetus, 2004.

LEONE, Arthur. *Curso de auditoria, auditoria fiscal e legislação tributária federal*. São Paulo: Gran Curso, 1999.

MAUTZ, R. K. *Princípios de auditoria*. São Paulo: Atlas, 1985. 2 v.

MOTTA, J. M. *Auditoria*: princípios e técnicas. São Paulo: Atlas, 1988.

NASI, Antônio Carlos. Auditoria independente: caminhos percorridos e perspectivas futuras. *Revista Brasileira de Contabilidade*, Brasília, n. 84, p. 15-22, set. 1993.

PERRY, W. E.; WAGNER, H. C. Sistemas de procesamiento electrónico y sus mecanismos de seguridad. *Administración de Empresas*, Madri, v. IX, p. 49-960.

SANTI, P. A. *Introdução à auditoria*. São Paulo: Atlas, 1988.

SANTOS, Williams Almeida. Características e alcance da auditoria no setor governamental. *Revista Brasileira de Contabilidade*, Brasília, n. 79, p. 64-73, jul. 1992.

SCOTT, R.; PAGE, J.; HOOPER, P. *Auditing*: a systems approach. Englewood Cliffs: Prentice Hall, 1982.

TAYLOR, D. H.; GLEZEN, W. G. *Auditing integrated concepts and procedures*. New York: John Wiley, 1982.

VAINI, Luiz Carlos. O auditor do futuro. *Revista Brasileira de Contabilidade*, Brasília, n. 81, p. 33-36, dez. 1992.

WADELL, Harold R. *Manual de auditoria*. São Paulo: Atlas, 1982.

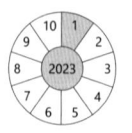